CONTRA AS HERESIAS DE IRINEU

Dados Internacionais da Catalogação na Publicação (CIP)

> M543 Biblioteca do Mundo, 2000 –
> Contra as Heresias de Irineu
> São Vicente/SE   Amazon.com
> Clubedesautores.com.br,   695 p. ; 21 cm
> **ISBN:** 9798610916842
>
> 1. Cristianismo 2.Gnosticismo 3.Irineu 4 . História Eclesiástica 5 – Apologia 6 – Patrologia
> Título
>
> *CDD 090 / 110*
> *CDU 11 / 133*

CENTRO DE EVANGELISMO UNIVERSAL
-CGC 66.504.093/0001-08

FINALIDADE DESTA OBRA

Este livro como os demais por mim publicados tem o intuito de levar os homens a se tornarem melhores, a amar a Deus acima de tudo e ao próximo com a si mesmo. Minhas obras não tem a finalidade de entretenimento, mas de provocar a reflexão sobre a nossa existência. Em Deus há resposta para tudo, mas a caminhada para o conhecimento é gradual e não alcançaremos respostas para tudo, porque nossa mente não tem espaço livre suficiente para suportar. Mas neste livro você encontrará algumas respostas para alguns dos dilemas de nossa existência.

CONTATO:
https://www.facebook.com/centrodeevangelismouniversal/

https://www.facebook.com/escribade.cristo

INTRODUÇÃO

Quão comum é ouvir alguém dizer: "Sou espiritual, não religioso". Uma afirmação muito gnóstica. Basta olhar as prateleiras religiosas da livraria local para ver que o gnosticismo, a antiga heresia e inimiga do cristianismo, está viva no mundo moderno. Lá você encontraria um pingo de espiritualidade, com tópicos sobre "Nova Era", transcendentalismo, astrologia, reencarnação e maneiras de obter um "conhecimento secreto". Cultos e sistemas de crenças para obter conhecimento secreto, ou gnose, eram toda a raiva de volta no segundo século também. Seitas gnósticas estavam em concorrência direta com a nascente Igreja Cristã. Foi em meio à ameaça do gnosticismo que talvez tenha surgido o maior Pai da Igreja do século II, o chamado "Santo Irineu".

Irineu nasceu em 130 DC em Esmirna (atual Turquia) e morreu em 202 DC em Lyon, na França, onde se tornara bispo. Na juventude, Irineu era discípulo de Policarpo, que foi martirizado em 155 dC, mas que havia sido discípulo do apóstolo João Evangelista. Assim, a estreita ligação histórica de Irineu com João empresta uma credibilidade apostólica e peso distintos a todos os seus escritos. Seu maior trabalho é o enorme conjunto de cinco volumes de livros Adversus Haereses, ou Contra as heresias, livros estes que apresentamos aqui em um só volume. Temos aqui uma refutação das doutrinas do gnosticismo. Além de sua proximidade com João e os Pais Apostólicos, os escritos de Irineu são todos completamente universais.

Os movimentos gnósticos heréticos levaram Irineu a desenvolver a teologia da Igreja e a cristologia, ou um entendimento de exatamente quem é Cristo. Irineu desenvolveu a idéia da necessidade de uma expiação e redenção corporais através da humanidade sagrada de Jesus. Para entender isso melhor, devemos primeiro olhar para os falsos ensinamentos do gnosticismo.

As seitas gnósticas enfatizavam um conhecimento secreto, pseudo-místico, que tinha que ser adquirido para a salvação, e geralmente reservado apenas para os poucos que eram considerados espiritualmente dignos. Como tal, o gnosticismo tornou-se associado ao elitismo. A maioria dos mitos gnósticos, baseando-se fortemente na filosofia pagã grega, ensinava que as coisas do mundo eram criadas por um semi-deus perverso, Demiurgo, e, portanto, o mal. O universo material maligno está então em desacordo com a bondade do Criador Supremo e o mundo espiritual. O gnosticismo desceu para uma forma de dualismo, onde o corpo e toda a matéria são maus, e tudo o que é espiritual é bom. O mundo, e tudo o que está nele, deve ser rejeitado. O homem é visto como uma centelha do Deus espiritual, mas aprisionado no mundo material do mal e aprisionado no corpo.

Isso está em contradição direta com os ensinamentos do cristianismo. O homem não é simplesmente um ser espiritual, que descarta o corpo na morte. O homem é um ser composto de corpo e alma. No livro de Gênesis, Deus chama toda a criação de "boa" e, mais tarde, no sexto dia, quando Deus cria o homem, ele o chama de "muito bom". sua negação da bondade do mundo material. Irineu lutou vigorosamente contra essas heresias. (Escriba de Cristo)

APRESENTAÇÃO INTRODUÇÃO

I LIVRO - SISTEMAS GNÓSTICOS SISTEMA FUNDAMENTAL

A. O Pleroma e os Éões que o compõem
"Paixão" de Sofia
Cristo e o Espírito Santo Argumentos escriturísticos B. Fora do Pleroma Acamot, origem da matéria Refutação breve e irônica
Origem do homem: três gêneros A predestinação e as obras Textos escriturísticos
Breve refutação A Regra da fé
VARIANTES AO SISTEMA FUNDAMENTAL
Valentim Secundo Um anônimo Ironia
Outros anônimos Escola de Ptolomeu
A. Comportamento imoral Doutrina de Marcos
B. Doutrinas sobre a primeira Tétrada C. Proliferação do Silêncio
D. Os números, substância das coisas E. A criação do mundo
F. Argumentos escriturísticos Simão, o mago
Menandro
Saturnino e Basílides

Carpócrates Cerinto
Ebionitas e nicolaítas Cerdão
Marcião
Outras seitas menores A seita dos barbelonitas Ofitas e setianos Cainitas
CONCLUSÃO

II LIVRO - TEORIAS GNÓSTICAS E SUA REFUTAÇÃO O DUALISMO DEUS-CRIADOR

Único Deus Pleroma criador Os anjos não são criadores...nem um segundo Deus
Defeitos no Ser supremo. Trevas e vazio Ignorância e dependência Desconhecimento de Deus pelo Criador.
O mundo inferior, cópia e sombra do superior Nosso mundo, sombra do superior
Testemunho universal em favor do Deus criador Ironia sobre a atividade criadora de Acamot Por defeito
Por excesso
Primeira série de emissões Testemunho dos poetas antigos Arbitrariedade das divisões numéricas Infinidade de cópias.
Origem igual, igual natureza
Sofia-ignorância. Entímese-paixão O germe depositado sem o Pai saber Refutação da argumentação bíblica Contra o número 30
Números irredutíveis
GNOSE VERDADEIRA E GNOSE FALSA
Mistério de Deus e atitude do homem

As obras salvam ou condenam o homem Aplicações a cada uma das teorias
Sobre a necessidade de fazer todo tipo de experiências A transmigração das almas.
Nomes divinos diferentes CONCLUSÃO

III LIVRO DOUTRINA CRISTÃ

A TRADIÇÃO APOSTÓLICA
DEUS, ÚNICO E SENHOR, PAI DE Nosso Senhor JESUS CRISTO
A. Visão geral Testemunho dos profetas Oração
Testemunho dos apóstolos Afirmações de Cristo
B. Testemunho dos apóstolos e dos discípulos Dos evangelhos Mateus
Lucas Marcos João
O Evangelho: único e quadriforme
C. Testemunho dos Atos dos Apóstolos Pedro Filipe Paulo Estêvão
Os apóstolos, reunidos em concílio D. Solidariedade dos hagiógrafos Escritos não paulinos
Os escritos de Lucas Os escritos paulinos Atitude dos hereges
JESUS CRISTO É UMA ÚNICA PESSOA, VERBO ENCARNADO E SALVADOR
Erros dos hereges
O Verbo identifica-se com o Cristo Jesus identifica-se com o Cristo

A pomba, símbolo do Espírito Santo, não do Salvador do alto O Salvador é Jesus
Era necessário que o Verbo sofresse para a nossa salvação Efeitos da paixão
Não é somente homem
A "economia" divina: magnanimidade do desígnio O sinal da Virgem
Redenção também para Adão CONCLUSÃO
O depósito da fé A bondade de Deus Votos apostólicos

IV LIVRO - CONTINUIDADE ENTRE ANTIGO E NOVO TESTAMENTO DEUS ÚNICO, PAI E DEMIURGO

Pelo testemunho de Jesus Pelas palavras de Moisés Resposta a duas objeções
Jesus Cristo fala do Deus de Abraão
O Filho conhece e revela um único Deus Pai O Deus de Abraão é o Deus revelado por Jesus Nosso Senhor não aboliu a Lei
O Novo Testamento foi predito pelo Antigo
O AntigoTestamento dá testemunho a Jesus Cristo DEFEITOS PRESUMIDOS NO ANTIGO TESTAMENTO
É o homem que muda, não Deus.
Antigo e Novo Testamento concordam no preceito fundamental Cristo aperfeiçoa, não abole a Lei
Deus não fez a criação por fins egoístas Deus quis o bem do homem.
A circuncisão é sinal, não causa da salvação
Deus não se irou por causa dos sacrifícios do Antigo Testamento Perfeição dos sacrifícios do Novo Testamento.
GRADUAÇÃO DA REVELAÇÃO
Transcendência de Deus
Deus torna-se acessível em Jesus Cristo, Os profetas viam parcialmente

Acontecimentos do Antigo Testamento explicados no Novo, Continuidade entre os dois Testamentos
Os semeadores e os ceifadores

O chamado dos pagãos à fé. Suas condições de inferioridade A incircuncisão liga-os a Abraão
O ideal dos sacerdotes
No Antigo Testamento os defeitos são relevados e condenados Superioridade moral do Novo Testamento
Resposta a duas objeções. Endurecimento do coração do faraó Furto dos hebreus.
Justificação das filhas de Lot único Deus revelador.
GNOSE VERDADEIRA E GNOSE FALSA
O verdadeiro discípulo "espiritual" Profecias e seu cumprimento.
A novidade é o próprio Senhor Explicações inconsistentes dos gnósticos
Unidade de Deus nas parábolas de Jesus. A parábola dos vinhateiros Parábola dos convidados às núpcias.
Outras parábolas:
Liberdade: contra as categorias gnósticas Imperfeição e educação do homem Docilidade para com a ação de Deus Prêmio e castigo segundo o mérito.
Os maus são filhos do diabo.
CONCLUSÃO

V - LIVRO ESCATOLOGIA CRISTÃ

RESSURREIÇÃO DA CARNE
A carne de Cristo. A carne eucarística
O poder de Deus na fraqueza da carne Os corpos podem viver por muito tempo O homem é alma, corpo e espírito.

O penhor da ressurreição O penhor é o Espírito Carne sem respiração

O enxerto do Espírito
As obras da carne e os frutos do Espírito A obra do Espírito.
A mesma carne ressuscita
Uma expressão paulina mal entendida Em Cristo ressuscitou a nossa carne A mesma carne, o mesmo Criador.
A salvação é obra do Verbo
A redenção da carne revela o Pai O Verbo, mediador perfeito TRIUNFO DE CRISTO
A economia da Virgem Sabedoria de Deus na Igreja
Luta contra o demônio: as tentações Libertos da antiga escravidão.
O pecado original Mentiroso desde o princípio
O Anticristo: profetizada a sua vinda Previsto o fim do seu reino Condenado por Deus
Envolve os seus seguidores Recapitula em si todas as iniqüidades O nome misterioso do Anticristo
O REINO ETERNO
Preparação gradual Cumprimento da promessa As profecias de Isaías.
O reino dos justos CONCLUSÃO

APRESENTAÇÃO

Surgiu, pelos anos 40 do século XX, na Europa, especialmente na França, um movimento de interesse voltado para os antigos escritores cristãos e suas obras conhecidos, tradicionalmente, como "Padres da Igreja", ou "Santos Padres". Esse movimento, liderado por Henri de Lubac e Jean Daniélou, deu origem à coleção "Sources Chrétiennes", hoje com mais de 400 títulos, alguns dos quais com várias edições. Com o Concílio Vaticano II, ativou-se em toda a Igreja o desejo e a necessidade de renovação da liturgia, da exegese, da espiritualidade e da teologia a partir das fontes primitivas. Surgiu a necessidade de "voltar às fontes" do cristianismo.

No Brasil, em termos de publicação das obras destes autores antigos, pouco se fez. Paulus Editora procura, agora, preencher este vazio existente em língua portuguesa. Nunca é tarde ou fora de época para rever as fontes da fé cristã, os fundamentos da doutrina da Igreja, especialmente no sentido de buscar nelas a inspiração atuante, transformadora do presente. Não se propõe uma volta ao passado através da leitura e estudo dos textos primitivos como remédio ao saudosismo. Ao contrário, procura-se oferecer aquilo que constitui as "fontes" do cristianismo para que o leitor as examine, as avalie e colha o essencial, o espírito que as produziu. Cabe ao leitor, portanto, a tarefa do discernimento. Paulus Editora quer, assim, oferecer ao público de língua portuguesa, leigos, clérigos, religiosos, aos estudiosos do cristianismo primevo, uma série de títulos, não exaustiva, cuidadosamente traduzidos e preparados, dessa vasta literatura cristã do período patrístico.

Para não sobrecarregar o texto e retardar a leitura, procurou-se evitar anotações excessivas, as longas introduções estabelecendo paralelismos de versões diferentes, com referências aos empréstimos da literatura pagã, filosófica, religiosa, jurídica, às infindas controvérsias sobre determinados textos e sua autenticidade. Procurou-se fazer com que o resultado desta pesquisa original se traduzisse numa edição despojada, porém, séria.

Cada autor e cada obra terão introdução breve com os dados biográficos essenciais do autor e comentário sucinto dos aspectos literários e do conteúdo da obra suficientes para boa compreensão do texto. O que interessa é pôr o leitor diretamente em contato com o texto. Ele deverá ter em mente as enormes diferenças de gêneros literários, de estilos, em que estas obras foram redigidas: cartas, sermões, comentários bíblicos, paráfrases, exortações, disputas com os heréticos, tratados teológicos vazados em esquemas e categorias filosóficas de tendências diversas, hinos litúrgicos. Tudo isso inclui, necessariamente, uma disparidade de tratamento e de esforço de compreensão a um mesmo tema. As constantes, e por vezes longas, citações bíblicas ou simples transcrições de textos escriturísticos devem-se ao fato que os padres escreviam suas reflexões sempre com a Bíblia numa das mãos.

Julgamos necessário um esclarecimento a respeito dos termos patrologia, patrística e padres ou pais da Igreja. O termo patrologia designa, propriamente, o estudo sobre a vida, as obras e a doutrina dos pais da Igreja. Ela se interessa mais pela história antiga incluindo também obras de escritores leigos. Por patrística se entende o estudo da doutrina, as origens dessa doutrina, suas dependências e empréstimos do meio cultural, filosófico e pela evolução do pensamento teológico dos pais da Igreja. Foi no século XVII que se criou a expressão "teologia patrística" para indicar a doutrina dos Padres da Igreja distinguindo-a da "teologia bíblica", da "teologia escolástica", da "teologia simbólica" e da "teologia especulativa". Finalmente, Padre ou Pai da Igreja se refere a escritor leigo, sacerdote ou bispo, da antiguidade cristã, considerado pela tradição posterior como testemunho particularmente autorizado da fé. Na tentativa de eliminar as ambigüidades em torno desta expressão, os estudiosos convencionaram em receber como "Pai da Igreja" quem tivesse estas qualificações: ortodoxia de doutrina, santidade de vida, aprovação eclesiástica e antiguidade. Mas, os próprios conceitos de ortodoxia, santidade e antiguidade são ambíguos. Não se espere encontrar neles doutrinas acabadas, buriladas, irrefutáveis. Tudo estava ainda em ebulição, fermentando. O conceito de ortodoxia é, portanto, bastante largo. O mesmo vale para o conceito de santidade. Para o conceito de antiguidade, podemos admitir, sem prejuízo para a compreensão, a opinião de muitos especialistas que estabelece, para o Ocidente, Igreja latina, o período que, a partir da geração apostólica, se estende até Isidoro de Sevilha (560-636). Para o Oriente, Igreja grega, a antiguidade se estende um pouco mais, até a morte de são João Damasceno (675-749).

Os "Pais da Igreja" são, portanto, aqueles que, ao longo dos sete primeiros séculos, foram forjando, construindo e defendendo a fé, a liturgia, a disciplina, os costumes e os dogmas cristãos, decidindo, assim, os rumos da Igreja. Seus textos se tornaram fontes de discussões, de inspirações, de referências obrigatórias ao longo de toda tradição posterior. O valor dessas obras, que agora Paulus Editora oferece ao público, pode ser avaliado neste texto: "Além de sua importância no ambiente eclesiástico, os Padres da Igreja ocupam lugar proeminente na literatura e, particularmente, na literatura greco-romana. São eles os últimos representantes da Antiguidade, cuja arte literária, não raras vezes, brilha nitidamente em suas obras, tendo influenciado todas as literaturas posteriores. Formados pelos melhores mestres da Antiguidade clássica, põem suas palavras e seus escritos a serviço do pensamento cristão. Se excetuarmos algumas obras retóricas de caráter apologético, oratório ou apuradamente epistolar, os Padres, por certo, não queriam ser, em primeira linha, literatos, e sim arautos da doutrina e moral cristãs. A arte adquirida, não obstante, vem a ser para eles meio para alcançar este fim. (...) Há de se lhes aproximar o leitor com o coração aberto, cheio de boa vontade e bem disposto à verdade cristã. As obras dos Padres se lhe reverterão, assim, em fonte de luz, alegria e edificação espiritual" (B. Altaner – A. Stuiber, Patrologia, Paulus, São Paulo, 1988, pp. 21-22).

INTRODUÇÃO

"Existem cinco razões, que a nosso modo de ver, evidenciam não ser supérflua a estafante atividade de transcrever este livro. Primeira, porque é raríssimo, pois caído o silêncio sobre as heresias, destruídas em nossos dias com insólita violência, quase ninguém mais se anima a manuseá-lo. Segunda, que o autor é antigo, próximo aos tempos apostólicos e por isso digno de fé. Terceira, que tudo o que escreveu a propósito dos heréticos não recolheu só por ouvir dizer ou por fama, mas ouviu ensinar em grande parte pela viva voz de tais mestres e com os próprios olhos viu praticar, pois lhes era coevo, ou seja, contemporâneo e natural daqueles lugares. Quarta, acerca das heresias daquele tempo, nenhum outro discutiu com maior profundidade e clareza. Quinta, é necessário sobretudo restabelecer a ciência das armas da Igreja militante — descuidadas em tempos de paz — porque diminuindo os defensores a tirania vai se enfurecendo tanto mais agudamente quanto é livre em fazê-lo impunemente."

(Do prólogo às obras de santo Ireneu, composto por: Floro de Lião pelo ano 860.)

A estrutura deste estudo de Ireneu tem, basicamente, duas partes: apresentação das teorias heréticas e a refutação delas pela doutrina cristã; serão combatidas as primeiras e fortificada a segunda; demonstradas as limitações e falsidades das primeiras para enfatizar o acesso e vivência do Deus verdadeiro, comprovação e sustentação da veracidade da segunda; salientar a falácia das primeiras e indicar a segunda como fonte de vida.

Os cinco livros não são o resultado intencional do esquema original. O desenvolvimento da pesquisa de Ireneu exigiu-lhe a ampliação física dos estudos, apesar de no I livro afirmar a intenção de inicialmente apresentar as heresias e depois refutá-las; mas já no III livro o autor promete tratar alguns argumentos em livros posteriores. Parece que o plano inicial foi sendo modificado e ampliado à medida da necessidade, ainda que se tenha conservado a intenção primeira de duas partes (apresentar as heresias e depois os cânones da verdade). O conjunto da obra revela, pois, certa complexidade e freqüentes repetições — que em certo sentido tornam cansativa a leitura a um espírito cartesiano ou matemático —; tal fato também se prende à intermitência com que Ireneu escreveu seu estudo em meio às atividades episcopais. Todavia, Adversus haereses, como tradicionalmente é conhecida esta obra, é exposição convincente, simples e persuasiva da doutrina da Igreja, além de ser a única fonte atual para o conhecimento dos sistemas gnósticos e da teologia da Igreja dos Padres, do final do século II.

O título e as diversas ênfases do texto dão a própria estrutura do livro:

1. Exposição do sistema gnóstico e suas variações, "segundo princípios que por si só bastariam para refutá-los" (breve resumo da doutrina da Igreja — I livro).

2. Refutação dos falsos conhecimentos:

a. Com argumentos racionais, apelando às regras da fé e de acordo com a Tradição (II livro);

b. Com os ensinamentos dos apóstolos contidos na Escritura e na Tradição (III livro);

c. Com as palavras do Senhor (palavras claras e parábolas), contidas tanto no AT quanto no NT — pois as palavras escritas no Antigo Testamento são palavras de Cristo (IV livro);

d. Ainda com outras palavras do Senhor, cartas apostólicas, especialmente de são Paulo (doutrina da ressurreição da carne e recapitulação — V livro).

O Adversus haereses foi escrito depois do ano 180, enquanto os três primeiros livros o foram durante o bispado de Eleutério em Roma (175-189) e os dois outros, durante o do bispo Vítor (189-198).

O texto original era em grego e se perdeu; todavia, dele foram encontradas citações nas obras de Hipólito, Eusébio de Cesaréia e, principalmente, de Epifânio (que em sua obra Panarion reproduz quase todo o I livro), ou em alguns papiros. E. Ter-Minassiantz descobriu e publicou uma tradução literal em armênio do IV e V livros. Da tradução siríaca foram encontrados 33 fragmentos.

A tradução latina — segundo autores como H. Jordan e A. Souter — teria sido feita na África Setentrional, entre 370 e 420; H. Koch afirma ter sido já utilizada tal tradução por Cipriano, antes pois de 250; W. Sanday diz que ela já existiria pelo ano 200. É certo que santo Agostinho conheceu o texto latino, tendo-o utilizado à farta; também o conheceu Tertuliano.

Este longo e apologético estudo é a mais antiga discussão sobre as heresias de que se tem memória. Ele teve aceitação muito grande e sucesso tal que conseguiu estabelecer bases mortais para o gnosticismo e critérios para o fazer teológico.

Com a perda de influência dos santos Padres, a partir do século IV, santo Ireneu foi caindo também no esquecimento; a Idade Média o ignorou, somente no século XVI é que foi redescoberto através de uma edição parcial de Adversus haereses, em 1526, organizada por Erasmo — que chamava com carinho o seu autor de "meu Ireneu".

O texto latino antigo foi retraduzido e recebeu maior elegância. Em 1710, o beneditino Massuet introduziu os subtítulos e a divisão em números atualmente em uso, uma vez que o autor apenas subdividiu sua obra em cinco livros.

O desenvolvimento e a própria exposição do livro não mantêm evolução constante; muitas vezes é prolixo, cheio de digressões e repetições — o que, por um lado, o torna um pouco cansativo, e por outro cheio de paixão apostólica. Santo Ireneu não foi especulativo, nem erudito, nem homem de ciências; era homem de fé e da Igreja, bispo e, em sentido largo, "homem apostólico", isto é: que viveu no e do ambiente apostólico.

Caráter prático é o objetivo desta obra: defender o "depósito da fé" contra os heréticos (sobretudo gnósticos), e expor com clareza aos fiéis o "cânon imutável da verdade". Nem preocupação científica, nem artística, mas como ele mesmo dizia: "Tu não procurarás em nós — que vivemos entre os celtas, e que usamos costumeiramente a língua bárbara deles — nem a arte da palavra — que nunca aprendemos —, nem o vigor do estilo — que não procuramos —; mas o que, de forma simples, clara e pura, foi escrito para ti com amor, tu com amor o acolherás, e desenvolverás por ti mesmo, pois és um dos mais capazes entre nós — a quem te demos, por assim dizer, o gérmen e os princípios" (Adv. haer., I, Prefácio, 3).

1. Outras obras de Ireneu

Além de Contra as heresias, outra obra de Ireneu conservada completa — e que em certo sentido — é uma síntese didática de sua obra maior, intitulada Epídeixis toû apostolokoû kerygmatos (Demonstração ou exposição da pregação apostólica). Esta Demonstração, também conhecida como "Antigo catecismo para adultos", e embora mencionada por Eusébio, fora desconhecida por muito tempo. Somente em 1904 foi descoberta uma versão armênia, pelo arquimandrita (e depois bispo) do Azerbaijão Kaparet Ter-Mekerttschian; a primeira publicação é de 1907, acompanhada inclusive de tradução alemã com notas e divisão em 100 pequenos capítulos — tornada clássica pelo famoso teólogo Adolph Harnack. Demonstração tem duas grandes partes e uma conclusão: do cap. 1 ao 41 trata do conteúdo da fé, do 42 ao 94 a demonstração propriamente dita e os caps. 95-100 compreendem a conclusão. Enquanto no Adversus haereses a ênfase recai sobre a doutrina de Deus criador (portanto, com caráter teológico), em Demonstração o enfoque se faz desde a economia da salvação (evidenciando o caráter cristológico e soteriológico). Mas este pequeno livro também trata das três Pessoas divinas, da criação e queda do homem, da encarnação e redenção, da conduta de Deus com o homem desde "Adão" até Cristo; a segunda parte, usando sobretudo as profecias do AT, procura demonstrar sua concordância com a revelação cristã. E, na conclusão, o autor exorta seus leitores à vida de fidelidade à fé, pondo-se cheio de atenção diante das heresias, "se realmente queremos agradar a Deus e obter a salvação" (cap. 100). Dedicada ao amigo Marcião (personagem desconhecida), esta obra é excelente catecismo batismal, com fórmulas simples, mas claras e densas, e ao mesmo tempo cheia de entusiasmo e vibração.

Têm-se referências de várias outras obras do bispo de Lião, apesar de se conservarem apenas fragmentos de umas, os títulos de outras, enquanto outras ainda são tidas como apócrifas.

2. A história de Ireneu

Poucas, mas significativas, são as informações que se possuem sobre Ireneu. No XVII ano do imperador romano Antonino Vero (177 d.C.), inúmeros cristãos passaram a ser aprisionados em Lião e Viena, na Gália, em decorrência de perseguição religiosa. Ao mesmo tempo na Frígia, surgiam os montanistas (seguidores de Montano), pregando iminente retorno de Cristo; eles logo passaram a gozar de grande fama por causa das "maravilhas" de seus múltiplos carismas e falsas profecias. Contudo, tais profetas passaram a inquietar a Igreja espalhada por todo o império. Os cristãos prisioneiros em Lião, dissentindo de tais profetas, escreveram cartas aos irmãos da Ásia e da Frígia, e a Eleutério, bispo de Roma, visando especificamente pacificar a Igreja.

Estes mártires recomendaram Ireneu ao bispo de Roma e o elogiaram dizendo: "Novamente te desejamos toda felicidade em Deus e que ela permaneça sempre contigo, pai Eleutério. Demos esta missão a Ireneu, irmão nosso e companheiro, de levar-te estas cartas; digna-te recebê-lo como zeloso observador do Testamento de Cristo. Se pensássemos que a posição de alguém é a que o torna justo, imediatamente queremos te apresentá-lo como sacerdote da Igreja, como de fato ele o é" (cit. por Eusébio, HE, V, 4, 1-2). Tal missão é o único fato datável de sua vida. Todos os outros são os mais possíveis. Costuma-se localizar seu nascimento em torno de 140, em Esmirna, na Ásia (atual Turquia). Ainda criança, em Esmirna, freqüentou o velho bispo Policarpo (martirizado em 156), que por sua vez fora discípulo do apóstolo João — o que confere a Ireneu o título de "vir apostolicus".

Na Ásia Menor, Ireneu conheceu são Policarpo. "Eu te poderia dizer — escreve ele a Florino, ex-condiscípulo de Policarpo, que apostatara tornando-se valentiniano — qual o lugar onde o beato Policarpo costumava sentar-se para falar-nos, e como entrava nos argumentos; que tipo de vida tinha, qual o aspecto de sua pessoa, os discursos que fazia ao povo, como nos discorria sobre os colóquios íntimos que tinha com João e com os outros que haviam visto o Senhor, seus milagres e sua doutrina. Tudo isto Policarpo aprendeu com testemunhas oculares do Verbo da Vida e o anunciava em plena harmonia com as Sagradas Escrituras" (cit. por Eusébio, HE, V, 20, 5-60).

Tendo voltado de Roma, foi eleito pelo povo bispo de Lião, sucedendo a Potino, que morrera por maus-tratos na prisão aos 90 anos de idade. Entre os anos 180 e 198 escreveu suas duas obras, atualmente conhecidas. Interveio decisivamente em diversas controvérsias eclesiásticas, cuja mais célebre foi a grande polêmica sobre a data da Páscoa, que opôs as Igrejas da Ásia Menor às outras Igrejas do Ocidente, lideradas pelo bispo Vítor (189-199). Diziam os bispos da Ásia — sob a liderança de Policrates, de Éfeso — conservar a data hebraica da festa da Páscoa, adotada por João; para as Igrejas ocidentais e algumas do Oriente era outra a data celebrada. Em determinado momento o bispo avocou a si a decisão, ameaçando com a excomunhão os que não o seguissem: prenunciava-se assim calorosa cisão na Igreja. Ireneu escreveu ao bispo de Roma e aos bispos da Ásia, em nome das Igrejas da Gália; exortava respeitosamente o bispo de Roma a prudência maior e a não tomar medidas radicais. Certamente havia inconvenientes quanto aos costumes inculturados sobre a questão. Certamente o bispo de Roma queria ser o primaz. Entretanto, Ireneu convidava-o a não romper a unidade cristã por esta questão disciplinar e secundária, afinal eram ambas tradições vindas dos apóstolos em contextos diversos. Pacificados os ânimos, Ireneu — segundo o dizer de Eusébio — fez jus ao significado etimológico de seu nome, cujo radical (irene) significa "paz".

Segundo Gregório de Tours, na clássica História dos Francos, Ireneu, como bispo, conseguiu reanimar sua Igreja saída da perseguição, tornando-a foco missionário para toda a Gália.

Todavia, seu mérito histórico maior foi ter identificado, estudado e refutado radicalmente o gnosticismo, e com isto estabeleceram-se bases e princípios gerais para combater todas as heresias na Igreja.

Nada se sabe — com certeza — a respeito de sua morte. Uma tradição tardia — que remonta a Jerônimo e ao Pseudo-Justino — afirma ter sido martirizado por heréticos, depois do ano 200, com cerca de 70 anos de idade; outra tradição afirma ter morrido num massacre geral de cristãos lioneses sob Sétimo Severo (pelo ano 202?). A Igreja Católica o venera como mártir, celebrando-o a 28 de junho.

3. Algumas notas

— Este asiático, expatriado na Gália, conheceu Roma. Foi ele que uniu a tradição da Ásia Menor à tradição romana, que transplantou para Lião. E aí adquire valor excepcional seu testemunho situado na confluência do Oriente e do Ocidente.

— É impressionante a cultura bíblica de Ireneu — que usava a versão dos Setenta — citando praticamente todos os livros bíblicos, com exceção apenas de Ester, Crônicas, Eclesiastes, Cântico dos cânticos, Jó, Abdias (do NT), e Filemon e 2Jo (do NT).

— Apesar de não ser sua especificidade argumentar com textos neotestamentários, cita muito particularmente os Atos dos Apóstolos e a carta de Paulo aos Romanos (da qual conserva constantemente também o espírito). Usa alguns textos apócrifos (por exemplo: 1 Enoc, Ascensão de Isaías, proto-evangelho de Tiago), além de citar alguns textos atribuídos por ele a Jeremias e a Davi, não encontrados no cânon veterotestamentário.

— Na formação teológica de Ireneu estão presentes, não apenas como citação, mas como influência teológica, contributos da tradição apostólica, especialmente — através de Policarpo — de João e da escola Joanina — sobretudo Pápias —, também Clemente Romano, Barnabé, Hermas e o autor da Didaqué. O bispo de Lião é ainda devedor a Teófilo de Antioquia, Melitão de Sardes, Aristão de Pella; conhecia bem Taciano e, provavelmente, Clemente Alexandrino jovem e Atenágoras.

— É inegável sua preparação clássica, podemos citar Homero e Hesíodo, Píndaro e Estesicoro; conhecia as fábulas de Esopo e os dramas de Édipo. Nas teorias gnósticas encontrou paralelos com a doutrina de Tales, Anaximandro, Anaxágoras, mas sobretudo de Platão e Aristóteles. Leu profundamente Justino. Ao estudar os gnósticos em seus textos originais, aprofundou-se em Valentim, Ptolomeu (valentiniano), Marcos, Marcião, Simão, o Mago, e outros menores como Menandro, Saturnino, Basílides, Carpocrates, Cerinto, os ebionitas, os nicolaítas, Cerdão, Taciano, os ofitas, os setitas, os cainitas.

— Apesar de ser marco e ponte entre o cristianismo das origens e o que se desenvolve a partir do século III (com crescente peso político e organização hierárquica), Ireneu foi aos poucos sendo esquecido, a ponto de o bispo de Lião, Etério, ter escrito ao papa Gregório Magno (590-604) para obter informações sobre a vida e obras de seu ilustre predecessor — do qual conhecia por ouvir dizer, provavelmente, só o nome e a fama ou uma série de lendas inaceitáveis.

— Ignorado na Idade Média, Ireneu foi redescoberto no século XVI, quando Erasmo publicou uma edição com os textos principais de Adversus haereses (1526). Demonstração só foi encontrada em 1904, pelo arquimandrita Ter-Mekerttschian.

— Homem de tradição apostólica, Ireneu tornou-se o primeiro teólogo como guardião fiel dos "cânones imutáveis da verdade" (Adv. haer. I, 9.4). Sem especulações, nem inovações, ele — mestre da tradição — legou ensino essencialmente tradicional, cujo caráter permanece na teologia ocidental; ao contrário, por exemplo, do legado de Orígenes (também excelente teólogo, bem mais especulativo e criativo e autor de grandioso estudo científico, apesar de algumas vezes prematuro e nem sempre seguro), ou de Tertuliano (de quem procede especialmente a linguagem técnica da teologia).

4. Ireneu, teólogo da história da salvação

O primeiro e mais completo "corpo de doutrina" da Igreja do século, é o ireneano, cujo objetivo maior era defender o "depósito da fé" contra os heréticos e expor com clareza aos fiéis os cânones da "verdade segura" (Adv. haer. I, 9.4).

Foi teólogo da ortodoxia, pois suas obras — por serem de ocasião — objetivaram defender a originalidade cristã diante das várias seitas gnósticas e ao mesmo tempo afirmá-la. É, todavia, o primeiro grande teólogo dogmático dentre os pais da Igreja, mesmo sem grandes especulações, descobertas teológicas e/ou ensaios inovadores. A sistematização da doutrina cristã encontrou nele mão segura, sobretudo, quando muitos cristãos do final do século II eram atraídos por grupos heterodoxos (os mais diversos gnósticos: ebionitas, valentinianos, marcionitas etc.) que não só abandonavam as fronteiras possíveis da fé, mas induziam a movimentos sincretistas e míticos, os quais reduziam a fé ao nível dos mitos das religiões populares.

Ensinar a doutrina da Igreja, transmitida sem descontinuidade pelos apóstolos e seus sucessores, de modo preciso e fiel, combatendo os erros todos, era o empenho ireneano, visando fortificar a Igreja de Cristo. "Concede, ó Senhor, a todos os que lerão este livro reconhecer que tu és o Único Deus; faz com que todos sejam confirmados na fé e se afastem de toda doutrina herética, atéia e ímpia" (Adv. haer. III, 6.40).

Suas duas obras conhecidas têm o mesmo tema (as verdades da fé), porém em perspectivas diversas. Contra as heresias é essencialmente teológica; enquanto Demonstração é sobretudo cristológica e soteriológica. "Na sua luta contra a heresia, Ireneu expõe os princípios de sã interpretação das Escrituras: a regra da fé da Igreja para quem quer permanecer estritamente fiel, no respeito à Tradição. Apresenta a justo título resumo da Escritura de onde ela provém. Em face ao gnosticismo herético, Ireneu rejeita todo esoterismo: a fé da Igreja não é por nada gnose reservada a elite de iniciados; pertence a todos os fiéis, desde os simples e pequenos. E mais grave ainda: os heréticos recusam a revelação divina e, portanto, a salvação que nos advém pela encarnação que recapitula a humanidade, pondo em comunhão com Deus" (G. Peters, Lire les Pères de l'Église. Desclé de Brouver, Paris, 1988, p. 313).

No espírito paulino, Ireneu afirma dois grandes centros: o Criador e a criatura (Deus e o homem). Cria antropocentrismo cuja força é o teocentrismo, sem nenhum dualismo. Tudo provém da bondade criadora de Deus: o cosmos todo e toda a matéria, particularmente a carne do homem, que é modelada pelas duas mãos de Deus (o Verbo e o Espírito). Criado e salvo por amor, o homem jamais será abandonado por Deus — seu criador e modelador — que o fez para elevá-lo à sua visão (ver a Deus é assemelhar-se a ele). Toda a criação culmina na encarnação do Verbo — que por sua vez é indissociável e redentoramente inseparável da paixão e ressurreição de Jesus, o Cristo de Deus. O Verbo se encarnou para revelar ao homem quem é o próprio homem; este mistério da encarnação é realidade para além do pecado. A encarnação deu-se para elevar o homem à sua plenitude, isto é, à sua salvação. E ela ocorreu, quando, na "plenitude do tempo", a humanidade estava apta para receber aquele que era o primeiro Homem, mesmo se manifestando na carne adamítica tão posteriormente.

A história da salvação — muito maior do que a da remissão dos pecados — é o processo da economia de Deus, realizada pela recapitulação de todas as coisas em Cristo; é ela espaço da educação progressiva do homem. Dado que este não foi criado nem perfeito, nem imperfeito — mas perfectível — deve ir-se habituando progressivamente à vida do Espírito, que vive nele até sua humanização completa — quando então estará assemelhado a Deus.

5. Idéias centrais de Ireneu

Três são as idéias básicas ou temas maiores de

Ireneu: a unidade e unicidade de Deus, a economia realizada pela recapitulação e a educação progressiva do homem.

a) Unidade e unicidade de Deus

Revelado de modo verdadeiro e autêntico pela Escritura, não pode ser Deus confundido com o Demiurgo e/ou Éões criadores; é ele o único criador do mundo, o que permanece sempre o mesmo e sem limites. "A Trindade faz parte do caráter inefável de Deus e a geração do Verbo também é inefável; mesmo assim Deus é cognoscível e este conhecimento é real e não ofusca sua inefabilidade. É cognoscível no Filho e no Espírito Santo, com os quais criou o mundo; é cognoscível pelo amor, na história e na economia da salvação apontada na Escritura" (E. Paretto, "Introduzione" in Epideixis, Borla, Roma, 1981, p. 41). Deus é o criador de todas as coisas e o Pai do Logos — que por sua vez preexistia à criação do mundo; o Espírito Santo — a outra mão criadora de Deus — plenificou os profetas com sua inspiração, foi habituando-se em Jesus (a quem servia) a morar outra vez entre os homens. É o Espírito quem, no processo de amadurecimento do homem, prepara-o para ver a Deus. A "economia da salvação", manifestada sobretudo na Escritura, particularmente no AT, é excelente e fundamental ensinamento sobre as três Pessoas do Deus Único, segundo Ireneu — que não se preocupou com a relação trinitária em si. A criação é ação única e conjunta de Deus, por suas mãos criadoras.

O Pai é criador e único. Contrariamente aos gnósticos, Ireneu reafirma que o Deus Transcendente não é senão o mesmo e único criador e que se foi revelando na história inclusive mediante seu Verbo e Senhor nosso Jesus Cristo — feito homem para unir o homem a Deus.

Deus conhecido, ab initio pelo Verbo, torna-se no Verbo o Deus humanado e aí se torna a possibilidade definitiva de o homem ver Deus: por meio do Homem-Deus, o homem verá (conhecerá e participará da vida de) Deus. É neste sentido muito claro para Ireneu que a própria criação é já fato salvífico (Adv. haer. IV, 20,7). Ver Deus (princípio caro ao Santo) é a vida do homem: para isto foi ele criado.

b. A economia realizada pela recapitulação

A economia de Deus — para Ireneu — designa seu projeto relativo ao homem (e ao cosmos): é plano de amor que se efetiva como história de salvação. História esta que culmina na encarnação/redenção. O homem modelado à imagem arquetípica do Homem Original (mas apenas revelado quando de sua encarnação adamítica) há de se assemelhar a Deus definitivamente na visão de Deus. Nesta história terrena, o assemelhamento processual é obra do espírito que inspira o homem a optar pelo bem: porém, respeitando suas contra-reações, como ocorreu com o primeiro "Adão" — o que se opôs a Deus ao acatar, imaturamente, o pretexto do demônio sobre a imortalidade humana; essa prevaricação o levou à morte. O primeiro "Adão" era, contudo, pequeno porque criança; devia crescer para chegar ao estado adulto — e naquele estado foi enganado pelo Sedutor (Demonstração, 12). O segundo "Adão", isto é, o Filho Eterno segundo o qual "Adão" fora criado, mas que se manifestou na ordem do tempo só posteriormente

— Ao encarnar-se houve por bem manifestar o homem verdadeiro ao homem adamítico e recuperá-lo ao caminho de Deus. Neste segundo "Adão" — o Cristo de Deus — o Espírito voltou a habituar-se aos homens, pois estava ausente do homem pecador. O Verbo encarnado revelou e visibilizou o Pai ao homem e por meio de seu Espírito a humanidade o encontrou outra vez. É ele o único capaz de reunir todas as coisas, isto é: de recapitular tudo. Por um lado, o Verbo humanado retoma em si toda a humanidade e até todo o cosmos criado; e por outro, enquanto o "novissimus" Adão retoma a obra do "primeiro" Adão, restaurando-a e renovando-a: por sua obediência ao Pai destrói a obediência ao Sedutor. Ele se faz adamítico (homem encarnado) acolhendo e fazendo nova a antiga obra modelada a sua imagem: nele a humanidade encontra sua originalidade, sua verdadeira imagem. Porém, segundo Ireneu, a encarnação é a condição necessária para que a obra da salvação possa se realizar.

    c.   A educação progressiva do homem

O homem é ser em desenvolvimento em vista de sua maturidade. Este processo passa do ser criado à imagem de Deus para o assemelhar-se a Deus (capacidade de participar da vida divina, vendo a Deus), dado que o homem nunca será Deus: este é o criador, aquele é a criatura. Criado em vista de seu desenvolvimento, o homem é feito "receptáculo dos dons de Deus", inclusive participando da imortalidade e da incorruptibilidade de Deus — pois para isto o Espírito de Deus atua na carne humana, pneumatificando-a progressivamente já nesta história. O tempo e a história são condições para o amadurecimento.

Não criado perfeito nem imperfeito, o homem se aperfeiçoa à medida que se desenvolve e cresce. Enquanto Deus é sempre o mesmo, o homem que se encontra em Deus (pois é habitado pelo Espírito) se transforma crescendo em direção a Deus (Adv. haer. IV, 11,2). "Esta é a ordem, o rítmo, o movimento pelo qual o homem criado e modelado adquire a imagem e a semelhança do Deus incriado: o Pai decide e ordena, o Filho executa e forma, o Espírito nutre e aumenta, o homem paulatinamente progride e se eleva à perfeição; isto é, aproxima-se do Incriado, do Perfeito por não ser criado, e este é Deus. Era necessário que primeiramente o homem fosse criado, depois crescesse, depois de crescido se fortalecesse, depois de fortalecido, se multiplicasse, depois de multiplicado se consolidasse, depois de consolidado fosse glorificado, depois de glorificado visse seu Senhor: pois é Deus que deve ser visto um dia, e a visão de Deus causa a incorruptibilidade e a incorruptibilidade produz o estar junto de Deus" (Adv. haer. IV, 38,3).

Nesta processualidade há habituação do homem a Deus (educação) e de Deus ao homem. Tal processo se plenifica através do Verbo que se faz homem, habitando entre os homens e habituando-os a receber Deus, por meio do Espírito. No Verbo, Deus recapitulou a carne humana, livrando-a do pecado e da morte para vivificar o homem, isto é, para restituir-lhe a vida que, definitivamente, é a visão de Deus.

d. A dogmática geral de Ireneu

O pensamento ireneano é muito rico, sendo também fonte quase inesgotável para a teologia. Ao lado destes três temas maiores, perfilam-se, contudo, todos os outros temas da teologia e da fé católicas.

Em torno de sua teoria da recapitulação de tudo em Cristo constrói a Eclesiologia (Cristo é a cabeça da Igreja, para perpetuar através dela sua obra de renovação até o fim do mundo.

A Escritura é ditada pelo Verbo de Deus e seu Espírito Santo, por isso é perfeita.

A escatologia ireneana não pode ser compreendida fora de sua teoria da recapitulação: a força de Deus assume a fraqueza da carne e a ressuscitará; a ressurreição de nossa carne humana já foi antecipada em Cristo, nosso mediador perfeito. Este mesmo Cristo — a quem se atribui muitos nomes, pois é um só e idêntico e não como a multidão dos Éões, os quais encontram nas diferentes funções as razões de suas individualidades — vence e triunfa sobre o Anticristo e prepara os homens gradualmente, por meio do Espírito, para a visão de Deus e a participação na vida divina, em perfeição.

Ireneu era otimista; realisticamente otimista. Conhece o efeito do pecado e suas conseqüências, na carne e na história; mas sua confiança no plano do Pai o afasta de todo pessimismo (inclusive aqui pode valer na atualidade sua teologia, pois perpassa em certas camadas da Igreja contemporânea certo pessimismo a respeito do homem, fundamentado em agostinianismo que se pretende realista. Baste, para perceber tal fenômeno, a força do "amartio-centrismo" tão presente na atual "restauração conciliar").

A obra de Ireneu ocupa hoje lugar especial na história do pensamento cristão, não apenas por seu caráter de síntese completa, mas também pela perspectiva e globalidade dadas à história da salvação. Há no seu pensamento vigor dialético, profundo sentido escriturístico e bom senso sereno e profundo (às vezes entremeado de humor). Estabeleceu princípios para sadia interpretação das Escrituras; frente ao gnosticismo recusa todo apelo ao esoterismo e a doutrinas secretas e/ou reservadas a iniciados; reafirma a transparência da fé cristã, que inclusive os pobres e simples podem entendê-la e vivenciá-la de modo pertinente.

Os dois centros de sua teologia: Deus criador e o homem criatura evidenciam não um confronto, mas a comunhão no amor. Deus faz e o homem é feito para que participe e viva no e do amor divino, pois é ele imagem divina (o protótipo é o Verbo) a ser assemelhado a Deus, torna-se vivo, perfeito e capaz de compreender o Deus perfeito. O homem vivo será (é) a glória de Deus, e a vida do homem é a visão de Deus.

6. Outras considerações

Em boa hora este estudo de santo Ireneu é editado também em português, pois dá oportunidade a nossos teólogos e historiadores do pensamento e das religiões abrirem perspectivas científicas e teológicas para a análise de culturas e idéias religiosas contemporâneas. Ao estímulo deste primaz da Igreja — como também de outros autores (penso neste momento em Agostinho, com sua "Cidade de Deus") —, é hora de aprofundamento sério e cristão sobre as hodiernas e crescentes questões de misticismo e esoterismo que vem ocupando inúmeros espaços vazios da cultura ocidental e religiosa, também a cristã.

Nos ambientes cristãos de hoje, muitos olhos estão demais fixados em seu umbigo; a hegemonia cristã se pretende como resposta exaustiva e quer manter tal posição ante as novas formas de culturas gnósticas, mediúnicas e espiritualistas. Diante de questões de seu tempo, Ireneu fez a apologia da fé cristã com os melhores objetivos. Os tempos mudaram e hoje são os cristãos intelectuais e pastores convidados a — com novos métodos e novo ar-dor — entrar em diálogo com as religiões e com o mundo, para conhecer seu cunho e fazer transluzir aí, de modo claro e límpido, coerente e simples, a verdade de Deus, através de seu Cristo e de sua Sabedoria, em que, garantindo a grandeza do homem, se possa evidenciar o plano salvador, de modo a beneficiar todos os homens na grandeza maior que a Igreja de Jesus pode e deve apresentar.

Voltar aos santos dos primeiros séculos, e em particular a Ireneu, é vontade corajosa de encontrar o homem — o homem de Deus através da universalidade da economia do Pai, na solidariedade do Verbo e no desenvolvimento humano sustentado pelo Espírito. Ireneu

— Teólogo datável — foi capaz de superar-se a si mesmo e ao seu tempo, abrir caminhos teológicos até para os nossos tempos hodiernos. O homem contemporâneo sente a força da história (vs. a do além), valoriza sua carne humana como algo bom e nobre (vs. os espiritualismos), enfatiza a vida e a luta por ela (vs. a força do pecado), a processualidade do homem (vs. a miraculosidade) etc. Dicotomias várias (tipo espírito/matéria), advindas ao cristianismo por sua inculturação no helenismo, portanto anteriores a santo

Ireneu, têm sido culpabilizadas pela existência real de homens de 1ª, 2ª e 3ª categorias sociais (dentre os últimos, quase todos os de língua portuguesa). A totalidade do homem — que ocorre em sua carne, também feita carne de Deus — será a realidade a viver em Deus e da plenitude de Deus, ensina santo Ireneu.

I LIVRO

SISTEMAS GNÓSTICOS

PREFÁCIO

Pr., 1. Alguns, ao rejeitar a verdade, apresentam discursos mentirosos e genealogias sem fim, as quais favorecem mais as discussões do que a construção do edifício de Deus que se realiza na fé1 — no dizer do Apóstolo — e, por astuta aparência de verdade, seduzem a mente dos inexpertos e escravizam-nos, falsificando as palavras do Senhor, tornando-se maus intérpretes do que foi corretamente expresso. Sob pretexto de gnose afastam muitos daquele que criou e pôs em ordem este universo, como se pudessem apresentar alguma coisa mais elevada e maior que o Deus que fez o céu e a terra e tudo o que eles encerram. 2 Ardilosamente, pela arte das palavras, induzem os mais simples a pesquisas e, omitindo até as aparências da verdade, levam-nos à ruína, tornando-os ímpios e blasfemos contra o seu Criador, os que são incapazes de discernir o falso do verdadeiro.

Pr., 2. O erro, com efeito, não se mostra tal como é para não ficar evidente ao ser descoberto. Adornando-se fraudulentamente de plausibilidade, apresenta-se diante dos mais ignorantes, justamente por esta aparência exterior, — é até ridículo dizê-lo — como mais verdadeiro do que a própria verdade. Como foi dito, acerca disso, por alguém superior a nós: uma pedra preciosa, a esmeralda, que tem grande valor aos olhos de muitos, perde o seu valor diante de artística falsificação de vidro até não se achar alguém conhecedor que a examine e desmascare a fraude. Quem poderá facilmente detectar a mistura de cobre e prata a não ser o experto? Ora, nós não queremos que por nossa culpa alguns sejam raptados como ovelhas pelos lobos, enganados pelas peles de ovelhas com que se camuflam. Esses, de quem o Senhor nos ordenou nos guardar, esses, que falam como nós, mas pensam diferentemente de nós. Eis por que, depois de ter lido os comentários dos discípulos de Valentim — como eles se denominam — depois de manifestar-te, meu caríssimo amigo,3 os prodigiosos e profundos mistérios, que nem todos entendem, porque não renunciaram ao intelecto, para que tu, informado acerca destas doutrinas, as dês a conhecer aos que estão contigo e os leves a tomar cuidado diante do abismo de irracionalidade e de blasfêmia contra Deus. À medida de nossa capacidade mostrar-te-emos, com poucas e claras palavras, a doutrina dos que, neste momento, ensinam de maneira diferente da nossa; quero dizer de Ptolomeu e dos que lhe estão à volta, cuja doutrina é como que a flor da escola de Valentim. Com nossas medíocres possibilidades, forneceremos os meios para refutá-las, mostrando que o que dizem é absurdo, inconsistente e oposto à verdade. Não acostumados a escrever, não tendo aprendido a arte de falar, mas solicitados pela caridade que nos urge a manifestar a ti e a todos os que estão contigo os ensinamentos deles, que foram conservados secretos, e que agora, pela graça de Deus, se tornam manifestos, pois nada há de encoberto que não venha a ser descoberto, nem de oculto que não venha a ser conhecido.4

Pr., 3. Não procures em nós, que vivemos entre os celtas, e que na maior parte do tempo usamos uma língua bárbara, nem a arte da palavra, que nunca aprendemos, nem a habilidade do escritor em que nunca nos exercitamos, nem a elegância da expressão, nem a arte de convencer, que desconhecemos. Mas, na verdade, na simplicidade e na candura, aceitarás com amor o que com amor foi escrito e desenvolvê-lo-ás por tua conta, visto que és muito mais capaz do que nós. Depois de o receber de nós como semente e princípio, fá-lo-ás frutificar abundantemente pela grande capacidade do teu intelecto e o que por nós foi dito com poucas palavras e insuficientemente te demos a conhecer, apresentá-lo-ás com vigor aos que estão contigo. E assim, ao responder ao teu desejo, já antigo, de conhecer as doutrinas deles, não somente nos esforçamos para to manifestar, mas também para fornecer-te os meios para demonstrar a sua falsidade. Assim tu também esforçar-te-ás por ajudar os outros, conforme a graça que te foi concedida pelo Senhor, de forma que os homens já não se deixem induzir ao erro pela doutrina capciosa deles. Eis, então, essa doutrina.

SISTEMA FUNDAMENTAL

A. O Pleroma e os Éões que o compõem

1,1. Eles dizem que existia, nas alturas, invisíveis e inenarráveis, um Éon perfeito, anterior a tudo, que chamam Protoprincípio, Protopai e Abismo. Incompreensível e invisível, eterno e ingênito que se manteve em profundo repouso e tranqüilidade durante uma infinidade de séculos. Junto a ele estava Enóia, que chamam também Graça e Silêncio. Ora, um dia, este Abismo teve o pensamento de emitir, dele mesmo, um Princípio de todas as coisas; essa emissão, de que teve o pensamento, depositou-a como semente no seio de sua companheira, o Silêncio. Ao receber esta semente, ela engravidou e gerou o Nous, semelhante e igual ao que o tinha emitido e que é o único capaz de entender a grandeza do Pai. Este Nous é também chamado Unigênito, Pai e Princípio de todas as coisas. Juntamente com ele foi gerada a Verdade e esta seria a primitiva e fundamental Tétrada pitagórica que chamam também Raiz de todas as coisas. Ela seria composta pelo Abismo e o Silêncio, o Nous e a Verdade. O Unigênito, tendo aprendido o modo como foi gerado, procriou, por sua vez, o Logos e Zoé, Pai de todos os que viriam após ele, Princípio e formação de todo o Pleroma. Por sua vez, foram gerados pelo Logos e Zoé, segundo a sizígia, o

Homem e a Igreja. Esta seria a Ogdôada fundamental, Raíz e substância de todas as coisas, que por eles é chamada com quatro nomes: Abismo, Nous, Logos e Homem. Cada um deles é masculino e feminino, da seguinte forma: inicialmente o Protopai se uniu, segundo a sizígia, à sua Enóia, que eles chamam também Graça e Silêncio; depois o Unigênito, também chamado Nous, uniu-se à Verdade; depois o Logos, à Zoé; por fim, o Homem, à Igreja.

(A teoria gnóstica da criação do mundo segue os modelos pagãos de divindades masculinas e femininas. Não entendendo que diferença de sexo é uma peculiaridade de criaturas terrestres.)

1,2. Estes Éões, produzidos para a glória do Pai, querendo, por sua vez, glorificar o Pai com algo de si mesmos, fizeram emissões em sizígia. O Logos e Zoé geraram, depois do Homem e da Igreja, outros dez Éões, cujos nomes dizem ser estes: Abissal e Confusão, Aguératos e União, Autoproduto e Satisfação, Imóvel e Mistura, Unigênito e Felicidade: estes são os dez Éões que dizem derivar do Logos e Zoé. Por sua vez, também o Homem com a Igreja produziu doze Éões, aos quais atribuem estes nomes: Consolador e Fé, Paterno e Esperança, Materno e Caridade, Eterno e Compreensão, Eclesiástico e Bem-aventurança, Desejado e Sofia.

1,3. Esta é a teoria errada deles a respeito dos 30 Éões impronunciáveis e não conhecíveis. Segundo eles, este é o Pleroma invisível e espiritual, com a sua tríplice divisão em Ogdôada, Década e Duodécada; e por isso dizem que o Salvador — pois recusam dar-lhe o nome de Senhor — não fez nada publicamente durante 30 anos, para significar o mistério destes Éões. E também dizem que na parábola dos operários enviados a trabalhar na vinha se indicam com toda clareza estes 30 Éões.5 De fato, alguns são enviados na primeira hora, outros na terceira, outros na sexta, outros na nona e outros na undécima hora. Somadas, essas horas diversas dão o total 30: 1+3+6+9+11=30. Pelo número de horas são indicados os Éões, que são os grandes, os admiráveis, os mistérios escondidos que eles próprios frutificam, mostrando assim como também puderam adaptar e acomodar à sua imaginação outras coisas ditas nas Escrituras.

(Sim, as heresias acomodam suas crendices em textos selecionados das Escrituras.)

2,1. Dizem também que o seu Protopai é conhecido somente pelo que nasceu dele, o Unigênito, isto é, o Nous, que é invisível e incompreensível para todos os outros Éões. Segundo eles, o Nous era o único a deleitar-se em ver o Pai e a exultar ao contemplar a sua grandeza sem medida. Ele pensava também em participar aos outros Éões a grandeza do Pai, quer enquanto grande e extenso, quer também enquanto era sem princípio, incompreensível e invisível. Mas, pela vontade do Pai, o Silêncio o deteve nesta vontade de levar todos os Éões à compreensão e ao desejo de indagar sobre o seu Protopai. E, da mesma forma, todos os outros Éões desejavam secretamente ver o gerador de sua semente e contemplar aquela que é a sua Raiz sem princípio.

"Paixão" de Sofia

2,2. Mas o último e mais novo Éon da Duodécada, gerado pelo Homem e a Igreja, isto é, Sofia, excitou-se grandemente e sofreu a paixão mesmo sem o abraço do cônjuge, o Desejado; essa paixão, nascida ao redor do Nous e da Verdade, propagou-se neste Éon, isto é, Sofia, que foi alterada, com aparência de amor, mas, na realidade, de temeraridade, porque não se comunicara ao Pai perfeito da mesma forma que ao Nous. A paixão consistia na procura do Pai: queria — dizem — compreender a sua grandeza e como não lhe fosse possível pelo fato de prender-se ao impossível, entrou em grande angústia por causa da grandeza do Abismo, da imperscrutabilidade do Pai e do amor por ele. Lançando-se sempre para a frente, seria finalmente absorvida pela doçura do Pai e dissolvida na substância universal se não tivesse encontrado o Poder que consolida e guarda os Éões fora da grandeza inefável. A esta grandeza dão o nome de Limite: segurado por ela e consolidado, quando, com dificuldade, voltou a si e já convencido de que o Pai é incompreensível, abandonou a primitiva Entímese juntamente com a paixão pela qual fora tomado por causa do assombro e da admiração.

2,3. Alguns deles transformam esta paixão e retorno de Sofia em mito: querendo fazer uma coisa impossível e incompreensível gerou uma substância amorfa, da forma que era possível a uma mulher. Examinando-a, primeiramente entristeceu-se por causa do fruto incompleto do parto, em seguida teve medo de que ele perecesse, e por fim, como que fora de si e apavorada, isto é, confusa, procurava a causa disso e como poderia esconder o que tinha nascido dela. Submersa por estas angústias, tomou o caminho de volta e procurou recorrer ao Pai. Depois de curto espaço perdeu as forças e elevou suas súplicas ao Pai e com ela rezaram também os outros Éões, especialmente o Nous. Dizem que é este o início primevo da substância material: a ignorância, a tristeza, o medo e o assombro.

2,4. Além desses Éões, o Pai gera por meio do Unigênito, sem esposa e sexo, à sua imagem, o acima citado Limite. Às vezes, porém, dizem que o Pai tem o Silêncio como cônjuge, outras, que não há nele distinção de sexo. O Limite é chamado também Cruz, Redentor, Emancipador, Delimitador e Guia. E é justamente por meio do Limite — dizem eles — que Sofia foi purificada e reintegrada na sizígia. Porque, quando foi separada de Entímese com a paixão que a tinha atingido, continuou a ficar dentro do Pleroma; mas a sua Entímese com paixão própria, separada, crucificada, expulsa dele pelo Limite, dizem que seria uma substância pneumática, com impulso natural de Éon, porém sem forma nem substância, porque não as recebeu. Eis por que este parto seria um fruto fraco e feminino.

Cristo e o Espírito Santo

2,5. Depois que esta Entímese foi afastada do Pleroma dos Éões e que sua Mãe foi reintegrada na sizígia, o Unigênito, pela vontade do Pai, emitiu outro par, a fim de que nenhum outro Éon sofresse a mesma paixão: estes são o Cristo e o Espírito Santo, que completariam os Éões.6 Com efeito, o Cristo ensinou-lhes a natureza da sizígia e os tornou capazes e idôneos para conhecer e entender o Ingênito e proclamou no meio deles o conhecimento do Pai, que é incompreensível e inatingível, que ninguém pode ver nem entender a não ser por meio do Unigênito. E a causa da permanência eterna dos Éões é o que há de incompreensível no Pai, e a causa de seu nascimento e formação é o que há de compreensível nele, porque ele é Filho. São estas as coisas que o Cristo, agora gerado, operou neles.

2,6. O Espírito ensinou a todos do mesmo modo a dar graças e introduziu-os no verdadeiro repouso. Por isso — dizem eles — os Éões foram constituídos todos iguais, da mesma igualdade e forma de pensamento e todos se tornaram Nous, Logos, Homem e Cristo, e, semelhantemente, os Éões femininos se tornaram todos Verdade, Vida, Espírito e Igreja. Estabilizados e gozando de repouso perfeito, os Éões — afirmam eles

— cantaram com grande alegria um hino ao Protopai, comunicador da grande alegria. Por este benefício, numa única vontade e pensamento de todo o Pleroma dos Éões, com o consentimento do Cristo e do Espírito, cada um deles trouxe e pôs em comum o que tinha de mais excelente e belo; e por harmoniosa composição e cuidadosa união fizeram, em honra e glória do Abismo, uma emissão de beleza perfeita e astro do Pleroma, fruto perfeito, Jesus, que também se chama Salvador, Cristo e Logos, nomes que derivam do Pai, e o Tudo, porque produzido por todos. E com ele e em sua honra e dos Éões, foram emitidos, para a sua guarda, os Anjos, da sua mesma natureza.

Argumentos escriturísticos

3,1. Esta é a condição dentro do Pleroma: a sua produção e o infortúnio do Éon sujeito à paixão e quase perdido e a queda na matéria múltipla por causa do desejo do Pai e a consolidação na luta por obra de Limite, Cruz, Redentor, Emancipador e Guia; o nascimento, posterior ao dos Éões, do Primeiro Cristo e do Espírito Santo, emitido pelo Pai em seguida ao seu arrependimento; e a formação do segundo Cristo, que chamam também de Salvador, pela cotização comum. Porém estas coisas não foram ditas explicitamente porque nem todos entendem a sua gnose, mas foi indicado, em mistérios, pelo Salvador, por meio das parábolas, àqueles que podem entender. Assim, os 30 Éões foram indicados, como já dissemos, pelos 30 anos em que o Salvador não fez nada em público e também pela parábola dos operários da vinha. Dizem também que Paulo no- meia muitas vezes e abertamente os Éões e conserva a sua ordem quando diz: "por todas as gerações dos séculos dos séculos".7 Também nós, quando dizemos, no seguimento da Eucaristia, nos séculos dos séculos, fazemos alusão aos Éões. E todas as vezes que se encontram as palavras século ou séculos dizem que se referem aos Éões.

3,2. A emissão da Duodécada dos Éões é indicada pelo fato de que o Senhor disputou com os doutores da lei aos doze anos e pela eleição dos apóstolos: de fato elegeu doze apóstolos.8 Os outros dezoito Éões seriam indicados nisto, como eles dizem: depois da ressurreição dos mortos o Senhor passou 18 meses com os apóstolos. E também as primeiras duas letras de seu nome, jota (= 10) e eta (= 8) significam claramente os 18 Éões. E também que os 10 Éões seriam indicados do mesmo modo pelo jota com que o seu nome inicia. É por isso que o Salvador teria dito que "não será omitido sequer um só i, uma só vírgula da lei, sem que tudo seja realizado".9

3,3. A paixão do décimo segundo Éon é significada, dizem eles, pela apostasia de Judas, que era o décimo segundo apóstolo, e pelo fato de que o Senhor padeceu a sua paixão depois do décimo segundo mês, pois, para eles, teria pregado somente durante um ano, depois do batismo. E que isso seria também claramente significado pela mulher que sofria perda de sangue. Doente durante 12 anos, foi curada pela vinda do Senhor, quando tocou a orla da veste, e que foi por isso que o Salvador disse: Quem me tocou? para indicar aos discípulos que tinha acontecido um mistério entre os Éões, a cura de Éon enfermo. Por meio daquela que sofreu doze anos significava-se aquele Poder, porque, como dizem, a sua natureza difunde-se e expande-se ao infinito. E se não tivesse tocado a veste do Filho, isto é, da Verdade da primeira Tétrada, significada pela orla da veste, dissolver-se-ia em toda a substância. Mas parou e repousou da paixão pelo Poder saído do Filho. Dizem que esse Poder é o Limite que a curou e afastou dela a paixão.

3,4. Que o Salvador seja o tudo saído de todos os Éões eles o vêem indicado pelas palavra: todo masculino que abre o útero. Sendo o Tudo, abriu o seio da Entímese, Éon tomado pela paixão quando foi afastado do Pleroma. E também chamam a esta de segunda Ogdôada, da qual falaremos mais adiante. O próprio Paulo, dizem, teria falado claramente disso quando disse: "tudo em todos", e mais: "porque tudo é nele e dele vem tudo", e ainda: "nele habita toda a plenitude da divindade".10 As palavras: em Cristo encabeçar todas as coisas, como também todas as outras semelhantes, interpretam-nas eles neste sentido.

3,5. Quanto pois ao Limite, que chamam com muitíssimos nomes, dizem que exerce duas atividades: a de constituir e a de dividir. Enquanto constitui e consolida é a Cruz, enquanto divide e delimita é o Limite. Dizem que o Salvador indicou estas operações deste modo: primeiro a de constituir, com aquelas palavras: "quem não carrega a sua cruz e não me segue, não pode ser meu discípulo", e ainda: "toma a cruz e segue-me"; e a de dividir, com as palavras: "não vim trazer a paz, mas a espada".11 João — dizem eles — quis dizer o mesmo quando falava: "a pá está na sua mão: limpará a sua eira e recolherá seu trigo nos celeiros: mas quanto a palha, queimá-la-á num fogo inextinguível".12 Com isto indicar-se-ia a ação do Limite: a joeira é interpretada como sendo a Cruz que consome todos os elementos hílicos, como o fogo consome a palha; purifica os redimidos como a joeira o trigo. Dizem que o apóstolo Paulo se refere a esta cruz com as seguintes palavras: "a linguagem da cruz é loucura para aqueles que se perdem, mas para aqueles que se salvam é Poder de Deus", e ainda, "quanto a mim não aconteça gloriar-me senão na cruz de nosso Senhor Jesus Cristo, por quem o mundo está crucificado para mim e eu para o mundo".13

3,6. Eis o que dizem de seu Pleroma e da formação dos Éões, querendo adaptar as belas palavras da Escritura às suas más interpretações. E não só nos Evangelhos e nos escritos apostólicos procuram suas interpretações extravagantes e exegeses adaptadas, mas também na Lei e nos Profetas, em que se acham muitas parábolas e alegorias que podem ser mal interpretadas por causa da multiplicidade dos sentidos, adaptando artificiosamente a sua ambigüidade às suas fantasias, levando assim longe da verdade os que não conservam fé inabalável no único Deus Pai todo-poderoso e em Jesus Cristo seu único Filho.

    B.   Fora do Pleroma
        Acamot, origem da matéria

4,1. Sobre o que aconteceu fora do Pleroma dizem o seguinte. A Entímese daquela Sofia superior, que também chamam Acamot, afastada do Pleroma superior por motivo da Paixão, excitava-se, angustiada, nos lugares da escuridão e do vazio; e era necessário, porque ela fora excluída da luz e do Pleroma e era sem forma nem figura, como um aborto, por não ter recebido nenhuma. O Cristo superior teve piedade dela e estendido na cruz, pelo seu poder, deu forma a Acamot, mas somente segundo a substância e não segundo a gnose. Feito isso, retirou-se, arrastando consigo o seu poder e abandonando Acamot a fim de que ela, ao sentir toda a paixão por causa da separação do Pleroma, desejasse as coisas melhores, trazendo consigo um pouco de fragrância de imortalidade que o Cristo e o Espírito Santo lhe deixaram. Por isso ela também tem dois nomes: Sofia, do nome de seu Pai que se chama Sofia, e Espírito Santo, do nome daquele Espírito que estava ao lado de Cristo. Recebida a forma, feita sábia e logo esvaziada pelo Logos, isto é, Cristo, que estava invisivelmente junto a ela, foi à procura da luz que a abandonara, mas não lhe foi possível alcançá-la, porque o Limite lho impedia. Então o Limite, ao forçá-la a não ir adiante, teria dito: Iao, e assim teve origem — dizem — o nome Iao. Como não pudesse ultrapassar o Limite, sendo tomada pela paixão e deixada só, fora do Pleroma, sucumbiu aos múltiplos e vários elementos desta paixão; entristeceu-se por não ter atingido a luz, teve medo de que também perderia a vida da mesma forma que perdeu a luz, e, além do mais, angustiou-se porque tudo isso ficaria ignorado. Diferentemente da sua Mãe, o primeiro Éon, Sofia não teve variação nas paixões, mas contradição. Sobreveio-lhe então outro desejo apaixonado, o de voltar àquele que a tinha vivificado.

4,2. Esta foi a origem e a essência da matéria — afirmam eles — de que é feito este mundo: da conversão tiveram origem todas as almas do mundo; e do Demiurgo, bem como do temor e da tristeza, tudo o resto. Das lágrimas de Acamot originaram-se todas as substâncias úmidas, do sorriso as lúcidas, e da tristeza e do temor os elementos corpóreos do mundo. De fato, às vezes chorava e estava triste — como dizem — por ter sido abandonada sozinha nas trevas e no vazio; às vezes, quando se lembrava da luz que a havia abandonado, acalmava-se e ria; às vezes voltava-lhe o temor, outras vezes estava fora de si pela angústia.

Refutação breve e irônica

4,3. E então? Tudo isto é grande espetáculo e fantasia daqueles que, pomposamente e cada um à sua maneira, explicam de qual paixão e de qual elemento teve origem a substância. Assim consigo entender por que não querem ensinar estas coisas a todos, em público, mas somente àqueles que podem dar lautas gratificações para conhecer tão grandes mistérios. Não falam de modo semelhante àqueles de quem nosso Senhor disse: "de graça recebestes, de graça dai",14 mas são apresentados mistérios seletos, prodigiosos, profundos, descobertos à custa de grandes fadigas por estes enganadores. Quem não daria tudo o que possui para aprender que os mares, as fontes, os rios e todas as substâncias úmidas se originaram das lágrimas da Entímese do Éon tomado de paixão, a luz, do seu sorriso, os elementos corporais do mundo, do seu temor e inquietação?

4,4. Quero, eu também, contribuir com alguma coisa para a sua frutificação. Como, de fato, vejo que há água doce como a das fontes, dos rios, da chuva e outras, e que a do mar é salgada devo pensar que nem todas podem originar-se das suas lágrimas, porque as lágrimas são, por natureza, salgadas. É evidente, portanto, que as águas salgadas derivam das lágrimas. Mas eu penso que provavelmente ela se encontrou numa grande angústia e inquietação que a fizera suar. Por isso, seguindo seus argumentos, deve-se supor que as fontes, os rios e todas as outras águas doces se originaram de seus suores, porque não se pode pensar que a mesma e idêntica natureza das lágrimas possa produzir ora água doce, ora água salgada; é muito mais provável que algumas venham das lágrimas e outras dos suores. E como no mundo também há águas quentes e amargas é necessário explicar de que modo ou de qual membro elas saíram. Estes frutos estão completamente de acordo com seus argumentos.

Origem do homem: três gêneros

4,5. Dizem que a Mãe deles, depois de ter passado por todas estas paixões e de ter saído dela às duras penas, começou a suplicar a luz que a abandonara, isto é, Cristo. Ele tinha voltado ao Pleroma e, ao que parece, não tendo a coragem de descer pela segunda vez, enviou a ela o Consolador, isto é, o Salvador, a quem o Pai — e os Éões fizeram o mesmo — "deu todo poder e submeteu todas as coisas, para que nele fossem criadas todas as coisas, as visíveis e as invisíveis, os Tronos, as Potestades e os Principados".15 Então foram enviados a ela, juntamente com os Anjos, seus companheiros da mesma idade. Dizem que Acamot, logo depois de lhes fazer reverência, primeiramente se cobriu com um véu, em sinal de respeito, mas depois, quando ela e toda a sua frutificação o viram, correu-lhe ao encontro e desta sua visão recebeu um poder. Ele formou-a com a formação segundo a gnose e a curou de suas paixões, separando-a delas, porém sem tirá-las, pois não era possível fazê-las desaparecer como aquelas da primeira Sofia, porque já eram poderosas e intensas. Ele, portanto, as separou, depois misturou-as e fê-las coagular, e as transformou de paixão incorporal em matéria incorporal; em seguida, produziu nelas as propriedades e a natureza a fim de poderem formar combinações e corpos. A partir disso formaram-se duas substâncias, a substância má, derivada das paixões, e a passível de conversão. Por causa disso tudo eles dizem que o Salvador fez, virtualmente, obra de Demiurgo. Quanto a Acamot, liberta da paixão, concebeu na alegria, à visão das Luzes que estavam com o Salvador, isto é, dos Anjos que a acompanhavam. Eles ensinam que, engravidada à vista deles, gerou frutos à imagem desses Anjos, num parto pneumático semelhante ao dos companheiros do Salvador.

5,1. Segundo eles, existiam três elementos: o primeiro proveniente da paixão, e era a matéria; o segundo, da conversão, e era o psíquico; enfim o terceiro, gerado por Acamot, e era o pneumático. Então Acamot se dedicou à formação desses elementos. Todavia não podia formar o elemento pneumático por ser da mesma substância que ela. Então dedicou-se à formação da substância proveniente da sua conversão, isto é, a psíquica, e produziu, por fora, os ensinamentos recebidos do Salvador. Antes de tudo, da substância psíquica, ela formou o Deus, o Pai e o Salvador e Rei de todos os que lhe eram consubstanciais, isto é, os psíquicos, que chamam a direita e depois aqueles que derivam da paixão e da matéria, que chamam a esquerda. Afirmam que formou todas as coi-sas posteriores movida secretamente pela Mãe, por isso chamam-na de Pai-Mãe, Sem-Pai, Demiurgo e Pai; Pai dos da direita, isto é, os psíquicos, Demiurgo dos da esquerda, isto é, os hílicos, e Rei de todos. Esta Entímese, querendo fazer todas as coisas em honra dos Éões, fê-las à imagem deles, ou melhor, o Salvador é que as fez por meio dela. Ela também manteve incógnita ao Demiurgo a imagem do Pai invisível; e, por sua vez, o Demiurgo ofereceu a imagem do Filho Unigênito como os Arcanjos e os Anjos, feitos pelo Demiurgo, oferecem a imagem dos outros Éões.

5,2. Dizem que o Demiurgo se tornou Pai e Deus dos seres exteriores ao Pleroma, visto que era o Autor de todos os seres psíquicos e hílicos. Com efeito, ele separou uma da outra estas duas substâncias confusas e de incorporais fê-las corporais; fez os seres celestes e terrestres e tornou-se Demiurgo dos psíquicos e dos hílicos, dos da direita e dos da esquerda, dos leves e dos pesados, dos que vão para o alto e dos que vão para baixo. Fez sete céus sobre os quais — dizem — está o Demiurgo. É por isso que o chamam Hebdômada e à Mãe, Acamot, denominam Ogdôada, porque conserva o número da primitiva e primária Ogdôada do Pleroma. Segundo eles os sete céus são de natureza inteligente: supõem que sejam Anjos e o próprio Demiurgo um Anjo semelhante a um Deus, assim como o paraíso situado sobre o terceiro céu é, pela sua virtude, o quarto Arcanjo e que Adão recebeu dele alguma coisa quando esteve ali.

5,3. Asseguram que o Demiurgo julgava ter produzido tudo isso de si mesmo, mas que fora por obra de Acamot que fez o céu sem conhecer o Céu, que plasmou o homem sem conhecer o Homem, fez aparecer a terra sem conhecer a Terra, e assim com todas as coisas, ignorando os modelos dos seres que fazia. Ignorando até a própria Mãe, imaginava ser ele todas as coisas. Dizem eles que a causa desta opinião foi a própria Mãe, que o queria elevar a Cabeça e Príncipe da sua substância e Senhor de toda a obra da criação. Eles chamam também a esta Mãe Ogdôada, Sabedoria, Terra, Jerusalém, Espírito Santo e Senhor, de gênero masculino. Ele ocupa o lugar de Intermediário, acima do Demiurgo, mas abaixo e fora do Pleroma, até a consumação final.

5,4. Na opinião deles, a substância hílica seria composta por três paixões: temor, tristeza e angústia. Em primeiro lugar, do medo e da conversão tiveram existência os seres psíquicos; da conversão se originou o Demiurgo, ao passo que do medo vem o restante da substância psíquica, como as almas dos animais mudos e dos homens. É por isso que o Demiurgo, incapaz de conhecer as coisas pneumáticas, pensou ser o único Deus e pelos profetas disse: Eu sou Deus e não há nenhum outro fora de mim. Em segundo lugar ensinam que as coisas espirituais más foram feitas pela tristeza; daqui se originaram o diabo, que chamam também de Senhor do mundo, os demônios e toda a substância pneumática do mal. Mas, afirmam, enquanto o Demiurgo é o filho psíquico da Mãe deles, o Senhor do mundo é criatura do Demiurgo e entende as coisas que estão acima dele porque é espírito do mal, ao passo que o Demiurgo as desconhece, por ser de natureza psíquica. A Mãe deles se encontra no supraceleste, isto é, na Hebdômada, e o Senhor do mundo, neste nosso mundo. Em terceiro lugar, da emoção e da angústia, coisas menos racionais, foram feitos os elementos corporais do mundo; a imobilidade da emoção produziu a terra; a agitação da angústia produziu a água; a consternação da dor produziu o ar; e o fogo está inserido neles todos como morte e corrupção, assim como a ignorância está escondida nas três paixões.

    5,5. Tendo o Demiurgo feito o mundo, do lodo fez também o homem; não tomou essa terra seca, mas substância invisível, matéria inconsistente e fluida e, declaram eles, soprou nela o psíquico. E este homem é feito à imagem e semelhança: quanto à imagem é hílico, próximo a Deus sem lhe ser consubstancial; quanto à semelhança é psíquico, motivo pelo qual a sua substância é chamada espírito de vida, por derivar do espírito. Por fim, dizem, foi revestido com túnica de pele; a acreditar neles, este seria o elemento carnal, perceptível aos sentidos.

5,6. Dizem que a geração da Mãe deles, Acamot, que se realizou ao contemplar os Anjos que estão à volta do Salvador, consubstancial à Mãe, portanto pneumática, ficou desconhecida ao Demiurgo, e sem que ele o soubesse, foi depositada secretamente nele a semente para que por ele fosse lançada na alma que dele procederia, assim como no corpo hílico: desta forma, portado numa gestação nestes elementos, como num seio, ficasse apto a crescer e pronto para a recepção do Logos perfeito. Assim, portanto, — como dizem eles —, o Demiurgo não se apercebeu do homem pneumático semeado por Sofia no interior do seu próprio sopro por poder e providência inexprimíveis. Assim como ignorou a Mãe, também ignorou a semente dela. Dizem ainda que esta semente é a Igreja, figura da Igreja superna. É este o homem que pretendem existir neles: aquele que recebeu a alma do Demiurgo, o corpo do lodo, a carne da matéria e o homem pneumático da Mãe Acamot.

A predestinação e as obras

6,1. Há, portanto, — asseveram eles — três elementos: o hílico, que também chamam da esquerda, que há de perecer inelutavelmente por não ser capaz de receber nenhum sopro de incorruptibilidade; o psíquico, que também chamam da direita, médio entre pneumático e hílico, que seria reduzido naquele para o qual se inclinará; e o pneumático, enviado para que unido ao psíquico, por essa união, recebesse aqui embaixo a sua formação. Este elemento pneumático, segundo eles, é o sal e a luz do mundo. O psíquico, de fato, precisava também de ensinamentos sensíveis e por esta razão — afirmam — foi formado o mundo e o Salvador veio ajudar este psíquico, dotado de livre- arbítrio, para salvá-lo. Porque — dizem — tomou as primícias do que devia salvar: de Acamot tomou o elemento pneumático, do Demiurgo foi revestido do Cristo psíquico, e finalmente, por causa da economia, foi revestido de corpo feito de substância psíquica, mas organizado com arte inefável para se tornar visível, palpável, passível. De substância hílica não tomou absolutamente nada, pois a matéria não é capaz de salvação. A consumação final dar-se-á quando será perfeitamente formado pela gnose todo o elemento pneumático, isto é, os homens pneumáticos que possuem o conhecimento perfeito de Deus e foram iniciados nos mistérios de Acamot. Afirmam que eles são estes homens.

6,2. Os homens psíquicos são educados com ensinamentos psíquicos, confirmados pelas obras e a fé simples e dizem que estes homens somos nós que pertencemos à Igreja e que por isso nos é indispensável boa conduta, de outro modo é impossível a salvação. Eles, porém, se salvam não pelas obras, e sim por serem pneumáticos por natureza. Como o que deriva do lodo não pode receber a salvação por não ter a capacidade receptiva dela, assim o elemento pneumático, que pretendem ser eles, está na impossibilidade absoluta de se corromper, sejam quais forem as obras que praticarem. Como o ouro lançado na lama não perde o brilho e conserva a sua natureza sem que a lama o prejudique em nada, assim, dizem eles, podem estar misturados com qualquer obra hílica que não sofrerão dano nenhum, nem perderão sua substância pneumática.

6,3. Por isso, entre eles, os perfeitos praticam sem escrúpulos todas aquelas obras proibidas das quais as Escrituras afirmam: quem pratica essas obras não herdará o reino de Deus. Comem indiferentemente as carnes sacrificadas aos ídolos porque pensam não ser inqüinados por elas e em toda festa pagã são os primeiros a misturar-se aos festejos dos ídolos, nem se abstém de espetáculos sanguinários, odiosos a Deus e aos homens. Alguns, ao submeter-se insaciavelmente aos prazeres da carne, dizem que aos carnais são dadas coisas carnais e aos espirituais coisas espirituais. Alguns deles corrompem secretamente as mulheres que aprendem deles esta doutrina, como muitas, seduzidas por eles e que depois se converteram à Igreja de Deus, confessaram juntamente com outro erro também este. E outros, publicamente e sem se envergonharem, casaram, tirando dos seus maridos qualquer mulher por eles amada. Outros ainda, inicialmente muito corretos, fingindo habitar como irmãos, foram desmascarados pelo passar do tempo, quando se via que a irmã tinha engravidado por causa dos irmãos.

6,4. E além de cometer muitas outras ações vergonhosas e ímpias, tacham-nos de simplórios e ignorantes, a nós, que pelo temor de Deus, procuramos não pecar sequer por pensamentos e palavras; e exaltam-se a si mesmos com o nome de perfeitos e sementes de eleição. Nós, segundo eles, recebemos em uso a graça e por isso ela nos será tirada; eles, porém, a possuem como propriedade descida do alto da sizígia inominável e inefável e por isso lhes será acrescida. Este é o motivo pelo qual é absolutamente necessário que meditem sempre o mistério da sizígia. Eles convenceram os simplórios dizendo-lhes: quem está no mundo e não ama a esposa até possuí-la não é da Verdade e não passará à Verdade. Quem, porém, é do mundo e se une à sua esposa não passará à Verdade por tê-lo feito na concupiscência. Por isso, nós, que eles chamam psíquicos e estamos no mundo, precisamos da continência e das boas obras para chegar, graças a elas, ao lugar do Intermediário; eles porém, que se auto definem pneumáticos e perfeitos, não precisam de nada disso, porque não são as obras que introduzem no Pleroma, e sim a semente enviada pequenina do alto e aqui levada à perfeição.

7,1. Quando toda a semente atingir a perfeição, a Mãe deles, Acamot, passará do lugar do Intermediário para entrar no Pleroma e receberá como esposo o Salvador, proveniente de todos os Éões, de modo que se formará a sizígia do Salvador e Sofia- Acamot. Eles são o Esposo e a Esposa e o quarto nupcial será todo o Pleroma. Então os pneumáticos, despojados das suas almas e tornados espíritos intelectuais, estarão, incompreensível e invisivelmente, dentro do Pleroma para serem dados como esposas aos Anjos companheiros do Salvador. O Demiurgo também passará para o lugar da sua Mãe Sofia, isto é, ao Intermediário e também as almas dos justos encontrarão repouso no lugar Intermediário, porque nada de psíquico pode entrar no Pleroma. Quando isso se realizar, o fogo latente no mundo se atiçará e, envolvendo-o, consumirá toda a matéria, e consumindo-a passará com ela para o nada.

Eles asseguram que o Demiurgo não sabia nada de tudo isso antes da vinda do Salvador.

7,2. Há dos que dizem também que ele gerou um Cristo, filho seu, mas psíquico, e que falou disso pelos profetas. É ele que passou por Maria como a água passa por tubo, é ele sobre o qual desceu, no batismo, em forma de pomba, o Salvador que está no Pleroma, proveniente de todos os Éões, é nele que foi depositada a semente pneumática de Acamot. Portanto, nosso Senhor seria composto, ao que dizem, por quatro elementos, conservando o tipo da Tétrada primigênia e primordial: o pneumático, proveniente de Acamot; o psíquico, do Demiurgo; o econômico, organizado com arte inefável; e o Salvador, que era a pomba que desceu sobre ele. Ele permaneceu sempre impassível e, portanto, quando o Cristo foi entregue a Pilatos, lhe foi tirado o Espírito, depositado nele. Assim, da mesma forma, não sofreu a semente derivada da Mãe, dizem eles, por ser ela também impassível e por ser pneumática e invisível até para o próprio Demiurgo. Segundo eles, quem sofreu, no mistério, foi o Cristo psíquico e o econômico: por meio dele, a Mãe manifestava a figura do Cristo do alto, aquele que se estendeu na cruz e que deu a Acamot uma forma substancial. Com efeito, dizem, as coisas daqui de baixo são o tipo daquelas do alto.

7,3. Afirmam eles que as almas que possuíam a semente de Acamot eram melhores do que as outras e, por isso mesmo, mais amadas pelo Demiurgo, ignorando ele o motivo, e por pensar que elas assim o fossem por ser produzidas por ele. Por isso as distribuiu entre profetas, sacerdotes e reis. Muitas palavras, pensam eles, foram proferidas por esta semente, por meio dos profetas, por ser de natureza superior; também pretendem que a Mãe disse muitas das que se referem às coisas do alto e que outras o foram pelo Demiurgo e pelas almas derivadas dele. Separam assim as profecias, afirmando que parte delas foram pronunciadas pela Mãe, parte pela semente e parte pelo Demiurgo. Jesus, por sua vez, disse alguma coisa da parte do Salvador, outras da Mãe e outras do Demiurgo, como indicaremos ao longo de nossa exposição.

7,4. O Demiurgo, ignorando as coisas do mundo superior a ele, estava admirado pelas palavras em questão; mas não fazia caso delas, atribuindo-lhes ora uma causa ora outra; quer o espírito profético, que age onde lhe apraz, quer o homem, quer mistura de elementos inferiores. Assim ficou na ignorância até o advento do Salvador, mas com a sua vinda, o Demiurgo aprendeu dele todas as coisas — dizem eles — e se aproximou dele exultando com todas as forças. Ele seria o centurião do evangelho que disse ao Salvador: "também eu tenho às minhas ordens soldados e servos que cumprem o que eu mandar".16 Ele levará à perfeição o governo do mundo no tempo preestabelecido, sobretudo pela diligência e os cuidados da Igreja e também pelo conhecimento do prêmio que lhe está preparado, isto é, a passagem ao lugar da Mãe.

7,5. Distinguem três espécies de homens: pneumáticos, psíquicos e terrenos, como foram Caim, Abel e Set e, a partir deles, querem estabelecer a existência de três naturezas, não nos indivíduos, mas no conjunto do gênero humano. O terreno acabará na corrupção; o psíquico se escolher o melhor, repousará no Intermediário, mas, se ecolher o pior, acabará com os seus semelhantes; os pneumáticos, porém, que Acamot desde então e até agora põe como semente nas almas justas, são aqui educados, desenvolvidos, por serem emitidos bem pequenos, e depois, feitos dignos de perfeição, serão dados em casamento aos Anjos que acompanham o Salvador, enquanto suas almas serão necessariamente refrigeradas no Intermediário com o Demiurgo e eternamente. Dizem também que as próprias almas se subdividem em duas categorias: as boas por natureza e as más por natureza; são boas as que foram feitas capazes de receber a semente, são más as que, por natureza, nunca a poderão receber.

Textos escriturísticos
8,1. Esta é, portanto, a teoria deles, que nem os profetas pregaram, nem o Senhor ensinou, nem os apóstolos transmitiram e pela qual se gloriam de ter conhecimentos melhores e mais abundantes do que os outros. Lêem coisas que não foram escritas e, como se costuma dizer, trançando cordas com areia, procuram acrescentar às suas palavras outras dignas de fé, como as parábolas do Senhor ou os oráculos dos profetas ou as palavras dos apóstolos, para que as suas fantasias não se apresentem sem fundamento. Descuidam a ordem e o texto das Escrituras e enquanto lhes é possível dissolvem os membros da verdade. Transferem, transformam e fazendo de uma coisa outra seduzem a muitos com as palavras do Senhor atribuídas indevidamente a fantasias inventadas. É como se a um autêntico retrato do rei, realizado cuidadosamente em rico mosaico por hábil artista, alguém desmanchasse a figura de homem e fizesse com as pedras deslocadas e

mal dispostas a figura de cão ou de raposa e depois dissesse e confirmasse que aquela era a autêntica imagem do rei feita pelo hábil artista. Mostrando aquelas mesmas pedras que, bem dispostas pelo primeiro artista, apresentavam a imagem do rei e, mal dispostas pelo segundo artista, transformavam-na em figura de cão, pelo brilho das pedras enganam os simples que não conhecem o aspecto do rei e os convencem que a ridícula imagem da raposa é o autêntico retrato do rei. Assim, costurando fábulas de velhinhas e tomando daqui e dali palavras, sentenças e parábolas, procuram adaptar as palavras de Deus às suas fábulas. Já falamos do que aplicam aos que estão dentro do Pleroma.

8,2. Eis agora o que eles tentam encontrar nas Escrituras[17] acerca dos que estão fora do Pleroma. Dizem que o Senhor veio nestes últimos tempos do mundo para sofrer, a fim de mostrar a paixão do último Éon e, pelo fim dele, manifestar o fim da produção dos Éões. A menina de doze anos, filha do chefe da sinagoga, sobre a qual o Senhor se curvou ressuscitando-a dos mortos, era, contam eles, o tipo de Acamot, à qual o seu Cristo, debruçando-se, deu forma e a levou a sentir a Luz que a abandonara. Dizem que o Salvador se mostrou a Acamot quando se encontrava fora do Pleroma, como um aborto, e que a afirmação disso se encontra nas palavras de Paulo na primeira carta aos Coríntios: "Em último lugar, apareceu também a mim, como a um abortivo".[18] À vinda do Salvador e de seus companheiros coetâneos a Acamot se referiria na mesma carta ao escrever: "a mulher deve trazer sobre a cabeça o sinal de sua dependência por causa dos Anjos".[19] E que quando o Salvador veio a ela, Acamot se cobriu com um véu, por reverência, Moisés o deu a entender quando cobriu a face com véu. As paixões por ela experimentadas foram indicadas pelo Senhor quando na cruz disse: "Deus meu, Deus meu, por que me abandonaste?"20 querendo indicar que Sofia foi abandonada pela Luz e impedida pelo Limite de lançar-se para o lugar de antes; foi significada a tristeza quando disse: "minha alma é oprimida pela tristeza";21 seu temor, dizendo: "meu Pai, se é possível, que passe de mim este cálice";22 a angústia, ao dizer: "Não sei o que direi".23

8,3. O Senhor, ensinam eles, também teria indicado as três raças de homens desta forma: a hílica quando respondeu ao que lhe disse: Eu te seguirei, ele respondeu: "O Filho do Homem não tem onde pousar a cabeça". A psíquica, quando respondeu ao que lhe dizia: "Eu te seguirei, Senhor, mas permite-me primeiro que me vá despedir dos que estão em minha casa", ele respondeu: "Quem põe a mão no arado e olha para trás não é apto para o reino de Deus". Este seria, como dizem, do Intermediário e o outro que confessava ter cumprido grande parte da sua justiça e depois não quis seguir o Salvador, vencido pela riqueza que o impedia de tornar-se perfeito, seria da raça psíquica. A pneumática, por sua vez, teria indicado quando diz: "Deixa que os mortos enterrem os seus mortos, quanto a ti, vai anunciar o reino de Deus"; e ao publicano Zaqueu: "Desce depressa, pois hoje devo ficar em tua casa".24 Estes homens — dizem eles — pertenciam à raça pneumática. Também a parábola do fermento que a mulher escondeu em três medidas de farinha se refere, segundo eles, às três raças. A mulher é Sofia, as três medidas de farinha são as três raças de homens, pneumáticos, psíquicos e terrenos, e o fermento é o próprio Salvador. Também Paulo teria falado claramente de homens terrenos, psíquicos e pneumáticos. Num lugar ele diz: "Qual foi o homem terrestre, tais são também os terrestres"; noutro: "O homem psíquico não aceita o que vem do Espírito", e noutro ainda: "O homem espiritual julga a respeito de tudo".25 A frase: "O homem psíquico não aceita o que vem do Espírito" é uma referência — segundo eles — ao Demiurgo, que por ser psíquico não conheceu a Mãe, que é pneumática, nem a sua semente, nem os Éões do Pleroma. Paulo afirma ainda que o Salvador assumiu as primícias dos que salvaria: "E se as primícias são santas a massa também o será",26 en- tendendo como primícias o elemento pneumático e como massa a nós, isto é, a Igreja psíquica de quem assumiu a substância e que faz crescer em si por ser ele o fermento.

8,4. Quanto a Acamot, que se degradou fora do Pleroma, que recebeu a forma de Cristo, que foi procurada pelo Salvador, dizem que é isso que o Salvador entendia quando declarou que viera procurar a ovelha desgarrada. Essa ovelha seria a Mãe deles, da qual derivou a Igreja daqui, o extravio dessa ovelha é a permanência fora do Pleroma com todas as paixões das quais foi formada a matéria. A mulher que varre a casa e encontra a dracma dizem que é a Sofia do alto que perdeu a sua Entímese e que, mais tarde, a reencontrou quando foram purificadas todas as coisas pelo advento do Salvador, porque ela deve ser reconduzida ao Pleroma. Simeão, que tomou o Cristo em seus braços e bendisse a Deus, dizendo: "Agora, soberano Senhor, podes despedir em paz o teu servo, segundo a tua palavra",27 é a figura do Demiurgo que à vinda do Salvador ficou sabendo de sua mudança de lugar e agradeceu ao Abismo. Quanto à profetisa Ana, de quem no evangelho se diz ter vivido sete anos com seu marido e ter ficado viúva pelo resto da vida, até que viu o Salvador, o reconheceu e falou dele a todos, ela — dizem eles — manifestamente significa Acamot que, após ter visto por pouco tempo o Salvador com seus coetâneos, ficou depois pelo tempo todo no Intermediário à espera da volta dele, para que a reconduzisse à sua sizígia. O Salvador indicou também o seu nome dizendo: Sofia é justificada por todos os seus filhos; e Paulo: "Nós falamos de Sofia aos perfeitos". Dizem que Paulo também falou das sizígias que há no Pleroma quando manifestou uma delas ao escrever sobre o casamento nesta vida: "é grande este mistério: refiro-me à relação entre Cristo e a Igreja".28

 8,5. Ensinam que também João, o discípulo do Senhor, lembrou a primeira Ogdôada e o dizem com as seguintes expressões: João, o discípulo do Senhor, querendo expor a origem de todas as coisas, isto é, como o Pai tudo produziu, propõe por primeiro Princípio gerado por Deus, quem ainda agora chamam Filho e Deus Unigênito no qual o Pai produziu, em germe, todas as coisas. Dele, diz João, foi produzido o Logos e nele toda a substância dos Éões, à qual depois o Logos deu a forma. Justamente porque fala da primeira origem ele expõe corretamente a doutrina do Princípio, isto é, de Deus e do Logos. Ele diz: "No Princípio era o Logos e o Logos estava com Deus e o Logos era Deus. No Princípio ele estava com Deus".29 Antes de tudo distingue os três: Deus, Princípio e Logos, depois une-os novamente para indicar a procriação de cada um, isto é, do Filho e do Logos, e a sua união entre si e com o Pai. O Princípio está de fato no Pai e do Pai; e no Princípio e do Princípio, o Logos. Disse, portanto, corretamente: "No Princípio era o Logos", de fato estava no Logos, e "o Logos estava com Deus", assim como estava o Princípio, e o Logos era Deus, por conseqüência, porque o que nasceu de Deus é Deus. "No Princípio ele estava com Deus" indica a ordem da emissão. "Tudo foi feito por meio dele e sem ele nada foi feito";30 de fato, o Logos foi a causa da formação e do nascimento de todos os Éons que vieram depois dele. O que foi feito nele era a vida, ele diz, para manifestar uma sizígia; de fato, "todas as coisas", diz, "foram feitas por meio dele", mas a Vida estava nele. Portanto esta que está nele lhe é mais íntima do que aquela feita por seu meio: ela lhe está unida e frutifica por ele. De fato, João continua: "E a Vida era a Luz dos Homens".31 Aqui ao dizer "Homens", indica com este nome a "Igreja", para sublinhar com o único nome a comunhão da sizígia. De Logos e Vida, com efeito, derivam o Homem e a Igreja. João chama a Vida de Luz dos Homens porque foram iluminados por ela, isto é, formados e manifestados. É o mesmo que diz Paulo: "É Luz tudo o que é manifesto",32 porque a Vida manifestou e gerou o Homem e a Igreja e por isso é chamada a sua Luz. João, portanto, com estas palavras, indica claramente, entre outras coisas, a segunda Tétrada: Logos e Vida, Homem e Igreja. Mas indica também a primeira Tétrada. Falando do Salvador e dizendo que todas as coisas fora do Pleroma foram formadas por ele, diz também que ele é fruto de todo o Pleroma. De fato, ele o chama de Luz que brilhou nas trevas e não foi reconhecido por elas porque, mesmo organizando todos os produtos da paixão, permaneceu desconhecido delas. João chama ainda este Salvador de Filho, Verdade, Vida e Logos feito carne, do qual vimos a glória, diz ele, e a sua glória era como aquela do Unigênito, aquela que lhe foi dada pelo Pai, cheio de Graça e de Verdade. Eis as palavras de João: "E o Logos se fez carne e habitou entre nós e nós vimos a sua glória, glória que ele tem junto ao Pai, como Filho único, cheio de graça e de verdade".33 É, portanto, com exatidão que João falou da primeira Ogdôada, Mãe de todos os Éões com os nomes de Pai e Graça, Unigênito e Verdade, Logos e Vida, Homem e Igreja. E Ptolomeu diz também assim.

Breve refutação
9,1. Vês, portanto, amigo caríssimo, as invenções a que põem mãos para seduzir a si mesmos, malversando as Escrituras e os esforços que fazem para dar consistência a seus fantasmas. Foi justamente por isso que transcrevi as suas próprias expressões para que possas julgar por ti mesmo a esperteza de seus artifícios e a malícia do erro. Antes de mais nada, se João tivesse o propósito de indicar a Ogdôada do alto, respeitaria a ordem das emissões. E se, como dizem, a primeira Tétrada é a mais venerável, a teria posto com os primeiros nomes e depois faria seguir a segunda, para indicar, pela seqüência dos nomes, a ordem da Ogdôada, e não mencionaria no final a primeira Tétrada, depois de intervalo tão grande como se a tivesse esquecido e a seguir se lembrado improvisamente dela. E se quisesse indicar as sizígias não deixaria de nomear a Igreja; ou se

contentaria, nas outras sizígias, de dar o nome dos Éões masculinos, podendo ser subentendidos os femininos, para guardar perfeitamente a unidade; ou então, ao elencar as outras sizígias devia indicar a consorte do Homem e não deixar adivinhar o nome dela.

9,2. É clara a arbitrariedade da exegese deles. João proclama um único Deus todo poderoso e um só Unigênito, Jesus Cristo, por meio do qual foram feitas todas as coisas; dele, diz que é o Verbo de Deus, o Filho único, a origem de todas as coisas, a verdadeira Luz que ilumina todos os homens, o criador do cosmos, aquele que veio para o que era seu, se fez homem e habitou entre nós. Eles, porém, falsificando o texto com exegese capciosa, dizem que pela emissão, outro é o Unigênito, que também chamam Princípio, outro o Salvador, outro o Logos, filho do Unigênito, outro, finalmente, o Cristo, produzido para corrigir o Pleroma. Torcendo toda palavra da Escritura, desviando-a de seu verdadeiro significado, usando nomes de forma arbitrária, adaptando-a às suas teorias de tal forma que em tudo isso João sequer lembra nosso Senhor Jesus Cristo. Ao nomear o Pai e a Graça, o Unigênito e a Verdade, o Logos e a Vida, o Homem e a Igreja, segundo a sua hipótese, falou da primeira Ogdôada, na qual não há Jesus nem Cristo, o mestre de João. Que não fale da sizígia deles, mas de nosso Senhor Jesus Cristo que ele conhece como o Verbo de Deus, o manifestou o próprio Após-tolo. Voltando àquele de quem disse mais acima estar no princípio, isto é, o Verbo, acrescenta: "E o Verbo se fez homem e habitou entre nós". Ora, segundo a teoria deles, não é o Verbo que se fez carne, porque nunca saiu do Pleroma, mas o Salvador que foi produzido por todos os Éões e é posterior ao Verbo.

9,3. Aprendei, portanto, ó insensatos, que Jesus, que sofreu por nós, que habitou entre nós é ele próprio o Verbo de Deus. Se outro Éon se fizesse homem pela nossa salvação deveríamos admitir que o Apóstolo falava de outro. Mas se o Verbo do Pai que desceu é o mesmo que subiu, único Filho do único Deus, que se encarnou em favor dos homens, segundo o beneplácito do Pai, então João não fala de Outro nem da Ogdôada, mas do Senhor Jesus Cristo. De fato, segundo eles e falando com propriedade, o Logos não se fez homem, mas o Salvador se revestiu de um corpo psíquico derivado da economia com inenarrável providência, para ser visível e palpável. A carne é a matéria antiga, plasmada da terra por Deus para Adão, e João indicou que é verdadeiramente esta que se tornou o Verbo de Deus. Com isso dissolve-se a sua primeira e fundamental Ogdôada. Uma vez demonstrado que o Logos, o Unigênito, a Vida, a Luz, o Salvador, o Cristo, o Filho de Deus que se encarnou por nós são uma única e idêntica coisa, desfaz-se a composição da Ogdôada e, desfeita esta, cai por terra toda a sua teoria, este sonho fantástico, em defesa da qual retorcem as Escrituras.

9,4. Depois de reunir frases e nomes espalhados aqui e acolá eles os transformam, como dissemos, de um sentido natural a um que não é o seu, fazendo como os que se propõem um argumento e depois procuram encontrá-lo nos versos de Homero, levando os inexpertos a acreditar que Homero compôs os versos precisamente sobre aquela teoria que eles inventaram e, por causa da seqüência bem ordenada dos versos, muitos se perguntam se Homero não seria efetivamente o autor daqueles versos. É como se alguém descrevesse com versos homéricos a missão de Hércules enviado por Euristeu para amarrar o cão infernal. Nada nos impede de usar exemplo como este, porque nos dois casos a argumentação é a mesma:

Tendo assim ele falado, foi afastado de casa, chorando Hércules, nobre, habituado a façanhas para sempre famosas. Por este Euristeu, nascido de Estênelo, raça Perseida Para tirar do Érebo o cão cruel do Hades.

Ele vai como leão montanhês, confiando nas grandes suas forças Celeremente, através da cidade, acompanhado por todos os amigos. As moças solteiras, os jovens e os velhos desafortunados.

Sem parar, com choro convulso, como os que vão para a morte. E Hermes ia com eles e a de olhos cerúleos Atena:

Seu coração lhe dizia a pena que o irmão padecia.

Qual a pessoa simples que não se impressionaria com estes versos e duvidaria que Homero os tenha composto assim como são para falar daquele mito? Mas quem conhece os textos de Homero reconheceria os seus versos, mas não o assunto tratado, porque sabe que alguns deles falam de Ulisses, outros de Hércules, outros de Príamo e outros de Menelau e Agamenon. Se os inserisse cada um no exato lugar da obra de que foram tirados, faria desaparecer o argumento em questão. Assim, quem possui a indefectível Regra da verdade aprendida no batismo reconhecerá os nomes, as expressões, as parábolas que são das Escrituras, mas não a teoria blasfema deles. Reconhecerá as pedras do mosaico, mas na figura da raposa não verá a imagem do rei. Recolocando cada uma das palavras no seu lugar, ajustadas ao corpo da verdade, desvendará e mostrará a inconsistência das suas fantasias.

9,5. Faltando a esta comédia a solução com a qual alguém explique o seu discurso destrutivo, pensamos ser necessário mostrar primeiro em que os autores desta comédia discrepam entre si, inspirados, como são, por diversos espíritos do erro. E daqui pode-se entender, mesmo antes de demonstrá-lo, que a Igreja anuncia a verdade segura e que eles propõem um amontoado de erros.

A Regra da fé34

10,1. Com efeito, a Igreja espalhada pelo mundo inteiro até os confins da terra recebeu dos apóstolos e seus discípulos a fé em um só Deus, Pai onipotente, que fez o céu e a terra, o mar e tudo quanto nele existe; em um só Jesus Cristo, Filho de Deus, encarnado para nossa salvação; e no Espírito Santo que, pelos profetas, anunciou a economia de Deus; e a vinda, o nascimento pela Virgem, a paixão, a ressurreição dos mortos, a ascensão ao céu, em seu corpo, de Jesus Cristo, dileto Senhor nosso; e a sua vinda dos céus na glória do Pai, para recapitular todas as coisas e ressuscitar toda carne do gênero humano; a fim de que, segundo o beneplácito do Pai invisível, diante do Cristo Jesus, nosso Senhor, Deus, Salvador e Rei, todo joelho se dobre nos céus, na terra e nos infernos e toda língua o confesse; e execute o justo juízo de todos: enviando para o fogo eterno os espíritos do mal, os anjos prevaricadores e apóstatas, assim como os homens ímpios, injustos, iníquos e blasfemadores; e para dar em prêmio a vida incorruptível e a glória eterna aos justos, aos santos e aos que guardaram os seus mandamentos e perseveraram no seu amor, alguns desde o início, outros, depois de sua conversão.

10,2. Tendo, portanto, recebido esta pregação e esta fé, como dissemos acima, a Igreja, mesmo espalhada por todo o mundo, as guarda com cuidado, como se morasse numa só casa, e crê do mesmo modo, como se possuísse uma só alma e um só coração; unanimemente as prega, ensina e entrega, como se possuísse uma só boca. Assim, embora pelo mundo sejam diferentes as línguas, o conteúdo da tradição é um só e idêntico. As Igrejas fundadas na Germânia não crêem e não ensinam de modo diferente, nem as da Ibéria, nem as dos celtas, nem as do Oriente, nem as do Egito, nem as da Líbia, nem as estabelecidas no centro do mundo;35 mas como o sol, criatura de Deus, é em todo o mundo um só e o mesmo, assim a luz da pregação da verdade brilha em todo lugar e ilumina todos os homens que querem chegar ao conhecimento da verdade. E nem o que tem maior capacidade em falar, dentre os que presidem às Igrejas, dirá algo diferente, porque ninguém está acima do Mestre; nem quem tem dificuldade em expressar-se inferioriza a Tradição. Sendo a fé uma só e a mesma, nem quem pode dizer muito sobre ela a amplia, nem quem pode falar menos a diminui.

10,3. A exposição feita com sabedoria maior ou menor, não quer dizer que se muda a doutrina ou que se pense noutro Deus além daquele que é o Criador, Autor e

Nutrício deste universo, como se ele não bastasse, ou noutro Cristo, ou noutro Filho único. Trata- se simplesmente: de indicar a maneira com que cada um procura explicar a doutrina contida nas parábolas, mostrando a sua concordância com a doutrina da verdade e de expor a maneira com que se realizou o desígnio salvífico de Deus; de mostrar que Deus usou de longanimidade, quer diante da apostasia dos anjos rebeldes, quer diante da desobediência dos homens; de dar a conhecer por que o mesmo e único Deus fez algumas coisas temporais e outra eternas, por que fez os seres celestes e terrestres. A razão pela qual, sendo invisível, se manifestou aos profetas, não de uma só forma, mas de diversas; de indicar por que fez várias Alianças com a humanidade e as características de cada uma; "por que Deus incluiu todos na incredulidade para ter misericórdia de todos";36 trata-se de publicar numa ação de graças que o Verbo de Deus se fez homem e sofreu e anunciar por que a vinda do Filho de Deus se deu nos últimos tempos e não no início; de mostrar o que está nas Escrituras a respeito do fim e das realidades futuras e de não calar que Deus fez das "nações que não tinham esperança, co-herdeiras, concorporais e co-participantes dos santos";37 de proclamar que "esta carne mortal se revestirá de imortalidade e esta carne corruptível, de incorruptibilidade";38 de proclamar como "este que não era povo se tornou povo, e a que não era amada se tornou amada"; e como "os filhos da que era estéril se tornaram mais numerosos do que os da casada".39 É em casos como estes e semelhantes que o Apóstolo exclama: "Ó abismo da riqueza, da sabedoria e da ciência de Deus! Como são imperscrutáveis seus juízos e impenetráveis os seus caminhos"!40 Não se trata, portanto, de imaginar erradamente acima do Criador e Demiurgo uma Mãe para este e para aqueles, que seria a Entíme -se de um Éon degradado; e de chegar a tal excesso de blasfêmia e, mentindo, imaginar novamente acima dela o Pleroma que abrangeria ora os 30 Éões ora multidões inumeráveis deles. Pois assim se exprimem estes mestres que não têm nada de ciência divina, essa que a verdadeira Igreja possui numa só e única fé, e pelo mundo inteiro, como dissemos acima.

VARIANTES AO SISTEMA FUNDAMENTAL
Valentim

11,1. Vejamos agora as inconstantes doutrinas deles. São duas ou três, e como falam de forma diferente sobre as mesmas coisas e, servindo-se de nomes iguais, indicam objetos diferentes. Valentim é o primeiro a adaptar as doutrinas tiradas da heresia gnóstica ao caráter próprio da sua escola que fixou assim: há uma Díada inefável, um dos elementos chama-se Inexprimível, o outro Silêncio. Esta Díada emitiu outra Díada, um elemento dela chama-se Pai e o outro Verdade. Esta Tétrada frutificou o Logos e a Vida, o Homem e a Igreja: eis então formada a primeira Ogdôada. Do Logos e da Vida emanaram dez Potências: uma delas se afastou, foi degradada e fez o restante da obra da fabricação. Valentim estabelece depois dois Limites, um entre o Pleroma e o Abismo que separa os Éões gerados do Pai ingênito e o outro que divide a sua Mãe do Pleroma. O Cristo não foi produzido pelos Éões que estão no Pleroma, mas pela Mãe que estava fora dele e se lembrava das realidades superiores, mas não sem alguma sombra. Sendo o Cristo masculino, tirou de si mesmo esta sombra e voltou para o Pleroma. A Mãe, então, deixada na sombra e esvaziada da substância pneumática, gerou outro filho, o Demiurgo, onipotente sobre todas as coisas submetidas a ele. E diz, de forma semelhante àquela dos que nós chamaremos gnósticos, que, junto com ele, foi também gerado um Arconte da esquerda. Quanto a Jesus, ele o faz derivar ora do Éon que se separou da Mãe e se reuniu com os outros, isto é, Desejado; ora daquele que voltou ao Pleroma, isto é, Cristo; ora do Homem e da Igreja. Diz que o Espírito Santo foi emitido pela Verdade para julgar e fecundar os Éões, entrando invisivelmente neles e por seu meio os Éões produziram frutos de verdade. Isto é o que ensina Valentim.

Secundo
11,2. Outro, chamado Secundo, ensina que a primeira Ogdôada abrange uma Tétrada da direita e uma da esquerda, uma é a Luz, outra as Trevas. A Potência que se afastou e foi degradada, diz que não deriva dos 30 Éões, mas de seus frutos.

Um anônimo
11,3. Outro ilustre mestre deles, dotado de gnose mais sublime e profunda, expõe assim a primeira Tétrada: existe, antes de todas as coisas, um Pró-princípio pró-ininteligível, inexprimível e inominável que chamo Unicidade. Com ele está uma Potência que chamo Unidade. Estas, Unicidade e Unidade, que são

uma coisa só, emitiram, sem emitir, um Princípio inteligível, ingênito e invisível, ao qual dou o nome de Mônada. Com esta Mônada está uma Potência da mesma substância, que chamo Um. Estas Potências, isto é, Unicidade e Unidade, Mônada e Um, emitiram os restantes Éões.

Ironia

11,4. Ah! ah! eh! eh! Valem estas exclamações trágicas diante desta audácia em inventar nomes e aplicá-los despudoradamente a esta mentirosa invenção. Com efeito, quando diz: existe antes de todas as coisas um Pró princípio pró-ininteligível que chamo Unicidade e com ele está uma Potência que chamo Unidade, mostra claramente que são ficção todas as palavras que pronunciou e que deu a estas ficções nomes que ninguém antes dele lhes deu. Se não tivesse esta ousadia, segundo ele, ainda hoje a verdade estaria sem nome. Por isso, nada impede que outro qualquer, ao tratar deste assunto, use estes nomes: existe certo Pró-princípio soberano pró- esvaziado -de- inteligibilidade, pró- esvaziado -de- substância e Potência pródotade- de- esfericidade, que chamo Abóbora. Junto com esta Abóbora coexiste uma Potência que chamo Super-vacuidade. A Abóbora e a Super-vacuidade, sendo um só, emitiram sem emitir um Fruto visível de qualquer lugar, comestível e saboroso, ao qual dou o nome de Pepino. Junto com este Pepino existe uma Potência da mesma substância, que chamo Melão. Estas Potências, isto é, Abóbora e Super-vacuidade, Pepino e Melão, emitiram a multidão restante dos Melões delirantes de Valentim. Com efeito, se é necessário ajustar a fala comum à primeira Tétrada e se cada um escolhe os nomes que quer, o que impede usar estes nomes muito mais inteligíveis, usuais e conhecidos de todos?

Outros anônimos
11,5. Outros deles, ainda, deram estes nomes à primeira e primitiva Ogdôada: ao primeiro elemento Proto-princípio, ao segundo Ininteligível, ao terceiro Inexprimível e ao quarto Invisível. Inicialmente, do primeiro Proto-princípio derivou o primeiro Princípio, que ocupa o quinto lugar; a seguir, do Ininteligível derivou o segundo, o Incompreensível que ocupa o sexto lugar; depois, do Inexprimível derivou o terceiro, o Inefável, que ocupa o sétimo lugar; e do Invisível derivou o quarto, o Ingênito, que ocupa o oitavo lugar. E assim se completou a primeira Ogdôada. Estas Potências viriam antes do Abismo e do Silêncio. Eles dizem isso para se mostrarem mais perfeitos do que os perfeitos e mais gnósticos do que os gnósticos. E alguém justamente poderia dizer isso a eles: "Pobres Melões, sofistas desprezíveis, que sequer homens são!" Acerca do próprio Abismo há também entre eles várias opiniões: alguns dizem que não tem sizígia porque não é nem masculino nem feminino, nem absolutamente nada; outros dizem-no masculino e feminino ao mesmo tempo, e lhe atribuem natureza hermafrodita; outros ainda lhe atribuem o Silêncio como esposa, para formar assim a primeira sizígia.

Escola de Ptolomeu
12,1. Os mais instruídos dos discípulos de Ptolomeu dizem que o Abismo tem duas esposas que chamam Disposições, isto é, Pensamento e Vontade.

Como primeira coisa pensou o que devia emitir e depois o quis. Por isso, destas duas Disposições ou Potências, isto é, Pensamento e Vontade, misturadas e unidas, por assim dizer, uma à outra, houve a emissão do Unigênito e da Verdade. Eles são o tipo e a imagem visível das duas Disposições in-visíveis do Pai. O Unigênito reproduz a Vontade e a Verdade o Pensamento; por isso o masculino, princípio gerante, é imagem da Vontade e o feminino, princípio passivo, é imagem do Pensamento. A Vontade se tornou como que o poder do Pensamento: desde sempre ele pensava na emissão, mas era incapaz de fazê-lo sozinho. Quando sobreveio o poder da Vontade emitiu o que tinha pensado.

12,2. Não te parece, meu caro amigo, que esta gente concebeu em seu espírito mais o Júpiter de Homero, todo preocupado por que não consegue pegar no sono, pensando como haveria de fazer para honrar Aquiles e fazer perecer uma multidão de gregos, do que no Senhor de todas as coisas? O qual ao pensar as coisas as realizou e quando as quer, ao mesmo tempo as pensa: pensando quer e querendo pensa, porque é todo Pensamento, todo Vontade, todo Intelecto, todo Luz, todo Olho e Ouvido, todo Fonte de todos os bens.

12,3. Os que são tidos como os mais sábios dentre os sábios deles dizem que a primeira Ogdôada não foi emitida gradativamente, Éon após Éon, mas ao mesmo tempo, como unidade, pelo Protoprincípio e seu Pensamento. Dizem isso como quem assistiu ao parto deles como obstetras. Segundo eles, não foram o Logos e a Vida que emitiram o Homem e a Igreja, mas foram o Homem e a Igreja que emitiram o Logos e a Vida, da forma seguinte: quando o Protoprincípio pensou em emitir algo, isso recebeu o nome de Pai e, depois da emissão, sendo isso veraz, recebeu o nome de Verdade. Quando se quis manifestar, isso recebeu o nome de Homem, e quando emitiu os que tinha pensado anteriormente, a eles deu o nome de Igreja. O Homem pronunciou o Logos, que é o Filho primogênito, e ao Logos seguiu a Vida: assim foi completada a primeira Ogdôada.

12,4. Surgem depois, entre eles, bastante controvérsias acerca do Salvador. Alguns dizem que ele foi emitido por todos os Éões, motivo pelo qual se chama Beneplácito. Com efeito, todo o Pleroma teve o prazer de glorificar o Pai por meio dele. Outros o fazem derivar só dos dez Éões emitidos pelo Logos e pela Vida e por isso ele conserva o nome de Logos e Vida, que era o dos pais. Alguns o fazem derivar dos doze Éões emitidos pelo Homem e a Igreja e é por isso que ele proclama a si mesmo Filho do Homem, como descendente deste Homem. Outros fazem-no derivar do Cristo e do Espírito Santo, criados para consolidar o Pleroma, e por isso ele se chama Cristo, do nome do Pai que o emitiu. Alguns dizem que é o próprio Pró-pai de todas as coisas, o Pró-princípio, o Pró-ininteligível, que se chama Homem: este é o grande mistério escondido, isto é, a Potência que está acima de tudo e tudo abrange e se chama Homem e é por isso que o Salvador se chama Filho do Homem.

A. Comportamento imoral
Doutrina de Marcos

13,1. Outro, entre eles, que se gaba de corrigir o mestre, chamado Marcos, expertíssimo na arte mágica com a qual seduzia muitos homens e não poucas mulheres, atraindo-os a si como ao gnóstico e perfeito por excelência, e como detentor da Potência suprema provinda de lugares invisíveis e indescritíveis, é como que o verdadeiro precursor do Anticristo. Misturando os jogos de Anaxilau com as malícias dos assim chamados magos se faz passar por milagreiro aos olhos daqueles que nunca possuíram discernimento ou então o perderam.

13,2. Fingindo consagrar no cálice uma bebida misturada com vinho e pronunciando longas invocações, a faz aparecer de cor púrpura ou vermelha. Assim, pode-se pensar que a Graça, por causa da sua invocação, depositou naquele cálice o seu sangue, vindo das regiões supernas. Os que assistem desejam provar da bebida para que se derrame também neles a Graça invocada por este mágico. Depois, apresentando aquela mistura de bebida às mulheres, ordena que elas dêem graças, na sua presença. Feito isto, pega num cálice muito maior do que aquele sobre o qual a extraviada deu graças e, transferindo a bebida do cálice menor, sobre o qual foi feita a eucaristia, para aquele bem maior que ele de antemão preparara, pronuncia estas palavras: Aquela que está antes de todas as coisas, impensável e inexprimível Graça, encha a tua pessoa interior, multiplique em ti a sua gnose, semeando o grão de mostarda em terra boa. Aquela infeliz, fora de si de estupor ante estas palavras, julga prodígio o fato de o cálice maior ser enchido pelo menor até derramar. Com esta e outras mágicas semelhantes seduziu e atraiu muitos a segui-lo.

13,3. Ele dá a entender que teria um demônio como assistente que o faz profetizar, a ele e a todas aquelas mulheres que julgar dignas de participar da sua Graça. Dedica-se de modo especial às mulheres, e, entre elas, especialmente às mais nobres, intelectuais e ricas, cujas vestes são enfeitadas de púrpura, que lisonjeia, procurando atraí-la com estas palavras: Quero que participes da minha Graça, porque o Pai de todos vê sempre o teu Anjo diante dele. Mas o lugar da tua grandeza está em nós, por isso devemos formar uma coisa só. Recebe primeiramente de mim e por meu intermédio a Graça. Prepara-te como esposa que espera pelo esposo para seres o que eu sou e eu seja o que tu és. Dá lugar na tua cama nupcial à semente da Luz. Recebe de mim o Esposo, dá-lhe lugar em ti, toma-o e sejas tomada por ele. Eis que a Graça desce em ti: abre a boca e profetiza. A mulher responde: Eu nunca profetizei, nem sei profetizar. Então ele repete algumas invocações que arrebatam a infeliz seduzida e diz: Abre a boca, dize qualquer coisa e profetizarás. E aquela, excitada por estas palavras e sentindo ferver na alma a ilusão de começar a profetizar e o coração pulsar mais forte do que de costume, anima-se e se põe a profetizar todas as tolices que lhe vêm à cabeça, sem sentido e sem hesitar, justamente por ser inflamada por espírito vazio. Alguém, melhor do que nós, disse a propósito dessa gente: audaciosa e impudente é a alma aquecida por vãos vapores. A partir deste momento ela julga ser profetisa e agradece a Marcos por torná-la participante da sua Graça e procura recompensá-lo não somente doando-lhe os seus bens (é daqui que vêm as grandes riquezas deste homem), mas também o seu corpo, desejando unir- se em tudo a ele para formar com ele o Uno.

13,4. Ora, algumas mulheres mais fiéis, tendo o temor de Deus, não se deixaram enganar, quando tentou seduzi-las como as outras; ordenando-lhes que profetizassem, romperam, com insultos e maldições, com este demente que fingia comunicar o espírito divino. Elas sabiam perfeitamente que o poder de profetizar não é o mágico Marcos que o dá aos homens, e sim Deus que confere do alto a graça e o dom divino da profecia e os homens que o recebem falam onde e como ele quer e não quando Marcos o ordena. Quem manda é maior e mais poderoso de quem é mandado, porque aquele governa e este obedece. Se um Marcos qualquer ou outro dão ordens, como costuma fazer nos seus jantares, toda essa gente brincando de oráculos, ordenando uns aos outros profetizarem coisas que são do seu desejo, então aquele que manda deve ser maior e mais poderoso do que o Espírito profético, mesmo sendo homem, o que é impossível. Mas os espíritos que recebem ordens deles, que falam quando eles querem, são terrenos e fracos, temerários e irreverentes, são enviados por Satanás para seduzir e arruinar os que não sabem guardar firmemente a fé que receberam no princípio através da Igreja.

13,5. Este mesmo Marcos serve-se ainda de filtros e poções para violentar também os corpos, se não de todas estas mulheres, pelo menos de algumas. Muitíssimas vezes, depois de se terem convertido à Igreja de Deus, elas confessaram que foram violentadas por ele e que, tomadas violentamente pela paixão, o amaram intensamente. A um diácono nosso que vive na Ásia e o acolheu em sua casa, aconteceu desgraça semelhante. A esposa dele, mulher bonita, foi corrompida na mente e no corpo por este mágico e o seguiu por bastante tempo, até que os irmãos, com grandes esforços, a converteram. Ela passou o resto de seus dias na penitência, chorando e lamentando a corrupção sofrida por este mágico.

13,6. Alguns dos seus discípulos, perambulando pelos mesmos lugares, seduziram e corromperam muitas mulheres, autodenominando-se perfeitos como se ninguém pudesse comparar-se à grandeza de sua gnose, nem Paulo, nem Pedro, nem outro apóstolo, porque eles teriam conhecimento superior ao de todos e somente eles assimilaram a grandeza do conhecimento da Potência inefável. Eles estariam na altura, acima de toda Potência, por isso podem fazer livremente qualquer coisa, sem que nada os atemorize minimamente, e graças à redenção tornam-se incompreensíveis e invisíveis ao Juiz. E se por acaso ele os surpreendesse, apresentar-se-iam munidos da redenção e se defenderiam com estas palavras: "Ó Assistente de Deus e do místico Silêncio, anterior aos Éões, tu és aquele por quem as Grandezas, que contemplam sempre o rosto de Deus e, tendo-te como guia e acompanhante, recebem a forma do alto; formas que a Mulher com grande ousadia, levada por uma inspiração, nos conferiu, por causa da bondade do Pró-pai, como imagens daquelas Potências que ela tinha presentes, como que em sonho: eis que o Juiz está próximo, eis que o arauto te ordena que me defendas. Tu que conheces as razões de nós dois, apresenta a defesa ao Juiz, como se fôssemos um". Ao ouvir isso, logo a Mãe lhes impõe o homérico capacete do Hades para fazê-los desaparecer da vista do Juiz, e os introduz na câmara nupcial e os restitui ao cônjuge deles.

13,7. Com este modo de agir e falar seduziram muitas mulheres também na nossa região do Ródano e elas ficaram marcadas na consciência de tal forma que algumas fizeram penitência pública, outras, que não tinham coragem para isso, retiraram-se na solidão, desesperando da vida de Deus. Enquanto umas se afastaram completamente, outras hesitaram e provaram o que diz o provérbio, não estando nem dentro nem fora, e ficaram com o fruto da semente dos filhos da gnose.

B.   Doutrinas sobre a primeira Tétrada

14,1. Este Marcos, portanto, dizendo que só ele, por ser Unigênito, é o seio e o receptáculo do Silêncio de Colabar-so, afirma que emitiu desta forma a semente nele depositada: a Tétrada que está acima de tudo, desceu a ele dos lugares invisíveis e inefáveis, na forma de mulher, porque, diz ele, o mundo não podia suportar o elemento masculino dela, mostrou--se--lhe assim como era, e manifestou somente a ele a origem de todas as coisas que nunca tinha revelado a ninguém, quer fosse deus quer homem. E lhe disse: Quando, no princípio, o Pai que não tem pai, que é inconcebível e sem substância, que não é masculino nem feminino, quis que o inefável dele pudesse ser expresso e o que é invisível se tornasse visível, abriu a boca e proferiu o Verbo, semelhante a ele. Este Verbo se postou a seu lado e mostrou-lhe o que era: a forma do invisível que se manifestava. A enunciação do nome se deu assim: disse a primeira parte do nome, composta por quatro letras;

acrescentou a segunda, também de quatro letras; depois disse a terceira, de dez letras e, por fim, a seguinte, de doze letras. A enunciação do nome completo é formada por trinta letras e quatro sílabas. Cada um destes elementos tem as suas letras, o seu caráter, sua pronúncia, seus traços e suas imagens e nenhum deles percebe a forma total de que não é senão um elemento. E não somente isso eles não sabem, mas cada um ignora a enunciação do seu vizinho. E quando pronunciam o seu nome acreditam exprimir o Tudo. Cada um deles, que é uma parte do Todo, diz o seu nome como se fosse o do Todo e não pára de proferi-lo até que chegue à última letra da última sílaba. Então, diz ele, acontecerá a reintegração universal, quando todos chegarem a uma só letra e a um único som; e o símbolo da exclamação é o Amém que juntos dizemos. Estes são os sons que formam o Éon sem substância e ingênito; eles são as formas que Deus chamou Anjos e vêem sem interrupção o rosto do Pai.

14,2. Aos elementos comuns e exprimíveis deu o nome de Éões, Lógoi, Raízes, Sementes, Pleromas, Frutos. Tudo o que lhes é próprio e característico é abrangido no nome Igreja. A última letra do último destes elementos emitiu a sua voz e este som gerou elementos próprios à imagem dos elementos do Tudo. Por eles foram dispostas as coisas presentes e criadas as antecedentes. A própria letra cujo som seguia ao som anterior foi novamente recolhida pela sua sílaba, para que o Tudo permanecesse completo; mas o som ficou embaixo, como lançado fora. O próprio elemento do qual caiu a letra com a sua enunciação consiste de outras trinta; cada uma destas contém em si outras trinta que formam o nome da letra. Por sua vez as outras letras são designadas com o nome de outras letras, e estas de outras, assim até o infinito. Por um exemplo compreenderás com maior clareza o que quero dizer: o elemento "delta" é composto por cinco letras, isto é, delta, épsilon, lambda, tau e alfa, e estas são escritas com outras letras, e assim a seguir. Ora, se com a letra delta considerada na sua integridade se vai ao infinito, pois uma letra gera sempre outra e se sucedem umas às outras, quanto maior do que este elemento é o mar de todas as letras! E se uma só letra é assim infinita, pensa por um momento no abismo de todo o nome das letras de que consta, segundo o Silêncio de Marcos, o Pró- pai. Por isso o Pai, cônscio da sua incompreensibilidade, concedeu aos elementos chamados Éões, proferir cada um a sua própria enunciação, na impossibilidade de um só enunciar o Tudo.

14,3. Depois de lhe ter exposto estas coisas, a Tétrada disse: quero mostrar-te a própria Verdade. Eu a fiz descer dos mundos superiores para que a vejas nua e admires a sua beleza, a ouças falar e admires a sua sabedoria. Olha a sua cabeça, no alto, primeiramente, o alfa e o ômega; o pescoço, beta e psi; os ombros e as mãos, gama e qui; o peito, delta e fi; o tronco, épsilon e ípsilon; o ventre, zeta e tau; as genitálias, eta e sigma; os fêmures, teta e rô; os joelhos, iota e pi; as pernas, capa e ómicron; os tornozelos, lambda e csi; os pés, mi e ni.41 Este é o corpo daquela Verdade, segundo o mago, este o aspecto do elemento, o caráter da letra. A este elemento dá o nome de Homem e diz que é o princípio de todo o Logos, fonte de toda voz, expressão de todo o Inefável, a boca do taciturno Silêncio. Eis o corpo dela.

Tu, porém, elevando mais ao alto a inteligência de tua mente, escuta da boca da Verdade o Verbo gerador de si mesmo e doador do Pai.

14,4. Tendo a Tétrada dito isto, a Verdade olhou para Marcos e abrindo a boca pronunciou uma palavra; a palavra se tornou nome, e o nome que conhecemos e pronunciamos é este: Jesus Cristo. Mal acabara de a pronunciar, calou-se. Marcos pensava que ela diria mais alguma coisa, mas a Tétrada, aproximando-se, disse-lhe: Consideraste como insignificante a palavra que escutaste da boca da Verdade. Não é o nome que conheces e julgavas possuir. Tu possuis o som dele, mas ignoras o seu poder. Jesus é nome insigne, composto de seis letras (em grego), conhecido de todos os chamados. Mas o nome que tem entre os Éões do Pleroma, sendo composto de muitas partes, é de outra espécie, de outro tipo, e é conhecido só por aqueles que são da mesma raça e cujas Grandezas estão sempre diante dele.

14,5. Deves entender que as vinte e quatro letras que usais são o símbolo das três Potências que compreendem o número total dos elementos do alto. As nove letras mudas são o símbolo do Pai e da Verdade, porque são áfonas, isto é, inexprimíveis e inefáveis. As oito semivogais são o símbolo do Logos e Zoé e estão no meio, entre as mudas e as vogais, e recebem a emanação das que lhes estão acima e a elevação das de baixo. As sete vogais são o símbolo de Homem e de Igreja, porque a Voz formou todas as coisas passando pelo Homem. De fato foi o som da Voz que lhes deu a forma. O Logos e Zoé têm, portanto, o número 8, o Homem e a Igreja o 7; o Pai e a Verdade o 9. Como a soma era menor e incompleta, aquele que estava junto ao Pai desceu, enviado lá de onde se separara, para corrigir o defeito das coisas e para que a unidade do Pleroma, possuindo a igualdade, frutificasse em todos e produzisse uma Potência que deriva de todos. Assim o número sete recebeu o valor de oito e ficaram três Lugares semelhantes, pelo número, às Ogdôadas que vindo três vezes sobre si mesmas apresentam o número vinte e quatro. Os três elementos que, segundo Marcos, estão em sizígia com as três Potências, portanto seis, donde derivaram vinte e quatro letras, que multiplicadas por quatro, número da inefável Tétrada, produzem o mesmo número: elas pertencem ao Inefável, mas são revestidas das três Potências à semelhança do Invisível. Imagens das Imagens destes elementos são as nossas letras duplas, que somadas, em virtude da analogia, às outras vinte e quatro dão o número trinta.

14,6. O fruto deste cálculo e desta economia, diz ele, apareceu na imagem simbólica naquele que, depois de seis dias, subiu em quarto lugar ao monte, tornou-se sexto, desceu e foi retido na Hebdômada, mesmo sendo Ogdôada perfeita e tendo em si o número de todos os elementos. A pomba, que é alfa e ômega, indicou o mesmo número quando da sua descida no batismo: seu número é 801. Por isso Moisés disse que o homem foi criado no sexto dia e também a economia. Sabendo o intelecto perfeito que o número seis tem o poder de criação e regeneração, manifestou aos filhos da luz a regeneração que se cumpriu por meio do número que se refere a ele. Daqui Marcos conclui que as letras duplas têm aquele número insigne: com efeito, somado aos 24 elementos perfaz o número de 30 letras.

14,7. E teve como ajundante a Grandeza dos sete números, como diz o Silêncio de Marcos, para manifestar os frutos do pensamento concebido por ele. Por este número especial, diz ele, deves entender o que ele simboliza, o qual, como que dividido em três partes, ficou fora e no próprio poder e sabedoria, mediante a sua emissão, animou este mundo das sete Potências, à imitação da potência da Hebdômada, e deu aquela que parece a alma a este universo visível. Serve-se ele também desta obra feita como que espontaneamente por ele enquanto as outras coisas servem à Entímese da Mãe, sendo imitações de coisas inimitáveis. O primeiro Céu ecoa o alfa, o seguinte o épsilon, o terceiro o eta, o quarto, intermédio entre os sete, narra a potência do iota, o quinto o ômicron, o sexto o ípsilon, o sétimo e quarto a partir do mediano, ecoa a última letra, o ômega, como o Silêncio de Marcos que se exprime com muita loquacidade mas sem dizer nada de verdadeiro.42 Tais Potências juntas, diz ele, e abraçadas umas às outras, cantam e glorificam a glória que as emitiu e o canto triunfal eleva-se ao Pró-pai. O eco desta glorificação, trazido à terra, torna-se, segundo ele, o plasmador e gerador do que está na terra.

14,8. Alega como argumento que a alma dos recém-nascidos, ao sair do seio materno, emite o som de cada um destes elementos. Assim como as sete Potências, afirma,glorificam o Logos, também a alma dos recém-nascidos, chorando e vagindo, glorificam a Marcos. Por isso Davi disse: "Da boca dos lactentes e infantes preparaste o louvor", e ainda: "Os céus narram a glória de Deus".43 Por isso a alma que estava nas dores e nas contrariedades ao ser libertada delas diz: ω (ômega), em sinal de louvor para, que a alma do alto reconheça a sua parente e lhe envie a sua ajuda.

14,9. Desta maneira delirou acerca da totalidade do nome composto de trinta letras; do Abismo que aumenta com suas letras; do corpo da Verdade que tem doze membros, cada um composto de duas letras; da voz que emitiu sem emiti-la; da explicação do nome que não foi dito; da alma do mundo e do homem, naquilo que são imagens da econo mia. A seguir falaremos do modo com que a Tétrada deles revelou, a partir dos nomes, a igualdade da potência, para que nada te fique oculto, ó caríssimo, de tudo o que dizem e chegou até nós, como nos pediste repetidas vezes.

C. Proliferação do Silêncio

15,1. É assim que seu muitíssimo sábio Silêncio anuncia a geração dos vinte e quatro elementos: com a Unicidade estava a Unidade e delas houve duas emissões, como já dissemos, isto é, a Mônada e o Um que, duplicando-se, ficaram quatro, pois duas vezes dois dá quatro. Em seguida, dois e quatro, somados, formam o número seis. Este seis multiplicado por quatro gera as vinte e quatro formas. Os nomes santíssimos da primeira Tétrada, inteligíveis mas inefáveis, são conhecidos somente pelo Filho e o Pai sabe de que natureza são. Os outros pronunciados por ele com gravidade, respeito e fé são estes: Inefável e Silêncio, Pai e Verdade. O número total desta Tétrada é de vinte e quatro letras, em grego: Inefável (Árretos) tem 7, Silêncio (Sigé) 5, Pai (Patér) 5, e Verdade (Alétheia) 7; somando-se duas vezes cinco e duas vezes sete dão o total de vinte e quatro. Da mesma forma a segunda Tétrada: Lógos

(Logos) e Zoé (Vida), Homem (Ánthropos) e Igreja (Ekklesía), tem o mesmo número de elementos. O nome exprimível do Salvador (Iesous) é de seis letras, o inexprimível de vinte e quatro. Os nomes Filho Cristo (Yihòs Chreistós) têm doze letras, mas o que é inexprimível de Cristo tem trinta letras. Por isso Marcos diz que ele é alfa e ômega (= 801), para indicar a pomba (peristerá), ave que tem este número.

15,2. Jesus tem, diz ele, esta origem inefável. Da Mãe de todas as coisas, isto é, da primeira Tétrada, teve origem, como filha, a segunda e se formou a Ogdôada da qual derivou uma Década e assim se formou o número dezoito. Ora, a Ogdôada multiplicada por dez produziu o número oitenta, multiplicada outra vez por dez deu oitocentos, de forma que o número total das letras que se forma dos produtos das Ogdôadas pelas Décadas é oito, oitenta e oitocentos (888), isto é, Jesus (Iesous). Jesus, conforme os números correspondentes às letras gregas, dá como total 888. Eis claramente, segundo eles, a origem supraceleste de Jesus. Por isso o alfabeto grego tem oito unidades, oito dezenas, oito centenas que indicam o número 888, isto é, Jesus, que se compõe de todos os números e é chamado alfa e ômega, que significam a sua origem de todos. E ainda desta maneira: somando-se progressivamente os números da primeira Tétrada, aparece o número 10; de fato 1+2+3+4=10. Este número, representado pelo io ta, ele o identifica com Jesus. Diz também que Cristo (Chreistós) tem oito letras e que por meio delas é indicada a primeira Ogdôada que, combinada com o número 10, produziu o número 888. Diz-se ainda, acrescenta ele, Filho Cristo, e temos a Duodécada: Yihòs tem quatro letras e Chreistós oito, que somadas mostram a grandeza da Duodécada. Antes que o número insigne deste Nome, isto é, Jesus, aparecesse aos filhos, os homens encontravam-se em grande ignorância e erro, mas quando foi manifestado o nome com seis letras, revestido de carne para descer até a sensibilidade do homem, tendo em si mesmo o seis e o vinte e quatro, então os que o conheceram deixaram de ser ignorantes e passaram da morte à vida, porque este nome se tornou para eles o caminho que os conduziria ao Pai da Verdade. O Pai de todas as coisas, com efeito, decidiu eliminar a ignorância e destruir a morte. Ora, a eliminação da ignorância era a gnose do Pai. Por isso foi escolhido o homem estabelecido na sua vontade à imagem da Potência do alto.

15,3. Da Tétrada originaram-se os Éões e nela estavam o Homem e a Igreja, o Logos e a Zoé. Destes, portanto, foram emitidas Potências que geraram aquele Jesus que apareceu sobre a terra. Gabriel assumiu o lugar do Logos, o Espírito Santo o da Zoé, o Poder do Altíssimo o do Homem e a Virgem o da Igreja. Assim, segundo ele, o homem econômico foi gerado por meio de Maria, e, passando pelo seio dela, o Pai de todos o elegeu por meio do Logos para que fosse conhecido por ele. Vindo à água, desceu sobre ele, na forma de pomba, Aquele que subiu ao alto e completou o número doze. Nele estava a semente daqueles que foram semeados com ele e com ele desceram e subiram. Chamou semente do Pai à potência que desceu porque tinha nela o Pai, o Filho e a potência indizível do Silêncio conhecida por meio deles e todos os Éões. Este seria o Espírito que falou pela boca de Jesus, que se declarou Filho do homem e revelou o Pai, que desceu sobre Jesus e se uniu a ele. Destruiu a morte, diz Marcos, aquele que foi constituído pela economia Salvador Jesus e Cristo Jesus fez conhecer seu Pai. Jesus é o nome daquele que foi constituído homem pela economia e posto como semelhança e forma daquele Homem que devia descer nele. Quando o recebeu, recebeu também o próprio Homem e o próprio Logos, o Pai, o Inefável, o Silêncio, a Verdade, a Igreja e a Zoé.

15,4. Tudo isso supera os ais e os ai de mim! e todas as exclamações trágicas e interjeições de dor. Quem não desprezaria este poeta e artífice de mentiras ao ver, por obra de Marcos, a Verdade transformada em ídolo e marcada pelas letras do alfabeto? Tanto recentemente como desde as origens, ontem ou antes, como se costuma dizer, os gregos afirmam que no início receberam de Cadmos 16 letras do alfabeto e que depois, com o passar do tempo, eles mesmos inventaram, quer as aspiradas, quer as duplas e que recentemente, por último, Palámedes acrescentou as longas. Ora, antes de isso acontecer entre os gregos, não podia existir a Verdade. Porque és tu, Marcos, que o dizes: seu corpo é posterior ao tempo de Cadmos e seus antecessores, posterior ao dos que acrescentaram as outras letras, posterior também a ti: com efeito, somente tu rebaixaste a ídolo a Verdade anunciada por ti.

15,5. Haverá quem possa admitir o teu Silêncio tão loquaz, que nomeia o Éon inefável, que expõe o invisível, que perscruta o imperscrutável? Como podes dizer que abriu a boca quem não tem corpo nem forma e que pronunciou um verbo semelhante a qualquer vivente, invisível na forma, de trinta letras e quatro sílabas? Será, portanto, semelhante ao Logos o Pai de todas as coisas, que tu dizes ser composto de trinta letras e quatro sílabas? Quem poderá entender como teu esquema e teus números, que ora são trinta, ora vinte e quatro, ora somente seis, abrangem o Criador, o Demiurgo, o Autor do Verbo de Deus, ao reduzires a quatro sílabas e trinta letras? Ao rebaixares o Senhor de todas as coisas, aquele que firmou os céus, ao número 888, como fizeste com as duas letras extremas do alfabeto? Ao dividires até o Pai, que contém tudo e nada o pode conter, em Tétrada, Ogdôada, Déca da e Duodécada, e servindo-te de tais multiplicações do Pai que, como tu dizes, é o inexprimível e o inconcebível? Quando, para o que dizes sem corpo e sem substância, crias uma matéria e substância com muitas letras geradas umas das outras, tornando-te falso Dédalo e artífice incompetente da Potência mais sublime? Ao dividires a substância, que afirmas indivisível, em letras mudas, vogais e semivogais, e atribuires ao Pai e à sua Entímese, dentre todas as letras, as mudas? As tuas mentiras levaram todos os que acreditam em ti às maiores blasfêmias e à impiedade máxima.

15,6. Portanto, aplicam-se justamente à tua temeridade as invectivas que o velho Arauto da Verdade, inspirado do alto, dirigia-te nestes versos:

Artífice de ídolos és, Marcos, ilusionista Experto na arte mágica e na astrologia; Com eles confirmas erros de doutrina

Apresentando prodígios aos que são enganados por ti, Obras daquela Potência apóstata

Que teu pai Satanás te concede

Fazer pelo demoníaco poder de Azael, que tem em ti O precursor da funesta maldade contra Deus.

Estas as palavras do ancião que amava a Deus. Quanto a nós, tentaremos expor-te brevemente a longa seqüela de mistérios e tornar manifesto o que esteve escondido por muito tempo: poderão assim mais facilmente ser detestadas e condenadas por todos.

D.   Os números, substância das coisas

16,1. Juntando a geração dos Éões, o desgarramento e o reencontro da ovelha, eles, que reduzem tudo a números, ousam afirmar misticamente que tudo consta de mônada e díada. Somados sucessivamente os números de um a quatro geram a Década: 1+2+3+4 produzem o número dos dez Éões. Por sua vez, a Díada, a partir dela e progredindo até o número insigne, 2+4+6, mostra a Duodécada. Novamente somando da díada até dez aparece o número trinta em que estão contidas a Ogdôada, a Década e a Duodécada. À Duodécada, que tem como final o número insigne e por causa dele, dão o nome de paixão. Tendo acontecido uma queda no número doze, a ovelha que saiu, perdeu-se, porque a deserção se deu a partir da Duodécada. Do mesmo modo é oráculo deles que uma Potência se separou da Duodécada e perdeu-se, e seria a mulher que perdeu a dracma, acendeu a lucerna e a encontrou.44 Assim os números que restaram, o nove da dracma e o onze da ovelha, multiplicados entre si deram noventa e nove que é o resultado de 9x11. Eis por que a palavra Amém tem este número.

16,2. Não quero deixar de referir-te também outras interpretações deles para que possas contemplar, de todos os lados, os seus frutos. A letra eta, contando o número insigne (sigma = 6), seria a oitava por estar no oitavo lugar, a partir do alfa; em seguida, somando os números destas letras, tirando o sigma (1+2+3+4+5+6+7+8-6=30), eles obtêm como resultado trinta. Com efeito, somando-se todos os números do alfa ao eta, tirando o número insigne, encontra-se o trinta. Até a letra épsilon o valor das letras é quinze; acrescentando-se sete dá vinte e dois; acrescentando-se oito completa-se a admirável Triacôntada. Com isso querem provar que a Ogdôada é a Mãe dos trinta Éões. Visto que o número trinta é composto pelas três potências (8,10,12) somadas, multiplica- se por três e dá noventa. O três multiplicado por si mesmo produz o nove. Assim a Ogdôada gerou o número noventa e nove. E porque o décimo segundo Éon, afastando- se, deixou lá em cima os onze, a forma das letras foi disposta convenientemente para formar a figura do Logos. A décima primeira letra é o lambda, que é o número trinta, e foi disposta à imagem da economia do alto: porque somando progressivamente o valor numérico das letras, do alfa ao lambda, exceptuando-se o número insigne, tem-se o número noventa e nove. Que o lambda, décimo primeiro na ordem, tenha descido à procura do seu semelhante para completar o número doze, o tenha encontrado e ficado completo, fica evidente pela própria forma da letra. O lambda procurou o seu semelhante, o encontrou, o atraiu a si e completou o décimo segundo lugar, sendo a letra M composta por dois lambdas (Λ + Λ). Este é o motivo por que fogem, pela gnose, do lugar do número noventa e nove, que é o da deficiência, tipo da mão esquerda, e perseguem a unidade, que somada a noventa e nove os fará passar para a mão direita.

16,3. Bem sei que ao ler estas coisas, ó caríssimo, haverás de rir às gargalhadas, tamanha a presunção e a loucura dessa gente. Dignos de compaixão são os que tratam coisa tão sagrada, a grandeza do Poder verdadeiramente inefável, e as economias de Deus, servindo-se do alfabeto e de números tão frios e artificiais. Verdadeiramente condenam-se a si mesmos quantos se separam da Igreja para aderir a tais patranhas. Paulo manda que os "evitemos depois da primeira e segunda advertência"; João, o discípulo do Senhor, lhes amplia a condenação, proibindo-nos até de os cumprimentar, porque "quem lhes diz bom-dia participa de suas obras iníquas". E com razão: "Não há salvação para os ímpios, diz o Senhor".45 São de impiedade que supera toda impiedade os que afirmam que o Cria-dor do céu e da terra, o único Deus onipotente, sobre o qual não há outro Deus, provém de degradação derivante de uma primeira, e, segundo eles, já de uma terceira degradação. Rejeitando e condenando convenientemente esta doutrina devemos fugir alhures, longe deles, e quanto mais afirmam e se comprazem nestas invenções tanto mais nos devemos convencer de que estão possuídos pelos maus espíritos da Ogdôada. São como os que caíram em paixão frenética e quanto mais riem e agem pensando estar bem, até mais ainda do que se estivessem bem, tanto mais estão doentes. A mesma coisa acontece a eles: quanto mais julgam saber e se estragam os nervos tendendo a coisas superiores às suas forças, tanto mais avançam na loucura. O espírito imundo da ignorância saiu e os encontrou ocupados, não em Deus, mas em questões mundanas. Então tomou consigo outros sete espíritos piores do que ele, enfatuoulhes a sabedoria, fazendo-os acreditar que po-diam entender o que está acima de Deus, e convenientemente dispostos, na sua mente, para a fecundação, depositou neles a Ogdôada da ignorância dos espíritos perversos.

E. A criação do mundo

17,1. Quero expor-te ainda como, segundo eles, foi feita a criação, à imagem das coisas invisíveis, pelo Demiurgo, sem que ele o soubesse, graças à intervenção da Mãe. Em primeiro lugar, dizem, foram produzidos os quatro elementos: fogo, água, terra e ar, à imagem da Tétrada superior. As operações respectivas que lhes pertencem, isto é, calor e frio, úmido e seco, representam fielmente a Ogdôada. Derivadas dela enumeram as dez potências, a saber: sete corpos esféricos que chamam céus; depois, em volta deles, uma esfera a que chamam oitavo céu; e depois, o sol e a lua. Estes corpos, que são dez, dizem que são imagem da Década invisível emitida pelo Logos e Zoé. A Duodécada seria indicada pelo círculo chamado Zodíaco. Os doze signos, dizem, representam manifestamente a Duodécada, filha do Homem e da Igreja, e foram pintados como que por uma sombra. E o céu supremo que com sua mole se opõe à rotação velocíssima do universo e com seu peso trava-lhe a velocidade, faz com que o giro de um signo a outro se cumpra no intervalo de trinta anos, é imagem, dizem, do Limite que contém dentro e si a Mãe deles, que tem o número trinta. Também a Lua que dá a sua volta ao céu em trinta dias, com este número de dias indica os trinta Éões. E o Sol, que gira em círculo e cumpre a sua apocatástase em doze meses, manifesta por meio deles a Duodécada. Também os dias,

que têm a medida de doze horas, são a figura da invisível Duodécada. Até as horas, que são um dozeavo do dia, são compostas de trinta partes para representar a Triacôntada. O círculo do Zodíaco é subdividido em 360 partes e cada signo tem 30: assim, no círculo vêem conservada a imagem da conjunção do 12 com o
30. A própria terra, dizem, dividida em 12 zonas nas quais recebe sucessivamente, a prumo, um poder peculiar do céu, gerando prole semelhante à potência que exerce seu influxo, seria figura claríssima da Duodécada e seus filhos.

17,2. Além disso, dizem que o Demiurgo, querendo imitar a infinitude, a eternidade, a ilimitabilidade e a intemporalidade da Ogdôada e não tendo o poder de reproduzir a estabilidade e perpetuidade dela, por ser ele fruto de uma degradação, reduziu esta eternidade em períodos e tempos numerosíssimos, pensando imitar a infinidade dela com a multiplicidade dos tempos. Então, dizem, ao se afastar dele a Verdade, sobreveio a mentira; por isso a sua obra será destruída quando se completarem os tempos.

F.   Argumentos escriturísticos
a)   Acerca do Pleroma

18,1. E ao mesmo tempo que afirmam estas coisas acerca da criação, cada um deles encontra, dentro de suas possibilidades, sempre algo de novo, porque entre eles é perfeito somente quem é fecundo das maiores mentiras. Mas é necessário também indicar os argumentos arranjados, que tiram dos profetas, para ter argumentos contra eles. Moisés, dizem, começando a descrever a obra da criação, indica logo desde o início a Mãe de todas as coisas quando diz: No princípio Deus fez o céu e a terra. Ao nomear estes quatro: Deus, o princípio, o céu e a terra, descreveu, a seu ver, a Tétrada; ao dizer: A terra era invisível e ainda não organizada, manifestaria o aspecto invisível e escondido dele. Teria depois falado da segunda Tétrada, derivada da primeira, assim eles dizem, ao nomear o abismo e as trevas, as águas nelas contidas e o Espírito que pairava sobre as águas. Teria depois lembrado a Década falando da luz, do dia, da noite, do firmamento, da tarde, da manhã, do seco, do mar, da erva e, em décimo lugar, das árvores: com os dez nomes teria indicado os dez Éões. Da mesma forma teria indicado a potência da Duodécada ao nomear o sol e a lua, as estrelas e as estações, os anos, os cetáceos, os peixes, as serpentes, as aves, os quadrúpedes, os animais e, acima de tudo isso, em décimo segundo lugar, o homem. Assim ensinam eles, o Espírito falou da Triacôntada por meio de Moisés. Também o homem, feito à imagem da Potência do alto, possui dentro de si uma potência que deriva da única fonte. Ela seria situada na região do cérebro e dela derivariam quatro potências, à imagem da Tétrada do alto, chamadas, a primeira, visão; a segunda, audição; a terceira, olfato; a quarta, paladar. A Ogdôada seria representada no homem porque tem duas orelhas e dois olhos, duas narinas e um paladar para o amargo e outro para o doce. O homem, na sua totalidade formaria a imagem da Triacôntada deste modo: nos dedos das mãos traz a Década; o corpo, dividido em doze partes, a Duodécada; de fato, eles dividem o corpo do homem da mesma forma que o da Verdade, de que falamos acima;

quanto à Ogdôada, que é inefável e invisível, é imaginada escondida nas vísceras.

18,2. Dizem ainda que o sol, o luminar maior, foi feito no quarto dia para indicar o número da Tétrada. As cortinas do tabernáculo feito por Moisés, que eram de bisso, púrpura violeta, escarlate e carmesim, segundo eles, apresentariam a mesma imagem. O peitoral do sacerdote, enfeitado com quatro séries de pedras preciosas, simbolizaria a Tétrada. Afinal, tudo o que nas Escrituras indica o número quatro dizem que foi escrito para indicar a Tétrada. A Ogdôada, indicada pelo fato de que o homem foi criado no oitavo dia; às vezes, dizem que foi criado no sexto dia, outras no oitavo ou então que no sexto dia teria sido criado o homem terreno e no oitavo o homem carnal, porque eles distinguem estas duas coisas. Alguns pensam que uma coisa é o homem macho e fêmea, criado à imagem e semelhança de Deus, que seria o homem pneumático, e outra coisa o homem tirado da terra.

18,3. A economia da arca do dilúvio, na qual oito homens foram salvos, afirmam que indica manifestamente a Ogdôada salvífica. A mesma coisa indicaria Davi, oitavo entre os irmãos, como também a circuncisão que se fazia no oitavo dia indicaria a circuncisão da Ogdôada superna. E tudo o que na Escritura indica o número oito dizem que atualiza o mistério da Ogdôada. A Década seria significada nos dez povos que Deus prometeu dar em poder a Abraão; e, igualmente, pela economia de Sara que, depois de dez anos, lhe entregou sua serva Agar para que pudesse ter dela um filho. O servo de Abraão, enviado a Rebeca, que junto ao poço lhe dá os braceletes de ouro que pesavam dez siclos; os irmãos dela que o retém por dez dias; Jeroboão que recebeu os dez cetros; os dez átrios do tabernáculo, as colunas de dez côvados; os dez filhos de Jacó, enviados a primeira vez ao Egito para comprar trigo; e os dez após-tolos aos quais apareceu o Senhor ressuscitado, quando Tomé não estava presente; todos representariam a Déca da invisível.

18,4. A Duodécada, na qual se produziu o mistério da paixão da degradação, da qual, segundo eles, foram formadas as coisas visíveis, encontra-se em todo lugar com sinais claros e manifestos. Por exemplo: os doze filhos de Jacó, dos quais se originaram as doze tribos, o peitoral com suas várias partes, as doze pedras preciosas e os doze guizos, as doze pedras que Moisés levantou no monte, as doze pedras que Josué pôs no rio e as outras na outra margem, os doze homens que transportavam a arca, as doze pedras que Elias usou para o sacrifício do bezerro, o número dos apóstolos, tudo o que se refere ao número doze dizem que representa a Duodécada. A unidade de todos os Éões que eles chamam de Triacôntada é indicada pela arca de Noé, alta trinta côvados, por Samuel que faz sentar Saul no primeiro lugar entre os trinta convidados, por Davi que se esconde por trinta dias no campo e pelos trinta homens que entraram com ele na caverna, e pelo comprimento do santo tabernáculo que era de trinta côvados. E tudo o que encontram equivalente a este número dizem que quer indicar a Triacôntada.

b) Acerca do dualismo teístico

19,1. Pareceu-me necessário acrescentar a isso tudo também o que tentam convencer acerca do Pró-pai, pretensamente desconhecido por todos antes da vinda do Cristo, escolhendo textos da Escritura para demonstrar como nosso Senhor anunciou outro Pai diferente deste criador do universo, que com blasfêmia ímpia, como já lembramos, dizem ser fruto da degradação. E citam as palavras do profeta Isaías: "Israel não me conheceu e o povo não me entendeu" eles querem que Isaías tenha falado da ignorância que se tinha do abismo invisível; e o que se lê em Oséias: "...porque não há fidelidade em Israel, nem conhecimento de Deus na terra", eles o desviam forçosamente no mesmo sentido. O versículo: "Não há quem entenda nem quem procure a Deus, todos se desviaram e ao mesmo tempo se corromperam", eles o compreendem como a ignorância que se tinha a respeito do Abismo invisível. E a que foi dita por Moisés: "Ninguém verá a Deus e viverá", indica a mesma coisa.46

19,2. Dizem que os profetas viram o Demiurgo, e o que foi escrito: ninguém verá a Deus e viverá se refere à Grandeza invisível, não conhecida por ninguém. Que ninguém verá a Deus se refira ao Pai invisível, criador de todas as coisas, é evidente para todos nós; que, porém, não se refere a este Abismo inventado por eles, mas ao Demiurgo, que se identifica com o Deus invisível, será demonstrado no evolver do discurso. Daniel significaria a mesma coisa ao pedir ao Anjo a solução da parábola, porque ele a ignorava. O Anjo, escondendo-lhe o grande mistério do Abismo, lhe diz: "Retira-te, Daniel, estas são palavras de sentido recôndito até que os inteligentes as entendam e os puros sejam purificados".47 E eles se gabam de serem os puros e os inteligentes.

20,1. Além disso apresentam interminável multidão de escritos apócrifos e falsos que eles mesmos compuseram para causar impressão aos simples e aos que não conhecem as letras da verdade. Para reforçar isso acrescentam também aquela fábula segundo a qual quando o Senhor era ainda menino e aprendia a ler, o mestre lhe disse, como de costume: Dize a, e ele respondeu a; depois o mestre pediu-lhe que dissesse bê, e o Senhor respondeu-lhe: Dize-me primeiro o que é a e então eu te direi o que é bê. E interpretam que somente ele conhece o Incognoscível, que indicou na letra a.

20,2. Retorcem também algumas frases do Evangelho para que possam ter este sentido. Por exemplo, com a resposta que o Senhor, aos doze anos, deu à sua mãe: "Não sabias que me devo ocupar nas coisas de meu Pai?"[48] anunciava-lhe, segundo eles, o Pai que não conheciam. Por isso enviou os discípulos às doze tribos para anunciar o Deus desconhecido. A quem lhe disse: Bom mestre, respondeu confessando aquele que é verdadeiramente bom: "Por que me chamas bom? Somente um é bom, o Pai nos céus".[49] Os céus de que se fala são os Éões. Por isso não respondeu aos que lhe perguntaram: Com que poder fazes isso?, mas os confundiu com a pergunta que, por sua vez, fez a eles; não respondendo — eles explicam — mostrou o caráter inexprimível do Pai. Mas quando disse: "Desejei muitas vezes escutar umas palavras como estas, mas não encontrei um sequer que mas dissesse",[50] manifestou por meio deste um aquele que é o único verdadeiro Deus que não conheciam. Da mesma forma ainda, quando, avizinhando-se a Jerusalém, chorou sobre ela e disse: "Se tu conhecesses hoje o que é para a paz, mas te está escondido",51 com estas palavras: te está escondido, indicou o mistério escondido de Abismo. Ainda, quando diz: "Vinde a mim vós todos que estais fatigados e carregados e aprendei de mim",52 teria anunciado o Pai da Verdade. Prometeu, com efeito, ensinar-lhes o que não sabiam.

20,3. Como prova de tudo o que precede e como última palavra de seu sistema alegam estas palavras: "Eu te louvo, Pai, Senhor do céu e da terra, porque ocultaste estas coisas aos sábios e aos prudentes e as revelaste aos pequeninos. Sim, Pai, porque assim foi do teu agrado. Todas as coisas me foram entregue pelo Pai e ninguém conhece o Pai senão o Filho, nem o Filho senão o Pai e aquele a quem o Filho o revelar".53 Com isso seria indicado claramente que antes da vinda do Senhor ninguém conhecia expressamente

o Pai da Verdade, e também afirmam que o Autor e Criador do mundo sempre foi conhecido por todos, ao passo que o Senhor falaria aqui do Pai que ninguém conhece e que eles anunciam.

c) Teoria da redenção

21,1. É conveniente que a sua versão da redenção seja invisível e incompreensível, por ser a mãe dos incompreensíveis e invisíveis. E sendo instável não pode ser descrita de forma clara e unânime, uma vez por todas: de fato, cada um deles transmite-a como quer e há tantas redenções quantos são os mestres desta doutrina misteriosa. Que esta estirpe tenha sido enviada por Satanás para a negação do batismo da regeneração em Deus e a destruição de toda a fé o exporemos e refutaremos no lugar mais oportuno.

21,2. Dizem que esta redenção é necessária para os que receberam a gnose perfeita para serem regenerados na Potência suprema, pois do contrário é impossível entrar no Pleroma, porque, segundo eles, é esta que conduz à profundidade do Abismo. O batismo de Jesus, quando se manifestou, era para a remissão dos pecados, mas a redenção para a perfeição foi-lhe concedida pelo Cristo que desceu sobre ele; o batismo era psíquico, mas a redenção, pneumática. Com efeito, o batismo que João pregava era para a remissão dos pecados, mas a redenção para a perfeição foi realizada pelo Cristo. E é isto que ele quer dizer com as palavras: "Há outro batismo com que devo ser batizado e me lanço ardentemente para ele".54 Ainda, o Senhor apresentou esta redenção aos filhos de Zebedeu quando a mãe deles lhe pediu que os mandasse sentar à sua direita e à esquerda no reino, ao dizer: "Podeis ser batizados com o batismo com que eu devo ser batizado?"55 Dizem que também Paulo indicou claramente e muitíssimas vezes a redenção que está em Cristo Jesus; redenção que eles ensinam com tanta variedade e divergência.

21,3. Alguns deles imaginam um quarto nupcial e cumprem um rito místico acompanhado de invocações sobre os iniciados e afirmam que o que fazem são núpcias espirituais à semelhança das sizígias do alto. Outros os levam junto à água e ao batizá-los dizem: Em nome do Pai, desconhecido por todos, na Verdade, Mãe de todos, naquele que desceu sobre Jesus, para a união e redenção e comunicação das Potências. Outros usam palavras hebraicas para causar admiração e medo nos iniciados: Basyma cacabasa eanaa irraumista diarbada caeota bafobor camelanthi, que significam:

Invoco o que está acima de toda Potência do Pai, que se chama Luz, Espírito e Vida, porque reinaste no corpo. Outros ainda anunciam a redenção assim: O nome oculto a toda Divindade, Dominação e Verdade que Jesus Nazareno assumiu nas zonas da luz, Cristo Senhor que vive pelo Espírito Santo, para a redenção dos Anjos, nome da restauração: Messia ufar magno in seenchaldia mosomeda eaacha faronepseha Ie-su Nazarene; que se traduz: Não divido o Espírito, o coração e a misericordiosa e supraceleste Potência de Cristo: possa fruir do teu nome, Salvador da Verdade. Estas as palavras que pronunciam os consagrantes. O consagrado responde: Sou conformado e redimido e resgato a minha alma deste Éon e de todos que estão nele no nome de Iao, que resgatou a sua alma para

a redenção no Cristo vivente. Os presentes dizem: Paz para todos sobre os quais repousa este nome. Depois disto ungem o iniciado com bálsamo; dizem que este ungüento é figura do per-fume derramado sobre todas as coisas.

21,4. Alguns deles dizem que é supérfluo levar à água e então misturam óleo e água e pronunciando algumas palavras semelhantes às que referimos acima, derramam a mistura sobre a cabeça dos iniciandos. Nisto consistiria a redenção. Eles também ungem com bálsamo. Outros, recusando tudo isto, dizem que não se deve realizar por meio de criaturas visíveis e corruptíveis o mistério da Potência invisível e inefável, nem representar por meio de coisas sensíveis e corpóreas as incorpóreas e insensíveis. A redenção perfeita é o conhecimento da Grandeza inefável; pois é da ignorância que saíram a decadência e a paixão; é pela gnose que será abolido todo o estado de coisas saídas da ignorância. É, pois, a gnose a redenção do homem interior. Esta redenção não é nem somática, pois o corpo é corruptível, nem psíquica, pois a alma também provém da decadência e é apenas a morada do espírito; ela é, pois, necessariamente pneumática.

21,5. Outros redimem os moribundos na hora da agonia derramando sobre a cabeça deles óleo e água ou ungüento misturado com água, com as invocações de que falamos acima para que se tornem impossíveis de agarrar e invisíveis aos Principados e Potestades, e o homem superior suba aos espaços invisíveis enquanto o corpo é deixado ao universo criado e a alma entregue ao Demiurgo. E ordenam-lhes que, depois de mortos, ao chegar junto das Potências digam estas palavras: Eu sou filho do Pai, do Pai preexistente, filho no Preexistente. Vim para ver todas as coisas que são minhas e que me são estranhas; na verdade, não completamente, porque pertencem a Acamot, a Mulher que as fez para si e me deu a estirpe do Preexistente, e estou de volta para aquilo que era meu de onde eu vim. Dizendo isto, deverá esgueirar-se e fugir das Potências. E ao chegar aos companheiros do Demiurgo deverá dizer-lhes: Eu sou vaso precioso, mais precioso do que a Mulher que vos gerou. Se vossa Mãe ignora a sua origem, eu conheço a mim mesmo e sei de onde eu sou e invoco a incorruptível Sofia que está no Pai, Mãe de vossa Mãe, que não tem Pai nem cônjuge macho; Mulher nascida de Mulher, vos criou não conhecendo a Mãe dela, imaginando estar sozinha: eu invoco a Mãe dela. Ao escutar estas palavras, os companheiros do Demiurgo se perturbarão violentamente e se irritarão com a sua origem e a raça da Mãe deles: e o iniciado irá para o que é seu, atirando fora os liames, isto é, a alma. Isto é o que chegou até nós acerca da regeneração, mas devido às diferenças que há entre eles na doutrina e no ensinamento, e também ao fato de que os mais recentes se esforçam por frutificar a cada dia algo de novo que ninguém tenha pensado, resta difícil transcrever as opiniões de todos.

d) Referência à Regra da fé

22,1. Nós porém nos conservamos firmes na regra da verdade, isto é, que existe um só Deus onipotente que tudo criou pelo seu Verbo, plasmou e fez que o que não existia passasse a existir, como diz a Escritura: "Pela palavra do Senhor os céus foram feitos e pelo sopro de sua boca toda a potência deles".56 E ainda: "Tudo foi feito por meio dele e sem ele nada foi feito".57 Do tudo nada é excetuado; o Pai fez por seu intermédio tudo, as coisas visíveis e as invisíveis, as sensíveis e as inteligíveis, as temporais para uma verdadeira economia, as eternas e imortais, não por meio de Anjos, nem de Potências distintas de sua mente, porque Deus não precisa de ninguém, mas pelo Verbo e pelo seu Espírito fez tudo, ordenou, governa e dá o ser a tudo. Ele fez o universo e o mundo é parte dele, ele criou o homem, ele é o Deus de Abraão, o Deus de Isaac, o Deus de Jacó, sobre o qual não há outro Deus, não há Princípio, não há Potência, não há Pleroma; ele é o Pai de nosso Senhor Jesus Cristo, como demonstraremos. Guardando firmemente esta regra da Verdade, ainda que eles digam muitas e diferentes coisas, ser-nos-á fácil demonstrar que desviaram da verdade. Quase todos as heréticos reconhecem um só Deus, mas subvertem perversamente este conceito, mal-agradecidos para com o Criador, assim como o são os pagãos com sua idolatria. Desprezam a obra de Deus rejeitando a sua própria salvação, tornando-se acusadores renhidos de si mesmos e falsas testemunhas. Ressuscitarão na carne, contra sua vontade, para reconhecer o poder daquele que os ressuscita dos mortos, mas não serão incluídos entre os justos por causa da incredulidade.58

22,2. Visto que a detectação e a refutação de todas as heresias é variada e multiforme e é nossa intenção responder a todos eles, nas peculiaridades próprias, julgamos necessário dar-te a conhecer primeiro a fonte e a raiz, porque, ao conhecer o Abismo mais sublime, saibas de que árvore procedem estes frutos.

Simão, o mago

23,1. Simão, samaritano, é o mago de quem Lucas, discípulo e seguidor dos apóstolos, diz: "Havia, há tempo, na cidade, um homem chamado Simão que praticava a magia e excitava os habitantes da Samaria dizendo ser grande personagem e todos, do maior ao menor, o escutavam e diziam: este é a Potência de Deus, chamada grande. Apegavam-se a ele porque por muito tempo os fascinava com as suas mágicas".59 Este Simão fingiu abraçar a fé, pensando que também os apóstolos realizassem curas por meio da magia e não pelo poder de Deus e que eles tornassem cheios do Espírito Santo os que criam em Deus, por meio da imposição das mãos e de Jesus Cristo que eles anunciavam. Imaginando ser por causa de uma sabedoria mágica maior ainda que eles faziam estas coisas; ofereceu dinheiro aos apóstolos a fim de ter ele também o poder de dar o Espírito Santo a quem quisesse, mas ouviu de Pedro: "O teu dinheiro pereça contigo, pois julgaste poder comprar com dinheiro o dom de Deus! Não terás parte nem herança neste mistério, porque o teu coração não é reto diante de Deus. Eu te vejo na amargura do fel e nos laços da iniqüidade".60 Ainda menos acreditou em Deus e pôs-se a rivalizar invejosamente com os apóstolos para se tornar, ele também, célebre. Por este motivo aprofundou em todas as artes mágicas a ponto que granjeou a admiração de muitos homens. Viveu nos tempos do imperador Cláudio, e até se diz que, por motivo da magia, foi honrado por ele com uma estátua. Este mago foi honrado por muitos como um deus e ensinou que ele era aquele que se manifestou como Filho entre os judeus, que desceu na Samaria como Pai e que veio entre os outros povos como Espírito Santo; que era a Potência mais sublime, isto é, o Pai que está acima de todas as coisas e aceitava qualquer título que os homens lhe quisessem conferir.

23,2. Simão, samaritano, do qual se originaram todas as heresias, apresenta para a seita esta teoria: tendo comprado em Tiro, cidade da Fenícia, Helena, prostituta, levou-a consigo nas suas idas e vindas e dizia que ela era o seu primeiro Pensamento, a Mãe de todas as coisas, e que no princípio teve a idéia de criar os Anjos e Arcanjos por meio dele. Essa Enóia saída dele com o conhecimento da vontade do Pai, desceu às regiões inferiores e gerou os Anjos e as Potências pelos quais, afirma ele, foi feito este mundo. Mas depois de os ter gerado, eles, por inveja, a retiveram prisioneira, porque não queriam ser julgados filhos de alguém insignificante. Eles, porém, ignoravam completamente quem era o Pai deles. Enóia, portanto, ficou retida pelos Anjos e pelas Potências que ela tinha emitido e sofreu toda espécie de afrontas para que não subisse de volta ao Pai dela até que foi encerrada num corpo humano. Durante séculos transmigrou, como vaso se derrama noutro, em corpos de mulheres. Entre outras, ela foi aquela Helena por cuja causa aconteceu a guerra de Tróia, e assim se entende porque Estesícoro, que falou mal dela nos seus versos, ficou cego e em seguida recobrou a vista por ter-se arrependido e escrito as chamadas palinódias em que a exaltava. Na sua transmigração de corpo em corpo, desde o início, sempre sofreu afrontas e ultimamente se estabeleceu num prostíbulo; ela seria a ovelha desgarrada.

23,3. É por isso que ele veio antes de todos para recuperá-la e libertá-la dos laços e trazer aos homens a salvação por meio do conhecimento dele. Os anjos, por sua vez, governavam mal o mundo e cada um desejava a primazia, por isso ele veio para pôr as coisas em ordem. Desceu disfarçado, semelhante aos Principados, às Potências e aos Anjos, e pareceu homem entre os homens sem ser homem, e se acreditou que sofreu na Judéia sem sofrer realmente. Com efeito, não há obras boas por natureza, mas somente por convenção, como dispuseram os Anjos criadores, para reter escravos os homens por meio destes preceitos. Por isso Simão prometeu subtrair o mundo e libertar os seus seguidores da dominação dos criadores do mundo.

23,4. Os sacerdotes deles, místicos, vivem libidinosamente e praticam magias cada qual como pode; servem-se de exorcismos e encantamentos e exercitam-se fervidamente em filtros e feitiços, espiritismo, hipnotismo e em tudo o que diz respeito à magia. Têm uma imagem de Simão, na aparência de Júpiter, e de Helena, na de Minerva e adoram- nas. E também são chamados simonianos, nome que lhes vem de Simão, o iniciador da mais ímpia doutrina, e é deles que se origina, com nome falso, a gnose, como se pode deduzir das afirmações deles.

Menandro

23,5. Sucessor de Simão foi Menandro, samaritano de origem, que também atingiu o nível mais alto da magia. Este diz que a primeira Potência não é conhecida por ninguém e que ela é o Salvador enviado dos lugares invisíveis para a salvação dos homens. Diz que o mundo foi feito pelos Anjos e, da mesma forma que Simão, afirma que foram emitidos por Enóia e que, pela ciência da magia que ensinava, conferiu o poder de vencer os próprios Anjos, criadores do mundo. Os seus discípulos, pelo batismo no seu nome, recebem a ressurreição e já não podem morrer, mas permanecem para sempre jovens e imortais.

Saturnino e Basílides

24,1. Saturnino de Antioquia, nas proximidades de Dafne, e Basílides, retomando a doutrina destes homens como ponto de partida, ensinaram, um na Síria e o outro em Alexandria, doutrinas diversas. Saturnino, como Menandro, prega um único Pai, não conhecido por ninguém, que fez os Anjos, os Arcanjos, as Potências e as Potestades. Sete destes Anjos fizeram o mundo e tudo o que há nele. Também o homem é criatura dos Anjos: quando apareceu do alto, vinda da Potência suprema, uma figura luminosa que eles não conseguiram reter porque ela logo voltou às alturas, animaram-se uns aos outros dizendo: Façamos o homem à imagem e semelhança dela. Mas a criatura que foi feita não se podia levantar por causa da fraqueza dos Anjos e se arrastava como verme. Então a Potência do alto teve compaixão dele, porque tinha sido feito à sua imagem, e lançou uma fagulha de vida que fez o homem levantar, articular-se e viver. Depois da morte esta fagulha de vida retorna aos da mesma natureza e o restante se dissolve naquilo de que foi tirado.

24,2. O Salvador, afirmam eles, não é gerado, não tem corpo nem figura e só aparentemente foi visto como homem. O Deus dos judeus era um dos Anjos, e porque o Pai quis destruir todos os Arcontes o Cristo veio para destruir o Deus dos judeus e salvar os que acreditassem nele: e somente estes têm a fagulha de vida. Com efeito, e ele foi o primeiro a dizê-lo, foram feitas duas espécies de homens pelos Anjos, os bons e os maus. Visto que os demônios ajudavam os maus, o Salvador veio para derrotar os demônios e os homens maus e salvar os bons. Casar e procriar é diabólico e muitos dos seus discípulos se abstêm de comer carne e com aparente abstinência enganam a muitos. Quanto às profecias, algumas foram proferidas por estes Anjos criadores do mundo, outras por Satanás, que Saturnino apresenta como adversário dos criadores do mundo e especialmente do Deus dos judeus.

24,3. Basílides, para mostrar que encontrou algo de mais profundo e verossímil, estende ao infinito o desenvolvimento da sua doutrina. Segundo ele, Nous nasceu do Pai ingênito; dele nasceu o Logos; de Logos, a Prudência; desta, Sofia e Potência. De Sofia e de Potência nasceram as Virtudes, os Principados e os Anjos que chama primeiros e que fizeram o primeiro céu. Em seguida, outros derivados destes, fizeram outro céu semelhante ao primeiro. De forma semelhante outros derivados dos precedentes e antitipos dos que estão acima deles, fizeram terceiro céu. Desta terceira série deriva a quarta e assim a seguir e do mesmo modo, assegura, uma após outra toda a série de Anjos e Principados até formarem 365 céus. Por isso o ano tem tantos dias quantos são os céus.

24,4. Os Anjos que ocupam o céu inferior, o que nós vemos, fizeram todas as coisas do mundo, dividindo entre si a terra e os povos que se encontram nela. O chefe de todos eles é aquele que passa por Deus dos judeus. Este quis submeter aos seus homens, isto é, aos judeus, as outras nações. Então as outras Potestades insurgiram-se e combateram este povo, e por este motivo também os outros povos combateram o dele. Então o Pai ingênito e inefável ao ver a derrota de seu povo enviou o seu primogênito Nous, aquele que se chama Cristo, para libertar os que creram nele do poder dos criadores do mundo. E ele, como homem, apareceu na terra às nações deles e fez milagres. Na realidade, não foi ele quem sofreu a paixão, mas o tal Simão de Cirene que, obrigado, carregou a cruz no lugar do Cristo e foi crucificado, quer por ignorância, quer por engano, porque, por transformação, recebeu o aspecto de Jesus enquanto Jesus tomava o aspecto de Simão e estando ali fazia zombarias deles. Sendo, com efeito, uma Potência incorpórea e Nous do Pai ingênito, ele se transfigurou como quis e subiu ao que o tinha enviado, zombando dos que não o podiam segurar porque era invisível. Os que sabem estas coisas são libertados dos Principados criadores do mundo; é preciso reconhecer não o que foi crucificado, mas o que, enviado pelo Pai para destruir com esta economia a obra dos criadores do mundo, assumiu a forma de homem, pareceu crucificado e se chamava Jesus. Por isso, se alguém confessa o crucificado, diz ele, é ainda escravo e submetido ao poder dos que criaram os corpos, mas quem o renega é libertado destes e conhece a economia do Pai ingênito.

24,5. A salvação é somente para a alma, o corpo é corruptível por natureza. As profecias foram proferidas pelos Principados que fizeram o mundo, e a Lei foi emitida, por autoridade própria, pelo chefe deles, aquele que tirou o povo do Egito. Não se importam com as carnes oferecidas aos ídolos, pois não têm nada de especial e usam-nas sem escrúpulos; também são indiferentes quanto às outras coisas que usam e a toda espécie de libertinagem. Também eles se servem da magia, dos encantamentos, das invocações e de toda prática mágica. Inventam nomes de Anjos e dizem que estes estão no primeiro céu, aqueles no segundo e assim a seguir, procurando expor os nomes, os Principados, os Anjos, as Potências dos 365 dias. Destarte, o nome do mundo em que o Salvador desceu e do qual subiu é Caulacau.

24,6. Quem aprendeu todas estas coisas e conhece todos os Anjos e a sua origem, afirmam eles, torna-se invisível e impossível de segurar pelos Anjos e por todas as Potestades, como o foi Caulacau. E como o

Filho é desconhecido por todos, assim eles não poderão ser conhecidos por ninguém, e conhecendo a todos passarão por todos permanecendo invisíveis e irreconhecíveis. Tu conheces a todos, dizem, ao passo que ninguém te reconhece. Por isso esta gente está pronta à negação, e, mais ainda, sequer podem sofrer pelo Nome por serem todos iguais. Poucos, porém, podem saber estas coisas, somente um entre mil ou dois entre milhares. Dizem que não são mais judeus e ainda não cristãos, e que os seus mistérios não devem ser divulgados, mas guardados no escondimento e no silêncio.

24,7. Estabelecem as posições dos 365 céus como fazem os matemáticos, e extraindo deles os teoremas, transferiram-nos, depois de adaptados, à doutrina deles. O chefe de les é Abrasax e o valor numérico das letras do nome é 365.

Carpócrates

25,1. Carpócrates e os seus discípulos dizem que o mundo e as coisas nele contidas foram feitas por Anjos muito inferiores ao Pai ingênito. Jesus, que nasceu de José semelhante a todos os homens, distinguiu-se deles porque a sua alma forte e pura se lembrava do que tinha visto na esfera do Pai ingênito. Por isso foi-lhe dada pelo Pai a força que lhe permitiu escapar aos criadores do mundo e assim, passando por todos completamente livre, subiu junto a ele. E o mesmo se dá com os que têm disposições semelhantes. Dizem que a alma de Jesus, educada nos costumes dos judeus, os desprezava e por isso recebeu o poder de destruir nos homens as paixões que lhes foram impostas como castigo.

25,2. A alma que à semelhança de Jesus sabe desprezar os Arcontes criadores do mundo também recebe o poder de fazer as mesmas coisas. Assim se encheram de tamanha soberba que alguns se dizem iguais a Jesus, outros, sob certo aspecto, mais fortes ainda do que ele, e outros ainda superiores aos discípulos, por exemplo, Pedro, Paulo e os outros apóstolos, que não perdem em nada para Jesus. Sendo as suas almas originárias da mesma esfera e tendo igualmente menosprezado os criadores do mundo foram julgadas dignas do mesmo poder e voltaram para o mesmo lugar. Se alguém despreza mais do que ele as coisas deste mundo pode ser superior a ele.

25,3. Eles também se servem da magia, de encantamentos, filtros, feitiços, espiritismo, hipnotismo e outros truques, afirmando não somente terem o poder de mandar nos Principados e Criadores deste mundo, mas também em todas as coisas contidas nele. Eles também foram enviados aos povos por Satanás para a injúria do nome divino da Igreja, de forma que os homens, ouvindo tanta diferença entre um e outro e pensando que nós somos todos iguais a eles, desviem a sua atenção da mensagem da verdade e vendo as ações deles desprezem a todos nós que não participamos na doutrina, nem nos costumes, nem na conduta deles. Eles, para encobrir a licenciosidade e a doutrina ímpia servem-se do Nome como de véu para encobrir a malícia, mas o juízo sobre eles será justo e receberão de Deus o justo pagamento pelas suas ações.

25,4. Chegaram a tamanha impudência de afirmar que lhes é permitido fazer as coisas mais irreverentes e ímpias, porque, dizem, as coisas são boas ou más segundo a opinião dos homens. Além disso, as almas, pelas passagens sucessivas nos corpos, devem experimentar todo tipo de vida e todas as ações, a menos que alguém faça tudo numa só vez e numa só passagem, estas coisas que não somente nos são proibidas de dizer ou de experimentar, mas até de pensar e de acreditar que possam acontecer com alguém que vive nas mesmas cidades onde nós estamos. Portanto, como dizem os escritos deles, é preciso que as almas, feitas todas as experiências da vida, ao sair dos corpos, não lhes falte nenhuma, porque, se por acaso faltar alguma coisa à liberdade deles, serão obrigados a voltar em outro corpo. Eis por que, dizem, Jesus contou esta parábola: "Enquanto estás a caminho com teu adversário, procura libertar-te dele para que não te entregue ao juiz e o juiz ao guarda e te tranque na prisão; na verdade, eu te digo, não sairás de lá sem ter pago até o último centavo".61 O adversário, dizem, é um dos Anjos que estão no mundo, aquele que se chama Diabo, e que foi criado para conduzir deste mundo para o Arconte as almas dos que pereceram. Este, que chamam o primeiro entre os criadores do mundo, entrega as almas a outro Anjo que o serve, para que as prenda noutros corpos; os corpos, dizem eles, são a prisão. E a frase: Não sairás de lá sem ter pago até o último centavo, eles a entendem no sentido de que ninguém se livra do poder dos Anjos que criaram o mundo se, passando de um corpo para o outro, não tiver praticado tudo o que se faz neste mundo. Quando não sobrar mais nenhuma destas coisas, então a alma, livre, se elevará ao Deus que está acima dos Anjos criadores do mundo. Assim todas as almas chegam à salvação, quer que, previdentes, se lancem a todo tipo de ações já na primeira vinda, quer que, mandadas, passem de corpo em corpo, pratiquem nessas vidas e consecutivamente todas estas ações, e assim, pagando as suas dívidas, sejam libertadas para sempre da obrigação de voltar a um corpo.

25,5. Que estas ações ímpias, injustas e proibidas sejam praticadas por eles eu não teria acreditado, mas está escrito nos seus livros e assim ensinam. Dizem que Jesus falou reservada e secretamente aos discípulos e aos apóstolos, mandando que eles trasmitissem esta doutrina somente aos que julgassem dignos e acreditassem neles. O que salva é a fé e a caridade; tudo o resto é indiferente. Na opinião dos homens, algumas coisas são boas, outras más, porém nada é mau por natureza.

25,6. Alguns deles marcam a fogo os discípulos atrás do lóbulo da orelha direita. Foi assim que Marcelina, seguidora desta seita, que foi a Roma nos tempos de Aniceto, arruinou a muitos. Eles se chamam gnósticos. Possuem umas imagens, algumas pintadas outras feitas de materiais diversos, e dizem que reproduzem o Cristo e foram feitas por Pilatos quando Jesus estava com os homens. Coroam-nas e expõem-nas junto com aquelas de filósofos profanos, a saber, de Pitágoras, Platão, Aristóteles e outros e lhes prestam homenagem assim como fazem os pagãos.

Cerinto

26,1. Cerinto, asiático, ensina que o mundo não foi feito pelo primeiro Deus, mas por uma Potência distinta e bem afastada da Potência que está acima de todas as coisas, que não conhecia o Deus que está acima de tudo. Jesus, segundo Cerinto, não nasceu da Virgem, porque isto lhe parecia impossível, mas foi filho de José e de Maria de maneira semelhante à dos outros homens e sobressaiu entre todos pela santidade, prudência e sabedoria. Depois do batismo desceu sobre ele, daquela Potência que está acima de todas as coisas, o Cristo, na forma de pomba, e desde então começou a anunciar o Pai incógnito e a fazer milagres. Finalmente o Cristo saiu de Jesus, voltou para o alto e Jesus sofreu e ressuscitou, enquanto o Cristo permanecia impassível, porque era pneumático.

Ebionitas e nicolaítas

26,2. Os chamados ebionitas admitem que o mundo foi criado por Deus, mas acerca do Senhor pensam da mesma forma que Cerinto e Carpócrates. Utilizam somente o evangelho segundo Mateus e rejeitam o apóstolo Paulo como apóstata da Lei. Procuram interpretar as profecias de maneira bastante curiosa; praticam a circuncisão e continuam a observar a Lei e os costumes judaicos da vida e até adoram Jerusalém como se fosse a casa de Deus.

26,3. Os nicolaítas tiveram por mestre Nicolau, um dos sete primeiros diáconos ordenados pelos apóstolos. Vivem desordenadamente. São plenamente caracterizados no Apocalipse de João, porquanto ensinam que a fornicação e o comer carne oferecida aos ídolos são coisas indiferentes. Por isso é que está escrito acerca deles: "Tens em teu favor que odeias as obras dos nicolaítas, que eu também odeio".62

Cerdão

27,1. Um Cerdão qualquer tomou como ponto de partida a doutrina da seita de Simão que se estabeleceu em Roma nos tempos de Higino, nono bispo na sucessão dos apóstolos; ensinou que o Deus anunciado pela Lei e os profetas não é o Pai de nosso Senhor Jesus Cristo: o primeiro é conhecido, o segundo é incognoscível; um justo, o outro bom.

Marcião
27,2. Sucedeu-lhe Marcião, originário do Ponto, ampliou a doutrina, blasfemando despudoradamente o Deus da Lei e dos profetas, chamando-o autor do mal, desejoso de guerras, inconstante nos sentimentos e em contradição consigo mesmo. Quanto a Jesus, enviado pelo Pai que está acima do Deus criador do mundo, veio à Judéia no tempo em que era governador Pôncio Pilatos, procurador de Tibério César, manifestou-se como homem aos judeus e aboliu os profetas, a Lei e as obras todas do Deus criador, que eles chamam Cosmocrátor. Além disso, Marcião mutilou o evangelho segundo Lucas, eliminando tudo o que se refere à geração do Senhor e expungindo muitas passagens dos ensinamentos do Senhor nas quais este reconhece abertamente como seu Pai o criador do universo. Fez crer aos seus discípulos ser ele mais verídico do que os apóstolos que transmitiram o evangelho, entregando-lhes nas mãos não o evangelho, mas uma parte do evangelho. Da mesma forma mutila as cartas do apóstolo Paulo eliminando todos os textos em que se afirma claramente que o Deus que criou o mundo é o Pai de nosso Senhor Jesus Cristo e também as passagens

onde o Apóstolo lembra as profecias que prenunciavam a vinda do Senhor.

27,3. Marcião diz que se salvam somente as almas que aprenderem a sua doutrina; os corpos não podem participar da salvação, porque foram tirados da terra. Às blasfêmias contra Deus acrescenta, como verdadeiro porta-voz do diabo que fala tudo o que é contrário à verdade, que Caim e os seus semelhantes, os sodomitas, os egípcios e seus semelhantes, e todos os pagãos que praticaram toda espécie de maldades foram salvos pelo Senhor quando desceu aos infernos e levou consigo ao seu reino os que acorreram a ele. Porém, segundo a serpente que falou em Marcião, Abel, Henoc, Noé e os outros justos, os patriarcas descendentes de Abraão com todos os profetas e os que agradaram a Deus não compartilharam da salvação. Com efeito, diz ele, sabendo todos eles que Deus estava sempre a tentá-los, pensaram também naquele momento numa nova tentação e não foram ao encontro de Jesus e não acreditaram no seu anúncio: deste modo as suas almas permaneceram nos infernos.

27,4. A este que foi o único a ter a ousadia de mutilar abertamente as Escrituras e de ultrajar a Deus despudoradamente mais do que os outros responderemos à parte, com base nos seus escritos, e com a ajuda de Deus o refutaremos usando as palavras do Senhor e do Apóstolo que conservou e que usa. Agora devemos lembrar-nos dele para que saibas que todos os que adulteram de alguma forma a verdade e lesam a doutrina da Igreja são discípulos e seguidores de Simão, o mago, o samaritano. Mesmo sem manifestar o nome do mestre para enganar os outros, ensinam a doutrina dele. Apresentando com engodo o nome de Jesus, introduzem, sob formas diversas, a impiedade de Simão e causam a perda de muitos. Usando nome excelente difundem a perversidade de sua doutrina, e com a doçura e a honorabilidade do nome, apresentam-lhes o veneno amargo e pernicioso da serpente, chefe de toda apostasia.

Outras seitas menores

28,1. Originando-se destes de quem falamos acima, já surgiram muitas ramificações das muitas heresias, pelo fato de muitos deles, ou melhor, de todos eles quererem ser mestres. Afastando-se da seita em que se encontravam, derivando uma teoria da outra e desta, outra; ensinando sempre algo de novo, apresentam-se a si mesmos como inventores da teoria por eles arquitetada. Assim, por exemplo, os que se chamam encratitas, que se inspiram em Saturnino e Marcião, proclamam a abstenção do casamento, condenando a primitiva instituição divina e acusando falsamente Aquele que fez o homem e a mulher ordenados à procriação. Introduziram o celibato dos chamados espirituais com gesto de ingratidão para com Deus, criador de todas as coisas, e negam também a salvação do primeiro homem. Esta é invenção original e atual, quando um Taciano qualquer introduziu, pela primeira vez, essa blasfêmia. Enquanto esteve na escola de Justino como ouvinte não manifestou nenhuma dessas teorias, mas depois do martírio dele se separou da Igreja e ufanando-se da glória do mestre e julgando-se superior a todos deu nova característica à teoria. Como os discípulos de Valentim, conta a história dos Éões invisíveis, como Marcião e Saturnino, tacha o casamento de corrupção e fornicação, e no que lhe é próprio, nega a salvação de Adão.

28,2. Outros ainda, inspirando-se em Basílides e Carpócrates, introduzem o amor livre, a poligamia e a indiferença no consumo das carnes oferecidas aos ídolos, dizendo que Deus não se importa nem muito nem pouco com isso. E que mais? Não é possível estabelecer o número dos que de uma forma ou de outra se afastaram da verdade.

A seita dos barbelonitas

29,1. Além destes simonianos de que falamos, igual a cogumelos despontou da terra a multidão de gnósticos barbelonitas e exporemos os pontos principais da sua doutrina. Alguns supõem um Éon que nunca envelhece, que está num espírito virginal, que chamam Barbelo, em que se encontra também um Pai inefável, que se quis manifestar a Barbelo. Tendo surgido esta Enóia, ela se lhe pôs à frente e pediu a Prognose. Ao surgir também a Prog-nose, e a um novo pedido destes, surgiram a Incorruptibilidade e depois a Vida eterna. Ufanando-se Barbelo por causa deles, olhando para a Grandeza, concebeu na alegria de vê-la e gerou uma Luz semelhante a esta Grandeza. Este é, dizem, o princípio da iluminação e da geração de todas as coisas. O Pai, vendo esta Luz, ungiu-a com a sua benignidade, para que se tornasse perfeita: ela é o Cristo, dizem. O Cristo, por sua vez, como dizem, pediu que lhe fosse concedida Nous como ajuda: e Nous foi produzida. Além destes, o Pai emitiu o Logos. Então se uniram Enóia e Logos, Incorruptibilidade e Cristo, Vida eterna e Telema, Nous e

Prognose. Eles todos glorificavam a grande Luz e Barbelo.

29,2. De Enóia e Logos foi emitido Autógenes, imagem da grande Luz que, dizem, foi sumamente honrado e ao qual foram submetidas todas as coisas. Com ele foi também emitida a Verdade e se formou a sizígia de Autógenes e Verdade. Da Luz, que é Cristo, e da Incorruptibilidade foram emitidos quatro Luminares, afirmam, para ficarem em volta de Autógenes; de Telema e Vida eterna foram feitas quatro emissões para ficarem a serviço dos quatro Luminares, que se chamam Cáris, Télesis, Súnesis e Frónesis. Cáris foi entregue ao grande e primeiro Luminar, que dizem ser o Salvador e que se chama Armozel; Télesis foi entregue ao segundo, que chamam Raguel; Súnesis ao terceiro, que chamam Davi; e Frónesis ao quarto, que chamam Eleleth.

29,3. Estabelecidas todas estas coisas, Autógenes emitiu o Homem perfeito e verdadeiro que chamam Adamante, porque nem ele foi domado, nem aqueles dos quais foi emitido; e este Homem, junto com o primeiro Luminar, foi afastado de Armozel. De Autógenes e do Homem, foi emitida a Gnose perfeita que se uniu a ele. Eis por que o homem conheceu Aquele que está acima de todas as coisas e lhe foi conferida força invencível pelo Espírito virginal. E todas as coisas, agora que descansam, louvam o grande Éon por isso tudo. Daqui, dizem, é que foram conhecidos a Mãe, o Pai e o Filho. De Homem e Gnose nasceu uma árvore à qual também dão o nome de Gnose.

29,4. Em seguida, do primeiro Anjo que assiste a Monógenes foi emitido, asseveram, o Espírito Santo, que chamam também Sofia e Prunico. Esta, vendo que todos os outros tinham o seu par e ela não, procurou um para unir-se com ele. Como não encontrasse ninguém, esforçava-se, estendia-se para olhar para as regiões inferiores pensando que encontraria um, e não o encontrando inquietou-se e entristeceu-se porque se esforçara sem o beneplácito do Pai. Depois, movida pela simplicidade e pela bondade, gerou um complexo de Ignorância e Presunção que eles dizem ser o Protoarconte, artífice deste universo. Ele tirou um grande poder de sua Mãe e se afastou dela nas regiões inferiores e criou o firmamento do céu, no qual dizem que mora. Sendo a Ignorância, criou as Potências que estão abaixo dele, os Anjos, os firmamentos e todas as coisas da terra. Em seguida uniu-se à Presunção e gerou a Iniquidade, o Ciúme, o Homicídio, a Vingança e a Paixão. Gerados estes, a Mãe Sofia fugiu e se refugiou contristada nas alturas, enquanto, a contar de baixo, se formou a Ogdôada. Quando ela se afastou, julgando estar só, disse: "Eu sou um Deus ciumento e afora eu não há nenhum".63 Estas são as mentiras deles.

Ofitas e setianos
30,1. Outros ainda dizem coisas mirabolantes. Havia na Potência do Abismo uma primeira Luz, bem-aventurada, incorruptível, infinita, que é o Pai de todas as coisas e se chama Primeiro Homem. A Enóia emitida por ele dizem que é seu filho, o Filho do Homem, o Segundo Homem. Abaixo deles há o Espírito Santo, e debaixo do Espírito do alto os elementos separados, como a água, as trevas, o abismo e o caos, sobre os quais pairava o Espírito que eles chamam Primeira Mulher. Aconteceu

depois que o Primeiro Homem, junto com seu filho, exultou por causa da formosura do Espírito, Primeira Mulher, irradiou-a e gerou dela uma Luz incorruptível, o Terceiro Homem, que chamam Cristo, filho do Primeiro e do Segundo Homem e do Espírito Santo, a Primeira Mulher.

30,2. O Pai e o Filho uniram-se à Mulher, que eles chamam também Mãe dos Viventes, a qual foi incapaz de suportar e de compreender a grandeza da Luz, que, dizem, transbordou e jorrou do lado esquerdo. Assim somente o Cristo foi o filho deles por ser da direita e para ser criado nas regiões superiores, foi levado com a sua Mãe ao Éon incorruptível. E a verdadeira e santa Igreja é esta: a convocação, a convenção e a união do Pai de todas as coisas, do Primeiro Homem, do Filho Segundo Homem, do Cristo filho deles e da Mulher de que falamos.

30,3. Ora, a Potência que jorrou da Mulher, possuindo o orvalho de Luz, se lançou para baixo abandonando os Pais, por sua vontade, levando o orvalho de Luz. Ela é chamada Esquerda, Prunico, Sofia, Macho-Fêmea. Desceu simplesmente às águas tranqüilas, agitou-as e desceu arrojadamente aos abismos onde tomou um corpo. Todas as coisas, dizem, acorreram para o orvalho de Luz que havia nela, apegaram-se-lhe e a envolveram de todos os lados; se não tivesse esse orvalho de Luz, seria totalmente absorvida e submergida na matéria. Presa a este corpo de matéria e muito gravada por ele, foi finalmente tomada de resipiscência e então tentou sair das águas e voltar junto a Mãe, mas não lhe foi possível por causa do peso do corpo que a envolvia. Sentindo-se muito mal, pensou em esconder a Luz do alto, temerosa de que ela também viesse a ser estragada pelos elementos inferiores, como aconteceu com ela. Foi-lhe então comunicada uma força pelo orvalho de Luz que havia nela que a fez saltar e elevar-se às alturas. Chegada ao alto, desenvolveu-se, cobriu-se e fez este céu visível, tirando-o de seu corpo e permaneceu debaixo dele, num corpo de aparência molhada. Depois, ao desejar a Luz do alto, recebeu nova força que lhe permitiu abandonar o corpo e se ver livre dele. Dizem que se desvestiu do corpo e a chamam Mulher tirada de Mulher.

30,4. Afirmam que o filho dela recebeu da Mãe também a aspiração à incorruptibilidade que o fazia agir. Tornado poderoso ele também emitiu das águas, como dizem, um filho sem a Mãe que ele não teria conhecido. E o filho dele, à imitação do Pai, emitiu também um filho; o terceiro, um quarto; o quarto, um quinto; o quinto, um sexto; o sexto, um sétimo, completando-se assim, no dizer deles, a Hebdômada, e a Mãe ocupou o oitavo lugar. Como na geração, assim também eles conservam entre si uma hierarquia na dignidade e no poder.

30,5. Eis os nomes que deram a esta mentira: ao primeiro filho da Mãe deram o nome de Jaldabaoth; ao deste, Iao; ao deste, Sabaoth; ao quarto, Adonai; ao quinto, Elohim; ao sexto, Horeu; ao sétimo e último, Astafeu. Estes Céus, Virtudes, Potestades, Anjos e Criadores estão sentados ordenadamente no céu segundo a ordem de geração e, permanecendo invisíveis, governam as coisas celestes e terrestres. O primeiro deles, Jaldabaoth, desprezou a Mãe por ter gerado filhos e netos sem o seu consentimento, isto é, os Anjos e os Arcanjos, as Virtudes, as Potestades e as

Dominações. Mal começaram a existir, estes filhos se voltaram contra ele na peleja e no conflito para disputar o primeiro lugar. Então Jaldabaoth, triste e desanimado, olhou para as escórias da matéria que estava abaixo dele, seu desejo tomou consistência nela, e daí, dizem, lhe nasceu um filho, Nous, contorcido como serpente. Deste procederam os elementos pneumáticos, psíquicos e cósmicos; e depois surgiram o Esquecimento, a Maldade, o Ciúme e a Morte. Este Nous, na forma de serpente contorcida, dizem, perverteu ainda mais o Pai com sua tortuosidade quando estava com o Pai deles no céu, no paraíso.

30,6. Jaldabaoth, cheio de contentamento, vangloriava-se motivado por todas estas coisas que lhe estavam submetidas, dizendo: "Eu sou o Pai e Deus, acima de mim não há ninguém".64 Ao ouvir isto a Mãe lhe gritou: Não mintas, Jaldabaoth, porque acima de ti há o Pai de todas as coisas, o Primeiro Homem, e o Homem, Filho do Homem. Todos se conturbaram por esta nova voz e pela revelação inopinada e procuraram a sua origem. Então Jaldabaoth, para desviá-los e atraí-los a si, disse: Vinde, façamos o homem à nossa imagem. Mas as seis Potências, ouvindo isto, juntaram-se e fizeram um homem de largura e altura imensas, conforme a idéia de homem, inspirada nelas pela Mãe, para esvaziá-las com isso de seu poder original. Como só fosse capaz de se arrastar no solo, levaram-no ao Pai delas, enquanto Sofia encarregava-se da tarefa de eliminar dele o orvalho de Luz, para que, desprovido do poder, não se pudesse mais levantar contra os que lhe estão acima. Enquanto soprava no homem o hálito da vida, sem se aperceber sera-lhe tirado o poder. O homem, porém, possui desde então a inteligência e o pensamento — dizem que é isto que o salvará — e logo agradeceu ao Primeiro Homem, sem se importar com seus Criadores.

30,7. Cheio de ciúmes, Jaldabaoth quis então arruinar o homem por meio da mulher, por isso a tirou do pensamento dele; mas Prunico tomou-a e invisivelmente a esvaziou do poder. Os outros se aproximaram, admiraram a sua beleza, deram-lhe o nome de Eva e, apaixonados, geraram dela filhos que, dizem, são os Anjos. A Mãe deles então procurou por meio da serpente induzir Adão e Eva a desobedecer à ordem de Jaldabaoth. Eva acreditou facilmente, como se tivesse escutado a voz do Filho de Deus, e convenceu Adão a comer do fruto da árvore que Deus lhes proibira comer. Depois de o terem comido, dizem, conheceram a Potência que está acima de todas as coisas e se afastaram de seus Criadores. Prunico, vendo que tinha sido vencido por obra dela, ficou muito contente e gritou novamente que, existindo já um Pai incorruptível, Jaldabaoth mentira ao se atribuir o nome de Pai e que existindo já um Homem e uma Primeira Mulher, pecara ao fazer uma cópia falsificada deles.

30,8. Jaldabaoth porém, por causa do esquecimento em que estava envolvido, não tomou conhecimento destas palavras e afastou Adão e Eva do Paraíso porque tinham infringido a sua ordem. Ele queria que Eva lhe gerasse filhos, mas não o conseguiu, porque a Mãe o contrariava em tudo. Às escondidas, ela esvaziou Adão e Eva do orvalho de Luz para que o Espírito tirado da Potência Suprema não participasse da maldição, nem do opróbrio. Assim ensinam, que esvaziados da substância divina, foram amaldiçoados por ela e lançados do céu para este mundo. E a serpente que tinha agido contra o Pai foi também lançada no mundo inferior. Submetendo ao seu poder os Anjos que ali estavam, gerou seis filhos para imitar, sendo ela o sétimo elemento, a Hebdômada que está junto ao Pai. E estes são os sete demônios cósmicos que sempre contrariam e obstaculizam o gênero humano, porque foi por causa de Adão e Eva que o Pai deles foi precipitado aqui em baixo.

30,9. Adão e Eva, no princípio, tinham corpos leves, luminosos, como que espirituais, porque é assim que foram criados, mas chegados aqui, tornaram-se mais obscuros, gordos e pesados. Também suas almas ficaram moles e lânguidas porque possuíam somente o sopro cósmico recebido do Criador, até que Prunico teve piedade deles e lhes devolveu o suave perfume do orvalho da Luz. Com ele voltaram a si e descobriram que estavam nus e que tinham corpos materiais, conheceram que traziam em si a morte e se tornaram pacientes, sabendo que este corpo os envolvia temporariamente. Guiados por Sofia, encontraram alimento e, saciados, uniram-se carnalmente e geraram Caim. Mas a serpente decaída e seus filhos logo se apoderaram dele, perverteram-no, encheram-no de esquecimento cósmico e o lançaram às raias da loucura e da desfaçatez; e ao matar o irmão Abel, foi o primeiro a mostrar o Ciúme e a Morte. Depois deles, dizem, conforme os planos de Prunico, foram gerados Set e Norea dos quais nasceu a restante multidão dos homens, os quais foram imersos pela Hebdômada inferior em toda espécie de malícia, na apostasia da superior Hebdômada santa, na idolatria, no desprezo de tudo, enquanto a Mãe não parava de contrariá-los invisivelmente para salvar o que lhe pertencia, isto é, o orvalho da Luz. A Hebdômada santa, dizem que são as sete estrelas, que chamam planetas, e a Serpente decaída tem dois nomes: Miguel e Samael.

30,10. Jaldabaoth, irado contra os homens porque não o adoravam e não o honravam como Pai e Deus, enviou-lhes o dilúvio para destruí-los a todos de uma vez. Mas pela oposição de Sofia foram salvos Noé e os que estavam com ele na arca, por causa do orvalho de Luz que vinha dela e graças ao qual este mundo foi novamente enchido de homens. Dentre estes, o próprio Jaldabaoth escolheu um, Abraão, com quem fez uma aliança: se a sua descendência perseverasse em servi-lo lhe daria a terra em herança. Depois, por meio de Moisés, tirou do Egito os descendentes de Abraão, deu-lhes uma Lei e fez deles o povo hebreu. Dentre eles escolheu sete deuses que chamam de Hebdômada santa e cada um deles escolheu o seu arauto para o glorificar e anunciar como deus, a fim de que os restantes, ao ouvir essas glorificações, também sirvam aos deuses que os profetas anunciavam.

30,11. Eis como distribuem os profetas: de Jaldabaoth eram Moisés, Jesus, filho de Nave, Amós e Habacuc; de Iao: Samuel, Natã, Jonas e Miquéias; de Sabaoth: Elias, Joel e Zacarias; de Adonai: Isaías, Ezequiel, Jeremias e Daniel; de Eloim: Tobias e Ageu; de Hor: Miquéias e Naum; de Astafeu: Esdras e Sofonias. Cada um deles glorifica o seu Pai e Deus; e a própria Sofia, dizem, através deles manifestou muitas coisas acerca do Primeiro Homem, do Éon incorruptível, do Cristo do alto; prevenindo e lembrando os homens da Luz incorruptível, do Primeiro Homem e da descida do Cristo.

Diante do espanto e da admiração das Potências, causados pelas novidades contidas no anúncio dos profetas, Prunico, agindo por meio de Jaldabaoth e sem que ele se desse conta, fez com que acontecessem duas emissões de homens, um da estéril Isabel e o outro da Virgem Maria.

30,12. Mas não encontrando paz nem no céu nem na terra, angustiada invoca a ajuda da Mãe, a Primeira Mulher, que teve compaixão da pena da filha e pediu ao Primeiro Homem que enviasse o Cristo em socorro. Este desceu à irmã em vista do orvalho de Luz. Tendo sabido que o irmão descia a ela, a Sofia de baixo anunciou esta vinda por meio de João, preparou o batismo de penitência e predispôs Jesus para que o Cristo, na sua vinda, encontrasse um vaso puro e pelo filho de Jaldabaoth a Mulher fosse anunciada por Cristo. Então o Cristo desceu, passando pelos sete céus, tornando-se semelhante aos seus filhos e esvaziando-os gradualmente do seu poder, porque, dizem, todo o orvalho de Luz acorreu para ele. Ao descer a este mundo, o Cristo se revestiu da irmã Sofia e ambos exultaram e repousaram um no outro; e definem: estes são o Esposo e a Esposa. Ora, Jesus, por ter nascido de uma Virgem por obra de Deus, era o mais sábio, puro e justo de todos os homens e nele desceu o Cristo unido à Sabedoria: foi assim que se fez Jesus Cristo.

30,13. Muitos dos discípulos de Jesus não souberam que o Cristo descera nele. Quando houve esta descida, Jesus começou a fazer milagres e curas, a anunciar o Pai desconhecido e a declarar-se abertamente o Filho do Primeiro Homem. Irritados, os Principados e o Pai de Jesus fizeram de tudo para matá-lo e quando era levado à morte o Cristo e Sofia se retiraram no Éon incorruptível, afirmam eles, e somente Jesus foi crucificado. Cristo, porém, não se esqueceu do que era seu e do alto enviou a Jesus uma potência que o ressuscitou num corpo que eles dizem ser psíquico e pneumático; os elementos cósmicos, Jesus os abandonou no mundo. Os discípulos, quando o viram depois da ressurreição, não foram capazes de o reconhecer, nem o próprio Jesus ficou sabendo quem o ressuscitara. Dizem que este foi o erro maior em que caíram os discípulos: o de acreditar que ele tinha ressuscitado no corpo cósmico, porque não sabiam que a carne e o sangue não podem empossar-se do reino dos céus.

30,14. O argumento apresentado para explicar a descida e a subida de Cristo é que, segundo os seus discípulos, antes do batismo e depois da ressurreição não fez nada de extraordinário. É que os discípulos não sabiam da união de Jesus com o Cristo e do Éon incorruptível com a Hebdômada e tomaram o corpo psíquico por corpo cósmico. Jesus ficou com eles por dezoito meses depois da ressurreição e, tendo recebido a compreensão, ensinou o que já era evidente. Mas somente a poucos discípulos, que sabia capazes de mistérios tão grandes, ensinou estas coisas. Depois disto Jesus foi recebido no céu onde está sentado à direita do Pai Jaldabaoth, para acolher em si, depois que depuseram a carne cósmica, as almas dos que o conheceram. Assim vai-se enriquecendo, sem que o Pai o saiba e nem mesmo o veja, de forma tal que na proporção que Jesus se enriquece com estas almas santas o Pai enfraquece e diminui pela perda do seu poder, por causa destas almas. E lhe vêm a faltar as almas santas para reenviar a este mundo, restando-lhe somente as que derivam da sua substância, isto é, da sua expiração. A consumação final dar-se-á quando todo o orvalho do espírito de Luz será reunido e levado ao Éon da incorruptibilidade.

30,15. Estas são as doutrinas deles, de que surgiu, como hidra de Lerna, a besta das muitas cabeças, que é a escola de Valentim. Alguns dizem que a própria Sofia se transformou em serpente e por isso se levantou contra o Criador de Adão e deu a gnose aos homens e foi julgada a mais sábia de todos. Até o enrolado dos nossos intestinos pelos quais passa o alimento, por ter esta figura, apresenta escondida em nós a substância geradora da Serpente.

Cainitas

31,1. Outros ainda dizem que Caim deriva da Potência Suprema e que Esaú, Coré, os sodomitas e semelhantes eram todos da mesma raça dela; motivo pelo qual, mesmo combatidos pelo Criador, nenhum deles sofreu algum dano, porque Sofia atraiu a si tudo o que lhe era próprio. Dizem que Judas, o traidor, sabia exatamente todas estas coisas e por ser o único dos discípulos que conhecia a verdade, cumpriu o mistério da traição e que por meio dele foram destruídas todas as coisas celestes e terrestres. E apresentam, à confirmação, um escrito produzido por eles, que intitulam Evangelho de Judas.

CONCLUSÃO

31,2. Já recolhi escritos deles nos quais incitam a destruir as obras da Histera: é assim que chamam o Criador do céu e da terra. Dizem que ninguém se salva se não passar por todas as experiências, como dizia Carpócrates. A cada pecado ou ação vergonhosa assiste um Anjo: portanto é preciso ter a coragem de o fazer e lançar o que possa haver de impuro neste Anjo e dizer: Ó Anjo, eu cumpro a tua obra, ó Potência, eu pratico a tua ação. A gnose perfeita consiste em entregar-se a estas práticas que sequer ousamos nomear.

31,3. Era necessário mostrar que os valentinianos derivam de tais pais e mães, como revelam as suas teorias e sistemas, expô-los abertamente e contestá-los. Talvez assim alguns deles se arrependam e se convertam ao único Deus, Criador e Autor do universo e outros não sejam desviados pela sua doutrina falsa e persuasiva, julgando conhecer por meio deles um mistério maior e mais profundo. Todos aprenderão corretamente de nós o que eles incorretamente ensinam, conhecerão o ridículo dessas doutrinas e terão compaixão dos que, mesmo envolvidos em fábulas tão miseráveis e inconsistentes, orgulharam-se a ponto de se julgarem melhores que os outros por causa da gnose, que mais se deveria chamar de ignorância. Ora, arrancar-lhes a máscara e fazer conhecer a sua doutrina já é vitória sobre eles.

31,4. Foi por isso que nos esforçamos em pôr às claras e apresentar o corpo feio destas raposas. Já não serão necessários muitos discursos para refutar uma doutrina que se tornou conhecida de todos. Como quando uma fera se esconde na floresta onde assalta e devasta, se alguém corta e limpa a floresta e consegue ver a fera já não lhe falta muito para caçá-la, sabendo de que fera se trata. Será possível vê-la, defender-se dos seus assaltos, atirando-lhe setas de todos os lados, ferir e matar esta fera devastadora. Assim nós, que manifestamos os seus mistérios escondidos e envolvidos no silêncio, não precisaremos de muitas argumentações para refutar a sua doutrina. Torna-se fácil para ti e para os que estão contigo exercitar-vos sobre tudo o que já dissemos, derrubar suas doutrinas falsas e sem fundamento e mostrar como discordam da verdade. Estando assim as coisas, como prometi e conforme à nossa capacidade produziremos, no livro seguinte, uma refutação das suas doutrinas e visando a todos eles — como vês o discurso está ficando longo — e te daremos também uma ajuda para combater todas as suas afirmações, na ordem em que foram expostas, para que não somente deixemos a fera à vista, mas firamo-la de todos os lados.

1 1Tm 1,4.
2 Ex 20,11; Sl 145; At 4,24; 14,15.
3 Ignora-se quem seja este amigo a quem Ireneu dedica sua obra. 4 Mt 10,26.
5 Cf. Lc 3,23; Mt 20,1-7.
6 Cristo e o Espírito Santo formam um casal (um sizígia) porque o espírito, em língua semita, é considerado um ser feminino.
7 Ef 3,21.

8 Lc 2,42-46; Mt 10,2; Lc 6,13.
9 Mt 5,18.
10 Cl 3,11; Rm 11,36; Cl 2,9.
11 Lc 14,27; Mc 8,34; Mt 10,34.

12 Mt 3,12; Lc 3,17.
13 1Cor 1,18; Gl 6,14.
14 Mt 10,8.
15 Mt 11,27; Cl 1,16.
16 Mt 8,9; Lc 7,8.
17 É a partir de santo Ireneu que a expressão "escrituras" passa a designar tecnicamente tanto o Novo quando o Antigo Testamento. Até então o uso se restringia ao AT. Ao mesmo tempo, Ireneu insistirá na unidade dos dois Testamentos (cf. também II,28.3; III,12.11).
18 1Cor 15,8.
19 1Cor 11,10.
20 Mt 27,46.
21 Mt 26,38.
22 Mt 26,39.
23 Jo 12,27.
24 Mt 8,19.20.22; Lc 9,57-58.60-61; 19,5.
25 1Cor 15,48; 2,14-15.
26 Rm 11,16.
27 Lc 2,29.
28 1Cor 2,6; Ef 5,32.
29 Jo 1,1-2.
30 Jo 1,3.
31 Jo 1,4
32 Ef 5,13.
33 Jo1,14.
34 Eis as linhas fundamentais do "Símbolo da fé" usado na Igreja de Lião, no tempo de Ireneu.
35 Este "centro do mundo" para alguns intérpretes seria a Palestina; para outros, a Itália; outros ainda o localizam em Roma.

36 Rm 11,32.
37 Ef 3,6.
38 1Cor 15,54.
39 Os 2,25; Rm 9,25; Is 54,1; Gl 4,27.
40 Rm 11,33.
41 O critério utilizado é o alfabeto grego onde vão se combinando as letras: primeira e última, segunda e penúltima, terceira e antepenúltima e assim progressivamente.
42 Curiosa ironia: o Silêncio fala e fala muito, mas nada diz de verdadeiro; é um falante vazio. 43 Sl 8,3; 19,2.
44 Cf. Lc 15,8-10.
45 Tt 3,10; 2Jo 11; Is 48,22.

46 Is 1,3; Os 4,1; Sl 13,2-3; Rm 3,11-12; Ex 33,20.
47 Dn 12,9-10.
48 Lc 2,49.
49 Mt 19,17.
50 Ágrafo: passagem não escrita nos Evangelhos. Nem por isso deve ser tida como falsa, dado que, para Ireneu, a tradição oral precede a tradição escrita.
51 Lc 19,42.
52 Mt 11,28-29.
53 Mt 11,25-27.
54 Lc 12,50.
55 Mt 20,22.
56 Sl 33,6.
57 Jo 1,3.

58 Aqui estão, outra vez, os elementos fundamentais professados no "Símbolo da fé" de Ireneu, alguns dos quais depois farão parte do "Símbolo niceno-constantinopolitano", ainda hoje proclamado nas celebrações dominicais.
59 At 8,9-11.
60 At 8,20-23.
61 Lc 12,58-59; Mt 5,25-26.
62 Ap 2,6.
63 Ex 20,5; Is 45,5-6; 46,9.
64 Cf. Is 45,5-6; 46,9.

I LIVRO

TEORIAS GNÓSTICAS E SUA REFUTAÇÃO

PREFÁCIO
Pr., 1. No primeiro livro, anterior a este, denunciando uma gnose de nome falso, demonstramos-te, caríssimo, que é tudo mentira o que foi encontrado, de muitas e contraditórias maneiras, pelos discípulos de Valentim. Expusemos também as doutrinas dos que os precederam, como se contradizem entre si e muito mais com a verdade. Também te apresentamos, com toda diligência, a doutrina de um deles, Marcos, o mago, e também a sua conduta. E diligentemente referimos o que selecionou da Escritura e a tentativa de adaptá-la à sua

invenção; lembramos minuciosamente como se esforçam e ousam confirmar a verdade por meio dos números e das vinte e quatro letras do alfabeto. Como, segundo eles, a criação foi feita à imagem do Pleroma invisível e o que pensam e ensinam sobre o Demiurgo. Expusemos a doutrina de um dos seus pais, Simão, o mago, da Samaria, e de todos os que se seguiram, e também a de toda a multidão dos gnósticos que se originaram dele. Evidenciamos as diferenças entre eles, as doutrinas, as emissões e todas as heresias que proferiram, suas doutrinas ímpias e irreligiosas que todos estes heréticos derivados de Simão introduziram neste mundo. Demos a conhecer a sua redenção, a iniciação dos perfeitos, as suas fórmulas mágicas e os mistérios. Demonstramos que um só é o Deus criador que não é fruto de degradação e que não há nada nem acima dele nem depois dele.

Pr., 2. Neste livro trataremos, conforme o tempo no-lo permitir, somente do que é útil para nós e refutaremos os pontos mais importantes do conjunto da sua doutrina. Por isso, visto que se trata de descobrir e refutar a sua teoria, intitulamos assim esta obra: com efeito é preciso, pela denúncia aberta das suas sizígias, refutar as sizígias ocultas e destruir este Abismo, trazendo provas de que nunca existiu nem existe.

O DUALISMO DEUS-CRIADOR

Único Deus Pleroma criador
1,1. É conveniente começar pelo primeiro e mais importante argumento, isto é, do Deus-Demiurgo que fez o céu e a terra e tudo o que eles contêm1, que,

injuriando, chamam fruto de degradação, para demonstrar que nada há acima nem depois dele, que foi ele a criar todas as coisas, não movido por algo ou por ninguém, mas de sua própria e espontânea vontade, por ser o único Deus, o único Senhor, o único Criador, o único Pai, o único a conter tudo e a dar a existência a tudo.

1,2. Como poderia haver acima dele outro Pleroma, ou Princípio, ou Potência, ou outro deus, se Deus, o Pleroma universal, deve absolutamente conter todas as coisas e não ser contido por ninguém? Se existir alguma coisa fora dele já não é Pleroma de tudo nem contém tudo, porque falta a ele ou ao Deus que está acima de tudo, o que dizem estar fora dele. Aquele a quem falta ou foi tirada alguma coisa não é o Pleroma de tudo. Deverá ter princípio, meio e fim em relação aos que lhe estão fora. Se há um fim nas coisas inferiores, deve haver um princípio nas superiores; e ao mesmo tempo deve acontecer necessariamente com as outras partes: será contido, determinado e incluído pelo que está fora dele; porque o fim inferior necessariamente circunscreve e circunda o que acaba nele. Aquele que para eles é o Pai de tudo e que chamam Protoente, Pro- toprincípio, com o Pleroma deles e o Deus bom de Marcião, será criado, limitado e circundado externamente por outro Princípio que será necessariamente maior do que ele, porque o continente é maior do que o conteúdo. O que é maior é também mais firme e mais senhor, e o que é maior, mais firme e mais senhor é Deus.

1,3. Com efeito, se, conforme eles dizem, existe algo externo ao Pleroma em que desceu a Potência superior afastada, este algo necessariamente contém o que é externo ao Pleroma e o próprio Pleroma, de outra forma não se pode falar de algo que esteja fora. Se algo se encontra fora do Pleroma, o Pleroma estará dentro de algo que está fora e por isso mesmo estará contido aí. Se, por acaso, dizem que o Pleroma e o que está fora dele estão imensamente afastados um do outro, então supõem terceira realidade que separa imensamente o Pleroma do que está fora dele. Esta terceira realidade delimitaria e conteria a ambos e seria maior do que o Pleroma e do que está fora dele, visto que contém os dois dentro de si. Então nunca se acabaria de falar do que contém e do que está contido. Se, com efeito, esta terceira realidade tem princípio no alto e fim embaixo é necessário também definir os lados: estes e as coisas que estão acima ou embaixo terão um princípio em relação a outras coisas e assim nunca se acaba. Assim se dá com a sua elucubração sobre o Deus único, e por quererem saber sempre mais caem no vazio e se afastam do verdadeiro Deus.

1,4. O mesmo argumento vale para os seguidores de Marcião. Os seus dois deuses serão contidos e circunscritos pelo imenso espaço que separa a ambos. Desta forma deve-se pensar em numerosos deuses separados entre si por distâncias imensas e um começaria onde outros acabam. E o motivo de que se servem para ensinar que acima do Criador do céu e da terra existe um Pleroma ou um Deus, este mesmo pode ser invocado por quem quiser afirmar que acima deste Pleroma existe outro Pleroma e acima deste último mais outro e acima do Abismo outro Abismo e pelos lados o mesmo. Procedendo assim ao infinito será necessário pensar sempre em outros pleromas e outros abismos e procurar, sem parar, sempre outros além dos precedentes. Então não se poderá dizer com certeza que as coisas, segundo nós, inferiores não sejam até superiores e as que eles julgam superiores não sejam inferiores ou superiores. O nosso pensamento não teria estabilidade ou certeza, mas seria obrigado a perseguir mundos sem fim e deuses sem número.

1,5. Se fosse assim, cada deus se deveria contentar com sua esfera de ação e não se meter indiscretamente na dos outros: do contrário seria injusto e avarento e deixaria de ser o que Deus é. E cada criatura glorificaria o próprio criador contentando-se com ele, sem reconhecer outro, do contrário, seria justamente condenado por todos como apóstata e severamente punido. É necessário admitir ou um só que tudo contém e criou todas as coisas abaixo dele como quis, ou muitos e indeterminados deuses e criadores, começando um onde outro acaba, e então será preciso reconhecer que externamente é contido por um maior e é reduzido à sua competência e que nenhum deles é deus de todas as coisas. Assim cada um deles será filho porque possuiria uma parte mínima em relação a todos os outros e nenhum poderia ser chamado onipotente e esta concepção levaria inelutavelmente à impiedade.

Os anjos não são criadores

2,1. Erram os que dizem que o mundo foi criado pelos anjos ou por algum outro criador, independentemente da vontade do Pai que está acima de todas as coisas. Erram primeiramente ao dizer que os anjos criaram uma obra tão grande e bela independentemente da vontade do Deus supremo, como se os anjos fossem mais poderosos do que Deus e, depois, porque supõem um deus negligente e inferior que não cuida se o que acontece abaixo dele é feito mal ou bem, para impedir e eliminar o mal e aprovar e louvar o bem. Ora, se isto não se diz de homem cuidadoso, tanto menos se deve dizer de Deus.

2,2. Que nos digam então: estas coisas foram criadas no âmbito do seu domínio ou fora dele? Se dizem, fora, enfrentam todos os inconvenientes de que já falamos e o Deus primeiro estará incluído em outro fora dele e deixará necessariamente de ser o supremo. Se dizem, dentro, é inútil afirmar que o mundo foi criado sem que o soubesse e no seu âmbito pelos anjos que também lhe estão submetidos ou que foi por outro qualquer, como se não enxergasse o que acontece abaixo dele nem o que os anjos haviam de fazer.

2,3. Se, porém, não foi fora da sua vontade, mas sabendo e querendo, como pensam alguns, então a causa desta criação já não são os anjos ou um criador do mundo, mas a vontade de Deus. Se ele fez o criador e os anjos, foi também a causa da criação que eles fizeram e evidentemente se deverá dizer que ele fez o mundo por ter disposto as causas da sua criação. Se dizem que os anjos ou o criador foram criados por longa sucessão que tem sua origem no Pai primeiro, como afirma Basílides, então a causa das coisas criadas recai sobre aquele que foi o iniciador da série, assim como o sucesso da guerra é atribuído ao rei que dispôs as causas da vitória, e a fundação de cidade, ou a criação de obra àquele que pôs as causas que levaram à atuação das coisas que foram feitas depois. Por isso não dizemos que o machado racha a lenha ou que a serra corta, mas justamente que é o homem quem racha ou serra, porque fez o machado e a serra com esta finalidade e, antes disso, as peças para fazer o machado e a serra. Por isso, em conformidade com seus argumentos, se deve dizer que o Pai de todos é o Criador deste mundo e não os anjos, nem qualquer outro criador diferente dele que foi o iniciador da série e que pôs a causa primeira desta criação.

2,4. Talvez esta argumentação possa convencer os que não conhecem a Deus e o comparam a homens falhos, incapazes de fazer alguma coisa diretamente sem a ajuda de muitos instrumentos. Mas não pode ser aceito por quem sabe que Deus, sem precisar de nada ou de ninguém, criou e fez todas as coisas pelo Verbo. Com efeito, ele não precisou da ajuda dos anjos para a criação, nem de qualquer potência inferior que desconhecia o Pai, nem de algum rebotalho ou alguma ignorância, para que fosse criado o homem, que era destinado a conhecê-lo. Ele próprio, depois de predeterminar todos os seres em si mesmo, de forma inefável e incompreensível para nós, fêlos como quis, dando-lhes harmonia, ordem e início. Adaptou a cada um a substância própria da sua natureza: aos espirituais deu a natureza espiritual e invisível; aos supracelestes, a celeste; aos anjos, a angélica; aos animais, a animal; aos aquáticos, a aquática; aos terrestres, a terrestre. Tudo o que foi feito ele o fez por intermédio do Verbo infatigável.

2,5. Com efeito, pertence à soberana independência de Deus não precisar de nenhum instrumento para criar as coisas: o seu Verbo é idôneo e suficiente para criar todas, como diz João, o discípulo do

Senhor: "Todas as coisas foram feitas por meio dele e nada foi feito sem ele".2 Em "todas as coisas" está compreendido também este mundo, que foi feito pelo Verbo de Deus, como atesta o livro do Gênesis, o qual diz que Deus fez por meio do Verbo o mundo e o que ele encerra.3 Da mesma forma diz Davi: "Porque ele falou e foram feitos, ele mandou e foram criados".4 Em quem havemos de acreditar mais, a respeito da criação do mundo, nestes heréticos de que falamos, que vão palavreando coisas tão tolas e incoerentes, ou nos discípulos do Senhor e em Moisés, profeta e servo fiel de Deus?5 Aquele que, primeiro, contou a origem do mundo dizendo: "No princípio Deus criou o céu e a terra"6 e depois todo o resto, e não os deuses, nem os anjos.

2,6. O apóstolo Paulo diz que este Deus é o Pai de nosso Senhor Jesus Cristo, com estas palavras: "Único é Deus, o Pai, que está acima de todos, causa de tudo e em cada um de nós".7 Já demonstramos que há um só Deus e ainda o demonstraremos pelas próprias palavras dos apóstolos e do Senhor. Não será grande falta de bom senso deixar de lado as palavras dos profetas, do Senhor e dos apóstolos para escutar as loucuras destes heréticos?

...Nem um segundo Deus
3,1. Absurdo é o seu Abismo, o seu Pleroma e o Deus de Marcião. Com efeito se, como dizem, há fora deles algo de subjacente que chamam vazio e trevas, este vazio aparece maior do que o seu Pleroma. Também é absurdo dizer que ele contém tudo o que lhe é inferior e que outro fez a criação. Porque, necessariamente, devem admitir um lugar vazio ou

informe no interior do Pleroma pneumático no qual foi criado o universo. Ora, este vazio informe foi deixado de propósito porque o Protopai sabia o que fazer com ele, ou então não sabia. Se não sabia, ele não é o Deus onisciente. E nem eles poderiam dizer o motivo por que deixou aquele lugar vazio por tanto tempo. Se sabia tudo antecedentemente e já vira no seu espírito a criação que se devia cumprir naquele lugar, é ele quem a fez depois de a ter prevista em si.

3,2. Cessem, portanto, de dizer que o mundo foi feito por outro: de fato, no mesmo instante em que teve a idéia foi feito o que tinha pensado, visto não ser possível que um tenha a idéia e outro execute o que o primeiro pensou. Ora, segundo estes heréticos, Deus concebeu na sua mente ou um mundo eterno ou um temporal, mas os dois casos são absurdos. Se pensasse num mundo eterno, pneumático e invisível, seria feito exatamente assim. Se, porém, o fez como é, é porque o fez como o tinha pensado; vale dizer: ele o quis diante de si como o pensara, compósito, mutável e transitório. Portanto, se é como o Pai o pensou em si, o mundo é obra digna do Pai. Dizer que a idéia, a concepção e a criação deste mundo, assim como é e que é conforme à idéia que dele teve o Pai de todas as coisas, é produto da ignorância ou da degradação, é proferir enorme blasfêmia. Segundo eles, o Pai de todos, na concepção da sua mente, geraria no seu peito produtos de ignorância e frutos de degradação, por que as coisas foram feitas conforme as pensou.

Defeitos no Ser supremo. Trevas e vazio

4,1. Deve-se procurar a causa desta economia de Deus, mas nem por isso se deve atribuir a outro a criação do mundo. Deve-se dizer que todas as coisas foram preparadas antes por Deus para serem feitas como de fato o foram, mas nem por isso se devem inventar as trevas e o vazio. Ainda assim, de onde vem este vazio? Se foi emitido por aquele que, segundo eles, é o Pai e o emissor de todas as coisas, então tem a mesma dignidade e é parente dos outros Éões, e talvez seja até mais velho do que eles. Se foi emitido pelo mesmo Pai, é semelhante ao que o emitiu e àqueles com os quais foi emitido. Há, portanto, necessidade absoluta de que o Abismo e o Silêncio deles sejam semelhantes ao vazio, e por isso vazios, e que os Éões restantes, por serem irmãos do vazio, tenham também a substância do vazio. Se, porém, não foi produzido, ele nasceu de si mesmo, foi gerado de si mesmo e é igual, no tempo, àquele que para eles é o Abismo e o Pai de todas as coisas. Assim o vazio é da mesma natureza, digno da mesma honra que tem, segundo eles, o Pai de todas as coisas. Portanto, é necessário que o vazio tenha sido produzido por alguém ou por si mesmo produzido e de si nascido. Mas se vazio é o produzido, vazio é o produtor, vazio é Valentim, vazios os seus sectários. Mas se não foi produzido e existe por si mesmo, então o seu vazio é igual, parente e com o mesmo valor que o Pai, de que fala Valentim; é bem mais respeitável, anterior e digno de honra do que todos os outros Éões do próprio Ptolomeu, de Heráclio e de quantos pensam como ele.

4,2. Se surge neles alguma dúvida por causa destes argumentos e reconhecem que o Pai de tudo contém todas as coisas, que fora do Pleroma não há nada, caso contrário o Pai é limitado e circunscrito por alguém maior do que ele; se falam de "fora" ou de "dentro" o fazem conforme o conhecimento ou a ignorância, sem indicar distância local. Se as coisas que sabemos terem sido feitas, foram feitas pelo Demiurgo ou pelos anjos, e estão contidas por uma Grandeza imensa no Pleroma ou no âmbito do Pai, como o centro no círculo ou uma mancha no vestido, então podemos perguntar quem é este Abismo que tolera uma mancha em seu seio e deixa que outro qualquer construa ou produza no seu domínio sem o seu consentimento. Isto acarretaria um inconveniente para o Pleroma inteiro porque podia, desde o início, eliminar a degradação e as emissões por ele iniciadas e não permitir que a criação fosse feita na ignorância, na paixão ou na degradação. Aquele que em seguida corrige a degradação e purifica a mancha poderia não ter permitido, desde o começo, que se produzisse tal mancha no seu domínio. Porém, se permitiu que, no início, as coisas fossem feitas assim porque não podia ser diferente, então sempre devem ser assim. O que não pode ser remediado no princípio como o poderá ser depois? Ou ainda, como podem afirmar que os homens são chamados à perfeição quando as causas que produziram os homens, o Demiurgo ou os anjos, são fruto de degradação? E se, pela sua misericórdia, nos últimos tempos teve piedade dos homens e lhes concedeu a perfeição, deveria ter compaixão primeiro dos que fizeram os homens e conceder-lhes a perfeição. Deste modo também os homens se beneficiariam da sua misericórdia e seriam criados perfeitos por criadores perfeitos. Se teve compaixão da sua obra muito mais a deveria ter tido com eles e não os deveria ter deixado cair em cegueira tão grande.

4,3. Cairia também a sua doutrina da sombra e do vazio nos quais, dizem, foi produzida a nova criação se ela fosse feita no âmbito do Pai. Com efeito, se pensam que a luz paterna pode encher e iluminar todas as coisas que estão dentro dele, como poderia haver vazio e trevas nas coisas contidas no Pleroma e na Luz paterna? Eles deveriam indicar dentro do Pleroma ou no Protopai um lugar não iluminado e ocupado por algo em que os anjos ou o Demiurgo fizeram o que quiseram. E não é lugar pequeno aquele em que foi produzida criação tão grande e extensa. Por isso devem imaginar dentro do Pleroma ou dentro de seu Pai um lugar vazio, informe e tenebroso onde foram criadas as coisas criadas. Então seu lume paterno terá o defeito de não saber iluminar e encher o que está em seu domínio. E mais, chamando estas coisas de produto da degradação e fruto do erro, introduzem o erro e a degradação no Pleroma e no seio do Pai.Ignorância e dependência

5,1. Contra os que dizem que este mundo foi criado fora do Pleroma, isto é, do domínio do Deus bom, aplica-se o que dissemos pouco acima: eles estão fechados com o seu Pai por aquele que está fora do Pleroma, no qual eles também terminam fatalmente. Os que, porém, dizem que este mundo foi criado por outros, mas dentro dos confins delimitados pelo Pai, incorrem nos absurdos e nas inconveniências que acabamos de apontar. Eles são obrigados a admitir que tudo o que está dentro do Pai é luminoso, cheio, operoso ou então a acusar a luz paterna de incapacidade de iluminar todas as coisas, ou ainda a admitir que não só uma parte, mas todo o seu Pleroma é vazio, informe e tenebroso. E as outras coisas desta criação que são desprezadas como temporais e terrenas não o podem ser por estar dentro do Pleroma e no seio do Pai ou então este desprezo atinge todo o Pleroma.

E a causa da ignorância encontra-se no seu Cristo. Conforme afirmam, quando formou a natureza da Mãe deles, a expulsou do Pleroma, isto é, separou-a da gnose. Portanto, quem a separou da gnose também causou a ignorância nela. Como poderia ele, que deu a gnose aos outros Éões anteriores a si, ser a causa da ignorância para a sua Mãe, mantendo-a afastada da gnose quando a expulsou do Pleroma?

5,2. Mais ainda: se está dentro ou fora do Pleroma por causa da gnose ou da ignorância, como alguns dizem estar na gnose quem está dentro do que conhece, devem admitir que o próprio Salvador, que chamam Tudo, esteve na ignorância. De fato, dizem que quando saiu do Pleroma ele formou a sua Mãe; ora, se chamam de ignorância de tudo o que está fora e o Salvador saiu do Pleroma para formar a Mãe dele, encontrou-se fora da gnose de todas as coisas e por isso mesmo na ignorância. Como lhe pode conferir a gnose estando fora da gnose? Dizem que nós também, por estar fora da gnose, estamos fora do Pleroma. E ainda: se o Salvador saiu do Pleroma à procura da ovelha desgarrada e o Pleroma identifica-se com a gnose, ele ficou fora da gnose, isto é, na ignorância. Por isso, ou se deve entender "fora do Pleroma" em sentido local, e então recai-se em todas as dificuldades apontadas acima, ou entender por gnose o que está dentro e por ignorância o que está fora, o Salvador deles e, muito antes, o Cristo se encontraram na ignorância por terem saído do Pleroma, isto é, da gnose, para formar a sua Mãe.

5,3. Isto vale também contra todos os que de qualquer forma dizem que o mundo foi feito pelos anjos ou por outro qualquer que não o verdadeiro Deus. Com efeito, a crítica que fazem ao Demiurgo acerca das coisas criadas, materiais e temporárias, recai sobre o Pai, porque foi justamente no seio do Pleroma, com consciente anuência do Pai, que foram criadas as coisas destinadas a logo desaparecer. É que a causa desta criação não é o Demiurgo, ainda que ele acredite ser, mas aquele que permite e aprova que sejam produzidos, nos seus domínios, produtos da degradação e obras do erro, coisas temporárias entre as eternas, corruptíveis entre as incorruptíveis, erradas entre as verdadeiras. Se, porém, estas coisas foram feitas sem assentimento e aprovação do Pai de tudo, quem as fez num domínio que não era o seu e sem o assentimento do Pai de tudo é mais poderoso, forte e soberano do que ele. E se for, como dizem alguns, que o Pai lho permitiu sem consentir: ou podia impedir, mas lho permitiu impelido por alguma necessidade ou então não podia. Se não podia, é fraco e incapaz, e se podia, é enganador, hipócrita e escravo da necessidade, porque, mesmo sendo contrário, o permitiu como quem consente. E depois de ter deixado no princípio que o erro aparecesse e se consolidasse, em seguida procura destruí-lo, quando muitos já pereceram por causa da degradação.

5,4. Mas não é conveniente dizer que Deus, que está acima de todas as coisas e é livre e independente, seja escravo da necessidade e haja alguma coisa por ele permitida e não aprovada; do contrário, torna-se a necessidade maior e mais soberana do que Deus, que é o mais poderoso e anterior a tudo. Ele, desde o início, deveria eliminar as causas da necessidade e não tornar-se dependente dela, concedendo algo que não lhe convinha. Seria bem melhor, mais lógico, mais divino eliminar desde o princípio a origem desta necessidade do que depois, como que arrependido, esforçar-se por suprimir os graves efeitos dela. Se o Pai de todas as coisas é escravo da necessidade, fica submetido ao destino e deve suportar, contra a vontade, o que acontece; está incapacitado de fazer alguma coisa que não seja exigida pela necessidade ou pelo destino; fica semelhante ao Júpiter homérico que, constrangido pela necessidade, diz: "Eu te entreguei Tróia de minha livre vontade, mas não de boa vontade".9 É neste dilema que se encontra o seu Abismo, escravo da necessidade e do destino.

Desconhecimento de Deus pelo Criador

6,1. Como podiam os anjos ou o Criador do mundo ignorar o primeiro Deus se estavam nos domínios dele, eram criaturas suas e estavam contidos nele? Podia ser invisível pela sua majestade, mas nunca desconhecido pela sua providência. Ainda que estivesse bem longe deles, como dizem, pela degradação, contudo sendo o seu domínio estendido a todos, deviam conhecer o seu senhor e saber que quem os criou é o dono de todas as coisas. Pois, a sua natureza invisível é tão poderosa que comunica a todos finíssima intuição e sensibilidade da sua majestade altíssima e onipotente.10

E ainda, que ninguém conheça o Pai senão o Filho, nem o Filho senão o Pai e aqueles aos quais o Filho o revelou,11 contudo todos o conhecem porque a razão inerente às inteligências as move e lhes revela que existe um único Deus, Senhor de todas as coisas.

6,2. Por isso, todas as coisas estão sujeitas ao Nome do Altíssimo e do Onipotente, e, pela sua invocação, mesmo antes da vinda de nosso Senhor, os homens eram libertos dos espíritos malignos, de todos os demônios e toda apostasia. Não que os espíritos terrestres ou os demônios o tenham visto, mas porque sabem que é o Deus que está acima de todas as coisas,12 que ao nome dele eles tremiam13 como tremem todas as criaturas, Principados, Potências e toda Virtude que está abaixo dele. Os súditos do império romano, mesmo sem nunca terem visto o imperador e estando consideravelmente separados dele por terras e mares, conheceriam, em razão do império, quem detinha a autoridade máxima; e os anjos que estão acima de nós, ou o que chamam de Criador, não conheceriam o Onipotente quando, à sua convocação, até os animais irracionais tremem e fogem? Até sem tê-lo visto, todas as coisas estão sujeitas ao nome de nosso Senhor,14 ao nome de quem fez e criou todas as coisas, porque ele e não outro criou o mundo. Por isso, os judeus até hoje expulsam os demônios neste nome, porque todas as coisas têm medo da invocação daquele que as fez.

6,3. Se não quiserem dizer que os anjos são menos racionais do que os animais irracionais, terão que admitir ser necessário que os anjos, mesmo sem terem visto o Deus que está acima de todas as coisas,15 tenham reconhecido o seu poder e a sua soberania. Na verdade, seria ridículo dizer que anjos, que estão na terra, conhecem o Deus que está acima de todas as coisas sem o terem visto e negar conhecer o que anjos conhecem estando tão em baixo, àquele que, segundo eles, criou os anjos e o mundo, e está no mais alto, acima dos céus. A não ser que queiram dizer que o seu Abismo está debaixo da terra, no Tártaro, e por isso o puderam conhecer antes de os anjos que moravam nas alturas. Chegam a tal ponto de insanidade mental que chamam de louco ao Demiurgo, mas, na realidade, é deles que se deve ter compaixão, quando na sua imensa loucura dizem que não conhecem a Mãe, nem a sua semente, nem o Pleroma dos Éões, nem o Protopai, nem o que seriam as coisas que criaram. Estas coisas seriam imagens daquelas que estão dentro do Pleroma, produzidas secretamente pelo Salvador em honra dos Éões superiores.

O mundo inferior, cópia e sombra do superior
7,1. Sem que o Demiurgo soubesse absolutamente nada, o Salvador — afirmam eles
— Honrou o Pleroma na criação quando produziu por meio da Mãe imagens e semelhanças das realidades do alto. Já demonstramos, porém, ser impossível existir fora do Pleroma algo com o qual fossem feitas as imagens do que está dentro do Pleroma e também ser impossível que alguém que não o primeiro Deus criasse este mundo. Contudo, se pode ser difícil refutá-los com os argumentos e convencê-los do erro, diremos, contra eles, que se estas coisas foram criadas pelo Salvador, em honra das realidades superiores e à imagem delas, deveriam existir para sempre, para honrar para sempre o

que se queria honrar. Se, porém, são transitórias, o que vale uma honra de tão pouca duração daquilo que há pouco não existia e dentro em breve já não existirá? Podeis então acusar o Salvador de ter antes procurado uma glória fugaz para si do que para os que estão acima. Que honra podem prestar as coisas temporárias às eternas, as transitórias às permanentes, as corruptíveis às incorruptíveis? Até aos homens, que são efêmeros, não agradam honras que cedo desaparecem, mas agradam as que duram o mais possível. Pode-se até dizer que as coisas destruídas, quando acabam de ser feitas, foram criadas mais para a desonra daquele que se queria honrar e ultraja-se o eterno com uma imagem corrompida e estragada. Se a Mãe deles não tivesse chorado e se mostrado alegre e não tivesse caído em angústias, o Salvador não teria a possibilidade de honrar o Pleroma, porque esta extrema angústia não possuiria substância própria para honrar o Protopai.

7,2. Quão vazia é a honra que logo desaparece para não mais voltar! Haverá um tempo em que se julgará que esta honra absolutamente não existiu e então serão desonrados os que estão acima e será necessário outra Mãe que dê à luz no choro e na ngústia em honra do Pleroma. Que imagem inverossímil e ao mesmo tempo blasfema!

Quereis dizer que o Criador do mundo produziu uma imagem do Unigênito que seria também Nous do Pai de todas as coisas, e que esta imagem ignoraria a si mesma, a criação, a Mãe e tudo o que foi e é criado por ela? Não enrubesceis de vós mesmos, atribuindo a ignorância até ao Unigênito? Se as coisas deste mundo foram criadas pelo Salvador à imagem das coisas do alto e ignorava isso tudo aquele que foi criado à imagem do Unigênito, necessariamente há de haver uma ignorância, segundo um modo pneumático, naquele que foi criado semelhante e naquele outro que ignorava ser ignorante. Gerados ambos de modo espiritual, não plasmados, nem compostos, é impossível que tenham conservado a semelhança nalgumas coisas e perdido noutras, visto que foram produzidos à imagem da geração do alto. Se não for semelhante, a culpa é do Salvador que, como artista incapaz, produziu uma imagem diferente. Tampouco podem dizer que aquele que chamam de Tudo não tinha o poder de fazer emissões. Por isso, segundo dizem, se a imagem é dessemelhante, o artista não presta e a culpa é do Salvador. E se for semelhante, encontra-se a ignorância no Nous do Protopai, isto é, no Unigênito que teria ignorado a si mesmo como Nous do Pai, teria ignorado o Pai e as coisas criadas por ele. Se, porém, conhece tudo isto, necessariamente há de conhecer o que é semelhante ao que foi criado à sua imagem pelo Salvador. E assim fica reduzida a nada, pelos seus próprios argumentos, a sua maior blasfêmia.

7,3. De outro modo, como podem criaturas tão variadas, numerosas e até inumeráveis ser imagem dos trinta Éões que estão no Pleroma, cujos nomes reproduzimos no primeiro livro, assim como eles os nomeiam? Não somente a variedade de todas as criaturas, mas sequer uma parte das coisas celestes, terrestres ou aquáticas poderia comparar-se com a pequenez do seu Pleroma. São eles a dizer que os Éões são trinta; mas então como é que em cada região, antes lembrada, se contam não trinta e sim muitos milhares de espécies de seres, como qualquer poderia mostrar?

Como podem criaturas tão numerosas, compostas de elementos contrários, que se opõem e destroem entre si, ser imagem e semelhança dos trinta Éões do Pleroma que, como dizem, são iguais, semelhantes e sem nenhuma diferença? Se umas são imagens das outras e se, como dizem, por natureza há homens bons e homens maus, é necessário admitir estas diferenças nos Éões e dizer que alguns deles foram feitos bons por natureza e outros maus, para que a sua teoria das imagens corresponda aos Éões. Ainda: como no mundo há seres mansos e outros ferozes, seres inofensivos e outros violentos e destruidores, alguns terrestres, outros aquáticos, outros voláteis, outros celestes, assim os Éões devem ter as mesmas qualidades, se aqueles são imagens destes. E devem dizer de qual dos Éões é imagem aquele fogo eterno que o Pai preparou para o diabo e os seus anjos, porque ele também pertence às coisas criadas.

7,4. E se disserem que estas coisas são imagens da Entímese do Éon que experimentou a paixão, ofendem primeiramente sua Mãe, tornando-a iniciadora de imagens corruptíveis e más e, ademais, como podem ser imagens da única e idêntica substância estas muita coisas, diversas e contrárias por natureza? Poderão dizer que no Pleroma os anjos são muitos e que a multiplicidade das coisas é a imagem deles, mas nem mesmo assim têm razão. Com efeito, devem antes demonstrar que as diferenças entre os anjos e o Pleroma têm propriedades contrárias como são contrárias entre si, na sua natureza, as imagens tiradas deles. Ainda, sendo multidão inumerável os anjos em volta do Criador, como dizem todos os profetas: dezenas de milhares de milhões estão junto a ele e muitos milhares de milhões servem-no16 e, segundo eles, os anjos do Pleroma têm por imagens os anjos do Criador, a criação continua, na íntegra, imagem do Pleroma, porque os trinta Éões não correspondem à multiforme variedade da criação.

7,5. Ainda mais: se estas coisas foram feitas à imagem deles, eles foram feitos à imagem do quê? Se o Criador do mundo não as fez de sua cabeça, mas como artesão sem capacidade ou como aprendiz qualquer as copiou de outros arquétipos, de onde o Abismo deles tirou a idéia da primeira disposição das coisas que fez? Logicamente, deve ter recebido o modelo de outro que estava acima dele, e este de outro; assim se vai ao infinito na série das imagens e dos deuses se não se admitir um Artífice ou um Deus que sozinho criou todas as coisas. Admite-se que os homens inventam algo de útil para a vida, então por que não se concede que Deus, o criador do mundo, tenha tido a idéia das coisas criadas e a originalidade da sua ordem?

7,6. Como são estas coisas imagens deles se são tão diferentes e sem alguma relação com eles? Com efeito, coisas contrárias podem ser nocivas àquelas de que são contrárias e de forma alguma serão a imagem, como a água e o fogo, a luz e as trevas, e muitas outras nunca serão imagem uma das outras. Assim, as coisas corruptíveis, terrenas, compostas, transitórias, não podem ser imagem das que, como dizem eles, são realidades pneumáticas, a não ser que admitam que estas também sejam compostas, limitadas, corpóreas e não espirituais, sem forma, ricas e intocáveis. É necessário que tenham aparência e contornos para serem imagens verdadeiras e, neste caso, está excluído serem espirituais. Se, porém, disserem que são espirituais, indefinidas e incompreensíveis, como podem coisas com forma e limitadas ser imagem das indefinidas e incompreensíveis?

7,7. Se disserem que são imagem não por causa da figura ou da forma, e sim pelo número e a ordem de emissão, então deve-se logo afirmar que não são imagem e semelhança dos Éões do alto: se não têm a figura nem a forma deles, como lhes podem ser imagem? Ademais, experimentem fazer coincidir o número das emissões dos Éões do alto com o dos seres criados. Por enquanto, ao estabelecer trinta Éões e ao afirmar que a grande multiplicidade das coisas criadas são imagens dos trinta, certamente merecem que os qualifiquemos de insensatos.

Nosso mundo, sombra do superior
8,1. Se as coisas deste mundo são sombra e imagem do alto, como ousam dizer alguns deles, é necessário que admitam também que eles são corpos. Com efeito, são os corpos situados no alto que fazem sombra, porque os espirituais não podem fazer sombra a ninguém. Mas admitamos, o que é impossível, que haja uma sombra das coisas espirituais e luminosas na qual teria descido, como dizem, a sua Mãe. Neste caso, visto que aquelas coisas são eternas, é eterna também a sombra que produzem e, as coisas daqui não passam, mas perduram tanto quanto as realidades das quais elas são as sombras. Se, porém, essas são transitórias, também devem ser transitórias as de que são a sombra; mas se as coisas do alto perduram, também perdura a sua sombra.

8,2. Se querem falar de sombra não em sentido literal, mas no sentido de que as coisas daqui estão muito afastadas daquelas, então atribuem à Luz do Pai a fraqueza e a incapacidade de atingi-las, por não conseguir encher o vazio e fazer desaparecer as trevas, ainda que ninguém lho impeça. Segundo eles, a Luz do Pai se transformaria em trevas e desapareceria, apagando-se no vazio, por não poder encher o vazio. Então o seu Abismo não é mais o Pleroma, porque não encheu o vazio e não iluminou as trevas ou devem deixar de lado a sombra e o vazio, visto que a Luz do Pai enche todas as coisas.

8,3. Assim, pois, não pode haver nada fora do primeiro Pai, isto é, do Deus que está acima de todas as coisas ou Pleroma, nada em que, como dizem, teria descido a Entímese do Éon apaixonado, se não se quiser que o próprio Pleroma, ou primeiro Deus, seja limitado, definido ou contido por algo fora dele. Tampouco pode haver o vazio ou a sombra, porque o Pai não é alguém a quem venha a faltar a luz ou que ela acabe no vazio. É irracional e ímpio imaginar um lugar em que acabe aquele que é, segundo eles, o primeiro Pai e princípio, Pai de todos e também do Pleroma. Por outro lado, não se pode dizer que outro qualquer tenha produzido toda esta criação no seio do Pai, com ou sem o assentimento dele, pelos motivos vistos acima. Seria irreverência e, ao mesmo tempo, loucura, sustentar que uma criação tão imponente foi feita pelos anjos ou por alguma emissão que ignorava o verdadeiro Deus, justamente quando estava nos domínios dele. Nem é possível que as coisas terrenas e materiais tenham sido criadas dentro do Pleroma, que é todo espiritual, e tampouco que as coisas numerosas e contrárias da criação sejam imagens dos que, como dizem eles, são poucos, iguais na natureza e formam unidade. Manifestou-se errado tudo o que dizem da sombra e do vazio e também foi mostrado vazio o seu raciocínio e inconsistente a sua teoria e, por isso mesmo, vazios os que lhes prestam atenção e prestes a cair no abismo da perdição.

Testemunho universal em favor do Deus criador
9,1. É evidente que Deus é o criador do mundo também para os que o negam de muitas maneiras, chamando-o Criador ou anjo, para não falar que as Escrituras todas o proclamam, e o Senhor ensina que este Deus é o Pai que está nos céus17 e não outro, como demonstraremos ao longo do discurso. Por enquanto, basta-nos assinalar o testemunho dos que nos contradizem, que concorda com o consenso de todos os homens, a começar pelos antigos, que receberam do primeiro homem a tradição, guardaram-na e cantaram hinos ao Deus único, criador do céu e da terra e, em seguida, pelos outros que vieram depois deles, aos quais os profetas de Deus relembram continuamente esta verdade, e pelos pagãos que a aprenderam da própria criação. Ela mostra quem a criou, a obra aponta o seu autor, o mundo revela quem o pôs em ordem.

E a Igreja dispersa pelo mundo inteiro recebeu dos apóstolos esta tradição.
9,2. Portanto, consta e é testemunhada por todos a existência de Deus assim como não consta e não é testemunhado o Pai que é, sem dúvida, uma invenção deles. Foi Simão, o mago, o primeiro a declarar que ele

era o Deus que está acima de todas as coisas e que o mundo foi criado pelos seus anjos; e, depois dele, os seus seguidores, como já dissemos no primeiro livro, propalaram a doutrina, com afirmações ímpias e blasfematórias contra o Criador; e os discípulos destes tornaram piores do que os pagãos os que os escutam. Os pagãos "servem às criaturas antes que ao Criador"18 e aos que não são Deus,19 mas atribuem o mais alto grau de divindade ao Deus criador do universo. Enquanto estes chamam o Criador de fruto da degradação, de psíquico e desconhecedor da Potência que está acima dele e, quando diz: "Eu sou Deus e, afora eu, não há outro Deus",20 tacham-no de mentiroso. São eles os verdadeiros mentirosos que lançam a ele toda a sua perversidade, e imaginando, segundo a sua doutrina, um ser que não existe acima daquele que é,21 eles também são blasfemadores do Deus que é, e os inventores de um Deus que não é, para a sua própria condenação. E eles que se dizem perfeitos e possuidores da gnose de todas as coisas, na realidade são piores do que os pagãos e, nos seus pensamentos, mais blasfemos, porque se dirigem contra o seu Criador.

Ironia sobre a atividade criadora de Acamot
10,1. É, portanto, completamente irracional abandonar o verdadeiro Deus, testemunhado por todos, para procurar acima dele um deus que não existe e que nunca ninguém anunciou. Que nunca foi dito nada dele, eles mesmos o confirmam e se apresentam um deus que nunca antes foi procurado, é evidente que o fazem aplicando arbitrariamente a um deus inventado por eles parábolas que precisam de explicação para serem

entendidas. Pelo fato de quererem explicar passagens difíceis das Escrituras, não porque se refiram a outro Deus, mas aos seus planos, produziram para si outro deus, como já dissemos, trançando redes com areia, e de uma questão pequena fizeram surgir outra de maior importância. Não se dirime uma questão propondo a solução de outra, e pessoas de bom senso não usam de obscuridades para clarear obscuridades, nem de enigmas para resolver enigmas, mas estas coisas são resolvidas a partir do que é manifesto, adequado e claro.

10,2. Estes, porém, ao quererem explicar as Escrituras e as parábolas, introduzem outra questão mais ampla e ímpia, isto é, se acima do Deus criador do mundo há outro deus. Assim não resolvem a questão, nem o poderiam, se introduzem numa pequena questão outra considerável, dando um nó que não se pode desatar. De fato, para mostrar que sabem por que o Senhor foi receber o batismo da verdade justamente aos trinta anos, sem o saber, desprezam sacrilegamente o próprio Deus criador que o enviou para a salvação dos homens. E para que se pense que são capazes de explicar a origem da substância material, ao invés de acreditar que Deus criou do nada[22] todas as coisas e as fez existir como quis,[23] servindo-se da sua vontade e poder como substância, ajuntaram discursos vazios, demonstrando claramente a sua incredulidade. Assim, não prestando fé nas coisas reais caíram no irreal.

10,3. Quando dizem que das lágrimas de Acamot se originou a substância úmida, do riso a luminosa, da tristeza a sólida e do medo a móvel, enchem-se de orgulho por tão alta sabedoria, como podem evitar a troça e o ridículo? Os que não acreditam que Deus, poderoso e rico de todas as coisas, criou a matéria porque não conhecem o poder da substância espiritual e divina, vêm depois a dizer que foi a sua Mãe, que chamam Mulher de mulher, a produzir toda a matéria da criação, quando submetida às paixões de que falamos antes. Eles querem saber onde o Criador foi buscar a matéria da criação, mas não se perguntam onde a sua Mãe, que chamam de Entímese e ímpeto do Éon desgarrado, encontrou tantas lágrimas e tanto suor e tristeza para produção tão grande de matéria.

10,4. Atribuir a substância das coisas criadas ao poder e à vontade do Deus de todas as coisas seria crível, aceitável e coerente. Aqui é possível dizer com propriedade: "as coisas impossíveis aos homens são possíveis a Deus",24 porque os homens não podem fazer nada com nada, mas somente com matéria preexistente. Deus, porém, é superior ao homem porque cria a matéria da sua criação, que antes não existia. Dizer, ao contrário, que a matéria foi produzida pela Entímese do Éon desgarrado, separado por grande distância dela, e que as paixões e a disposição da Entímese saídas dela se tornaram matéria é algo de inacreditável, fátuo, impossível e absurdo.

11,1. Eles não crêem que este Deus que está acima de todas as coisas criou pelo Verbo, no seu domínio, as várias e diversas coisas, como quis, por ser o Criador de tudo, o supremo arquiteto e o maior dos reis; mas acreditam que os anjos ou alguma Potência separada de Deus, que não conheciam, tenham feito este universo. Assim, não acreditando na verdade e revolvendo-se na mentira, perderam o pão da verdadeira vida, e caíram no vazio e no abismo de sombra, semelhantes ao cão de Esopo que se lançava sobre a sombra de quem lhe dava o pão, perdendo a comida. Pelas próprias palavras do Senhor é fácil demonstrar que ele admite um só Pai,25 criador do mundo, modelador do homem, anunciado pela Lei e os profetas; que o Senhor não conhecia nenhum outro e que o Pai é o Deus que está acima de todas as coisas; que mostra e comunica a todos os justos, por meio dele, a filiação adotiva, em relação ao Pai, que é a vida eterna.26

11,2. Mas como gostam de criticar e de confundir o que está claro, apresentando-nos uma infinidade de parábolas e questões, houvemos por bem questioná-los, por nossa vez, em primeiro lugar sobre as suas doutrinas, para mostrar as suas invenções inverossímeis, acabar com seu descaramento e depois citar as palavras do Senhor para que não se limitem a propor questões, mas incapazes de responder sensatamente às perguntas que lhes são feitas e vendo desfeitas as suas argumentações, voltem à verdade, humilhem-se, renunciem às suas fantasias multiformes, obtenham o perdão de Deus das suas blasfêmias contra ele e se salvem. Ou então, se perseverarem no orgulho que se instalou nas suas almas, ao menos mudem a sua argumentação.

A Triacôntada e suas proliferações

12,1. Primeiramente, no que se refere a Triacôntada, por causa da qual dizem que o Senhor foi receber o batismo aos trinta anos,27 diremos que ruirá completa e espetacularmente de duas maneiras, por defeito e por excesso. Eliminada esta, ficará clara a refutação de toda a sua argumentação.28

Por defeito

É assim que peca por defeito. Primeiramente porque incluem o Protopai entre os outros Éões. O Pai de todos não pode ser incluído entre o resto dos Éões, ele que não foi emitido entre as coisas emitidas, ele que é inato entre os nascidos, ele que não pode ser contido e é incompreensível entre aquilo que ele contém, ele que é sem forma entre os que foram formados. Por ser superior aos outros não pode ser incluído entre eles e menos ainda pode ser colocado ao lado de um Éon passível e caído no erro aquele que é impassível e incapaz de erro. No livro anterior expusemos como eles contam a Triacôntada começando pelo Abismo para chegar à Sofia, que chamam Éon desviado, e reproduzimos os nomes que dão aos Éões. Ora, se subtraírmos o Pai, já não há trinta emissões de Éões, e sim vinte e nove.

12,2. Em segundo lugar, chamando a primeira emissão de Enóia ou Silêncio e dizendo que dela foram emitidos o Nous e a Verdade eles erram duplamente. De fato, é impossível entender o pensamento ou o silêncio de alguém separado dele e emitidos fora dele, tendo consistência própria. Se, porém, dizem que não foi emitida por fora, mas ficou unida ao Protopai porque a incluem entre os Éões, que não lhe estão unidos, e por isso não lhe conhecem a grandeza. Se ela lhe está unida, consideremos isso também, é necessário que desta sizígia unida, inseparável, único ser, seja feita uma emissão igualmente inseparável e unida, igual a quem a emitiu. Sendo assim, tanto o Nous e a Verdade como o Abismo e o Silêncio serão a mesma coisa, sempre aderentes entre si, sem se poder entender um sem a outra. Assim como a água não é separada da umidade, o fogo do calor e a pedra da dureza, porque são coisas inseparáveis, que sempre existem juntas, assim também o Abismo deve ser unido à Enóia como o Nous à Verdade. Por sua vez, o Logos e a Zoé, emitidos por seres tão unidos, deverão estar unidos e ser uma coisa só. Do mesmo modo também o Homem e a Igreja e toda a emissão dos outros Éões, feita aos pares, devem estar unidos e existir sempre um com o outro. Segundo eles, o Éon feminino deve estar com o masculino para ser o complemento deste.

12,3. Estando assim as coisas e sendo estas as suas afirmações, é ousadia impudente ensinar que o Éon mais novo da Duodécada, aquele que chamam Sofia, sentiu a paixão sem se unir ao cônjuge, que chamam Teleto, e sem ele gerou um fruto a que dão o nome de Mulher de mulher. Chegaram a tal ponto de loucura que expuse-ram, da maneira mais evidente, duas teorias contrárias sobre o mesmo assunto: se o Abismo é unido ao Silêncio, o Nous à Verdade, o Logos à Vida e assim a seguir, como podia Sofia, sem amplexo conjugal, sentir a paixão e procriar? Se ela a provou sem ele, necessariamente os outros casais devem experimentar também a defecção e a separação mútuas. Mas isso é impossível, como dissemos acima. É impossível, portanto, que Sofia provasse paixão sem Teleto. Por isso cai de novo o seu argumento: da paixão que provou sem amplexo conjugal, como dizem, é que inventaram toda a composição do seu drama.

12,4. Se admitirem despudoradamente que também as outras sizígias estão separadas e distintas entre si, para que não seja invalidado o seu vanilóquio por causa da última sizígia, então começam por sustentar uma coisa impossível, isto é, como separar o Protopai da sua Enóia, ou o Nous da Verdade, ou o Logos de Zoé e assim a seguir os outros todos. Por outro lado, como podem afirmar que caminham para a unidade e que todos são uma coisa só, se as sizígias dentro do Pleroma não conservam a unidade e estão distantes umas das outras e não obstante sentem a paixão e geram sem o amplexo do outro, como galinhas sem galo?

12,5. Por fim, cai também a Ogdôada primitiva e fundamental, porque se encontrariam, estranhamente, no mesmo Pleroma o Abismo e o Silêncio, o Nous e a Verdade, o Logos e a Zoé, o Homem e a Igreja. É impossível haver o Silêncio quando está presente o Logos ou o Logos quando está presente o Silêncio, porque se eliminam mutuamente, como a luz e as trevas nunca estarão no mesmo lugar. Se houver luz não haverá trevas: ao aparecer a luz desaparecem as trevas. Assim, onde está o Silêncio não pode estar o Logos e onde está Logos não pode estar o Silêncio. Se disserem que se trata do Logos interior, também o Silêncio será interior, e será excluído pelo Logos interior. Mas que não seja interior é indicado pelo próprio sistema de emissões.

12,6. Não digam, portanto, que a primeira e principal Ogdôada inclui o Logos e o Silêncio e exclui ou o Logos ou o Silêncio: desfaz-se assim a primeira e principal Ogdôada. Com efeito, se dizem que as sizígias formam unidade, perde valor toda a sua argumentação: se estão unidas, como a Sofia pode gerar sem cônjuge um fruto de degradação? Se, ao contrário, dizem que cada um dos Éões possui sua própria substância na emissão, como podem estar juntos o Silêncio e o Logos? Assim a Triacôntada peca por defeito.

Por excesso
12,7. A Triacôntada também se lhes desfaz por excesso, desta forma. Dizem que o Unigênito emitiu, como os outros Éões, o Limite, ao qual dão vários nomes como já dissemos no livro anterior. Para alguns foi o Unigênito a emitir o Limite, para outros foi o Protopai que o emitiu à sua semelhança. Mais: pelo Unigênito foram emitidos Cristo e o Espírito Santo, que não são contados no Pleroma, como também não está incluído o Salvador, a quem chamam o Tudo. Ora, até um cego pode perceber que não há somente trinta emissões, de acordo com o seu sistema, e sim trinta mais quatro, pois contam o próprio Protopai no Pleroma e os Éões emitidos, sucessivamente, um a partir do outro. Por que estes não estão incluídos entre os que estavam no Pleroma e foram emitidos da mesma forma? Qual é a boa razão que têm para não incluir entre os outros Éões o Cristo, que por vontade do Pai dizem ser emitido pelo Unigênito, nem o Espírito Santo, nem o Limite, que também chamam Salvador, nem o próprio Salvador, vindo para socorrer e formar-lhes a Mãe? Serão estes inferiores àqueles e por isso indignos do nome e da pertença aos Éões? Ou porque são melhores ou diferentes? Mas como lhes seriam inferiores eles que foram emitidos para formar e corrigir os outros? E como podem ser superiores à primeira e principal Tétrada da qual foram emitidos? Com efeito ela está incluída no número supradito. Portanto, estes também devem estar

incluídos no Pleroma dos Éões ou então deve-se tirar a honra de tal nome àqueles Éões.

12,8. Desfeita, portanto, a Triacôntada, como demonstramos, por defeito e por excesso — porque se tal número aumenta ou diminui, muda seu valor nos dois casos, o que se deve dizer quando isto se dá simultaneamente? — é absurda a história da Ogdôada e da Duodécada e a sua regra não se sustenta, por ter perdido o seu fundamento e ter desmoronado no Abismo, isto é, no nada. Procurem, portanto, outras razões que mostrem por que o Senhor foi ao batismo aos trinta anos, por que tinha doze apóstolos, por que a mulher sofria de hemorragias há doze anos e o porquê de tudo o que, no seu delírio, foram construindo em vão.

Primeira série de emissões

13,1. Demonstraremos agora que também a primeira série de emissões deve ser rejeitada. Do Abismo e da sua Enóia foram emitidos o Nous e a Verdade, dizem eles, e nós mostraremos que é absurdo. O Nous, com efeito, é o elemento principal, máximo, origem e fonte de toda atividade intelectual e a Enóia é todo e qualquer movimento derivado dele que se concretizou. Não é possível, portanto, que o Nous se tenha originado do Abismo e da Enóia. Mais certo seria dizer que o Protopai e o Nous emitiram a filha Enóia, porque a Enóia não é a Mãe do Nous, como dizem, mas o Nous é pai da Enóia. Como então o Nous pode ser emitido pelo Protopai? Se ele ocupa o primeiro e principal lugar da sensação interna, oculta e invisível da qual procedem o sentir, a Enóia, a Entímese e aquelas coisas que não se distinguem do Nous, mas são, como dissemos acima, diferentes atitudes deles mesmos no processo do pensamento e têm nomes diferentes conforme perduram ou se intensificam e não segundo aquilo em que se transformam; eles são contidos no pensamento, emitidos juntos no verbo, enquanto o intelecto permanece no interior criando, administrando e governando livremente, com autoridade própria e da forma que quer, as coisas ditas acima.

13,2. O primeiro movimento para alguma coisa chama-se "pensamento"; continuando a desenvolver-se e apreendendo toda a alma chama-se "consideração"; perdurando longamente no mesmo objeto, como que experimentada, chama-se "reflexão"; a reflexão muito prolongada torna-se "deliberação"; o aumento e o grande movimento de deliberação chama-se "discussão do pensamento" que, enquanto está na mente, é chamado retamente "verbo interior", do qual deriva o "verbo falado". Tudo isso que acabamos de dizer é coisa que inicia do intelecto, recebe nomes diversos enquanto se intensifica. É como no corpo humano que é, vez por vez, juvenil, viril e senil e recebe estes nomes em vista do desenvolvimento e da duração, e não segundo mutações substanciais ou o desaparecimento. Assim também aqui: o que se contempla é o que se pensa; o que se pensa é o que se sabe; o que se sabe é o que se delibera; do que se delibera se discute interiormente e disto se fala. Tudo isto, como dissemos, é dirigido pelo Nous que é invisível e emite de si, por meio das coisas mencionadas, como um raio de luz, o verbo, enquanto ele não é emitido por ninguém.

13,3. Tudo isto se pode dizer do homem, que por sua natureza é composto de alma e de corpo. Aqueles, porém, que dizem que Deus emitiu a Enóia, a Enóia o Nous e este o Logos devem ser condenados precisamente por tratar das emissões de maneira imprópria e depois por desconhecer a Deus, ao descrever sentimentos, paixões e intenções que são próprios do homem. De fato, aplicam ao Pai de todas as coisas, que dizem desconhecido de todos, o que acontece no homem ao falar, e negam também que tenha criado o mundo para não ser julgado pequeno, e depois, lhe atribuem os sentimentos e as paixões do homem. Se, porém, tivessem conhecido as Escrituras e tivessem sido instruídos pela verdade, saberiam que Deus não é como os homens e que os seus pensamentos não são como os dos homens.29 O Pai de todas as coisas está bem longe dos sentimentos e das paixões humanos; é simples, sem composição e sem diversidade de membros, inteiramente igual e semelhante a si mesmo, é todo intelecto, todo es-pírito, todo sentimento, todo percepção, todo razão, todo ouvido, olho, luz e todo fonte de todos os bens, como falam de Deus as pessoas piedosas e religiosas.

13,4. Deus está acima de tudo isto e por isso é inexprimível. Será chamado retamente intelecto que abrange todas as coisas mas não semelhante ao intelecto humano; será chamado justissimamente luz, mas completamente diferente do que nós conhecemos por luz. Assim o Pai de todas as coisas, em nenhuma das outras coisas será semelhante à pequenez do homem; será nomeado a partir dessas coisas, pela sua benevolência, mas é tido superior a elas pela sua grandeza. Se, portanto, nos homens o intelecto não é emitido nem separado do vivente, ele que emite todas as coisas, mas somente os seus movimentos e disposições chegam a manifestar-se, muito mais é verdade em Deus que é inteiramente intelecto: não se separará de si mesmo nem será emitido, como uma coisa, de outra qualquer.

13,5. Se Deus tivesse emitido o Nous como eles dizem, seria pensado como composto e corpóreo, isto é, de um lado, Deus que emite, e do outro, Nous que é emitido. Se, porém, disserem que o Nous foi emitido por outro intelecto, então dividem e separam o Intelecto de Deus. Mas de onde e para onde seria emitido? O que é emitido por alguém, o é em algum sujeito. Ora, qual sujeito mais antigo do que o Intelecto de Deus em que ele seria emitido? Como haveria de ser grande o lugar que acolheu e encerrou em si o Intelecto de Deus! Se disserem que é emitido como é emitido do sol um raio de luz e é recebido pelo ar que existe antes dele, então onde encontrarão eles aquele sujeito em que foi emitido o Intelecto de Deus, que o contenha e lhe seja anterior? Ainda: como vemos o sol, longe e menor que as outras coisas, emitir seus raios de luz, assim devemos dizer que o Protopai emitiu de longe e fora de si um raio. Como então se pode pensar nalguma coisa longe ou fora de Deus, onde ele emitisse um raio?

13,6. Se, além disso, disserem que não foi emitido fora, mas dentro do próprio Pai, é completamente supérfluo dizer que foi emitido, pois como se pode dizer emitido o que estava dentro do Pai? A emissão supõe a manifestação do emitido fora do emissor. Depois desta emissão também o Logos que deriva dela estará dentro do Pai como também deverão estar as restantes emissões do Logos. Por isso não poderão ignorar o Pai porque estão nele, como também o conhecerão mais ou menos conforme a ordem de emissão, porque todos estão envolvidos, por todos os lados, pelo Pai. E serão todos igualmente impassíveis, estando todos no seio do Pai e nenhum deles na degradação, porque no Pai não há degradação. A não ser que digam que como um círculo menor está contido num maior e dentro dele outro menor, ou que à semelhança das esferas ou dos tetrágonos, que abrangem esferas ou quadrados, o Pai contém dentro de si todas as outras emissões dos Éões. Então cada um deles seria incluído num maior e por sua vez incluiria um menor e por isso o último, o menor, que está no centro, seria tão afastado do Pai que não teria conhecido o Protopai. Ao dizer isso incluem o seu Abismo na série dos figurados e circunscritos, tornando-o, ao mesmo tempo, incluinte e incluído e então são obrigados a admitir fora dele alguma coisa que o contenha e assim a levar ao infinito o discurso sobre o que contém e o que é contido e ficará claro que todos os Éões são como corpos fechados dentro de limites.

13,7. Mais ainda: ou declararão que é vazio ou que tudo o que lhe está dentro participa igualmente do Pai. Como os círculos ou as figuras redondas ou quadradas feitas na água participam todas da água, como as coisas construídas no ar ou na luz necessariamente fazem parte do ar ou da luz, assim aqueles que estão dentro dele participam do mesmo modo do Pai e não pode haver lugar neles para a ignorância. Onde está a ação do Pai que enche tudo? Se ele encheu tudo, aí não haverá lugar para a ignorância. Re-solvida está assim toda a teoria da degradação, da emissão da matéria e da restante criação do mundo, que dizem ter-se originado da paixão e da ignorância. Ao dizer que é vazio caem na maior das blasfêmias por negar o que nele é espiritual. Como seria espiritual se não pode ao menos encher o que está dentro dele?

13,8. Tudo o que foi dito da emissão do Nous vale da mesma forma contra o que os discípulos de Basílides tiraram dele e contra todos os gnósticos, dos quais estes aceitaram a origem das emissões e que já foram refutados no primeiro livro. Que a emissão primeira do Nous, isto é, o Intelecto, é absurdo e impossibilidade, está exaustivamente demonstrado. Vejamos agora as outras emissões. Dizem que o Nous emitiu o Logos e a Zoé, criadores do Pleroma, e tirando a idéia da emissão do Logos, isto é, o Verbo, dos sentimentos dos homens e tentando aplicá-la a Deus, como se tivessem feito grande descoberta, dizem que o Logos foi emitido pelo Nous. Mas todos vêem que, se está certo em relação aos homens, já não está certa esta ordem de emissão em relação a Deus, que está acima de todas as coisas, que é todo Nous e todo Logos, como dissemos, e no qual não existe nada de anterior, de posterior ou de diverso, sendo sempre perfeitamente igual, idêntico e único. Assim como não erra quem o diz todo visão e todo audição, porque ao ver simultaneamente ouve e, ouvindo, vê, assim também quando diz que é todo Intelecto e todo Verbo, que é Verbo ao mesmo tempo que Intelecto e que este Intelecto é idêntico a seu Verbo; ainda que diga algo a menos do Pai de todas as coisas, contudo o que diz é mais conveniente do que fazem os que transferem no Verbo eterno de Deus o modo de emissão da palavra humana, conferindo-lhe inícios e emissões por fora semelhantes à sua palavra.

Mas em que se diferenciaria o Verbo de Deus, ou melhor, o próprio Deus, será ele superior ao verbo humano, se tem a mesma ordem de sucessão e o mesmo modo de emissão?

13,9. Erram também acerca da Zoé ao dizer que é emitida em sexto lugar, quando era necessário pô-la antes de todos, porque Deus é vida, incorrupção e verdade. Estas coisas não foram emitidas segundo ordem descendente, mas são denominações das potências perpetuamente vizinhas a Deus, como é possível e digno para os homens ouvir e falar de Deus. No nome de Deus, de fato, estão compreendidos o Nous, o Logos e a Zoé, incorrupção, verdade, sabedoria, bondade e todos os atributos semelhantes. Tampouco se pode dizer que o Nous seja anterior a Zoé porque o Nous é vida, nem que a Zoé é posterior ao Nous para que este, em nenhum momento, fique sem vida, ela que é o intelecto que abrange todas as coisas, isto é, Deus. Mas se dizem que no Pai estava a Zoé e que foi emitida em sexto lugar para que o Logos vivesse, era preciso que fosse emitida bem antes, no quarto lugar, para que o Nous vivesse e até mais cedo ainda com o Abismo para que o Abismo vivesse. Juntar o Silêncio ao Protopai como cônjuge e não lhe acrescentar a Zoé, como não seria a maior burrice?

13,10. Quanto àquela que, segundo eles, é a emissão seguinte, a do Homem e da Igreja, os próprios pais, falsamente chamados gnósticos, disputam entre si a autoria da teoria, uns acusando os outros de plagiários desajustados. E dizem que é mais conveniente para a emissão, por ser mais verossímil, que o Logos seja emitido pelo Homem e não o Homem pelo Logos, e que o

Homem é anterior ao Logos e que é ele o Deus que está acima de todas as coisas. Assim, como dissemos, supondo, por verossimilhança, em Deus todos os sentimentos e movimentos da alma, gerações internas e prolação da palavra que estão no homem, erram de modo inverossímil contra Deus. Atribuindo a Deus o que há no homem e que eles experimentam em si mesmos, dão a impressão, para quem não conhece a Deus, de raciocinar corretamente e transviam as suas mentes, com o que acontece com as paixões humanas. Explicando que a origem e a emissão do Verbo de Deus se dão em quinto lugar, dizem que ensinam mistérios maravilhosos, inefáveis, profundos, não conhecidos de mais ninguém, a respeito do que o Senhor teria dito: "Procurai e encontrareis".30 Assim é que procuram saber se do Abismo e do Silêncio procedem o Nous e a Verdade e se destes o Logos e a Zoé, e a seguir, do Logos e de Zoé, o Homem e a Igreja.

Testemunho dos poetas antigos

14,1. Com muito maior verossimilhança e elegância falou da origem do mundo um dos antigos comediógrafos, Aristófanes, na sua Teogonia. Ele diz que a Noite e o Silêncio emitiram o Caos e depois, o Caos e a Noite, Cupido; e este, a Luz e depois, segundo ele, todos os outros deuses da primeira geração. Depois disso, o cômico introduz segunda geração de deuses, a criação do mundo e conta a modelagem do homem por estes deuses. Apropriando-se deste mito, os heréticos trataram-no como algo natural, mudaram os nomes, conservando, porém, o princípio e a produção do universo. À Noite e ao Silêncio deram o nome de Abismo e Silêncio, ao Caos o de Nous, a Cupido, que para o cômico teria composto todas as coisas, o de Logos. No lugar dos primeiros e máximos deuses colocaram os Éões, e aos segundos deuses atribuíram a atividade exercida fora do Pleroma pela Mãe dos Éões, que chamam segunda Ogdôada, da qual, à semelhança deles, foi feita a criação do mundo e a modelagem do homem. Dizem que somente eles conhecem estes mistérios inefáveis e ignorados, e o que nos teatros é representado com esplêndidas invenções pelas máscaras, eles o acomodam à sua teoria, ou melhor, conservam aqueles mesmos assuntos, mudando somente os nomes.

14,2. E não somente temos argumentos para dizer que apresentam como de sua autoria o que se encontra nos cômicos, mas também o que foi dito por todos que não conhecem a Deus e são denominados filósofos. Amontoando e costurando juntas muitas peças esfarrapadas, como num centão, fabricaram para si uma aparência fictícia à custa de falatório sutil. E a nova doutrina que ensinam, elaborada pacientemente, com arte nova, no fundo é velha e inútil, porque costuraram juntas velhas crenças, que cheiram a ignorância e irreligiosidade. Tales de Mileto disse que a origem e o princípio de todas as coisas era a água: dizer água ou Abismo é a mesma coisa. O poeta Homero definiu o Oceano como a origem dos deuses e Tétis como a mãe31 deles e os hereges os transformaram em Abismo e Silêncio. Anaximandro estabeleceu como causa primeira de todas as coisas o infinito, que continha em si, como semente, a origem delas e do qual, como diz, procederam inumeráveis mundos: estes também foram convertidos em Abismo e nos seus Éões. Anaxágoras, que recebeu a alcunha de ateu, ensinou que os viventes se originaram de sementes caídas do céu na terra e eles as transformaram nas sementes da sua Mãe, acrescentando que eles próprios eram estas sementes. Com o que, admitem, para quem tem juízo, que eles são as sementes do ateu Anaxágoras.

14,3. Tomaram o conceito de sombra e de vazio e o adaptaram à sua teoria, de Demócrito e Epicuro que foram os primeiros a falar fartamente do vazio e dos átomos, chamando estes "ser" e aquele "não ser". Justamente como os que chamam "ser" o que está dentro do Pleroma e que corresponde aos átomos do filósofo, e "não ser" o que está fora do Pleroma e que os filósofos chamam vazio. Eis então que, estando neste mundo e fora do Pleroma, estabeleceram para si um lugar que não existe. Dizendo que estas coisas são imagens daquelas que estão acima exprimem abertamente a opinião de Demócrito e de Platão. Demócrito foi o primeiro a dizer que muitas e diversas figuras do universo desceram a este mundo, e Platão, por sua vez, estabeleceu a matéria, o modelo e Deus. Seguindo a opinião destes filósofos chamam estas coisas figura dele e imagem das coisas que estão acima e, pela troca de nomes, gabam-se de ser os inventores e autores desta ficção fantástica.

14,4. Que o Demiurgo fez o mundo com matéria preexistente já o tinham dito antes deles Anaxágoras, Empédocles e Platão, inspirados, como é fácil de entender, pela Mãe destes gnósticos. Que necessariamente todas as coisas se dissolvam naquelas das quais foram feitas e que desta necessidade até Deus seja escravo, tanto que não possa conferir a imortalidade ao mortal ou dar a incorruptibilidade ao corruptível, mas que cada um recaia, numa substância, a ele, foi afirmado também pelos estóicos, assim chamados da palavra grega "Stoá" que significa Pórtico, e por todos os poetas e escritores que não conhecem a Deus. Participando da mesma incredulidade atribuíram aos pneumáticos o lugar que lhes pertence dentro do Pleroma; aos psíquicos, o lugar no Intermediário; e aos somáticos, no elemento terrestre. Deus não teria nenhum poder contra isso, mas cada um dos seres supraditos deve voltar entre os que são da sua mesma natureza.

14,5. Ao dizer que o Senhor é composto de todos os Éões que depuseram nele o melhor de si, não dizem nada de novo além da Pandora de Hesíodo:32 o que ele disse daquela estes o ensinam do Salvador, apresentando-o como um Pandorão em que cada um dos Éões depositou o que tinha de melhor. A sua indiferença acerca dos alimentos e das outras ações e a persuasão de não poder ser contaminados por nada, por causa da sua superioridade, sejam quais forem as coisas que façam ou os alimentos que tomem, herdaram-nas dos cínicos e na realidade possuem a mesma mentalidade. Usar contra a fé o esmiuçamento e a subtileza nas questões é próprio do argumentar aristotélico.

14,6. O querer transferir este universo aos números o tiraram dos pitagóricos. De fato, foram estes os primeiros a estabelecer o início de todas as coisas nos números e o início dos números no par e no ímpar, dos quais derivam as coisas visíveis e as inteligíveis. Os princípios da substância material são uns e os da inteligência são outros e é deles que foram feitas todas as coisas, como uma estátua é composta de matéria e forma. E adaptaram esta teoria a tudo o que está fora do Pleroma. Dizem que o princípio do entendimento está no que a inteligência intui como fundamental e que procura até chegar cansada ao um e ao indivisível. O princípio de todas as coisas e a substância de todas as gerações é o Hen, isto é, o Um; dele derivam a díada, a tétrada, a pêntada e a multíplice geração dos outros; e aplicam tudo isto, palavra por palavra, ao Pleroma e ao Abismo. Procuram depois introduzir as sizígias do Um, e Marcos vangloria-se disso como da novidade maior que teria encontrado a mais que os outros, ao passo que a sua não é senão a exposição da tétrada de Pitágoras, origem e mãe de todas as coisas.

14,7. Então diremos contra eles: todos estes que lembramos e dos quais partilhais as teorias, conheceram ou não conheceram a verdade? Se a conheceram foi supérflua a vinda do Salvador a este mundo. Com efeito, para que teria vindo a este mundo? Para trazer a verdade já conhecida a homens que já a possuíam? Se não a conheceram, como é que dizeis as mesmas coisas destes que não conheceram a verdade e vos gloriais de possuir, somente vós, a gnose superior a tudo, quando é a mesma dos que não conhecem a Deus? Estais, portanto, em contradição, chamando gnose ao desconhecimento da verdade e Paulo se expressa bem falando de "novidade de palavras" e de "falsa sabedoria".33 Verdadeiramente falsa, portanto, é a vossa gnose!

Se, ao tratar destas coisas, acrescentarem impudentemente que se os homens não conhecessem a verdade, contudo a sua Mãe, semente do Pai, por meio destes homens e dos profetas, anunciou os mistérios da verdade, sem o Demiurgo o saber, então diremos que as coisas ditas acima eram de molde a não serem entendidas por todos, visto que os mesmos homens, os seus discípulos e sucessores, sabiam perfeitamente o que diziam. E mais, se a Mãe ou a Semente conheciam e anunciavam os mistérios da verdade e se esta verdade é o Pai, o Salvador, segundo eles, teria mentido ao dizer: "Ninguém conheceu o Pai a não ser o Filho".34 Ora, se é conhecido pela Mãe ou pela sua Semente perde valor a frase "Ninguém conhece o Pai a não ser o Filho", salvo queiram indicar como ninguém a sua Semente ou a sua Mãe.

14,8. Até aqui, servindo-se do sentir humano e de expressões semelhantes às de muitos que não conhecem a Deus, aliciaram alguns por uma aparência de verdade, atraindo-os com doutrinas que lhes eram familiares, para a teoria comum a todos eles. Apresentam-lhes a gênese do Verbo de Deus, da Verdade e da Vida, a gênese do Intelecto, como parteiras das emissões de Deus. Quanto ao que procede destes já não há o cuidado com a verossimilhança ou com provas, é a mentira em relação a tudo e a todos. Como quem quer capturar um animal lhe apresenta o alimento costumeiro para aliciá-lo e o agrada oferecendo-lhe a pouco e pouco a comida preferida até que o apanhe, e uma vez que o capturou o amarra firmemente e o leva pela força onde quer, assim agem os gnósticos. De mansinho, partindo de noções familiares, fazem com que, a pouco e pouco se aceitem as emissões de que já falamos e depois introduzem todas as outras espécies de emissões extravagantes e inverossímeis. Assim afirmam que dez Éões foram emitidos pelo Logos e a Zoé, e doze pelo Homem e a Igreja, e querem que se acredite sem apresentar provas, nem testemunhas, nem verossimilhanças, às cegas, e assim tal qual afirmam, que pelo Logos e a Zoé foram emitidos o Abismo e a Confusão, o Aguératos e a União, o Autoproduto e a Satisfação, o Imóvel e a Mistura, o Unigênito e a Felicidade e, da mesma forma, pelo Ho-mem e a Igreja foram emitidos o Consolador e a Fé, o Pa- terno e a Esperança, o Materno e a Caridade, o Eterno e a Compreensão, o Eclesiástico e a Bem-aventurança, o Desejado e a Sofia.

14,9. No livro precedente, ao expor diligentemente as teorias dos hereges, falamos das paixões e da desviação da Sofia, do perigo de perecer, que enfrentou, por causa da procura do Pai, como eles dizem. Falamos das emissões que aconteceram fora do Pleroma e de qual degradação, como ensinam, foi emitido o criador do mundo. Finalmente falamos do Cristo, que dizem emitido depois dos outros Éões e do Salvador que recebeu a substância dos Éões caídos na degradação. Foi necessário lembrar aqui os nomes dos Éões para que aparecesse o absurdo das suas mentiras e a inconsistência dos nomes inventados por eles. Eles próprios tiram a honra dos seus Éões com estes apelidos variados, ao passo que os pagãos dão aos seus doze deuses, que eles dizem serem imagens dos doze Éões, nomes mais verossímeis e fáceis de crer. Estes deuses têm nomes mais convenientes e poderosos, pela sua etimologia, para designar a divindade.

Arbitrariedade das divisões numéricas

15,1. Voltemos à questão das emissões. Antes de mais nada, que nos digam o motivo da emissão dos Éões sem se referir às coisas criadas. Com efeito, dizem que os Éões não foram feitos para a criação, mas a criação por causa deles; eles não são as imagens das coisas daqui de baixo, mas estas coisas são imagens deles. Portanto, como explicam a causa das imagens dizendo que o mês tem trinta dias pela via dos trinta Éões e o dia tem doze horas e o ano doze meses pela via dos doze Éões que estão no Pleroma, e assim a seguir, agora nos digam também o motivo pelo qual a emissão dos Éões foi feita desta forma: porque foi emitida como primeira e origem de todas as coisas a Ogdôada e não uma Pêntada ou uma Tríada ou uma Hebdômada ou algum agrupamento de outro número? Por que pelo Logos e a Zoé foram emitidos dez Éões, nem mais nem menos, por que também pelo Homem e a Igreja foram doze, quando poderiam ter sido mais ou menos?

15,2. Por que o total do Pleroma foi dividido em três partes, abrangendo uma Ogdôada, uma Década e uma Duodécada e não outros números quaisquer, diferentes destes? Por que foi dividido por três e não por quatro, cinco, seis ou outro número, sem fazer referência aos números que se encontram na criação? Com efeito, eles dizem que as coisas do alto são mais antigas do que estas daqui e, portanto, devem ter motivos próprios, anteriores à criação e não relativos a ela.

15,3. Nós, porém, ao falar da criação usamos argumentos coerentes, porque a harmonia das coisas criadas está de acordo com a harmonia superior. Não tendo a possibilidade de estabelecer uma causa própria das realidades anteriores e perfeitas em si mesmas, eles devem obrigatoriamente deparar grandes dificuldades. Eles nos fazem perguntas a respeito da criação como se não a conhecêssemos, mas, quando interrogados a respeito do Pleroma, falam de paixões humanas ou respondem-nos impropriamente com discursos acerca da harmonia da criação, isto é, acerca das coisas derivadas e não a respeito das que para eles são as primárias. De fato, nós não lhes pedimos explicações a respeito da harmonia da criação, nem a respeito das paixões humanas, mas porque o Pleroma, do qual a criatura é imagem, se compõe de grupos de oito, dez e doze elementos. Eles então responderão que o Pai lhe deu tal forma agindo ao acaso e sem premeditação e lhe atribuirão deficiências por ter feito algo de irracional, ou dirão que o Pleroma foi emitido intencionalmente em vista da criação, para que ficasse bem harmonizada. Então o Pleroma já não foi criado para si, mas em vista da imagem que havia de ser feita à imagem dele, como a estátua de barro não é modelada como fim a si mesma, mas para aquela de prata, bronze ou ouro que será fundida sobre ela. Assim a criação é superior ao Pleroma se este foi feito em ordem àquela.

Infinidade de cópias
16,1. Se, convencidos por nós que não podem explicar tal emissão do Pleroma, se recusarem a admitir o que dissemos, serão obrigados a confessar que acima do Pleroma existe outra ordem mais pneumática, mais soberana, segundo a qual foi formado o Pleroma. Com efeito, se o Demiurgo não plasmou de si mesmo a forma da criação, mas segundo a forma daquelas coisas superiores, o Abismo que fez o Pleroma daquela forma

determinada, onde foi buscar a forma para as coisas feitas antes dele? Devemos admitir que o Deus, criador do mundo o criou pelo seu poder e tomando de si mesmo o modelo desta criação, ou na suposição de que alguém foi levado a fazê-lo, devemos sempre procurar de onde veio ao que é superior a isto, o modelo das coisas criadas, qual é o número das emissões e a natureza do modelo. Se foi possível ao Abismo realizar por si mesmo o modelo do Pleroma, por que o Demiurgo não pôde por si mesmo realizar este mundo? E se a criação é a imagem daqueles, o que impede dizer que eles são imagem de coisas superiores, e as superiores de outras ainda, e chegar a infinitas imagens de imagens?

16,2. É o que aconteceu a Basílides que, sem chegar à verdade, julgou que podia evitar esta dificuldade com uma série infinita de coisas derivadas umas das outras, quando estabeleceu 365 céus criados sucessivamente um do outro por meio da semelhança; e isto, como dissemos, seria indicado pelos dias do ano, sobre os quais estaria a potência que dizem Inefável e a economia dela. Mas nem mesmo assim evita a dificuldade. Com efeito, se lhe perguntarem de onde recebe o céu superior aquela forma pela qual foram feitos sucessivamente os outros, ele responderá que a recebe da economia do Inefável. Portanto, ou diz que o Inefável fez esta obra de si mesmo ou terá que admitir uma Potência superior da qual o Inefável recebeu o modelo grandioso das coisas assim feitas por ele.

16,3. Não é mais seguro e justo confessar logo, desde o princípio, que este Deus criador, que fez o mundo, é o único Deus e que não há outro deus além dele e que tirou de si o modelo e a forma das coisas criadas do que, cansados de tamanha impiedade e tantos raciocínios, ser obrigados a fixar o espírito num Deus único e reconhecer que é dele que vem o modelo da criação?

16,4. Com efeito, o que os valentinianos nos censuram, isto é, de ficarmos na Hebdômada inferior sem levantar a mente às coisas superiores e de não ter o sentido das coisas do alto,35 porque não aceitamos as coisas prodigiosas que nos contam, isso mesmo é censurado neles pelos basilidianos; atolados nas coisas inferiores não passam da primeira e da segunda Ogdôada, pensando estupidamente já ter encontrado logo depois dos trinta Éões o Pai que está acima de todas as coisas, sem considerar o Pleroma que domina os 365 céus, isto é, mais de 45 Ogdôadas. Mas alguém poderia, com o mesmo direito, apresentar também a estes a mesma dificuldade, supondo 4.380 céus ou Éões, porque os dias do ano tem este número de horas. E se, por acaso, acrescentar também o número de horas das noites de um ano, duplicaria este número. Então poderia acreditar ter descoberto imensa multidão de Ogdôadas e incomensurável produção de Éões contra o Pai que está acima de todas as coisas. Então, julgando-se o mais perfeito de todos, poderia censurar a todos a mesma coisa: de serem incapazes de elevar-se à multidão dos céus ou Éões indicada por ele, e, por falta de força, ficar em baixo, no mundo inferior ou no médio.

Origem igual, igual natureza

17,1. Vistas as muitas contradições e dificuldades existentes na produção do Pleroma e sobretudo da primeira Ogdôada, consideraremos o resto, e, por causa da insensatez deles, estudaremos coisas que não existem. Devemos fazer isso, porque nos foi confiada esta tarefa e porque queremos que todos os homens cheguem ao conhecimento da verdade36 e ainda porque você mesmo nos pediu numerosas e possíveis provas para refutar esses heréticos.

17,2. Uma pergunta possível é: como foram produzidos os outros Éões? Unidos ao que os emitiu, como os raios ao sol, ou separados e distintos, possuindo cada um separadamente a sua própria configuração, como homem de homem, ou animal de animal, ou por germinação, como os ramos de uma árvore? São da mesma substância dos que os emitiram ou cada um tem substância própria? Foram emitidos todos ao mesmo tempo, tendo, portanto, a mesma idade ou segundo determinada sucessão, pela qual alguns deles são mais velhos e outros mais novos? E, finalmente, foram emitidos simples, uniformes e em tudo iguais e semelhantes entre si, como os espíritos ou uma chama, ou são compósitos, diversos, dessemelhantes nas suas partes?

17,3. Mas se cada um foi emitido separadamente e conforme sua própria geração, à semelhança dos homens, ou serão gerados pelo Pai e, portanto, consubstanciais e semelhantes ao gerador; ou serão diferentes e, então, é preciso admitir que foram produzidos por outra substância. Ora, se forem semelhantes ao Pai que os gerou, serão, como ele, impassíveis para sempre; se, porém, derivam de outra substância passível, de onde virá esta diversidade de substâncias no seio de um Pleroma de incorruptibilidade? E ainda, nesta hipótese, cada um aparece distinto e separado dos outros como os homens, não unidos e misturados uns aos outros, mas cada um com forma distinta, definida, e respectiva grandeza: coisas que são próprias dos corpos e não dos espíritos. Portanto, não digam que o Pleroma é pneumático, assim como eles não o são, se é verdade que os Éões, semelhantes a homens, se banqueteiam ao lado do Pai, o qual possui os traços determinados, manifestados por aqueles que foram emitidos por ele.

17,4. Se, porém, foram acendidos como uma chama de outra chama, os Éões do Logos, o Logos do Nous e o Nous do Abismo, talvez sejam diferentes por geração e grandeza como tocha de tocha; mas tendo a mesma substância que o autor da emissão, ou continuam todos igualmente impassíveis, ou então o Pai deles está submetido a paixões. Com efeito, a tocha acesa em segundo lugar não tem chama diferente da que já estava acesa. Eis por que quando todas as suas chamas são reunidas numa só formam, por esta concorrência, a unidade originária da única chama que existia no princípio. O que é mais recente e o que é mais antigo não se pode distinguir nem na única chama, porque ela é una, única e total, nem nas próprias tochas que receberam a chama, porque têm a mesma idade quanto à matéria substancial, sendo feitas com a única e igual matéria. Só existe uma ordem no acendimento, visto que uma foi acesa algum tempo antes e outra depois.

17,5. Portanto, a degradação da paixão que se deu por causa da ignorância, ou atingirá de forma igual todo o Pleroma porque participa da mesma natureza e o Protopai estará na degradação da ignorância, isto é, ignorará a si mesmo; ou todas as tochas que estão no

Pleroma ficarão semelhantemente impassíveis. Então, como pode sobrevir alguma paixão ao Éon mais jovem se é da chama paterna que foram formadas todas as chamas e ela é impassível por natureza? E como pode um Éon ser chamado mais velho ou mais novo que outro quando há uma única chama em todo o Pleroma?

E se alguém quer chamá-los estrelas participarão da mesma natureza do universo. De fato, se "uma estrela difere da outra no esplendor",37 não o será por causa da natureza ou da substância que fazem algumas coisas passíveis e outras impassíveis. Derivando todas da única chama paterna ou são todas impassíveis e imutáveis por natureza; ou todas, como a luz do Pai, são passíveis e sujeitas às mudanças e à corrupção.

17,6. Os mesmos motivos aplicam-se também quando dizem que a emissão dos Éões foi feita pelo Logos como os ramos da árvore, porque o Logos também é emitido pelo Pai deles. Eles são todos da mesma natureza do Pai e diferem entre si somente em ordem à grandeza e não pela natureza e completam a grandeza do Pai assim como os dedos completam a mão. E se o Pai se encontra na paixão e na ignorância também o estarão os Éões gerados por ele. Mas se é ímpio atribuir ignorância e paixão ao Pai de todas as coisas, como podem dizer que emitiu um Éon passível? E quando é à própria Sabedoria de Deus que atribuem esta impiedade, como se podem declarar homens religiosos?

17,7. Se depois dizem que os Éões foram emitidos como os raios do sol, sendo todos da mesma natureza e origem, ou são todos passíveis juntamente com o emissor deles ou todos sempre impassíveis. De fato, não quererão admitir que de tal emissão alguns sejam passíveis e outros impassíveis. Se, portanto, dizem que são todos impassíveis eles próprios tiram a força do seu argumento: com efeito, como pode o Éon menor sofrer a paixão se são todos impassíveis? E se dizem que todos participaram da paixão dele, como alguns ousam dizer que começou no Logos e passou depois para a Sofia, poderão ser acusados de atribuir a paixão ao Logos e até ao Nous do Protopai, admitindo que o Nous do Protopai e o próprio Pai estiveram sujeitos à paixão. Com efeito, o Pai não é, como um composto vivente, algo de diferente do Nous, como já demonstramos acima, mas o Nous é o Pai e o Pai é o Nous. É necessário, por isso, que o Logos, que procede do Nous, e mais ainda o próprio Nous, que é idêntico ao Logos, sejam perfeitos e impassíveis, e que todas as suas emissões, sendo da mesma natureza, sejam perfeitas e impassíveis, sempre semelhantes àquele que os emitiu.

17,8. De fato, o Logos não ignorou o Pai, por ser o terceiro na linha de emissões, como eles ensinam. Isto talvez possa ser admitido na geração dos homens visto que alguns deles, muitas vezes, não conhecem os pais, mas no Logos do Pai isso é absolutamente impossível. Com efeito, se o Logos está no Pai conhece aquele no qual se encontra e por isso não ignora a si mesmo, também as suas emissões, sendo suas Potências e estando sempre a seu lado, não ignoram quem as emitiu, assim como os raios luminosos não se esquecem do sol. Portanto, não é possível que a Sofia de Deus, que está dentro do Pleroma e deriva de tal emissão, tenha caído na paixão e concebido semelhante ignorância. É mais possível que a sabedoria de Valentim, que vem do diabo, se encontre tomada por toda espécie de paixão e produza um abismo de ignorância. Com efeito, quando afirmam que a Mãe deles é fruto do Éon desviado não é mais preciso procurar o motivo pelo qual os filhos de tal mãe nadem num abismo de ignorância!

17,9. Acredito que não possam inventar outras emissões além destas; nem souberam eles indicar outras especiais, que eu saiba, mesmo depois de ter tido longas discussões com eles acerca deste argumento. Dizem que cada um foi emitido de modo tal que conheceu somente o seu emissor e não conheceu o que vinha antes dele. Não recuam mais atrás para explicar como foram emitidos ou como isto é possível em se tratando de seres espirituais. Seja qual for a direção que tomem, eles se afastam da reta razão, cegos que são acerca da verdade, a ponto de dizerem que o Logos emitido pelo Nous do Protopai foi emitido na degradação. Por isso, o Nous perfeito emitido pelo Abismo perfeito não pode produzir de si uma emissão perfeita, mas somente uma cega quanto ao conhecimento da grandeza do Pai. O Salvador teria mostrado um símbolo deste mistério no cego de nascença,38 dando assim a conhecer que um Éon fora emitido cego pelo Unigênito, isto é, na ignorância. Desta forma atribuem ignorância e cegueira ao Logos de Deus na sua segunda, no dizer deles, emissão do Protopai. Sofistas admiráveis, que perscrutam as profundezas do Pai desconhecido e narram os mistérios supracelestes "em que os anjos desejam olhar",39 para aprender que o Logos emitido pelo Nous do Pai que está acima de todas as coisas foi emitido cego, ignorando o Pai que o emitiu!

17,10. Como é, ó sofistas dos mais vazios, que o Nous do Pai e até o próprio Pai, que é Nous e é perfeito em tudo, emitiu o Logos como Éon cego e imperfeito, quando podia imediatamente produzir com ele o conhecimento do Pai, assim como dizeis que o Cristo, nascido depois de todos os outros, foi emitido perfeito? Portanto, com maior razão, o Logos, que é mais velho, havia de ser emitido perfeito por este mesmo Nous e não cego, e ele, por sua vez, não emitiria Éões mais cegos do que ele próprio, até que a vossa Sofia sempre cega não tivesse produzido tão grande quantidade de males. E o responsável de todos estes males é o vosso Pai! Com efeito, vós dizeis que a razão da ignorância é a grandeza e a potência do Pai, tornando-o semelhante ao Abismo e dando precisamente este nome ao Pai inefável. Se a ignorância é o mal do qual derivaram todos os males, e se a causa dela é a grandeza e o poder do Pai, vós o declarais o autor do mal, porque chamais de causa do mal a impossibilidade de contemplar a sua grandeza. Mas se era impossível ao Pai dar-se a conhecer às suas criaturas desde o princípio, não pôde ser culpado de não ter eliminado dos seus descendentes a ignorância. E se depois, por sua vontade, pôde fazer desaparecer a ignorância que ia aumentando com a sucessão das emissões e se tinha espalhado nos Éões, muito mais, por um ato de vontade, não deveria ter permitido que esta ignorância se produzisse quando ainda não existia.

17,11. Então, visto que se deu a conhecer quando quis, não somente pelos Éões, mas também pelos homens nascidos nos últimos tempos, e foi ignorado porque não quis ser conhecido desde o princípio, no vosso parecer a causa da ignorância é a vontade do Pai. Se ele sabia que teria acontecido deste modo, por que não eliminou deles, antes que se produzisse, aquela ignorância que depois, como que arrependido, sarou pela emissão do Cristo? A gnose que entregou a todos pelo Cristo poderia entregá-la muito antes pelo Logos, primogênito do Unigênito. Mas se ele quis isto com previsão perfeita, então os efeitos da ignorância devem continuar e nunca serão eliminados; de fato, o que existe pela vontade do Pai deve durar quanto a sua vontade; se, porém, passam, com eles há de passar também a vontade que decidiu a natureza deles. O que os Éões aprenderam para entrar no repouso e possuir a gnose perfeita a não ser que o Pai é incompreensível e inatingível? Poderiam ter recebido esta gnose antes de cair na paixão, porque não seria diminuída a grandeza do Pai se tivessem sabido desde o princípio que o Pai era incompreensível e inatingível. Se, de fato, era ignorado por causa da imensa grandeza, pelo seu amor superabundante,40 deveria manter impassíveis os que tinha emitido, pois nada impedia, e até era extremamente útil, que tivessem conhecido desde o princípio que o Pai era incompreensível e inatingível.

Sofia-ignorância. Entímese-paixão
18,1. Como não definir sem sentido a afirmação que Sofia se encontrou na ignorância, na degradação e na paixão? Estas coisas são estranhas e contrárias à Sofia e não a podem concernir-lhe: onde há ignorância de prudência e ignorância do útil, aí não há Sofia. Deixem de chamar com o nome de Sofia um Éon sujeito a paixões e renunciem à palavra e às paixões em questão, e não digam que o Pleroma todo é pneumático,

quando um Éon, tomado por estas paixões, esteve dentro dele. Com efeito, sequer uma alma forte poderia experimentar estas paixões, para não falar de uma substância pneumática.

18,2. Como pode a Entímese deste Éon sair dele com a paixão e tornar-se ser distinto? Não se pode entender a Entímese senão em relação a alguém, sozinha não pode existir: uma tendência má é absorvida e eliminada por uma boa, como a doença pela saúde. Qual era a tendência que precedeu a paixão? Procurar o Pai e contemplar a sua grandeza. O que a persuadiu depois e a curou? A persuasão de que o Pai é incompreensível e não podia ser encontrado. Não era bom que ela quisesse conhecer o Pai e por isso foi sujeitada à paixão; mas quando se convenceu de que o Pai é incompreensível foi curada. Até o próprio Nous que procurava o Pai deixou de procurá-lo, segundo eles, quando soube que o Pai é incompreensível.

18,3. Como pode a Entímese separada conceber paixões que também eram suas disposições? Uma disposição está relacionada com alguém e não pode existir nem persistir por sua conta. Isto não somente é absurdo, mas também contrário a quanto foi dito por nosso Senhor: "Procurai e encontrareis".41 O Senhor torna perfeitos os seus discípulos fazendo-os procurar e encontrar o Pai, mas o Cristo do alto deles, ao contrário, torna-os completamente perfeitos proibindo-lhes procurar o Pai e convencendo-os de que sequer a custa de grandes esforços o encontrariam. Eles se autodenominam perfeitos porque encontraram o Abismo, e os Éões, porque se convenceram de que quem procuravam é inacessível.

18,4. Se, portanto, a própria Entímese não pode existir separada do Éon, proferem mentira ainda maior ao separar dela a paixão e identificando-a com a substância material, como se Deus não fosse luz42 e não houvesse um Verbo capaz de desmascará-los e de refutar-lhes a perversidade. Certamente, tudo o que o Éon sentia como desejo também o provava como paixão, e o que para eles era a Entímese, não era senão a paixão de quem se prefixara entender o incompreensível e a paixão era a Entímese: apaixonava-se por coisa impossível. Como esta disposição e esta paixão se podiam separar da Entímese e tornar-se a substância de uma matéria tão considerável, já que a Entímese era idêntica à paixão e a paixão à Entímese? Em suma, nem a Entímese sem o Éon, nem as disposições sem Entímese podem constituir uma essência separada. Portanto, cai novamente a sua Regra.

18,5. E como poderia um Éon cair e ser tomado de paixão tendo a mesma substância do Pleroma, e o Pleroma a mesma do Pai? Coisas semelhantes colocadas juntas não se dissolvem no nada nem correm o perigo de perecer, antes perdurarão e aumentarão, como o fogo com o fogo, o vento com o vento e a água com a água; somente os contrários sofrem, se transformam e desaparecem pela ação dos contrários. Por isso, se tivesse sido emissão de luz, não poderia sofrer nem correria perigo dentro de luz semelhante, mas, pelo contrário, haveria de tornar-se mais resplandescente e aumentar, como o dia sob a ação do sol. Ora, eles dizem que o Abismo é imagem do Pai.

Todos os animais selvagens, diversos e estranhos por natureza, correm o risco de eliminar-se uns aos outros, mas os que estão acostumados entre si e os que são da mesma raça não correm perigo nenhum em viver juntos, e até adquirem saúde e vida com isso. Se, portanto, este Éon foi emitido da mesma substância de todo o Pleroma não sofreria mudanças, porque se encontrava com seres semelhantes e familiares, pneumático entre pneumáticos. O medo, a consternação, a paixão, a confusão e semelhantes podem encontrar-se entre nós, corporais, pela ação dos contrários, mas a seres espirituais e envolvidos na luz não acontecem essas desgraças. Tenho a impressão de que atribuíram ao seu Éon a grande paixão de amor e ódio que se encontra no cômico Menandro. Os que imaginaram estas coisas parece que tinham em mente mais a imagem de amante infeliz do que a de substância espiritual e divina.

18,6. Além disso, ter a idéia de procurar o Pai perfeito, de querer penetrar nele e de compreendê-lo, não podia gerar ignorância nem paixão, especialmente num Éon pneumático, mas ao contrário, perfeição, impassibilidade e unidade. Até eles, que não são senão homens, quando pensam naquele que é superior a eles, quando entendem de certa forma o Perfeito e se vêem constituídos na gnose, não afirmam que estão na paixão e na angústia, e sim que se encontram no conhecimento e na apreensão da verdade. Eles afirmam que o Salvador disse aos seus discípulos: "Procurai e encontrareis" justamente para que procurassem o Abismo inefável, por eles imaginado superior ao Criador de todas as coisas; e a si mesmos chamam de perfeitos justamente porque, na sua procura, encontraram o Perfeito, mesmo estando ainda na terra. Mas no que se refere ao Éon, que está no Pleroma, todo pneumático, que procura o Protopai, que se esforça por entrar na sua grandeza e que tem o desejo ardente de entender a Verdade paterna, dizem que teria caído em poder da paixão, de paixão tão grande que, se não recebesse a ajuda da Potência que consolida todas as coisas, ter-se-ia dissolvido na substância universal e desaparecido.

18,7. Pretensão desvairada, digna, na verdade, da inteligência de homens abandonados pela verdade! Que este Éon seja melhor e mais antigo do que eles, reconhecem-no eles mesmos na sua Regra, ao se dizerem fruto do parto da Entímese do Éon que foi tomado pela paixão, daquele que é pai da mãe deles, isto é, o seu avô. Assim, para os netos, a procura do Pai produz verdade, perfeição, estabilidade, libertação da matéria inconsistente, como dizem, e reconciliação com o Pai. Mas para o avô esta mesma procura teria causado ignorância, paixão, medo, temor e consternação, coisas essas todas de que dizem ser feita a matéria. Destarte, procurar e estudar o Pai perfeito, desejar a comunhão e a união com ele, seria fonte de salvação para eles e de corrupção e de morte para o Éon do qual foram emitidos. Como é possível ver aí algo que não seja absurdo, vão e irracional? Os que admitem estas doutrinas são verdadeiramente aqueles cegos que se confiam a guias cegos e justamente se precipitam43 no abismo de ignorância que se abre embaixo deles.

O germe depositado sem o Pai saber

19,1. E que dizer do germe concebido pela Mãe segundo a forma dos anjos que estão à volta do

Salvador, sem forma nem figura e imperfeito, depositado no Demiurgo, sem ele o saber, a fim de que semeado por ele nas almas provindas dele, recebesse formação e perfeição? Primeiramente se deve dizer que os anjos que estão à volta do Salvador são sem forma, sem figura e imperfeitos, porque foi depois de ser concebido à imagem deles que o germe foi dado à luz.

19,2. Em segundo lugar, dizer que o Demiurgo ignorou a deposição nele do germe e também a fecundação que ele produziu no homem, é asserção vazia, sem consistência e que não se pode minimamente sustentar. Como poderia ignorar o germe se ele tivesse alguma substância e qualidade próprias? Com certeza, se não tivesse substância nem qualidades, se fosse nada, é lógico que o ignorasse. Se o que tem alguma ação ou qualidade própria, quer de calor, quer de velocidade, quer de doçura, quer uma diferença de luminosidade, não escapa aos homens muito menos escapará ao Deus criador do universo, que não conheceu a semente deles justamente porque é sem qualidades que a tornem útil para alguma coisa, sem substância que lhe permita alguma ação, é inteiramente inexistente. É por isso também que me parece que o Senhor tenha dito: "No dia do juízo, os homens prestarão conta de toda palavra ociosa que tenham dito. Todos os que são desta espécie e que tiverem dito coisas ociosas, semelhantes a estas, aos ouvidos dos homens, comparecerão em juízo para prestar contas das suas vãs elucubrações e das suas mentiras contra Deus".44 Assim, enquanto dizem que eles conhecem o Pleroma pneumático graças à substância da semente, o homem interior lhes mostra o Pai verdadeiro: com efeito, para o elemento psíquico são necessários ensinamentos sensíveis; quanto ao Demiurgo, que recebeu em si a totalidade da semente depositada pela Mãe, dizem que ficou na mais completa ignorância e não teve percepção alguma das realidades do Pleroma.

19,3. E não é sumamente irracional que eles sejam pneumáticos porque foi depositada nas suas almas uma partícula do Pai de todas as coisas e que as suas almas, como dizem, sejam da mesma substância do Demiurgo, o qual, tendo recebido da Mãe, de uma só vez, a totalidade da semente e possuindo-a em si, teria ficado psíquico e não teria tido absolutamente nenhuma percepção daquelas realidades superiores que eles se vangloriam de ter compreendido, ainda viventes na terra? Acreditar que a mesma semente tenha conseguido para suas almas o conhecimento e a perfeição, enquanto teria conseguido somente ignorância para o Deus que os criou é coisa de tresloucados sem juízo nenhum.

19,4. Mais absurda ainda é a afirmação de que nesta deposição a semente é formada, acrescida e tornada apta a receber o Logos perfeito. A mistura com a matéria, que derivou a sua substância da ignorância e da degradação, seria para ela mais útil do que o foi o lume paterno. Com efeito, a visão dele causou uma produção sem forma nem figura, enquanto pela mistura com a matéria a semente recebe a forma, a figura, o crescimento e a perfeição. Se a luz que veio do Pleroma foi a causa pela qual o elemento pneumático não recebeu forma, nem figura, nem grandeza própria, enquanto tudo isso lhe seria dado e levado à perfeição pela sua descida aqui em baixo, neste mundo que chamam de trevas, esta permanência lhes foi mais útil do que a luz paterna.

Então não é ridículo dizer que a Mãe, na matéria, se arriscou a ser sufocada e que pouco faltou que fosse destruída se não se tivesse levantado a si mesma com a ajuda do Pai e que a semente, nesta mesma matéria, desenvolveu-se, formou-se e tornou-se capaz de receber o Logos perfeito, e para tanto agitando-se dentro de elementos diferentes e estranhos à sua natureza, visto que são eles que dizem que o terreno se opõe ao pneumático e o pneumático ao terreno? Como então, emitida pequena, entre elementos diferentes e estranhos, conseguiu crescer, formar-se e atingir a perfeição?

19,5. Além do que já foi dito, perguntaremos ainda se a Mãe deles emitiu a sua semente toda de uma vez ou por partes. Se foi toda de uma vez, o que foi emitido já não é criança e então é supérflua a sua descida entre os homens agora; se, porém, foi por partes, já não pode haver concepção feita à imagem dos anjos vistos pela Mãe; tendo-os visto e concebido de uma só vez, de uma só vez havia de emitir as imagens assim concebidas.

19,6. E como é que vendo os anjos e o Salvador ao mesmo tempo, deles concebeu imagens e não do Salvador que era mais belo do que eles? Talvez não tenha concebido à imagem dele por ele não lhe ter agradado?

Como é que o Demiurgo, que chamam psíquico e que, segundo eles possui grandeza e formas próprias, foi emitido perfeito segundo a sua substância, e o elemento pneumático, que deve ser mais operante do que o psíquico, foi emitido imperfeito com a necessidade de descer num elemento psíquico para ser formado, tornado perfeito e capaz de receber o Logos perfeito? Portanto, se é formado em homens terrenos e psíquicos já não é semelhante aos anjos, que chamam Luzes, mas aos homens daqui em baixo, e não terá a semelhança e a beleza dos anjos, mas das almas nas quais é formado, assim como a água que está numa vasilha lhe toma a forma, e ao congelar mostra os contornos do recipiente em que estava. Assim também as almas possuem a forma do corpo, adaptadas que são ao seu receptáculo, como dissemos acima. Portanto, o germe coagula e é formado aqui em baixo e terá a forma de homem e não de anjo. Como então poderá ser à imagem dos anjos quando foi formado à imagem dos homens? Mas, no fundo, que necessidade tinha de descer na carne, se era espiritual? Porque é a carne que precisa do elemento espiritual se deve salvar, para ser santificada e iluminada nele, de forma que o mortal seja absorvido pela imortalidade;45 o espiritual, porém, não tem nenhuma necessidade das coisas daqui de baixo, porque não somos nós que o tornamos melhor, mas ele a nós.

19,7. Mais evidente à vista de todos aparece o erro deles a respeito da semente quando dizem que as almas que a receberam da Mãe são melhores do que as outras; por isso seriam honradas pelo Demiurgo e consagradas príncipes, reis e sacerdotes. Se isso fosse verdade, por primeiro Caifás, o sumo sacerdote, e Anás e os outros sumos sacerdotes, os doutores da Lei e os chefes do povo teriam acreditado no Senhor e se teriam dirigido a ele como a parente; e antes destes também o rei Herodes. Porém, nem este, nem os sumos sacerdotes, nem os chefes e os notáveis do povo acorreram a ele, mas, ao contrário, os mendigos sentados à beira do caminho, os surdos, os cegos, os conculcados e desprezados pelos outros, como diz Paulo: "Considerai a vossa vocação, irmãos, já que entre vós não há muitos sábios, nem nobres, nem poderosos; mas Deus escolheu o que havia de desprezível no mundo",46 deve-se dizer que estas almas não eram melhores por causa de semente depositada neles e que não era por isso que eram mais honradas pelo Demiurgo.

19,8. Isto é suficiente para demonstrar a fragilidade, a inconsistência e a vacuidade da sua Regra. Não é necessário, como se costuma dizer, beber toda a água do mar para saber que é salgada. Como de estátua de barro com a superfície pintada para se assemelhar ao ouro, mesmo sendo de barro, alguém tirando uma porção qualquer põe à mostra o barro e liberta do erro os que procuram a verdade, assim nós, refutando não pequena parte, mas os pontos principais da sua Regra, demonstramos, para os que não querem ser enganados voluntariamente, o que há de perversidade, de astúcia, de enganador e de danoso na escola dos discípulos de Valentim e de todos os outros hereges que blasfemam o Criador e o Autor deste universo, o Deus único: foi o que quisemos mostrar apresentando a inconsistência do seu caminho.

19,9. De fato, qual é o homem sensato, que se tenha aproximado, ainda que pouco, da verdade, que poderá suportar alguém dizer que acima do Deus Criador há outro Pai; que um é o Unigênito, outro o Logos de Deus, emitidos na degradação, outro ainda o Cristo, nascido depois de todos os outros Éões com o Espírito Santo, outro finalmente o Salvador, que sequer derivaria do Pai de todas as coisas, mas seria formado pelo aporte de todos os Éões caídos na degradação e que teve que ser emitido por causa desta degradação? Assim, se os Éões não tivessem caído na ignorância e na degradação, nem o Cristo, segundo eles, seria emitido, nem o Espírito Santo, nem o Limite, nem o Salvador, nem os anjos, nem a Mãe deles com a sua semente, nem o resto da criação: o universo não tivera estes grandes bens.

São, portanto, irreverentes, não somente com o Criador, que eles chamam "fruto da degradação", mas também com o Cristo e o Espírito Santo, que dizem emitidos por causa da degradação, e com o Salvador, também emitido depois da degradação. Quem quererá ainda escutar o resto de suas bacharelices que se esforçaram, com esperteza, de adaptar às parábolas, para precipitar-se a si mesmos no máximo da impiedade, na companhia dos que acreditaram neles?

Refutação da argumentação bíblica[47]

20,1. Mostramos agora como é sem motivo e propriedade que aplicam às suas teorias as parábolas e as ações do Senhor. Procuram mostrar que a paixão que pretensamente ocorreu com o décimo segundo Éon é indicada pelo fato de que a paixão do Salvador se deu por causa do décimo segundo apóstolo no décimo segundo mês. Segundo eles, o Salvador pregou somente durante um ano depois do batismo. Isso aparece mais claro ainda, dizem, na mulher que sofria de perda de sangue, porque sofreu doze anos e, tocando a orla do manto do Salvador, obteve a saúde graças à Potência que saiu do Salvador e que, dizem, era preexistente a ele. Porque a Potência caída em paixão se estendia e se expandia ao infinito, correndo o risco de se dissolver na substância universal, mas ao tocar a primeira Tétrada, significada pela orla do manto, sossegou e se livrou da paixão.

20,2. Dizem que a paixão do décimo segundo Éon é simbolizada por Judas; mas como pode ser comparada a Judas que foi expulso do número dos doze e não recuperou o seu lugar? Dizem que o Éon, do qual Judas seria o tipo, foi separado da sua Entímese que foi reabilitada e aceita de volta, enquanto Judas era rejeitado e expulso e, no lugar dele, era consagrado Matias, como está escrito: "Que outro tome o encargo dele".48 Deveriam ter dito que o décimo segundo Éon foi expulso do Pleroma e outro foi produzido ou emitido no lugar dele, se é que este Éon é representado por Judas. Dizem ainda que foi o próprio Éon que sofreu a paixão e que Judas foi o traidor: ora, eles próprios dizem que foi o Cristo e não Judas a sofrer a paixão. Como então Judas, traidor daquele que sofreu pela nossa salvação, podia ser o tipo e o símbolo do Éon caído em paixão?

20,3. Além do mais a paixão de Cristo não foi semelhante ou se deu em circunstâncias semelhantes à do Éon. O Éon sofreu uma paixão de dissolução e de destruição, ao ponto de quem sofria assim correr o perigo de corromper-se, enquanto nosso Senhor o Cristo sofreu paixão firme e sem cedimentos, em que, longe de correr o perigo de corromper-se, fortaleceu e reconduziu o homem corrompido à incorruptibilidade. O Éon sofreu a paixão procurando o Pai sem conseguir encontrá-lo, o Senhor sofreu para levar ao conhecimento e à proximidade do Pai os que se tinham afastado. Para o Éon a procura da grandeza do Pai se tornou paixão de perdição, para nós, a paixão do Senhor, trazendo-nos o conhecimento do Pai, foi fonte de salvação. A paixão do Éon produziu um fruto femíneo, como dizem, fraco, sem forma e incapaz de agir; a paixão do Senhor frutificou em força e poder. De fato, o Senhor, "tendo subido às alturas", pela paixão, "levou cativo o cativeiro e distribuiu dons aos homens",49 e concedeu aos que cressem nele "o poder de pisar as serpentes, os escorpiões e todas as potências do inimigo",50 isto é, o iniciador da apostasia. O Senhor, mediante a paixão, destruiu a morte, eliminou o erro, exterminou a corrupção e destruiu a ignorância; manifestou a vida, mostrou a verdade e conferiu a incorruptibilidade. O Éon deles, pela paixão, fez aparecer a ignorância e deu ao mundo uma substância informe, da qual, segundo eles, derivaram todas as obras terrenas, a morte, a corrupção e tudo o resto.

20,4. Portanto, nem Judas, o décimo segundo discípulo, nem a paixão de nosso Senhor, podem ser a figura do Éon caído na paixão, porque não somente nos dois casos há diferenças e divergências, como acabamos de mostrar, mas também por causa do próprio número. Que Judas seja o décimo segundo na lista evangélica dos doze apóstolos é admitido por todos; mas o Éon não é o décimo segundo, ele é o trigésimo. Com efeito, foram somente doze os Éões emitidos pela vontade do Pai, e este de quem falamos não foi emitido em décimo segundo lugar e eles mesmos o dizem emitido em trigésimo lugar. Co mo então Judas, que ocupa o décimo segundo lugar, pode ser a figura e a imagem de um Éon que está em trigésimo lugar?

20,5. Se dizem que o Judas que se perde é a imagem da Entímese dele, nem assim a imagem corresponde àquela que segundo eles é a realidade. Com efeito, esta Entímese, separada do Éon, e depois formada pelo Cristo e tornada sábia pelo Salvador, depois de ter realizado todas as coisas que estão fora do Pleroma à imagem daquelas que estão dentro do Pleroma, no fim deve ser reintroduzida no Pleroma e ficar unida, segundo a sizígia, ao Salvador, que foi formado por todos os Éões. Judas, ao contrário, uma vez rejeitado, nunca mais foi readmitido no número dos discípulos, de outro modo não seria posto outro no seu lugar. E o Senhor disse dele: "Infeliz do homem por causa do qual o filho do homem é atraiçoado", e: "Era melhor para ele não ter nascido",51 e, "filho da perdição".52 E se eles dizem que Judas representa não a Entímese separada do Éon, mas da paixão que o envolveu, nem assim o número doze pode ser figura do três. De fato, aqui Judas é rejeitado e Matias posto no seu lugar, lá há o Éon em perigo de dissolver-se e perecer, a Entímese e a paixão: eles separam a Entímese e a paixão e dizem que o Éon foi reintegrado, a Entímese foi formada, enquanto a paixão, separada de um e de outra, constitui a matéria. Portanto são três: o Éon, a Entímese e a paixão, e Judas e Matias, que são dois, não podem ser a figura deles.

21,1. Se dizem que os doze apóstolos representam somente os doze Éões emitidos pelo Homem e a Igreja, que nos apresentem então outros dez apóstolos para representar os dez Éões emitidos pelo Logos e Zoé. Seria absurdo que, pela eleição dos apóstolos, o Salvador tenha indicado os Éões mais jovens e por isso inferiores e não tenha indicado os mais velhos e por isso superiores, porque, se quisesse eleger os apóstolos de forma a representar, pelo seu número, os Éões que estão no Pleroma, poderia escolher outros dez apóstolos para indicar a segunda Década e, antes deles, mais oito, para indicar a primeira e fundamental Ogdôada. Depois dos doze apóstolos sabemos que nosso Senhor enviou diante de si outros setenta discípulos,53 mas estes setenta não podem ser a figura nem da Ogdôada, nem da Década, nem da Triacôntada. Por qual motivo então os Éões inferiores, como já dissemos, são indicados pelos apóstolos, enquanto os Éões superiores, de quem estes foram emitidos, não têm indicação nenhuma? Se os doze apóstolos foram eleitos para indicar o número dos doze Éões, os setenta discípulos deveriam ser escolhidos para indicar setenta Éões: neste caso devem falar de oitenta e dois e não de trinta Éões. Aquele que escolheu os apóstolos para representar os Éões do Pleroma, nunca teria escolhido alguns e excluído os outros, mas por meio de todos os apóstolos teria procurado conservar o modelo e mostrar a figura dos Éões do Pleroma.

21,2. Nem se deve silenciar sobre Paulo, mas devemos perguntar a estes, na figura de qual Éon terá ele sido posto: talvez na do Salvador, produto da invenção deles, formado pelo concurso de todos os Éões e que chamam de Tudo, porque deriva de todos, e de quem o poeta Hesíodo teria dado esplêndida figura, dando-lhe o nome de "Pandora",54 isto é, Dom de todos, porque dom excelente, provindo de todos os Éões, foi reunido nele. E é justamente a propósito dos hereges que foi dito, e o podemos citar em grego e em latim: "Hermes depositou neles palavras enganadoras e coração artificial"55 para enganar os simples e fazê-los acreditar nas suas invenções. A Mãe, isto é, Latona — o nome deriva do sentido da palavra grega que significa mover secretamente —, moveu-os secretamente, sem que o Demiurgo o soubesse, a anunciar profundos e inenarráveis mistérios para os que têm prurido nos ouvidos.56 A Mãe fez enunciar o mistério não somente por meio de Hesíodo, mas também o enunciou, de maneira experta, para que ficasse escondido ao Demiurgo, nas líricas de Píndaro, no episódio de Pélope, cuja carne, cortada aos pedaços pelo pai, foi recolhida por todos os deuses, aproximada e ajuntada, significando assim Pandora. Incitados eles também por ela repetem o que os poetas disseram, porque são da mesma raça e do mesmo espírito que eles.

Contra o número 30
22,1. O número dos trinta Éões também cai completamente, como já o demonstramos, porque, segundo eles, os Éões no Pleroma são, às vezes mais às vezes menos. Portanto, não são trinta os Éões, nem por isso o Salvador foi ao batismo aos trinta anos para indicar os trinta Éões, envolvidos no silêncio, de outro modo seria ele o primeiro a ser separado e expulso do Pleroma dos Éões.

Dizem também que sofreu no décimo segundo mês, de forma que teria pregado um só ano depois do batismo e procuram explicar isso com o texto profético que diz: "Proclamar o ano de graça do Senhor, o dia da retribuição".57 Mas são verdadeiramente cegos os que afirmam ter descoberto as profundezas do Abismo e não entendem o que é o ano de graça do Senhor e o dia da retribuição de que fala Isaías. Porque o profeta não fala de um dia de doze horas nem de um ano de doze meses, e eles mesmos reconhecem que os profetas disseram muitas coisas por meio de parábolas e alegorias e não no sentido literal das palavras.

22,2. É chamado dia da retribuição aquele em que o Senhor "retribuirá a cada um segundo as suas obras",58 isto é, o dia do juízo. E o ano de graça do Senhor é o tempo presente em que são chamados os que crêem nele e se tornam aceitos por Deus, isto é, o tempo todo que intercorre entre a sua vinda e a consumação final no qual adquire como frutos aqueles que se salvam. De fato, segundo a palavra do profeta o ano é seguido pelo dia da retribuição: o profeta teria mentido se tivesse somente pregado por um ano e se tivesse falado disso. Com efeito, onde está o dia da retribuição? O ano passou e o dia da retribuição não aconteceu; e Deus ainda faz "o sol levantar-se sobre os bons e os maus, e chover sobre os justos e os injustos".59 Os justos são perseguidos, atormentados e mortos e os pecadores estão na abundância e "bebem ao som das cítaras e dos tamborins sem se importar com as obras do Senhor".60 Ora, segundo a citação, as duas coisas devem estar juntas e o ano deve ser seguido pelo dia da retribuição; de fato se diz: Proclamar o ano de graça do Senhor, o dia da retribuição. Por isso justamente se entende por ano de graça o tempo presente em que os homens são chamados e salvos pelo Senhor ao qual seguir-se-á o dia da retribuição, ou juízo. Por outro lado, não é somente com o nome de ano que é designado este tempo, mas também é chamado dia, quer pelo profeta, quer por Paulo. Com efeito, o Apóstolo, citando as Escrituras, na carta aos Romanos diz: "Como está escrito: por tua causa somos postos à morte o dia todo, somos considerados como ovelhas destinadas ao matadouro".61 A expressão "o dia todo" deve ser entendida por todo este espaço de tempo em que somos perseguidos e degolados como ovelhas. Ora, como este dia não significa um dia de doze horas, e sim o tempo todo no qual sofrem e são mortos por causa do Cristo os que crêem nele, assim também por ano não se entende o ano de doze meses, e sim todo o tempo da fé em que os homens escutam a pregação, crêem e, tornando-se aceitos pelo Senhor, são unidos a ele.

22,3. Devemo-nos admirar bastante de como os que afirmam ter descoberto as profundezas de Deus62 não tenham procurado nos evangelhos quantas vezes, nos tempos da Páscoa, o Senhor subiu a Jerusalém depois do batismo, como de costume faziam os judeus: todos os anos, de todas as partes iam a Jerusalém para ali celebrarem a festa da Páscoa. Foi a Jerusalém pela primeira vez na festa da Páscoa, depois que em Caná da Galiléia transformou a água em vinho,63 quando, como está escrito, "muitos creram nele ao ver os milagres que fazia",64 como o lembra João, o discípulo do Senhor. Depois ele se retira e o encontramos na Samaria, quando se entreteve com a samaritana;65 em seguida curou o filho do centurião, a distância e com uma palavra, ao dizer: "Vai, teu filho vive".66 Depois disto, subiu segunda vez a Jerusalém pa-ra a festa da Páscoa, quando curou o paralítico que jazia já há trinta e oito anos à beira da piscina, e lhe ordenou levantar-se, tomar o seu leito e ir embora.67 Em seguida retirou-se ao outro lado do mar de Tiberíades, onde, com cinco pães, saciou toda aquela multidão que o tinha seguido, e ainda se encheram doze cestos com os pedaços que sobraram.68 Em seguida, depois de ter ressuscitado Lázaro dos mortos69 e sendo-lhe armadas insídias pelos fariseus, se retirou à cidade de Efrém70 e de lá, "seis dias antes da Páscoa, foi a Betânia", como está escrito, de onde subiu a Jerusalém;71 aí comeu a páscoa e sofreu a paixão, no dia seguinte. Todos admitirão que três páscoas não se celebram num só ano. E o mês em que se celebrava a Páscoa e durante o qual o Senhor sofreu a paixão, não era o décimo segundo, e sim o primeiro: e eles, que se vangloriam de saber tudo, se não o souberem, podem aprendê-lo de Moisés.72 Portanto, está claro que a interpretação do ano e do décimo segundo mês é errada e devem renunciar a ela ou ao Evangelho: do contrário, como pôde o Senhor pregar somente durante um ano?

22,4. Foi receber o batismo com a idade de trinta anos, e depois, tendo a idade perfeita de mestre, foi a Jerusalém, e justamente podia ouvir a todos chamá-lo mestre; ele não era diferente daquilo que parecia, como dizem os que o julgam aparente, mas o que era também o mostrava. Verdadeiro mestre com a idade de mestre, sem renegar nem ultrapassar a humanidade, não aboliu em si a lei do gênero humano e santificou todas as idades, por aquela semelhança que estava nele. Veio para salvar a todos mediante a sua pessoa, todos, digo, os que por sua obra renascem em Deus, crianças, meninos, adolescentes, jovens e adultos. Eis por que passou por todas as idades, tornando-se criança com as crianças, santificando as crianças; com os adolescentes se fez adolescente, santificando os que tinham esta mesma idade e tornando-se ao mesmo tempo para eles o modelo de piedade, de justiça e de submissão. Jovem com os jovens, tornou-se seu modelo e os santificou para o Senhor; da mesma forma se tornou adulto entre os adultos, para ser em tudo o mestre perfeito, não somente quanto à exposição da verdade, mas também quanto à idade, santificando ao mesmo tempo os adultos e tornando-se também modelo para eles. E chegou até a morte para ser o primogênito entre os mortos e ter a primazia em tudo,73 o iniciador da vida,74 anterior a todos e precedendo a todos.

22,5. Eles, porém, para confirmar a sua teoria com o que foi escrito: proclamar o ano de graça do Senhor, dizem que pregou durante um ano e sofreu a paixão no décimo segundo mês. Não se dão conta com isso que estão em contradição consigo mesmos e anulam toda a obra do Senhor, tirando-lhe o período mais necessário e honrado da vida, quero dizer, a idade madura na qual era o guia para todos com seu ensinamento. Como podia ter discípulos se não ensinava, e como podia ensinar sem a idade de mestre? Quando foi receber o batismo ainda não completara trinta anos, tinha apenas entrado nos trinta — Lucas, de fato, indica a idade do Senhor com estas palavras: "Jesus estava quase começando os trinta anos quando foi ao batismo"75 — e depois do batismo pregou somente durante um ano, completando os trinta anos sofreu a paixão, quando ainda era homem jovem e não tinha ainda atingido uma idade avançada. Todos estão de acordo que trinta anos é a idade de homem ainda jovem, idade que se estende até aos quarenta; dos quarenta aos cinqüenta declina na senilidade. Era nesta idade que nosso Senhor ensinava, como o atesta o Evangelho e todos os presbíteros da Ásia que se reuniram em volta de João, o discípulo do Senhor, que ficou com eles até os tempos de Trajano, afirmam que João lhes transmitiu esta tradição. Alguns destes presbíteros que viram não somente João, mas também outros apóstolos e os ouviram dizer as mesmas coisas, testemunham isso tudo. Em quem mais devemos acreditar: nestes presbíteros ou em Ptolomeu, que nunca viu os apóstolos e sequer em sonhos seguiu algum deles?

22,6. Os judeus que disputavam com o Senhor Jesus Cristo indicaram clarissimamente a mesma coisa. Quando o Senhor lhes disse: Abraão, vosso pai, alegrou-se porque viu o meu dia; ele viu e encheu-se de alegria, eles lhe responderam: "Ainda não tens cinqüenta anos e viste Abraão?"76 Isto é dito justamente a um homem que passou dos quarenta, mas ainda não atingiu os cinquenta anos e está próximo deles. Para um homem que tenha trinta anos dir-se-ia: Ainda não tens quarenta anos. Os que o queriam mostrar como mentiroso não queriam ir muito além da idade que viam nele, mas lhe deviam dar a idade mais aproximada, quer a conhecessem pelo recenseamento, quer, baseados no aspecto, julgassem ter mais de quarenta anos, de qualquer forma não trinta. Seria irracional por parte deles um desvio de vinte anos quando queriam provar que ele era posterior à época de Abraão. Eles diziam o que viam e aquele que viam não era aparência, e sim era de verdade. Não devia estar longe dos cinqüenta anos e é por isso que os judeus lhe podiam dizer: Ainda não tens cinqüenta anos e viste Abraão? Concluímos que não pregou somente durante um ano e que não sofreu a paixão no décimo segundo mês. O período dos trinta aos cinqüenta anos nunca será equivalente a um ano, a não ser que lá, no Pleroma, onde estão os Éões sentados em ordem, com o Abismo, os anos tenham duração tão grande. Assim como disse o poeta Homero, ele também inspirado pela Mãe do erro deles — permiti-me a citação numa versão minha

—: "Os deuses estavam sentados ao lado de Júpiter num piso de ouro e se entretinham".77

23,1. A ignorância deles também se manifesta a respeito daquela mulher que, sofrendo de perda de sangue, foi curada ao tocar a orla da veste do Senhor.78 De fato, dizem que por meio dela indica-se aquela duo décima Potência que sofreu a paixão que perdurou indefinidamente, isto é, o duodécimo Éon. Ora, segundo o seu sistema, este Éon não é o décimo segundo, como já demonstramos. Admitamos também que, dos doze Éões, onze se mantiveram impassíveis e que somente o décimo segundo tenha caído na paixão: a mulher, porém, curada no décimo segundo ano, indica claramente que sofreu durante onze anos e que foi curada no décimo segundo. Seria mais certo dizer que a mulher é a figura destes doze Éões afirmando que onze Éões foram tomados de paixão insanável, e que foi curado o décimo segundo. Mas se a mulher sofreu durante onze anos sem ser curada e o foi somente no décimo segundo, como pode ser a figura dos doze Éões, quando onze entre eles não sofreram absolutamente nada e somente o décimo segundo foi tomado pela paixão? O tipo e a imagem diferem às vezes da realidade pela matéria ou pela natureza, mas devem conservar a semelhança com os costumes e lineamentos e por ela mostrar presentes as coisas ausentes.

23,2. Esta não é a única mulher de quem foram determinados os anos da doença — que eles dizem concordar com a sua invenção — porque também há outra mulher que foi curada depois de dezoito anos de doença, da qual o Senhor diz: "Esta filha de Abraão, que Satanás amarrou durante dezoito aos, não deveria ser solta em dia de sábado?"79 Se aquela era o tipo do décimo segundo Éon tomado pela paixão, esta deveria ser o tipo do décimo oitavo Éon tomado pela paixão. Mas eles não podem dizer isso, porque, assim sendo, a primitiva e fundamental Ogdôada deveria ser contada com os Éões tomados pela paixão. Há ainda outro doente que foi curado pelo Senhor depois de trinta e oito anos de doença, e então deveriam dizer que o trigésimo oitavo Éon também caiu na paixão. Ora, se os atos do Senhor são, como dizem, o tipo do que está no Pleroma, o tipo se deve manter sempre em tudo; mas nem a mulher curada depois de dezoito anos, nem o homem, depois de trinta e oito, podem ser aplicados à sua teoria. É ilógico e contraditório dizer que o Salvador, nalguns casos, conservou a figura do Pleroma e, noutros, não. Portanto, o tipo da mulher é diferente do que acontece com os Éões.

Números irredutíveis

24,1. A falsidade das suas invenções e a inconsistência das suas ficções aparece quando tentam trazer provas tiradas, algumas vezes, dos números, contando as sílabas dos nomes ou contando as letras das sílabas, outras, somando os números correspondentes às letras do alfabeto grego. Este procedimento é prova clara da pobreza, da inconsistência e da artificialidade de sua gnose. O nome Jesus, que pertence a outra língua, traduzido para o grego, é chamado ora de "episema", palavra de seis letras, ora de Pleroma das Ogdôadas porque possui o número 888. Mas o nome grego do Salvador, que é Sotér, e que não combina com a sua invenção nem pelo número nem pelas letras, eles o esquecem de mansinho. Portanto, se tivessem recebido da providência do Pai os nomes divinos que indicam pelo número e pelas letras o número dos Éões do Pleroma, a palavra grega Sotér deveria revelar pelo número e pelas letras gregas o mistério do

Pleroma. Mas não é assim que acontece: esta palavra tem cinco letras e o valor numérico delas é 1408, que não corresponde a nada no seu Pleroma. Portanto, não é verdadeira a história do Pleroma que eles contam.

24,2. Quanto ao nome de Jesus, na língua hebraica à qual pertence, se compõe de duas letras e meia, como dizem os sábios judeus, e significa "o Senhor que contém o céu e a terra"; no hebraico antigo "Senhor" se diz "Iah" e "céu e terra", "samaim wa'arets". O Verbo que contém o céu e a terra é o próprio Jesus. É falsa, portanto, a explicação que dão do episema e manifestamente errado o número. Na língua deles, o grego, a palavra Sotér tem cinco letras e Jesus, em hebraico, tem duas letras e meia: assim desaba o cálculo dos números, que é 888. As letras hebraicas não coincidem com os números gregos, quando deveriam coincidir, e mais antigas e excelentes deveriam salvar os cálculos numéricos dos nomes. As letras hebraicas antigas, primitivas, chamadas sacerdotais, estão dispostas em grupos de dez mais cinco, de forma que a primeira coincida com a última do grupo precedente; e estão escritas a seguir, como nós costumamos, enquanto aquelas o são da direita para a esquerda.

O Cristo deveria também possuir um nome cujo número correspondesse aos Éões do Pleroma, porque foi emitido para a consolidação e correção do Pleroma, como dizem. Assim também o Pai, nos números e nas letras deveria compreender em si o número dos Éões emitidos por ele; igualmente o Abismo e não menos o Unigênito; mas sobretudo o nome hebraico que se atribui a Deus, Baruch, com duas letras e meia. Se os nomes mais importantes, tanto no grego como no hebraico, não concordam com a sua invenção nem pelo número das letras nem pela soma dos números, está claro que também o resto é impudente falsificação.

24,3. Eles selecionam da Lei tudo o que concorda com os números de seu sistema, e, forçando os textos, se empenham em apresentar provas. Mas se a Mãe deles ou o Salvador quisessem mostrar, por meio do Demiurgo, as figuras das realidades que estão no Pleroma, teriam usado como tipo coisas mais verdadeiras e mais santas e sobretudo a arca da aliança para a qual foi construído todo o tabernáculo do testemunho. Ora, a arca foi construída com dois côvados e meio de comprimento, um e meio de largura e um meio de altura;80 mas os números dos côvados não correspondem em nada com a sua fábula, ao passo que deveriam corresponder mais que os outros. O propiciatório também não concorda em nada com as suas explicações, como não concorda a mesa da proposição de dois côvados de comprimento, um de largura e um e meio de altura:81 sequer uma das medidas destas coisas que estão no Santo dos santos lembra a Tétrada, a Ogdôada ou o resto do Pleroma. E o candelabro de sete braços e sete lâmpadas?82 Se fora feito para servir de figura deveria ter oito braços e outras tantas lâmpadas para representar a primeira Ogdôada que resplandece entre os Éões e ilumina todo o Pleroma. Contaram cuidadosamente as dez tendas do tabernáculo83 dizendo ser o tipo dos dez Éões, mas não contaram as de pele, que eram onze; como também não mediram o tamanho das cortinas, que mediam vinte e oito côvados. Explicam também pela década de Éões o comprimento das colunas que era de dez côvados, mas a largura de um côvado e meio que tinha cada coluna não a dizem, como não dão o total das colunas nem das travessas, porque não estão de acordo com o seu sistema.84 Que dizer do óleo da unção que santificou todo o tabernáculo? Talvez o Salvador sequer tenha pensado nele, e a Mãe deles deve ter dormido quando o Demiurgo estabeleceu por sua conta o peso dele. É por isso que não está de acordo com o Pleroma: 500 siclos de mirra, 500 siclos de cássia, 250 siclos de cinamomo, 250 de cálamo balsâmico, e, além disso, o óleo, afinal, uma mistura de cinco elementos.85 E o incenso composto de estoraque, craveiro e gálbano, aromas e incenso puro,86 coisas que nem pela composição nem pelo peso se referem sequer de longe ao seu sistema. Portanto, a atitude deles é irracional e sem finura, porque nos elementos mais sublimes e sagrados da Lei não se cumprem os tipos e nos outros, quando um número está de acordo com o que dizem, afirmam que é uma figura das realidades que estão no Pleroma. Com efeito, podem-se encontrar nas Escrituras números de toda espécie, de modo que quem quiser encontra não somente a Ogdôada, a Década e a Duodécada, mas qualquer número que sirva de tipo para o erro que eles anunciam.

24,4. Por ser verdade que o número cinco não corresponde a nada no seu sistema, que não tem equivalente nas suas invenções e que não tem utilidade alguma para demonstrar, a partir de tipos, as realidades do Pleroma, eis a prova que se tira das Escrituras. O nome Sotér tem cinco letras, mas também têm cinco letras os nomes Patér e agápe. Com cinco pães abençoados nosso Senhor saciou cinco mil homens;[87] cinco são as virgens sábias de quem falou o Senhor, e cinco também as estultas.[88] Eram igualmente cinco os homens que estavam com o Senhor no momento em que o Pai lhe dava testemunho, isto é, Pedro, Tiago, João, Moisés e Elias.[89] O Senhor entrou em quinto lugar no quarto da menina falecida quando a ressuscitou: de fato está escrito: "Não deixou entrar ninguém, exceto Pedro, João, o pai e a mãe da menina".[90] Aquele rico que estava no inferno disse que tinha cinco irmãos e pedia que alguém ressuscitado[91] dos mortos fosse avisá-los. A piscina, onde o Senhor ordena ao paralítico curado que volte para casa, tinha cinco pórticos.[92] A estrutura da cruz tem cinco extremidades, duas no comprimento, duas na largura e uma ao centro em que se apóia o crucificado. Cada uma das nossas mãos tem cinco dedos; temos cinco sentidos; no nosso interior podemos contar cinco partes: coração, fígado, pulmões, baço e rins. Ainda: o corpo do homem pode ser dividido em cinco partes: cabeça, peito, ventre, pernas e pés. O homem passa por cinco idades: criança, menino, adolescente, adulto e velho. Moisés deu a Lei ao povo em cinco livros; cada tábua da Lei que recebeu de Deus continha cinco mandamentos. O véu que cobria o Santo dos santos tinha cinco colunas.93 A altura do altar dos holocaustos tinha a altura de cinco côvados.94 No deserto foram escolhidos cinco sacerdotes: Aarão, Nadab, Abiú, Eleazar, Itamar.95 A túnica, o efod e os outros ornamentos sacerdotais eram enfeitados por uma composição de cinco elementos: ouro, púrpura violeta, púrpura escarlate, carmesim e linho fino.96 Josué, filho de Nun, mandou fechar na gruta e depois pisar a cabeça pelo povo a cinco reis amorreus.97

E era possível tirar, quer das Escrituras, quer das obras da natureza, que estão debaixo dos nossos olhos, milhares e milhares de exemplos desta espécie, para exemplificar o número cinco ou qualquer número que se queira. Mas nem por isso dizemos que há cinco Éões acima do Demiurgo, nem fazemos de uma Pêntada uma entidade divina, nem tentamos confirmar fantasias sem consistência com este trabalho insano; não obrigamos uma criação tão bem ordenada por Deus a transformar-se miseravelmente na figura de realidades que não existem e tomamos cuidado para não introduzir doutrinas ímpias e sacrílegas que podem ser desmascaradas e refutadas por quem quer que esteja de posse de suas faculdades.

24,5. Quem poderá estar de acordo com eles quanto a um ano de 365 dias, dividido em 12 meses e meses de 30 dias que sejam o tipo dos 12 Éões se o tipo não se assemelha à realidade? Lá, cada um dos Éões é a trigésima parte de todo o Pleroma e, segundo eles, o mês é um dozeavo do ano. Ora, se dividissem o ano em 30 meses e cada mês em 12 dias, podia-se pensar que esta figura se ajustava à sua invenção, mas na realidade acontece o contrário. Com efeito, o Pleroma se divide em trinta Éões e uma parte dele em doze, quando o ano é dividido em doze partes e cada uma delas em trinta. Portanto foi com pouca inteligência que o Salvador fez com que o mês seja o tipo de todo o Pleroma e o ano a figura da Duodécada que está no Pleroma: era muito mais conveniente dividir o ano em trinta partes sobre o modelo do Pleroma inteiro e o mês em doze partes, sobre o modelo dos doze Éões que estão no Pleroma. Eles dividem ainda todo o Pleroma em três grupos, a Ogdôada, a Década e a Duodécada; mas o ano se divide em quatro partes, a primavera, o verão, o outono e o inverno. Mais ainda: os próprios meses, que são a figura dos trinta Éões, não têm todos exatamente trinta dias; alguns têm mais e outros menos, de sorte que sobram cinco; até os dias não têm sempre doze horas certas, mas vão aumentando de nove a quinze horas para em seguida diminuir de quinze para nove. Por isso não foi por causa dos trinta Éões que foram feitos os meses de trinta dias, porque se assim fosse teriam exatamente trinta dias; como também não foi para figurar a Duodécada que foram feitos os dias com doze horas, porque então teriam exatamente doze horas.

    24,6. Além disso, chamando os seres terrenos de esquerda e dizendo que o que é da esquerda deve cair necessariamente na corrupção e que o Salvador veio para a ovelha desgarrada[98] precisamente para levá-la à direita com as 99 salvas, que não se desgarraram, mas ficaram no redil, devem admitir que tudo o que é da esquerda está excluído da salvação. O que não tem número 100 devem chamá-lo de esquerda e por isso destinado a perecer. Então é de esquerda também o nome grego agápe, que pela soma do valor das letras gregas que eles fazem, tem o valor de 93. Da mesma forma a palavra "verdade", quando se faz a mesma conta, tem o número 64, se encontra entre as coisas materiais. Pois, absolutamente todos os nomes das coisas santas que não chegam ao número 100 e só têm números de esquerda devem necessariamente considerá-los corruptíveis e materiais.

GNOSE VERDADEIRA E GNOSE FALSA
Mistério de Deus e atitude do homem

25,1. Ora, se alguém perguntasse: foi, então, sem motivo e ao acaso que se deu a imposição dos nomes, a escolha dos apóstolos, a atividade do Senhor, o ordenamento das coisas criadas? Nós responderíamos: absolutamente não. Deus fez tudo com a máxima sabedoria e diligência, conferindo proporção e harmonia a todas as coisas, quer as antigas, quer as que o seu Verbo fez nos últimos tempos. E não devem ser relacionadas com o número trinta, e sim com a realidade e a razão, como não se deve procurar a Deus por meio de números, sílabas e letras; porque seria argumento demasiado fraco, dada a variedade e multiplicidade deles; além disso, quem quisesse pode-ria usá-los, ainda hoje, como prova das coisas mais contrárias à verdade, porque podem ser interpretados de variadíssimas formas. Devem-se aplicar os números e as coisas criadas à doutrina fundamental da verdade: não é a doutrina que deriva dos números, e sim os números da doutrina; não é Deus que depende das coisas, e sim as coisas de Deus; com efeito, tudo vem de um só e único Deus.

25,2. As coisas criadas são muitas e diversas e quando situadas no conjunto das coisas criadas estão cheias de proporção e de harmonia, mas quando consideradas uma por uma aparecem como contrárias e discordantes; é como os sons de cítara que, pelos intervalos que os separam, produzem melodia única e harmoniosa, ainda que formada por sons múltiplos e opostos. E o amante da verdade não se deve deixar enganar pelo intervalo de cada som e atribuir-lhe autor ou artista diverso, onde um teria composto os sons agudos, outro os graves e outro os intermédios, mas deve reconhecer que um só fez com que aparecesse a sabedoria, a justiça, a bondade e a munificência da obra inteira. Os que escutam a melodia devem louvar e glorificar o Artista que a fez; de alguns sons devem admirar a amplidão, de outros a doçura, de outros a fusão entre estes elementos, e de outros a idéia que querem transmitir, procurando as motivações, porém sem nunca se afastar da regra, nem afastar-se do Artista, nem renegar a fé no único Deus, criador de todas as coisas, nem blasfemar o nosso Criador.

25,3. E se alguém não chega a encontrar a explicação de tudo o que procura, lembre-se de que é homem, infinitamente inferior a Deus, que recebeu a graça de maneira limitada,[99] que ainda não é semelhante nem igual a seu Autor e que não pode ter a experiência e o conhecimento de todas as coisas como Deus. Assim como aquele que foi criado e recebeu hoje o início de sua existência é inferior Àquele que não foi criado e é sempre igual a si mesmo, assim também é inferior Àquele que o fez na ciência e na investigação das causas supremas. Tu, ó homem, não és incriado e não existias junto a ele como o seu próprio Verbo; mas pela sua supereminente bondade recebeste agora o início da existência e aprendes do Verbo, pouco a pouco, as economias de Deus que te criou.

25,4. Conserva a modéstia do teu saber e não tenhas a presunção, na ignorância dos teus bens, de ultrapassar o próprio Deus, porque sequer pode ser atingido; não procures o que pode haver acima do Criador, pois não o encontrarás, porque o teu Autor é sem limites. Nem vá a ele como se já o tivesses medido todo, como se já tivesses explorado toda a sua atividade criadora, como se tivesses avaliado a sua profundeza, largura e altura; não imagines acima dele outro Pai: não terias pensado justo, porque só terias pensado estupidamente contra a natureza das coisas; e se persistires em julgar-te melhor e mais sublime do que o teu Criador e pensares ter ultrapassado a esfera dele, cairás na maior loucura.

26,1. É melhor e mais útil ser ignorante ou de pouca cultura e aproximar-se de Deus pela caridade do que julgar-se sábio e experto e encontrar-se blasfemador contra o Senhor por ter inventado outro Deus e Pai. É por isso que Paulo gritou: "A ciência infla, mas a caridade edifica!"[100] Ele não condenava o conhecimento verdadeiro de Deus, porque se o tivesse feito seria o primeiro a se acusar, mas porque sabia que alguns, inflados de orgulho por causa da ciência, se afastariam do amor de Deus, julgar-se-iam perfeitos e o Criador imperfeito. É para lhes cortar o orgulho por esta pretensa ciência que Paulo diz: A ciência infla, mas a caridade edifica. Com efeito, não há orgulho maior do que se julgar melhor e mais perfeito do que o próprio criador, modelador, doador do hálito de vida e do próprio ser.101 É melhor, repito, que alguém não saiba absolutamente nada, sequer um motivo do por que foram criadas as coisas e acreditar em Deus e perseverar no seu amor102 do que encher-se de orgulho por motivo desta pretensa ciência e afastar-se deste amor que vivifica o homem. É melhor não querer saber nada a não ser Jesus Cristo, o Filho de Deus, que por nós foi crucificado,103 do que, por causa da subtileza das questões e das muitas palavras, cair na negação de Deus.104

26,2. Que dizer de um homem que, experimentando orgulho por causa deste esforço, ao ouvir o Senhor dizer que "os cabelos de vossa cabeça estão todos contados,"105 quisesse, na sua curiosidade, saber o número dos cabelos de cada cabeça e o motivo pelo qual alguém tem tantos e outro menos? Porque nem todos têm o mesmo número e se encontram milhares de milhares de números diferentes, porque alguém tem a cabeça maior e outro menor, um os têm densos e outro ralos e outro quase nenhum. E se, pensando ter encontrado este número, quisesse usá-lo como prova de um sistema que por acaso tivesse inventado? Ou se algum outro lendo o que se diz no Evangelho: "Não se vendem dois pardais por alguns centavos? No entanto nenhum deles cai no chão sem o consentimento de vosso Pai",106 quisesse contar os pardais que são capturados todos os dias no mundo ou numa determinada região e procurar o motivo pelo qual ontem foi apanhado tal número, e anteontem outro e hoje outro ainda, e aplicasse o número dos pardais capturados à sua teoria, não enganaria completamente a si mesmo e não induziria à loucura enorme os que nele acreditam — visto que há sempre homens que, nestes casos, pensam ter encontrado alguma coisa mais que os seus mestres?

26,3. Se alguém nos perguntar se Deus conhece o número total de todas as coisas que foram e são feitas, e se cada uma recebeu a própria quantidade conforme a providência de Deus, lhe responderemos afirmativamente. Com efeito, absolutamente nada do que foi e é feito escapa ao conhecimento de Deus, e pela sua providência tudo recebeu e recebe a forma, a ordem, o número e a quantidade próprios e nada foi ou é feito sem motivo e ao acaso, mas tudo com profunda harmonia e arte sublime; e há um Intelecto admirável que pode entender e dar a conhecer as causas das coisas. E se este alguém ao receber este nosso testemunho e consenso, começar a contar os grãos de areia e as pedras da terra, as ondas do mar e as estrelas do céu e perscrutar as causas dos números que pensa ter encontrado, não será julgado justamente por todos os que ainda têm bom senso como extravagante e louco que perdeu o seu tempo? E quanto mais do que os outros se ocupar nestas questões e pensar ultrapassá-los pelas suas descobertas, tratando- os de incapazes, ignorantes e psíquicos, porque não se dedicam a trabalho tão inútil, tanto mais será insensato e estúpido, semelhante a alguém fulminado pelo raio, obstinado contra Deus; pela ciência que acredita ter descoberto troca o próprio Deus, lançando a sua opinião contra a majestade do Criador.

27,1. Em compensação, uma inteligência sã, equilibrada, piedosa e amante da verdade dedicar-se-á a considerar as coisas que Deus pôs em poder dos homens, à disposição dos nossos conhecimentos, e aplicando-se a elas com todo o seu ardor, progredirá e, pelo estudo constante, terá conhecimento profundo. Estas coisas são tudo o que cai debaixo dos nossos olhares e tudo o que está contido, claramente e sem ambigüidade, em termos próprios nas Escrituras. Eis por que as parábolas não devem ser adaptadas a coisas ambíguas, porque quem as explica o deve fazer sem acrobacias e devem ser explicadas por todos da mesma maneira, e assim o corpo da verdade se manterá íntegro, harmoniosamente estruturado e livre de transformações. Mas aplicar, nas explicações das parábolas, coisas que não são expressas claramente e são ocultas e que cada um pode imaginar da maneira que quiser é não ter nenhuma regra da verdade: quantos são os exegetas tantas serão as verdades antagônicas e as teorias contraditórias, como nas disputas dos filósofos pagãos.

27,2. Desta forma, o homem estará sempre à procura da verdade sem nunca encontrá-la, por ter rejeitado o método próprio da pesquisa. E quando o Esposo chegar, quem não tem a sua lâmpada pronta, não iluminada por luz brilhante, recorre aos que nas trevas retorcem as explicações das parábolas, abandonando aquele que pela pregação clara lhe concederia gratuitamente a entrada, e fica excluído das núpcias.107

Ora, todas as Escrituras, profecias e evangelhos, que todos têm a possibilidade de ouvir, ainda que nem todos acreditem, proclamam claramente e sem ambigüidade, excluindo qualquer outro, que um só e único Deus criou todas as coisas por meio de seu Verbo, as visíveis e as invisíveis, as celestes e as terrestres, as que vivem na água e as que se arrastam debaixo da terra, como demonstramos com as próprias palavras da Escritura. Por seu lado, o mundo em que nós estamos, por tudo o que apresenta aos nossos olhares, testemunha que é único quem o fez e o governa. Então, como parecem néscios os que diante de manifestação tão clara, estão com os olhos cegos e não querem ver a luz da pregação, que se fecham em si mesmos e com explicações obscuras das parábolas se imaginam, cada um, de ter encontrado o seu Deus! Com efeito, no que diz respeito ao Pai imaginado por eles, nenhuma Escritura diz algo claramente, em termos próprios e sem contestação possível; e eles próprios são testemunhas disso quando afirmam que o Salvador ensinou estas coisas secretamente, não a todos, mas a alguns discípulos capazes de entendê-las,108 indicando-as por meio de provas, enigmas e parábolas. E chegam ao ponto de dizer que um é o que é chamado Deus e outro é o Pai, indicado pelas parábolas e pelos enigmas.

27,3. Como as parábolas podem ter muitas explicações, qual é o homem, amante da verdade, que não convirá que seria perigoso e irracional basear-se nelas na procura de Deus e deixar o que é certo, indubitável e verdadeiro? Não é isso edificar a própria casa não sobre a rocha firme e estável e descoberta, mas na insegurança da areia instável? Por isso, o desmoronamento desta construção é fácil.109

28,1. Possuindo, portanto, como Regra a própria verdade e o testemunho evidente de Deus, não devemos, ao procurar em todas as direções uma resposta às nossas questões, abandonar o sólido e verdadeiro conhecimento de Deus. Devemos, sim, orientando a solução das questões neste sentido, aprofundar a procura do mistério da economia que vem de Deus, crescer no amor daquele que tanto fez para nós e continuamente faz. Nunca devemos abandonar a convicção que nos faz proclamar, da maneira mais categórica, que ele é o único e verdadeiro Deus e Pai que fez este mundo, que plasmou o homem e o fez crescer na sua criação e o chamou da baixeza humana para as coisas maiores que estão junto de si. Assim como a criança, depois de ser concebida no seio materno é dada à luz do sol e como o trigo amadurecido na espiga é depositado no celeiro. Único e idêntico é o Criador que plasmou o seio e criou o sol; único e idêntico é o Senhor que fez crescer a espiga e multiplicou o trigo e preparou o celeiro.110

28,2. Se não podemos encontrar a solução de todas as questões que são propostas nas Escrituras nem por isso devemos procurar outro Deus fora daquele que é o verdadeiro Deus; seria o máximo da impiedade. Devemos deixá-las para o Deus que nos criou, bem sabendo que as Escrituras são perfeitas, entregues pelo Verbo de Deus e pelo seu Espírito e nós tanto somos pequenos e últimos em relação ao Verbo de Deus e ao seu Espírito quanto precisamos receber o conhecimento dos mistérios de Deus. Por outro lado, não há que admirar se isso nos acontece nas coisas espirituais, celestes, que devem ser reveladas, porque até das coisas que estão ao nosso alcance — quero dizer daquelas que pertencem a este mundo criado que podemos tocar, ver, que estão ao nosso lado — muitas escapam ao nosso conhecimento e as deixamos a Deus. É necessário que ele esteja acima de todos. Que aconteceria se quiséssemos explicar as causas da cheia do Nilo? Poderíamos dizer coisas mais convincentes ou menos, mas a verdade certa e firme só Deus sabe. Nós sequer sabemos onde é a morada das aves que vêm aqui na primavera e partem no outono, contudo é fato que acontece neste mundo. Qual a explicação que poderíamos dar do fluxo e refluxo do mar, porque é evidente que estes fenômenos têm causa bem determinada. O que podemos afirmar das coisas que estão do outro lado do Oceano? Ou ainda, que sabemos sobre a origem da chuva, dos relâmpagos, dos trovões, das nuvens, da neblina, dos ventos e coisas semelhantes? Onde se armazenam a neve e o granizo[111] e coisas semelhantes? O que sabemos da composição das nuvens, da natureza da neblina? Por que a lua é ora crescente ora minguante? Ou ainda, qual é a causa das diferenças das águas, dos metais, das pedras e coisas semelhantes? De todas estas coisas poderíamos falar longamente, nós que procuramos as causas das coisas, mas somente Deus que as fez pode dizer a verdade.

28,3. Se, portanto, até nas coisas criadas, a ciência de algumas coisas é reservada a Deus, de outras é possível também a nós, qual é a dificuldade em pensar que entre os problemas propostos pelas Escrituras — estas Escrituras que são inteiramente espirituais

— Alguns os resolvamos com a graça de Deus e outros os tenhamos de deixar para ele, e não somente no mundo presente, mas também no futuro, de forma que

Deus seja sempre o mestre e que o homem seja sempre o discípulo de Deus? Como disse o Apóstolo, quando será abolido tudo o que é parcial, permanecerão a fé, a esperança e a caridade112. A fé no nosso mestre resta firme, assegurando-nos que ele é o verdadeiro Deus, que o devemos amar sempre porque somente ele é Pai, que devemos esperar receber e aprender dele sempre mais, porque ele é bom, as suas riquezas são infinitas, seu reino sem fim, sua doutrina sem confins. Se, portanto, da maneira que acabamos de dizer, deixarmos a Deus algumas questões, conservaremos a nossa fé, e estaremos longe dos perigos e encontraremos concorde toda a Escritura que Deus nos deu; as parábolas concordarão com as passagens claras e estas explicarão as parábolas e, na polifonia dos textos, escutaremos em nós uma só melodia harmoniosa a cantar o Deus que fez todas as coisas. Se, por exemplo, nos perguntarem: O que Deus fazia antes de criar o mundo? diremos que a resposta está somente com Deus. Que Deus tenha feito este mundo por criação, com um início no tempo, é o que nos ensinam todas as Escrituras; mas o que fazia antes disso, nenhuma Escritura o diz. Portanto a resposta a esta pergunta pertence a Deus e não é necessário querer imaginar emanações sem sentido, loucas e blasfematórias113 e na ilusão de ter descoberto a origem da matéria, rejeitar a Deus que fez todas as coisas.

28,4. Refleti, vós todos, inventores destas fábulas, que aquele que vós chamais Demiurgo é o único a ser chamado e a ser o verdadeiro Deus Pai; que as Escrituras conhecem somente este Deus; que o Senhor o confessa seu Pai114 e a nenhum outro mais, como demonstraremos com suas próprias palavras. Vós que o chamais fruto de degradação e produto de ignorância, que não conhece as coisas que estão acima dele e tudo o mais que dizeis acerca dele, considerai a enormidade da blasfêmia que proferis contra aquele que é o verdadeiro Deus. Pareceis dizer sinceramente que acreditais em Deus e depois, quando vos manifestais incapazes de nos mostrar outro Deus, proclamais fruto da degradação e produto da ignorância aquele mesmo em que dizeis acreditar. Esta cegueira e estultícia deriva do fato de nada reservar para Deus.

Anunciais o nascimento e as gerações de Deus, do seu Pensamento, do Logos e da Vida e do Cristo baseados em nenhuma outra coisa que os sentimentos humanos; e não entendeis que esta linguagem pode servir quando se fala do homem que é ser compósito em que é legítimo distinguir, como o fizemos acima, o intelecto do pensamento; que do intelecto procede o pensamento; do pensamento a reflexão; da reflexão a palavra — o que é a palavra? Segundo os gregos uma é a faculdade que elabora o pensamento e outro o órgão pelo qual é emitida a palavra; e o homem às vezes está imóvel e silencioso e às vezes fala e age — mas Deus é todo Intelecto, todo Logos, todo Espírito que age, todo Luz, sempre igual e idêntico a si mesmo, como nos convém pensar de Deus, como o aprendemos das Escrituras, e em quem não podem existir estes sentimentos e estas divisões. A língua, que é carnal, não acompanha a velocidade do intelecto humano, que é espiritual, motivo pelo qual a nossa palavra é sufocada dentro e não é pronunciada toda de uma vez assim como foi concebida pelo intelecto, mas por partes, como a língua é capaz de fazer.

28,5. Porém Deus, que é todo Intelecto e todo Logos, o que pensa diz e o que diz pensa, porque o seu Intelecto é a sua Palavra e a sua Palavra é o seu Intelecto, e o Intelecto que tudo abrange é o próprio Pai. Por isso, quem diz Intelecto de Deus e afirma que foi emitido, introduz uma composição em Deus como se Deus fosse uma coisa e o Intelecto principal outra. Da mesma forma, dando ao Logos o terceiro lugar nas emissões do Pai — o que explicaria por que o Logos ignora a grandeza do Pai —, estabelece pro- funda separação entre o Logos e Deus. O profeta, falando do Verbo, dizia: "Quem poderá contar a sua geração?"[115] Vós, porém, descreveis a geração do Verbo do Pai. A pronúncia de uma palavra humana por meio da língua a aplicais tal e qual ao Verbo de Deus. Assim justamente sois vós próprios a dizer que não conheceis nem as coisas humanas nem as divinas.

28,6. Orgulhosos, sem razão, pretendeis audaciosamente conhecer os inexprimíveis mistérios de Deus, enquanto o Senhor, que é o Filho de Deus em pessoa, disse claramente que só o Pai conhece o dia e a hora do juízo, com estas palavras: "Quanto àquele dia e hora, ninguém os conhece, nem mesmo o Filho, mas somente o Pai".[116] Se, portanto, o Filho não se envergonhou de reservar para o Pai o conhecimento deste dia, e se ele disse a verdade, também nós não nos devemos envergonhar de reservar para Deus as questões difíceis demais para nós, pois o discípulo não está acima do mestre.[117] Por isso, se alguém nos perguntar: Como foi gerado o Filho pelo Pai? responderemos que esta emissão ou geração ou enunciação ou manifestação ou seja qual for o nome com que se queira chamar esta geração inefável,118 ninguém a conhece, nem Valentim, nem Marcião, nem Saturnino, nem Basílides, nem os anjos, nem os Arcanjos, nem os Principados, nem as Potestades, mas somente o Pai que gerou e o Filho que foi gerado. Sendo, portanto, a sua geração inefável, todos os que tentam explicar as gerações e emissões não sabem o que dizem e prometem expor coisas indizíveis. Que a palavra é produzida pelo pensamento e pelo intelecto o sabem todos os homens. Portanto, os que inventaram as emissões não descobriram nada de novo, sequer um mistério escondido, aplicando coisas bem conhecidas ao Verbo, Filho unigênito de Deus; e ao mesmo tempo que o dizem inefável e indizível, eles lhe dão um nome, o descrevem, e como se lá estivessem presentes como obstetras expõem a sua emissão e geração primeiras,tornando-as semelhantes à palavra que os homens proferem.

28,7. E falando a propósito da substância da matéria, não nos enganaremos ao dizer que Deus a criou, pois aprendemos das Escrituras que Deus tem o poder sobre todas as coisas. Mas a partir de que e como a produziu nenhuma Escritura o diz e nós não temos o direito de nos lançar, a partir das nossas opiniões, numa infinidade de conjeturas sobre Deus: este conhecimento deve ser reservado a Deus.

Da mesma forma, por que, quando todas as coisas foram criadas por Deus, algumas desobedeceram e se subtraíram à submissão a Deus e outras, a maioria, permaneceram e permanecem sujeitas a quem as fez? São de naturezas diferentes as que desobedeceram e as que se mantiveram fiéis? Devemos deixar a resposta a

Deus e ao seu Verbo, o único ao qual disse: "Senta-te à minha direita, até que ponha os teus inimigos como escabelo para os teus pés".119 Nós por enquanto ainda estamos na terra, nem nos sentamos ainda no trono de Deus. Com efeito, se o Espírito do Salvador, que está nele, perscruta tudo, até as profundidades de Deus,120 no que nos diz respeito há distinções de graças, distinções de ministérios, distinções de operações,121e, como diz Paulo, aqui na terra o nosso conhecimento é limitado e é limitada a nossa profecia.122 Da mesma forma, então, que conhecemos só parcialmente, assim devemos deixar a solução de todas as questões àquele que nos concede limitadamente a sua graça.

Para os pecadores está preparado o fogo eterno: Deus o diz expressamente e todas as Escrituras o demonstram. Como demonstram que Deus sabia que isso aconteceria e que desde o princípio o preparou para os transgressores.123 Mas o por que da existência dos transgressores nenhuma Escritura o referiu, nem o Apóstolo o disse, nem o Senhor o ensinou. Assim se deve deixar a Deus este conhecimento bem como aquele do dia e da hora do juízo124 para não correr o perigo de não deixar nada para Deus, visto que também se recebe limitadamente a sua graça. E procurando conhecer coisas que estão acima de nós e presentemente nos são inacessíveis, chega-se ao atrevimento de dissecar Deus, e, julgando ter descoberto o que nunca o foi, apoiar-se no vaniióquio das emissões e dizer que o Deus Criador de todas as coisas foi emitido pela degradação e pela ignorância, construindo assim um sistema ímpio contra Deus.

28,8. Finalmente, não tendo alguma prova para a ficção recentemente construída, servem-se ora de alguns números, ora de sílabas, ora de nomes; às vezes de letras contidas em outras letras, outras vezes de parábolas incorretamente explicadas, ou ainda de suposições gratuitas, e procuram dar consistência à fabulosa narrativa que inventaram. Com efeito, se alguém procura saber por qual motivo o Pai, que tem tudo em comum com o Filho, foi manifestado pelo Senhor como o único a conhecer o dia e a hora do julgamento, presentemente não encontrará nenhum mais conveniente, mais digno e equilibrado do que este: sendo o Senhor o único mestre verídico, queria que soubéssemos por ele que o Pai está acima de tudo; com efeito, diz: "O Pai é maior que eu".125 Portanto, se o Pai foi apresentado pelo Senhor como maior quanto à ciência para que nós, enquanto estamos na figura deste mundo, deixemos a Deus a ciência perfeita e a solução destas questões e para que, procurando perscrutar a profundidade do Pai, não corramos o perigo de procurar outro Deus acima de Deus.

28,9. Mas se alguém gosta de discutir e contradizer o que acabamos de dizer e especialmente o que o Apóstolo disse: "Nós conhecemos limitadamente e profetizamos limitadamente"126 e julga que seu conhecimento não é limitado, mas possui conhecimento universal de tudo o que existe; se pensa ser um Valentim qualquer, um Ptolomeu, um Basílides ou algum dos que pretendem ter explorado as profundidades de Deus, não se gabe, no seu vão orgulho, de conhecer melhor que os outros as coisas invisíveis e indemonstráveis, mas dedique-se a procurar as causas das coisas que estão neste mundo e que não conhecemos, como, por exemplo, o número dos cabelos da sua cabeça, o número dos pardais que são capturados todos os dias e tudo o que é imprevisível; que procure diligentemente, que vá à escola do Pai e depois nos ensine estas coisas, para que possamos acreditar nele, quando nos revelar os segredos maiores. Mas se estes perfeitos não conhecem ainda as coisas que estão em suas mãos, nos seus passos, diante de seus olhos, nas coisas da terra e especialmente como são dispostos os cabelos de suas cabeças, como poderemos acreditar neles acerca das coisas pneumáticas, supracelestes e que estão acima de Deus, as quais afirmam com segurança fantástica conhecer? Já falamos bastante sobre números, nomes, sílabas, das questões acerca das realidades que estão acima de nós, da maneira incorreta com que explicam as parábolas; com certeza, tu poderás acrescentar muitas mais a tudo isso.

As obras salvam ou condenam o homem
29,1. Voltemos ao resto das suas argumentações. Dizem que quando da consumação final, sua Mãe voltará ao Pleroma e receberá como esposo o Salvador e que eles, que se definem pneumáticos, depois de se terem despido das almas e tornado espíritos de pura inteligência, serão esposas dos anjos pneumáticos. Por seu lado, o Demiurgo, que chamam psíquico, se retirará no lugar da Mãe e as almas dos justos repousarão, de maneira psíquica, no Lugar do Intermediário. Dizendo que os semelhantes se reunirão juntos, os pneumáticos com os pneumáticos, os terrenos com os terrenos eles se contradizem. De fato, segundo

eles, não é pela sua natureza que as almas irão para o Intermediário junto com os semelhantes, e sim pe las obras, porque dizem que as almas dos justos irão para esse lugar enquanto as dos ímpios permanecerão no fogo.

Se todas as almas vão ao lugar do repouso por causa da sua natureza e todas pertencem ao Intermediário pelo simples fato de que são almas, visto que são todas da mesma natureza, a fé é supérflua, como é supérflua a vinda do Salvador. Se, porém, elas vão aí por causa da sua justiça, já não é pelo fato de serem almas, mas por serem justas. Ora, se a justiça pode salvar as almas que de outra forma se perderiam, por que não poderá também salvar os corpos que colaboraram com esta justiça? Se o que salva é a natureza e a essência, todas as almas se salvarão; mas se é a justiça e a fé, por que não salvarão também os corpos que, como as almas, são destinados à corrupção? Pois tal justiça será impotente ou injusta se salvar algumas pela sua participação e outras não.

29,2. Que as obras de justiça se cumprem nos corpos é evidente. Portanto, ou todas as almas entrarão no lugar do Intermediário e nunca haverá o juízo; ou os corpos que colaboraram na justiça ocuparão eles também o lugar do descanso junto com as almas que participaram da mesma forma nesta justiça, visto que ela é capaz de transferir para este lugar tudo o que participou nela, e a doutrina da ressurreição dos corpos aparecerá com toda a sua força e sua verdade. Esta é a doutrina em que nós cremos: Deus ressuscitará os nossos corpos mortais[127] que guardaram a justiça e os tornará incorruptíveis e imortais. Deus é maior do que a natureza e tem em sua mão o querer, porque é bom, o poder, porque é poderoso, e o levar a cumprimento porque é rico e perfeito.

29,3. Estes, porém, se contradizem totalmente quando declaram que nem todas as almas entrarão no Intermediário, mas somente aquelas dos justos. Com efeito, dizem que a Mãe emitiu três espécies diversas de naturezas ou substâncias: a substância terrena que deriva da angústia, da tristeza e do medo; a psíquica, derivada do ímpeto da conversão; e a pneumática, derivada da visão dos anjos que acompanham o Cristo. Se o que ela emitiu entrará de qualquer forma no Pleroma porque é pneumática enquanto o que é material ficará fora porque é material e deve ficar nas regiões inferiores e ser totalmente destruído quando se incendiará o fogo que está nela, por que a substância psíquica não irá toda a este Lugar do Intermediário, aonde eles enviam também o Demiurgo?

E qual é o elemento deles que entrará no Pleroma? As almas, eles dizem, ficarão no Intermediário; os corpos, de natureza material, serão reduzidos a matéria e serão consumidos pelo fogo que está nela. Mas uma vez que o corpo será destruído e a alma ficará no Intermediário, não ficará mais nada do homem que possa entrar no Pleroma. O intelecto do homem, o pensamento, a consideração e as outras coisas desta espécie não são realidades que existem independentemente da alma, mas são movimentos e operações da própria alma que não têm existência fora da alma. O que restará deles para entrar no Pleroma? Porque eles também, como almas, ficarão no Intermediário e como corpos, queimarão com a matéria restante.

30,1. Não obstante serem assim as coisas, eles asseguram, contra o bom senso, que subirão acima do Demiurgo. Proclamando-se superiores ao Deus que fez e ornamentou os céus, a terra, os mares e tudo o que eles contêm, proclamam-se espirituais, quando são vergonhosamente carnais pelo excesso da impiedade; ao dizer psíquico o Criador e Senhor de toda natureza espiritual, que fez os seus anjos espíritos, que os revestiu de luz como de vestimenta,128 que tem nas mãos o globo da terra, cujos habitantes são, diante dele, como gafanhotos,129 que é o Deus e o criador de toda substância espiritual, eles o definem psíquico. Sem dúvida, provam realmente estar transtornados e ser atingidos pelo raio mais ainda do que os gigantes da fábula, eles que levantam o seu pensamento contra Deus, que estão inflados de presunção e bazófia, para os quais não chega todo o heléboro da terra para purgá-los e fazer-lhes vomitar a gigantesca patetice.

30,2. Pelas obras é que se deve mostrar quem é melhor. — Somos obrigados a fazer discursos ímpios, isto é, a comparar entre si Deus e estes loucos, a descer ao seu nível para refutá-los com seus próprios argumentos. Que Deus nos perdoe! porque não queremos pôr Deus no nível deles, e sim provar e refutar a sua loucura. — Ora, em que se mostram melhores do que o Demiurgo estes, diante dos quais pasma de admiração uma multidão de loucos como se pudessem aprender deles alguma coisa superior à própria verdade? A palavra da Escritura: "Procurai e encontrareis", foi dita, explicam eles, para serem encontrados acima do

Demiurgo, qualificando-se maiores e melhores do que Deus, sendo eles pneumáticos e o Demiurgo psíquico. Este é o motivo pelo qual estarão acima de Deus e entrarão no Pleroma enquanto Deus irá ao Lugar do Intermediário. Ora, provem pelas obras que são superiores ao Demiurgo; pois não é pelas palavras, e sim pelos fatos que alguém se deve mostrar superior.

30,3. Qual é então a obra que mostrarão feita por meio deles, pelo Salvador, ou pela Mãe deles, maior, mais esplêndida, mais racional das obras realizadas por quem organizou este universo? Onde estão os céus que eles firmaram, a terra que consolidaram e as estrelas que criaram? Onde os luminares que eles acenderam e os cursos a que os obrigaram? Onde as chuvas, o frio e as neves que fizeram cair sobre a terra nos tempos propícios a cada região, ou o calor e as secas que lhe contrapuseram? Onde os rios que fizeram deslizar, as fontes que fizeram jorrar, as flores e as árvores com que adornaram a terra que está debaixo do céu? Onde está a multidão dos seres vivos — uns racionais, irracionais outros, todos eles revestidos de beleza — que formaram? Quem poderá enumerar todas as outras coisas feitas pelo poder de Deus e governadas pela sua sabedoria? Quem poderá sondar a grandeza da sabedoria de Deus que as fez? E que dizer da multidão dos seres que estão acima dos céus e que são eternos, os Anjos, os Arcanjos, os Tronos, as Dominações e as Potestades sem número? Podem, por acaso, contrapor a si mesmos diante de uma só destas obras? O que podem mostrar de semelhante feito por eles ou por meio deles quando eles próprios são criação e obra de Deus? Com efeito — para falar a sua linguagem e com ela provar a falsidade de seus argumentos — se o Salvador ou a Mãe deles se serviu deste Criador, como dizem, para fazer uma imagem das realidades interiores ao Pleroma e de tudo o que contemplou à volta do Salvador, o foi porque era melhor e mais apto para cumprir a vontade dela. Ora, nunca usaria um instrumento inferior, mas sim um superior, para formar as imagens destas realidades tão grandes.

30,4. Então eles mesmos eram, como dizem, um fruto pneumático concebido da contemplação dos guardas do corpo dispostos em volta de Pandora. Eles estavam inativos, porque nem sua Mãe nem o Salvador nada fizeram por meio deles; eles não eram senão fruto inútil, prestável para nada: com efeito, não aparece nada que tenha sido feito por meio deles. Porém este Deus que, ao que dizem, foi emitido depois e inferior a eles, porque o classificam psíquico, foi operador perfeitamente eficaz e hábil, de sorte que, por meio dele, como o instrumento melhor e mais apto a executar a vontade da Mãe, foram feitas as imagens não somente das coisas visíveis, mas também das invisíveis, os Anjos, os Arcanjos, as Dominações, as Potências e as Virtudes. Por outro lado, parece que a Mãe não fez nada para eles, como dizem eles próprios, de forma que podem ser considerados como abortos de um parto mal sucedido; neste parto não houve a assistência das obstetras, e eles foram lançados fora como abortos, absolutamente inúteis, por não terem recebido da Mãe coisa alguma útil. Não obstante isso, eles se proclamam melhores do que aquele pelo qual foram feitas e ordenadas tantas e tão grandes coisas, quando pelo seu sistema eles resultam muito inferiores a ele.

30,5. Suponhamos duas ferramentas ou instrumentos quaisquer e que um deles se encontre sempre em uso nas mãos do artista, de forma a fazer com ele quantas obras quiser e mostre assim a sua arte e sabedoria, e que o outro se mantenha inativo, inútil e ocioso, sem que o artista o use ou faça alguma coisa com ele; se alguém viesse dizer que o instrumento supérfluo e inativo é melhor e mais caro do que aquele que o artista usa e donde tira a sua glória, com certeza seria julgado louco e fora de si. Ora, é o que acontece com estes, que se proclamam a si mesmos pneumáticos e superiores e ao Demiurgo proclamam psíquico; que afirmam que estarão acima dele e que entrarão no Pleroma para se encontrarem com os seus esposos — como eles mesmos confessam, são mulheres — enquanto Deus é inferior e ficará no Intermediário. E de todas estas afirmações nem a sombra de uma prova. Ora, o melhor prova-se pelas obras e como todas elas foram feitas pelo Demiurgo e não podem mostrar nada de notável feito por eles, são loucos de loucura completa e insanável.

30,6. Se quiserem sustentar que todas as coisas materiais, isto é, o céu e o universo abaixo dele, foram criadas pelo Demiurgo e que todos os seres espirituais situados acima do céu, isto é, os Principados, as Potestades, os Anjos, os Arcanjos, as Dominações e as Virtudes foram criados pelo fruto pneumático, que pretendem ser, então nós lhes responderemos, em primeiro lugar, que já provamos por meio das divinas Escrituras que todas estas coisas, visíveis e invisíveis, foram criadas pelo Deus único; e que eles não valem mais do que as Escrituras e que não somos absolutamente obrigados a deixar de lado as palavras do Senhor, nem as de Moisés e dos outros profetas que pregaram a verdade para acreditar neles que, não satisfeitos com dizer nada de verdadeiro, ainda deliram em sonhos inconsistentes. Em segundo lugar, se as coisas que estão acima dos céus foram criadas por meio deles, digam-nos qual é a natureza destes seres invisíveis, digam-nos o número dos Anjos e a ordem dos Arcanjos, dêem-nos a conhecer os mistérios dos Tronos e nos mostrem as diferenças que há entre as Dominações, os Principados, as Potestades e as Virtudes. Eles não o podem fazer, portanto, não foi por meio deles que estas coisas foram criadas. E se foram criadas pelo Demiurgo — como é o caso — estes seres são obra do Criador, são espirituais e santos e, por conseguinte, não pode ser psíquico quem criou seres espirituais: eis reduzida a nada a sua enorme blasfêmia.

30,7. Que no céu haja criaturas espirituais o proclamam todas as Escrituras e Paulo atesta que são espirituais quando diz que foi arrebatado ao terceiro céu e, pouco depois, revela ter sido levado ao paraíso e ter escutado palavras inefáveis que o homem não pode pronunciar.130 E a que lhe poderia ter servido o ser levado ao paraíso ou elevado ao terceiro céu, lugares estes que estão em poder do Demiurgo, se era para contemplar e escutar mistérios superiores ao Demiurgo, como alguns ousam afirmar? Se devia conhecer um mundo superior ao Demiurgo não teria ficado no domínio dele, sequer depois de ter visto tudo — segundo a doutrina deles faltavam-lhe ainda quatro céus para chegar ao Demiurgo e contemplar abaixo dele a Hebdômada — devia subir ao menos até o Intermediário, isto é, a Mãe, para aprender dela o que está dentro do Pleroma. O homem interior, invisível que falava nele, como dizem, podia muito bem chegar não somente ao terceiro céu, mas até a Mãe deles. Se eles, ou melhor, o seu homem, ultrapassarão imediatamente o Demiurgo e irão até a Mãe, muito mais facilmente isso teria acontecido ao homem do Apóstolo, nem lho poderia ter impedido o Demiurgo, ele também já submetido ao Salvador, como dizem. E, ainda que o quisesse impedir, não o conseguiria, porque não é possível que ele seja mais forte do que a providência do Pai e porque o homem interior, como dizem, é invisível até para o Demiurgo. Ora, se Paulo contou o seu arrebatamento ao terceiro céu como algo de grande e extraordinário, estes não poderão subir acima do sétimo céu, pois não são melhores do que o Apóstolo. Se pretendem ser superiores serão manifestados pelos fatos: mas ainda não se gabaram disto.

Paulo acrescentou: "Se foi no corpo ou fora do corpo, Deus o sabe",131 a fim de que não se pense que o corpo tenha sido excluído da visão — este corpo que um dia participará no que Paulo viu e escutou aquela vez — e também para que ninguém diga que foi por causa do peso do corpo que não foi elevado mais acima, mas que é permitido àqueles que, como o Apóstolo, são perfeitos no amor de Deus, contemplar até lá, mesmo sem o corpo, os mistérios espirituais, que são as obras de Deus que fez o céu e a terra, que plasmou o homem e o colocou no paraíso.132

30,8. Deus fez, portanto, as coisas espirituais de que foi espectador o Apóstolo no terceiro céu e as palavras indizíveis que não é permitido ao homem dizer por serem espirituais é ainda este mesmo Deus que as faz ouvir, da forma que ele quer, aos que são dignos, pois o paraíso é dele. E este Deus é verdadeiramente Espírito de Deus e não um Demiurgo psíquico, de outra forma nunca teria feito as coisas espirituais. Se, ao contrário, é psíquico, digam-nos quem fez as coisas espirituais. Também não têm meios para mostrar alguma coisa feita pela emissão da Mãe, que dizem ser eles. Não somente não podem fazer algo de espiritual, mas sequer uma mosca, uma pulga ou um destes pequenos insetos desprezados a não ser da forma estabelecida no princípio por Deus, pela deposição de uma semente num animal da mesma espécie. Como também nada foi feito pela Mãe sozinha, porque, dizem, é o emitido que é o Demiurgo e o Senhor de toda a criação. E este Demiurgo e Senhor de toda a criação eles pretendem seja de natureza psíquica, enquanto eles, não sendo nem demiurgos nem senhores de nada, que não fizeram nada do que está fora deles, sequer o seu corpo, dizem ser espirituais. E os que estão sujeitos, até contra a vontade, a muitos sofrimentos no corpo, se proclamam espirituais e superiores ao Criador!

30,9. Justamente, portanto, os acusamos de se terem afastado consideravelmente da verdade. Se o Salvador fez por meio dele as coisas criadas não lhes é inferior, mas se mostra melhor por ser autor delas também, porque eles também se encontram entre as que foram criadas. Como podem, então, ser de natureza pneumática se aquele que as fez é de natureza psíquica? Mas — o que somente pode ser verdadeiro e que demonstramos com argumentos fortíssimos e provas irrecusáveis — se o Criador, livremente e de sua iniciativa, fez e ordenou todas as coisas e se a sua vontade é a única matéria donde tirou todas elas, então aquele que fez todas as coisas é o Deus único, o único Onipotente, o único Pai, que criou e fez todas as coisas, as visíveis e as invisíveis, as sensíveis e as inteligíveis, as celestes e as terrestres. Com o Verbo de seu poder tudo compôs e tudo ordenou por meio da sua Sabedoria; ele que tudo contém e que nada o pode conter. Ele é o Artífice, o Inventor, o Fundador, o Criador, o Senhor de todas as coisas e não existe outro fora e além dele, nem a Mãe que eles se arrogam, nem o outro deus que Marcião inventou, nem o Pleroma dos 30 Éões cuja inanidade demonstramos, nem o Abismo, nem o Protoprincípio, nem os Céus, nem a Luz virginal, nem o Éon inefável, nada de tudo o que foi sonhado por eles e por todos os hereges. Só um é o Deus Criador que está acima de todo Principado, Potência, Dominação e Virtude: ele é o Pai, é Deus, é o Criador, o Autor, o Ordenador, que fez todas as coisas de si mesmo, isto é, por meio de seu Verbo e Sabedoria, o céu e a terra, o mar e tudo o que eles contêm. Ele é o justo, o bom; ele quem modelou o homem, plantou o paraíso, construiu o mundo, quem produziu o dilúvio e salvou Noé; ele é o Deus de Abraão, de Isaac e de Jacó, o Deus dos viventes, anunciado pela Lei, pregado pelos profetas, revelado por Cristo, transmitido pelos apóstolos, crido pela Igreja; ele é o Pai de nosso Senhor Jesus Cristo; por meio do Verbo que é seu Filho é revelado e manifestado a todos que ouvem a revelação; e o conhecem aqueles aos quais o Filho o revelou. O Filho que está sempre com o Pai e que desde o princípio sempre revela o Pai aos

Anjos e Arcanjos, às Potestades e Virtudes e a todos a quem Deus se quer revelar.

Aplicações a cada uma das teorias

31,1. Refutados os valentinianos, refutada está toda a multidão dos hereges. O que afirmamos contra o Pleroma e tudo o que está fora dele, serviu para demonstrar que o Pai de todas as coisas seria limitado e circunscrito por aquilo que está fora dele, se é que há alguma coisa fora dele, e que, portanto, seria necessário admitir muitos Pais, muitos Pleromas e muitos mundos criados nos quais uns começariam onde os outros acabam. E que todos fechados em si mesmos não investigariam sobre os outros com os quais não têm parte nem comunicações; que não haveria um Deus de todas as coisas e seria eliminado o nome de Onipotente. Tudo isso vale também contra os discípulos de Marcião, de Simão, de Menandro e, de modo geral, contra todos os que introduzem separação semelhante entre o mundo e o Pai.

Outros dizem que o Pai de todas as coisas contém tudo, mas que o nosso mundo não é criação dele, e sim de alguma Potência ou de anjos que ignoravam o Pai, o qual estaria inscrito na imensidade do universo, como o centro no círculo ou a mancha no manto.

Mostramos que não é verossímil que este mundo tenha sido feito por algum outro que não o Pai de todas as coisas. Tudo isso vale também contra os discípulos de Saturnino, de Basílides, de Carpócrates e de todos os outros gnósticos que dizem as mesmas coisas. O que dissemos acerca das emissões, dos Éões e da degradação e para mostrar a inconsistência da sua Mãe refuta também Basílides e todos os falsos gnósticos que dizem as mesmas coisas com outras palavras e mais, demonstra que estes fazem do que está fora da verdade uma característica da sua doutrina.

O que dissemos acerca dos números vale para todos os que alteram a verdade neste sentido. E, finalmente, o que foi dito sobre o Demiurgo, para provar que somente ele é Deus e Pai de todas as coisas, e tudo o que será dito nos livros seguintes, é contra todos os hereges que o digo. Poderás refutar os mais moderados e humanos deles e dissuadi-los de blasfemar o seu Criador, Autor, Nutrício e Senhor e de lhe atribuir a origem da degradação e da ignorância; mas afastarás para longe de ti os mais ferozes e intratáveis, para que não tenhas de suportar nunca mais o seu palavreado.

31,2. Além disso, procurar-se-á convencer os discípulos de Carpócrates e de Simão e os que têm fama de operar prodígios de que o que fazem não é nem pelo poder de Deus, nem pela verdade, nem como benfeitores dos homens, mas com dano e erro, com truques mágicos e todas as fraudes, mais perniciosos do que úteis aos que, seduzidos, acreditam neles. Com efeito, não podem restituir a vista aos cegos nem o ouvido aos surdos, nem afugentar os demônios — a não ser os que são enviados por eles mesmos, se é que o podem fazer —, nem curar os enfermos, os coxos, os paralíticos ou doentes noutras partes do corpo, como acontece muitas vezes por causa de doença, nem de restituir a integridade dos membros a acidentados.

Está tão longe deles o pensamento de ressuscitar os mortos — como o fez o Senhor e como o fizeram os apóstolos pela oração e como, em caso de necessidade, aconteceu mais de uma vez, toda a Igreja local pedindo fraternalmente com jejuns e orações, voltou o espírito do morto[133] e foi concedida às orações dos santos a vida do homem — que nem o julgam possível: para eles a ressurreição dos mortos consiste no conhecimento do que eles chamam de verdade.

31,3. Quando, junto a eles, é o erro, a sedução, a fantasia da mágica que são postos diante dos homens, na Igreja, ao contrário, agem, para o bem dos homens, a misericórdia, a piedade, a firmeza, a verdade, não somente sem remuneração e de graça, mas dando o que é nosso pela saúde dos homens e muitas vezes os doentes recebem de nós o que precisam e que não têm. Verdadeiramente, com este comportamento eles provam que estão totalmente alheios à natureza divina, à bondade de Deus e ao poder espiritual e que, ao contrário, estão repletos de todo tipo de fraude, de inspiração rebelde, de atividade diabólica e de fantasias idolátricas. São verdadeiramente os precursores daquele dragão que com embustes semelhantes arrastará com sua cauda um terço das estrelas e as fará cair sobre a terra,[134] e os devemos evitar como evitamos aquele dragão, e quanto mais parecem operar prodígios tanto mais nos devemos acautelar deles como de gente que recebeu espírito maior de iniquidade.[135] Por este motivo se alguém prestar atenção a sua maneira de agir verá que o seu comportamento é todo um com o dos demônios.

Sobre a necessidade de fazer todo tipo de experiências

32,1. Os ensinamentos do Senhor derrubam completamente a sua ímpia doutrina sobre as ações humanas, segundo a qual eles devem praticar todas as ações possíveis, até as más. O Senhor não somente condena quem pratica o adultério,136 mas também quem o deseja; não somente quem mata é condenado por ele como réu de homicídio, mas também quem se irrita sem motivo com o seu irmão. O Senhor ordenou não somente não odiar os homens, mas também amar os inimigos; não somente não jurar falso, mas sequer jurar; não somente não falar mal do próximo, mas sequer chamar alguém de imbecil e idiota, sob pena de merecer o fogo do inferno; não somente não esbofetear, mas, esbofeteados, oferecer a outra face; não somente não tirar as coisas dos outros, mas sequer pedir devolvidas as próprias, quando tiradas; não somente não ofender o próximo e não lhe fazer mal, mas ser pacientes e bons quando maltratados e rezar para que se arrependam e salvem. Em resumo: não imitar em nada as ofensas, a raiva e o orgulho dos outros.

Se Aquele que se gloriam de ter por mestre e que dizem ter tido alma mais excelente e forte do que a dos outros homens teve o máximo cuidado em nos prescrever algumas coisas porque boas e excelentes e em nos proibir outras, não somente nos fatos, mas também nos pensamentos que levam a ações más, como maus, nocivos e perversos, como é que podem dizer, sem se envergonhar, que este mestre é o mais forte e excelente entre os homens e logo depois formular abertamente regras contrárias ao seu ensinamento?

Se não existissem o mal e o bem, mas fosse somente opinião humana que algumas coisas são justas e outras injustas, nunca teria declarado no seu ensinamento: "Os justos brilharão como o sol no reino de seu Pai"; e os injustos e os que não fazem obras de justiça enviá-los-á ao fogo eterno "onde o seu verme nunca morrerá e o fogo não se apagará".

32,2. Mas enquanto dizem que devem realizar todas as ações e comportamentos de forma a concretizá-los numa só vida, se possível, e atingir assim o estado perfeito, nunca se vê que se tenham esforçado por fazer o que diz respeito à virtude, ao trabalho, à honra, à arte e àquelas coisas reconhecidas como boas por todos. Se devem dedicar-se à toda forma possível de atividade, deveriam começar por aprender todas as artes, sem exceção; aquelas que se exercem nos discursos ou nas obras, aquelas que se aprendem com o domínio sobre si e se adquirem com o esforço e o exercício perseverante, como, por exemplo, a música, a aritmética, a geometria, a astronomia e todas as outras disciplinas teóricas; todos os ramos da medicina, a ciência das plantas medicinais, as disciplinas que visam à saúde humana; a pintura, a escultura do bronze, do mármore, e semelhantes; além disso, toda a espécie de agricultura, de veterinária, de pastorícia e de artesanato; de enciclopédia, de náutica, de ginástica, de caça, de estratégia, de governo e tantas outras artes, que nem a fadiga de toda uma vida conseguiria ensinar-lhes sequer a décima milésima parte. Eles que se dizem obrigados a experimentar toda atividade sequer se esforçam por aprender algumas destas artes, mas se entregam a prazeres, à luxúria e a vícios torpes. Eis que assim condenam-se a si próprios pela lógica da sua doutrina, porque, faltando-lhes tudo o que acabamos de dizer, irão para o castigo do fogo. Ao mesmo tempo que professam a filosofia de Epicuro e a indiferença dos cínicos, gloriam- se de ter por Mestre Jesus, o qual dissuade os seus discípulos não somente de praticar más ações, mas também de toda palavra ou pensamento repreensíveis, como acabamos de mostrar.

32,3. Dizem ainda que suas almas derivam da mesma esfera que a de Jesus e que lhe são semelhantes e até melhores. Mas em comparação com as obras que Jesus fez para o bem e a consolidação dos homens eles não podem mostrar ter feito algo que, de alguma forma, seja semelhante ou comparável. E se fazem alguma coisa, é, como dissemos, por intermédio da magia, com a intenção de enganar os simples. Longe de procurar algum fruto ou proveito para aqueles em favor dos quais dizem operar prodígios, contentam-se com atrair meninos impúberes e os mistificam mostrando-lhes aparições que logo se dissolvem sem ter durado uma fração de segundo, mostrando-se assim semelhantes não a nosso Senhor Jesus, e sim a Simão, o mago. E, enquanto o Senhor ressuscitou dentre os mortos ao terceiro dia, se deu a conhecer a seus discípulos e foi levado ao céu diante de seus olhares, esse tipo de homens morrem, mas não ressuscitam nem se manifestam a ninguém; daí se pode deduzir que suas almas não se parecem em nada com a de Jesus.

32,4. Se ainda disserem que o Salvador fez tais coisas somente na aparência, lhes apresentaremos os escritos dos profetas e, servindo-nos deles, lhes mostraremos que tudo foi realizado exatamente como foi predito; e que somente ele é o Filho de Deus. Eis por que em seu nome os seus verdadeiros discípulos, depois de ter recebido dele a graça, agem para o bem dos outros homens, conforme o dom que cada um recebeu dele: alguns expulsam os demônios, com tanta certeza e verdade, que, muitas vezes, os que foram libertos destes espíritos maus creram e entraram na Igreja; outros têm o conhecimento do futuro, visões e oráculos proféticos; outros impõem as mãos sobre os doentes e lhes restituem a saúde; e como dissemos, também alguns mortos ressuscitaram e ficaram conosco por muitos anos. E que mais? Não é possível dizer o número de carismas que, no mundo inteiro, a Igreja recebeu de Deus, no nome de Jesus Cristo, crucificado sob Pôncio Pilatos e que distribui todos os dias em prol dos homens, a ninguém enganando e não exigindo dinheiro de ninguém: porque como de graça recebeu de Deus de graça distribui.137

32,5. E não é com a invocação dos anjos que ela faz estas coisas, nem com encantamentos ou outras práticas torpes, e sim de maneira lícita e clara, elevando preces a Deus, que fez todas as coisas; invocando o nome de nosso Senhor Jesus Cristo faz prodígios para o bem dos homens e não para os enganar. Se, portanto, o nome de nosso Senhor Jesus Cristo ainda agora é benéfico e cura com toda certeza e verdade todos os que, não importa em que lugar, crêem nele — o que não acontece no nome de Simão, nem de Menandro, nem de Carpócrates, nem de outro qualquer —, é claro que, tendo-se feito homem e vivido com a obra da sua criação, fez verdadeiramente tudo pelo poder de Deus, conforme a vontade do Pai de todas as coisas, da maneira que os profetas anunciaram. Quais são estas profecias o diremos na exposição das provas tiradas dos profetas.

A transmigração das almas

33,1. Refutamos a transmigração das almas de corpo em corpo pelo fato de elas não se lembrarem de nada do passado. Com efeito, se foram enviadas a este mundo para praticar todas as ações deveriam lembrar-se daquelas que já fizeram para completar o que ainda falta e não ter que se envolver sempre nas mesmas experiências. A união ao corpo não poderia apagar totalmente a lembrança do que viram anteriormente, quando vêm precisamente por isso. Como agora a alma lembra a maioria das coisas que vê em si e age em imaginação e as participa ao corpo que adormecido repousa, e às vezes até depois de muito tempo que acordou alguém conta o que viu em sonho, da mesma forma a alma deveria lembrar-se das ações feitas antes da sua vinda ao corpo. Com efeito, se o que foi visto em imaginação e por breves instantes por ela só durante o sono ela o lembra, depois de se misturar ao corpo e espalhar em todos os seus membros, com muito maior razão se lembraria das atividades às quais se dedicou pelo tempo considerável de toda existência anterior.

33,2. Não podendo responder a estes argumentos, Platão, este antigo ateniense que foi o primeiro a adotar esta doutrina, introduziu a bebida do esquecimento, pensando com isso escapar à dificuldade. Sem fornecer prova alguma ele declarou peremptoriamente que o demônio que preside à entrada desta vida faz beber a taça do esquecimento às almas, antes de ingressar no corpo. E não se apercebeu de ter caído em dificuldade maior. Se beber a taça do esquecimento pode tirar a lembrança de tudo o que foi feito como é que tu, Platão, sabes isso, visto que a tua alma está presentemente num corpo e que antes de entrar nele o demônio lhe fez beber a taça do esquecimento? Se lembras o demônio, a bebida e a entrada, deves também lembrar tudo o resto; se o ignoras é porque nem o demônio é verdadeiro nem tudo o resto desta exótica teoria da bebida do esquecimento.

33,3. Contra aqueles que dizem que o próprio corpo é o esquecimento vai isto: como é que a alma pode lembrar e comunicar aos outros o que viu durante o sonho e em pensamento enquanto o corpo dorme? Se o corpo é o esquecimento, a alma que se encontra dentro de um corpo não se lembraria do que conheceu alguma vez com os olhos e os ouvidos, porque bastaria levantar os olhos das coisas que também desapareceria a memória delas. Encontrando-se no próprio esquecimento a alma só poderia conhecer o que vê no momento presente. Então como poderia ter aprendido e lembrar-se das coisas divinas estando num corpo que, como eles dizem, é o próprio esquecimento? Até os profetas, estando na terra, depois de voltar a si, se lembram e comunicam aos outros o que viram e entenderam espiritualmente durante as visões celestes e o corpo não lhes tira a lembrança do que viram em espírito, mas a alma instrui o corpo e lhe comunica a visão espiritual que teve.

33,4. Com efeito, o corpo não é mais poderoso do que a alma, ele que é animado, vivificado, desenvolvido e articulado, mas é a alma que domina e manda no corpo. Sem dúvida, a alma é travada na sua presteza, visto que o corpo participa do seu movimento, mas nem por isso perde a sua ciência. O corpo é parecido com o instrumento enquanto a alma exerce a função do artista. Como o artista concebe prontamente dentro de si uma obra de arte, mas a realiza lentamente por meio do instrumento, por causa da inércia do objeto, assim a presteza de espírito do artista, misturando-se com a lentidão do instrumento, realiza uma obra que participa das duas coisas. Assim a alma unida ao seu corpo é um pouco impedida pelo fato de sua presteza estar misturada com a lentidão do corpo, mas nem por isso perde todo o seu poder; comunicando a sua vida ao corpo ela não cessa de viver. Assim se dá quando ela comunica ao corpo as outras coisas: ela não perde nem a ciência que possuía nem a lembrança dela.

33,5. Por isso, se ela não lembra nada do passado, mas tem o conhecimento das coisas presentes, nunca esteve em outros corpos, nunca fez o que não conhecia, nem conhece o que não viu. Como cada um de nós recebe da arte de Deus o próprio corpo assim tem a sua própria alma, porque Deus não é tão pobre e indigente que não possa dar a cada corpo a sua alma e seu próprio caráter. E por isso, quando será completado o número que ele preestabeleceu, todos os inscritos na vida138 ressurgirão com seu corpo, sua alma e seu espírito com os quais agradaram a Deus; e os que mereceram os castigos recebê-los-ão, com suas almas e seus corpos nos quais se afastaram da bondade divina. E tanto uns como os outros deixarão de gerar e de ser gerados, de casar-se e tomar maridos,139 e completada a multidão do gênero humano predefinida por Deus e atingida a perfeição, conservem a harmonia recebida do Pai.

34,1. O Senhor ensinou clarissimamente que as almas não só perduram sem passar de corpo em corpo, mas conservam imutadas as características dos corpos em que foram colocadas e se lembram das ações que fizeram aqui na terra e das que deixaram de fazer. É o que está escrito na história do rico e de Lázaro que repousava no seio de Abraão.140 Nela se diz que o rico, depois da morte, conhecia tanto Lázaro como Abraão e que cada um estava no lugar a ele destinado. O rico pedia a Lázaro, ao qual tinha recusado até as migalhas que caíam de sua mesa, que o socorresse; com a sua resposta, Abraão mostrava conhecer não somente Lázaro, mas também o rico e ordenava que os que não quisessem ir para aquele lugar de tormentos escutassem Moisés e os profetas antes de esperar o anúncio de alguém ressuscitado dos mortos. Tudo isso supõe clarissimamente que as almas permanecem, sem passar de corpo em corpo, que possuem as características do ser humano, de sorte que podem ser reconhecidas e que se recordam das coisas daqui de baixo; que também Abraão possuía o dom da profecia e que cada alma recebe o lugar merecido mesmo antes do dia do juízo.

34,2. Aqui alguns poderão dizer que as almas que tiveram há pouco tempo o início da sua existência não podem durar indefinidamente e que, ou devem ser incriadas para ser imortais, ou se receberam o início da existência necessariamente morrem com o seu corpo. Ora, estes devem saber que somente Deus, o Senhor de todas as coisas, é sem princípio e sem fim, e se mantém verdadeiramente e sempre idêntico a si mesmo. Que todas as coisas por ele criadas no passado e no presente, sejam quais forem, recebem o princípio da existência e por isso são inferiores ao seu criador, justamente por serem criadas. Que, não obstante isso, perduram e prolongam a sua existência na amplidão dos séculos, segundo a vontade de Deus Criador, o qual lhes dá, inicialmente, o devir e depois o ser.

34,3. Como o céu que está sobre nós, o firmamento, o sol, a lua, todas as estrelas e o seu esplendor que antes não existiam, foram criados e duram muito tempo, segundo a vontade de Deus, assim não se engana quem pensa o mesmo das almas, dos espíritos e de todas as coisas criadas, porque todas elas receberam o início de sua existência e perduram pelo tempo que Deus quer que existam e durem. Também o Espírito profético testemunha a favor desta doutrina quando diz: "Porque ele falou e foram feitas; ele mandou e foram criadas. Ele as estabeleceu pelos séculos e pelos séculos dos séculos".141 E do homem que seria salvo diz: "Ele te pediu a vida e lhe concedeste a longevidade pelos séculos dos séculos".142 O Pai de todas as coisas concede a duração pelos séculos dos séculos aos que são salvos, porque não é nem de nós nem de nossa natureza que vem a vida, mas ela é concedida segundo a graça de Deus. Portanto, quem guardar o dom da vida dando graças àquele que lha deu receberá também a longevidade pelos séculos dos séculos, mas quem a recusar com ingratidão para com o Criador por tê-lo criado, não reconhecendo aquele que lha deu, priva-se por sua conta da duração pelos séculos dos séculos. Por isso o Senhor dizia aos que lhe são ingratos: "Se não fostes fiéis no pouco, quem vos confiará o muito?",143 deixando entender que todos os que são ingratos na curta vida temporal com aquele que lha concedeu, não merecem receber dele a longevidade nos séculos dos séculos.

34,4. Como o corpo animado pela alma não é a alma, mas comunica com a alma até que Deus quiser, assim a alma não é ela própria a vida, mas participa da vida que Deus lhe deu. Por isso a palavra inspirada diz do primeiro homem: "Ele foi feito alma vivente",144 ensinando-nos que a alma é vivente por participação da vida, de forma que uma coisa é a alma e outra é a vida que está nela. Se, portanto, é Deus que dá a vida e a sua duração perpétua, não é impossível que as almas que antes não existiam, depois que Deus quis que existissem, perdurem nesta existência. O que deve mandar e dominar em tudo é a vontade de Deus; tudo o resto deve ceder diante dela, subordinar-se e pôr-se a seu serviço. Quanto à criação e à perpetuidade da alma é suficiente o que foi dito até aqui.

35,1. Basílides, além das coisas ditas acima, é obrigado a dizer que, pelo seu sistema, não foram criados uns pelos outros somente 365 céus, mas que multidão inumerável de céus foi, é e será continuamente criada e que nunca cessará esta criação. Se, com efeito, por derivação do primeiro céu, foi feito segundo à sua imagem, depois terceiro à imagem do segundo, e assim para todos os seguintes; do que é o nosso céu e que eles dizem último, necessariamente há de derivar outro semelhante a ele e do outro ainda, e por conseqüência nunca cessará a derivação a partir dos céus já feitos, nem a produção de céus novos e assim se deve admitir número imenso não limitado de céus.

35,2. Os outros, chamados abusivamente gnósticos e que dizem que os profetas profetizaram em nome de deuses diferentes, são refutados facilmente, pelo fato de que todos os profetas pregaram um só Deus e Senhor, Criador do céu e da terra e de tudo o que eles contêm, e anunciaram a vinda do seu Filho, como demonstraremos nos livros seguintes, com base nas Escrituras.

Nomes divinos diferentes

35,3. Se alguns quiserem objetar que na língua hebraica, usada na Escritura, há nomes diferentes, como Sabaoth, Elohim, Adonai e outros semelhantes, procurando com isso demonstrar a existência de Potências e deuses diferentes, estes devem aprender que todos indicam e se referem a um único e mesmo Deus. Com efeito, em hebraico, o nome Elohim significa verdadeiro Deus; e Elloeuth, em hebraico, significa: O que contém todas as coisas. A palavra Adonai às vezes significa Inominável e Admirável, às vezes, quando com dois "d" e aspirado, como, por exemplo: Addonai, designa Aquele que separa a terra das águas para que estas não mais a invadam. Da mesma forma Sabaoth com ômega na última sílaba significa voluntário, com ómicron significa primeiro céu. Da mesma forma, Jaoth, com a última sílaba longa e aspirada, significa medida fixa, mas, quando se escreve com ómicron, significa aquele que afugenta os maus. E todos os outros nomes são apelativos de único ser, como, por exemplo, no latim, Senhor das Potências, Pai de todas as coisas, Deus onipotente, o Altíssimo, Senhor dos céus, Criador, Ordenador e semelhantes, e não pertencem a seres diferentes, mas somente a um só e único: designam um só Deus e Pai que contém todas as coisas e que a todas dá a existência.145

CONCLUSÃO

35,4. Que as nossas palavras concordam com a pregação dos apóstolos, o ensinamento do Senhor, o anúncio dos profetas e dos apóstolos, o ministério da Lei, que louvam um único e mesmo Deus Pai de quem todas as coisas têm sua origem e não de deuses ou Potências diferentes, mas de um só e único Pai o qual proporciona as coisas segundo a natureza e as disposições do objeto; que todas as coisas visíveis e invisíveis, todos os seres sem exceção foram criados não pelos anjos ou qualquer outra Potência, mas somente por Deus e Pai, penso que tenha sido suficientemente demonstrado nas numerosas páginas em que provamos que existe somente um Deus e Pai, Criador de todas as coisas.

Mas para que não se pense que nos queiramos esquivar das provas tiradas das Escrituras do Senhor — elas que proclamam esta doutrina da maneira mais aberta e clara, ao menos por quem as estuda na sinceridade — exporemos no livro seguinte as Escrituras divinas e as provas que delas se deduzem e as exporemos diante dos olhos de todos os que amam a verdade.

1 Cf. Ex 20,11; Sl 145,6; At 4,24; 14,15. Nestes nn. de 1 a 11, Ireneu procura evidenciar que Deus não é

outro ser diferente do Criador (Demiurgo). Só ele é quem fez todas as coisas: ele, o único e mesmo Deus.
    2 Jo 1,3.
    3 Cf. Gn 1,3.6.9.11.14.20.24.26.
    4 Sl 32,9; 148,5.
    5 Cf. Nm 12,7; Hb 3,5.
    6 Gn 1,1.
    7 Ef 4,6.
    8 Cf. Lc 15,4-6.
    9 Cf. Homero, Ilíada 4,43.
    10 Cf. Rm 1,20.
    11 Mt 11,27; Lc 10,22.
    12 Cf. Rm 9,5.
    13 Cf. Tg 2,19.
    14 Fl 2,10; 1Cor 15,27.
    15 Cf. Rm 9,5.
    16 Cf. Dn 7,10.
    17 Cf. Mt 5,16.45; 6,1.9.
    18 Rm 1,25.
    19 Gl 4,8.
    20 Is 46,9.
    21 Cf. Ex 3,14.
    22 Cf. 2Mc 7,28.
    23 Cf. Sb 1,14.
    24 Lc 18,27.
    25 Cf. Mt 11,25.
    26 Cf. Jo 17,2-3.
    27 Cf. Lc 3,23.
    28 Ireneu objetiva, doravante até o n. 19, evidenciar o quanto são ridículas as teogonias pagãs e absurdas as teorias dos Éões.
    29 Cf. Is 55,8-9.

30 Mt 7,7.
31 Cf. Homero, Ilíada 14,201.
32 Cf. Hesíodo, Teogonia 561s; Trabalhos 60s.
33 Cf. 1Tm 6,20.

34 Mt 11,27.
35 Cf. Cl 3,2.
36 Cf. 1Tm 2,4.
37 1Cor 15,41.
38 Cf. Jo 9,1-41.
39 Cf. 1Pd 1,12.
40 Cf. Ef 3,19.
41 Mt 7,7.
42 Cf. 1Jo 1,5.
43 Cf. Mt 15,14.
44 Mt 12,36.
45 Cf. 1Cor 15,54; 2Cor 5,4.
46 1Cor 1,26-27.
47 A partir deste número até o 35, Ireneu procura demonstrar, ridicularizando, por vezes, a falácia dos argumentos e da cabalística dos gnósticos. Sua posição é clara: somente a argumentação bíblica, interpretada na Igreja, é suficiente e transparente para o acesso ao Deus único, verdadeiro e criador de tudo e de todos.
48 At 1,20; Sl 108,8.
49 Ef 4,8; Sl 67,19.
50 Lc 10,19.
51 Mt 26,24.
52 Jo 17,12.
53 Cf. Lc 10,1-17.
54 Cf. Hesíodo, 81.
55 Ibidem, 78.

56 Cf. 2Tm 4,3.
57 Cf. Is 61,2; Lc 4,19.
58 Rm 2,6; Cf. Mt 16,27.
59 Mt 5,45.
60 Is 5,12.
61 Rm 8,36; Sl 43,23.
62 Cf. 1Cor 2,10.
63 Cf. Jo 2,1-11.
64 Jo 2,23.
65 Cf. Jo 4,1-42.
66 Jo 4,50.
67 Jo 5,1-15.
68 Cf. Jo 6,1-13.
69 Cf. Jo 11,1-44.
70 Cf. Jo 11,47-54.
71 Jo 12,1-12.
72 Cf. Ex 12,11; Lv 23,5; Nm 9,5.

73 Cf. Cl 1,18.
74 Cf. At 3,15.
75 Lc 3,23.
76 Jo 8,56-57.
77 Cf. Homero, Ilíada 4,1.
78 Cf. Mt 9,20-22.
79 Lc 13,16.
80 Cf. Ex 25,10.
81 Cf. Ex 25,17.23.
82 Cf. Ex 25,31-39.
83 Cf. Ex 26,1.
84 Cf. Ex 26,7.2.16-28.
85 Cf. Ex 30,23-25.
86 Cf. Ex 30,34.

87 Cf. Mt 14,15-21.
88 Cf. Mt 25,1-13.
89 Cf. Mt 17,1-8.
90 Lc 8,51.
91 Cf. Lc 16,19-31.
92 Cf. Jo 5,2-15.
93 Cf. Ex 26,37.
94 Cf. Ex 27,1.
95 Cf. Ex 28,1.
96 Cf. Ex 28,5.
97 Cf. Js 10,16-27.
98 Cf. Lc 15,6.
99 1Cor 13,9.12.
100 1Cor 8,1.
101 Cf. Sl 118,73; Jó 10,8; Gn 2,7.
102 Cf. Jo 15,9-10.
103 Cf. 1Cor 2,2.
104 As relações entre ciências e fé, ciência e revelação, razão e fé, eram preocupações dos contemporâneos de Ireneu. Ele, porém, não se envolve nestas questões. Sabe que pela razão se pode chegar ao conhecimento de Deus; a consciência plena, todavia, só acontece pela Revelação. Cf. n. 6.
105 Mt 10,30.
106 Mt 10,29.
107 Cf. Mt 25,1-12.
108 Cf. Mt 19,12.
109 Cf. Mt 7,24-27.
110 Cf. Mt 3,12.
111 Cf. Jó 38,22.

112 Cf. 1Cor 13,9-13.

113 Cf. 2Tm 2,23.
114 Cf. Mt 11,25; Lc 10,21.
115 Is 53,8.
116 Mt 24,36.
117 Cf. Mt 10,24.
118 Cf. Is 53,8.
119 Sl 110,1.
120 1Cor 2,10.
121 1Cor 12,4-6.
122 1Cor 13,9.
123 Cf. Mt 25,41.
124 Cf. Mt 24,36.
125 Jo 14,28.
126 1Cor 13,9.
127 Cf. Rm 8,11.
128 Cf. Sl 104,4.2.
129 Cf. Is 40,22.
130 Cf. 2Cor 12,2-4.
131 2Cor 12,2-3.
132 Cf. Gn 1,1; 2,7.15.
133 Lc 8,55.
134 Cf. Ap 12,4.
135 Cf. Ef 6,12.
136 Para todo este número, cf. Mt 5,21-44; 13,43; Mc 9,48.
137 Cf. Mt 10,8.
138 Cf. Ap 21,27.
139 Cf. Mt 22,30.
140 Cf. Lc 16,19-31.
141 Sl 148,5-6; 33,9.
142 Sl 20,5.
143 Lc 16,11.

144 Gn 2,7.
145 A verdade que o autor quer afirmar é inegável, porém, seus argumentos são limitados demais e atestam, antes, a falta de conhecimento suficiente de hebraico.

I LIVRO

DOUTRINA CRISTÃ1

PREFÁCIO
Pr. Tu, caríssimo, nos pediste que expuséssemos as doutrinas secretas — pelo menos é assim que eles pensam — dos discípulos de Valentim, e mostrássemos as divergências que há entre eles e os refutássemos. Por isso, começamos por Simão, pai de todos os hereges, denunciando as suas doutrinas e conseqüências e refutando-as uma por uma; mas se para a simples exposição foi suficiente um livro, foram necessários vários para a refutação: por este motivo te enviamos mais livros. O primeiro contém as teorias de cada um, os seus costumes e as características da sua conduta. No segundo, refutamos suas teorias perversas, desvendando-as e mostrando-as como realmente são. Neste terceiro livro aduziremos as provas tiradas das Escrituras para cumprir exatamente as tuas ordens, que até ultrapassei, para te fornecer argumentos oportunos

para refutar completamente todos os que de qualquer forma ensinam a mentira. Assim a caridade divina, rica e sem ciúme, concede sempre mais do que pedimos.

Lembra-te, portanto, do que dissemos nos primeiros dois livros e, acrescentando o que agora diremos, terás fortíssima argumentação contra todos os hereges e te oporás a eles com segura e determinada firmeza em favor da única fé, verdadeira e vivificante, que a Igreja recebeu dos apóstolos e comunica a seus filhos.

Com efeito, o Senhor de todas as coisas deu aos seus apóstolos o poder de pregar o Evangelho e por meio deles nós conhecemos a verdade, isto é, o ensinamento do Filho de Deus. A eles o Senhor disse: "O que vos ouve, a mim ouve, e o que vos despreza, a mim despreza e a quem me enviou".[2]

A TRADIÇÃO APOSTÓLICA

Origem apostólica da tradição

1,1. Não foi, portanto, por ninguém mais que tivemos conhecimento da economia da nossa salvação, mas somente por aqueles pelos quais nos chegou o Evangelho, que eles primeiro pregaram e, depois, pela vontade de Deus, transmitiram nas Escrituras, para que fosse para nós fundamento e coluna da nossa fé.[3]

Nem é lícito afirmar que eles pregaram sem antes possuir a gnose perfeita, como ousam dizer alguns que se gloriam de corrigir os apóstolos, por que, depois da ressurreição de nosso Senhor dos mortos, os apóstolos foram revestidos da força do alto, pela vinda do Espírito Santo,[4] foram repletos de todos os dons e possuíram o conhecimento perfeito. Foi então que foram até as extremidades da terra anunciando a boa nova dos bens que Deus nos concede e a paz celeste para os homens: eles possuíam todos e cada um o Evangelho de Deus.5

Assim, Mateus publicou entre os judeus, na língua deles, o escrito dos Evangelhos, quando Pedro e Paulo evangelizavam em Roma e aí fundavam a Igreja. Depois da morte deles, também Marcos, o discípulo e intérprete de Pedro, nos transmitiu por escrito o que Pedro anunciava. Por sua parte, Lucas, o companheiro de Paulo, punha num livro o Evangelho pregado por ele. E depois, João, o discípulo do Senhor, aquele que recostara a cabeça ao peito dele, também publicou o seu Evangelho, quando morava em Éfeso, na Ásia.

1,2. Eles todos nos transmitiram que há um só Deus, Criador do céu e da terra, anunciado pela Lei e pelos profetas, e um só Cristo, Filho de Deus. E se alguém não acredita neles despreza os que tiveram parte com o Senhor, despreza ao mesmo tempo o próprio Senhor, como também despreza o Pai;6 e ele mesmo condena-se, ao resistir e opor-se à própria salvação. E é isto que fazem todos os hereges.

Atitude dos hereges

2,1. Quando são vencidos pelos argumentos tirados das Escrituras retorcem a acusação contra as próprias Escrituras, dizendo que é texto corrompido, que não tem autoridade, que se serve de expressões equívocas e que não podem encontrar a verdade nele os que desconhecem a Tradição. Com efeito — dizem eles — a verdade não foi transmitida por escrito, mas por viva voz, o que levou Paulo a dizer: "É a sabedoria que pregamos entre os perfeitos, não, porém, uma sabedoria deste século".7 E cada um deles diz que esta sabedoria é a que ele descobriu, ou melhor, inventou, e assim se torna normal que a verdade se encontre ora em Valentim, ora em Marcião, ora em Cerinto e depois em Basílides ou nalgum outro contendente, sem nunca ter podido afirmar nada acerca da salvação. Cada um deles está tão pervertido que, falsificando a regra da verdade, não cora de vergonha ao pregar a si mesmo.

2,2. E quando, por nossa vez, os levamos à Tradição que vem dos apóstolos e que é conservada nas várias igrejas, pela sucessão dos presbíteros, então se opõem à tradição, dizendo que, sendo eles mais sábios do que os presbíteros, não somente, mas até dos apóstolos, foram os únicos capazes de encontrar a pura verdade. Com efeito, os apóstolos teriam introduzido, junto com as palavras do Salvador, as prescrições da Lei; e não somente os apóstolos, mas até o próprio Senhor, teriam pronunciado palavras provindas ora do Demiurgo, ora do Intermediário, ora da Potência suprema. Quanto a eles, conheceriam o mistério escondido, sem a mínima dúvida, sem contaminação e confusão. Ora, esta é a maneira mais desavergonhada de blasfemar contra o seu Criador! Acontece com isso que já não concordam nem com as Escrituras nem com a tradição.

2,3. Nossa batalha, caríssimo, é contra estes, que escorregadios como serpentes, tentam se esgueirar de todos os lados. Por isso, de todos os lados lhes devemos resistir, na esperança de poder trazer de volta à verdade alguns deles, refutados e confundidos. De fato, se é difícil que uma alma, tomada pelo erro, mude de opinião, contudo não é completamente impossível que possa evitar o erro quando se lhe apresenta a verdade.

Onde está a verdadeira tradição

3,1. Portanto, a tradição dos apóstolos, que foi manifestada no mundo inteiro, pode ser descoberta em toda Igreja por todos os que queiram ver a verdade. Poderíamos enumerar aqui os bispos que foram estabelecidos nas Igrejas pelos apóstolos e os seus sucessores até nós; e eles nunca ensinaram nem conheceram nada que se parecesse com o que essa gente vai delirando. Ora, se os apóstolos tivessem conhecido os mistérios escondidos e os tivessem ensinado exclusiva e secretamente aos perfeitos, sem dúvida os teriam confiado antes de a mais ninguém àqueles aos quais confiavam as próprias Igrejas. Com efeito, queriam que os seus sucessores, aos quais transmitiam a missão de ensinar, fossem absolutamente perfeitos e irrepreensíveis em tudo, porque, agindo bem, seriam de grande utilidade, ao passo que se falhassem seria a maior calamidade.

3,2. Mas visto que seria coisa bastante longa elencar, numa obra como esta, as sucessões de todas as igrejas, limitar-nos-emos à maior e mais antiga e conhecida por todos, à igreja fundada e constituída em Roma, pelos dois gloriosíssimos apóstolos, Pedro e Paulo, e, indicando a sua tradição recebida dos apóstolos e a fé anunciada aos homens, que chegou até nós pelas sucessões dos bispos, refutaremos todos os que de alguma forma, quer por enfatuação ou vanglória, quer por cegueira ou por doutrina errada, se reúnem prescindindo de qualquer legitimidade. Com efeito, deve necessariamente estar de acordo com ela, por causa da sua origem mais excelente, toda a igreja, isto é, os fiéis de todos os lugares, porque nela sempre foi conservada, de maneira especial, a tradição que deriva dos apóstolos.

    3,3. Os bem-aventurados apóstolos que fundaram e edificaram a Igreja transmitiram o governo episcopal a Lino, o Lino que Paulo lembra na carta a Timóteo.8 Lino teve como sucessor Anacleto. Depois dele, em terceiro lugar, depois dos apóstolos, coube o episcopado a Clemente, que vira os próprios apóstolos e estivera em relação com eles, que ainda guardava viva em seus ouvidos a pregação deles e diante dos olhos a tradição. E não era o único, porque nos seus dias viviam ainda muitos que foram instruídos pelos apóstolos. No pontificado de Clemente surgiram divergências graves entre os irmãos de Corinto. Então a Igreja de Roma enviou aos coríntios uma carta importantíssima para reuni-los na paz, reavivar-lhes a fé e reconfirmar a tradição que há pouco tempo tinham recebido dos apóstolos, isto é, a fé num único Deus todo-poderoso, que fez o céu e a terra, plasmou o homem e provocou o dilúvio, chamou Abraão, fez sair o povo do Egito, conversou com Moisés, deu a economia da Lei, enviou os profetas, preparou o fogo para o diabo e os seus anjos. Todos os que o quiserem podem aprender desta carta que este Deus é anunciado pelas Igrejas como o Pai de nosso Senhor Jesus Cristo e conhecer a tradição apostólica da Igreja, porque mais antiga do que os que agora pregam erradamente outro Deus superior ao Demiurgo e Criador de tudo o que existe.

    A este Clemente sucedeu Evaristo; a Evaristo, Alexandre; em seguida, sexto depois dos apóstolos foi

Sisto; depois dele, Telésforo, que fechou a vida com gloriosíssimo martírio; em seguida Higino; depois Pio; depois dele, Aniceto. A Aniceto sucedeu Sóter e, presentemente, Eleutério, em décimo segundo lugar na sucessão apostólica, detém o pontificado. Com esta ordem e sucessão chegou até nós, na Igreja, a tradição apostólica e a pregação da verdade. Esta é a demonstração mais plena de que é uma e idêntica a fé vivificante que, fielmente, foi conservada e transmitida, na Igreja, desde os apóstolos até agora.

3,4. Podemos ainda lembrar Policarpo, que não somente foi discípulo dos apóstolos e viveu familiarmente com muitos dos que tinham visto o Senhor, mas que, pelos próprios apóstolos, foi estabelecido bispo na Ásia, na Igreja de Esmirna. Nós o vimos na nossa infância, porque teve vida longa e era muito velho quando morreu com glorioso e esplêndido martírio. Ora, ele sempre ensinou o que tinha aprendido dos apóstolos, que também a Igreja transmite e que é a única verdade. E é disso que dão testemunho todas as Igrejas da Ásia e os que até hoje sucederam a Policarpo, que foi testemunha da verdade bem mais segura e digna de confiança do que Valentim e Marcião e os outros perversos doutores. É ele que no pontificado de Aniceto, quando esteve em Roma, conseguiu reconduzir muitos destes hereges, de que falamos, ao seio da Igreja de Deus, proclamando que não tinha recebido dos apóstolos senão uma só e única verdade, aquela mesma que era transmitida pela Igreja. E há os que ouviram dele que João, o discípulo do Senhor, tendo ido, um dia, às termas de Éfeso e tendo notado Cerinto lá dentro, precipitou-se para a saída, sem tomar banho, dizendo ter medo que as termas desmoronassem, porque no interior se encontrava Cerinto, o inimigo da verdade. O próprio Policarpo, quando Marcião, um dia, se lhe avizinhou e lhe dizia: "Prazer em conhecê-lo", respondeu: "Eu te conheço como o primogênito de Satã"; tanta era a prudência dos apóstolos e dos seus discípulos, que recusavam comunicar, ainda que só com a palavra, com alguém que deturpasse a verdade, em conformidade com o que Paulo diz: "Foge do homem herege depois da primeira e da segunda correção, sabendo que está pervertido e é condenado pelo seu próprio juízo".9 Existe também uma carta importantíssima de Policarpo aos Filipenses na qual os que desejam e se importam com a sua salvação podem conhecer as características da sua fé e a pregação da verdade. Também a igreja de Éfeso, que foi fundada por Paulo e onde João morou até os tempos de Trajano, é testemunha verídica da tradição dos apóstolos.

4,1. Sendo as nossas provas tão fortes, não é necessário procurar noutras pessoas aquela verdade que facilmente podemos encontrar na Igreja, porque os apóstolos trouxeram, como num rico celeiro, tudo o que pertence à verdade, a fim de que cada um que o deseje, encontre aí a bebida da vida. É ela definitivamente o caminho de acesso à vida e todos os outros são assaltantes e ladrões que é mister evitar. Por outro lado, deve-se amar com zelo extremo o que vem da Igreja e guardar a tradição da verdade. Ora, se surgisse alguma controvérsia sobre questões de mínima importância, não se deveria recorrer a Igrejas mais antigas, onde viveram os apóstolos, para saber delas, sobre a questão em causa, o que é líquido e certo? E se os apóstolos não nos tivessem deixado as Escrituras, não se deveria seguir a ordem da tradição que transmitiram àqueles aos quais confiavam as Igrejas?

4,2. Muitos povos bárbaros que crêem em Cristo se atêm a esta maneira de proceder; sem papel nem tinta,10 levam a salvação escrita em seus corações pelo Espírito, guardam escrupulosamente a antiga tradição, crêem num só Deus, Criador do céu e da terra e de tudo o que está neles e em Jesus Cristo, Filho de Deus, o qual, pela sua imensa caridade para com os homens, a obra por ele modelada, submeteu-se à concepção da Virgem para unir por seu meio o homem a Deus; padeceu sob Pôncio Pilatos, ressuscitou, foi assunto na glória e, na glória, virá como Salvador dos que se salvarão e Juiz dos que serão julgados e enviará ao fogo eterno os deformadores da verdade e os que desprezam seu Pai e sua vinda. Os iletrados que aceitaram esta fé são uns bárbaros quanto a nossa língua, mas, no que se refere ao pensamento, aos usos e costumes, são, pela fé, sumamente sábios e agradáveis a Deus e vivem na completa justiça, pureza e sabedoria. E se alguém, falando na língua deles, lhes anunciasse as invenções dos hereges, logo tapariam os ouvidos e fugiriam bem longe para sequer escutar esses discursos blasfemos. Assim, graças à antiga tradição dos apóstolos, não admitem absolutamente se possa pensar em nenhuma das invenções mentirosas dos hereges.

O fato é que entre os hereges nunca houve agrupamento nem ensinamento devidamente instituído:

4,3. Antes de Valentim não houve os discípulos de Valentim; antes de Marcião não houve os discípulos de Marcião, nem algum dos sistemas perversos, que catalogamos precedentemente, antes que aparecessem esses iniciadores e inventores de perversidades. Com efeito, Valentim foi a Roma no pontificado de Higino, teve o sucesso maior no de Pio e ficou aí até Aniceto. Cerdão, predecessor de Marcião, apareceu no tempo de Higino, que foi o oitavo bispo, ia muitas vezes à igreja e fazia penitência pública, mas acabou da mesma maneira: ora ensinando secretamente a sua heresia, ora fazendo novamente penitência dos erros de que era acusado, afastando-se, depois, definitivamente da comunidade dos irmãos. Marcião, que lhe sucedeu, atingiu o seu apogeu no tempo de Aniceto, que ocupou o décimo lugar no episcopado. Todos os outros, que são chamados gnósticos, têm sua origem em Menandro, discípulo de Simão, como mostramos; cada um, conforme a teoria adotada, se tornou presbítero e bispo do grupo que o seguia. Todos eles, porém, se encaminharam para a apostasia, em tempo bastante recente, quando os tempos da Igreja chegaram aos seus ambientes.

Cristo, verdade perfeita
5,1. É assim, portanto, que a tradição apostólica se apresenta na Igreja e perdura entre nós. Voltemos agora à prova tirada das Escrituras, deixadas pelos apóstolos que compuseram o Evangelho, em que expuseram a doutrina sobre Deus, demonstrando que nosso Senhor Jesus Cristo é a Verdade11 e que nele não há falsidade. É o que predisse Davi, falando do nascimento dele de uma Virgem e da sua ressurreição dos mortos: A verdade brotou da terra. Também os apóstolos, discípulos da Verdade, estão acima de qualquer suspeita, porque não há união entre mentira e

verdade, como não há entre trevas e luz: presente uma, exclui-se a outra. Com efeito, nosso Senhor não mentia, por ser a Verdade; por isso não teria proclamado Deus, Senhor de todas as coisas, Grande Rei e seu próprio Pai, quem sabia ser fruto de degradação; sendo perfeito, nunca teria dado estes títulos ao imperfeito; sendo espiritual, ao psíquico; estando no Pleroma, àquele que está fora do Pleroma. Como também os seus discípulos nunca teriam chamado Deus e Senhor a mais ninguém, a não ser àquele que é verdadeiramente Deus e Senhor de todas as coisas. Porém, estes sofistas, mais que tolos, afirmam que os apóstolos ensinavam hipocritamente de acordo com as disposições dos ouvintes e respondiam conforme os preconceitos dos interrogantes; aos cegos falavam de acordo com a cegueira deles, aos doentes conforme a doença, aos que estavam no erro em conformidade com o erro; aos que acreditavam que o Demiurgo é o único Deus eles anunciavam este Demiurgo; aos que entendiam o Pai inefável exprimiam o mistério inexprimível, mediante parábolas e enigmas. Assim o Senhor e os apóstolos não teriam ensinado a verdade como realmente é, mas teriam comunicado o seu ensinamento hipocritamente, de acordo com as disposições de cada um.

5,2. Ora, isso não é coisa de quem cura ou vivifica, mas antes de quem piora e aumenta a ignorância. Seria, portanto, muito mais verdadeira do que eles a Lei que amaldiçoa quem desvia o cego para o caminho do erro.12 Mas os apóstolos, enviados a procurar os perdidos, a iluminar os cegos e a curar os doentes, com certeza não falavam segundo a opinião do momento, mas para manifestar a verdade. Por certo não agiria bem quem, ao ver os cegos prestes a cair no precipício, os exortasse a continuar por aquele caminho perigosíssimo como se fosse o bom e não os levasse a bom termo. Qual é o médico que para curar o doente procede conforme os desejos do paciente e não segundo as regras da medicina? Ora, é o próprio Senhor a afirmar que veio como médico para os que passam mal, com estas palavras: "Os sãos não têm necessidade de médico, mas sim os enfermos. Não vim chamar os justos, mas os pecadores à penitência".13 Portanto, como recuperarão a saúde os doentes e como os pecadores farão penitência? Continuando como antes, ou, ao contrário, aceitando mudança profunda e afastando-se da sua antiga maneira de viver que causou neles a doença grave e os numerosos pecados? Ora, a ignorância, mãe de todos esses males, é eliminada pelo conhecimento. Portanto, o Senhor comunicava o conhecimento aos seus discípulos e por meio dele curava os doentes e afastava os pecadores dos seus pecados. Não falava, portanto, de acordo com as suas velhas opiniões, nem respondia de acordo com os preconceitos dos interrogantes, e sim ensinava a doutrina da salvação sem hipocrisia nem preferências pessoais.

5,3. Isso aparece também pelas palavras do Senhor que, falando a circuncisos, lhes mostrava que o Cristo anunciado pelos profetas era o Filho de Deus, isto é, manifestava-se a si mesmo como aquele que veio trazer aos homens a liberdade e oferecer-lhes a herança da incorruptibilidade.14 Por sua vez, os apóstolos ensinavam os pagãos a abandonarem os falsos ídolos de madeira e de pedra que eles consideravam deuses e a adorar o Deus verdadeiro que criou e constituiu todo o gênero humano e que por meio da sua criação o alimenta, desenvolve, lhe dá segurança e subsistência. Ensinavam-nos a esperar a vinda do Filho de Deus, Jesus Cristo, que nos resgatou da Apostasia a custa de seu sangue, para que nos tornemos, nós também, o povo santificado; que descerá dos céus, na glória do Pai, para julgar todos os homens e oferecer os bens divinos aos que observarem os seus mandamentos. É ele que nos últimos tempos apareceu como a pedra angular principal, recolheu e uniu os de longe e os que estavam perto, isto é, os circuncisos e os incircuncisos, engrandecendo Jafet e fazendo-o morar na casa de Sem.

DEUS, ÚNICO E SENHOR, PAI DE NOSSO SENHOR JESUS CRISTO

A. Visão geral
Testemunho dos profetas

6,1. Portanto, nem o Senhor, nem o Espírito Santo, nem os apóstolos, nunca chamaram Deus, no sentido próprio do termo, senão ao verdadeiro Deus; como também nunca chamaram de Senhor a ninguém, de maneira própria, a não ser a Deus Pai que domina sobre todas as coisas e a seu Filho que recebeu do Pai o domínio sobre toda a criação. Com efeito, assim está escrito: "Disse o Senhor ao meu Senhor: senta-te à minha direita até que ponha os teus inimigos como escabelo dos teus pés".15 Aqui o Pai é apresentado falando com seu Filho ao qual dá em herança as nações e lhe submete todos os inimigos. Justamente, portanto, o Espírito Santo chamou o Pai e o Filho com o nome de "Senhor" porque efetivamente o são. Além disso, quando fala da destruição de Sodoma, a Escritura diz: "O Senhor fez chover sobre Sodoma e Gomorra o fogo e o enxofre provindos do Senhor do céu".16 Isto significa que o Filho, aquele que falou com Abraão, recebeu do Pai o poder de condenar os sodomitas por causa da iniqüidade deles. É o mesmo que se diz no texto seguinte: "O teu trono, ó Deus, subsistirá por todos os séculos; o cetro de teu reino é cetro de retidão. Amaste a justiça e aborreceste a iniqüidade; por isso, ó Deus, o teu Deus te consagrou pela unção".17 O Espírito aqui designou com o nome de Deus tanto o Filho que recebe a unção como o Pai que a confere. E ainda diz: "Deus se apresentou na assembléia dos deuses e no meio deles julga os deuses".18 Aqui se fala do Pai, do Filho e de todos os que receberam a adoção filial: estes constituem a Igreja, que é a assembléia de Deus, que Deus, isto é, o Filho, reuniu ele mesmo e por si mesmo. É ainda deste Filho que se diz: "O Deus dos deuses, o Senhor, falou e chamou a terra".19 Quem é este Deus? É aquele de quem se diz: "Deus virá de maneira manifesta, o nosso Deus, e não se calará":20 isto é, o Filho que veio entre os homens numa manifestação de si mesmo, e por isso diz: "Manifestei-me abertamente àqueles que não me procuram".21 E quem são estes deuses? São aqueles aos quais diz: "Eu disse: todos vós sois deuses e filhos do Altíssimo",22 isto é, os que receberam a graça da filiação divina, "pela qual podemos chamar: Abba, Pai!"23

6,2. Nenhum outro, portanto, como eu disse acima, é chamado Deus e Senhor, exceptuando-se aquele que é Deus e Senhor de todas as coisas, que disse a Moisés: "Eu sou aquele que sou;" e: Assim dirás aos filhos de Israel: "Aquele que é me enviou a vós";24 e o seu Filho Jesus Cristo nosso Senhor, que torna filhos de Deus os que crêem no seu nome. É ainda o Filho que diz a Moisés: "Eu desci para libertar este povo".25 Com efeito, é ele que desceu e subiu pela salvação dos homens. Assim, por meio do Filho que está no Pai e que tem em si o Pai, manifestou-se o Deus que é, o Pai dando testemunho ao Filho e o Filho anunciando o Pai, conforme o que diz também Isaías: "Eu sou testemunha, diz o Senhor Deus, e também o Servo que escolhi para que saibais e acrediteis e entendais que eu sou".26

6,3. Ao contrário, quando a Escritura fala dos falsos deuses, nunca os apresenta, como já disse, de maneira absoluta, mas acrescenta alguma indicação suplementar e algum sentido pelos quais mostra que não são deuses. Assim, em Davi: "Os deuses das nações, ídolos dos demônios";27 e ainda: "Não ireis atrás de deuses estrangeiros".28 Pela razão mesma que os chama "deuses das nações" — as nações, sabe-se, ignoram o verdadeiro Deus — e de "deuses estrangeiros", exclui que sejam deuses. Por outro lado, falando absolutamente, afirma que eles são, de fato, "ídolos dos demônios". A mesma coisa afirma Isaías: "Sejam confundidos todos os que fabricam deuses, entalham coisas vãs [e eu sou testemunha, diz o Senhor]".29 Ele nega que estas coisas sejam divindades, somente usa a palavra para nos fazer entender do que se trata. Jeremias diz a mesma coisa: "Estes deuses, que não fizeram o céu e a terra, sejam exterminados da terra que está debaixo do céu!"30 Falando do seu extermínio mostra claramente que não são verdadeiras divindades. Elias, por sua vez, depois de ter convocado todo Israel no monte Carmelo, diz-lhes, para afastá-los da idolatria: "Até quando andareis coxeando com os pés em dois estribos? Um só é o Senhor Deus, vinde atrás dele!"31 E, pela segunda vez, diante do holocausto, fala assim aos sacerdotes dos ídolos: "Vós invocareis o nome dos vossos deuses e eu invocarei o nome do Senhor, meu Deus: e o Deus que hoje nos escutar é o Deus verdadeiro".32 Falando assim, o profeta indicava que os que julgavam deuses não eram divindades reais e os convidava a dirigir-se ao Deus em que ele cria, que era verdadeiramente Deus e que ele invocava assim: "Senhor Deus de Abraão, Deus de Isaac, Deus de Jacó, escuta-me hoje, e que todo este povo entenda que tu és o Deus de Israel!"33

Oração
6,4. Eu também te invoco, ó Senhor, Deus de Abraão, Deus de Isaac, Deus de Jacó e de Israel, que és o Pai de nosso Senhor Jesus Cristo; ó Deus, que na abundância da tua misericórdia te comprazeste em nós para que te conhecêssemos; que criaste o céu e a terra, que dominas sobre todas as coisas e que és o único verdadeiro Deus acima do qual não há outro Deus; que por nosso Senhor Jesus Cristo nos ofereces o dom do Espírito Santo, concede a quem lê este escrito que reconheça que só tu és Deus, seja confirmado em ti e se afaste de toda doutrina herética, negadora de Deus e sacrílega.

Testemunho dos apóstolos

6,5. Também o apóstolo Paulo ao dizer: "Enquanto no passado servistes a divindades falsas, agora conheceis o verdadeiro Deus, ou melhor, sois conhecidos por ele, distingue os que não são Deus do que realmente é Deus".34 Ainda, a propósito do Anticristo que se opõe e se eleva acima de tudo o que é chamado Deus e honrado como tal, quer falar dos que são chamados deuses pelos que desconhecem o verdadeiro Deus, isto é, dos ídolos.35 Com efeito, o Pai de todas as coisas é chamado Deus e o é; e não é acima dele que se elevará o Anticristo, mas acima dos que são chamados deuses e não o são. Isso é tão verdade que o próprio Paulo diz: "Sabemos que o ídolo não é nada e que existe um único Deus. De fato, se há nos céus e na terra uns seres chamados deuses, para nós existe um único Deus Pai de quem derivam todas as coisas e para o qual nós vamos, e um único Senhor, Jesus Cristo, do qual provêm todas as coisas e para o qual vamos".36 Com isso distingue e separa os seres chamados deuses, e que não o são, do único Deus, o Pai, do qual provêm todas as coisas e confessa de maneira absoluta e categórica um só Senhor, Jesus Cristo. As palavras "nos céus e na terra" não são, como explicam os hereges, alusão a pretensos criadores do mundo, mas devem ser comparadas com estas de Moisés: "Não farás de nenhum dos seres imagem de Deus, quer se trate dos que estão no alto, nos céus, quer dos que estão em baixo, na terra, quer dos que estão nas águas debaixo da terra".37 E ele próprio explica o que são estas coisas que estão nos céus, dizendo: "Para que, ao levantar os olhos aos céus e vendo o sol, a lua, as estrelas e todas as belezas do céu, não caias no erro de adorá-los e de lhes prestar culto".38 Quanto a Moisés, mesmo sendo verdadeiro homem de Deus, foi constituído deus diante do faraó; contudo, os profetas nunca o chamam Senhor ou Deus, no sentido próprio da palavra, mas o Espírito o chama de o fiel Moisés, servo e familiar de Deus, o que ele era efetivamente.

7,1. Apoiados naquelas palavras explícitas de Paulo, na segunda carta aos coríntios: "Nos quais o deus deste século cegou as mentes dos incrédulos",39 deduzem que um é o Deus deste século e outro o que está acima de todo Principado, Dominação e Potestade. Ora, não é nossa culpa se eles que dizem conhecer os mistérios mais altos de Deus, sequer sabem ler Paulo! É conhecido o hábito de Paulo fazer inversão de palavras, como mostraremos com muitos outros exemplos; ora, se alguém lê: "nos quais Deus" e, de- pois de uma pausa, todo o resto: "cegou as mentes dos incrédulos deste século", indica o sentido, pela pausa que faz. Com efeito, Paulo não fala de um Deus deste século como se conhecesse outro que está acima dele, mas afirma que Deus é Deus e acrescenta que os incrédulos deste século não herdarão aquele futuro de incorruptibilidade. Como Deus tenha cegado a mente dos incrédulos o mostraremos em seguida, com as palavras do próprio Paulo, para não desviar a nossa atenção do presente argumento.

7,2. Que o Apóstolo use freqüentemente de inversões devido à agilidade do raciocínio ou à impetuosidade do Espírito que está nele, podemos constatá-lo em muitos outros lugares. É assim que se exprime na carta aos Gálatas: "A que serve a Lei das obras? Foi estabelecida até que aparecesse a posteridade à qual tinha sido feita a promessa, editada pelo ministério dos anjos com o concurso de mediador".40 A ordem do pensamento é a seguinte: "A que serve a Lei das obras? Editada pelo ministério dos anjos com o concurso de mediador, foi estabelecida até que aparecesse a posteridade à qual tinha sido feita a promessa", como se houvesse um homem que faz a pergunta e o Espírito respondesse. Ainda, na segunda carta aos Tessalonicenses, ao falar do Anticristo, Paulo diz: "Então se manifestará esse iníquo a quem o Senhor Jesus matará com o sopro da sua boca e destruirá com o esplendor de sua vinda, que se dará pela intervenção de Satã, com toda espécie de milagres, sinais e prodígios mentirosos".41 A ordem do pensamento é a seguinte: "Então se manifestará esse iníquo e a sua vinda se dará pela intervenção de Satã, com toda espécie de milagres, sinais e prodígios mentirosos e o Senhor Jesus o matará com o sopro da sua boca e destruirá com o esplendor de sua vinda". Com efeito, não será a vinda do Senhor que se dará pela intervenção de Satã, e sim a vinda do iníquo, que nós também chamamos Anticristo. Efetivamente, se não se prestar atenção à maneira de ler e se deixar de indicar, por meio de pausas, de qual pessoa Paulo entende falar, pronunciar-se-á não somente uma incoerência, mas até uma blasfêmia, deixando entender que a vinda do Senhor se dará pela intervenção de Satã. Assim como em textos desta espécie é necessário fazer notar a inversão das palavras pela maneira de ler, para salvaguardar a ordem do pensamento do Apóstolo, também, no caso visto acima, nós não leremos o "Deus deste século", mas com razão chamaremos Deus àquele que é Deus e saberemos que os incrédulos e os cegos deste século não terão a herança do século futuro, que é aquele da vida.

Afirmações de Cristo

8,1. Com a refutação desta calúnia dos hereges fica demonstrado claramente que nem os profetas, nem os apóstolos nunca chamaram Deus e Senhor a não ser ao único e verdadeiro Deus. Isto é mais verdadeiro acerca do Senhor que manda dar a "César o que é de César e a Deus o que é de Deus",42 chamando César de César e reconhecendo a Deus como Deus. Da mesma forma a frase: "Não podeis servir a dois senhores"43 é explicada pelo próprio Senhor quando diz: Não podeis servir a Deus e a Mamon;reconhece Deus como Deus e a Mamon dá o nome que lhe pertence. Ele não chama Mamon de Senhor quando diz: "Não podeis servir a dois senhores", mas ensina aos discípulos que quem serve a Deus não deve estar submetido a Mamon e dominado por ele: Porque, ele diz, quem comete o pecado é escravo do pecado. Como dá o nome de escravo do pecado a quem comete o pecado sem com isso chamar Senhor, ao pecado assim dá o nome de escravos de Mamon aos que servem a Mamon, sem contudo chamar Mamon de Senhor. A palavra "Mamon", no dialeto hebraico falado pelos samaritanos, significa "ávido", que deseja possuir mais do que é conveniente. No hebraico, usado na forma de adjetivo, se diz "Mamuel" e significa "intemperante", que não sabe regular-se quanto à gula.

Ora, quer num, quer noutro sentido, não podemos servir a Deus e a Mamon.

8,2. É também o Senhor que chama o diabo de forte, não, porém, de forma absoluta, mas em relação a nós, enquanto apresenta a si mesmo como o forte no sentido próprio da palavra e com plena verdade, quando diz que ninguém se pode apoderar dos móveis do forte sem antes o amarrar: então pode saquear toda a casa.44 Nós éramos os móveis e a casa do diabo quando estávamos na apostasia, porque se servia de nós como queria e o espírito imundo habitava em nós. Não era forte contra aquele que o amarrou e lhe saqueou a casa, mas o era em relação aos homens que mantinha submissos, porque fizera com que os pensamentos deles ficassem longe de Deus. O Senhor libertou estes homens, como diz Jeremias: O Senhor libertou Jacó e o arrancou das mãos de um mais forte do que ele.45 Se não tivesse mostrado aquele que amarra o forte e lhe tira os móveis e se tivesse limitado a chamá-lo de forte, o diabo seria invencível. Mas o Senhor mencionou o vencedor, que é o que amarra, enquanto o amarrado é o vencido. E tudo isto sem comparações para não pôr no mesmo plano o Senhor e um escravo apóstata. Com efeito, não somente aquele, mas absolutamente nada de tudo o que foi criado e lhe está submetido pode ser comparado ao Verbo de Deus, por meio do qual foram feitas todas as coisas e que é o Senhor nosso Jesus Cristo.

8,3. Que também os Anjos e os Arcanjos, os Tronos e as Dominações foram criados por Deus, que é superior a todas as coisas, e feitos por meio de seu Verbo, João o indica quando diz que o Verbo de Deus estava no Pai: Todas as coisas foram feitas por meio dele e nada foi feito sem ele.46 Também Davi, depois de ter enumerado os motivos de louvor das criaturas, lembrando todos os seres por nós indicados, os céus e todas as suas potências, continua: "Porque deu uma ordem e todas foram criadas, disse uma palavra e todas foram feitas".47 A quem deu a ordem? Ao Verbo, pois diz ele: "é por obra dele que os céus foram criados e é pelo Sopro da sua boca que existe todo o poder deles". E que fez todos os seres livremente e como quis é ainda Davi quem o diz: "O nosso Deus fez tudo o que quis no céu e na terra".48 Os seres criados distinguem-se do Criador e os seres feitos daquele que os fez. Ele não foi feito e não tem princípio nem fim, não precisa de ninguém, basta a si mesmo e, mais que isso, confere a existência a todos os outros seres. Pois os seres criados por ele tiveram início e todos os seres que tiveram início podem ter fim, estão submetidos e dependem daquele que os fez. Por isso é também necessário que estes seres sejam designados com vocábulo diferente pelos que têm um pouco de discernimento dessas coisas, e assim o Criador de todos os seres, juntamente com o seu Verbo, é o único a ser chamado legitimamente Deus e Senhor, enquanto os seres criados não podem receber este apelativo nem se arrogar legitimamente este título, pois pertence exclusivamente ao Criador.

B.   Testemunho dos apóstolos e dos discípulos
Dos evangelhos Mateus

9,1. Fica portanto demonstrado — e será demonstrado com evidência maior — que nem os profetas, nem os apóstolos, nem o Cristo Senhor reconheceram absolutamente como Senhor e Deus a nenhum outro a não ser aquele que é de maneira exclusiva Senhor e Deus; que os apóstolos e os profetas, ao confessar o Pai e o Filho como Deus, não chamaram Deus e Senhor a ninguém mais; e que, por sua vez, o próprio Senhor não deu a conhecer aos discípulos nenhum Deus e Senhor além do próprio Pai que é o único Deus e domina sobre todos os seres. Por isso, se somos os discípulos deles devemos aceitar este testemunho.

O apóstolo Mateus conhece um só e idêntico Deus, que prometeu a Abraão multiplicar-lhe a descendência como as estrelas do céu e nos chamou por meio de seu Filho, Jesus Cristo, do culto dos ídolos de pedra ao seu conhecimento, para que o "não povo se tornasse povo e a que não era amada se tornasse amada".49 Refere-se a como João preparava o caminho ao Cristo e como, aos que se gloriavam de parentesco carnal, enquanto alimentavam sentimentos completamente diferentes e cheios de malícia, pregava a penitência, convidando-os a se converterem da sua malícia, dizendo: "Raça de víboras, quem vos ensinou a fugir da ira vindoura? Produzam frutos dignos de penitência e não digam entre si: Nós temos Abraão por Pai! Pois eu lhes digo que Deus pode, destas pedras, suscitar filhos a Abraão".50 Aquele precursor de Cristo pregava-lhes a penitência que os afastaria da sua malícia, mas nem por isso lhes anunciava outro Deus fora daquele que fizera a promessa a Abraão. Mateus, como Lucas, diz ainda acerca dele: "Este é aquele de quem falou o Senhor por meio do profeta: Voz daquele que grita no deserto: Preparai o caminho do Senhor, endireitai os caminhos do nosso Deus. Todo vale será enchido e toda montanha e colina será rebaixada; os caminhos tortuosos serão endireitados e os irregulares serão aplainados e toda carne verá a Salvação de Deus".51

Único e idêntico é, portanto, Deus, Pai de nosso Senhor, que por meio dos profetas prometeu enviar o precursor e depois tornou visível a toda carne a sua Salvação, isto é, o próprio Verbo feito carne, para que ficasse patente a todos que ele é o seu Rei. De fato, era conveniente que conhecessem o seu juiz os que deviam ser condenados e o doador da glória os que receberiam o dom da glória.

9,2. Ao falar do anjo, Mateus diz: "O anjo do Senhor apareceu em sonho a José".52 E explica imediatamente de qual Senhor se trata: "Para que se cumprisse o que foi dito pelo Senhor por meio do profeta: Chamei meu Filho do Egito". "Eis que a Virgem conceberá em seu seio e dará à luz um Filho e o chamarão com o nome de Emanuel, que significa Deus conosco".53 Davi falou também deste Emanuel, nascido de uma Virgem: "Não desvies a tua face do teu Cristo. O Senhor jurou a verdade a Davi e não o enganará: Porei no meu trono um fruto de teu seio. E ainda: Deus é conhecido na Judéia, o seu lugar se tornou Paz e a sua habitação Sião".54

Portanto, uno e idêntico é Deus, pregado pelos profetas, anunciado pelo Evangelho e o seu Filho, que é o fruto do seio de Davi, isto é, da Virgem descendente de Davi, o Emanuel.

A sua estrela foi assim profetizada por Balaão: "Uma estrela surgirá de Jacó e um chefe aparecerá em Israel".55 Ora, Mateus refere que os magos, vindos do

Oriente, disseram: "Nós vimos a sua estrela no Oriente e viemos adorá-lo";56 e que foram conduzidos por ela à casa de Jacó, até o Emanuel, e que mostraram, com os dons que ofereceram, quem era aquele que adoravam: a mirra significava que era ele que devia morrer e ser sepultado em favor do gênero humano; o ouro, que ele era o Rei cujo reino não tem fim; e o incenso, que ele era o Deus que se deu a conhecer na Judéia, e se manifestou aos que não o procuravam.

9,3. Mateus diz ainda que no batismo: "Os céus se abriram e viu o Espírito de Deus descer sobre ele na forma de pomba. E eis que se ouviu uma voz do céu que dizia: Este é o meu Filho amado no qual me deleitei".57 Não que o Cristo tenha descido em Jesus naquele momento, nem se pode pensar que um é o Cristo e outro é Jesus; mas o Verbo de Deus que é o Salvador de todos e Senhor do céu e da terra, que é Jesus, como demonstramos acima, que assumiu a natureza humana e foi ungido pelo Pai com o Espírito, tornou-se Jesus Cristo. Como diz Isaías: "Sairá um rebento da raiz de Jessé e uma flor brotará da sua raiz; e sobre ele pousará o Espírito de Deus, Espírito de Paciência e de inteligência, Espírito de conselho e de força, Espírito de ciência e de piedade, e será repleto do Espírito do temor de Deus. Não julgará segundo as aparências e não condenará por ter ouvido dizer, mas fará justiça aos pequenos e condenará os poderosos da terra".58 Ainda o próprio Isaías prenunciando a finalidade desta unção, diz: "O Espírito de Deus está sobre mim, pois ungiu-me para que leve a boa-nova aos humildes, enviou-me a curar os contritos de coração, a pregar a redenção aos cativos, a visão aos cegos, a proclamar o ano de graça do Senhor e o dia da retribuição, para consolar todos os que choram".59 Assim o Verbo de Deus, enquanto homem, da descendência de Jessé e filho de Abraão, tinha sobre si o Espírito de Deus e era consagrado para levar a boa-nova aos humildes; enquanto Deus, não julgava segundo as aparências e não condenava por ouvir dizer; com efeito, "ele não precisava de testemunhos acerca de nenhum homem, pois ele sabia o que há no homem".60 Consolava os homens que choravam e dava a libertação aos que eram mantidos escravos pelo pecado, libertando-os dos laços de que fala Salomão: Todos estão amarrados pelos laços dos seus pecados.61 O Espírito de Deus que pelos profetas prometeu conferir-lhe a unção, desceu sobre ele para que nós, recebendo da superabundância da unção dele, nos salvássemos. Este é o testemunho de Mateus.

Lucas 10,1. Lucas, companheiro e discípulo dos apóstolos, falando de Zacarias e de Isabel, dos quais nasceu João, diz: "Ambos eram justos diante de Deus, e, de modo irrepreensível, seguiam todos os mandamentos e estatutos do Senhor".62 E diz ainda de Zacarias: "Ora, aconteceu que, ao desempenhar ele as funções sacerdotais diante de Deus, no turno de sua classe, coube-lhe por sorte, conforme o costume sacerdotal, oferecer o incenso"; e veio para oferecer o sacrifício, "e entrou no Santuário do Senhor".63 Evidentemente, estando diante do Senhor, adorava com pura, absoluta e firme fé aquele que elegeu Jerusalém e estabeleceu a legislação sacerdotal, de quem Gabriel é o anjo,64 porque não conhecia outro Deus superior a este; se tivesse pensado num Deus e Senhor mais perfeito, diferente deste, não teria reconhecido como Deus e Senhor, no sentido próprio e absoluto do termo, alguém que sabia ser o fruto de decadência, como expusemos acima.

Ele também, falando de João, diz: "Pois ele será grande diante do Senhor e converterá muitos dos filhos de Israel ao Senhor, seu Deus; e caminhará à sua frente, com o espírito e o poder de Elias, para preparar ao Senhor um povo bem disposto".65 Para quem preparará um povo e na presença de qual Senhor se tornou grande? Com certeza, diante daquele que disse que João era "mais do que profeta" e, "entre os nascidos de mulher, ninguém era maior do que João Batista".66 Ele preparava o povo, prenunciando a seus companheiros de cativeiro a vinda do Senhor, pregando-lhes a penitência para que, na presença do Senhor, estivessem preparados a receber o perdão, por se terem convertido àquele do qual se tinham afastado com seus pecados e transgressões, de acordo com o que diz Davi: "Os pecadores transviaram-se desde o seio materno, erraram desde o tempo de sua concepção".67 Eis por que, reconduzindo-os ao Senhor, preparava para o Senhor um povo bem disposto, no espírito e no poder de Elias.

10,2. E, ao falar do anjo, diz ainda: "Naquele mesmo tempo, o anjo Gabriel foi enviado por Deus e disse à Virgem: Não temas, Maria, encontraste graça junto de Deus".68 E a respeito do Senhor, o anjo diz: "Ele será grande, será chamado Filho do Altíssimo, e o Senhor Deus lhe dará o trono de Davi, seu pai; ele reinará na casa de Jacó para sempre, e o seu reinado não terá fim".69 Quem mais há de reinar sem interrupção e para sempre na casa de Jacó, senão Jesus Cristo, nosso Senhor, o Filho de Deus Altíssimo, que prometeu, por meio da Lei e dos profetas, tornar visível a sua Salvação a toda carne, de forma tal que este Filho de Deus se tornaria homem para que, por sua vez, o homem se tornasse filho de Deus?

Por isso Maria, exultando, cantava profeticamente, em nome da Igreja: "A minha alma glorifica o Senhor e meu espírito exulta em Deus meu Salvador. Socorreu Israel, seu servo, lembrado de sua misericórdia, conforme prometera a nossos pais, em favor de Abraão e de sua descendência, para sempre".70 Com estas palavras de tanta importância, o Evangelho mostra que o Deus que falou aos pais, isto é, aquele que deu a Lei por meio de Moisés e pela qual sabemos que falou aos pais, é o mesmo Deus que, na sua imensa bondade, efundiu sobre nós a sua misericórdia.

Por causa desta misericórdia "visitou-nos o Astro das alturas e apareceu aos que jazem nas trevas e na sombra da morte e dirigiu nossos passos no caminho da paz".71 É com estas palavras que Zacarias, ao ser libertado do mutismo, causado pela sua incredulidade, repleto de novo Espírito, de maneira nova bendizia a Deus. Com efeito, tudo era novo, pelo fato de que o Verbo vinha dispondo de maneira nova a vinda na carne, para reconduzir a Deus o homem que se afastara dele. Por isso, este homem aprendia a honrar a Deus de maneira nova, não, porém, um Deus novo, "pois não há senão um só Deus que justifica os circuncisos em previsão da fé e os incircuncisos pela fé".72

10,3. Zacarias, repleto do Espírito Santo, profetizou: "Bendito seja o Senhor, Deus de Israel, porque visitou e redimiu o seu povo, e suscitou-nos uma força de salvação, na casa de Davi, seu servo, como prometera, desde tempos remotos, pela boca de seus santos profetas, salvação que nos liberta dos nossos inimigos e da mão de todos os que nos odeiam, para usar de misericórdia com nossos pais, lembrado de sua aliança sagrada, do juramento que fez ao nosso pai Abraão, de nos conceder que, sem temor, libertos da mão de nossos inimigos, nós o sirvamos com santidade e justiça, em sua presença, todos os nossos dias".73

Depois, diz a João: "E tu, menino, serás chamado profeta do Altíssimo; pois irás à frente do Senhor, para preparar-lhe os caminhos, para transmitir a seu povo o conhecimento da salvação, pela remissão de seus pecados".74 Este conhecimento da salvação, isto é, do Filho de Deus, é o que lhes faltava e João o produzia ao dizer: "Eis o Cordeiro de Deus que tira o pecado do mundo. Este é aquele de quem eu disse: depois de mim, vem um homem que passou adiante de mim, porque existia antes de mim e de sua plenitude todos nós recebemos".75 Esta é a gnose da salvação: reconhecer não outro Deus ou outro Pai ou o Abismo ou o Pleroma dos trinta Éões ou a Mãe das Ogdôadas! Mas o conhecimento da Salvação é o conhecimento do Filho de Deus que é chamado e é realmente Salvação, Salvador e Poder salvador: — Salvação, neste texto: "Esperei na tua salvação, Senhor";76 — Salvador, neste outro: "Eis o meu Deus salvador, confiarei nele";77 — Poder salvador, neste terceiro: "O Senhor manifestou a sua ação salvadora diante das nações".78 Com efeito, ele é Salvador enquanto Filho de Deus e Verbo de Deus; ação salvadora, enquanto espírito, porque, está escrito, o "espírito do nosso rosto é o Cristo Senhor;"79

finalmente é Salvação enquanto carne, porque o "Verbo se fez carne e habitou entre nós".80 Este era o conhecimento da Salvação que João dava a todos os que faziam penitência e acreditavam no Cordeiro de Deus que tira o pecado do mundo.

    10,4. Lucas diz ainda que o anjo do Senhor apareceu aos pastores, anunciando-lhes a grande alegria: "nasceu na casa de Davi um Salvador, que é o Cristo Senhor".81 Depois juntou-se "uma multidão do exército celeste a louvar a Deus, dizendo: Glória a Deus no mais alto dos céus e paz na terra aos homens que ele ama".82 Os falsos gnósticos dizem que estes anjos saíram da Ogdôada e revelaram a descida do Cristo do alto. Porém manifestam logo o seu erro quando dizem que o Cristo e Salvador do alto não nasceu, mas desceu, na forma de pomba, na pessoa do Jesus da economia, quando do batismo dele. Por isso, segundo eles, mentem os anjos da Ogdôada, dizendo que Nasceu para vós, hoje, na cidade de Davi, um Salvador que é o Cristo Senhor, porque, para eles, naquele momento, não nasceu nem o Cristo, nem o Salvador, mas o Jesus da economia, que está às dependências do Demiurgo e que só depois do batismo, isto é, depois de trinta anos, é que desceu nele o Salvador do alto. Então, por que acrescentaram na cidade de Davi se não era para anunciar realizada a promessa de um Rei eterno, fruto de seu seio, que Deus fez a Davi? Com efeito, foi o Criador deste universo que fez essa promessa a Davi, como diz o próprio Davi: "O meu socorro vem do Senhor, que fez o céu e a terra";83 e ainda: "Ele tem nas mãos as profundezas da terra e dele são os cumes das montanhas; é dele o mar, pois foi ele quem o fez, e a terra firme, que plasmaram as suas mãos. Entrai, prostrai-vos e inclinai-vos, de joelhos, diante do Senhor que nos fez, pois ele é o nosso Deus".84 O Espírito anuncia claramente pela boca de Davi, aos que o ouvem, que haverá daqueles que desprezarão quem nos plasmou e que é o único Deus. Com as palavras que acabamos de citar, ele queria dizer: "Não vos deixeis enganar: nem fora, nem acima deste, existe outro Deus para o qual vos devais dirigir", e assim nos queria predispor à piedade e ao agradecimento para com o Deus que nos criou, nos fez e nos alimenta. O que acontecerá, então, com os que inventaram tão grande blasfêmia contra o seu Criador?

Os anjos dizem o mesmo. Com estas palavras: "Glória a Deus no mais alto dos céus e paz na terra," glorificam a Deus que fez as alturas, isto é, as regiões supra celestes e criou tudo o que se encontra na terra, que enviou do céu à obra que modelou, isto é, "aos homens", a sua bondade salvadora. Eis por que diz: "Os pastores voltaram, glorificando a Deus por tudo o que viram e ouviram, conforme lhes fora anunciado".85 Ora, não era a outro Deus que os pastores glorificavam, mas aquele que fora anunciado pela Lei e os profetas, Criador de todas as coisas, o mesmo que era glorificado pelos anjos. Se os anjos da Ogdôada glorificavam um Deus e os pastores outro, era a mentira e não a verdade que lhes fora anunciada pelos anjos da Ogdôada.

10,5. Lucas diz ainda, acerca do Senhor: "Quando se completaram os dias para a sua purificação, levaram-no a Jerusalém a fim de apresentá-lo ao Senhor, conforme está escrito na Lei do Senhor: Todo macho que abre o útero será consagrado ao Senhor, e para oferecer em sacrifício, como é dito na Lei do Senhor, um par de rolas ou dois pombinhos";86 chamando Senhor, de maneira absoluta, àquele que estabeleceu a Lei. E continua: Simeão bendisse a Deus, dizendo: "Agora, Senhor, despede em paz o teu servo, porque meus olhos viram a tua Salvação, que preparaste em face de todos os povos, luz para iluminar as nações e glória de teu povo Israel".87 Ana, a profetisa, por sua vez, glorificava, do mesmo modo, a Deus e "falava do menino a todos os que esperavam a redenção de Jerusalém".88 Todas estas citações são para mostrar que existe um só Deus que abriu aos homens o Novo Testamento de liberdade, pela nova economia da vinda de seu Filho.

Marcos 10,6. Por isso, Marcos, companheiro e intérprete de Pedro, inicia assim a redação do Evangelho: "Início do Evangelho de Jesus Cristo, Filho de Deus, conforme está escrito nos profetas: Eis que eu envio o meu mensageiro diante de ti, para preparar-te o caminho. Voz do que clama no deserto: Preparai o caminho do Senhor, endireitai as veredas do nosso Deus".89 Está claro que o início do Evangelho está nas palavras dos santos profetas e aquele que confessaram Senhor e Deus é o Pai de nosso Senhor Jesus Cristo, ao qual prometeu enviar um anjo que o precedesse. Este foi João, que no espírito e no poder de Elias gritava no deserto: "Preparai o caminho do Senhor, endireitai as veredas diante do nosso Deus". Com efeito, os profetas não anunciavam ora um Deus ora outro, mas o único e idêntico Deus, servindo-se de vários sinais e de muitos nomes, porque o Pai é múltiplo e rico, como mostramos no livro precedente e como mostraremos ao longo de nosso escrito, por meio dos escritos dos profetas. E, no final do Evangelho, Marcos diz também: "Ora, o Senhor Jesus, depois de lhes ter falado, foi arrebatado ao céu e sentou-se à direita de Deus",90 confirmando assim o que foi dito pelo profeta: Disse o Senhor ao meu Senhor: "Senta-te à minha direita até que ponha os teus inimigos por escabelo de teus pés".91 Assim, existe um só e idêntico Deus e Pai, anunciado pelos profetas, transmitido pelo Evangelho, que nós, cristãos, honramos e amamos de todo o coração, Criador do céu e da terra e de tudo o que está neles.

João 11,1. Esta mesma fé é pregada por João, discípulo do Senhor, que quis, com o seu Evangelho, extirpar o erro semeado entre os homens por Cerinto, e muito antes, pelos chamados nicolaítas,92 uma ramificação separada da falsa gnose, e refutá-los, demonstrando que existe somente um Deus, que criou todas as coisas pelo seu Verbo e que é falso o que eles dizem, isto é, que um é o Demiurgo e outro é o Pai do Senhor; que um é o Filho do Demiurgo e outro é o Cristo do alto, que teria ficado impassível quando da sua descida a Jesus, o Filho do Demiurgo, voltando depois para o seu Pleroma; que o Princípio é o Unigênito, ao passo que o Logos é Filho deste Unigênito; e finalmente, que o nosso mundo não foi criado pelo primeiro Deus, e sim por alguma Potência muito inferior e afastada de toda comunicação com as realidades invisíveis e inexprimíveis. Ora, querendo o discípulo do Senhor extirpar todos estes erros e estabelecer na Igreja a regra da verdade, a saber, que existe um só Deus onipotente, que por meio de seu Verbo fez todas as coisas, as visíveis e as invisíveis; indicando também que por este Verbo, pelo qual fizera a criação, Deus deu a salvação aos homens que se encontravam nesta criação, assim começou a ensinar no seu Evangelho: "No princípio era o Verbo e o Verbo estava com Deus e o Verbo era Deus; no princípio ele estava com Deus. Tudo foi feito por meio dele e sem ele nada foi feito. O que foi feito nele era a vida, e a vida era a luz dos homens e a luz brilha nas trevas, mas as trevas não a apreenderam".93 Diz: Tudo foi feito por meio dele. Entre todas estas coisas é evidente que há também esta criação, pois não lhes podemos conceder que a expressão "todas as coisas" designe o que se encontra no interior de seu Pleroma. Com efeito, se o seu Pleroma contém também as coisas que nos envolvem, o nosso grande mundo criado não está fora dele, como demonstramos no livro precedente; se, ao contrário, estas coisas estão fora do Pleroma, o que nos pareceu impossível, o seu Pleroma já não é todas as coisas. Portanto, não se pode excluir desta totalidade nada de toda esta criação.

11,2. Por outro lado, o próprio João eliminou de nós toda divergência, dizendo: "Ele estava no mundo e o mundo foi feito por meio dele, mas o mundo não o reconheceu. Veio para o que era seu e os seus não o receberam".94 Porém, segundo Marcião e seus semelhantes, nem o mundo foi feito por meio dele, nem ele veio entre os seus, mas entre estrangeiros. Segundo alguns gnósticos, este mundo foi feito pelos Anjos e não por meio do Verbo. Segundo os valentinianos foi feito não por meio do Verbo, e sim pelo Demiurgo. Com efeito, o Verbo fazia que as coisas fossem semelhantes às do mundo superior, como eles dizem, e o Demiurgo cumpria a obra da criação. Dizem que ele foi emitido pela Mãe como Senhor e Demiurgo da economia da criação e este mundo foi feito por ele, mas o Evangelho diz expressamente que todas as coisas foram feitas pelo Verbo que no princípio estava com Deus, e este "Verbo se fez carne e habitou entre nós".95

11,3. Segundo os hereges, porém, o Verbo não se fez carne, nem o Cristo, nem o Salvador de todos. E sustentam até que o Verbo e o Cristo não vieram a este mundo e que o Salvador não se encarnou e padeceu, mas que desceu, na forma de pomba sobre o Jesus da economia e, depois de ter anunciado o Pai incognoscível, voltou para o Pleroma. Para alguns, quem se encarnou e padeceu foi o Jesus da economia, depois de ter passado por Maria, como a água por um tubo; para outros, foi o Filho do Demiurgo, no qual desceu o Jesus da economia; para outros ainda, Jesus nasceu de José e de Maria e nele é que desceu o Cristo do alto, sem carne e impassível. Ora, em nenhuma destas opiniões heréticas se admite que "O Verbo de Deus se fez carne"; e se alguém examina a regra de fé de todos eles verá que apresentam o Verbo de Deus e o Cristo do alto sem carne e impassíveis. Alguns pensam que se manifestou na forma de homem, mas não admitem tenha nascido e se tenha encarnado; outros não concedem sequer a forma de homem e dizem que desceu, na forma de pomba, sobre o Jesus que nasceu de Maria. Todos eles são declarados testemunhas falsas pelo discípulo do Senhor que diz: "O Verbo se fez carne e habitou entre nós".

11,4. E para que não procuremos de qual Deus o Verbo se fez carne, ele mesmo no-lo ensina, dizendo: "Houve um homem enviado por Deus e seu nome era João. Este veio como testemunha para dar testemunho da luz. Ele não era a luz, mas veio para dar testemunho da luz".96 Por qual Deus foi enviado João, o precursor e a testemunha da luz? Certamente, por aquele de quem Gabriel é o anjo, que também anunciou a boa nova do seu nascimento e que prometeu por meio dos profetas que enviaria o seu mensageiro diante da face de seu Filho para lhe preparar o caminho, isto é, para dar testemunho da luz, no Espírito e no poder de Elias. E, por sua vez, Elias foi servo e profeta de qual Deus? Daquele que fez o céu e a terra, como ele próprio confessa. Ora, se João foi enviado pelo Criador deste mundo, como poderia dar testemunho a uma luz que tivesse descido de regiões invisíveis e inexprimíveis?

Todos os hereges afirmam que o Demiurgo ignora a Potência que está acima dele de quem João é testemunha e indicador. É por este motivo que o Senhor disse que o tinha em conta de alguém maior do que profeta, porque os outros profetas anunciaram a vinda da luz do Pai e desejavam ser dignos de ver aquele que prenunciavam; João o prenunciou, como os outros, porém o viu quando veio, indicou-o e levou muitos a crerem nele, tornando-se ao mesmo tempo profeta e apóstolo. Ora, é isso que quer dizer "mais do que profeta", porque primeiro há os apóstolos e depois os profetas, e os mesmos são enviados por um só e idêntico Deus.

11,5. O vinho que Deus produziu da videira pelo processo natural e que foi bebido em primeiro lugar era bom, de sorte que nenhum dos que o beberam o criticaram e o próprio Senhor tomou dele. Mas aquele que o Verbo fez instantaneamente e simplesmente usando a água que servia aos convidados às bodas era melhor. Ora, se bem que o Senhor tivesse o poder de fornecer o vinho aos convidados e de saciar de alimentos os famintos sem precisar de nenhuma das coisas criadas, não o fez. Assim, tomando os pães que provinham da terra e dando graças, e, outra vez, mudando a água em vinho, saciou os que estavam sentados na relva e dessedentou os convidados às bodas. Mostrava, com isso, que o Deus que fez o céu e a terra e lhe ordenou que produzisse frutos, que estabeleceu as águas e fez as fontes jorrarem, é ainda ele que nos últimos tempos dá ao gênero humano a bênção do Alimento e a graça da Bebida, por meio de seu Filho: o Deus incompreensível por meio daquele que pode ser compreendido, o Deus invisível, por aquele que pode ser visto, pois este não está fora dele, mas está no seio do Pai.

11,6. João diz: "Ninguém jamais viu a Deus. O Filho único que está no seio do Pai, este o deu a conhecer".97 Pois o Pai que é invisível é dado a conhecer a todos pelo Filho que está em seu seio. Por isso o conhecem aqueles aos quais o Filho o revela, e, por seu lado, o Pai dá a conhecer o seu Filho, por meio do próprio Filho, aos que o amam. Foi porque instruído pelo Pai que Natanael o conheceu e recebeu do Senhor o testemunho de que era verdadeiro israelita, no qual não havia engano. Este israelita conheceu o seu Rei e lhe disse: "Rabi, tu és o Filho de Deus, tu és o Rei de Israel!"98 Como também foi porque instruído pelo Pai que

Pedro conheceu o Cristo, Filho do Deus vivo e disse: "Eis o meu Filho bem-amado em que me comprazo. Porei o meu Espírito sobre ele e fará conhecer o julgamento às nações. Ele não discutirá, nem clamará, nem sua voz se ouvirá nas praças. Ele não quebrará o caniço rachado, nem apagará a mecha que ainda fumega até que conduza o direito ao triunfo; e no seu nome as nações porão sua esperança".99

O Evangelho: único e quadriforme100
11,7. Estas são as verdades fundamentais anunciadas pelo Evangelho: um só Deus criador deste universo, que foi anunciado pelos profetas, que deu a economia da Lei por meio de Moisés, que é o Pai de nosso Senhor Jesus Cristo, fora do qual não conhecem outro Deus ou outro Pai. O valor dos evangelhos é tão grande que recebe o testemunho até dos próprios hereges, os quais tentam confirmar as suas teorias apoiados nalguns dos seus textos. Assim os ebionitas, que se servem somente do Evangelho segundo Mateus, são convencidos somente por ele a não pensar corretamente acerca do Senhor. Marcião, que mutila o Evangelho segundo Lucas, demonstra-se blasfemador do único e verdadeiro Deus, pelos simples fragmentos que ainda conserva. Os que distinguem Jesus do Cristo e dizem que o Cristo permaneceu impassível enquanto Jesus sofria, podem ser corrigidos pelo Evangelho segundo Marcos, que eles preferem, se o lerem com amor à verdade. Finalmente, os valentinianos, aceitando inteiramente o Evangelho segundo João, para demonstrar as suas sizígias, são acusados por este mesmo Evangelho de não dizer nada de certo, como

mostramos no primeiro livro. A partir do momento que os nossos adversários usam estes evangelhos, dando-lhes o testemunho, é maior o valor da nossa argumentação baseada neles.

11,8. Por outro lado, os evangelhos não são, nem mais nem menos, do que estes quatro. Com efeito, são quatro as regiões do mundo em que vivemos, quatro são os ventos principais e visto que a Igreja é espalhada por toda a terra e como tem por fundamento e coluna o Evangelho e o Espírito da vida, assim são quatro as colunas que espalham por toda parte a incorruptibilidade e dão vida aos homens. Por isso é evidente que o Verbo, Artífice de todas as coisas, que está sentado acima dos querubins e mantém unidas todas as coisas, quando se manifestou aos homens, nos deu um Evangelho quadriforme, sustentado por um único Espírito. Por isso Davi, ao invocar a sua vinda, diz: "Tu que te assentas acima dos querubins, aparece".101 Ora, os querubins têm quatro aspectos, e suas figuras são a imagem da atividade do Filho de Deus. Ele diz: "O primeiro animal é semelhante a leão",102 caracterizando o poder, a supremacia e a realeza; "o segundo é semelhante a novilho",103 manifestando a sua destinação ao sacrifício, ao sacerdócio; "o terceiro tem rosto semelhante a homem",104 o que lembra claramente a sua vinda em forma humana; e "o quarto assemelha-se à águia que voa",105 sinal do dom do Espírito que sopra sobre a Igreja. Os evangelhos, portanto, correspondem a estes animais, acima dos quais está sentado Jesus Cristo. Um conta a geração preeminente, poderosa e gloriosa que tem do Pai, com estas palavras: "No princípio era o Verbo e o Verbo estava com Deus e o Verbo era Deus; e: Tudo foi feito por meio dele e sem ele nada foi feito".106 É por isso que este Evangelho está cheio de pensamentos sublimes; pois este é o seu aspecto. O Evangelho segundo Lucas, portador de caráter sacerdotal, começa com o sacerdote Zacarias que oferece a Deus o sacrifício do incenso, porque já estava pronto o vitelo gordo que devia ser imolado por causa da volta do filho menor. Mateus, por sua vez, narra a sua geração humana, dizendo: "Livro da origem de Jesus Cristo, filho de Davi, filho de Abraão".107 E em seguida: "A origem de Jesus Cristo foi assim".108 É portanto, o Evangelho da humanidade de Cristo, por isso Jesus é constantemente apresentado como homem humilde e manso. Marcos, por sua vez, inicia pelo Espírito profético que do alto investe o homem: "Princípio do Evangelho; conforme está escrito no profeta Isaías...,"109 dando uma imagem alada do Evangelho. Por isso exprime-se de maneira concisa e rápida: é o estilo profético. É assim que o próprio Verbo de Deus falava conforme a sua divindade e glória aos patriarcas que viveram antes de Moisés; aos que viveram no tempo da Lei conferia função ministerial e sacerdotal; em seguida, quando se fez homem, para nós enviou o Espírito celeste a toda a terra para nos proteger com suas asas. Em suma, da forma como se apresenta a atividade do Filho de Deus assim é o aspecto dos animais, e igual ao aspecto dos animais é a característica do Evangelho: quadriformes os animais, quadriforme o Evangelho, quadriforme a atividade do Senhor. Por isso também foram concluídas quatro alianças com a humanidade: uma, nos tempos de Adão, antes do dilúvio; a segunda, depois do dilúvio, nos tempos de Noé; a terceira, que é o dom da Lei, nos tempos de Moisés; e a quarta, finalmente, que, por meio do Evangelho, renova o homem e as recapitula todas em si, e eleva os homens, fazendo-os levantar vôo para o reino celeste.

11,9. Sendo esta a realidade, são estultos, ignorantes e, além disso, irreverentes os que rejeitam a forma com que se apresenta o Evangelho e introduzem número maior ou menor de formas do que as que apresentamos; alguns para dar a entender que acharam algo mais do que a verdade e outros para rejeitar as economias de Deus. Assim, Marcião, rejeitando todo o Evangelho, ou melhor, separando-se do Evangelho, ainda encontra motivos para gloriar-se de possuir uma parte do Evangelho. Outros, para negar o dom do Espírito difundido nos últimos tempos sobre o gênero humano,110 pelo beneplácito do Pai, não admitem a forma do Evangelho segundo João, no qual o Senhor promete enviar o Paráclito: rejeitam ao mesmo tempo o Evangelho e o Espírito profético. Verdadeiramente infelizes, porque, para evitar o perigo dos falsos profetas, não reconhecem à Igreja a graça da profecia, da mesma forma dos que, por medo de se contaminar com pecadores ocultos, não conservam sequer relações com os irmãos. É fácil entender por que eles também não admitem o apóstolo Paulo, o qual, na carta aos coríntios, fala claramente dos carismas proféticos mencionando homens e mulheres que profetizam na Igreja.111 Por causa disso tudo, eles pecam contra o Espírito de Deus, caindo em pecado irremissível. Os valentinianos, indo além de todo pudor e publicando seus próprios escritos, gloriam-se de ter mais do que está nos evangelhos e tiveram a grande ousadia de intitular "Evangelho da verdade" a um seu escrito recente que é completamente diferente dos evangelhos dos apóstolos, de tal forma que entre eles, sequer o Evangelho está isento de ser blasfemado. Ora, se o deles é o evangelho da verdade e é diferente dos evangelhos que os apóstolos nos transmitiram, os que o quiserem, podem se dar conta, por meio das próprias Escrituras, que não é aquele transmitido pelos apóstolos, o evangelho da verdade. Mas nós mostramos, com tantos e tão fortes argumentos, que somente os evangelhos dos apóstolos são os verdadeiros e autênticos, e que não pode haver nem mais nem menos do que foi dito. Com efeito, se Deus fez todas as coisas com ordem e harmonia, havia também de fazer com que a forma dos evangelhos se apresentasse com ordem e harmonia.

Agora, depois de ter examinado o pensamento dos que nos transmitiram o Evangelho, desde os inícios deles, passemos aos outros apóstolos e vejamos o seu pensamento sobre Deus; a seguir ouviremos também as próprias palavras do Senhor.

C. Testemunho dos Atos dos Apóstolos
Pedro

12,1. O apóstolo Pedro, depois da ressurreição do Senhor e da sua ascensão ao céu, querendo completar o número dos doze apóstolos com a eleição que Deus faria, de um dos presentes no lugar de Judas, disse: "Irmãos, era preciso que se cumprisse a Escritura, em que, por boca de Davi, o Espírito Santo havia, de antemão, falado a respeito de Judas, que se tornou o guia dos que prenderam Jesus e era contado entre os nossos: Fique deserta a sua morada e não haja quem nela habite, e: Outro receba o seu encargo".112 Pedro completava assim o número dos apóstolos, baseando-se no que Davi dissera.

Em seguida, depois que o Espírito Santo desceu sobre os discípulos e como todos profetizassem e falassem línguas diversas e alguns fizessem troça deles como se estivessem ébrios pelo vinho doce, Pedro declarou que não estavam embriagados, pois era apenas a terceira hora do dia, mas que se cumpria a palavra do profeta: "Sucederá nos últimos dias, diz o Senhor, que derramarei do meu Espírito sobre toda a carne e profetizarão".113 O Deus que prometera, por meio do profeta, que enviaria o seu Espírito sobre o gênero humano, enviou-o realmente e este Deus anunciado por Pedro é o que cumpre as promessas.

12,2. Pedro, pois, diz: "Homens de Israel, ouvi estas minhas palavras. Jesus de Nazaré foi por Deus aprovado diante de vós com milagres, prodígios e sinais que Deus operou por meio dele entre vós, como bem sabeis. Este homem, entregue segundo o desígnio determinado e a presciência de Deus, vós o matastes, crucificando-o pela mão dos ímpios. Mas Deus o ressuscitou, libertando-o das angústias dos infernos, pois não era possível que ele fosse retido em seu poder. De fato, é a respeito dele que diz Davi: Eu via sem cessar o Senhor diante de mim: ele está à minha direita, para que eu não vacile. Por isso alegra-se o meu coração e minha língua exulta. Mais ainda, também minha carne repousará na esperança, porque não abandonarás minha alma nos infernos, nem permitirás que teu santo veja a corrupção".114 Em seguida lhes fala com coragem do patriarca Davi que morreu e foi sepultado e o sepulcro dele estava ali entre eles até este dia. Mas sendo profeta — continua — e sabendo que Deus lhe havia assegurado com juramento que um descendente seu tomaria assento em seu trono, previu e anunciou a ressurreição de Cristo, o qual, na verdade, não foi abandonado nos infernos, nem sua carne viu a corrupção. A este Jesus — continua — Deus o ressuscitou, e disto nós todos somos testemunhas. Portanto, exaltado pela direita de Deus, ele recebeu do Pai o Espírito Santo prometido e o derramou, e é isto o que vedes e ouvis. Pois Davi, que não subiu aos céus, afirma: "Disse o Senhor ao meu Senhor: Senta-te à minha direita até que eu faça de teus inimigos um estrado para teus pés. Saiba, portanto, com certeza, toda a casa de Israel: Deus o constituiu Senhor e Cristo, este Jesus a quem vós crucificastes".115 E à multidão que lhe perguntava: "Que devemos fazer?" Pedro respondeu: "Arrependei- vos, e cada um de vós seja batizado em nome de Jesus Cristo para a remissão dos vossos pecados, e recebereis o dom do Espírito Santo".116

    Portanto, os apóstolos não pregavam outro Deus ou outro Pleroma, nem um Cristo que padeceu e ressuscitou distinto de outro que teria subido e permanecido impassível, mas um único e mesmo Deus Pai e um único e mesmo Jesus Cristo, que ressuscitou dos mortos. E anunciavam a fé no Filho de Deus aos que não criam nele e lhes demonstravam pelos profetas que Deus lhes enviara o Cristo que prometera enviar, na pessoa deste mesmo Jesus que eles crucificaram e que Deus ressuscitara.

12,3. Ainda, quando Pedro acompanhado de João viu o coxo de nascimento, sentado diante da porta do templo, chamada Formosa, a pedir esmola, disse-lhe: Não tenho prata nem ouro; mas o que tenho, isso te dou: Em nome de Jesus Cristo de Nazaré, levanta-te e anda. E imediatamente se lhe consolidaram os pés e os tornozelos, e andava. "Entrou com eles no templo, andando, saltando e louvando a Deus".117 Como grande multidão se ajuntasse em volta deles por causa do milagre, Pedro tomou a palavra e disse: "Israelitas, por que vos admirais disto e pondes os olhos em nós, como se por nosso poder, ou por nossa piedade, tivéssemos feito andar este homem? O Deus de Abraão, de Isaac e de Jacó, o Deus de nossos pais, glorificou o seu Filho Jesus, a quem vós entregastes e negastes diante de Pilatos, sendo ele de opinião que se soltasse. Mas vós negastes o Santo e o Justo e pedistes que vos fosse dado um homicida; matastes o autor da vida, a quem Deus ressuscitou dos mortos, do que nós somos testemunhas. Mediante a fé do seu nome é que o seu mesmo nome deu firmeza a este que vós vedes e conheceis; a fé que vem dele foi que deu a este cura perfeita à vista de todos nós. Agora, irmãos, eu sei que procedestes por ignorância. Porém Deus cumpriu o que tinha anunciado por boca de todos os profetas: que padeceria o seu Cristo. Arrependei-vos, pois, e convertei-vos, para que os vossos pecados vos sejam perdoados, para que venham os tempos da consolação diante do Senhor e envie aquele Jesus Cristo que vos foi destinado, o qual convém que o céu receba até os tempos da restauração de todas as coisas, de que Deus falou antigamente pela boca dos seus santos profetas.

Moisés disse a nossos pais: O Senhor vosso Deus vos suscitará um profeta dentre vossos irmãos, como eu; a este ouvireis em tudo o que vos disser. Todo aquele, pois, que não ouvir este profeta será exterminado do meio do povo. E todos os profetas que falaram desde Samuel em diante, anunciaram estes dias. Vós sois os filhos dos profetas e da aliança que Deus estabeleceu com nossos pais, dizendo a Abraão: 'Na tua posteridade serão abençoadas todas as famílias da terra'. Deus, tendo ressuscitado o seu Filho, vo-lo enviou primeiramente a vós, para vos abençoar, a fim de que cada um se converta da sua iniqüidade".118

Pelo discurso que Pedro fez, juntamente com João, anunciando cumpridas em Jesus as promessas que Deus fez aos pais, aparece claramente que ele não pregou outro Deus, mas o verdadeiro Filho de Deus feito homem, que padeceu e conduziu Israel ao conhecimento verdadeiro da salvação; pregou a ressurreição dos mortos em Jesus e indicou que tudo o que os profetas predisseram da paixão de Cristo, Deus o tinha cumprido.

12,4. Por isso, Pedro disse ainda com coragem aos chefes dos sacerdotes reunidos: "Chefes do povo e anciãos de Israel, já que hoje somos interrogados a respeito de benefício feito a homem enfermo, para saber de que modo foi curado, seja notório a todos vós e a todo o povo de Israel, que é em nome de nosso Senhor Jesus Cristo de Nazaré, que vós crucificastes, e a quem Deus ressuscitou dos mortos, é neste nome que este está são diante de vós. Ele é a pedra que foi rejeitada por vós que edificais, a qual foi posta por pedra angular. Não há salvação em nenhum outro, porque, sob o céu, nenhum outro nome foi dado aos homens, pelo qual nós devamos ser salvos".119

Eis, portanto, que os apóstolos não trocavam de Deus, mas anunciavam ao povo que o Cristo era Jesus crucificado e ressuscitado por Deus; tinha-o ressuscitado o mesmo Deus que enviara os profetas e nele deu a salvação aos homens.

12,5. Confundidos, quer pelo milagre — pois, diz a Escritura, o homem para o qual se deu esta cura miraculosa, tinha mais de quarenta anos —, quer pelo ensinamento dos apóstolos e pela explicação dos profetas, os chefes dos sacerdotes soltaram Pedro e João, que voltaram aos outros apóstolos e discípulos do Senhor, isto é, à Igreja, e contaram tudo o que tinha acontecido e como tinham agido com coragem no nome de Jesus. Ao ouvir isto, diz Lucas, "levantaram unânimes a voz a Deus e disseram: Senhor, és tu que fizeste o céu e a terra, o mar e tudo o que há neles; que, mediante o Espírito Santo, pela boca do nosso pai Davi, teu servo, disseste: Por que se agitaram as gentes, e os povos fizeram vãos projetos. Levantaram-se os reis da terra, e os príncipes se coligaram contra o Senhor e contra o seu Cristo. Porque verdadeiramente se coligaram nesta cidade contra o teu santo Filho Jesus, ao qual ungiste, Herodes e Pôncio Pilatos, com os gentios e com os povos de Israel, para executarem o que a tua mão e a tua vontade determinaram que se fizesse".120

Esta é a voz da Igreja, da qual tiveram origem todas as igrejas; estas as vozes da Cidade mãe dos cidadãos da nova Aliança; estas eram as vozes dos apóstolos, as vozes dos discípulos do Senhor; eles eram verdadeiramente perfeitos, por terem sido tornados perfeitos pelo Espírito, depois da ascensão do Senhor; e invocavam a Deus que fez o céu, a terra e o mar, anunciado pelos profetas e o seu Filho Jesus, que Deus ungiu, e não conheceram outro Deus.

Não havia, então, Valentim, nem Marcião, nem nenhum destes que perdem a si mesmos e aos que acreditam neles. Por isso o Deus Criador de todas as coisas os escutou: "Tremeu o lugar onde estavam reunidos, diz, e ficaram todos cheios do Espírito Santo e anunciavam com firmeza a palavra de Deus aos que estavam dispostos a crer".121 Com grande coragem — continua — davam testemunho da ressurreição do Senhor Jesus, dizendo-lhes: "O Deus dos nossos pais ressuscitou Jesus, a quem vós matastes, suspendendo-o num madeiro. A este elevou Deus com a sua destra como Príncipe e Salvador, para dar a Israel o arrependimento e a remissão dos pecados. Nós somos testemunhas destas coisas e também o Espírito Santo, que Deus deu a todos os que lhe obedecem".122 "E todos os dias — continua — não cessavam de ensinar e de anunciar a Boa - nova de Jesus, o Cristo, Filho de Deus, no templo e pelas casas".123 Este é o conhecimento da Salvação, que torna perfeitos para Deus os que conhecem a vinda de seu Filho.

12,6. Visto que alguns deles dizem impudentemente que, ao pregar aos judeus, os apóstolos não lhes podiam anunciar nenhum outro Deus a não ser aquele em quem criam, nós lhes responderemos que se os apóstolos tivessem falado de acordo com a opinião que os homens tinham desde os tempos antigos, ninguém teria chegado à verdade por meio deles, nem mesmo pelo Senhor, bem antes deles, porque, na opinião dos hereges, ele próprio já tinha falado desta maneira. Por conseguinte, nem os próprios hereges conheceriam a verdade, porque teriam sido instruídos segundo uma idéia preconcebida de Deus, acomodada ao seu entendimento. Usando este princípio ninguém possuiria regra da verdade e todos os discípulos podem dizer a todos que foram instruídos conforme o que pensavam antes e conforme sua capacidade de entender. Desta forma, a vinda do Senhor teria sido inútil e supérflua se era para deixar que todos conservassem a idéia que tinham de Deus até então.

Acrescente-se a isso que deveria ser bastante difícil anunciar aos judeus que o homem que viram e crucificaram era o Cristo Filho de Deus e seu eterno Rei. Ora, isso não era falar de acordo com a opinião anterior deles, pois para quem lhes lançava em rosto o título de assassinos do Senhor teria sido mais fácil anunciar-lhes o Pai que está acima do Demiurgo no lugar daquele em que todos criam. Tanto mais que o seu pecado seria bem menor, visto que o Salvador do alto, ao qual teriam de subir, era impassível e por conseguinte não poderia ser crucificado por eles. Da mesma forma que os apóstolos não falavam aos pagãos segundo as opiniões deles e lhes diziam abertamente que os deles não eram deuses, mas ídolos dos demônios, assim teriam anunciado aos judeus um Pai diferente e mais perfeito se o tivessem conhecido, sem alimentar e favorecer a idéia falsa que se tinham formado de Deus. E, finalmente, ao destruir o erro dos pagãos e ao afastá-los dos deuses deles, não os levavam a outro erro, mas afastando os que não eram deuses, lhes indicavam aquele que é o único Deus e o verdadeiro Pai.

12,7. Ainda, pelas palavras de Pedro ao centurião Cornélio e aos pagãos que estavam com ele, os primeiros aos quais foi dirigida a palavra de Deus, em Cesaréia, podemos conhecer a pregação dos apóstolos e a sua concepção a respeito de Deus. Este Cornélio, dizem os Atos, "era religioso e temente a Deus com toda a sua casa, dava muitas esmolas ao povo e orava a Deus assiduamente. Este viu claramente, numa visão, cerca da hora nona, que um anjo de Deus se apresentava diante dele e lhe dizia: As tuas esmolas subiram como memorial à presença de Deus. Agora envia homens a Simão, que tem por sobrenome Pedro".124 Por sua vez, depois de ter a revelação, na qual a voz celeste lhe respondia que não chamasse impuro o que Deus purificou — com efeito, Deus, que na Lei distinguiu as coisas puras e impuras, agora purificou todas as nações pelo sangue de seu Filho; e este é o Deus adorado por Cornélio —, Pedro foi a ele e lhe disse: "Na verdade, reconheço que Deus não faz acepção de pessoas, mas que, em qualquer nação, aquele que o teme e pratica a justiça, lhe é agradável".125 Assim ele declara expressamente que o Deus antes adorado por Cornélio, de quem ouvira falar por meio da Lei e dos profetas, pelo amor do qual dava as esmolas, era o verdadeiro Deus. Faltava-lhe, porém, o conhecimento do Filho e por isso Pedro acrescentou: "Vós sabeis o que aconteceu por toda a Judéia, começando pela Galiléia, depois do batismo que João pregou; como Deus ungiu com o Espírito Santo e com poder Jesus de Nazaré; o qual andou de lugar em lugar fazendo o bem e sarando todos os oprimidos do demônio, porque Deus estava com ele. Nós somos testemunhas de tudo o que ele fez no país dos judeus e em Jerusalém; mas, mataram-no, suspendendo-o num madeiro. Deus, porém, ressuscitou-o ao terceiro dia e fez que se manifestasse, não a todo o povo, mas às testemunhas que Deus escolhera antes, a nós que comemos e bebemos com ele, depois que ressuscitou dos mortos. Mandou-nos pregar ao povo e dar testemunho de que ele é aquele que Deus constituiu Juiz dos vivos e dos mortos. Dele dão testemunho todos os profetas de que todos os que crêem nele, recebem, por meio de seu nome, a remissão dos pecados".126

Portanto, os apóstolos anunciavam o Filho de Deus aos que antes não o conheciam e a sua vinda aos que conheciam só a Deus; mas não apresentavam um Deus diferente. Se Pedro tivesse conhecido outro Deus, com certeza pregaria aos pagãos que o Deus dos cristãos era diverso do Deus dos judeus e eles, ainda sob a impressão da visão angélica, teriam crido em tudo o que lhe tivesse falado. Mas, pelas palavras de Pedro, está claro que os deixou na fé no Deus que já antes conheciam e somente lhes testemunhou que Jesus Cristo é o Filho de Deus, o Juiz dos vivos e dos mortos, em nome do qual deviam ser batizados para receberem a remissão dos pecados; e não somente isso, mas testemunhou que o próprio Jesus é o Filho de Deus, este Jesus que, por ter recebido a unção do Espírito Santo, é chamado Jesus Cristo, e é o mesmo que nasceu de Maria, como está implícito no testemunho de Pedro. Ou será que Pedro não tinha ainda a gnose perfeita que esses hereges descobriram depois? Ora, a acreditar neles, Pedro seria imperfeito, os outros apóstolos também, e seria necessário que, ressuscitados, se tornassem discípulos deles para serem perfeitos. Mas isso seria ridículo. Na realidade, porém, é evidente que essa gente são os discípulos de suas teorias errôneas e não dos apóstolos; é por isso que cada um pensa de modo diverso dos outros, conforme a capacidade de se embrenhar no erro.

A Igreja, porém, espalhada por toda a terra, iniciada pelos apóstolos, persevera firmemente numa só e idêntica fé em Deus e no seu Filho.

Filipe

12,8. Ainda, de quem falou Filipe, sozinho, ao eunuco da rainha da Etiópia, que, voltando sozinho de Jerusalém, lia o profeta Isaías? Não era aquele de quem o profeta disse: "Como ovelha foi levado ao matadouro e como cordeiro mudo diante do que o tosquia, assim ele não abriu a boca? Quem poderá contar a sua geração? pois que a sua vida será arrancada da terra".127 Demonstrou-lhe que aquele era Jesus no qual se cumprira a Escritura, como dizia o eunuco ao crer e ao pedir logo o batismo: "Creio que Jesus é o Filho de Deus".128 Em seguida, foi enviado à região da Etiópia a pregar aquele em quem ele tinha crido, isto é, um Deus único, pregado pelos profetas, cujo Filho apareceu como homem, levado ao sacrifício como cordeiro e tudo o resto que disseram dele os profetas.

Paulo

12,9. Também Paulo, depois que o Senhor lhe falou, do céu, e lhe mostrou que ao perseguir os seus discípulos perseguia o Senhor, e o enviou a Ananias para recuperar a visão e ser batizado, em Damasco, "começou a pregar nas sinagogas, com a maior isenção, que este é o Cristo Filho de Deus".129 Este é o mistério que diz ter-lhe sido revelado,130 isto é, que aquele que padeceu sob Pôncio Pilatos é o Senhor de todos os homens, seu Deus, Rei e Juiz, por ter recebido o poder do Deus de todas as coisas, pois, se fizera obediente até a morte, e a morte de cruz.131

E, por ser verdade, anunciando o Evangelho aos atenienses, no areópago, onde, na ausência dos judeus, podia pregar com toda isenção o verdadeiro Deus, dizia: "Deus, que fez o mundo e tudo o que há nele, sendo ele o Senhor do céu e da terra, não habita em templos feitos pelos homens, nem é servido pelas mãos dos homens, como se necessitasse de alguma coisa, ele que dá a todos a vida, a respiração e todas as coisas e de um só fez todo o gênero humano, para que habitasse sobre toda a face da terra, fixando aos povos a ordem dos tempos e os limites da sua habitação, para que busquem a Deus e o encontrem como que às apalpadelas embora ele não esteja longe de cada um de nós. Porque nele vivemos, nos movemos e existimos, como até o disseram alguns dos vossos poetas: Somos verdadeiramente de sua linhagem. Sendo nós, pois, linhagem de Deus, não devemos pensar que a Divindade é semelhante ao ouro, à prata ou à pedra lavrada por arte e indústria do homem. Porém Deus, não levando em conta os tempos desta ignorância, anuncia agora aos homens que todos, em todo o lugar, se arrependam, porque fixou um dia em que há de julgar o mundo conforme a justiça, por meio de um homem, Jesus, acreditando-o junto a todos, no qual fundou a fé, ressuscitando-o dos mortos".132 Neste trecho não somente afirma, na ausência dos judeus, o Deus Criador do mundo, mas ainda mais, que ele fez habitar na terra todo o gênero humano, como diz

Moisés: "Quando o Altíssimo separou as nações, como dispersara os filhos de Adão, estabeleceu os confins dos povos de acordo com o número dos anjos de Deus";133 e o povo que crê em Deus não está em poder dos anjos, "mas do Senhor, pois o seu povo Jacó se tornou porção de Deus, e a porção de sua herança foi Israel".134

E quando Paulo se encontrava com Barnabé em Listra da Licaônia e, no nome do Senhor Jesus Cristo, fez andar o coxo de nascimento e a multidão os queria honrar como divindades, por causa do milagre, lhe disse: "Nós somos homens mortais como vós, e vos pregamos que vos convertais destas coisas vãs ao Deus vivo que fez o céu e a terra, o mar e tudo o que há neles; o qual, nos séculos passados, permitiu que todas as nações seguissem os seus caminhos. Todavia, não deixou de dar testemunho de si mesmo, fazendo benefícios, dando chuvas do céu e estações favoráveis para os frutos, dando em abundância o mantimento e a alegria aos vossos corações".135

Mostraremos, ao expor a doutrina do Apóstolo, em lugar oportuno, como todas as suas epístolas concordam com estas pregações. E enquanto labutamos sobre as provas das Escrituras para compendiar e abreviar o que lá se diz de muitas maneiras, dedica-te, com paciência, tu também, a elas, e não penses que seja tudo palavreado: deves entender que as provas que se encontram nas Escrituras só podem ser produzidas citando as Escrituras.

Estêvão

12,10. Também Estêvão, escolhido pelos apóstolos como primeiro diácono, que primeiro seguiu o Senhor no martírio, o primeiro de todos os homens que foi morto pela confissão do Cristo, falou com coragem ao povo e ensinando-o dizia: "O Deus da glória apareceu a nosso pai Abraão e lhe disse: Sai da tua terra e da tua parentela e vem para a terra que eu te mostrar. E o fez passar a esta terra, na qual vós agora habitais. E não lhe deu herança nela, nem o espaço de uma passada, mas prometeu dar-lhe a posse dela a ele e à sua posteridade depois dele. Deus disse-lhe que a sua descendência seria peregrina em terra estranha e a reduziriam à escravidão e a maltratariam pelo espaço de quatrocentos anos, e a nação de quem tiver sido escrava, eu a julgarei, disse o Senhor, e, depois disto, sairão e me adorarão neste lugar. E deu-lhe a aliança da circuncisão, e assim gerou Isaac..."136 E o resto do discurso anuncia o mesmo Deus que esteve com José, com os patriarcas e conversou com Moisés.137

12,11. Todo o ensinamento dos apóstolos anuncia um só e idêntico Deus que fez emigrar Abraão, lhe fez as promessas da herança, estipulou com ele, no tempo oportuno, a aliança da circuncisão, chamou do Egito a sua descendência, conservada visivelmente pela circuncisão, que lhes fora dada para que não se assemelhassem aos egípcios. Anuncia ainda que este é o Criador de todas as coisas, o Pai de nosso Senhor

Jesus Cristo, o Deus da glória. Os que o quiserem, pelas próprias palavras e atos dos apóstolos, podem aprender tudo isto e dar-se conta de que ele é o único Deus, acima do qual não existe outro. Se, por acaso, existisse outro acima deste, nós diríamos que, comparado com ele, este é infinitamente melhor do que aquele; pois o melhor se manifesta pelas obras, assim como já dissemos, e como os hereges não podem mostrar nenhuma obra do seu Pai, fica provado que este somente é Deus. Se alguém é espírito doente que se ocupa de questões de palavras, e pensa que deve entender alegoricamente o que os apóstolos anunciaram a respeito de Deus, veja que tudo o que dissemos, até agora, demonstra que existe um só Deus, Criador e Autor de todas as coisas e que refutamos e destruímos tudo o que eles afirmam. Constatará que a nossa doutrina está de acordo com a dos apóstolos e com tudo o que ensinavam e criam, isto é, que existe um só Deus, Criador de todas as coisas. Afastará assim da sua mente erro tão grave e blasfêmia contra Deus. Entenderá, por sua conta, os motivos que o levarão a crer que a Lei de Moisés e a graça do Novo Testamento, adaptadas ambas aos seus tempos, foram concedidas pelo único e idêntico Deus, para a utilidade do gênero humano.

12,12. Todos os que têm opiniões erradas, impressionados pela legislação de Moisés, que julgam diversa e contrária à do Evangelho, deixaram de estudar as causas desta diferença entre os dois Testamentos. Desprovidos do amor do Pai e inflados por Satanás voltaram-se para a doutrina de Simão, o mago, afastando-se com o seu pensamento do verdadeiro Deus e acreditaram, inventando outro Deus, ter encontrado algo mais do que os apóstolos, os quais teriam anunciado o Evangelho pensando ainda da mesma forma que os judeus, ao passo que eles seriam mais independentes e sábios do que os apóstolos. Por isso, Marcião e os seus discípulos puseram-se a recortar as Escrituras, rejeitando completamente algumas, mutilando o Evangelho de Lucas e as cartas de Paulo e tendo por autênticas somente as que mutilaram. Nós, apoiados nos textos que ainda conservam, e com a ajuda de Deus, argumentaremos contra eles, em outro livro. Outros, inflados pelo nome da falsa gnose, admitem as Escrituras, mas lhes pervertem o sentido, como expusemos no primeiro livro. Os discípulos de Marcião blasfemam, logo no início, o Criador, declarando-o autor do mal, partindo de princípio dos mais intoleráveis, dizendo que há dois deuses, separados por natureza um do outro, um bom e o outro mau. Os valentinianos, por sua vez, usam nomes mais nobres, proclamando o Criador Pai, Senhor e Deus, mas o seu propósito e sua teoria se revelam mais blas-fematórios, ao dizerem que ele não foi produzido por algum dos Éões do Pleroma, mas pela desviação que foi expulsa do Pleroma. A tanto os levou a ignorância da Escritura e da economia de Deus. Nós mostraremos, nas páginas que seguirão, o porquê da diferença entre os Testamentos e também a sua unidade e harmonia.

12,13. Os apóstolos e os seus discípulos ensinavam exatamente o que a Igreja prega: por isso foram perfeitos e chamados à perfeição. Estêvão, que ensinava estas coisas, quando ainda vivo, "viu a glória de Deus e Jesus à sua direita, e disse: Eis que vejo os céus abertos e o Filho do homem, de pé, à direita de

Deus".138 Dito isto, foi lapidado e coroou assim o ensinamento perfeito, imitando em tudo o Mestre do martírio, rezando pelos que o matavam e dizendo: "Senhor, não lhes imputes este pecado".139 É deste modo que eram perfeitos os que conheciam um só e idêntico Deus, que do princípio ao fim dos tempos, socorre, de vários modos, o gênero humano, como diz o profeta Oséias:

"Eu multipliquei as visões e fui representado pela mão dos profetas".140 Os que entregaram sua vida até a morte pelo Evangelho de Cristo, como podiam falar segundo as opiniões comuns dos homens? Se o tivessem feito não teriam sofrido, mas sofreram justamente por pregar coisas contrárias aos que recusavam a verdade. Está claro que não atraiçoavam a verdade, mas pregavam com toda isenção aos judeus e aos gregos: aos judeus pregavam que o Jesus por eles crucificado era o Filho de Deus, o Juiz dos vivos e dos mortos, que recebera do Pai o reino eterno em Israel, como temos mostrado; e aos gregos anunciavam o único verdadeiro Deus, Criador de todas as coisas e o seu Filho, Jesus Cristo.

Os apóstolos, reunidos em concílio
12,14. Isto aparece mais claramente ainda pela carta que os apóstolos enviaram, não aos judeus ou aos gregos, mas aos pagãos que acreditavam em Cristo, para confirmá-los na fé. Alguns vieram da Judéia a Antioquia, onde, pela primeira vez, os discípulos do Senhor foram chamados cristãos,141 por causa da sua fé em Cristo, e procuravam convencer os que haviam crido

em Cristo a se fazerem circuncidar e a observarem as outras prescrições da Lei. Então Paulo e Barnabé foram a Jerusalém para tratar desta questão com os outros apóstolos. Reuniu-se toda a igreja e Pedro disse: "Homens irmãos, vós sabeis que Deus, há muito, me escolheu entre vós para que da minha boca ouvissem os gentios a palavra do Evangelho e cressem. Deus, que conhece os corações, deu testemunho em favor deles, conferindo-lhes o Espírito Santo, como também a nós. Não fez diferença alguma entre nós e eles, purificando com a fé os seus corações. Logo, por que tentais agora a Deus, impondo um jugo nas cervizes dos discípulos, que nem nossos pais, nem nós podemos suportar? Mas pela graça de nosso Senhor Jesus Cristo, cremos ser salvos, do mesmo modo que eles".142 Em seguida Tiago disse: "Homens irmãos, Simão contou como Deus cuidou em tirar do meio dos gentios um povo para o seu nome. Com isto concordam as palavras dos profetas, como está escrito: Depois disto voltarei e reedificarei o tabernáculo de Davi que caiu, repararei as suas ruínas e o levantarei, a fim de que busquem a Deus todos os outros homens e todas as gentes, sobre os quais foi invocado o meu nome, diz o Senhor que faz estas coisas. Deus conhece desde a eternidade a sua obra: por isso eu sou de opinião que não se devem inquietar os que dentre os gentios se convertem a Deus, mas que se lhes prescreva que se abstenham das contaminações dos ídolos, da fornicação e do sangue, que não façam aos outros o que não querem que se faça a eles".143

Tendo todos concordado com estas palavras, escreveram-lhes o seguinte: "Os apóstolos e os presbíteros, vossos irmãos, aos irmãos convertidos dos gentios, que estão em Antioquia, na Síria e na Cilícia, saúde. Tendo nós sabido que alguns, indo do meio de nós, sem nenhuma ordem da nossa parte, vos perturbaram com discursos que agi-taram as vossas almas, dizendo: Fazei-vos circuncidar e observai a Lei, aprouve a nós, depois de nos termos reunido, escolher alguns homens e enviá-los a vós com os nossos muito amados Barnabé e Paulo, homens que têm exposto as suas vidas pelo nome de nosso Senhor Jesus Cristo. Enviamos, portanto, Judas e Silas, que lhes exporão as mesmas coisas de viva voz. Porque pareceu bem ao Espírito Santo e a nós não vos impor mais encargos além destes indispensáveis: que vos abstenhais das coisas imoladas aos ídolos, do sangue e da fornicação e o que não quereis que se vos faça, não o façais aos outros; ao guardar-vos destas coisas fareis bem e caminhareis no Espírito Santo".144

É, portanto, evidente, de tudo isso, que os apóstolos não ensinavam outro Pai, mas anunciavam a nova Aliança da liberdade aos que, de maneira nova, pelo Espírito Santo, criam em Deus. E, por esta mesma razão que se perguntavam se ainda era necessário circuncidar os discípulos ou não, demonstravam abertamente não possuírem idéia de outro Deus.

12,15. Se não fosse assim não teriam pelo Antigo Testamento reverência tão grande que sequer queriam comer com os gentios. Com efeito, Pedro, mesmo que enviado a eles para os instruir, impressionado pela visão que tivera, lhes falava com grande temor: "Vós sabeis como é coisa abominável para um homem judeu unir-se a estrangeiro ou aproximar-se dele. Mas Deus mostrou-me que a nenhum homem chamasse profano ou impuro.

Por isso vim sem hesitação".145 Com estas palavras dá a entender que se não lhe fosse ordenado não teria ido a eles, nem lhes teria dado tão facilmente o batismo se não os tivesse escutado profetizar pela ação do Espírito Santo descido sobre eles. Por isso dizia: "Porventura pode alguém recusar a água do batismo aos que receberam o Espírito Santo como nós?"146 Querendo dizer aos que o acompanhavam que se o Espírito Santo não tivesse descido sobre eles, alguém poderia ter-lhes proibido o batismo. Os apóstolos com Tiago davam liberdade aos pagãos, confiando-os ao Espírito de Deus,mas, quanto a eles mesmos,sabendo que se tratava do mesmo Deus, perseveravam nas observâncias antigas. E até Pedro, que antes comia com os convertidos do paganismo, convencido pela visão e pelo fato de o Espírito ter descido sobre eles, se apartou e já não comia com eles, quando chegaram alguns de Tiago, para não ser acusado por eles. E Paulo diz que também Barnabé fez o mesmo.147 Assim os apóstolos, tornados testemunhas de tudo o que o Senhor disse e fez — Pedro, Tiago e João estiveram com Jesus em todo lugar —, observavam com respeito as disposições da Lei mosaica, indicando que provinham de um só e idêntico Deus. Eles não se teriam portado assim, como já dissemos anteriormente, se tivessem aprendido do Senhor um Deus diverso do que deu os preceitos da Lei.

A. Solidariedade dos hagiógrafos
Escritos não paulinos

13,1. Os que sustentam que somente Paulo conheceu a verdade, pois lhe foi "manifestado o mistério por revelação",148 são refutados pelo próprio Paulo quando diz que um só e idêntico Deus confiou a Pedro o apostolado entre os circuncisos e a ele entre os gentios.149 Pedro era apóstolo do mesmo Deus de quem o era Paulo; e este mesmo Deus e o Filho de Deus que Pedro anunciava entre os circuncisos, Paulo o anunciava entre os gentios. Pois nosso Senhor não veio somente para salvar Paulo, nem Deus é tão pobre para ter somente um apóstolo que conheça a economia de seu Filho. O próprio Paulo dizendo: "Quanto são belos os pés dos que evangelizam o bem, e evangelizam a paz";150 afirma claramente que não era um só, e sim muitos a evangelizar a verdade. Ainda, na carta aos coríntios, depois de ter enumerado os que viram o Senhor depois da ressurreição, acrescenta: "Tanto eu como eles pregamos assim e assim vós crestes"; proclamando que a pregação de todos os que viram a ressurreição do Senhor é uma só e idêntica.151

13,2. O Senhor respondia assim a Filipe que queria ver o Pai: "Há tanto tempo estou convosco e ainda não me conheceste, Filipe? Quem me vê, vê também o Pai. Como dizes pois: Mostra-nos o Pai? Eu estou no Pai e o Pai está em mim, e vós já o conhecestes e ouvistes".152 Ora, dizer que não conheceram a verdade aqueles aos quais o Senhor dá o testemunho de que conheceram e viram nele o Pai, e o Pai é a Verdade, é coisa de homens que afirmam o falso e dos que se afastaram da doutrina de Cristo. Como o Senhor enviaria os doze apóstolos às ovelhas desgarradas da casa de Israel, se não conhecessem a verdade? E como os setenta poderiam pregar sem antes conhecer a verdade que pregariam? Como podia ignorá-la Pedro, a quem o Senhor disse que nem a carne, nem o sangue lha revelaram, mas o Pai que está nos céus? Justamente como "Paulo, apóstolo não enviado pelos homens ou por obra dos homens, mas por obra de Jesus Cristo e de Deus Pai".153 O Filho levou os apóstolos ao Pai e o Pai lhes revelou o Filho.

13,3. Se Paulo consentiu aos que o citaram diante dos apóstolos por causa de questão controvertida e foi com Barnabé a Jerusalém para ver os apóstolos, não foi sem motivo, mas para que fosse confirmada por eles a liberdade dos gentios. É o que ele próprio diz na carta aos Gálatas: "Catorze anos depois, subi novamente a Jerusalém com Barnabé, tomando também comigo Tito. Subi em conseqüência de uma revelação e conferi com eles o Evangelho que prego entre os gentios". E diz ainda: "Naquele momento cedemos à injunção para que a verdade do Evangelho permanecesse entre vós".154 Ora, se quisermos saber exatamente, dos Atos dos apóstolos, a época em que se deu esta subida a Jerusalém por causa da questão mencionada, veremos que concorda com a de que fala Paulo. Eis, portanto, que a pregação de Paulo e o testemunho de Lucas relativo aos apóstolos são concordes e, por assim dizer, idênticos.

Os escritos de Lucas
14,1. Que este Lucas tenha sido inseparável de Paulo e seu colaborador na pregação do Evangelho, é ele próprio que no-lo dá a conhecer, não para gloriar-se,

mas levado pela própria verdade. Com efeito, quando Barnabé e João, chamado Marcos, se separaram de

Paulo e embarcaram para Chipre, nós viemos a Trôade;155 e, tendo Paulo visto em sonho um homem da Macedônia que lhe dizia: "Paulo, passa à Macedônia e ajuda-nos!", "logo, diz Lucas, procuramos partir para a Macedônia, certificados de que Deus nos chamava a ir lá a evangelizar. Partindo, portanto, de Trôade, dirigimos o navio para Samotrácia". Depois, indica de maneira precisa toda a viagem restante até Filipos e como anunciaram pela primeira vez a palavra: "Sentados, ele diz, falávamos às mulheres que tinham concorrido";156 e, depois de dizer quem e quantos creram, continua: "Nós, depois dos dias dos ázimos, embarcamos em Filipos e chegamos a Trôade, onde nos demoramos sete dias".157 E relata na ordem o resto da viagem com Paulo, indicando com todo cuidado os lugares, as cidades, o número dos dias para chegar a Jerusalém. Descreve o que ali aconteceu a Paulo: como, acorrentado, foi enviado a Roma, o nome do centurião que o tomou aos seus cuidados, as insígnias dos navios; como naufragaram e qual a ilha em que se salvaram; como foram recebidos com humanidade, enquanto Paulo curava o primeiro magistrado da ilha; como navegaram até Putéolos e de lá chegaram a Roma e quanto tempo permaneceram aí. Estando presente a todos estes acontecimentos, Lucas anotou-os diligentemente sem que se possa achar nele mentira, nem a ilação, por serem acontecimentos conhecidos, e por ele ser mais ancião do que todos os que hoje ensinam o erro, e por não desconhecer a verdade. Que ele não só foi o companheiro, mas também o colaborador dos apóstolos, especialmente de Paulo, é o que o próprio Paulo declara em suas cartas, quando diz: "Demas abandonou-me e foi para Tessalônica, Crescente foi para a Galácia, Tito para a Dalmácia, só Lucas está comigo".158 O que bem mostra como Lucas esteve sempre unido a Paulo e nunca se separou dele. Ele diz ainda na carta aos Colossenses: "Saúda-vos Lucas, o médico muito amado".159 Ora, se Lucas, que sempre pregou e evangelizou com Paulo, que teve confiada a missão de nos transmitir o Evangelho, não aprendeu dele nenhuma outra coisa diferente, como provamos por meio de suas palavras, como podem estes, que nunca estiveram com Paulo se gloriar de ter aprendido mistérios ocultos e inexprimíveis?

14,2. Que Paulo ensinasse com simplicidade o que sabia não somente aos seus discípulos, mas a todos os que o escutavam, ele mesmo o declara. Tendo convocado a Mileto os bispos e os presbíteros de Éfeso e das cidades vizinhas, quando estava para ir a Jerusalém para celebrar o Pentecostes, depois de lhes ter atestado muitas coisas e dito o que lá lhe devia acontecer, acrescentou: "Agora sei que não tornareis mais a ver a minha face. Por isso eu vos protesto neste dia que estou limpo do sangue de todos, porque não me esquivei a anunciar-vos todas as disposições de Deus. Atendei a vós mesmos e a todo o rebanho, sobre o qual o Espírito Santo vos constituiu bispos, para governardes a Igreja de Deus, que ele adquiriu com seu próprio sangue".160 Depois, denunciando os falsos doutores que viriam, disse: "Eu sei que depois da minha partida, se introduzirão, entre vós, lobos arrebatadores, que não pouparão o rebanho. Dentre vós mesmos hão de levantar-se homens a ensinar doutrinas perversas, para levarem atrás de si discípulos".161 "Não me esquivei, disse, a anunciar-vos todas as disposições de Deus": assim os apóstolos, com simplicidade, sem inveja de ninguém, comunicavam a todos o que tinham aprendido do Senhor; e é assim também que Lucas nos transmitiu, sem ciúme algum, o que tinha aprendido deles, como ele mesmo diz: "Como nos referiram os que, desde o princípio, foram as testemunhas oculares e os servos do Verbo".162

14,3. Ora, se alguém rejeita Lucas com o pretexto de ele não ter conhecido a verdade, evidentemente rejeita o Evangelho de que pretende ser o discípulo. Com efeito, muitos e importantíssimos acontecimentos do Evangelho os conhecemos somente por meio dele, como a geração de João e a história de Zacarias; a anunciação do anjo a Maria; a exclamação de Isabel; a descida dos anjos aos pastores e as palavras que lhes disseram; o testemunho de Ana e de Simeão acerca de Cristo; a perda de Jesus, em Jerusalém, aos doze anos; o batismo de João, com quantos anos Jesus foi batizado e o ano, isto é, o décimo quinto de Tibério César. E com referência ao magistério de Jesus, as palavras que disse aos ricos: "Ai de vós, ricos, porque tendes a vossa consolação!" e: "Ai de vós os que estais saciados, porque tereis fome; os que agora rides, porque chorareis!" e: "Ai de vós, quando os homens vos louvarem, porque assim faziam aos falsos profetas, vossos pais". Muitas coisas como estas só aprendemos de Lucas, como ficamos conhecendo por meio dele o muito que Jesus fez, e os hereges servem-se disso, por exemplo: o grande número de peixes pescados pelos que estavam com Pedro, quando o Senhor deu a ordem de lançar as redes; aquela mulher que sofria há dezoito anos e que foi curada em dia de sábado; o hidrópico que o Senhor curou em dia de sábado e como o Senhor se explicou por tê-lo sarado naquele dia; como ensinou os discípulos a não procurarem os primeiros lugares; como se devem convidar os pobres e pequenos que não têm possibilidade de retribuir; aquele que, em plena noite, foi bater à porta e pedir uns pães, que lhe foram dados por causa da importunação; o que se passou quando Jesus estava jantando em casa do fariseu e a mulher pecadora lhe beijava e ungia os pés com ungüento e tudo o que, então e por causa dela, o Senhor disse a Simão acerca dos dois devedores; a parábola do rico que armazenou em celeiro novo a sua colheita e ao qual foi dito: "Esta noite virão pedir a tua alma, e o que armazenaste de quem será?" E também aquela do rico que se vestia de púrpura e se banqueteava alegremente e do pobre Lázaro; a resposta aos seus discípulos que lhe tinham pedido: "Aumenta em nós a fé"; a conversação com Zaqueu, o publicano; o fariseu e o publicano que rezavam juntos no templo; os dez leprosos que foram purificados no caminho; a ordem de reunir das praças e das estradas os coxos e os cegos para a festa de casamento; a parábola do juiz que não temia a Deus e que pela importunação da viúva teve que lhe fazer justiça; a figueira plantada na vinha e que não produzia frutos; e muitas outras coisas que se poderiam encontrar e que foram relatadas somente por Lucas, e que também Marcião e Valentim usam; e sobretudo as palavras que, depois da ressurreição, o Senhor disse aos discípulos ao longo do caminho, e como o reconheceram ao partir o pão.

14,4. Os hereges deveriam, por isso, aceitar necessariamente tudo o restante que foi dito por Lucas ou então renunciar também ao que acabamos de lembrar, porque ninguém que tenha bom senso lhes concederia aceitarem algumas palavras de Lucas como se fossem verdade e rejeitarem outras como se não tivesse conhecido a verdade. Se os marcionitas as recusarem não terão o Evangelho, porque é mutilando o evangelho de Lucas, como dissemos acima, que se gloriam de ter o Evangelho. E os valentinianos deveriam calar sua abundante loquacidade, porque é justamente deste Evangelho que tiraram muitos pretextos para suas subtilezas e tiveram a ousadia de interpretarem mal o que foi bem expresso. Se, porém, forem levados a aceitar também o resto, isto é, o Evangelho na sua integralidade e a doutrina dos apóstolos, é necessário que façam penitência para serem salvos do perigo.

Os escritos paulinos

15,1. Repetiremos os mesmos argumentos para os que não aceitam o apóstolo Paulo. Como devem renunciar às outras palavras do Evangelho de que tivemos conhecimento somente por meio de Lucas e não se servir delas, assim, se as aceitarem todas, obrigatoriamente deverão aceitar o seu testemunho em favor de Paulo. É Lucas que diz que o Senhor falou em primeiro lugar a Paulo, do alto do céu, dizendo: "Saulo, Saulo, por que me persegues?" Eu sou Jesus Cristo que tu persegues;[163] e, em segundo lugar a Ananias, acerca de Paulo: "Vai, porque ele é para mim vaso de eleição, para levar o meu nome diante das nações, dos reis e dos filhos de Israel. E eu lhe mostrarei quanto deverá sofrer pelo meu nome".164 Os que não aceitam que foi escolhido pelo Senhor para levar com coragem o seu nome às nações já mencionadas, desprezam a escolha do Senhor e separam a si mesmos da comunhão com os apóstolos. Com efeito, não podem sustentar que Paulo não era apóstolo, porque foi eleito justamente para isto, nem podem tachar de mentiroso Lucas, que nos anuncia a verdade com toda diligência. Talvez seja por isso que Deus quis que muitíssimas notícias do Evangelho nos fossem reveladas somente por Lucas e que todos precisassem servir-se delas para que, deixando-se guiar pelo testemunho subseqüente a respeito dos atos e a doutrina dos apóstolos, guardassem inalterada a regra da verdade e pudessem ser salvos. Assim, o seu testemunho é veraz e o ensinamento dos apóstolos é claro, firme e vem de homens que nada ocultaram, que nunca ensinaram uma coisa em particular e outra em público.

Atitude dos hereges
15,2. Com efeito, é esta a artimanha que usam os simuladores, os sedutores perversos e os hipócritas e é precisamente assim que agem os valentinianos. Eles fazem discursos ao povo com a finalidade de atingir os que pertencem à Igreja, que eles chamam de gente comum ou gente de igreja, e assim enganam e atraem os mais simples, simulando a nossa maneira de falar, para que venham mais vezes a escutá-los. E se queixam de nós porque, mesmo pensando como nós, nós nos recusamos, sem motivo, a estar em comunhão com eles:

dizem as mesmas coisa que nós, professam a mesma doutrina e, mesmo assim, os chamamos hereges! Mas quando, à força de apresentar dificuldades, convencem alguém a abandonar a fé, e a levar os ouvintes a não contradizê-los, então, separadamente,desvendam-lhes o mistério inexprimível de seu Pleroma. Enganam-se os que acreditam poder distinguir só pelas palavras o que é verossímil do que é verdadeiro, porque o erro é convincente, verossímil, disfarçado, ao passo que a verdade é sem véus e, por isso, acessível também aos pequenos. E se algum dos ouvintes pede esclarecimentos ou lhes apresenta objeções, dizem-lhe que não entende a verdade e não recebeu do alto a semente da Mãe deles; então se recusam a responder-lhe, porque, dizem, pertence ao Intermediário, isto é, aos psíquicos. Se alguém entrega-se a eles como cordeirinho, uma vez iniciado nos seus mistérios e tornado beneficiário da sua redenção, envaidece-se de forma tal que já não pensa estar na terra, nem no céu, mas de ter entrado no Pleroma e de ter abraçado o seu anjo; e então anda com ares de importância, olhando do alto, como galo enfatuado. Alguns dentre eles dizem que é necessária boa conduta para receber em si o homem que vem do alto e por isso afetam gravidade cheia de desprezo, mas a maioria afastam estes escrúpulos e, a pretexto de serem já perfeitos, vivem sem discrição e no desprezo de tudo, definem a si mesmos espirituais e pretendem conhecer desde já, no seio do Pleroma, o seu lugar de refrigério.

15,3. Mas voltemos ao nosso argumento. Foi demonstrado claramente que os pregadores da verdade e os apóstolos da liberdade não chamaram Deus ou

Senhor a nenhum outro a não ser o verdadeiro Deus Pai e ao seu Verbo, que tem a primazia sobre todas as coisas. E também foi mostrado à evidência que os apóstolos confessaram como Senhor e Deus somente o Criador do céu e da terra, aquele que conversou com Moisés, que deu a economia da Lei, que chamou os patriarcas e não conheceram mais ninguém. E assim, ficou patente, pelas próprias palavras dos apóstolos e dos seus discípulos, o que eles pensavam sobre Deus.

JESUS CRISTO É UMA ÚNICA PESSOA, VERBO ENCARNADO E SALVADOR

Erros dos hereges

16,1. Há alguns que dizem que Jesus foi o receptáculo do Cristo; nele Cristo teria descido do alto sobre Jesus em forma de pomba e, depois de ter revelado o Pai inexprimível, teria reentrado, de forma incompreensível e invisível, no Pleroma. Tudo isto teria ficado ignorado não somente pelos homens, mas também pelas Potências e Virtudes que estão no céu; Jesus é o Filho, Cristo é o Pai e o Pai de Cristo é Deus. Outros dizem que Cristo sofreu somente na aparência, sendo impassível por natureza. Os valentinianos, por sua vez, ensinam que o Jesus da economia é aquele que passou por Maria; sobre ele desceu o Salvador do alto, também chamado Cristo, porque traz o nome de todos os que o emitiram; este comunicou o seu poder e o seu nome ao Jesus da economia a fim de que, por seu meio, a morte fosse vencida e, por meio do Salvador descido do alto, o Pai fosse conhecido. Este Salvador é o receptáculo do Cristo e de todo o Pleroma. Assim, com as palavras confessam um só Jesus Cristo, mas no pensamento distinguem várias pessoas — com efeito, de acordo com a sua regra de fé, que já apresentamos, o Cristo emitido pelo Unigênito para reparar o Pleroma é distinto do Salvador, emitido para a glorificação do Pai, distinto, ainda, do homem da economia e somente este teria sofrido a paixão, ao passo que o Salvador, trazendo o Cristo, voltava ao Pleroma. É necessário, portanto, que apresentemos por inteiro a doutrina dos apóstolos acerca de nosso Senhor Jesus Cristo, demonstrando que não somente nada disso passou pelas suas cabeças, mas que, inspirados pelo Espírito Santo, até deram a conhecer antecipadamente aqueles que, sob o influxo de Satanás, teriam ensinado estas coisas, para corromper a fé de muitos e afastá-los da vida.

O Verbo identifica-se com o Cristo
16,2. Quanto a João, já demonstramos suficientemente com as próprias palavras dele, que conheceu um só e idêntico Verbo de Deus, o Filho Unigênito, que se encarnou para nossa salvação, nosso Senhor Jesus Cristo. Mateus, também, conhece um só e mesmo Jesus Cristo, de quem narra a geração humana da Virgem, segundo a promessa feita por Deus a Davi de suscitar do fruto de seu seio um rei eterno, como muito antes já prometera a Abraão. Diz ele: "Livro da geração de Jesus Cristo, filho de Davi, filho de Abraão".[165] Depois, para eliminar de nossa mente toda suspeita em relação a José, diz: "A geração de Cristo foi assim: estando desposada com José, achou-se ter concebido por obra do Espírito Santo, antes de coabitarem".[166]

Depois, como José pensasse em repudiar Maria por estar grávida, um anjo de Deus se lhe apresentou e lhe disse: "Não temas receber em tua casa Maria, tua esposa, porque o que nela foi concebido é obra do Espírito Santo. Dará à luz um filho, ao qual darás o nome Jesus, porque ele salvará o seu povo dos seus pecados. Tudo isso aconteceu para que se cumprisse o que foi dito pelo Senhor por meio do profeta, que diz: "Eis que a Virgem conceberá e dará à luz um filho, e lhe darão o nome de Emanuel, que quer dizer: Deus conosco".167 Com isto afirma claramente que se realizou a promessa feita aos pais, do nascimento do Filho de Deus da Virgem e que justamente este é o Cristo Salvador, anunciado pelos profetas, sem distinguir, como os hereges, um Jesus nascido de Maria e um Cristo descido do alto. Mateus poderia dizer de outra forma: "A geração de 'Jesus' deu-se assim..."; mas o Espírito Santo, ao prever estes intérpretes perversos e ao precaver-nos contra as suas fraudes, disse por meio de Mateus: "A geração de 'Cristo' deu-se assim..." e acrescenta que ele é o Emanuel, para que não o julgássemos simples homem — com efeito, não foi pela vontade da carne ou pela vontade do homem, mas pela vontade de Deus que o Verbo se fez carne — e para que sequer suspeitássemos que um era Jesus e outro o Cristo e soubéssemos que é única e idêntica pessoa.

16,3. A mesma coisa afirmou Paulo ao escrever aos romanos: "Paulo, servo de Jesus Cristo, chamado apóstolo, escolhido para o Evangelho de Deus, o qual tinha prometido antes pelos seus profetas nas santas Escrituras, acerca do seu Filho, que nasceu da posteridade de Davi, segundo a carne, declarado Filho de

Deus, com poder, segundo o seu Espírito de santificação, pela sua ressurreição dentre os mortos, Jesus Cristo Senhor nosso".168 Na mesma carta aos Romanos ele diz ainda, a respeito de Israel: ..."Dos quais são os patriarcas e dos quais descende o Cristo, segundo a carne, o qual está sobre todas as coisas, Deus bendito por todos os séculos".169 Diz ainda na carta aos Gálatas: "Mas, quando chegou a plenitude do tempo, Deus enviou seu Filho, nascido de mulher, nascido sob a Lei, a fim de que remisse os que estavam sob a Lei, para que recebêssemos a adoção de filhos".170 Afirma, portanto, claramente que existe um único Deus que prometeu enviar o Filho, um único Jesus Cristo, Senhor nosso, da descendência de Davi pela concepção que teve de Maria, predestinado a ser Filho de Deus, Jesus Cristo, pelo seu poder, por meio do Espírito de santidade, em seguida à ressurreição dos mortos, para ser o primogênito dos mortos, como é o primogênito de toda a criação, Filho de Deus, feito Filho do homem, para que recebêssemos a adoção de filhos, enquanto o homem traz, contém e abraça o Filho de Deus.

Eis por que também Marcos diz: "Início do Evangelho de Jesus Cristo, Filho de Deus, conforme está escrito nos profetas".171 Ele reconhece um único Filho de Deus Jesus Cristo, anunciado pelos profetas, nascido do fruto do seio de Davi, Emanuel, mensageiro do grande desígnio do Pai, por meio do qual fez nascer o Oriente, o justo, sobre a casa de Davi, levantou o poder de sua salvação, suscitou um testemunho em Jacó, como diz Davi, explicando os motivos de seu nascimento, e "pôs uma lei em Israel, para que a soubesse a geração seguinte; os filhos que hão de nascer e se hão de levantar, o contarão também a seus filhos, para que ponham em Deus a sua esperança e busquem com cuidado os seus mandamentos".172 Assim também o anjo dando a boa-nova a Maria, diz: "Este será grande, será chamado Filho do Altíssimo e o Senhor Deus lhe dará o trono de seu pai Davi",173 proclamando que o Filho do Altíssimo é também filho de Davi. E o próprio Davi, conhecendo pelo Espírito a economia de sua vinda, pela qual reina soberanamente sobre todos os vivos e os mortos, proclama que é o Senhor que está sentado à direita do Pai altíssimo.

16,4. Também Simeão, "que recebera do Espírito Santo o oráculo de que não morreria antes de ver o Cristo",174 quando recebeu em suas mãos Jesus, o primogênito da Virgem, louvou a Deus, dizendo: "Agora, Senhor, deixa partir o teu servo em paz segundo a tua palavra; porque os meus olhos viram a tua salvação que preparaste ante a face de todos os povos; luz para iluminar as nações, e glória de Israel, teu povo";175 reconhecendo que a criança que tinha entre os braços, Jesus, o filho de Maria era o Cristo, Filho de Deus, luz dos homens e glória de Israel, paz e refrigério dos que adormeceram. Pois, esta criança já despojava os homens, tirando-lhes a ignorância e concedendo-lhes o conhecimento de si mesmo e tornando seus despojos os que o conheciam, segundo a palavra de Isaías: "Dá-lhe o nome: Toma depressa os despojos, Faze velozmente a presa".176 Esta, com efeito, é a obra de Cristo.

Era, portanto, o Cristo em pessoa que Simeão segurava enquanto abençoava o Altíssimo; era por ter visto o Cristo que os pastores glorificavam a Deus; era o

Cristo, no seio de Maria, que João, estando no seio de sua mãe, reconhecia e saudava com alegria,como o seu Senhor; era o Cristo que os magos viram e adoraram, depois de lhe ter oferecido os dons de que falamos antes, e se ter prostrado aos pés do Rei eterno, após o que voltaram por outro caminho e não mais pelo caminho dos assírios, "porque antes que a criança saiba dizer papai e mamãe, terá em mãos o poder de Damasco e os despojos de Samaria, diante do rei dos assírios",177 manifestando de modo velado, mas poderoso, que o Senhor, com mão secreta, triunfava de Amalec. Era ainda por isso que tirava as crianças da casa de Davi que tiveram a sorte de nascer naquele momento, para enviá-las à frente dele ao seu reino; ele, criança, preparava para si crianças mártires, entre os filhos dos homens, porque foi justamente por Cristo, que nasceu em Belém de Judá, na cidade de Davi, que elas foram mortas, como dizem as Escrituras.

16,5. É ainda por este motivo que o Senhor dizia aos dois discípulos, depois da sua ressurreição: "Ó estultos e tardos de coração para crer tudo o que anunciaram os profetas! Porventura não era necessário que o Cristo sofresse tais coisas e que assim entrasse na sua glória?"178 E diz ainda aos discípulos: "Isto são as coisas que eu vos dizia, quando ainda estava convosco, que era necessário que se cumprisse tudo o que de mim estava escrito na Lei de Moisés, nos profetas e nos salmos".179 Então abriu-lhes o entendimento, para compreenderem as Escrituras; e disse-lhes: "Assim está escrito, e assim era necessário que o Cristo pade-cesse e ressuscitasse dos mortos e que em seu nome se pregasse a penitência e a remissão dos pecados a todas as nações".180 Este é aquele que nasceu de Maria, porque "é necessário que o Filho do homem padeça muitas coisas, que seja rejeitado, que seja crucificado e ressuscite ao terceiro dia".181

O Evangelho não conhece, pois, nenhum outro Filho do homem senão o que nasceu de Maria e padeceu, e certamente não conhecia um Cristo que teria levantado vôo de Jesus, antes da paixão; só conhece naquele que nasceu Jesus Cristo, o Filho de Deus, e que o mesmo padeceu e ressuscitou.

A mesma coisa afirma João, o discípulo do Senhor: "Estas coisas foram escritas a fim de que creiais que Jesus é o Cristo, Filho de Deus, e para que, crendo, tenhais a vida em seu nome".182 Ele prevê antecipadamente essas teorias blasfemas desses tais que, quanto a eles, dividem o Senhor, declarando-o composto por esta e aquela outra substância. Eis por que, na sua carta, nos dá ainda este testemunho: "Filhinhos, é a última hora. Como ouvistes dizer, o Anticristo está para vir, mas digo-vos que já agora há muitos anticristos, donde conhecemos que é a última hora. Eles saíram de entre nós, mas não eram dos nossos, porque se tivessem sido dos nossos, ficariam certamente conosco; mas aconteceu para que se conheça que nem todos são dos nossos. Sabei que toda mentira é estranha e não vem da verdade. Quem é mentiroso se não aquele que nega que Jesus é o Cristo? Este é o Anticristo".183 Jesus identifica-se com o Cristo

16,6. Todos estes, de quem falamos, quando confessam um só Cristo com a boca, ridicularizam a si mesmos, falando uma coisa e pensando outra. A teoria deles, aliás muito variada, como demonstramos, apresenta aquele que padeceu e nasceu, isto é, Jesus, distinto do que desceu nele e depois subiu, isto é, o Cristo: o primeiro derivaria do Demiurgo, ou seria o Jesus da economia, ou o filho de José, capaz de sofrer; o outro teria descido das regiões invisíveis e inexprimíveis e é invisível, incompreensível e impassível. Assim se extraviam longe da verdade porque o seu pensamento se afasta do verdadeiro Deus. Eles não entendem que o Verbo Unigênito de Deus, sempre achegado ao gênero humano, que se uniu intimamente à sua obra pelo beneplácito do Pai, e se fez carne, outro não é senão Jesus Cristo nosso Senhor, que por nós sofreu, ressuscitou e voltará, na glória do Pai, para ressuscitar todo homem, revelar a salvação e aplicar a regra do justo juízo a todos os que estão submetidos ao seu poder. Portanto, existe um só Deus Pai, como dissemos, e um só Jesus Cristo, nosso Senhor, que se torna presente por meio de toda a economia e recapitula em si todas as coisas. Neste "todas as coisas" está incluído o homem, criatura de Deus, e, recapitulando em si também o homem, de invisível que era tornou-se visível, de incompreensível, inteligível, de impassível, passível, de Verbo, homem. Recapitulou todas as coisas em si para que ele, que como Verbo de Deus tem a primazia entre os seres celestes, espirituais e in-visíveis, a tivesse também entre os seres visíveis e corporais, e para que, ao assumir em si esta primazia e ao tornar-se cabeça da Igreja, atraísse a si todas as coisas, no tempo oportuno.

16,7. Não há nada de inconveniente ou de intempestivo nele, como não há nada de incoerente no Pai, que prevê todas as coisas, depois realizadas pelo

Filho de maneira conveniente, oportuna e no tempo devido. Por isso, quando Maria quis apressar o sinal maravilhoso do vinho para participar antes do tempo da taça antecipada, o Senhor moderou a sua pressa intempestiva e lhe disse: "Que importa a mim e a ti, mulher? Ainda não chegou a minha hora",184 porque esperava a hora prevista pelo Pai. Por isso, ainda, mesmo tendo muitas vezes a vontade de o prender, "ninguém lhe lançou as mãos, porque não tinha ainda chegado a hora"185 de ser preso, o tempo da paixão previsto pelo Pai, como diz também o profeta Habacuc: "Quando chegarem os anos tu serás reconhecido, quando se avizinhará o tempo te manifestarás; quando a minha alma estará perturbada por causa da tua cólera, lembrar-te-ás da tua misericórdia".186 E Paulo, por sua vez, diz: "Quando chegou a plenitude dos tempos, Deus enviou o seu Filho".187

Pode-se ver, de tudo isto, que todas as coisas previstas pelo Pai são realizadas com ordem e tempestividade, no tempo prefixado e conveniente, por nosso Senhor, único e idêntico, rico e multímodo, porque obedece à vontade rica e multíplice do Pai e é ao mesmo tempo Salvador dos que se salvam, Senhor dos que estão submetidos ao seu poder, Deus das coisas criadas, Unigênito do Pai, Cristo profetizado e Verbo de Deus, encarnado quando veio a plenitude do tempo em que o Filho de Deus se devia tornar Filho do homem.

16,8. Deste modo estão todos fora da economia os que, a pretexto da gnose, entendem como distintos Jesus, o Cristo, o Unigênito, o Verbo e o Salvador que seria a emissão de todos os Éões lançados na decadência, como afirmam estes discípulos do erro, que por fora são ovelhas, porque a linguagem exterior os faz parecer semelhantes a nós, pelo fato de dizer as mesmas coisas que nós, mas por dentro são lobos, porque a sua doutrina é homicida enquanto inventa uma pluralidade de deuses, imagina uma multidão de pais e faz em pedaços e divide, de várias formas, o Filho de Deus.

    O Senhor nos preveniu para que tomássemos cuidado com eles e o seu discípulo João, na carta já citada, nos ordena evitá-los, dizendo: "Muitos sedutores se têm levantado no mundo, que não confessam que Jesus Cristo veio na carne. Estes tais são os sedutores, são os anticristos. Tomai cuidado com eles para não perder o fruto do vosso trabalho".188 E ainda na carta: "Muitos falsos profetas vieram ao mundo. Nisto se conhece o Espírito de Deus: todo o espírito que confessa que Jesus Cristo veio na carne, é de Deus; todo o espírito que divide Jesus, não é de Deus, mas do anticristo".189 Estas palavras são semelhantes às do Evangelho, em que se diz: "O Verbo se fez carne e habitou entre nós". Eis por que ele ainda proclama, na sua carta: "Todo aquele que crê que Jesus é o Cristo, nasceu de Deus",190 reconhecendo um único e mesmo Jesus Cristo, para quem se abriram as portas do céu pela sua assunção na carne e que, na mesma carne em que sofreu, nos virá revelar a glória do Pai.

    16,9. Paulo é do mesmo parecer quando escreve aos romanos: ..."com maior razão os que recebem a abundância da graça e da justiça pela vida, reinarão por obra do único Jesus Cristo".191 Ele não conhece um Cristo que tenha levantado vôo de Jesus, como não conhece um Salvador do alto, incapaz de sofrer, porque se um sofreu e o outro ficou impassível, um nasceu e o outro desceu nele e depois o deixou, evidentemente já não se trata de único indivíduo, mas de dois. E porque o Apóstolo reconhece um único Jesus Cristo, que nasceu e sofreu, diz ainda na mesma carta: "Não sabeis que todos os que fomos batizados em Jesus Cristo, fomos batizados na sua morte, para que, assim como Cristo ressuscitou dos mortos, também nós vivamos vida nova?"192 Outra vez, para indicar que o mesmo Cristo que sofreu é o Filho de Deus que morreu por nós e nos resgatou pelo seu sangue, no tempo preestabelecido, diz: "Por que motivo, pois, quando nós ainda estávamos enfermos, morreu Cristo pelos ímpios, no tempo determinado? Deus manifesta a sua caridade para conosco, porque, quando ainda éramos pecadores, no tempo oportuno, morreu Cristo por nós. Pois muito mais agora, que somos justificados pelo seu sangue, seremos salvos da ira por ele mesmo. Porque se, sendo nós inimigos, fomos reconciliados com Deus pela morte de seu Filho, muito mais, estando já reconciliados, seremos salvos por sua vida".193

Paulo afirma aqui, claramente, que o mesmo que foi capturado, sofreu e derramou o seu sangue por nós, é o Cristo, Filho de Deus, que ressuscitou e foi elevado ao céu. Em outro lugar ele diz: "Cristo morreu, mas também ressuscitou, ele que está sentado à direita de Deus".194 E ainda: "Sabendo que Cristo, ressuscitado dos mortos, já não morrerá".195 Disse antecipadamente estas palavras que citamos, porque via, no Espírito, as distinções destes maus mestres e para tirar todo pretexto a divergências. E um pouco mais adiante diz: "Se o Espírito do que ressuscitou Jesus dos mortos habita em vós, ele,que ressuscitou Jesus Cristo dos mortos, também dará vida aos vossos corpos mortais".196 Parece ouvi-lo gritar aos que querem ouvir: Não vos enganeis, um e idêntico é Jesus Cristo, o Filho de Deus que pela sua paixão nos reconciliou com Deus, ressuscitou dos mortos, está sentado à direita do Pai e é perfeito em tudo; açoitado, não devolvia os golpes, sofrendo, não ameaçava, tratado injustamente, pedia ao Pai perdoasse aos que o crucificavam. Somente ele nos salvou verdadeiramente, ele o Verbo de Deus, o Unigênito do Pai, nosso Senhor Jesus Cristo.

A pomba, símbolo do Espírito Santo, não do Salvador do alto

17,1. Com efeito, os apóstolos poderiam ter dito que o Cristo desceu em Jesus, ou o Salvador do alto sobre o da economia, ou aquele que vem das regiões invisíveis no filho do Demiurgo, mas não conheceram nem disseram nada disso; porque se o soubessem eles o diriam. E disseram, de fato, como as coisas eram, isto é, que o Espírito de Deus desceu sobre ele na forma de pomba, o Espírito de que fala Isaías: "E repousará sobre ele o Espírito de Deus", como explicamos acima; e ainda: "O Espírito do Senhor está sobre mim, porque me ungiu".197 O Espírito de quem o Senhor diz: "Já não sois vós que falais, mas é o Espírito de vosso Pai que fala em vós".198 E ao dar a seus discípulos o poder de fazer renascer os homens em Deus, lhes dizia: "Ide ensinai todos os povos e batizai-os em nome do Pai, do Filho e do Espírito Santo".199 Com efeito, prometera por meio dos profetas derramar nos últimos tempos este Espírito sobre seus servos e servas, a fim de profetizarem. Eis a razão por que ele desceu também no Filho de Deus, feito filho do homem, acostumando-se com ele a habitar nos homens e repousar entre eles, a habitar nas criaturas de Deus, realizando nelas a vontade do Pai e renovando-as do velho homem para a nova vida em Cristo.

17,2. É este Espírito que Davi pediu para o gênero humano, ao dizer: "Confirma-me pelo teu Espírito que dirige".200 É ainda este Espírito que Lucas nos diz ter descido, depois da ascensão do Senhor, sobre os discípulos no dia de Pentecostes, com o poder de introduzir na vida todos os povos e abrir-lhes novo testamento. Eis por que, na har- monia de todas as línguas, cantavam hinos a Deus, enquanto o Espírito reunia na unidade as raças diferentes e oferecia ao Pai as primícias de todas as nações. Foi por essa razão que o Senhor prometera enviar o Paráclito que nos faria dignos de Deus. Assim como a farinha seca não pode, sem água, tornar-se uma só massa, nem um só pão, também nós não nos poderíamos tornar um só em Cristo, sem a água que vem do céu. E assim como a terra seca não pode frutificar sem receber água, também nós, que éramos antes lenho seco, jamais daríamos frutos de vida, sem a chuva generosa enviada do alto. Com efeito, nossos corpos receberam, pelo banho do batismo, a unidade que os torna incorruptíveis e as nossas almas, por sua vez, a receberam pelo Espírito; por isso, ambos são necessários porque ambos levam à vida de Deus. Nosso Senhor indicou-o na misericórdia que mostrou à samaritana infiel, que não se manteve unida a um só homem e fornicou em diversas núpcias, prometendo-lhe uma água viva, pela qual não teria mais sede, nem precisaria mais de água obtida com fadiga, porque teria em si uma Bebida a jorrar para a vida eterna, essa mesma Bebida que o Senhor recebeu como dom do Pai, e que, por sua vez, doou a todos os que têm parte com ele, enviando o Espírito Santo a toda a terra.

17,3. Foi em previsão deste dom que Gedeão, aquele israelita que Deus escolheu para libertar o povo de Israel da dominação estrangeira, mudou o seu pedido, profetizando que o velo de lã sobre o qual se tinha acumulado o orvalho e que era a figura do povo de Israel, viria a seca, isto é, não receberia mais de Deus o Espírito Santo, conforme o que diz Isaías: "Mandarei às nuvens para não chover sobre ela", ao passo que, sobre toda a terra, haveria o orvalho, isto é, o Espírito de Deus, aquele que desceu sobre o Senhor, "Espírito de sabedoria e de inteligência, Espírito de conselho e de fortaleza, Espírito de ciência e de piedade, Espírito de temor de Deus".201 O mesmo Espírito que, por sua vez, o Senhor deu à Igreja, enviando do céu o Paráclito sobre toda a terra, aonde, disse ele, o demônio foi projetado como raio. Por esse motivo nos é necessário o orvalho de Deus para que não sejamos queimados nem permaneçamos infrutíferos e, onde temos um acusador, tenhamos também o Paráclito, pois o Senhor confiou ao Espírito Santo o homem que é seu, aquele que caíra em poder dos ladrões, de quem ele se compadeceu e cujas feridas enfaixou, dando dois denários reais para que nós, tendo recebido pelo Espírito a imagem e a inscrição do Pai e do Filho, façamos frutificar os dons que nos foram confiados e os restituamos multiplicados ao Senhor.

17,4. Portanto, o Espírito desceu, por causa da economia de que falamos, e o Filho unigênito de Deus, que é também o Verbo do Pai, veio na plenitude do tempo, encarnou- se no homem por causa do homem e toda a economia acerca do homem foi realizada por Jesus Cristo nosso Senhor, único e idêntico, como o próprio Senhor testifica, os apóstolos confessam e os profetas proclamam. Com isso demonstram-se falsas as teorias todas de todos os que inventaram as Ogdôadas, Tétradas e Décadas e excogitaram distinções sobre distinções; que eliminam o Espírito; que pensam ser o Cristo diverso de Jesus; que ensinam que existiu não um, mas muitos Cristos; e quando se apresentam unidos acrescentam que um sofreu a paixão enquanto o outro permaneceu impassível; um voltou ao Pleroma, enquanto o outro parou no Intermediário; aquele se banqueteia alegremente nas regiões invisíveis e indescritíveis e este está ao lado do Demiurgo neutralizando-lhe o poder.

Por isso é necessário que tu e todos os que lêem este escrito e têm o cuidado de sua salvação, não vos rendais espontaneamente ao ouvir o som das palavras deles. Como dissemos antes, eles falam de maneira semelhante à dos fiéis, mas não somente pensam coisas diferentes e até opostas e repletas de blasfêmias, com as quais matam espiritualmente os que pela semelhança das palavras recebem o veneno de idéias completamente diversas. É como quem engana com a semelhança da cor, dando gesso misturado com água em lugar do leite, disse alguém superior a nós, ao falar de todos os que de qualquer forma torcem as coisas de Deus e adulteram a verdade: É condenável misturar gesso ao leite de Deus.

O Salvador é Jesus

18,1. Demonstrado até a evidência que o Verbo existia, desde o princípio junto de Deus, que por sua obra foram feitas todas as coisas, que sempre esteve presente ao gênero humano e que justamente ele, nestes últimos tempos, segundo a hora estabelecida pelo Pai, se uniu à obra de suas mãos, feito homem passível, está refutada toda afirmação contrária dos que dizem: se nasceu nestes últimos tempos, houve um tempo em que o Cristo não existia.

Era necessário que o Verbo sofresse para a nossa salvação
Com efeito, demonstramos que a existência do Filho de Deus não teve início naquele momento, existindo desde sempre junto do Pai; mas quando se encarnou e se fez homem, recapitulou em si toda a longa série dos homens, dando-nos em resumo a salvação, de forma que o que tínhamos perdido em Adão, isto é, a imagem e semelhança de Deus, o recuperássemos em Jesus Cristo.202

18,2. Sendo impossível ao homem, vencido e decaído pela desobediência, reformar- se e conquistar a palma da vitória, e, por outro lado, por estar em poder do pecado, obter a salvação, o Filho, Verbo de Deus, operou ambas as coisas: ele, que era o Verbo de Deus, desceu de junto do Pai, encarnou-se, rebaixou-se até a morte e assim atuou perfeitamente a economia da nossa salvação.

Exortando-nos a uma fé sem hesitações neste Filho, Paulo diz ainda: "Não digas em teu coração: Quem subirá ao céu? Isto é, para fazer descer a Cristo, ou quem descerá ao abismo? Isto é, para fazer Cristo levantar-se dentre os mortos".203 E acrescenta: "Porque, se confessares com a tua boca que Jesus Cristo é Senhor e creres em teu coração que Deus o ressuscitou dentre os mortos, serás salvo".204 E indica o motivo pelo qual o Verbo de Deus fez isto, dizendo: "Com efeito, Cristo morreu e ressuscitou para ser o senhor dos mortos e dos vivos".205 Novamente, escrevendo aos coríntios, diz: "Quanto a nós, anunciamos o Cristo Jesus crucificado. E acrescenta: O cálice da bênção que abençoamos, não é comunhão com o sangue de Cristo?"206

18,3. Ora, quem é aquele com o qual nos comunicamos por meio do alimento? Será o Cristo do alto, imaginado por esta gente, que se teria estendido até o Limite e formado a Mãe deles, ou não será antes o Emanuel, nascido da Virgem, que comeu manteiga e mel, de quem o profeta disse: "É homem e quem o conhecerá?"

É este mesmo Cristo que foi anunciado por Paulo, quando diz: "Transmiti-vos, em primeiro lugar, que o Cristo morreu por nossos pecados, segundo as Escrituras, foi sepultado e ressuscitou ao terceiro dia, segundo as Escrituras".207 Está claro que Paulo não conheceu outro Cristo excetuando-se unicamente este que nasceu, que chama de homem, que padeceu, foi sepultado e ressuscitou. De fato, depois de ter dito: "Ora, se prega que Cristo ressuscitou dos mortos", acrescenta, dando o motivo desta encarnação:

"Visto que a morte veio por um homem, também por um homem vem a ressurreição dos mortos".208 E onde quer que fale da paixão de nosso Senhor, da sua humanidade e sua morte, usa o nome de Cristo. Assim, por exemplo: "Não queiras, por causa da tua comida, causar a perda daquele por quem o Cristo morreu";209 e ainda: "Agora, em Cristo, vós que uma vez estáveis longe, vos aproximastes, no sangue de Cristo";210 e ainda: "O Cristo nos remiu da maldição da Lei, tornando-se por nós maldição, pois está escrito: Maldito todo aquele que é suspenso no madeiro";211 e ainda: "E, assim, por causa da tua ciência perecerá o fraco, esse irmão pelo qual Cristo morreu!"212

Paulo mostra com estes textos que nunca um Cristo impassível desceu em Jesus, mas que Jesus, sendo o Cristo, sofreu por nós, adormeceu, ressuscitou, desceu e subiu, ele, o Filho de Deus feito filho do homem, como indica o seu próprio nome. O nome de Cristo, com efeito, indica alguém que ungiu, aquele que foi ungido e a própria unção: quem ungiu é o Pai, quem foi ungido é o Filho, que o foi no Espírito, que é a unção. Como diz o Verbo pela boca de Isaías: "O Espírito de Deus está sobre mim, porque me ungiu",213 indicando ao mesmo tempo o Pai que ungiu, o Filho que foi ungido e a Unção que é o Espírito.

18,4. O próprio Senhor indica claramente quem é o que padeceu. Tendo perguntado aos discípulos: "O que dizem que sou, eu, o Filho do homem?" e tendo Pedro respondido: "Tu és o Cristo, o Filho do Deus vivo",214 o Senhor o louvou "porque não foram nem a carne, nem o sangue que lho revelaram, mas o Pai que está nos céus",215 e manifestou que este Filho do homem é o Cristo, o Filho do Deus vivo. "Desde então, diz o evangelista, começou a expor aos seus discípulos que era necessário ir a Jerusalém, sofrer muito por parte dos sumos sacerdotes, ser condenado e crucificado e ressuscitar ao terceiro dia".216 Assim, aquele que Pedro reconheceu como Cristo, e que o declarou bem-aventurado porque o Pai lhe revelara o Filho do Deus vivo, anunciava que devia sofrer muito e ser crucificado. Na mesma ocasião repreendeu Pedro porque partilhava a idéia que os homens tinham do Cristo e recusava a paixão e disse aos discípulos: "Se alguém quiser vir após mim, renegue a si mesmo, tome a sua cruz e siga-me. Quem quiser salvar a sua alma perdê-la-á e quem a perder por minha causa salvá-la-á".217 Evidentemente Cristo dizia isto porque ele era o Salvador dos que, por tê-lo confessado, seriam condenados à morte e perderiam a vida.

18,5. Se, porém, não devia sofrer, mas abandonar Jesus, por que exortava os discípulos a tomar a sua cruz e a seguir a ele que, segundo os hereges, não a tomaria e desertaria da economia da paixão? O que prova que o Cristo não falava do conhecimento de uma cruz do alto, como alguns têm a ousadia de dizer, e sim da paixão que ele deveria sofrer e que também os discípulos deveriam sofrer, está nestas palavras: "Quem quiser salvar a sua alma perdê-la-á e quem a perder salvá-la-á". É por que os seus discípulos haveriam de sofrer por sua causa que diz aos judeus: "Eis que vos envio profetas, sábios e doutores e os matareis e os crucificareis". E aos discípulos dizia: "Sereis levados diante de governadores e de reis por minha causa e sereis flagelados, mortos e perseguidos de cidade em cidade". Ele sabia quais seriam perseguidos, quais flagelados e mortos por sua causa; por isso, não falava de outra cruz, mas da paixão que ele, primeiro, sofreria e da que sofreriam os seus discípulos, depois dele. A sua palavra era como a de quem quer infundir coragem: "Não tenhais medo dos que matam o corpo, mas não podem matar a alma; temei antes os que têm o poder de mandar o corpo e a alma à geena",218 e convidar a perseverar na confissão dele. E prometia confessar diante de seu Pai os que confessariam o seu nome diante dos homens e renegar os que o renegariam e se envergonhar dos que teriam vergonha de confessá-lo. Contudo, alguns chegaram a tal ponto de temeridade que desprezam até os mártires e condenam os que morrem por ter confessado o Senhor, que suportam tudo o que foi predito pelo Senhor e procuram imitar-lhe a paixão, tornando-se testemunhas do Cristo paciente. Nós os entregamos aos próprios mártires, porque, quando se pedirá conta do sangue deles e receberão a glória, então será o Cristo que confundirá todos os que desprezaram o martírio deles.

Também, pelas palavras que o Senhor disse na cruz: "Pai, perdoa-lhes, porque não sabem o que fazem",219 revela-se a longanimidade, a paciência, a misericórdia e a bondade de Cristo que, enquanto sofria, desculpava os que o maltratavam. Ele, o Verbo de Deus, que nos disse: "Amai os vossos inimigos e rezai pelos que vos odeiam",220 foi o primeiro a praticar na cruz este mandamento, amando o gênero humano e rezando pelos que o faziam morrer. Se, ao contrário, alguém que admite a existência de dois seres distintos, estabelece comparação entre eles, verá que aquele que nas feridas, chagas e outras sevícias se mostrou benéfico e esquecido do mal feito contra ele, é bem melhor, mais paciente e bom do que o outro que se teria afastado sem sofrer nenhuma injustiça e nenhuma humilhação.

18,6. O mesmo vale para os que dizem que ele sofreu só aparentemente. Com efeito, se não sofreu realmente, não se lhe deve nenhuma gratidão, porque não houve nenhuma paixão; e quando nós teremos que sofrer realmente, nos parecerá impostor a aconselhar que se ofereça a outra face a quem nos esbofeteia, quando ele não foi capaz de sofrer isto primeiro; e como enganou os homens de então, apresentando-se por aquilo que não era, engana também a nós, exortando-nos a suportar o que ele próprio não suportou. Seríamos superiores ao Mestre quando sofrermos e suportarmos o que ele não sofreu, nem suportou. Mas como nosso Senhor é o único e verdadeiro Mestre, o Filho de Deus, verdadeiramente bom, suportou o sofrimento, ele, o Verbo de Deus, feito Filho do homem. Ele lutou e venceu: era o homem que combatia pelos pais, pagando a desobediência pela obediência; amarrou o forte e libertou o fraco e deu a salvação à obra modelada por ele, destruindo o pecado. Porque o Senhor é cheio de misericórdia e compaixão e ama o gênero humano.

Efeitos da paixão

18,7. Aproximou e reuniu, como dissemos, o homem a Deus.221 Se um homem não tivesse vencido o inimigo do homem a vitória não seria justa; por outro lado, se a salvação não tivesse vindo de Deus, não a teríamos de maneira segura; e se o homem não estivesse unido a Deus não poderia participar da incorruptibilidade. Era necessário, portanto, que o Mediador entre Deus e os homens, pelo parentesco entre as duas partes, restabelecesse a amizade e a concórdia, procurando que Deus acolhesse o homem e o homem se entregasse a Deus. De fato, como poderíamos participar da filiação adotiva de Deus se não tivéssemos recebido a comunhão com ele por meio do Filho, se o seu Verbo não tivesse entrado em comunhão conosco encarnando-se? E justamente por isso, passou por todas as idades da vida, conferindo a todos os homens a comunhão com Deus.

Aqueles, portanto, que dizem que se manifestou só aparentemente, que não nasceu na carne, nem foi verdadeiro homem, estão ainda debaixo da antiga condenação, concedendo direitos ao pecado, porque, segundo eles, ainda não foi vencida a morte "que reinou desde Adão até Moisés, sequer nos que não tinham pecado por uma semelhança com a transgressão de Adão".222 A Lei, que veio, por meio de Moisés, revelar o pecado como pecado, e tirar-lhe o império, apresentando-o não como rei, e sim como ladrão e homicida, ao mesmo tempo oprimiu o homem que trazia em si o pecado, apresentando-o como digno de morte. Mas a Lei, mesmo sendo espiritual, manifestou somente o pecado, porém não o suprimiu, porque o pecado não dominava sobre o Espírito, mas sobre o homem. Era preciso, portanto, que o que estava para eliminar o pecado e resgatar o homem, digno de morte, se tornasse exatamente o que era este homem reduzido à escravidão pelo pecado e mantido debaixo do poder da morte, para que o pecado fosse morto por um homem e assim o homem saísse da morte. Como pela desobediência de um só homem, que foi o primeiro e modelado da terra virgem, muitos foram constituídos pecadores e perderam a vida, assim pela obediência de um só homem, que foi o primeiro e nasceu da Virgem, muitos foram justificados e receberam a salvação. Portanto, o Verbo de Deus se fez carne, como diz Moisés: A obra de Deus é veraz. Ora, se ele não tivesse realmente assumido a carne, mas somente a aparência, a sua obra não seria veraz. Mas apareceu o que era na realidade: o Deus que recapitulava em si a modelagem antiga, o homem, para destruir o pecado, abolir a morte e vivificar o homem; por isso, a sua obra é veraz.

Não é somente homem

19,1. Além disso, os que dizem ser homem pura e simplesmente, gerado por José, permanecem na antiga escravidão da desobediência e morrem nela, porque ainda não unidos ao Verbo de Deus Pai, não recebem a liberdade por meio do Filho, como ele próprio diz: "Se o Filho vos emancipar, sereis verdadeiramente livres".223 Ignorando o Emanuel, nascido da Virgem, são privados do seu dom, que é a vida eterna, e não recebendo o Verbo da incorruptibilidade, permanecem na carne mortal, devedores da morte, sem o antídoto da vida. É para estes que o Verbo fala, quando explica o dom que faz da sua graça: "Eu disse: todos vós sois deuses e filhos do Altíssimo; mas, como homens, morrereis".224 Estas palavras são dirigidas aos que recusam o dom da adoção filial, desprezam este nascimento sem mancha que foi a encarnação do Verbo de Deus, privam o homem da sua elevação a Deus e manifestam ingratidão para com o Verbo de Deus, que se encarnou por eles. Este é o motivo pelo qual o Verbo de Deus se fez homem e o Filho de Deus Filho do homem: para que o homem, unindo-se ao Verbo de Deus e recebendo assim a adoção, se tornasse filho de Deus.225 Nunca poderíamos obter a incorrupção e a imortalidade a não ser unindo-nos à incorrupção e à imortalidade. E como poderíamos realizar esta união sem que antes a incorrupção e a imortalidade se tornassem o que somos, a fim de que o corruptível fosse absorvido pela incorrupção e o mortal pela imortalidade, e deste modo pudéssemos receber a adoção de filhos?

19,2. Por isso, quem contará a sua geração? Embora seja homem, quem o reconhecerá?226 Aquele a quem o revelar o Pai que está nos céus, dando-lhe a entender que o Filho do homem que nasceu não pela vontade da carne, nem pela vontade do homem, é o Cristo, o Filho do Deus vivo. Já demonstramos pelas Escrituras que nenhum dentre os filhos de Adão é chamado Deus ou Senhor, no sentido absoluto da palavra; e que somente ele, à diferença de todos os homens de então, foi proclamado, na plena acepção do termo, Deus, Senhor, Rei eterno, Filho único e Verbo encarnado, por todos os profetas, pelos apóstolos e pelo próprio Espírito; é realidade que pode ser constatada por todos os que atingiram ainda que ínfima parcela da verdade. As Escrituras não dariam este testemunho se ele não fosse senão homem igual a todos os outros. Mas como só ele, entre todos, teve esta geração ilustre, que lhe vem do Pai Altíssimo, também foi ilustre o nascimento que lhe vem da Virgem, por isso as Escrituras lhe dão o testemunho desta dupla geração divina. Por um lado, ele é homem sem beleza, sujeito ao sofrimento, montado num burrinho, dessedentado com vinagre e fel, desprezado pelo povo, descido à região da morte; por outro, é o Senhor santo, o Conselheiro admirável, sobressaindo pela beleza, o Deus forte, que há de vir nas nuvens juiz universal. Tudo isso foi prenunciado pelas Escrituras a respeito dele.

19,3. Era, ao mesmo tempo homem para poder ser tentado e Verbo para poder ser glorificado. A atividade do Verbo estava suspensa para que pudesse ser tentado, ultrajado, crucificado e morto; e o homem era absorvido quando o Verbo vencia, suportava o sofrimento, ressuscitava e era levado ao céu. É, portanto, o Filho de Deus nosso Senhor, Verbo do Pai e ao mesmo tempo Filho do homem, que de Maria, nascida de criaturas humanas e ela própria criatura humana, teve nascimento humano, tornando-se Filho do homem.

Por isso, o próprio Senhor nos deu um sinal que se estende da mais profunda mansão dos mortos ao mais alto dos céus, sinal não pedido pelo homem, porque sequer poderia pensar que uma virgem, permanecendo virgem, pudesse conceber e dar à luz um filho, nem que este filho fosse o Deus conosco, que desceria ao mais baixo da terra, em busca da ovelha perdida, que era a obra que ele modelara; que subiria depois às alturas para apresentar e recomendar ao Pai o homem assim reencontrado. Ele se constituiu primícia da ressurreição, porque, como a cabeça ressuscitou dos mortos, assim devem ressuscitar os outros membros — isto é, todos os homens que serão encontrados na vida, passado o tempo da condenação devida à desobediência —, mantidos juntos por meio de articulações e junturas e fortalecidos pelo desenvolvimento produzido por Deus, tendo no corpo o seu lugar conveniente. São muitas as mansões, na casa do Pai, porque muitos são os membros do corpo.

A "economia" divina: magnanimidade do desígnio
20,1. Deus, portanto, usou de longanimidade diante da apostasia do homem, prevendo a vitória que lhe haveria de dar pelo Verbo. Constituindo-se a força na fraqueza, revelava-se então a benignidade de Deus e seu esplêndido poder. Como permitiu que Jonas fosse engolido pelo monstro marinho, não para desaparecer e perecer totalmente, e sim para que vomitado, fosse mais dócil a Deus e glorificasse mais aquele que lhe dava a salvação de maneira inesperada; e para que levasse os ninivitas ao firme arrependimento e à conversão ao Senhor que os livraria da morte, atemorizando-os com o sinal que se cumpria em Jonas. A Escritura, falando deles, diz assim: "E todos voltaram atrás da sua vida má e da iniquidade de suas mãos, dizendo: Quem sabe se Deus se arrependerá e desviará de nós a sua cólera e assim não pereceremos?"[227] Assim, desde o princípio, Deus permitiu que o homem fosse engolido pelo grande monstro, autor da transgressão, não para que desaparecesse e perecesse totalmente, e sim a fim de preparar o desígnio da salvação significada por Jonas, operada pelo Verbo para os que, como Jonas, pensam e confessam a respeito do Senhor: "Sou servo do Senhor e venero o Senhor, Deus do céu, que fez o mar e a terra firme".[228] Assim Deus quis que o homem, ao obter dele a salvação, de maneira inesperada, ressuscite dentre os mortos, glorifique a Deus e diga juntamente com Jonas: "Eu gritei ao Senhor meu Deus na minha tribulação e me escutou no seio do inferno".[229] E quer que o homem permaneça firme na glorificação de Deus e que o agradeça sem parar pela salvação que dele recebeu, de forma que nenhum homem se glorie diante do Senhor, e

não aceite nenhum sentimento contrário em relação a Deus, como seria a consideração natural da incorruptibilidade que receberá, e que não abandone a verdade por causa da presunção, como se fosse naturalmente semelhante a Deus. Este orgulho, tornando-o ingrato para com seu Criador, impedia-o de ver o amor de que era objeto por parte de Deus, obscurecia-lhe a mente impedindo-o de ter pensamentos dignos de Deus e levava-o a comparar-se com Deus e a julgar se- he igual.

20,2. Foi, portanto, grande a bondade de Deus que permitiu ao homem passar por todas as experiências, conhecer a morte, chegar à ressurreição dos mortos, e, por sua experiência, ver de que mal foi libertado. Assim, poderá agradecer, para sempre, a Deus pelo dom da incorruptibilidade e o amará mais, porque aquele a quem mais foi perdoado mais ama; poderá conhecer que ele é mortal e fraco ao passo que Deus é imortal e poderoso ao ponto de conceder a imortalidade ao mortal e a eternidade ao temporário, como também conhecerá todas as outras obras prodigiosas que Deus realizou nele, e,instruído por elas, pense sobre Deus de modo digno de Deus. Com efeito, Deus é a glória do homem e o homem é o receptáculo da obra, de toda a sabedoria e do poder de Deus. Como o médico mostra o seu valor com os doentes, assim Deus com os homens. Por isso Paulo diz: "Deus encerrou todas as coisas na incredulidade para usar de misericórdia com todos".230 E não fala dos Éões pneumáticos, mas do homem desobediente a Deus e privado da imortalidade, que, em seguida, alcançou misericórdia por obra do Filho de Deus e a filiação adotiva.

Aquele que possui, sem orgulhosa jactância, o verdadeiro conceito da criatura e do Criador, que é Deus, superior a todos em potência, que a todos dá a existência, e permanece no seu amor, submetido e agradecido, receberá dele glória maior e progredirá até se tornar semelhante àquele que por ele morreu. Com efeito, ele veio ao mundo na semelhança da carne do pecado para condenar o pecado, e, condenado, expulsá-lo da carne, e, por outro lado, para chamar o homem a tornar-se semelhante a ele na imitação de Deus, para elevá-lo ao reino do Pai, e torná-lo capaz de ver a Deus e conhecer o Pai. Pois ele é o Verbo de Deus, que habitou no homem e se fez Filho do homem para habituar o homem a conhecer Deus e habituar Deus a habitar no homem, segundo o beneplácito do Pai.231

20,3. Este é o motivo pelo qual o próprio Senhor deu o Emanuel, nascido da Virgem, como sinal da nossa salvação, porque era o próprio Senhor que salvava os que não se podiam salvar sozinhos. É neste sentido que Paulo afirma a fraqueza do homem: "Sei que na minha carne não habita o bem", indicando que o bem da nossa salvação não vem de nós, e sim de Deus. Ele diz ainda: "Que homem miserável eu sou! Quem me libertará deste corpo de morte?" E apresenta em seguida o Libertador: a graça de Jesus Cristo, nosso Senhor.232

A mesma coisa disse Isaías: "Confortai as mãos frouxas e robustecei os joelhos débeis. Coragem, pusilânimes; tomai ânimo e não temais; eis que o nosso Deus trará a vingança e as represálias. Deus mesmo virá e vos salvará.233 Isto para indicar que seremos salvos pela ajuda de Deus e não por nós mesmos".

20,4. Ainda: que aquele que nos devia salvar não seria simplesmente homem, nem ser sem carne — os anjos é que são sem carne —, profetizava-o, dizendo: "Não será ancião, nem anjo, mas o próprio Senhor que os salvará, porque os ama, terá piedade deles e os salvará".234 E que seria homem verdadeiro e visível ao mesmo tempo que Verbo salvador, é ainda Isaías que o diz: "Eis, cidade de Sião, os teus olhos verão a nossa salvação".235 E que não era simplesmente homem aquele que morria por nós, Isaías o diz: "O Senhor, o Santo de Israel, lembrou-se de seus mortos adormecidos na terra da sepultura e desceu para lhes anunciar a boa-nova da salvação com que os salvaria".236 Que o Filho de Deus, que é Deus, viria da região que se encontra ao meio-dia da herança de Judá e que de Belém, onde nasceu o Senhor, se espalharia o seu louvor sobre toda a terra, di-lo o profeta Habacuc: "Deus virá do meio-dia, e o Santo do monte Efrém; a sua glória cobriu os céus e a terra está cheia de seu louvor; diante da sua face andará o Verbo e avançarão nos campos os seus pés",237 afirmando assim claramente que é Deus, que virá de Belém e do monte Efrém que está dos lados do meio-dia da herança e que é homem, porque os seus pés, como diz, avançarão nos campos, e isso é marca própria do homem.

O sinal da Virgem

21,1. Foi, portanto, Deus que se fez homem, o próprio Senhor que nos salvou, ele próprio que nos deu o sinal da Virgem. Por isso não é verdadeira a interpretação de alguns que ousam traduzir assim a Escritura: "Eis que uma moça conceberá e dará à luz um filho",238 como fizeram Teodocião de Éfeso e Áquila do Ponto, ambos prosélitos judeus; seguidos pelos ebionitas, que dizem que Jesus nasceu de José, destruindo assim, por aquilo que está em seu poder, esta grande economia de Deus e reduzindo a nada o testemunho dos profetas, que é o de Deus. Trata-se de profecia feita antes da deportação do povo para Babilônia, isto é, antes que os medos e os persas tomassem o poder e foi traduzida para o grego pelos próprios judeus muito tempo antes da vinda de nosso Senhor, para que não fique nenhuma suspeita de que traduziram assim para nos agradar. Com efeito, se tivessem sabido da nossa existência e que nos serviríamos do testemunho das Escrituras, não teriam hesitado em queimar com as suas próprias mãos as suas Escrituras que declaram abertamente que todas as outras nações participariam da vida, ao passo que os que se gloriam de pertencer à casa de Jacó e de ser o povo de Israel seriam deserdados da graça de Deus.

21,2. Antes que os romanos estabelecessem o seu império, quando os macedônios mantinham ainda a Ásia em seu poder, Ptolomeu, filho de Lago, que havia fundado em Alexandria uma biblioteca, desejava enriquecê-la com os escritos de todos os homens, pediu aos judeus de Jerusalém uma tradução, em grego, das suas Escrituras. Eles, então, que ainda estavam submetidos aos mace-dônios, enviaram a Ptolomeu setenta anciãos, os mais competentes nas Escrituras e no conhecimento das duas línguas, para executar o trabalho que desejava. Ele, para os pôr à prova e mais, por medo de que concordassem entre si em falsear a verdade das Escrituras, na sua tradução, fê-los separar uns dos outros e mandou que todos traduzissem toda a Escritura; e fez assim com todos os livros.

Quando se reuniram com Ptolomeu e confrontaram entre si as suas traduções, Deus foi glorificado e as Escrituras foram reconhecidas verdadeiramente divinas, porque todos, do início ao fim, exprimiram as mesmas coisas com as mesmas palavras, de forma que também os pagãos presentes reconheceram que as Escrituras foram traduzidas sob a inspiração de Deus. Aliás, não há que admirar por ter Deus agido desta forma, se se lembrar que, destruídas as Escrituras durante a escravidão do povo sob Nabucodonosor, quando, depois de setenta anos, no tempo de Artaxerxes, rei dos persas, os judeus voltaram à sua terra, Deus inspirou Esdras, sacerdote da tribo de Levi, a reconstruir de memória todas as palavras dos profetas anteriores e restituir ao povo a Lei dada por Moisés.

21,3. As Escrituras, pelas quais Deus preparou e fundou a nossa fé em seu Filho, foram, pois, traduzidas com tanta fidelidade, pela graça de Deus, e conservadas, em toda a sua pureza, no Egito, onde se tornou grande a família de Jacó, depois de ter fugido da fome, em Canaã, e onde também foi salvo nosso Senhor ao escapar à perseguição de Herodes; e como esta tradução foi feita antes do advento de nosso Senhor à terra e antes do aparecimento dos cristãos — pois nosso Senhor nasceu por volta do qua-dragésimo primeiro ano do império de Augusto, e Ptolomeu, no tempo do qual foram traduzidas as Escrituras, é muito mais antigo — revelam-se verdadeiramente impudentes e temerários os que agora pretendem fazer outra tradução, quando nós os refutamos com estas mesmas Escrituras e os obrigamos a crer na vinda do Filho de Deus.

É, portanto, sólida, não forçada, única verdadeira, a nossa fé que tem sua prova evidente nas Escrituras, traduzidas da forma que dissemos, e é isenta de toda interpolação a pregação da Igreja. Ora, os apóstolos, que são bastante anteriores a esta gente, estão de acordo com a tradução mencionada acima e a nossa versão concorda com a dos apóstolos. Pedro, João, Mateus, Paulo, todos os outros apóstolos e seus discípulos anunciaram as coisas profetizadas na forma em que estão contidas na tradu ção dos anciãos.

21,4. Único e idêntico é, pois, o Espírito de Deus que nos profetas anunciou as características da vinda do Senhor e que nos anciãos traduziu bem as coisas profetizadas. Foi ainda ele que, pelos apóstolos, anunciou ter chegado a plenitude dos tempos da adoção filial, que o Reino dos céus estava próximo e que se encontrava dentro dos homens que criam no Emanuel nascido da Virgem. Assim eles testemunharam que antes que José morasse com Maria, enquanto era virgem, achou-se grávida pelo Espírito Santo, e que o anjo Gabriel lhe disse: "O Espírito Santo vi-rá sobre ti e o poder do Altíssimo te cobrirá com a sua sombra, por isso o Santo que nascer de ti será chamado Filho de Deus";[239] e que o anjo disse a José, em sonho: "Tu-do isso aconteceu para que se cumprisse o que o Senhor dissera pelo profeta: Eis que a Virgem conceberá".[240]

Eis como os anciãos traduziram as palavras de Isaías: "O Senhor continuou a falar

com Acaz, dizendo: Pede para ti ao Senhor teu Deus um sinal, quer no fundo da terra, quer no mais alto do céu. Acaz disse: Não pedirei tal, nem tentarei ao Senhor. Isaías disse: Ouvi, pois, casa de Davi, porventura não vos basta ser molestos aos homens, senão que também ousais sê-lo ao meu Deus? Pois, por isso o próprio Senhor vos dará este sinal: Uma Virgem conceberá e dará à luz um filho e o seu nome será Emanuel. Ele comerá manteiga e mel; antes de conhecer ou escolher o mal, escolherá o bem; porque antes que o menino saiba rejeitar o mal e escolher o bem ele rechaçará o mal para escolher o bem".241 Com estas palavras o Espírito Santo indicou exatamente a sua geração virginal e a sua natureza divina: Deus — é isto que significa o nome de Emanuel

— e homem — o que é indicado pela frase "comerá manteiga e mel", por chamá-lo "menino" e pelas palavras "antes de conhecer o bem e o mal": sinais todos que caracterizam o homem e a criança. — E com as palavras: "rechaçará o mal para escolher o bem" exprime algo próprio de Deus. Isso para que as palavras "comerá manteiga e mel" não nos levem a ver nele somente um homem, e ao contrário, o nome de "Emanuel" não nos leve a supor um Deus não revestido de carne.

21,5. Além disso, as palavras: "escutai, casa de Davi" significam que o Rei eterno que Deus prometeu suscitar a Davi do fruto de seu seio é o mesmo que nasceu da Virgem, descendente de Davi. Por isso prometeu um Rei que seria o fruto do seu seio, expressão que indica virgem grávida, e não o fruto de seus lombos, nem o fruto de sua virilidade, expressão que caracterizaria homem que gera e mulher que concebe por obra deste homem. Assim, nesta promessa, a Escritura exclui o poder gerador do homem, mais ainda, sequer o lembra, porque não devia ser efeito da vontade do homem, aquele que estava para nascer. Porém afirma vigorosamente que era fruto do seio para sublinhar a concepção do que devia nascer de Virgem. É o que afirma Isabel, repleta de Espírito Santo, dizendo a Maria: "Bendita és tu entre as mulheres e bendito é o fruto do teu seio";242 querendo o Espírito Santo indicar, para quem quiser entender, que a promessa feita por Deus a Davi, de suscitar um Rei, fruto de seu seio, foi cumprida quando a Virgem, isto é, Maria, deu à luz. Os que mudam o texto de Isaías "eis que uma moça conceberá em seu seio" para dizer que é filho de José, que mudem também o texto da promessa feita a Davi, a quem Deus prometeu suscitar, do fruto de seu seio, um poder, isto é, o reino de Cristo. Mas não entenderam, do contrário teriam mudado também este.

21,6. Quanto à expressão de Isaías: "no fundo da terra ou no mais alto do céu", ela significa que aquele que desceu é o mesmo que subiu; e com as palavras: "o próprio Senhor vos dará um sinal" sublinha o caráter inesperado de sua geração que nunca teria acontecido se o Senhor, o Deus de todas as coisas, não a tivesse dado como sinal para a casa de Davi. O que haveria de especial e como poderia ser sinal o fato de moça conceber de homem e dar à luz? É coisa comum a todas as mulheres que se tornam mães. Mas como o inesperado era a salvação que se devia realizar para os homens, pelo socorro de Deus, inesperado também devia ser uma Virgem dar à luz filho, como sinal de Deus e não por obra de homem.

21,7. Por isso, também Daniel, ao prever a sua vinda, falava de pedra que se desprendeu sem a intervenção de mão de homem e que veio a este mundo. Com efeito, é isto que significa "sem a intervenção de mão de homem"; a sua vinda ao mundo se deu sem o trabalho de mãos humanas, como o destes canteiros que lavram as pedras, isto é, sem a ação de José, visto que somente Maria haveria de cooperar à economia; esta pedra se desprende da terra, mas pelo poder e pela arte de Deus. Por isso Isaías diz: "Assim fala o Senhor: eis que porei como fundamento em Sião uma pedra preciosa, escolhida, angular, ilustre, para que entendamos que a sua vinda não se deve à vontade do homem, e sim à de Deus".243

21,8. Por isso Moisés, com gesto simbólico e profético, lançou ao chão a verga, para que, encarnando-se, vencesse e engolisse toda a prevaricação dos egípcios que se levantava contra a economia de Deus e para que os próprios egípcios testemunhassem que é o dedo de Deus que opera a salvação do povo e não filho de José. Porque se fosse filho de José como poderia ser superior a Salomão ou a Jonas ou a Davi, sendo da linhagem e filho deles? E por que teria chamado bem-aventurado a Pedro, que o reconhecia como o Filho do Deus vivo?

21,9. Além do mais, se era filho de José, não poderia ser nem o rei, nem o herdeiro de quem fala Jeremias. De fato, José aparece como filho de Joaquim e de Jeconias, segundo aparece na genealogia apresentada por Mateus. Ora, Jeconias e todos os seus descendentes foram excluídos do reino, como diz Jeremias: "Pela minha vida, diz o Senhor, ainda que

Jeconias, filho de Joaquim, fosse anel na minha mão direita, eu o arrancaria dela e o entregaria na mão dos que procuram a sua vida". E mais: Jeconias foi desonrado como vaso de que não se necessita, porque foi expulsado para terra que não conhecia. Terra, escuta a palavra do Senhor: Inscreve este homem como rejeitado, porque nenhum da sua descendência engrandecerá tanto que possa sentar-se no trono de Davi e tornar-se príncipe em Judá. Deus diz ainda acerca de Joaquim, seu pai: "Portanto, isto diz o Senhor contra Joaquim, rei de Judá: Não sairá dele quem se sente no trono de Davi; o seu cadáver será exposto ao ardor do dia e à geada da noite. Castigá-los-ei a ele, à sua linhagem, e farei cair sobre eles, sobre os habitantes de Jerusalém e sobre a terra de Judá todo o mal com que os ameacei".244

Portanto, os que dizem ser gerado por José e põem nele a sua esperança, excluem-se a si mesmos do reino, caindo sob a maldição e o castigo que atingiram Jeconias e a sua descendência. Com efeito, estas coisas foram ditas a Jeconias porque o Espírito já sabia o que um dia diriam estes falsos doutores, para que entendessem que não nasceria do seio dele, isto é, de José, mas, segundo a promessa de Deus, o Rei eterno nasceria do seio de Davi e recapitularia em si todas as coisas.

Cristo, segundo Adão, recapitula todas as gerações

Ele recapitulou também em si a obra modelada no princípio.

21,10. Como pela desobediência de um só homem o pecado entrou no mundo e pelo pecado a morte, assim pela obediência de um só homem foi introduzida a justiça que traz como fruto a vida ao homem morto. E como a substância de Adão, o primeiro homem plasmado, foi tirada da terra simples e ainda virgem — "Deus ainda não fizera chover e o homem ainda não a trabalhara"245 — e foi modelado pela mão de Deus, isto é, pelo Verbo de Deus — com efeito, "todas as coisas foram feitas por ele", e o "Senhor tomou do lodo da terra e modelou o homem"246 —, assim o Verbo que recapitula em si Adão, recebeu de Maria, ainda virgem, a geração da recapitulação de Adão. Se o primeiro Adão tivesse homem por pai e tivesse nascido de sêmen viril teriam razão em dizer que também o segundo Adão foi gerado por José. Mas se o primeiro Adão foi tirado da terra e modelado pelo Verbo de Deus, era necessário que este mesmo Verbo, efetuando em si a recapitulação de Adão, tivesse geração semelhante à dele. E, então, por que Deus não tomou outra vez do limo da terra, mas quis que esta modelagem fosse feita por Maria?

Para que não houvesse segunda obra modelada e para que não fosse obra modelada diferente da que era salvada, mas, conservando a semelhança, fosse aquela primeira a ser recapitulada.

22,1. Erram, portanto, os que sustentam que o Cristo nada recebeu da Virgem, para poder rejeitar a herança da carne; mas rejeitam assim, ao mesmo tempo, a semelhança. Com efeito, se aquele primeiro recebeu a sua modelagem e substância da terra pela mão e arte de Deus e este não, então não conservou a semelhança com o homem que foi feito à imagem e semelhança de Deus, e o Artífice pareceria inconstante e sem nada que demonstre a sua sabedoria. Isto quer dizer que ele apareceu como homem sem sê-lo realmente e que se fez homem sem tomar nada do homem! Mas se não recebeu de nenhum ser humano a substância da sua carne, ele não se fez nem homem, nem Filho do homem. E se não se fez o que nós éramos, não tinha importância nem valor o que ele sofreu e padeceu. Ora, não há quem não admita que nós somos feitos de corpo tirado da terra e de alma que recebe de Deus o Espírito. E é isso que se tornou o Verbo de Deus ao recapitular em si mesmo a obra por ele plasmada, e é este o motivo pelo qual se declara Filho do homem e declara bem-aventurados os mansos, porque herdarão a terra. Por seu lado, o apóstolo Paulo, na carta aos Gálatas, disse abertamente: "Deus enviou o seu Filho, nascido de mulher"; e na carta aos romanos diz: "...acerca do seu Filho, que nasceu da posteridade de Davi, segundo a carne, declarado Filho de Deus, com poder, segundo o Espírito de santificação, pela ressurreição dentre os mortos, Jesus Cristo Senhor nosso".247

22,2. De outra forma, a sua descida em Maria seria supérflua; pois para que desceria nela se não devia receber nada dela? Se não tivesse recebido nada de Maria então nunca teria tomado alimentos terrenos com os quais se alimenta um corpo tirado da terra; após o jejum de quarenta dias, como Moisés e Elias, seu corpo não teria experimentado a fome e não teria procurado alimento; João, seu discípulo, não teria escrito: "Jesus, cansado pela caminhada, estava sentado"; nem Davi teria dito dele: "E acrescentaram sofrimento à dor das minhas feridas"; não teria chorado sobre o túmulo de Lázaro; não suaria gotas de sangue, nem teria dito: "A minha alma está triste";248 e de seu lado transpassado não teriam saído sangue e água. Tudo isso são sinais da carne tirada da terra, que recapitulou em si, salvando a obra de suas mãos.

22,3. Por isso Lucas apresenta genealogia de setenta e duas gerações, que vai do nascimento do Senhor até Adão, unindo o fim ao princípio, para dar a entender que o Senhor é o que recapitulou em si mesmo todas as nações dispersas desde Adão, todas as línguas e gerações dos homens, inclusive Adão. Por isso Paulo chama Adão figura do que devia vir, porque o Verbo, Criador de todas as coisas, prefigurara nele a futura economia da humanidade de que se revestiria o Filho de Deus, pelo fato de Deus, formando o homem psíquico, ter dado a entender que seria salvo pelo homem espiritual. Por isso, visto que já existia como salvador, devia tornar-se quem devia ser salvo,249 para não ser o Salvador de nada.

22,4. Da mesma forma, encontramos Maria, a Virgem obediente, que diz: "Eis a serva do Senhor, faça-se em mim segundo a tua palavra", e, em contraste, Eva, que desobedeceu quando ainda era virgem. Como esta, ainda virgem se bem que casada — no paraíso estavam nus e não se envergonhavam, porque, criados há pouco tempo ainda não pensavam em gerar filhos, sendo necessário que, primeiro, se tornassem adultos antes de se multiplicar —, pela sua desobediência se tornou para si e para todo o gênero humano causa da morte, assim Maria, tendo por esposo quem lhe fora predestinado e sendo virgem, pela sua obediência se tornou para si e para todo o gênero humano causa da salvação. É por isso que a Lei chama a que é noiva, se ainda virgem, de esposa daquele que a tomou por noiva, para indicar o influxo que se opera de Maria sobre Eva. Com efeito, o que está amarrado não pode ser desamarrado, a menos que se desatem os nós em sentido contrário ao que foram dados, e os primeiros são desfeitos depois dos segundos e estes, por sua vez, permitem que se desfaçam os primeiros: acontece que o primeiro é desfeito pelo segundo e o segundo é desfeito em primeiro lugar.

Eis por que o Senhor dizia que os primeiros serão os últimos e os últimos os primeiros. E o profeta diz a mesma coisa: Em lugar dos pais nasceram filhos para ti. Com efeito, o Senhor, o primogênito dos mortos, reuniu no seu seio os patriarcas antigos e os regenerou para a vida de Deus, tornando-se ele próprio o primeiro dos viventes, ao passo que Adão fora o primeiro dos que morrem. Eis por que Lucas, iniciando a genealogia a partir do Senhor subiu até Adão, porque não foram aqueles antepassados que lhe deram a vida, e sim foi ele que os fez renascer no evange-lho da vida. Da mesma forma, o nó da desobediência de Eva foi desatado pela obediência de Maria, e o que Eva amarrara pela sua incredulidade Maria soltou pela sua fé.250

Redenção também para Adão
23,1. Portanto, foi necessário que o Senhor, que veio à procura da ovelha perdida e para recapitular economia tão grande, procurando a obra que ele próprio plasmara, salvasse também o homem que ele fizera à sua imagem e semelhança, isto é, Adão, encerrando os tempos da condenação, fixados pelo Pai, no seu poder,

por causa da desobediência, porque toda a economia da salvação do homem se desenvolveu segundo o beneplácito do Pai, pa-ra que Deus não fosse vencido nem fosse anulada a sua arte. Com efeito, se este homem, que Deus criara para a vida, a tivesse perdido pelo engano da serpente sedutora, sem esperança de recuperá-la, e se visse lança-do definitivamente na morte, Deus seria vencido e a malícia da serpente levaria a melhor sobre a vontade de Deus. Mas, sendo Deus invencível e longânime, começou a usar de longanimidade na provação de todos os homens e na sua correção, como já dissemos, e por obra do segundo homem, amarrou o forte, apossou-se de todos os seus vasos e destruiu a morte, devolvendo a vida ao homem que fora morto. Adão fora o primeiro vaso a cair em poder do forte, que o retinha em seu poder, por tê-lo injustamente precipitado na transgressão, e, com o pretexto de imortalidade, lhe dera a morte; com efeito, prometendo-lhes que seriam semelhantes a deuses, o que estava absolutamente fora de seu poder, causou-lhes a morte. Por isso justamente foi de novo encarcerado o que levara o homem ao cárcere e assim foi solto o vínculo da condenação do homem que fora aprisionado.

23,2. Por outros termos, trata-se de Adão, o homem modelado em primeiro lugar, acerca do qual a Escritura refere que Deus disse: "Façamos o homem à nossa imagem e semelhança".251 Nós todos derivamos dele e por causa disso herdamos o seu nome. Ora, se o homem foi salvo, também salvo deve ser o homem que foi modelado em primeiro lugar. De fato, seria por demais irracional dizer que não é libertado pelo vencedor do inimigo quem diretamente foi ferido pelo mesmo inimigo e que foi o pri-meiro a experimentar a escravidão, ao passo que seriam libertados os filhos gerados por ele na mesma escravidão. Nem pareceria verdadeiramente vencido o inimigo se ficassem com ele os antigos despojos. Seria como se os inimigos, depois da vitória, levassem prisioneiros os vencidos e os retivessem na escravidão por bastante tempo para ter filhos. Ora, se alguém, tendo compaixão destes escravos, combatesse e vencesse os inimigos, não se comportaria com justiça libertando somente os filhos dos escravos do poder dos que reduziram os pais à escravidão, deixando estes, aos quais foi imposta a escravidão e em favor dos quais se in-surgiram para a vingança, sujeitos aos inimigos. É coisa boa que os filhos obtenham a liberdade por meio da vingança feita em favor dos seus pais, mas também não devem ser abandonados os próprios pais que sofreram a escravidão. Mas Deus não é fraco, nem injus-to, e veio em socorro ao homem e lhe restituiu a liberdade.

23,3. Por isso, no início, quando da transgressão de Adão, como refere a Escritura, Deus não amaldiçoou Adão, e sim a terra que ele trabalharia. Como diz um dos Anciãos: Deus transferiu sua maldição à terra para que não ficasse no homem. Como pena da transgressão, porém, o homem foi condenado ao penoso trabalho da terra, a comer o seu pão à custa do suor da sua fronte e a voltar àquela terra da qual fora tirado. À mulher, por sua vez, foram reservados as penas, os cansaços, os gemidos e as dores do parto e do serviço sob o poder de seu marido. De tal forma que, não sendo amaldiçoados por Deus, não perecessem de maneira definitiva, e, por outro lado, não ficando impunes, não desprezassem a Deus. A maldição, porém, recaiu sobre a serpente que os seduzira: E Deus disse à serpen-te: "Por ter feito isso, maldita és entre todos os animais doméstico e todas as feras da terra".252 É a mesma maldição que o Senhor, no Evangelho, lança contra os que estiverem à sua esquerda: "Ide, malditos, ao fogo eterno, que meu Pai preparou para o diabo e os seus anjos",253 indicando que o fogo eterno não foi preparado propriamente para o homem, e sim para os que seduziu e fez o homem pecar e que é o iniciador da apostasia e para os anjos que se tornaram apóstatas como ele. É o mesmo fogo que, com toda justiça, haverão de suportar os que, impenitentes e obstinados como os anjos, perseverarão nas obras do mal.

23,4. Da mesma forma que Caim, o qual, depois de ter recebido de Deus o conselho de se acalmar porque não partilhava corretamente a comunhão com seu irmão, imaginando poder dominá-lo com inveja e malícia, longe de se acalmar acrescentou pecado a pecado, manifestando as suas disposições pelos seu atos. Executou o que pensara: dominou e matou o irmão, submetendo Deus o justo ao injusto para que a justiça daquele se manifestasse no que sofria e a injustiça deste fosse revelada pela ação que cometeu. E sequer assim se acalmou e desistiu do mal feito. Como Deus lhe perguntasse onde estava o seu irmão, respondeu: "Não sei, por acaso sou o guarda de meu irmão?",254 agravando e multiplicando a sua culpa com esta resposta. Porque, se era mal matar o irmão, era mal muito maior responder com esta audácia e irreverência a Deus, que conhece todas as coisas, como se o pudesse enganar! Por isso, ele também carregou a maldição por transferir de si o pecado, faltando de respeito a Deus e por não se envergonhar do seu fratricídio.

23,5. Quanto a Adão não aconteceu nada disso, antes, pelo contrário. Seduzido por outro a pretexto de imortalidade, foi logo tomado pelo temor e se escondeu, não para fugir de Deus, mas cheio de confusão por ter transgredido o seu mandamento e por se julgar indigno de estar na sua pre-sença e de conversar com ele. Ora, "o temor de Deus é princípio de inteligência e a inteligência"255 da transgressão leva à penitência e a quem se arrepende Deus concede a sua benignidade. De fato, Adão manifesta o seu arrependimento cobrindo-se com cinto de folhas de figueira quando havia muitas outras espécies de folhas muito menos incômodas para o seu corpo, mas ele, tomado pelo temor de Deus, se fez uma veste correspondente à desobediên-cia; para reprimir o ímpeto petulante da carne, por ter perdido o espírito ingênuo e infantil e o seu pensamento se ter desviado para o mal, revestiu a si mesmo e sua mulher com freio de continência, esperando com temor a chegada de Deus, como que a dizer: desde que perdi com a desobediência a veste recebida pelo Espírito de santi-dade, reconheço-me merecedor desta veste que não traz nenhuma satisfação e até pica e arranha o corpo. E, sem dúvida, teriam trazido para sempre aquela indumentária para se humilhar, se o Senhor, que é misericordioso, não os tivesse revestido com túnicas de pele em lugar das folhas de figueira.

Por isso Deus interroga-os para que a acusação recaia sobre a mulher; em seguida interroga esta para que desvie a acusação para a serpente. De fato, ela disse o que tinha acontecido: "A serpente me seduziu e eu comi".256 Deus, porém, não interroga a serpente, pois sabia que era a instigadora da transgressão e lançou primeiramente sobre ela a maldição e somente em seguida aplica o castigo ao homem; pois Deus odiou aquele que seduziu o homem, enquanto lentamente e aos poucos, teve compaixão do homem que fora seduzido.

23,6. Eis por que o afastou do paraíso e o levou para longe da árvore da vida, não por causa do ciúme da árvore da vida, como alguns têm a ousadia de afirmar, mas por com- paixão do homem, para que não ficasse para sempre culpado e para que o pecado, que estava nele, não fosse imortal e o mal não fosse sem fim e incurável. Parou, por-tanto, a transgressão, interpondo a morte e fazendo cessar o pecado, estabelecendo-lhe um limite na dissolução da carne na terra, para que, cessando de vez de viver no pecado e morrendo para ele, começasse a viver para Deus.

23,7. Por isso Deus estabeleceu a inimizade entre a serpente e a mulher com a sua descendência, para que se espreitassem mutuamente: uma seria mordida ao cal-canhar, mas capaz de pisar a cabeça do inimigo; a outra teria mordido, matado e impedido a caminhada do homem até a vinda do descendente destinado a pisar-lhe a cabe-ça, o filho de Maria, de quem o profeta diz: "Sobre a áspide e o basilisco andarás e calcarás aos pés o leão e o dra-gão".257 Isto quer dizer que o pecado que se levantava e se desenvolvia contra o homem tirando-lhe a vida, seria destruído e com ele o império da morte, e seria pisado pela descendência da mulher; que o leão, isto é, o Anticristo que assalta o homem, nos últimos tempos, aquele dragão, a antiga serpente, será acorrentado e submetido ao po der do homem, o vencido de então, que lhe esmagará todo o poder.

    Adão fora vencido e privado de toda vida; por isso, sendo vencido, por sua vez, o inimigo, Adão recebeu a vida, porque será vencida a morte, o último inimigo, que antes retinha o homem em seu poder. Então, libertado o homem, "realizar-se-á o que está escrito: a morte foi absorvida na vitória. Onde está, ó morte, a tua vitória? onde está, ó morte, o teu aguilhão?"258 O que não se poderia dizer legitimamente se não fosse libertado também aquele que foi o primeiro a ser dominado pela morte, pois a destruição da morte supõe a salvação dele e a mor-te foi destruída enquanto o Senhor restituiu a vida ao ho-mem, isto é, a Adão.

    23,8. Mentem, portanto, todos os que negam a salvação de Adão, e excluem-se a si mesmos e para sempre da vida, pois não crêem que a ovelha perdida foi reencontrada. Ora, se ela não foi encontrada, ainda estão em poder da perdição todas as gerações humanas. E mentiroso foi Taciano, o primeiro a introduzir esta doutrina, ou melhor, esta ignorância, esta cegueira. Transformado em conexão de todas as heresias, como demonstramos, ainda foi capaz de inventar isso de sua cabeça, de forma que acrescentando alguma coisa mais que os outros, com palavras vazias pudesse ter ouvintes vazios de fé diante dos quais passar por mestre. Com essa finalidade procura usar palavras como estas, muito freqüentes em Paulo: "Nós todos morremos em Adão", mas ignorava que "onde abundou o pecado, superabundou a graça".259

Esclarecido isso, envergonhem-se todos os seus seguidores que se lançam contra Adão como se tivessem muito a ganhar com a sua condenação, quando isso não lhes traz vantagem alguma! É como a serpente, que nada ganhou ao seduzir o homem, e até se revelou transgres-sora, encontrando no homem o início e a matéria da sua apostasia, sem conseguir vencer a Deus. Assim, os que negam a salvação de Adão nada têm a ganhar, tornam-se a si mesmos hereges e apóstatas da verdade, e se revelam advogados da serpente e da morte.

CONCLUSÃO
O depósito da fé

24,1. Apresentando todos os que introduzem doutrinas ímpias sobre Deus[260] que nos criou e modelou, que criou este mundo, sobre o qual não existe outro Deus, e refutando, com seus próprios argumentos, os que ensinam o falso sobre a natureza de nosso Senhor e a economia que atuou em prol do homem, sua criatura, demonstramos, ao mesmo tempo, a constante identidade da pregação da Igreja, em todo o mundo, da doutrina à qual dão testemunho os profetas, os apóstolos e todos os discípulos. Foi isso que mostramos, englobando o princípio, o meio e o fim, isto é, a totalidade da economia de Deus e da sua ação infalivelmente ordenada à salvação do homem e a estabelecer a nossa fé. E nós guardamos fielmente, com cuidado, pela ação do Espírito de Deus, esta fé que recebemos da Igreja, como depósito de grande valor em vaso precioso, que se renova e renova o próprio vaso que a contém.

Este dom de Deus foi confiado à Igreja, como o sopro de vida inspirado na obra modelada, para que sejam vivificados todos os membros que o recebem. É nela também que foi depositada a comunhão com o Cristo, isto é, o Espírito Santo, penhor de incorrupção, confirmação da nossa fé e escada para subir a Deus. Com efeito, "Deus estabeleceu apóstolos, profetas e doutores na Igreja",261 e todas as outras obras do Espírito, das quais não participam todos os que não acorrem à Igreja, privando-se a si mesmos da vida, por causa de suas falsas doutrinas e pés-sima conduta. Onde está a Igreja, aí está o Espírito de Deus, e onde está o Espírito de Deus ali está a Igreja e toda a graça. E o Espírito é Verdade. Por isso os que se afastam dele e não se alimentam para a vida aos seios da Mãe, não recebem nada da fonte puríssima que procede do corpo de Cristo, mas cavam para si buracos na terra como cisternas fendidas e bebem a água pútrida de lamaçal; fogem da Igreja por medo de serem desmascarados e rejeitam o Espírito para não serem instruídos.

24,2. Tornados estranhos à verdade são condenados a revolver-se em todo erro, agitados pelas ondas, mudando os seus pensamentos sobre as mesmas coisas, segundo os tempos, sem nunca ter uma opinião estável, porque preferem ser sofistas de palavras a ser discípulos da verdade. O seu fundamento não é a única rocha, mas a areia com-posta de numerosas pedras. Por isso, fabricam para si muitos deuses, e têm sempre a desculpa de procurar, pobres cegos, sem nunca conseguir encontrar, e não sem motivo, porque blasfemam o seu Criador, isto é, o verdadeiro Deus que dá a graça de encontrar, pois pensam ter encontrado acima dele outro Deus, outro Pleroma, outra economia.

Por isso não brilha sobre eles a luz de Deus porque o injuriaram e desprezaram, julgando-o uma nulidade, porque no seu amor e na sua superabundante bondade se deu a conhecer aos homens. Ele revelou não a sua grandeza nem a sua natureza íntima, visto que nunca ninguém o mediu ou o tocou, mas levando-nos a entender que quem fez e plasmou os homens, inspirando neles o sopro de vida, que nos sustenta por meio da criação, que tudo consolida pela obra do seu Verbo e tudo unifica com a sua Sabedo-ria, é o único verdadeiro Deus. Estes, porém, sonham um Deus superior a este, que não existe, e julgam ter encontrado um deus grande que ninguém pode conhecer, que não comunica com o gênero humano nem se interessa pelas coisas terrenas; e assim acabaram por encontrar o deus de Epicuro que não é útil para si, nem para os outros, isto é, um deus sem providência.

A bondade de Deus

25,1. Deus, porém, cuida de todas as coisas e por isso dá conselhos, e dando conselhos, está presente aos que cuidam da própria conduta. É, portanto, necessário que as coisas beneficiadas e governadas conheçam quem as dirige, pelo menos as que não são irracionais nem frívolas e se apercebam desta Providência de Deus. Por isso, alguns pagãos, que menos serviram aos prazeres ilícitos e não se deixaram levar por tantas superstições idolátricas, por pouco que fossem sensíveis à sua providência, chegaram a reconhecer que o Criador deste universo é o Pai que cuida de todas as coisas e administra o nosso mundo.

25,2. Além disso, para negar ao Pai o poder de repreender e de julgar, pensando não ser isso digno de Deus, e convencidos de ter encontrado um deus sem cólera e bom, distinguem um deus que julga e um deus que salva, sem perceber que assim privam os dois de inteligência e de justiça. Com efeito, se o deus que julga não é ao mesmo tempo bom para perdoar os que deve perdoar e repreender os que o merecem, não pode ser tido por juiz justo e sábio; mas se for somente bom e não discerne as pessoas que quer agraciar com sua bondade, será alienado da justiça e da bondade e a sua própria bondade se mostrará impotente, por não salvar todos os homens, visto que se exerce sem julgamento.

25,3. Marcião, portanto, que distingue dois deuses, um bom e o outro juiz, nega a ambos a divindade. Se o deus juiz não é bom não pode ser deus porque lhe falta a bondade; e se o deus bom não é juiz, terá a mesma sorte do primeiro e não poderá ser reconhecido por deus. E como podem chamar sábio o Pai de todas as coisas se não lhe atribuem também o poder de julgar? Se é sábio, distingue, e o distinguir supõe o juízo e o juízo a justiça para agir justamente; a justiça provoca o juízo que, feito com justiça, se liga à sabedoria; o Pai supera em sabedoria toda sabedoria humana e angélica, porque é o Senhor, o justo Juiz, superior a todos; mas é também misericordioso, bom e paciente e salva os que convém. De forma que não lhe falta a bondade por causa da justiça, nem sua sabedoria é diminuída pelo fato de salvar os que devem ser salvos e condenar quem justamente deve ser condenado; e a própria condenação não é cruel, porque precedida e prevenida pela bondade.

25,4. Assim, Deus, que com bondade, faz o seu sol levantar para todos e faz chover sobre os justos e os injustos, julgará todos os que receberam de modo igual da sua bondade, porém não se comportaram de maneira condigna ao dom recebido, mas entregues aos prazeres e às paixões carnais, contrariam a sua bondade e até blasfemam quem os cumulou de benefícios.

25,5. Bem mais religioso do que eles parece Platão, que reconheceu um Deus, ao mesmo tempo justo e bom, com poder sobre todos e que pronuncia pessoalmente o julgamento. Ele diz: "Segundo o dito antigo, Deus, possuindo o princípio, o meio e o fim de todas as coisas existentes, vai reto a seu fim, como é de sua natureza; e é sempre acompanhado pela justiça que castiga as infrações à lei divina".262 E afirma que o Autor e Criador deste universo é um ser bom: "Naquele que é bom nunca nasceu a inveja de nada".263 E estabelece como princípio e causa da criação a bondade de Deus e não a ignorância, nem um Éon desgarrado ou fruto de degradação, nem uma Mãe chorosa e queixosa, nem outro Deus ou outro Pai.

25,6. Justamente a Mãe chora sobre os inventores de semelhantes fábulas, porque suas mentiras recaíram justamente sobre suas cabeças. Com efeito, a Mãe está fora do Pleroma, isto é, do conhecimento de Deus e a soma de seus rebentos não foi senão aborto sem forma, nem figura, porque não sabe nada da verdade. Ela caiu no vazio e na sombra e assim a doutrina deles não é senão vazio e trevas. O Limite não permitiu a ela entrar no Pleroma e o Espírito não recebe a eles no refrigério, por-que o Pai deles, ao gerar a ignorância, produziu neles paixões de morte. Isto não são calúnias, pois são eles que afirmam, ensinam e se gloriam destas coisas; orgu-lham-se eles de sua Mãe, que dizem gerada sem Pai, isto é, sem Deus, mulher de mulher, isto é, do erro a corrupção.

Votos apostólicos
25,7. Quanto a nós, rezamos para que não permaneçam na fossa que cavaram para si mesmos, se separem de tal Mãe, saiam do Abismo, se afastem do vazio, abandonem as trevas, sejam gerados como filhos legítimos, convertendo-se à Igreja de Deus, o Cristo seja formado neles, conheçam o Criador e o Autor deste universo como único verdadeiro Deus, Senhor de todas as coisas. Esta é a nossa oração para eles e com isso os amamos realmente muito mais do que eles julgam amar a si mesmos. O nosso amor, sendo verdadeiro, lhes é proveitoso se o aceitarem; parece-se a remédio doloroso que faz desaparecer a carne inútil e supérflua da ferida: expele-lhes o orgulho e a presunção. Por isso não nos cansamos e continuaremos a estender-lhes as mãos.

Continuaremos sobre este argumento no livro seguinte, onde aduziremos as palavras do Senhor, na esperança de convencer alguns deles, por meio da própria doutrina de Cristo, a deixar o erro e a renunciar a esta blasfêmia proferida contra o Criador, que é o único Deus e Pai de nosso Senhor Jesus Cristo. Amém.

1 Neste III Livro, Ireneu indica a fonte de sua argumentação: a tradição apostólica e o ensinamento eclesiástico (nn. 1-4) e suas duas teses básicas con-tra os gnósticos: a) Deus é único e o próprio criador (nn. 5-

15), e b) Jesus, o Filho de Maria, é o único Redentor — apesar de ter muitos nomes (nn. 16-25). Há também duas digressões neste texto: a salvação de Adão (contra Taciano, que sustentava a condenação, n. 23) e a questão da justiça e providência de Deus (contra Marcião, n. 25).

2 Cf. Mt 28,18-19; Lc 10,16.

3 A "tradição" é maior que as próprias Escrituras, pois ela primeiramente foi pregada e só posteriormente fixada em textos escriturísticos. Inclusive, esta tradição viva é força para alguns grupos que não tiveram outro conhecimento senão a antiga tradição dos apóstolos — o que lhes dá inclusive contra os que anunciam um "evangelho" diverso ou herético (cf. III, 4,2). Todavia, a tradição conservada nas Igrejas, especialmente nas instituídas pelos após-tolos — como, p.ex., a de Éfeso ou de Esmirna, e particularmente a de Roma: a de maior apostolicidade, pois foi fundada por Pedro e Paulo —, deve ser mantida e transmitida com fidelidade em todas as Igrejas (cf. também III, 3,1-3).

4 Cf. At 1,8.
5 Cf. Rm 1,1; 15,16; 2Cor 11,7.

6 Cf. Lc 10,16.
7 1Cor 2,6.
8 Cf. 2Tm 4,21.
9 Tt 3,10-11.
10 Cf. 2Jo 12.
11 Cf. Jo 14,6.
12 Cf. Dt 27,18.
13 Lc 5,31-32.

14 "Trazer a liberdade aos homens" é a missão imediata do redentor que encontra suas criaturas sob o domínio do pecado; a encarnação de Cristo já é o início da destruição do pecado. Contudo, o plano salvador de Deus consiste primariamente em "oferecer a herança da incorruptibilidade", isto é, tornando os homens aptos a receberem os bens divinos (incorruptibilidade e imortalidade), prepara-os para participarem da vida de Deus (cf. III,9,3; 19,3; IV,8,2; V,21,2).
15 Sl 110,1.
16 Cf. Gn 19,24.
17 Sl 45,7-8.
18 Sl 82,1.
19 Sl 50,1.
20 Sl 50,2-3.
21 Is 65,1.
22 Sl 82,6.
23 Rm 8,15; cf. Gl 4,5-6.
24 Ex 3,14.
25 Ex 3,8.
26 Is 43,10.
27 Sl 96,5.
28 Sl 81,10.
29 Is 44,9-10.
30 Jr 10,11.
31 1Rs 18,21.
32 1Rs 18,24.
33 1Rs 18,36.
34 Gl 4,8-9.
35 Cf. 2Ts 2,4.
36 1Cor 8,4-6.
37 Dt 5,8.

38 Dt 4,19.
39 2Cor 4,4. Para a Bíblia de Jerusalém, o "deus deste século" é satanás. 40 Gl 3,19.
41 2Ts 2,8-9.
42 Cf. Mt 22,21.
43 Mt 6,24.

44 Cf. Mt 12,29.
45 Jr 31,11.
46 Jo 1,1-3.
47 Sl 148,5; 32,9.
48 Sl 114,11.
49 Rm 9,25; cf. Os 2,25.
50 Cf. Mt 3,7-9.
51 Mt 3,3; Lc 3,4-6; Is 40,3-5.
52 Mt 2,13; 1,20.
53 Mt 2,15; Os 11,1; Mt 1,22-23; Is 7,14.
54 Sl 132,10-11; Sl 76,2-3.
55 Nm 24,17.
56 Mt 2,2.
57 Mt 3,16-17.
58 Is 11,1-4.
59 Is 61,1-2.
60 Jo 2,25.
61 Pr 5,22.
62 Lc 1,6.
63 Lc 1,8-9.
64 Lc 1,11.19.
65 Lc 1,15-17.
66 Lc 7,28; Mt 11,11.
67 Sl 58,4.
68 Lc 1,26.30.

69 Lc 1,32-33.
70 Lc 1,46-47.
71 Lc 1,78-79.
72 Rm 3,30.
73 Lc 1,68-75.
74 Lc 1,76-77.
75 Jo 1,29-30.15-16.
76 Gn 49,18
77 Is 12,2.
78 Sl 98,2.
79 Lm 4,20.
80 Jo 1,14.
81 Lc 2,9-10.
82 Lc 2,13-14.
83 Sl 121,2.
84 Sl 95,4-7.

85 Lc 2,20.
86 Lc 2,22-24.
87 Lc 2,28-32.
88 Lc 2,38.
89 Mc 1,1-3.
90 Mc 16,19.
91 Sl 110,1.
92 Cf. Ap 2,6.15.
93 Jo 1,1-5.
94 Jo 1,10-11.
95 Jo 1,14.
96 Jo 1,6-8.
97 Jo 1,18.
98 Jo 1,49.
99 Mt 12,18-21.

100 A revelação do Evangelho precede sua forma quádrupla, transformada em rica simbologia, cuja unidade é assegurada pelo Espírito Santo.
101 Sl 80,2.
102 Ap 4,7.
103 Ap 4,7.
104 Ap 4,7.
105 Ap 4,7.
106 Jo 1,1.
107 Mt 1,1.
108 Mt 1,18.
109 Mc 1,1-2.
110 Cf. At 2,16-17.
111 Cf. 1Cor 11,4-5.
112 At 1,16-17.20; Sl 69,26; 109,8.
113 At 2,15-17.
114 At 2,22-27; Sl 15,8-10.
115 Sl 110,1; At 2,36.
116 At 2,37-38.
117 At 3,2.6-8.
118 At 3,12-26; cf. Dt 18,15.19; Gn 22,18.
119 At 4,8-12.
120 At 4,24-28.
121 At 4,31.
122 At 5,30-32.
123 At 5,42.
124 At 10,2-5.

125 At 10,34-35.
126 At 10,37-43.
127 At 8,32-33.
128 At 8,37.

129 At 9,19-20.
130 Cf. Ef 3,3.
131 Fl 2,8.
132 At 17,24-31.
133 Dt 32,8.
134 Dt 32,9.
135 At 14,15-17.
136 At 7,1-8.
137 Cf. At 7,9-44.
138 At 7,55-56.
139 At 7,60.
140 Os 12,11.
141 At 15,1; 11,26.
142 At 15,7-11.
143 At 15,13-20.
144 At 15,23-29.
145 At 10,28-29.
146 At 10,47.
147 Cf. Gl 2,12-13.
148 Ef 3,3.
149 Gl 2,8.
150 Rm 10,15; Is 52,7.
151 1Cor 15,11.
152 Jo 14,9-10.7.
153 Gl 1,1.
154 Gl 2,1-2.5.
155 Cf. At 15,39; 16,8.
156 At 16,9-11.13.
157 At 20,6.
158 2Tm 4,10-11.
159 Cl 4,14.
160 At 20,25-28.

161 At 20,29-30.
162 Lc 1,2.
163 At 9,4-5; 22,7-8; 26,14-15.
164 At 9,15-16.

165 Mt 1,1.
166 Mt 1,18.
167 Mt 1,20-28; Is 7,14.
168 Rm 1,1-4.
169 Rm 9,5.
170 Gl 4,4-5.
171 Mc 1,1-2.
172 Sl 78,5-7.
173 Lc 1,32.
174 Lc 2,26.
175 Lc 2,28-32.
176 Is 8,3.
177 Is 8,4.
178 Lc 24,25-26.
179 Lc 24,44.
180 Lc 24,44-47.
181 Mt 16,21; Mc 8,31; Lc 9,22.
182 Jo 20,31.
183 1Jo 2,18-19.21-22.
184 Jo 2,4.
185 Jo 7,30.
186 Hab 3,2.
187 Gl 4,4.
188 2Jo 7-8.
189 1Jo 4,1-3.
190 Jo 1,14; 1Jo 5,1.
191 Rm 5,17.

192 Rm 6,3-4.
193 Rm 5,6.8-10.
194 Rm 8,34.
195 Rm 6,9.
196 Rm 8,11.
197 Is 42,1; 61,1; Lc 4,18.
198 Mt 10,20.
199 Mt 28,19.
200 Sl 51,14.
201 Is 11,2-3.

202 A doutrina da recapitulação, tomada de Ef 1,20, reafirma que Cristo encarnando-se fez-se cabeça, concentrou em si, re-capitulou na sua pessoa toda a criação. Antes do pecado, tudo estava harmoniosamente dirigido para Deus. Agora Cristo, representando individual e coletivamente a criação toda, restabelece por sua imortalidade a incorruptibilidade, a harmonia universal — que atingirá sua plenitude na ressurreição e na visão de Deus.

203 Rm 10,6-7.
204 Rm 10,9.
205 Rm 14,9.
206 1Cor 1,23; 10,16.
207 1Cor 15,3-4.
208 1Cor 15,12.21.
209 Rm 14,15.
210 Ef 2,13.
211 Gl 3,13.
212 1Cor 8,11.
213 Is 61,1.
214 Mt 16,13-16.

215 Mt 16,17.
216 Mt 16,21.
217 Mt 16,24-25; Mc 8,34-35.
218 Mt 16,25; 10,39; 23,34; 10,18-28.
219 Lc 23,34.
220 Mt 5,44; Lc 6,27-28.

221 São significativas as três afirmações precedentes: a primeira afirma o que mais tarde será chamado "união hipostática" do Verbo como homem e Deus; a segunda enfatiza a "união moral" entre Deus e o homem (Deus assume o homem e o homem se entrega a Deus); a terceira é uma oração moral, isto é: como acontece a filiação, ou seja: do Verbo com Deus mediante a comunhão e do homem com Deus mediante a encarnação. A noção de encarnação é condição essencial na teologia de Ireneu para compreender a dimensão redentora cumprida por Cristo.

222 Rm 5,14.
223 Jo 8,36.
224 Sl 82,6-7.

225 É a resposta de Ireneu à célebre e histórica questão: "cur Deus homo?" (por que Deus se fez homem?). 226 Cf. Is 53,8; Jr 17,9.

227 Jn 3,8-9.
228 Jn 1,9.
229 Jn 2,3.
230 Rm 11,32.

231 O homem não perde jamais sua identidade humana, mas se humaniza em plenitude na glória de Deus, pela obediência (cf. IV,41,2) e pela ação do Espírito Santo, que vive nele (cf. IV,38,1).

232 Rm 7,18.24-25.

233 Is 35,3-4.
234 Is 63,9.
235 Is 33,20.
236 Em IV,22,1 e Demonstração 78, o autor repete a citação atribuindo-a, porém, a Jeremias. Todavia, tal texto não se encontra na Bíblia atual; antes parece ser um midraxe sobre Jeremias, cultivado em ambiente judaico- cristão, onde se discutia a sorte dos santos, patriarcas e profetas de Israel falecidos. E sua importância dogmática se prende ao objetivo da descida de Cristo aos mortos: não apenas para anunciar-lhes a libertação futura, mas libertar de imediato os justos ressuscitando-os corporalmente (não só suas almas), antecipando a ressurreição escatológica.
237 Hab 3,3.5.
238 Is 7,14.
239 Lc 1,35.
240 Mt 1,22-23.
241 Is 7,10-16.
242 Lc 1,42.
243 Is 28,16.
244 Jr 22,24-25.28-30; 36,30-31.
245 Gn 2,5.
246 Gn 2,7.
247 Gl 4,4; Rm 1,3-4.
248 Jo 4,6; Sl 69,27; Mt 26,38.
249 Devia tornar-se quem devia ser salvo", isto é, devia tornar-se homem histórico. Aqui outra vez vem evidenciado que, para além do pecado, o Verbo haveria de se encarnar (ver, neste sentido, IV,14,1). Convém ter presente que para Ireneu "salvar" significa primariamente "unir o homem a Deus", "dar-lhe a incorruptibilidade",

"elevá-lo à ordem sobrenatural". A salvação forma parte do plano inicial do Criador, que quer a criatura participando de sua glória. O pe-cador será redimido, re/plasmado, refeito em Cristo em vista do plano salvífico de Deus. Assim — como diz José Ignácio Gonzales Faus — o Redentor não veio combater o Criador, mas levar a cumprimento sua obra (posta em perigo).

250 O paralelo entre Eva e Maria (análogo ao de Adão e Cristo, segundo S. Paulo) pertence, originariamente, a

S. Justino. Ireneu o desenvolve, encontrando na redenção as etapas da redenção exatamente "sub specie contrario". Outra afirmação teológica importante: a "recirculatio" (isto é: o percorrer outra vez um caminho, porém em sentido inverso). No caso: de Eva a Maria existe um cami-nho de degeneração e desobediência; de Maria a Eva, um caminho de obediência e regeneração. Esta "recirculatio" está forte e primariamente subordinada à "recirculatio" mais original presente em Cristo e Adão. Cristo, encarnado/ressuscitado, é a meta recapituladora de toda a criação, já prefigurada em Adão.

251 Gn 1,26.
252 Gn 3,14.
253 Mt 25,41.
254 Gn 4,9.
255 Pr 1,7; 9,10.
256 Gn 3,13.
257 Sl 91,13.
258 1Cor 15,54-55.
259 1Cor 15,22; Rm 5,20.

Contra as Heresias - Irineu

260 Os gnósticos insistem sobre a incompreensibilidade e a incomunicabilidade do Deus supremo.
Contrariamente, Ireneu reafirma tanto a unidade e trans-cendência do Deus Criador quanto sua livre, gradual e amorosa revelação em Cristo (cf. IV,20,1).
261 1Cor 12,28.
262 Leis IV,715e.
263 Timeu 3,29e.

I LIVRO1
CONTINUIDADE ENTRE ANTIGO E NOVO TESTAMENTO

PREFÁCIO

Pr., 1. Com este quarto livro que te enviamos, ó caríssimo amigo, da obra de denúncia e refutação da pseudognose, confirmaremos com as palavras do Senhor, conforme nossa promessa, o que foi exposto precedentemente, para que, conforme o teu pedido, tenhas, de nossa parte, todos os meios para refutar os hereges e, derrotados, não os deixes afundar no abismo do erro, mas dirigindo-os ao porto da verdade, os faças chegar à salvação.

Pr., 2. Quem os quiser converter deve conhecer perfeitamente a doutrina e os argumentos deles, porque não se pode curar um enfermo se não se conhece a doença que o acometeu. Por isso, os nossos predecessores, melhores até do que nós, não puderam responder adequadamente aos discípulos de Valentim, pois não conheciam a doutrina deles, aquela mesma que expusemos diligentemente no primeiro livro que te entregamos, onde demonstrávamos que ela era a recapitulação de todas as heresias. Por isso, no segundo livro, nós os mantivemos como alvo de toda a nossa refutação; de fato, os que se lhes opõem convenientemente, opõem-se também a todos os detentores de opiniões falsas e quem os refuta, refuta todas as heresias.

Pr., 3. Com efeito, a doutrina deles é a mais blasfema de todas, pois dizem que o Autor e Criador do universo, — que é o único Deus, como demonstramos — foi emitido por uma desviação ou por uma degradação. Mas eles blasfemam também contra o nosso Senhor, separando e distinguindo Jesus do Cristo e o Cristo do Salvador, e ainda o Salvador do Verbo e o Verbo do Unigênito. E como dizem o Criador ser emitido a partir de uma desviação ou degra-dação, assim também ensinam que o Cristo e o Espírito Santo foram emitidos por causa desta degradação e que o Salvador é o fruto dos Éões que se encontraram nesta degradação: enfim não há nada neles que não seja blasfêmia. No livro precedente, portanto, foi mostrado o pensamento dos apóstolos sobre estes pontos e como não somente não pensaram nada disso "os que foram, desde o início, as testemunhas oculares e ministros da palavra da verdade",2 mas nos pregaram que se fugisse de tais opiniões, prevendo no Espírito que estes seduziriam os mais simples.

Pr., 4. "Como a serpente seduziu Eva",3 prometendo-lhe o que ela não possuía, assim estes, a pretexto de gnose mais alta e de mistérios inenarráveis e com a promessa da assunção no seio do Pleroma, levam à morte os que acre-ditam neles, tornando-os apóstatas daquele que os criou. O Anjo rebelde, que outrora provocara, por meio da serpente, a desobediência dos homens, julgou fugir aos olhares de Deus e por isso Deus lhe deu aquela forma e aquele nome. Porém, nestes que são os últimos tempos, o mal se propaga entre os homens não somente tornando os apóstatas, mas ainda blasfemadores contra quem os criou, por meio de muitas maquinações, isto é, por todos os hereges de que falamos. Todos, com efeito, mesmo provindo de lugares diversos e ensinando doutrinas diferentes, convergem no mesmo propósito blasfemo: ferir mortalmente, ensinando a blasfemar Deus, nosso Criador e Nutridor e a não crer na salvação do homem. O homem é composto de alma e de corpo, uma carne formada à imagem de Deus e modelada pelas suas mãos,4 isto é, pelo Filho e o Espírito, aos quais disse: "Façamos o ho-mem". Este é o propósito daquele que inveja a nossa vi-da: tornar os homens incrédulos da sua salvação e blas-femos contra o Deus que os criou. Sejam quais forem as declarações solenes que fazem, todos os hereges chegam por fim a isto: a blasfemar o Criador e a negar a sal-vação desta criação de Deus, que é o homem, pelo qual precisamente o Filho de Deus atuou toda a economia co-mo mostramos de muitos modos, salientando que nenhum outro é chamado Deus pelas Escrituras, a não ser o Pai de todas as coisas, o Filho e os que receberam a adoção filial.

Pelo testemunho de Jesus

DEUS ÚNICO, PAI E DEMIURGO

1,1. Sendo certo e indiscutível que ninguém mais foi proclamado Deus e Senhor pelo Espírito a não ser o Deus que tem autoridade sobre todas as coisas com o seu Verbo e os que recebem o Espírito de adoção, isto é, os que crêem no verdadeiro Deus e em Cristo Jesus, Filho de Deus; que os apóstolos, por sua vez, nunca chamaram a alguém, por sua conta, de Deus e Senhor; e muito menos nosso Senhor, que nos ordenou não reconhecer ninguém como Pai, a não ser aquele que está nos céus, que é o único Deus e o único Pai, fica claramente provada a falsidade das afirmações de sofistas enganadores e perversos segundo os quais é naturalmente Deus e Pai aquele que eles imaginaram e não o Criador, que não é Deus nem Pai por natureza, e que é chamado assim, por modo de dizer, porque tem autoridade sobre a criação, como dizem esses gramáticos depravados que sofisticam a respeito de Deus, e repudiando o ensinamento de Cristo e excogitando falsas adivinhações argumentam contra toda a economia de Deus. Com efeito, dão o nome de deuses, pais, senhores e até de céus aos seus Éões; e à Mãe, que eles chamam também Terra e Jerusalém, atribuem muitos outros nomes.

1,2. Mas quem não entende que se o Senhor tivesse conhecido muitos pais e deuses não teria mandado aos seus discípulos não reconhecer senão um único Deus e chamar somente a este de Pai? E até distinguiu os assim chamados deuses do verdadeiro Deus para que não se enganassem, seguindo a sua doutrina, em tomar um pelos outros. Se ele nos tivesse mandado chamar Pai e Deus a um só e depois tivesse reconhecido ora um ora outro como Pai e Deus no mesmo sentido, mostrar-se-ia como mandando uma coisa aos discípulos e ele fazendo o contrário. Isso não seria próprio de bom mestre, mas de enganador e invejoso. E os apóstolos, segundo eles, se mostrariam transgressores do mandamento, reconhecendo o Criador como Senhor, Deus e Pai, como demonstramos, se ele não fosse o único Deus e Pai. Seria para eles a causa desta transgressão o Mestre que lhes prescreveu chamar Pai a um só, obrigando-os a reconhecer o Criador como Pai, como foi mostrado.

Pelas palavras de Moisés

2,1. Moisés, recapitulando no Deuteronômio toda a Lei recebida pelo Demiurgo, diz assim: "Presta atenção, ó céu, e falarei, e a terra escute as palavras da minha boca";5 por sua vez Davi diz que o socorro lhe vem do Senhor: "O meu socorro vem do Senhor que fez o céu e a terra";6 e Isaías diz falar da parte daquele que fez o céu e a terra e tem au- toridade sobre eles: "Escuta, ó céu, e tu, terra, presta ouvidos, porque o Senhor falou"; e ainda: "Assim fala o Senhor Deus que fez o céu e o firmou, que estabeleceu a terra e o que ela contém, que dá a vida aos que estão na terra e o Espírito aos que a pisam".7

2,2. Por sua vez, nosso Senhor Jesus Cristo reconhece este mesmo Criador como seu Pai, quando diz: "Eu te louvo, ó Pai, Senhor do céu e da terra".8 Que Pai devemos entender segundo estes perversíssimos sofistas de Pandora? O Abismo por eles inventado, ou a Mãe deles, ou o Unigênito? ou talvez o Deus falsamente imaginado por Marcião e os outros, que nós provamos longamente não ser Deus, ou — o que é a verdade — o Criador do céu e da terra, pregado pelos profetas, reconhecido por Cristo como Pai, anunciado pela Lei nas palavras: "Escuta, Israel, o Senhor teu Deus é o único Senhor?"9

2,3. Que os escritos de Moisés são as palavras do Cristo ele próprio o diz, assim como João refere no seu Evangelho: "Se tivésseis crido em Moisés teríeis também crido em mim, porque é a meu respeito que ele escreveu; mas se não credes nos seus escritos não crereis nas minhas palavras",10 indicando clarissimamente que os escritos de Moisés são suas próprias palavras. E se o são as de Moisés, sem dúvida são também suas as palavras dos outros profetas, como demonstramos. Ainda o próprio Senhor declarou que Abraão disse ao rico acerca dos homens que ainda viviam: "Se não escutam Moisés e os profetas não acreditariam tampouco se fosse a eles alguém ressuscitado dos mortos".11

2,4. Com isso ele não quis somente contar a história de um pobre e de um rico, mas, antes de tudo, ele nos quis ensinar que ninguém deve passar a vida nas volúpias, nos deleites seculares, na boa mesa e esquecer a Deus: "Havia, diz ele, um rico que se vestia de púrpura e linho fino e se deleitava em suntuosos banquetes".12 O Espírito já dissera pela boca do profeta Isaías ao falar deste tipo de pessoas: "Porque ao som das cítaras e das harpas, dos tamborins e das flautas tomam o vinho, mas eles não olham as obras de Deus e não vêem a obra de suas mãos".13 Para não cairmos nas mesmas penas com eles, o Senhor nos mostra o seu fim e nos dá a entender que se escutassem Moisés e os profetas acreditariam também no que eles anunciaram, o Filho de Deus, ressuscitado dos mortos e doador da vida; e ensina que todas as coisas derivam de uma só substância, tanto Abraão, Moisés e os profetas como o próprio Senhor, que ressuscitou dos mortos e no qual acreditam muitos circuncidados que escutam Moisés e os profetas que anunciam a vinda do Filho de Deus. Quanto aos que o desprezam e dizem derivar de outra substância, eles não o reconhecem como o primogênito dos mortos, pois concebem como que dois seres separados, um Cristo que ficou para sempre impassível e um Jesus que sofreu a paixão.

2,5. O Pai não lhes concede conhecer o Filho nem aprendem a conhecer o Pai pelo Filho que ensina abertamente e sem parábolas o verdadeiro Deus: "Não jureis por nada

— ele diz — nem pelo céu que é o trono de Deus, nem pela terra que é o escabelo de seus pés, nem por Jerusalém que é a cidade do grande Rei".14 Estas palavras designam claramente o Criador, como já dizia Isaías: "O céu é o meu trono e a terra é o escabelo dos meus pés".15 E, fora ele, não existe outro Deus, porque não seria reconhecido como Deus, nem por grande Rei, pelo Senhor, porque tal dignidade não admite comparação nem superioridade; quem tem acima de si superior e se encontra em poder de outro, não pode ser chamado grande Rei nem Deus.

2,6. Nem poderão dizer que estas expressões são metafóricas, porque, pelas próprias palavras se devem convencer que devem ser entendidas em sentido próprio. Com efeito, era a própria Verdade que falava e reivindicava verdadeiramente a sua casa, quando afastava dela os trocadores que compravam e vendiam moedas, dizendo-lhes: Está escrito: "A minha casa será chamada casa de oração, mas vós fizestes dela covil de ladrões".16 Qual motivo poderia ter para agir e falar daquele modo, reivindicando a casa como sua, se anunciasse outro Deus? Mas com isso ele os queria denunciar como transgressores da Lei do seu Pai, pois não incriminava a casa, nem condenava a Lei que ele veio completar, e sim repreendia os que não usavam bem da casa e violavam a Lei. Por isso, os escribas e os fariseus, que desde os tempos da Lei começaram a menosprezar Deus, também não receberam o seu Verbo, isto é, não creram no Cristo. Isaías dizia deles: "Eles são indóceis, são companheiros de ladrões; gostam de presentes, vão atrás de propinas; não fazem justiça aos órfãos e não tratam dos processos das viúvas".17 Da mesma forma fala Jeremias: "Os chefes de meu povo não me conheciam; são filhos insensatos e imprudentes; hábeis em fazer o mal, não souberam fazer o bem".18

2,7. Todos aqueles, porém, que temiam a Deus e eram zelosos em praticar a Lei, acorreram ao Cristo e foram todos salvos: "Ide — dizia a seus discípulos — às ovelhas perdidas da casa de Israel".19 Também se diz dos samaritanos que, tendo permanecido por dois dias com eles, foram muito mais os que creram por causa das suas palavras e diziam à mulher: "Já não cremos pela tua conversa: nós próprios escutamos e sabemos que este é verdadeiramente o Salvador do mundo".20 E Paulo, por sua vez, diz: "E assim todo Israel será salvo".21 E mais, ele diz que a Lei é o nosso pedagogo que nos leva ao Cristo. Não se culpe a Lei como causa da incredulidade de al-guns! A Lei não os impedia de crer no Filho de Deus, até os convidava, dizendo que os homens não podiam ser curados da antiga ferida da serpente senão crendo naquele que, elevado da terra no lenho do martírio, na semelhança da carne do pecado, atrai a si e vivifica os mortos.22

Resposta a duas objeções
3,1. Eles podem dizer com malícia: Se o céu é o trono de Deus e a terra o seu escabelo, também se diz que o céu e a terra passarão; então passará também com eles aquele Deus que está sentado neles e por isso não será mais o Deus que está acima de todas as coisas. Primeiro, não sabem em que sentido o céu é trono e a terra escabelo; mas eles não sabem sequer quem é Deus e pensam que, como um homem, senta-se sobre estas coisas e seja contido por elas e não que ele as contém. Desconhecem também o que significa o passar do céu e da terra, mas Paulo, que não o ignorava, dizia: "Passa a figura deste mundo".23 Ademais, a questão já foi resolvida por Davi: quando esta figura passará, não é somente Deus, ele diz, que há de ficar, mas também os seus servos. No salmo 102, assim se exprime: "No princípio firmaste a terra, Senhor, e o céu é obra de tuas

mãos; eles perecerão, mas tu permanecerás; como um vestido hão de ficar gastos e como uma veste os mudarás, e ficarão mudados; tu, porém, és sempre igual e os teus anos não terão fim; os filhos dos teus servos terão morada e a posteridade deles será estável para sempre",24 mostrando claramente quais são as coisas que passam e quem permanece para sempre, Deus e os seus servos. Isaías diz o mesmo: "Levantai vossos olhos para o céu e olhai em baixo para a terra, porque o céu é firme como o fogo e a terra evelhecerá como vestido; os que neles moram, como eles morrerão, mas a minha salvação permanecerá eternamente e a minha justiça não se extinguirá".25

4,1. Ainda, acerca de Jerusalém e da casa, ousam dizer que se ela fosse a cidade do grande Rei, nunca seria abandonada. É como se dissessem: se a palha é criatura de Deus nunca seria abandonada pelo grão de trigo; ou, se os sarmentos da vinha fossem feitos por Deus, quando não têm cachos, nunca seriam podados. Ora, estas coisas foram feitas essencialmente não para si mesmas, mas para o fruto que deve crescer nelas; quando o fruto ama-dureceu e foi colhido, são abandonadas e jogadas fora, pois já não são úteis para frutificar. Assim Jerusalém, que carregou o jugo da servidão com o qual foi domado o ho-mem que não se submetia a Deus, quando a morte rei-nava, e, domado, se tornou apto para a liberdade, pela vinda do fruto da liberdade, que amadureceu, foi colhido e levado ao celeiro, enquanto eram levados de Jerusalém e espalhados pelo mundo inteiro os homens capazes de frutificar, segundo o que diz Isaías: "Os filhos de Jacó germinarão, Israel florescerá e o mundo inteiro será enchido com seus frutos".26 Quando os seu frutos foram espalhados pelo mundo inteiro justamente foi abandonada e jogada fora aquela que uma vez deu o bom fruto — dela, com efeito, é que veio o Cristo segundo a carne, e os apóstolos — e agora já não serve para produzir frutos. Tudo o que tem início no tempo deve ter fim no tempo.

4,2. Como "a Lei começara com Moisés era normal que acabasse com João, porque havia chegado o Cristo, o cumprimento dela; por isso eles tiveram a Lei e os profetas até João".27 Da mesma forma Jerusalém, depois de ter começado por Davi e ter completado o tempo da concessão da Lei, teve que acabar quando apareceu a nova aliança: com efeito, Deus faz todas as coisas com ordem e medida e junto dele não há nada de não medido ou não acabado. Usou uma expressão feliz aquele que disse que o próprio Pai que é incomensurável foi medido no Filho: com efeito, o Filho é a medida do Pai porque o compreende. É Isaías que diz que a administração deles era temporária: "A filha de Sião será abandonada como choça dentro da vinha e como telheiro em pepinal".28 Quando se abandonam estas coisas? Não é quando os frutos foram colhidos e só ficaram as folhas que já não podem frutificar?

4,3. Por que falamos só de Jerusalém quando é a figura de todo o mundo que deve passar, quando tiver chegado o tempo da sua passagem, para que o trigo seja recolhido nos celeiros e a palha seja lançada ao fogo? "O dia do Senhor é como fornalha acesa e os pecadores e todos os que praticam a iniquidade serão como palha e o Dia que vem os queimará".29 Ora, João Batista nos dá a conhecer quem é este Senhor que faz chegar o Dia, quando, ao falar do Cristo, diz: "Ele vos batizará no Espírito Santo e no fogo; ele tem na mão a pá a fim de limpar a sua eira; recolherá o trigo no celeiro e a palha queimá- la-á com fogo inextinguível".30 Não é, portanto, diverso Aquele que cria a palha daquele que cria o trigo, mas único e idêntico, e será ele o juiz, isto é, o que os separará. Contudo, o trigo e a palha são seres sem alma nem inteligência e o que são é por sua própria natureza que o são; o homem, porém, é racional e por isso semelhante a Deus; criado livre e senhor de seus atos é para si mesmo a causa de ser ora palha ora trigo. Por isso será justamente condenado, porque, racional que é, abandonou a reta razão, e vivendo como os irracionais contrariou a justiça de Deus, entregando-se a todo espírito terreno e tornando-se escravo de toda voluptuosidade; como diz o salmista: "O homem que era tão honrado não entendeu, rebaixou-se ao nível dos animais irracionais e tornou- se semelhante a eles".31

Jesus Cristo fala do Deus de Abraão

5,1. Portanto, Deus é único e idêntico, ele enrola os céus como um livro, e renova a face da terra; fez as coisas temporais para o homem, para que amadurecendo entre elas produza por fruto a imortalidade, e acrescenta as eternas por causa do seu amor, "para mostrar aos séculos vindouros a insondável riqueza da sua bondade".32 Ele foi anunciado pela Lei e os profetas, ele que o Cristo reconheceu como Pai; ele o Criador e o Deus que está acima de todas as coisas, como diz Isaías: "Eu sou testemunha, diz o Senhor, e o Servo que escolhi para que saibais e creiais que eu sou; antes de mim não houve outro Deus nem haverá depois de mim; eu sou Deus e fora de mim não há salvador; eu anunciei e eu salvei". E ainda: "Eu, Deus, sou o primeiro e o sou pelos tempos vindouros".33 Não é por metáfora nem por vanglória que diz estas coisas, mas porque era impossível conhecer a Deus sem a ajuda de Deus, então ele ensina os homens a conhecerem a Deus por meio do seu Verbo. Para os que não conhecem estas coisas e por isso pensam ter encontrado outro Pai, alguém diria justamente: "Vós vos enganais, não conhecendo as Escrituras nem o poder de Deus".34

5,2. Nosso Senhor e Mestre ao responder aos saduceus que negavam a ressurreição e por isso desprezavam a Lei e ridicularizavam a Deus falou da ressurreição e revelou ao mesmo tempo Deus, dizendo: "Errais: não conheceis as Escrituras nem o poder de Deus"; quanto à ressurreição dos mortos não lestes esta palavra dita por Deus: "Eu sou o Deus de Abraão, o Deus de Isaac e o Deus de Jacó?" E acrescenta: "Ele não é o Deus dos mortos, mas dos vivos; todos, com efeito, vivem por sua virtude".35 Com isso tornou manifesto que aquele que da sarça falava a Moisés e declarava ser o Deus dos pais, é ele o Deus dos vivos.

Ora, quem é o Deus dos vivos a não ser o verdadeiro Deus acima do qual não há outro Deus? Aquele de quem falava o profeta Daniel quando respondeu a Ciro, rei dos persas, que lhe perguntava: "Por que não adoras a Bel?" "Porque não adoro ídolos feitos pelas mãos dos homens, mas o Deus vivo que fez o céu e a terra e que tem o poder sobre todos os homens". E ainda: "Adorarei o Senhor, meu Deus, porque ele é o Deus vivo".36 Portanto, o Deus vivo adorado pelos profetas é o Deus dos viventes, e o seu Ver-bo, que falou a Moisés, que refutou os saduceus, que concedeu a ressurreição, demonstrando, a partir da Lei, a estes cegos estas duas coisas, a ressurreição e Deus. Porque se não é o Deus dos mortos e sim dos vivos, e se ele é chamado Deus dos patriarcas defuntos, está fora de dúvida que eles vivem em Deus e não pereceram, pois são filhos da ressurreição. Ora, a ressurreição é nosso Senhor em pessoa, como ele próprio diz: "Eu sou a ressurreição e a vida".37 Os patriarcas são seus filhos. Com efeito, foi dito pelo salmista: "No lugar de pais que eram eles se tornaram teus filhos".38 Portanto, também Jesus Cristo, com o Pai, é Deus dos vi-vos, que falou a Moisés e que se manifestou aos patriarcas.

5,3. Justamente quando ensinava isso disse aos judeus: "Abraão, vosso pai, exultou ao pensamento de ver o meu dia; ele o viu e se alegrou".39 Como então? "Abraão creu em Deus e lhe foi imputada a justiça":40 primeiramente, creu que era o único Deus, Criador do céu e da terra, e, depois, que teria feito a sua posteridade numerosa como as estrelas do céu. Isto é também o que diz Paulo: "Como luminares no mundo". Por isso abandonando toda pa-rentela terrena seguia o Verbo de Deus, peregrinando com o Verbo para se tornar concidadão do Verbo.

5,4. Por isso, os apóstolos, verdadeira descendência de Abraão, deixaram a barca e o pai para seguir o Verbo de Deus. Por isso, nós também, com a mesma fé de Abraão, seguiremos o mesmo Verbo carregando a cruz como Isaac carregava a lenha. Em Abraão, com efeito, o homem aprendeu e se acostumou a seguir o Verbo de Deus. Abraão seguiu na sua fé a ordem do Verbo de Deus cedendo, na submissão, o filho único e amado em sacrifício a Deus para que Deus consentisse, em favor de toda a sua posteridade, em sacrificar o seu filho único e amado para a nossa redenção.

5,5. Com efeito, Abraão, sendo profeta e vendo no Espírito o dia da vinda do Senhor, e a economia da sua paixão, pela qual ele próprio e todos os que como ele acreditavam em Deus seriam salvos, se alegrou grandemente.

O Senhor, portanto, não era desconhecido de Abraão, pois ele desejou ver o dia dele, como também não desconhecia o Pai do Senhor, pois fora instruído pelo Verbo a respeito do Pai e acreditou nele; por isso lhe foi tido em conta de justiça pelo Senhor, porque é a fé que justifica o homem. Eis por que dizia: "Levantarei a minha mão para o Deus altíssimo que criou o céu e a terra".41 Os que seguem estas falsas opiniões se esforçam por negar isso tudo por causa de uma só frase que não entenderam bem.

O Filho conhece e revela um único Deus Pai

6,1. O Senhor, mostrando aos seus discípulos que ele é o Verbo que dá o conhecimento do Pai e reprovando a pretensão dos judeus de possuir Deus ao mesmo tempo que recusam o seu Verbo, pelo qual Deus é conhecido, dizia: "Ninguém conhece o Filho a não ser o Pai e ninguém conhece o Pai a não ser o Filho e a quem o Filho o quiser revelar".42 Assim escreveu Mateus, assim Lucas, e igualmente, Marcos; João omitiu esta passagem. Estes, porém, que querem ser mais bem informados do que os apóstolos, modificam o texto, assim: Ninguém conhece o Pai a não ser o Filho, nem o

Filho a não ser o Pai e aquele a quem o Filho o quiser revelar; e explicam que o Deus verdadeiro não foi conhecido por ninguém antes da vinda de nosso Senhor e que o Deus pregado pelos profetas não é o Pai do Cristo.

6,2. Mas se o Cristo começou a existir no momento de sua vinda como homem, se o Pai pensou nos homens somente desde os tempos de Tibério César, se se provar que o seu Verbo não esteve sempre presente ao lado da sua criatura, então não seria necessário procurar outro Deus, mas, sim, o motivo de tamanho desleixo e negligência de sua parte. Mas nenhuma procura podia ser de tal natureza ou assumir tais proporções a ponto de trocar de Deus e solapar a nossa fé no Criador que nos sustenta com a sua criação. Como a nossa fé se dirige constantemente ao Filho, assim o nosso amor pelo Pai deve manter-se firme e inabalável. E Justino diz com razão no seu tratado contra Marcião: "Não teria crido nem mesmo no Senhor se me tivesse anunciado um Deus diferente do nosso Criador, Autor e Nutridor; mas visto que é do único Deus, criador deste mundo e nosso modelador, sustentador e diretor de todas as coisas, que veio até nós o Filho único, recapitulando em si a obra por ele modelada, permanece firme a minha fé nele e constante o meu amor ao Pai, uma e outro dons do Senhor".

6,3. Ninguém pode conhecer o Pai sem o Verbo de Deus, isto é, sem o Filho que o revela. Também não se conhece o Filho sem a vontade do Pai. O Filho faz a vontade do Pai, pois o Pai envia, o Filho é enviado e vem a nós. E assim o Pai, que é para nós invisível e incognoscível, é conhecido por seu próprio Verbo; e só o

Pai conhece o seu Verbo; assim o manifestou o Senhor. Por isso, o Filho nos leva ao conhecimento do Pai por sua própria encarnação. Pois a manifestação do Filho é o conhecimento do Pai; realmente, é pelo Verbo que tudo nos é revelado. Para que saibamos que o Filho que veio é o mesmo que dá o conhecimento do Pai aos que nele crêem, dizia aos seus discípulos: "Ninguém conhece o Pai a não ser o Filho, nem o Filho a não ser o Pai e aqueles aos quais o Filho o quiser revelar", ensinando-nos o que ele próprio é e o que é o seu Pai, para que não reconheçamos outro Pai a não ser o que o Filho revelou.

6,4. Este Pai é o Criador do céu e da terra, como o provam as palavras do Filho e não o falso Pai inventado por Marcião, Valentim, Basílides, Carpócrates, Simão, ou os outros pseudognósticos. Com efeito, nenhum deles era o Filho de Deus, mas o era o Cristo Jesus nosso Senhor, contra o qual eles ensinam anunciando um Deus incognoscível, sem tomar cuidado com o que dizem: como pode ser incognoscível se eles o conhecem? Tudo o que é conhecido, ainda que por poucos, já não é incognoscível. O Senhor não disse que o Pai e o Filho são absolutamente incognoscíveis, porque então seria inútil a sua vinda. Então, por que veio? Simplesmente para nos dizer: Não procureis a Deus, pois ele é incognoscível e não o encontrareis? Na verdade é o que Cristo teria dito aos Éões, se devemos acreditar nos discípulos de Valentim; mas isso é ridículo. Eis o que o Senhor nos ensina: ninguém pode conhecer a Deus sem a ajuda de Deus; mas que o conheçamos é vontade do Pai, porque o conhecerão aqueles aos quais o Filho o revelar.

6,5. O Pai revelou o Filho para manifestar-se a todos e acolher, em toda justiça, na incorruptibilidade e no refrigério eterno os que crêem nele — crer nele é fazer a sua vontade — e, com toda justiça, fechar nas trevas que eles próprios escolheram para si, os que não crêem nele. O Pai se revelou a todos, tornando o seu Verbo visível a todos; e é a todos que o Verbo mostrou o Pai e o Filho, pois ele foi visto por todos. Por isso será justo o julgamento de Deus sobre todos os que o viram do mesmo modo, mas não creram nele do mesmo modo.

6,6. Na verdade, pela própria criação, o Verbo já revela o Deus Criador; pelo mundo, o Senhor e Ordenador do mundo; pela criatura plasmada, o Artista que a plasmou; pelo Filho, o Pai que o gerou; disto, todos falam do mesmo modo, porém, não crêem do mesmo modo. Pela Lei e os profetas, o Verbo, do mesmo modo, anunciava-se a si e ao Pai; e todo o povo, do mesmo modo o ouviu, mas não do mesmo modo todos creram. Pelo Verbo tornado visível e palpável, o Pai se revelou, embora nem todos nele cres-sem do mesmo modo. Porém todos viram no Filho o Pai. A realidade indivisível que se manifestava no Filho era o Pai, e a realidade visível na qual o Pai se revelou era o Filho. Eis por que, na sua presença, todos diziam que ele era o Cristo e Deus". Os próprios demônios, vendo o Filho, diziam: "Sabemos que tu és o Santo de Deus.43 O diabo que o tentava lhe dizia: "Se és o Filho de Deus..."44 Todos o viam e o chamavam Filho e Pai, mas nem todos criam do mesmo modo.

6,7. Era necessário que a Verdade fosse testemunhada por todos e que houvesse justo juízo para a salvação dos que crêem e a condenação dos incrédulos e que a fé no Pai e no Filho fosse comprovada por todos, isto é, corroborada por todos, recebendo de todos o testemunho, dos de dentro como amigos e dos de fora como inimigos. É prova verdadeira e irrefutável a que traz o selo do testemunho dos próprios adversários, que no instante em que se apresenta às suas vistas estão convencidos da realidade presente, prestam-lhe testemunho e lhe apõem seu selo, ainda que depois, tornando-se inimigos, se tornem acusadores e queiram que o seu testemunho não seja verdadeiro.

Portanto, não era um aquele que era conhecido e outro aquele que dizia: Ninguém conhece o Pai, mas um só e o mesmo. O Pai lhe sujeitou tudo e de todos recebeu o testemunho de que é verdadeiro homem e verdadeiro Deus, do Pai, do Espírito, dos anjos, da criação, dos homens, dos espíritos apóstatas, dos demônios, do inimigo e, finalmente, até da própria morte. O Filho opera do princípio ao fim, dispondo todas as coisas em nome do Pai e sem ele ninguém pode conhecer Deus. O conhecimento do Pai é o Filho; o conhecimento do Filho pertence ao Pai e pelo Filho é revelado. Por este motivo, o Senhor dizia: "Ninguém conhece o Filho a não ser o Pai; nem o Pai, a não ser o Filho e aqueles aos quais o Filho o revelar".45 "Re-velar" não se refere apenas ao futuro, como se o Verbo começasse a revelar o Pai quando nasceu de Maria; mas universalmente e por todo o tempo aí se encontra ele. No início, presente o Filho à sua criatura, revela o Pai a todos, a quem quer, quando quer e como quer o Pai. Em tudo e por tudo, há um só Deus, o Pai, e um só Verbo, o

Filho, e um só Espírito e uma única salvação para todos os que nele crêem.

O Deus de Abraão é o Deus revelado por Jesus

7,1. Abraão também conheceu, por meio do Verbo, o Pai que fez o céu e a terra, confessou-o Deus. Também soube, pela visão, que o Filho de Deus se tornaria homem, e, pela vinda dele, a sua posteridade se tornaria numerosa como as estrelas do céu; desejou ver aquele dia para ele também abraçar o Cristo, e tendo-o visto profeticamente, no Espírito, se alegrou. Por isso, Simeão, seu descendente, exprimia a satisfação do patriarca e dizia: "Agora deixa ir em paz o teu servo, ó Senhor, por que os meus olhos viram a tua salvação preparada, há tempo, aos olhos de todos os povos, Luz de revelação a todos os povos e Glória para o teu povo Israel".46 E os anjos anunciaram aos pastores que estavam de guarda durante a noite a grande alegria; e Maria diz: "A minha alma glorifica o Senhor e o meu Espírito exultou em Deus meu Salvador".47 A exultação de Abraão descia assim nos seus descendentes que vigiavam, viam o Cristo e criam nele; mas esta exultação era devolvida a Abraão que tinha desejado ver o dia da vinda do Cristo. Justamente, nosso Senhor lhe prestava testemunho, dizendo: "Abraão, vosso Pai, exultou ao pensar que veria o meu dia; ele o viu e se alegrou".48

7,2. Não é somente em relação a Abraão que disse isto, mas para mostrar que todos os que, desde o início, adquiriram o conhecimento de Deus e profetizaram a vinda de Cristo, receberam a revelação do próprio Filho, que nos últimos tempos se tornou visível e palpável e conversou com o gênero humano para, das pedras, suscitar filhos de Abrão e assim cumprir a promessa que lhe fizera e tornar a sua posteridade numerosa como as estrelas do céu. É o que afirma João Batista: "Deus pode suscitar destas pe-dras filhos de Abraão".49 E Jesus o fez tirando-nos do culto das pedras e transferindo-nos de parentela dura e estéril e criando em nós fé semelhante à de Abraão. Neste sentido Paulo afirma que nós somos filhos de Abraão pela semelhança da fé e a promessa da herança.50

7,3. Portanto, não há senão um só e único Deus, que chamou Abraão e lhe deu a promessa. Este é o Criador, aquele que, pelo Cristo, prepara como luminares no mundo os que dentre os gentios acreditaram. "Vós sois, diz ele, a luz do mundo",51 isto é, como estrelas do céu. Este Deus não pode ser conhecido, nós afirmamos, a não ser pelo Filho e por aquele a quem o Filho o revelar, mas o Filho revela-o a todos os que o Pai quer que o conheçam e sem o beneplácito do Pai e a obra do Filho ninguém conhece Deus. Por isso o Senhor disse aos seus discípulos: "Eu sou o caminho, a verdade e a vida; ninguém vem ao Pai a não ser por mim. Se me tivésseis conhecido, teríeis conhecido também meu Pai. Ora, vós o conhecestes e o vistes".52 Com isto está claro que é por meio do Filho, isto é, pelo Verbo, que é conhecido.

7,4. Por isso os judeus se afastaram de Deus não querendo acolher o seu Verbo, julgando poder conhecer a Deus diretamente pelo Pai sem o Verbo, isto é, sem o Filho, ignorando aquele que em forma humana falara com Abraão e com Moisés, dizendo: "Vi a aflição do meu povo no Egito e desci para libertá-los".53 Eis o que preparou desde o início o Filho que é também Verbo de

Deus. O Pai não precisou de anjo nenhum para criar o mundo e formar o homem pelo qual fez o mundo, como não precisou de ajuda para a organização das criaturas e a economia dos assuntos humanos, pois já tinha um serviço perfeito e incomparável, assistido que era, para todas as coisas, pe-la sua progênie e a sua figura, isto é, o Filho e o Espírito, o Verbo e a Sabedoria aos quais servem e estão submetidos todos os anjos. São, portanto, presunçosos os que por causa da frase: "Ninguém conheceu o Pai a não ser o Filho", querem introduzir Pai desconhecido.

8,1. Presunçosos são Marcião e seu discípulos que excluem Abraão da herança, ao qual o Espírito dá testemunho por meio de muitos e especialmente por Paulo: "Creu em Deus e lhe foi creditado como justiça",54 e pelo Senhor, em primeiro lugar, que, suscitando-lhe filhos das pedras e tornando a sua posteridade numerosa como as estrelas do céu, diz: "Virão do oriente e do ocidente, do norte e do sul e sentar-se-ão à mesa com Abraão e Isaac e Jacó no reino dos céus"; e depois, quando diz aos judeus: "Quando vereis Abraão, Isaac e Jacó e todos os profetas no reino de Deus, ao passo que vós sereis excluídos".55 Está claro, portanto, que os que contestam a salvação de Abraão e fa- bricam para si um Deus diverso daquele que fez as pro-messas a Abraão, são excluídos do reino de Deus e deser-dados da incorruptibilidade como adversários e blasfemadores de Deus, o qual introduz no reino dos céus Abraão e sua descendência, isto é, a Igreja que por meio de Jesus Cristo recebe a adoção e a herança prometidas a Abraão.

Nosso Senhor não aboliu a Lei

8,2. O Senhor tomava a defesa dos descendentes de Abraão, libertava-os dos laços e os chamava à salvação, como fez e demonstrou com a mulher curada por ele, dizendo àqueles que não tinham a mesma fé de Abraão: "Hipócritas, cada um de vós não desamarra o boi ou o asno, em dia de sábado, para levá-lo a beber? E esta mulher, uma filha de Abraão, que Satanás mantinha amarrada há dezoito anos, não devia ser livrada do laço no dia de sábado?"56 Está claro, portanto, que ele liberta e vi-vifica os que como Abraão crêem nele, sem infringir a Lei, curando em dia de sábado, porque a Lei não proibia sarar os homens em dia de sábado, ela que os fazia circuncidar neste dia e prescrevia aos sacerdotes cumprirem os ministérios para o povo, como não proibia o cuidado para com os animais irracionais. Até a piscina de Siloé curou muitas vezes no sábado, motivo pelo qual muitos a freqüenta-vam. A Lei mandava abster-se de toda obra servil, isto é, de toda cupidez que se realiza no comércio e no manejo das terras, mas convidava a cumprir as obras da alma, isto é, os pensamentos e as palavras, para o bem do próximo. Por isso o Senhor repreendia os que injustamente o acusavam de operar curas em dia de sábado. Ele não abolia a Lei, mas, antes, a cumpria, assumindo o ofício de sumo sacerdote, tornando Deus propício aos homens, purificando os leprosos, sarando os doentes e, finalmente, morrendo ele próprio, para que o homem desterrado saísse da condenação e voltasse sem temor à sua herança.

8,3. A Lei não proibia aos famintos, em dia de sábado, tomar alimento daquilo que lhes estava à mão, mas proibia ceifar e armazenar nos celeiros. Por isso, o Senhor disse aos que acusavam os discípulos que esmagavam as espigas para comer: "Não lestes o que fez Davi quando teve fome, como entrou na casa de Deus, comeu os pães da proposição e deu aos que estavam com ele, quando era permitido só aos sacerdotes comê-los?"57 Com estas palavras da Lei defendia os seus discípulos e deixava entender que era permitido aos sacerdotes agir livremente. Ora, Davi era sacerdote aos olhos de Deus, mesmo perseguido por Saul, porque todo rei justo possui um ofício sacerdotal. Todos os discípulos do Senhor são sacerdotes, eles que aqui não têm nem campos nem casa em herança, mas servem sempre ao altar e a Deus. Moisés fala deles no Deuteronômio, na bênção de Levi: "Quem diz a seu pai e à sua mãe: eu não te vi, e quem não conheceu seus irmãos e renunciou a seus filhos, este observou os teus mandamentos e guardou a tua aliança".58 E quem são os que deixaram o pai e a mãe e renunciaram a todos os seus parentes pela Palavra de Deus e a sua aliança, a não ser os discípulos do Senhor? Moisés diz ainda deles: "Eles não terão herança; o Senhor em pessoa será a sua herança". E ainda: "Para os sacerdotes levitas de toda a tribo de Levi não haverá parte nem herança em Israel: os frutos oferecidos ao Senhor serão a sua herança, e eles os comerão".59 Por isso Paulo diz: "Eu não procuro o dom, mas procuro o fruto".60 Portanto, visto que os discípulos do Senhor, que possuíam a herança levítica, tinham permissão, quando com fome, de tomar como alimento o trigo, pois o "operário é digno do seu alimento", e "os sacerdotes, no templo, infringiam o sábado e não eram culpados".61 Por que não eram culpados? Porque estando no templo cumpriam o serviço do Senhor e não do mundo. Eles cumpriam a Lei, não a infringiam como o homem que, por sua iniciativa, trouxe ao acampamento lenha seca e foi lapidado justamente: "Toda árvore que não dá fruto é cortada e lançada ao fogo", e, "Se alguém destrói o templo de Deus, Deus o destruirá".62

O Novo Testamento foi predito pelo Antigo
9,1. Todas as coisas provêm de uma só e idêntica substância, isto é, de um só e único Deus, como o Senhor o declara a seus discípulos: "Eis por que todo escriba douto, no reino dos céus, é semelhante ao dono da casa que tira de seu tesouro coisas novas e velhas".63 Não disse que quem tira coisas velhas é diferente do que tira as coisas novas, mas é um só e o mesmo. O dono da casa é o Senhor e tem autoridade sobre toda a casa paterna, que determina para os escravos ainda indisciplinados uma Lei conveniente, e para os homens livres e justificados pela fé, preceitos apropriados, e para os filhos abre a sua herança. O Senhor chamava escribas e doutores do reino dos céus aos seus discípulos, acerca dos quais diz noutro lugar aos judeus: "Eis que vos envio sábios, escribas e doutores; alguns deles os matareis e outros afugentareis de cidade em cidade".64 As coisas velhas e novas tiradas do tesouro são incontestavelmente os dois Testamentos: as coisas antigas são a Lei que foi dada antes e as novas, a vida segundo o Evangelho, acerca do qual Davi diz: "Cantai ao Senhor um canto novo"; e Isaías: "Cantai ao Senhor um hino novo; o seu princípio: Seu nome é glorificado até as extremidades da terra e

anunciam os seus grandes feitos nas ilhas". E Jeremias: "Eis, farei uma aliança nova, diferente daquela que fiz com vossos pais, no monte Horeb".65 Ambos os Testamentos foram produzidos por um só e único pai de família, o Verbo de Deus, nosso Senhor Jesus Cristo, que falou com Abraão e Moisés e que a nós deu a liberdade na novidade e multiplicou a graça vinda dele.

9,2. "Aqui há alguém que vale mais que o Templo",66 disse. Ora o mais e o menos não se referem a coisas que não têm nada em comum, que são contrárias e opostas, e sim às que têm a mesma substância e comunicam entre si, que não diferem senão pela quantidade e grandeza, como a água difere da água, uma luz da luz, uma graça da graça. A graça da liberdade é, portanto, superior à Lei da servidão e é por este motivo que se derramou não somente num povo, mas em todo o mundo. Uno e idêntico é o Senhor que é mais do que o templo e dá aos homens mais do que Salomão e Jonas, isto é, a sua presença e a ressurreição dos mortos, mas não trocando de Deus, nem anunciando outro Pai, e sim o mesmo, que tem sempre mais para distribuir entre os seus familiares e que à medida que neles aumenta o amor por ele distribui bens mais numerosos e maiores. É o que o Senhor diz a seus discípulos: "Vereis coisas maiores do que estas". E Paulo: "Não que já tenha recebido, ou já esteja justificado, ou já seja perfeito; conhecemos imperfeitamente e imperfeita mente profetizamos; quando terá chegado o que é perfeito o imperfeito será abolido".67

Quando terá chegado o que é perfeito não veremos Pai diferente, mas o que agora desejamos ver — "Bem-aventurados os puros de coração porque verão a Deus"68 — assim também não acolheremos Cristo Fiho de Deus diferente, mas o que nasceu de Maria, e padeceu, em quem cremos e amamos. Como diz Isaías: "Naqueles dias dirão: Eis o Senhor nosso Deus no qual esperamos e exultamos para a nossa salvação",69 e como igualmente diz Pedro na sua carta: "Aquele que amais sem ter visto, no qual credes agora sem vê-lo, gozá-lo-eis com alegria inefável".70 E também não receberemos Espírito Santo diferente do que está em nós e que grita: "Abba, Pai".

Nestes elementos teremos argumentos para a fé e progrediremos para fruir dos dons de Deus, não como num espelho ou por enigmas, mas face a face. Assim, recebendo mais do que o templo, mais do que Salomão, isto é, a vinda do Filho de Deus, não aprendemos um Deus diverso do Criador e Autor de todas as coisas, que nos foi revelado desde o princípio, nem um Cristo, Filho de Deus, diverso do que foi anunciado pelos profetas.

9,3. Com o Novo Testamento, previsto e anunciado pelos profetas, era indicado aquele que o teria atuado segundo o desejo do Pai; era manifestado da maneira que Deus quis, de modo que os que creriam nele pudessem sempre progredir e amadurecer a perfeição da salvação por meio dos dois Testamentos.71 Uma, com efeito, é a salvação e um só é Deus; enquanto são muitos os preceitos que for mam o homem e múltiplos os degraus que o levam a Deus. Se para um rei terreno, que é homem, é permitido au mentar de vez em quando o bem-estar dos seus súditos, tanto mais o será para Deus, que é sempre o mesmo, distribuir sempre mais abundantemente a sua graça ao gênero humano e honrar com dons sempre maiores os que lhe agradam.

Se o progresso consiste em encontrar um Pai diferente do anunciado desde o princípio, seria progresso maior imaginar terceiro, além daquele que se pensa ter encontrado em segundo lugar, e depois quarto, e depois quinto, e depois enquanto se pensa em progredir desta forma, nunca será possível fixar-se num Deus só. Afastado daquele que é, retrocederá sempre mais à procura de outro Deus que nunca encontrará; e não deixará de nadar no abismo do incompreensível, a não ser que, convertido pela penitência, volte ao lugar de onde foi afastado, proclamando um só Deus Pai e Criador e nele crendo, anunciado pela Lei e os profetas e ao qual o Cristo deu o seu teste-munho, dizendo aos que acusavam os seus discípulos por não observarem as tradições dos antigos: "Por que renegais os preceitos do Senhor por causa das vossas tradições? Com efeito, Deus diz: Honra o pai e a mãe; e quem amal-diçoar o pai e a mãe seja morto". E lhes dizia pela segunda vez: "Renegastes as palavras do Senhor por causa das vossas tradições".72 O Cristo reconhecia da forma mais clara como Pai e Deus quem disse na Lei: Honra teu pai e tua mãe para que tenhas o bem. Sendo Deus verídico, reconhecia como palavra de Deus o mandamento da Lei e não chamou Deus a nenhum outro diverso de seu Pai.

O AntigoTestamento dá testemunho a Jesus Cristo

10,1. Justamente a esse propósito João lembra que o Senhor disse aos judeus: "Vós perscrutais as Escrituras nas quais pensais ter a vida eterna: são elas que dão testemunho de mim. E não quereis vir a mim para ter a vida".73 Como poderiam as Escrituras dar testemunho dele se não derivassem de um só e único Pai e instruís sem antecipadamente os homens sobre a vinda de seu Filho e lhes anunciassem de antemão a salvação que vem dele? Com efeito, "se crêsseis em Moisés, ele diz, creríeis também em mim; porque ele escreveu de mim".74 De fato, em todas as Escrituras está semeado o Filho de Deus que ora fala com Abraão, ora com Noé, dando-lhe as medidas da arca, ora procura Adão, ora faz vir o juízo sobre os sodomitas, ora aparece e guia Jacó no caminho e da sarça fala a Moisés. Não se podem contar as vezes que Moisés indica o Filho de Deus, ele que não esque ceu os dias da paixão que anunciou figuradamente chamando-a Páscoa; e foi neste dia que fora predito muito tempo antes por Moisés que o Senhor a sofreu, comple-tando assim a Páscoa. Não somente descreveu o dia, mas o lugar, a hora certa e o prodígio do ocaso do sol, dizendo: "Não poderás imolar a Páscoa em nenhuma outra cidade a não ser naquela que o Senhor te indicar e somente no lugar que o Senhor Deus tiver escolhido para aí ser invocado o seu nome: imolarás a Páscoa de tarde, ao pôr-do-sol".75

10,2. Já antes havia revelado a sua vinda, dizendo: "Não faltará príncipe em Judá nem chefe da sua descendência até que venha aquele para o qual foi reservado e ele será o esperado das nações. Ele amarrará o seu burro à videira e ao sarmento o filho da burra; lavará a sua veste no vinho e no sangue da uva o seu manto; brilharão seus olhos pelo vinho e os seus dentes serão mais brancos que o leite".76 Procurem, então, esses que passam por escrutadores de tudo, em que tempo faltou o príncipe e o chefe em Judá, quem é o esperado das nações, a videira, o burro, a veste, os olhos, os dentes, o vinho e cada uma das palavras acima referidas e não verão anunciado outro a não ser nosso Senhor Jesus Cristo. Por isso Moisés repreendia o povo pela ingratidão, dizendo: "Assim, povo insensato e estulto, é que retribuis ao Senhor!"77 E ainda indica que o Verbo que os criou e fez no início se mostrará nos últimos tempos suspenso ao madeiro para nos resgatar e vivificar, e que não crerão nele. Com efeito, diz: "A tua vida estará suspensa diante de ti e tu não crerás na tua vida". E ainda: "Não é ele teu pai que te adquiriu, que te fez, que te criou?"78

11,1. O Senhor mostrou claramente aos seus discípulos que não somente os profetas, mas também muitos justos, conhecendo, por inspiração divina, a sua vinda, pediram que chegasse o tempo em que poderiam ver face a face o seu Senhor e ouvir as suas palavras: "Muitos profetas e justos desejaram ver o que vós vedes e não o viram, e ouvir o que vós ouvis e não o ouviram".79 Como poderiam ter desejado ver e ouvir se não tivessem conhecido de antemão a sua vinda? E como o poderiam saber antecipadamente se não tivessem recebido dele o anúncio? E como as Escrituras lhe poderiam dar o testemunho, se um só e único Deus não tivesse, desde sempre, revelado e mostrado todas estas coisas aos que crêem por meio do Verbo, ora conversando com a sua criatura, ora dando-lhe a Lei, ora repreendendo, ora encorajando e finalmente libertando o escravo e tornando-o seu filho e, concedendo-lhe, no tempo oportuno, a herança da incorruptibilidade para a perfeição do homem? Com efeito ele o fez para o crescimento e desenvolvimento, segundo a palavra da Escritura: "Crescei e multiplicai-vos".80

DEFEITOS PRESUMIDOS NO ANTIGO TESTAMENTO

É o homem que muda, não Deus
11,2. Nisto Deus difere do homem: Deus faz, o homem é feito.81 Aquele que faz é sempre o mesmo e quem é feito tem necessariamente início, meio, aumento e desenvolvimento. Deus faz o bem, o homem recebe o bem. Deus é perfeito em tudo, igual e idêntico a si mesmo, é por inteiro luz, pensamento, substância e fonte de todos os bens, enquanto o homem recebe o progredir e o crescer para Deus. Enquanto Deus é sempre o mesmo, o homem que se encontra em Deus progredirá sempre em direção a Deus. Deus não cessa de beneficiar e enriquecer o homem e o homem de ser beneficiado e enriquecido por Deus. O homem agradecido ao seu Criador é o receptáculo da sua bondade e objeto da sua glorificação; o ingrato, que despreza o Criador, é objeto do justo juízo, por ser rebelde ao Verbo de Deus, que prometeu dar sempre mais aos que frutificam ao máximo e possuem capital maior de Deus: "Entra, diz, servo bom e fiel, por que foste fiel no pouco eu te confiarei o muito, entra na alegria do teu Senhor".82 É o mesmo Senhor que fez estas grandes promessas.

11,3. Como, portanto, prometeu dar a máxima recompensa a quem agora mais produz por dom da sua graça e não pela mudança do conhecimento — ele fica sempre o mesmo Senhor e sempre o mesmo Pai será revelado —, assim, pela sua vinda, um só e mesmo Senhor deu aos pósteros dom de graça maior que no Antigo Testamento. Estes ouviram pelos servos que o Rei viria e exultaram de pequena alegria, na proporção de sua expectativa, mas os outros que o viram presente e obtiveram a liberdade e gozaram dos seus dons, provam alegria maior, júbilo mais intenso por gozar da presença do Rei, como diz Da-vi: "A minha alma exultará no Senhor, e se alegrará na sua salvação.83 Por isso, no seu ingresso em Jerusalém, todos os que se encontravam na rua e que, à semelhança de Davi o desejavam ardentemente nas suas almas, reconheceram o seu Rei, estenderam os seus mantos abaixo de seus pés e adornaram o caminho com ramos verdes, aclamando com grande exultação e letícia: "Hosana ao Filho de Davi! Bendito o que vem em nome do Senhor! Hosana nas alturas!"84 Aos invejosos e maus administradores que queriam enganar os inferiores e dominar sobre os fracos e por isso não queriam que o rei viesse, e que lhe diziam: "Ouves o que eles dizem?" o Senhor respondeu: "Não lestes: dos lábios das crianças e dos lactentes preparastes o louvor?"85 demonstrando que o que Davi disse do Filho de Deus se realizava nele e dava a entender que eles não conheciam o sentido das Escrituras, nem a economia de Deus e que ele era o Cristo anunciado pelos profetas, aquele cujo nome é louvado em toda a terra porque o seu Pai "havia preparado um louvor da boca das crianças e dos lactentes", e por isso a "sua glória elevou-se acima dos céus".86

11,4. Se, portanto, veio aquele que foi pregado pelos profetas, Deus e Senhor nosso Jesus Cristo, e se a sua vinda trouxe aos que o receberam graça mais plena e dom maior, está claro que o Pai é o mesmo anunciado pelos profetas, e que o Filho, ao vir, não reconheceu Pai diferente do que foi pregado desde o início, e que concedeu a liberdade aos que leal, cordial e humildemente o servem; e aos que, em vista de glória humana, afectavam observar purificações ex-teriores — concedidas como figura das coisas vindouras, porque a Lei dava, nas coisas temporais, o modelo das eternas e nas terrestres o modelo das celestes — e que nestas práticas afectavam ir além do que fora prescrito, como se movidos por zelo maior do que o de Deus, mas por dentro estavam cheios de hipocrisia, de desejos e de toda malícia, trouxe a ruína definitiva, excluindo-os da vida.

Antigo e Novo Testamento concordam no preceito fundamental

12,1. A tradição dos seus anciãos que afectavam observar como lei, era contrária à Lei dada por Moisés. Por isso Isaías diz: "Os teus taberneiros misturam água ao vinho",87 indicando que os anciãos misturavam uma tradição aguada ao mandamento austero de Deus, isto é, adulteravam e contrafaziam a Lei, como o Senhor lhes declarou com estas palavras: "Por que transgredis o mandamento de Deus por causa da vossa tradição?"88 Não somente violaram a Lei pela transgressão, misturando água ao vinho, mas lhe contrapuseram uma lei própria, que até hoje se chama farisaica. Com ela, tiram, acrescentam ou interpretam como querem; coisas que fazem particularmente os seus mestres. Querendo defender estas tradições, não quiseram submeter-se à Lei de Deus que os preparava para a vinda de Cristo e acusaram o Senhor de operar curas em dia de sábado, o que a Lei não proibia como já dissemos, porque, de certa forma, ela própria curava, prescrevendo a circuncisão naquele dia; mas não acusavam a si mesmos de desobedecer, em nome de sua tradição e de tal lei farisaica, ao mandamento de Deus, o principal, que eles não observavam, de amar a Deus.

12,2. O Senhor ensinou que este é o primeiro e maior mandamento e o segundo é o amor ao próximo e que toda a Lei e os profetas dependem destes dois mandamentos. Ele próprio não apresentou nenhum mandamento maior do que este, mas o renovou, mandando aos seus discípulos amar a Deus com todo o seu coração e ao próximo como a si mesmos. Se ele tivesse vindo de outro Pai, nunca teria assumido da Lei este primeiro e máximo mandamento, mas ter-se-ia esforçado por apresentar outro maior da parte do Pai perfeito e não usar o que fora dado pelo Deus da Lei. Paulo também diz que a caridade é o cumprimento da Lei, e, enquanto tudo o resto desaparece, permanecem a fé, a esperança e o amor, e o amor é o maior de todos;[89] e o conhecimento sem o amor de Deus não é nada, nem o entendimento dos mistérios, nem a fé, nem a profecia: tudo é vazio e supérfluo sem a caridade. A caridade torna o homem perfeito e quem ama a Deus é perfeito neste e no outro mundo; porque nunca deixaremos de amar a Deus, mas quanto mais o contemplarmos tanto mais o amaremos.

12,3. Visto que tanto na Lei como no Evangelho o primeiro e maior mandamento é o mesmo, isto é, amar ao Senhor Deus com todo o coração, como é o mesmo o segundo, amar o próximo como a si mesmo, fica provado que um só e o mesmo é o Autor da Lei e do Evangelho. Sendo os mandamentos essenciais da vida, sendo os mesmos nos dois Testamentos, indicam que o mesmo Senhor deu a ambos preceitos particulares apropriados, mas também mandou a ambos as mesmas coisas quando se tratava das coisas mais importantes, essenciais e necessárias à salvação.

12,4. Haverá alguém que não ficaria confundido pelo Senhor quando mostrava que a Lei não vinha de outro Deus ao ensinar aos discípulos e à multidão que "sobre a cátedra de Moisés sentaram-se os escribas e os fariseus; observai e cumpri tudo o que vos dizem, mas não façais segundo as suas ações; pois eles dizem e não fazem; amarram pesados fardos e os colocam nos ombros dos homens, mas eles não querem movê-los sequer com um dedo".90 Portanto, não condenava a Lei de Moisés, visto que convidava a observá-la enquanto Jerusalém subsistisse, mas repreendia os que, mesmo proclamando as palavras da Lei, não tinham amor e por isso eram injustos para com Deus e o próximo. Como diz Isaías: "Este povo honra-me com os lábios, mas o seu coração está longe de mim; inutilmente me honram enquanto ensinam doutrinas e preceitos humanos".91 Ele não chama de preceitos humanos à Lei de Moisés, mas às tradições de seus sacerdotes; tradições que eles criaram e reivindicaram, frustrando a lei de Deus e por causa disso não se submeteram ao seu Verbo. Isso é também o que Paulo diz acerca deles: "Ignorando a justiça de Deus e querendo estabelecer sua própria justiça, não se submeteram à justiça de Deus. Fim da Lei é Cristo para a justificação de todo aquele que crê".92 Como o Cristo seria o fim da lei se não fosse também o princípio? Quem a levou ao fim este mesmo realizou o princípio, e é ele que diz a Moisés: "Observei atentamente a opressão do meu povo no Egito e desci para libertá-los",93 a fim de indicar que desde o princípio o Verbo de Deus se acostumara a subir e descer para a salvação dos que estavam em más condições.

12,5. A Lei ensinara antecipadamente ao homem que devia seguir o Cristo; e ele próprio o manifestou àquele que lhe perguntava o que devia fazer para entrar na vida eterna, dizendo-lhe: "Se quiseres entrar na vida, observa os mandamentos". E à sua pergunta: "Quais?" o Senhor respondeu: "Não cometerás adultério; não matarás; não furtarás; não darás falso testemunho; honrarás o pai e a mãe e amarás o próximo como a ti mesmo";94 propondo os mandamentos da Lei como degraus para entrar na vida aos que o queriam seguir; porque, ao falar para um, falava para todos. Quando o outro disse: "Eu fiz tudo" — talvez não tenha feito, pois de outra forma o Senhor não lhe teria dito: "Observa os mandamentos" —, o Senhor, ao censurar-lhe a avareza, disse: "Se queres ser perfeito, vai, vende tudo o que tens, distribui-o aos pobres, e depois vem e segue-me".95 Ele promete o quinhão dos apóstolos aos que agissem assim, e não anunciava aos que o seguiam Deus diverso do que fora anunciado pela Lei desde o princípio, nem outro Filho, nem Mãe, Entímese do Éon caído na paixão e na degradação, nem o Pleroma dos 30 Éões, que foi demonstrado vazio e inconsistente, nem as outras histórias inventadas pelos hereges; mas ensinava a observar os mandamentos prescritos por Deus desde o início, a destruir com as boas obras a antiga cobiça e a seguir o Cristo. Que a distribuição aos pobres do que se possui é a solução para eliminar a cobiça antiga, Zaqueu o proclamou explicitamente, dizendo: "Eis que distribuo a metade dos meus bens aos pobres e, se furtei alguma coisa a alguém, restituo o quádruplo".96

Cristo aperfeiçoa, não abole a Lei
13,1. Pelas palavras do Senhor mostra-se que ele não aboliu, mas ampliou e completou os preceitos da lei natural que justifica o homem; preceitos que eram observados, mesmo antes do dom da lei, pelos que eram justificados pela fé e agradavam a Deus. "Foi dito aos antigos", ele diz, "Não cometerás adultério. Mas eu vos digo que todo aquele que olhar uma mulher com desejo de possuí-la, já praticou adultério no seu coração". E ainda: "Foi di-to: 'não matarás'. Eu, porém, vos digo: todo aquele que se encolerizar com seu irmão, sem motivo, será réu de juízo". Ainda: "Foi dito: não jurarás falso. Eu, porém, vos digo: não jureis de forma alguma. Que a vossa palavra seja: sim sim, e não não". E assim a seguir. Estes preceitos não implicam contradição nem abolição dos precedentes, co-mo vão dizendo os seguidores de Marcião, mas o seu completamento e sua ampliação, como o próprio Senhor diz: "Se a vossa justiça não for maior do que a dos escribas e fariseus, não entrareis no reino dos céus".97 Em que consiste este ser mais? Primeiramente, em crer não só no Pai, mas também no Filho já manifestado, porque é ele que leva o

homem à comunhão e união com Deus. Em segundo lugar: não somente crer com as palavras, mas atuar — com efeito, eles falavam, mas não cumpriam — não somente em se abster das más ações, mas até do desejo delas. Ensinava estas coisas não como contrárias à Lei, e sim como completamento e interiorização das prescrições dela em nós. Contradizer a Lei seria dar ordens aos seus discípulos para fazer tudo o que a Lei proibia, mas, ao contrário, prescrever a abstenção, não somente dos atos proibidos, mas até do seu desejo, não é coisa de quem é contrário ou quer abolir a Lei, como já o demonstramos, senão de alguém que a cumpre, estende e amplifica.

13,2. A Lei, imposta a escravos, por meio das coisas temporais externas, educava a alma, conduzindo-a, como presa a uma corrente, à obediência aos mandamentos, para que o homem aprendesse a obedecer a Deus. Mas o Verbo, libertando a alma, ensinou também a purificar o corpo voluntariamente, por meio dela. Feito isso, era preciso desamarrar as correntes da escravidão às quais o homem já se acostumara; era preciso que seguisse a Deus, sem correntes; que fossem amplificados os preceitos da liberdade e aumentada a submissão ao Rei, para que ninguém, voltando-se para trás, se mostrasse indigno do seu Libertador. O respeito e a obediência ao pai de família são os mesmos para os servos e para os filhos, mas os filhos têm confiança maior, pois o serviço da liberdade é maior e mais glorioso do que a docilidade dos servos.

13,3. Por isso, o Senhor, em lugar do não cometerás adultério, ordenou não olhar com desejo de possuir; no lugar do não matarás, nem mesmo se encolerizar; em vez de pagar simplesmente o dízimo, distribuir todos os bens aos pobres; amar não somente os próximos, mas também os inimigos; não somente ser generosos e prontos na partilha, mas, ainda mais, dar graciosamente do que é nosso aos que no-lo tiram: "A quem te tira a túnica deixa também o manto, a quem te tira o que é teu não o reclames; e o que quereis que os homens façam a vós, fazei-o a eles".98 Não nos entristeçamos como quem foi defraudado contra a vontade, mas, ao contrário, alegremo-nos como quem voluntariamente deu, por ter feito dom gratuito ao próximo mais do que ceder a uma necessidade. "E se alguém, diz ele, te obriga a andar uma milha",99 vai com ele mais duas, para que não o sigas como escravo, mas o precedas como homem livre, tornando-te útil a teu próximo em todas as coisas, não olhando para sua malícia e chegando ao mais alto de tua bondade te tornes semelhante ao Pai "que faz o seu sol levantar sobre os maus e os bons e chover sobre os justos e injustos".100 Tudo isso, como já dissemos acima, não é coisa de quem quer abolir a Lei, mas de quem a leva a cumprimento e aperfeiçoa-a em nós. É como dizer é maior o serviço da liberdade, que uma sub-missão e uma piedade mais plenas se enraízam em nós em relação ao nosso libertador. Com efeito, ele não nos libertou para que nos afastássemos dele — pois ninguém pode procurar para si os alimentos da salvação fora dos bens do Senhor — mas para que, tendo recebido mais abundantemente a sua graça, mais o amemos; e quanto mais o amaremos tanto maior glória receberemos dele quando estaremos para sempre na presença do Pai.

13,4. Enquanto todos os preceitos naturais são comuns a nós e a eles, neles tiveram o princípio e a origem, em nós recebem o aumento e o acabamento — obedecer a Deus, seguir o seu Verbo, amá-lo sobre todas as coisas e ao próximo como a nós mesmos (o homem é o próximo do homem), abster-se de toda má ação, e todos os preceitos semelhantes que são comuns a nós e a eles — demonstram um único e mesmo Deus. E este Deus é nosso Senhor, o Verbo de Deus que primeiro conduziu os homens a Deus como servos, libertou, em seguida, os que lhe estavam sujeitos, conforme ele mesmo disse a seus discípulos: "Já não vos chamo servos, porque o servo não sabe o que faz o seu senhor; mas chamei-vos amigos, porque tudo o que ouvi de meu Pai vo-lo dei a conhecer".101 Dizendo: "já não vos chamo servos", mostra bem claro que foi ele que inicialmente impôs aos homens, por meio da Lei, uma servidão para com Deus e que, depois, foi ele também quem lhes deu a liberdade. Dizendo: "porque o servo não sabe o que faz o seu senhor", acentua a ignorância do povo escravo sobre a sua vinda. Finalmente, tornando os seus discípulos amigos de Deus, mostra claramente que ele é o Verbo de Deus, que Abraão seguiu voluntariamente e sem correntes pela generosidade de sua fé, tornando-se "amigo de Deus". Mas não foi por causa de indigência que o Verbo de Deus aceitou a amizade de Abraão, porque era perfeito desde o princípio — Antes que Abraão fosse, eu sou, ele diz — mas para poder conceder, ele que é bom, a vida eterna a Abraão, porque aos que a obtém, a amizade de Deus concede a imortalidade.

Deus não fez a criação por fins egoístas

14,1. Portanto, Deus, no início, não plasmou Adão porque precisava do homem, mas para ter em quem depositar os seus benefícios.102 Com efeito, não somente antes de Adão, mas antes de qualquer coisa criada o Verbo glorificava o Pai, ficando nele, e era glorificado pelo Pai, como ele próprio diz: "Pai, glorifica-me com a glória que tive junto de ti antes que o mundo existisse".103 Nem nos mandou segui-lo porque precisasse do nosso serviço, e sim para nos dar a salvação, porque seguir o Salvador é participar à salvação e seguir a luz é obter a luz. Não são os que estão na luz que a iluminam, mas são eles iluminados e feitos resplandecentes por ela; longe de lhe proporcionar alguma coisa são eles a receber os benefícios e a ser iluminados por ela. Assim é com o serviço a Deus, nada lhe proporciona nem Deus precisa do serviço dos homens. Mas aos que o seguem e o servem, Deus concede a vida, a incorrup-tibilidade e a glória eterna. Ele proporciona seus benefícios aos que o servem porque o servem e aos que o seguem porque o seguem, mas não recebe deles nenhum benefício, porque é rico, perfeito e não precisa de nada. Se Deus solicita o serviço dos homens é porque, sendo bom e misericordioso, quer beneficiar os que perseveram em seu serviço. Tanto Deus não precisa de nada quanto o homem precisa da comunhão com Deus. É esta, pois, a glória do homem: perseverar e permanecer no serviço de Deus. Por esse motivo dizia o Senhor a seus discípulos: "Não fostes vós que me escolhestes, mas fui eu quem vos escolhi",104 mostrando assim que não eram eles que o glorificavam seguindo-o, mas, por terem seguido o Filho de Deus, eram glorificados por ele. E ainda: "Quero que, onde eu estiver, também eles estejam, para verem a minha glória",105 não por presunção vazia, mas pela vontade de que os seus discípulos participassem da sua glória. É acerca destes que o profeta Isaías diz: "Do oriente reconduzirei a tua descendência e te reunirei do ocidente. Direi ao aquilão: Traze-os! e ao austral: Não os retenhas! Traze-me os filhos de longe e minhas filhas das extremidades da terra, todos os que foram chamados em meu nome. Porque é para minha glória que o preparei, modelei e fiz".106 É isto que significa: "Em qualquer lugar que esteja o cadáver, ali se reunirão as águias", para participar da glória do Senhor que os modelou e preparou justamente para que, estando com ele, participem da sua glória.

14,2. Desde o início Deus modelou o homem em vista de seus dons; escolheu os patriarcas em vista de sua salvação; ia formando o povo, ensinando os ignorantes a seguirem a Deus; preparava os profetas, para acostumar o homem aqui na terra a ser portador de seu Espírito e a ter comunhão com Deus. Ele, que de nada precisa, oferecia sua comunhão aos que precisavam dele. Para os que lhe eram agradáveis, desenhava, qual arquiteto, o edifício da salvação; aos que não o viam no Egito, ele mesmo servia de guia; aos turbulentos no deserto dava uma lei perfeitamente adaptada e aos que entravam na boa terra concedia a herança apropriada; e para os que voltavam ao Pai matava o vitelo gordo e dava a melhor roupa. Assim, de muitas maneiras, Deus preparava o gênero humano em vista da sinfonia da salvação. Eis por que diz João no Apocalipse: "Sua voz era como o ruído de muitas águas".107 Na verdade, são muitas as águas do Espírito de Deus, porque é muita a riqueza e a grandeza do Pai. E passando através de todas elas o Verbo concedia com liberalidade sua assistência aos que lhe estavam submetidos, prescrevendo uma lei apta e adequada a toda criatura.108

14,3. Assim dava ao povo as leis relativas à construção do tabernáculo e à edificação do templo, à escolha dos levitas, aos sacrifícios e oblações, às purificações e a todo o serviço do culto. Ele próprio não precisava de nada disso; é desde sempre a plenitude de todos os bens e contém em si mesmo todo aroma de suavidade e toda a exalação dos perfumes, antes mesmo de Moisés existir. Mas educava um povo sempre inclinado a voltar aos ídolos, dispondo-o, por múltiplas etapas, a perseverar no serviço de Deus. Por meio das coisas secundárias chamava-o às principais, isto é, pelas figurativas às verdadeiras, pelas temporais às eternas, pelas carnais às espirituais e pelas terrenas às celestes, como foi dito a Moisés: "Farás tudo segundo o modelo das coisas que viste na montanha".109 Durante quarenta dias, com efeito, ele aprendeu a reter a palavra de Deus, os caracteres celestes, as imagens espirituais e as figuras das coisas futuras, como também Paulo disse: "Bebiam da rocha espiritual que os acompanhava e a rocha era o Cristo". E acrescenta ainda, depois de ter falado dos acontecimentos referidos na Lei: "Todas essas coisas lhes aconteciam em figura e foram escritas para nos servirem de advertência, a nós que chegamos ao fim dos tempos".110 Por meio dessas figuras, portanto, eles aprendiam a temer a Deus e a perseverar em seu serviço.

Deus quis o bem do homem

15,1. E assim a Lei era para eles, ao mesmo tempo, norma de vida e profecia das coisas futuras.

Deus, admoestando-os primeiramente com preceitos naturais, que desde o início estão gravados no coração dos homens, isto é, com o decálogo, que todos devem observar para salvar-se, não pediu mais nada deles, como Moisés diz no Deuteronômio: "Estas são todas as palavras que o Senhor disse a toda a assembléia dos filhos de Israel sobre a montanha, e não lhe acrescentou nada, e escreveu-as em duas tábuas de pedra e mas deu", justamente para que os que o quisessem seguir observassem os seus mandamentos.111 Mas quando se puseram a fabricar o bezerro e, com desejo, voltaram ao Egito, antes querendo ser escravos do que livres, então, de conformidade com seus desejos, receberam escravidão apropriada, que não os separava de Deus, mas os mantinha sob um jugo servil. Como diz o profeta Ezequiel, explicando os motivos desta lei: "Os seus olhos iam atrás dos desejos de seu coração, e eu lhes dei mandamentos ineficazes e prescrições pelas quais não viveriam".112 E Lucas diz que Estêvão, primeiro diácono eleito pelos apóstolos e primeira vítima pelo seu testemunho a Cristo, falou de Moisés: "Ele recebeu os mandamentos do Deus vivo para dá-los a vós, mas nossos pais se recusaram a lhe obedecer e o rejeitaram e, no seu desejo, voltaram ao Egito, dizendo a Aarão: Faze para nós deuses que nos precedam, porque não sabemos o que aconteceu com este Moisés que nos tirou da terra do Egito. E, naqueles dias, fizeram um bezerro e ofereceram sa-crifícios ao ídolo e se alegravam pela obra de suas mãos. Então Deus se afastou e os entregou ao serviço dos exércitos do céu, como está escrito no livro dos profetas: Será que não me oferecestes sacrifícios e oblações durante quarenta anos no deserto, ó casa de Israel? Vós carregas-tes a tenda de Moloc e a estrela do deus Remfã, imagens que fabricaram para adorar".113 Ele queria manifestar claramente que esta Lei não lhes foi dada por outro Deus, mas pelo mesmo que a adaptou à sua escravidão. É por isso que ele, no Êxodo, diz ainda a Moisés: "Enviarei o meu anjo diante de ti, eu não subirei contigo, porque és povo de dura cerviz".114

15,2. E não somente isto; o Senhor ainda declarou que algumas prescrições lhes foram impostas por Moisés por causa da sua dureza e insubmissão, quando lhe perguntaram: "Por que Moisés prescreveu dar o libelo de repúdio e deixar a mulher?" Ele disse então: "Ele vo-lo permitiu por causa da dureza do vosso coração; mas no princípio não se fazia assim".115 Ele desculpa Moisés, servo fiel, e reconhece um só Deus, que no princípio criou o homem e a mulher; e os acusa de serem rebeldes; por isso receberam de Moisés o libelo de repúdio que era conveniente com a sua dureza. Mas por que falar destas coisas do Antigo Testamento, quando no Novo vemos os apóstolos fazer as mesmas coisas, pelos motivos apresentados acima? Assim, por exemplo, Paulo declara: "Isto, sou eu que o digo, não o Senhor"; e ainda: "Eu digo isso como concessão e não como preceito". E ainda: "Quanto às virgens não tenho mandamento do Senhor; mas dou conselho, como quem obteve a misericórdia do Senhor para ser fiel". Noutro lugar diz: "Que Satanás não vos tente por causa da vossa incontinência".116 Se, portanto, encontramos também no Novo Testamento que os apóstolos deram alguns preceitos como concessão por causa da incontinência de alguns para que não se obstinassem e, desesperando completamente da sua salvação, não se afastassem de Deus, não nos devemos admirar se, já no Antigo Testamento, o próprio Deus quis fazer alguma coisa parecida para o bem do povo. Atraía-os com as observâncias citadas anteriormente, para que por meio delas, tendo mordido no anzol salvador do decálogo e sido presos nele, não voltassem à idolatria, não se afastassem de Deus e aprendessem a amá-lo com todo o seu coração. Se alguém, por causa da indocilidade dos israelitas, tachasse esta Lei de fraqueza, poderia ver que na nossa vocação "há muitos chamados, mas poucos eleitos"; há os que são lobos por dentro enquanto por fora são vestidos de peles de cordeiros; veriam que Deus sempre respeitou o livre-arbítrio do homem, limitando-se a exortá-lo ao bem, de modo que os que tiverem desobedecido sejam julgados com razão por terem desobedecido e os que obedeceram e creram nele sejam coroados com a incorruptibilidade.

A circuncisão é sinal, não causa da salvação
16,1. Deus não concedeu a circuncisão como realizadora da justiça, e sim como sinal distintivo, perpétuo da descendência de Abraão. É o que sabemos pela própria Escritura que diz: "Deus disse a Abraão: entre vós todo macho será circuncidado, e circuncidareis a carne do vosso prepúcio e isto será em sinal de aliança entre mim e vós".117 O profeta Ezequiel diz o mesmo do sábado: "Dei a eles os meus sábados como sinal entre

mim e eles, para que saibam que eu sou o Senhor, o que os santifica".118 E no Êxodo Deus diz a Moisés: "Vós observareis também os meus sábados, porque será sinal entre mim e vós nas vossas gerações".119 Estas coisas foram dadas como sinal; não eram, porém, sinais sem sentido nem supérfluos, isto é, sem valor, porque provinham de artista sapiente. A circuncisão carnal significava a circuncisão espiritual. Com efeito, diz o Apóstolo: "somos circuncidados com circuncisão não feita pela mão do homem";120 e o profeta diz: "Circuncidai a dureza do vosso coração".121 Os sábados ensinavam a perseverança de todo dia no serviço de Deus. Diz o apóstolo Paulo: "Fomos conside-rados todo o dia como ovelhas para o sacrifício",122 isto é, como consagrados e ministros da nossa fé em todo tempo e perseveramos nela abstendo-nos de toda avareza sem adquirir nem possuir tesouros na terra. Manifestavam também o descanso de Deus, consecutivo, de certa forma, à criação, isto é, o reino em que o homem que persevera no serviço de Deus repousará e tomará parte à mesa de Deus.

16,2. A prova de que o homem não era justificado por causa destas práticas, mas que elas foram dadas ao povo como sinal, se encontra em Abraão, o qual, sem circuncisão e sem observância do sábado, "acreditou em Deus e lhe foi imputado a justiça e foi chamado amigo de Deus".123 Também Lot, mesmo sem circuncisão, foi tirado de Sodoma e salvo por Deus. Assim Noé, de quem Deus gostava, ainda que sendo incircunciso, recebeu as medidas do mundo do novo nascimento. E Enoc agradou a Deus mesmo sem circuncisão e, sendo homem, foi embaixador junto aos anjos, foi levado, e permanece até hoje, testemunha do justo juízo de Deus, pelo fato de que os anjos transgres-sores caíram no juízo e o homem que agradara a Deus foi levado à salvação. E toda a multidão dos que antes de Abraão foram justos e dos patriarcas anteriores a Moisés que foram justificados sem as práticas supraditas e sem a Lei de Moisés, como no Deuteronômio diz Moisés ao povo: "O Senhor teu Deus estabeleceu a aliança no Ho reb; o Senhor não estabeleceu a aliança com vossos pais, mas convosco".124

16,3. Por que não firmou a aliança com os pais deles? "Porque a lei não foi estabelecida para os justos".125 Ora, seus pais eram justos; tinham o conteúdo do decálogo gravado em seus corações e em suas almas, pois amavam a Deus que os criara e se abstinham de toda injustiça contra o próximo. Não precisavam por isso de Escritura que os advertisse, porque tinham em si mesmos a justiça da lei. Mas, quando essa justiça e esse amor a Deus caíram no esquecimento e se extinguiram no Egito, foi preciso que Deus, por sua grande benevolência para com os homens, se manifestasse de viva voz. Com seu poder fez sair seu povo do Egito, para que os homens voltassem a ser discípulos e seguidores de Deus e puniu os desobedientes, a fim de que não desprezassem o seu Criador. Alimentou-os com o maná, para que recebessem alimento espiritual, conforme disse também Moisés no Deuteronômio: "Ele te alimentou com o maná que teus pais não conheciam, para saberes que o homem não viverá só de pão, mas viverá de toda palavra que sai da boca de Deus".126 Prescreveu ainda o amor a Deus e ensinou a justiça para com o próximo, para que o homem não fosse injusto nem indigno de Deus. Preparava-o assim pelo decálogo para a sua amizade e a concórdia com o próximo; tais coisas eram proveitosas para o próprio homem e Deus nada mais solicitava dele.

16,4. Eis por que a Escritura diz: "Esses discursos dirigiu o Senhor a toda a assembléia dos filhos de Israel no monte e não acrescentou mais nada",127 porque, como acabamos de dizer, nada mais solicitava deles. E Moisés diz ainda: "Ora, Israel, o que o Senhor te pede a não ser que temas o Senhor teu Deus, que andes em todos os seus caminhos, o ames e sirvas ao Senhor teu Deus com todo o coração e com toda a alma?"128 Efetivamente, tudo isso enchia de glória o homem, dando-lhe o que lhe faltava, isto é, a amizade de Deus; a Deus, porém, nada acrescentava, pois ele não tinha necessidade do amor do homem. O homem, porém, estava privado da glória de Deus e só poderia obtê-la por sua submissão a ele. Eis por que Moisés disse ainda: "Escolhe a vida, a fim de viveres, tu e tua posteridade, amando o Senhor teu Deus, ouvindo a sua voz e aderindo a ele, pois é isto a tua vida e a longevidade de teus dias".129 Preparando o homem para esta vida, o Senhor proclamou por si mesmo as palavras do decálogo para todos sem distinção; por isso elas permanecem entre nós, tendo sido completadas e aumentadas, e não abolidas, por sua vinda na carne.

16,5. Pelo contrário, os preceitos da servidão, por intermédio de Moisés, ele os deu separadamente ao povo, como adaptados à sua educação e castigo, conforme disse o próprio Moisés: "O Senhor ordenou-me naquele tempo que vos ensinasse os preceitos e os julgamentos".130 Assim ele aboliu, pela nova aliança da liberdade, os preceitos que lhes havia dado para a servidão e como sinais; mas os preceitos naturais, que convêm a homens livres e são comuns a todos, ele os completou e aperfeiçoou, concedendo aos homens, com suma liberalidade, conhecer a Deus como Pai pela adoção, amá-lo de todo o coração e seguir seu Verbo sem se desviarem, abstendo-se não somente dos atos maus, mas também do desejo deles. Acrescentou também o temor: com efeito, os filhos devem temer mais que os escravos e ter maior amor pelo Pai. Por isso o Senhor disse: "Os homens prestarão contas, no dia do juízo, de toda palavra ociosa que tiverem pronunciado". E ainda: "Quem olhar uma mulher com desejo de possuí-la, já cometeu adultério no seu coração". E ainda: "Quem se irrita sem motivo com seu irmão, será réu de juízo".131 Para que saibamos que prestaremos conta não somente das nossas ações, como escravos, mas também das nossas palavras e pensamentos, como quem recebeu o dom da liberdade, pela qual o homem manifesta se ele respeita, teme e ama o Senhor. É por isso que Pedro diz que temos a liberdade não para correr um véu diante da malícia, mas como prova e manifestação da nossa fé.

Deus não se irou por causa dos sacrifícios do Antigo Testamento

17,1. Os profetas indicam também fartamente que não foi por precisar dos serviços deles que Deus prescreveu a observância da Lei; e o Senhor, por sua vez, manifestou abertamente que Deus não precisa das oblações dos homens, mas elas são em favor do homem que as oferece. É o que mostraremos.

Quando os via descurar a justiça e afastar-se do amor de Deus e, contudo, imaginar que poderiam tornar Deus favorável por meio dos sacrifícios e as outras observâncias, Samuel lhes dizia assim: "Deus não quer holocaustos e sacrifícios, mas que se escute a sua voz. Eis que a obediência vale mais que os sacrifícios e a docilidade mais que a gordura dos carneiros".132 E Davi, por sua vez, dizia: "Não quiseste sacrifício nem oblação, mas me formaste os ouvidos e não pediste holocaustos pelo pecado",133 ensinando que Deus prefere a obediência que os salva aos sacrifícios e holocaustos que nada lhes aproveitam para a justiça, e profetizando, ao mesmo tempo, a nova Aliança. Mais claramente ainda, no salmo 51, ele diz acerca disso: "Se quisesses o sacrifício eu o teria oferecido; mas tu não te deleitas com holocaustos. O sacrifício para Deus é coração contrito; Deus não desprezará coração contrito e humilhado".134 Que Deus não precisa de nada ele o afirma no salmo precedente: "Não tomarei da tua casa os bezerros nem carneiros dos teus rebanhos, porque são meus todos os animais da terra, os animais das montanhas e os bois; eu conheço todas as aves do céu, e a beleza dos campos é comigo. Quando tenho fome eu não o direi a ti, pois é meu o mundo e a sua plenitude. Comerei eu a carne dos touros ou beberei o sangue dos carneiros?"135 E logo a seguir, para que ninguém pense que recusa isso tudo porque está irado, acrescenta, como quem dá conselho: "Imola a Deus sacrifício de louvor e cumpre os votos feitos ao Altíssimo; invoca-me no dia da tribulação e eu te libertarei e te glorificarei".136 Assim, depois de ter recusado aquilo com que pensavam tornar Deus favorável, por causa dos pecados, e de ter mostrado que ele não precisa de nada, aconselha e lembra o que justifica o homem e o aproxima de Deus.

Isaías diz a mesma coisa: "Que me interessa a multidão dos vossos sacrifícios? — diz

o Senhor. — Estou farto". E depois de ter recusado os holocaustos, os sacrifícios e oblações, as neomênias, os sábados, as festas e toda a série das outras observâncias, continua indicando o que é salutar: "Lavai-vos, purificai-vos, tirai a iniqüidade dos vossos corações de diante dos meus olhos; parai com vossas maldades, aprendei a fazer o bem, procurai a justiça, libertai quem é oprimido pela injustiça, rendei o direito ao órfão e defendei a viúva, e depois, vinde e discutiremos, diz o Senhor".137

17,2. Não é por indignação, como muitos têm a ousadia de dizer, que recusa os seus sacrifícios, e sim por compaixão de sua cegueira e para lhes indicar o sacrifício verdadeiro com a oferta do qual se tornariam Deus favorável e obteriam dele a vida. Como diz em outro lugar: "Sacrifício para Deus é coração contrito; odor de suavidade para Deus é coração que glorifica aquele que o plasmou". Se era por indignação que recusava os seus sacrifícios como indignos para obter misericórdia, não lhes teria indicado os meios com que se poderiam salvar. Mas como é misericordioso não os privou de bom conselho. É assim que depois de lhes ter dito por boca de Jeremias: "Por que me trazeis o incenso de Sabá e cinamomo de terra longínqua? Os vossos holocaustos e sacrifícios não me agradaram"; acrescentou: "Escutai a palavra do Senhor, vós todos, Judá. Isto diz o Senhor Deus de Israel: Endireitai os vossos caminhos e as vossas intenções e vos fixarei neste lugar. Não vos fieis de palavras mentirosas que não vos ajudarão em nada, dizendo: É o templo do Senhor, é o templo do Senhor".138

17,3. Ainda, para indicar que os libertou do Egito não para que lhe oferecessem sacrifícios, mas para que, esquecendo a idolatria dos egípcios, pudessem escutar a voz do Senhor, que era a sua salvação e a sua glória, por meio do mesmo Jeremias diz: "Eis o que diz o Senhor: Ajuntai os vossos holocaustos aos vossos sacrifícios e comei as carnes. Com efeito, não falei aos vossos pais, nem lhes prescrevi nada a respeito de holocaustos e sacrifícios no dia em que os tirei do Egito; mas lhes dei esta ordem, dizendo: Escutai a minha voz, e eu serei o vosso Deus e vós sereis o meu povo; andai em todos os meus caminhos que vos prescreverei, para que vos venha o bem. Mas eles não escutaram, nem entenderam; e andaram segundo os pensamentos de seu coração perverso, e voltaram atrás em vez de ir à frente".139 E ainda, por meio do mesmo, disse: "Quem se gloria, glorie-se de entender e de saber que eu sou o Senhor que exerço a misericórdia, a justiça e o juízo na terra". E acrescenta: "Porque é nisto que está a minha vontade, diz o Senhor",140 e não nos holocaustos, nem nos sacrifícios, nem nas oblações.

O povo não recebeu estas coisas primordialmente, mas como conseqüência, pelo motivo aduzido acima. Como ainda diz Isaías: "Não é para mim que são os cordeiros dos teus holocaustos, nem me honraste com os teus sacrifícios; não me homenageaste com teus sacrifícios, nem fizeste nada de cansativo por causa do incenso; não compraste com prata o perfume para mim, nem desejei a gordura dos teus sacrifícios;

mas vieste à minha presença com teus pecados e tuas iniqüidades".141 "Sobre quem, portanto, — diz

— Olharei, a não ser sobre o humilde, o pacífico e respeitoso às minhas palavras?"142 Porque não são as gorduras e as carnes gordas que eliminarão de ti as tuas injustiças. "Eis o jejum que eu escolhi, diz o Senhor: desata todo nó de injustiça, desamarra os vínculos de relações violentas, deixa em paz os perturbados e rasga todo contrato iníquo; partilha de boa vontade o teu pão com quem tem fome e introduz na tua casa o peregrino que não tem abrigo; se vires um homem nu, cobre-o e não desprezes os de tua casa e de teu sangue. Então despontará como a aurora a tua luz e o teu bem-estar surgirá mais prontamente, a justiça te precederá e a glória de Deus te envolverá e quando ainda estarás a falar eu direi: eis-me aqui".143

E Zacarias, um dos doze profetas, comunicando-lhes a vontade de Deus, diz: Eis o que diz o Senhor onipotente: Julgai com justo juízo e cada um pratique a piedade e a misericórdia com seu irmão; não oprimais a viúva e o órfão, o estrangeiro e o pobre; e cada um esqueça no seu coração a malícia de seu irmão". E ainda: "Eis as palavras que cumprireis: cada um fale a verdade a seu próximo; fazei julgamentos de paz nas vossas portas e cada um esqueça no seu coração a malícia de seu irmão; detestai o falso juramento, porque eu odeio todas estas coisas, diz o Senhor onipotente".144

Da mesma forma Davi diz: "Qual é o homem que deseja vida e quer ver dias felizes? Refreia a tua língua do mal e teus lábios não falem o engano; evita o mal e faze o bem; procura a paz e vai ao seu encalço".145

17,4. Disso tudo fica claro que Deus não lhes pedia sacrifícios e holocaustos, mas fé, obediência e justiça para o bem deles. Como por meio do profeta Oséias o Senhor lhes mostrava a sua vontade, dizendo: "Quero a misericórdia mais que o sacrifício e o conhecimento de Deus mais que os holocaustos". Também nosso Senhor lhes lembrava: "Se tivésseis entendido o que significa: Quero a misericórdia e não o sacrifício, nunca teríeis condenado os inocentes",146 testemunhando assim que os profetas haviam pregado a verdade e culpando a eles de serem estultos por sua culpa.

17,5. Aconselhando também aos seus discípulos a oferecerem a Deus as primícias das suas criaturas, não porque precisasse, mas porque eles não se mostrassem inoperosos e ingratos, tomou o pão que deriva da criação, deu graças, dizendo: "Isto é o meu corpo"; do mesmo modo tomou o cálice, que provém, como nós, da criação, o declarou seu sangue e estabeleceu a nova oblação do Novo Testamento. É esta mesma oblação que a Igreja recebeu dos apóstolos e que, no mundo inteiro, ela oferece a Deus que nos dá o alimento, como primícias dos dons de Deus na Nova Aliança.147

Malaquias, um dos doze profetas, a profetizou dizendo: "Não tenho prazer em vós, diz o Senhor onipotente, e não me agrada o sacrifício de vossas mãos; porque do levante ao poente meu nome é glorificado entre as nações e em todo lugar se oferece incenso ao meu nome e sacrifício puro; porque o meu nome é grande entre as nações, diz o Senhor onipotente".148 Com estas palavras afirma de forma claríssima que o primeiro povo cessaria de oferecer a Deus e que em todo lugar lhe seria oferecido sacrifício puro e que o seu nome seria glorificado entre as nações.

17,6. Qual outro nome é glorificado entre as nações a não ser o de nosso Senhor por meio do qual é glorificado o Pai e glorificado o homem? Visto que é o nome de seu próprio Filho e que é obra dele, ele o declara seu. Como um rei que tendo pintado pessoalmente a imagem de seu filho a poderia definir sua por dois motivos, porque é a imagem do filho e porque ele a fez, assim acontece com o nome de Jesus Cristo que é glorificado pela Igreja no mundo inteiro: o Pai o declara seu porque é o nome de seu filho e porque ele mesmo o gravou, dando-o para a salvação dos homens. Portanto, sendo o nome do Filho próprio do Pai e, em todo lugar, a Igreja oferece ao Deus onipotente por Jesus Cristo, pelos dois motivos diz justamente: "Em todo lugar é oferecido incenso ao meu nome e um sacrifício puro".149 João diz no Apocalipse que o incenso são as orações dos santos.

Perfeição dos sacrifícios do Novo Testamento

18,1. Sacrifício puro e aceito por Deus é a oblação da Igreja, tal como o Senhor lhe ensinou a oferecer em todo o mundo. Não por necessitar de nosso sacrifício, e sim porque o ofertante se enche de glória quando o seu dom é aceito. Pela dádiva a um rei manifesta-se a homenagem e a afeição. Querendo o Senhor que, com simplicidade e inocência, oferecêssemos nossos dons, deu-nos o preceito: "Se estás para fazer tua oferta diante do altar e te lembrares que teu irmão tem alguma coisa contra ti, deixa lá a tua oferta diante do altar e vai primeiro reconciliar-te com teu irmão: só então, vem fazer a tua oferta".150 Faz-se, pois, mister oferecer a Deus as primícias de suas criaturas, como Moisés também já dissera: "Não te apresentarás de mãos vazias diante do Senhor teu Deus".151 Quando o homem quer manifestar a Deus a sua gratidão, oferece-lhe os próprios dons por ele mesmo dados e recebe a honra que dele provém

18,2. Nenhuma das oblações é rejeitada: oblações lá e oblações aqui; sacrifícios entre o povo, sacrifícios na Igreja. A forma, porém, de tal maneira mudou, que já não são oferecidos por servos, e sim por filhos. Um só e o mesmo é o Senhor; há, contudo, o caráter próprio da oblação servil, há o próprio da oblação dos filhos, de modo que as oblações são sinal da liberdade possuída. Para Deus não há nada vão, nem sem significado ou sem motivo. Por isso, o seu povo lhe consagrava os dízimos. Mas, depois, os que receberam a graça da liberdade põem à disposição do Senhor tudo o que possuem, dando com alegria e generosidade não apenas as coisas de menor valor, pela esperança que têm das maiores; como aquela viúva tão pobre que pôs no cofre de Deus tudo o que possuía.152

18,3. No princípio Deus olhou para os dons de Abel porque eram oferecidos com sinceridade e justiça; mas não olhou para o sacrifício de Caim, porque havia duplicidade no seu coração: inveja e malícia contra o seu irmão. Manifestando os seus pensamentos ocultos, o Senhor lhe dizia: "Se mesmo oferecendo com retidão, não partilhas com retidão, como não pecaste? Acalma-te",153 porque Deus não se aplaca com o sacrifício. Se alguém quiser oferecer com pureza, retidão e exatidão só aparentes, mas na sua alma não partilha a comunhão com o seu próximo e não tem o temor de Deus, não engana a Deus oferecendo o sacrifício com exatidão exterior tendo dentro de si o pecado. Não será esta oferta a aproveitar alguma coisa a tal homem, mas a eliminação do mal concebido dentro dele, para que com um ato insincero, o pecado não torne o homem sui-cida. Por isso o Senhor dizia: "Ai de vós escribas e fariseus hipócritas; vós sois como sepulcros caiados; por fora parecem belos, mas por dentro estão cheios de ossos de mortos e de toda podridão. Assim também vós, por fora pareceis justos diante dos homens, mas por dentro estais cheios de malícia e hipocrisia".154 Quando externamente eles pareciam oferecer com retidão, tinham dentro de si ciúme semelhante ao de Caim: assim mataram o Justo, recusando o conselho do Verbo, a exemplo de Caim. Ele lhe diz: "Acalma-te!mas ele não consentiu. O que era acalmar-se? Nada mais do que dominar o impulso do momento. Ele lhes diz também: "Fariseu cego, limpa o interior da taça para que também o exterior seja limpo".155 Mas eles não o escutaram. "Porque eis que — diz Jeremias — os teus olhos e o teu coração não são bons; mas a tua paixão vai para o sangue justo a fim de o derramar, para a injustiça e o homicídio a fim de os perpetrar".156 E ainda Isaías: "Vós vos aconselhastes, mas não comigo; fizestes pactos, mas não com o meu Espírito".157 Portanto, para que as suas vontades e pensamentos íntimos, levados ao conhecimento de todos, mostrassem que Deus não faz o mal — porque manifesta o que é secreto, mas não faz o mal — , diz a Caim, que não se acalmava: "Eis que vem a ti, e tu o dominarás".158 A Pilatos também dizia da mesma forma: "Não terias nenhum poder sobre mim, se não te fosse dado do alto".159 Porque Deus sempre permite que o justo, nos sofrimentos pacientemente enfrentados, seja provado e recebido e os outros, por causa dos seus delitos, sejam condenados e lançados fora. Portanto, os sacrifícios não santificam o homem, pois Deus não precisa de sacrifício, mas a consciência de quem oferece santifica o sacrifício, se é pura faz com que Deus o aceite como provindo de amigo. "Pecador, porém — diz —, é quem mata para mim um bezerro como mataria um cão".160

18,4. Porque a Igreja oferece com simplicidade, justamente foi julgado puro junto de Deus o seu sacrifício. Como Paulo diz aos filipenses: "Tenho em abundância agora que recebi de Epafródito o que vós me enviastes, fragrância suave, sacrifício agradável que Deus aceita".161 Cumpre, então, fazermos oblações a Deus e em tudo sermos gratos ao Criador, com mente pura e fé sincera, na firme esperança, na caridade fervorosa, oferecendo-lhe as primícias da criação, criação que lhe pertence. E a Igreja é a única a fazer ao Criador esta oblação pura, oferecendo-a com ação de graças por meio de suas mesmas criaturas. Os judeus já não oferecem: suas mãos estão cheias de sangue, porque não receberam o Verbo pelo qual é oferecido a Deus, como não o oferecem todas as assembléias dos hereges. Com efeito, alguns dizem que o Pai é diverso do Criador e ao lhe oferecer dons tirados do mundo criado, provam que ele é ávido e desejoso do bem alheio; outros dizem que o nosso mundo derivou de degradação, ignorância e paixão, e então, oferecendo os frutos desta paixão, ignorância e degradação ofendem o Pai e lhe fazem mais injúria do que dar-lhe ação de graças.

Como poderão ter certeza de que o pão sobre o qual foram dadas graças é o corpo do Senhor e a taça de vinho o seu sangue se não o reconhecem como Filho do Criador do mundo, isto é, o seu Verbo pelo qual o lenho frutifica, brotam as fontes e "a terra dá primeiramente a erva, depois a espiga e por fim a espiga cheia de trigo?"162

18,5. Como ainda podem afirmar que a carne se corrompe e não pode participar da vida, quando ela se alimenta do corpo e do sangue do Senhor? Então, ou mudam sua maneira de pensar ou se abstenham de oferecer as ofertas de que falamos acima. Quanto a nós, nossa maneira de pensar está de acordo com a Eucaristia e a Eucaristia confirma nossa doutrina. Pois lhe oferecemos o que já é seu, proclamando, como é justo, comunhão e a unidade da carne e do Espírito. Assim como o pão que vem da terra, ao receber a invocação de Deus, já não é pão comum, mas a Eucaristia, feita de dois elementos, o terreno e o celeste, do mesmo modo os nossos corpos, por receberem a Eucaristia, já não são corruptíveis por terem a esperança da ressurreição.

18,6. A nossa oferta a ele não é como para indigente, mas é agradecimento pelos seus dons e pela santificação da criação. Deus não precisa das nossas ofertas, mas nós precisamos oferecer alguma coisa a Deus, como diz Salomão: "Quem tem compaixão do pobre empresta a Deus".163 O Deus que não precisa de nada aceita as nossas boas obras para poder dar-nos de volta os seus próprios bens. Como diz o Senhor: "Vinde, benditos de meu Pai, recebei o reino preparado para vós: porque eu tive fome e me destes de comer; tive sede e me destes de beber; era peregrino e me acolhestes; nu e me vestistes; doente e me visitastes; prisioneiro e viestes a mim".164 Ele não precisa destas coisas, contudo quer que as façamos para o nosso bem, a fim de não sermos infrutuosos; e o próprio Verbo prescreveu ao povo que faça as oblações, embora não precisasse delas, para que aprendessem a servir a Deus, como quer que nós também ofereçamos continuamente e sem interrupção nossos dons no altar.

Há, portanto, altar nos céus, aonde sobem as nossas preces e oferendas; e há templo, como diz João no Apocalipse: "Abriu-se o templo de Deus"; e tabernáculo: "Eis — diz

— O tabernáculo de Deus, no qual habitará com os homens".165

Transcendência de Deus

GRADUAÇÃO DA REVELAÇÃO

19,1. O povo recebeu todos os dons, oblações e sacrifícios como tipo, do único e mesmo Deus, cujo nome é agora glorificado pela Igreja em todas as nações, conforme foi mostrado a Moisés no monte. E as coisas terrenas, que estão à nossa volta, podem ser o tipo das celestes, feitas pelo mesmo Deus: outro teria sido incapaz de conformá-las à imagem das coisas espirituais. Mas pretender que as coisas celestes e espirituais, que são para nós invisíveis e inefáveis, sejam o tipo de outras coisas celestes e de outro Pleroma e que Deus seja a imagem de outro Pai é próprio de quem se afastou da verdade, é obtuso e louco. Esses tais, como já mostramos várias vezes, ver-se-ão obrigados a inventar continuamente os tipos dos tipos e as imagens das imagens sem nunca poder fixar seu espírito no único e verdadeiro Deus. Seus pensamentos foram para além de Deus, nos seus corações se elevaram acima do Mestre, julgando assim ter-se elevado e posto em posição mais alta, quando, na realidade, somente se afastaram do verdadeiro Deus.

19,2. Justamente, alguém lhes poderia dizer, como sugere a própria Escritura: Visto que elevastes os vossos pensamentos acima de Deus, exaltando-vos de maneira desconsiderada — ouvistes dizer que os céus foram medidos aos palmos —, dizei-me qual é a sua medida e a quantidade inumerável dos côvados! Dizei-me o seu volume, a largura, o comprimento e a altura, o princípio e o fim da extensão, coisas que o coração do homem nunca conceberá nem entenderá.166 Pois são verdadeiramente grandes os depósitos dos tesouros celestes; incomensurável para o coração, ininteligível para a mente é o Deus que encerra em seu punho a terra. Quem saberá somente qual é a medida do dedo da sua mão direita? Quem poderá compreender o tamanho de sua mão que mede o incomensurável e fixa a medida dos céus e encerra em seu punho a terra com seus abismos, que contém em si a largura, o comprimento, a profundidade e a altura de toda a criação visível, sensível, inteligível e invisível? Por isso, Deus está sobre todo princípio, poder, dominação e toda coisa que tenha nome, e toda coisa feita e criada.167 É ele que enche os céus e perscruta os abismos, e que está com cada um de nós: "Eu sou Deus vizinho — diz — e não Deus afastado. Se o homem se esconder num esconderijo eu não o verei?"168 Sua mão contém todas as coisas: é ela que ilumina os céus, que ilumina tudo o que está debaixo deles e que perscruta os rins e os corações, que está presente nos lugares ocultos, nos nossos segredos e abertamente nos alimenta e protege.

19,3. Se o homem não entende a extensão e o poder da própria mão como poderá entender ou conceber em seu coração um Deus tão grande? Ora, como se já o tivessem medido, perscrutado e repassado inteiramente, estes imaginam acima dele outro Pleroma de Éões e outro Pai. Com isso, longe de se elevar à contemplação das coisas celestes, eles, na verdade, descem ao abismo da demência. De fato, eles dizem que seu Pai acaba onde começa o que está fora do Pleroma e que, por sua vez, o Demiurgo não chega ao Pleroma, afirmando com isso que nenhum dos dois é perfeito nem contém em si todas as coisas, porque faltaria ao primeiro a produção de tudo o que está fora do Pleroma e ao segundo a produção do que está dentro do Pleroma e assim nenhum dos dois seria o Senhor de todas as coisas. Ora, é evidente para todos que ninguém pode expressar a grandeza de Deus a partir das coisas criadas e quem pensa de maneira digna de Deus proclamará que não é a grandeza que lhe falta, e mais, que é ela que sustenta todas as coisas e se estende até nós.

Deus torna-se acessível em Jesus Cristo

20,1. Portanto, não se pode conhecer a grandeza de Deus porque é impossível medir o Pai; mas, segundo o seu amor — visto ser este que nos leva a Deus, por meio de seu Ver-bo —, os que lhe obedecem sempre aprendem que existe um Deus tão grande, que é ele que de per si criou, fez, harmonizou e contém todas as coisas, e, entre todas elas, nós mesmos e o nosso mundo. Também nós, portanto, fomos criados por ele com tudo o que o mundo encerra. E é dele que a Escritura afirma: "Deus plasmou o homem tirando-o do lodo e soprando-lhe no rosto o hálito da vida".169 Portanto, não foram os anjos que nos plasmaram — os anjos não poderiam fazer uma imagem de Deus — nem outro qualquer que não fosse o Deus verdadeiro, nem uma Potência que estivesse afastada do Pai de todas as coisas. Nem Deus precisava deles para fazer o que em si mesmo já tinha decretado fazer, como se ele não tivesse suas próprias mãos! Desde sempre, de fato, ele tem junto de si o Verbo e a Sabedoria, o Filho e o Espírito. É por meio deles e neles que fez todas as coisas, soberanamente e com toda liberdade, e é a eles que se dirige, quando diz: "Façamos o homem à nossa imagem e semelhança",170 tirando de si mesmo a substância das criaturas, o modelo daquilo que fez e a forma dos adornos do mundo.

20,2. Bem se expressou o escrito que diz: "Antes de tudo crê que existe um só Deus que criou, harmonizou e fez existir todas as coisas a partir do nada; que tudo contém e que não é contido por nada".171 Dentre os profetas também Malaquias diz justamente: "Não é um só o Deus que nos criou?" "Não é um só o Pai de todos nós?"172 Por conseguinte, o Apóstolo diz: "Há um só

Deus que está acima de todos e em todos nós".173 Também o Senhor diz de maneira semelhante: "Todas as coisas me foram entregues por meu Pai";174 evidentemente pelo que fez todas as coisas, e lhe deu não as coisas dos outros, mas as suas próprias. Ora, no "todas as coisas" nada é excetuado, e é por isso que ele é o juiz dos vivos e dos mortos, "que tem a chave de Davi: abrirá e ninguém fechará; fechará e ninguém abrirá".175 "Nenhum outro, com efeito, pôde abrir o livro" do Pai, "nem no céu, nem na terra, nem debaixo da terra, exceto o Cordeiro que foi imolado" e que "nos remiu no seu sangue",176 depois de ter recebido de Deus, que fez todas as coisas por meio de seu Verbo e as harmonizou com sua Sabedoria, o poder sobre todas as coisas, quando o Verbo se fez carne. E assim como detinha o primeiro lugar no céu, por ser o Verbo de Deus, também obteve a primazia na terra, por ser homem justo, "aquele que não cometeu o pecado e em cuja boca não há fraude",177 e também entre os que estão debaixo da terra, tornando-se o primogênito dos mortos; de forma que todas as coisas, como já dissemos, viram o seu Rei; e finalmente porque viesse na carne de nosso Senhor a luz do Pai e brilhando descesse até nós, e assim o homem pudesse chegar à incorrupção, envolvido que era na luz paterna.

20,3. Que antes que houvesse a criação o Verbo, isto é, o Filho, sempre estivesse com o Pai, demonstramo-lo amplamente; como também estava a Sabedoria, que outro não é senão o Espírito. É o que nos diz pela boca de Salomão: "Deus, pela sabedoria, fundou a terra; pela inteligência preparou o céu; pela sua ciência os abismos jorraram as fontes e as nuvens destilaram o seu orvalho". E ainda: "O Senhor criou-me como princípio de seus caminhos, em vista de suas obras; antes dos séculos me fundou; no princípio, antes de fundar a terra, antes de fazer os abismos, antes de as fontes começarem a jorrar água, antes de firmar os montes, ele me gerou". E ainda: "Quando preparava o céu eu estava com ele, quando fixava as fontes dos abismos e consolidava os fundamentos da terra, eu estava com ele, ajeitando. Era aquela em que ele se alegrava e todo dia eu me deliciava diante de sua face, por todo o tempo, quando se alegrava por ter acabado o mundo e se deliciava entre os filhos dos homens".178

20,4. Há um só Deus que por sua palavra e sabedoria fez e harmonizou todas as coisas. É ele o Criador, é ele que destinou este mundo ao gênero humano. Pela sua grandeza é desconhecido por todos os seres criados por ele — ninguém, tanto dos antigos quanto dos modernos, investigou a sua profundidade —; pelo seu amor, contudo, é conhecido, desde sempre, por aquele por quem criou todas as coisas, e este é o seu Verbo, nosso Senhor Jesus Cristo, que nos últimos tempos se fez homem entre os homens, para unir o fim ao princípio, isto é, o homem a Deus.179 Eis por que os profetas, tendo recebido desta mesma Palavra o carisma profético, anunciaram a sua vinda segundo a carne e por essa vinda se realizaram a união e comunhão de Deus e do homem, conforme a vontade do Pai. Desde o início a Palavra de Deus havia prenunciado que Deus seria visto pelos homens: viveria e conversaria com eles na terra, estaria presente à sua criação, para salvá-la e ser percebido por ela, "livrando-nos das mãos de todos os que nos odeiam", isto é, de todo espírito de pecado e fazendo-nos "servi-lo na santidade e na justiça todos os nossos dias"180 para que, unido ao Espírito de Deus, o homem tenha acesso à glória do Pai.

Os profetas viam parcialmente
20,5. Os profetas anunciaram tudo isso de maneira profética, mas não era outro aquele que era visto por eles, como pretendem alguns, por ser invisível o Pai de todas as coisas. Assim falam os que desconhecem completamente o que é a profecia. A profecia é anúncio do futuro, isto é, predição das coisas que acontecerão. Os profetas predisseram, pois, que Deus seria visto pelos homens, conforme o que diz também o Senhor: "Felizes os puros de coração, porque verão a Deus".181 Contudo, segundo sua grandeza e sua glória inexprimível, ninguém poderá ver a Deus e continuar a viver, porque o Pai é inatingível; mas segundo o seu amor, sua bondade e onipotência, ele chega a con-ceder aos que o amam o dom de ver a Deus, que os profetas anunciavam, pois o que é impossível aos homens é possível a Deus. Por si mesmo o homem não poderá ver a Deus; mas ele, se quiser, será visto pelos homens, pelos que quiser, quando e como quiser. Porque Deus tudo pode: visto outrora segundo o profetismo por meio do Espírito, visto segundo a adoção, pela mediação do Filho, será visto ainda no reino dos céus segundo sua paternidade. O Espírito prepara o homem para o Filho de Deus, o filho o conduz ao Pai e o Pai lhe concede a incorruptibilidade e a vida eterna, que decorrem da visão de Deus.182

Assim como os que vêem a luz estão na luz e recebem seu esplendor, também os que vêem a Deus estão em Deus e recebem seu esplendor. O esplendor de Deus vivifica: portanto, os que vêem a Deus recebem a vida. Por isso aquele que é inacessível, incompreensível e invisível torna-se visível, compreensível e acessível aos homens. Como é insondável sua grandeza, também é inexprimí-vel a sua bondade, pela qual se torna visível e dá a vida aos que o vêem. É impossível viver sem a vida e não há vida senão pela participação em Deus, e a participa-ção de Deus consiste em ver a Deus e gozar da sua bon-dade.183

20,6. Os homens, portanto, verão a Deus para viver, tornando-se imortais por tal visão e alcançando a Deus. Isto era expresso de maneira figurativa pelos profe tas, como já disse, isto é, que Deus será visto pelos ho-mens que possuem o seu Espírito e esperam, sem cessar, a sua vinda. Como Moisés diz no Deuteronômio: "Neste dia veremos que Deus fala ao homem e este viverá".184 Alguns deles viam o Espírito profético e a sua atividade em toda espécie de carismas; outros viam a vinda do Senhor e a economia primordial segundo a qual cumpriu a vontade do Pai, tanto no céu como na terra; outros ainda viam as manifestações gloriosas do Pai, adaptadas aos tempos, aos homens que então viam e ouviam e aos que o ouviriam depois. Essa era a maneira com que Deus se manifestava: porque, por meio de tudo isso era o Pai que se dava a conhecer, pelas obras do Espírito, pelo ministério prestado pelo Filho, pela aprovação do Pai e pelo homem, tornado perfeito, em vista da sua salvação. Como diz por meio do profeta Oséias: "Eu multipliquei as vi sões e fui representado pelas mãos dos profetas". O Apóstolo expôs as mesmas coisas quando disse: "Há diversi dades de carismas, mas é o mesmo Espírito; há diversidades de ministérios, mas é o mesmo Senhor; há diver- sidades de operações, mas é o mesmo Deus que opera tudo em todos: a cada um é dada a manifestação do Espírito conforme a utilidade".185 Aquele que opera tudo em todos, é invisível e inexprimível na sua natureza e grandeza por todos os seres feitos por ele, contudo não é completamente desconhecido: pelo Verbo todos podem aprender que há um só Deus Pai, que contém todas as coisas e dá a exis-tência a todas, como está escrito no Evangelho: "Nunca ninguém viu a Deus, a não ser o Filho Unigênito que está no seio do Pai: ele o revelou".186

20,7. Desde o princípio o Filho é o revelador do Pai porque está com o Pai desde o princípio e manifesta ao gênero humano as visões proféticas, os diversos carismas, os ministérios e a glória do Pai gradual e tempestivamente segundo a utilidade. Onde há sucessão há continuidade, onde há continuidade há tempestividade, onde há tempes- tividade há utilidade. Por isso o Verbo se tornou dispensador da glória do Pai pela utilidade dos homens para os quais dispôs economias tão grandes, para mostrar Deus ao homem e presentear o homem a Deus; ele mantém a invisibilidade do Pai para que o homem não venha a desprezar a Deus e tenha sempre motivo de progredir; mas ao mesmo tempo torna Deus visível por meio de muitas eco-nomias, para que o homem privado totalmente de Deus não deixe de existir. Glória de Deus é o homem que vive e a vida do homem consiste na visão de Deus.187 Se a ma- nifestação de Deus por meio da criação dá a vida a todos os seres que vivem na terra, com maior razão a manifestação do Pai pelo Verbo dá a vida aos que vêem a Deus.

20,8. Já que o Espírito de Deus anunciava o futuro por meio dos profetas para nos preparar e predispor à submissão a Deus, e que este futuro importava que o homem, pelo beneplácito do Pai, visse a Deus, era necessário que aque-les pelos quais era predito o futuro vissem esse Deus que apontavam à contemplação dos homens, para que não fosse conhecido só profeticamente como Deus e Filho de Deus, Filho e Pai, mas fosse visto por todos os membros santificados e instruídos nas coisas de Deus e assim o homem fosse formado e exercitado anteriormente a aproximar-se da glória destinada a ser revelada em seguida aos que amam a Deus. Os profetas não profetizavam só com as palavras, mas também com visões, com o comportamento e as ações que faziam segundo a sugestão do Espírito. Neste sentido viam o Deus invisível, como diz Isaías: "Vi com os meus olhos o Rei Senhor dos exércitos" para indicar que o homem veria a Deus com seus olhos e escutaria a voz dele. Neste sentido viam o Filho de Deus viver como homem entre os homens; profetizando o que devia acontecer; nomeando presente aquele que ainda não estava lá; proclamavam passível quem era impassível; dizendo que desceria ao lodo da morte quem então estava nos céus. Assim viam as outras economias da sua recapitulação, algumas em visão, outras anunciavam com palavras, outras significavam com ações simbólicas. O que era para ver viam-no em visão; o que era para escutar anunciavam com a palavra; o que devia ser feito o faziam com atos: anunciavam tudo de maneira profética. Por isso Moisés dizia ao povo transgressor da Lei que Deus era fogo, cominando o dia do fogo que cairia sobre eles da parte de Deus; aos que, porém, eram timoratos de Deus, dizia: "O Senhor Deus é misericordioso, piedoso, magnânimo, compassivo, verídico; é o que guarda a justiça e a misericórdia milhares de vezes, que apaga as injustiças, as iniqüidades e os pecados".188

20,9. O Verbo "falava a Moisés aparecendo diante dele como alguém fala com seu amigo". Moisés, porém, desejava ver manifestamente quem lhe falava, então foi-lhe dito: "Fica em cima da pedra e te cobrirei com a minha mão. Quando terá passado o meu brilho, então me verás por trás, mas o meu rosto não será visto por ti: com efeito o homem não pode ver o meu rosto e viver".189 Com isso queria dizer duas coisas: que é impossível ao homem ver Deus e que, graças à sabedoria de Deus, no final dos tempos, o homem o verá na sumidade da rocha, isto é, na sua vinda como homem. Por isso Moisés falou com ele face a face no cimo do monte, na presença de Elias, como relata o Evangelho, cumprindo assim a antiga promessa.

20,10. Os profetas, portanto, não viam abertamente o rosto de Deus, e sim as economias e os mistérios pelos quais o homem é introduzido na visão de Deus. A Elias foi dito: "Sairás amanhã e ficarás diante do Senhor, e eis que o Senhor passará; eis vento poderoso e forte que desfaz os montes e quebra as pedras, na presença do Senhor, mas o Senhor não está no vento. Após o vento, o terremoto, mas o Senhor não está no terremoto; após o terremoto, o fogo, mas o Senhor não está no fogo; após o fogo, o murmúrio de uma brisa leve".190 Assim o profeta, que estava gran-demente indignado pela transgressão do povo e pela matança dos profetas, era induzido a agir de forma mais mansa; e lhe era indicado o advento futuro do Senhor, co-mo homem, depois da Lei dada por Moisés; advento manso e tranqüilo, no qual não teria quebrado a cana rachada e não teria apagado a mecha fumegante. Era-lhe mostrada a tranqüilidade mansa e pacífica do seu reino. Depois do vento que fende as montanhas e depois do terremoto e do fogo chegam os tempos tranqüilos e pacíficos do seu reino, nos quais o Espírito de Deus vivifica com toda tranqüilidade e faz crescer o homem.

Tornou-se ainda mais claro através de Ezequiel que os profetas viam de maneira imperfeita as economias de Deus e não o próprio Deus de maneira perfeita. Depois de ter uma visão de Deus, e depois de ter descrito os que-rubins, as suas rodas e o mistério de todas as suas evoluções, e de ter visto sobre eles a semelhança de trono, e sobre o trono uma semelhança como da forma de ho-mem, cujas partes inferiores aos rins tinham a aparência de metal brilhante e as superiores como uma aparência de fogo; e depois de ter descrito o resto da visão do trono, para que ninguém pensasse que ele vira o próprio Deus, acrescenta: "Esta é a visão da imagem da glória do Senhor".191

20,11. Por isso, se nem Moisés viu a Deus, nem Elias, nem Ezequiel, eles que contemplaram muitas das coisas celestes; se o que viram eram imagens da glória do Senhor e profecias das coisas futuras é evidente que o Pai é invisível, e é verdadeiro o que o Senhor disse dele: Nunca ninguém viu a Deus, enquanto o Verbo, de acordo com a sua vontade e para proveito dos que viam, mostrava a glória do Pai e revelava as economias, como também disse o Senhor: "O Deus Unigênito que está no seio do Pai, ele o revelou".192 E como Revelador do Pai, o Verbo, que é rico e grande, não se deixava ver numa só forma, nem num só aspecto pelos que o viam, mas segundo as ocasiões e atividades das suas economias, como está escrito em Daniel: às vezes ele se mostra em companhia de Ananias, Azarias e Misael, assistindo-os na fornalha de fogo, e, na fornalha, salvando-os do fogo: "E a visão do quarto — diz ele — é semelhante a um Filho de Deus"; às vezes "é a pedra arrancada do monte sem a ajuda de mãos" que atingia e varria os reinos temporais e enchia a terra toda; às vezes, ainda, se parece com um "Filho de homem que vem sobre as nuvens do céu", avizinha-se do Ancião dos dias e recebe dele o poder, a glória e o reino universais: "Seu poder — diz — é poder eterno e seu reino nunca será destruído".193

Também João, o discípulo do Senhor, no Apocalipse, assiste à vinda do reino glorioso e sacerdotal: "Virei-me — diz ele — para ver a voz que me falava; quando me virei vi sete candelabros de ouro e no meio deles alguém parecido a um Filho do homem, vestido de longa túnica e com cintura de ouro à altura do peito. Sua cabeça e seus cabelos eram brancos, como lã branca como a neve; seu olhos eram uma chama de fogo; seus pés semelhantes a cobre abrasado ao fogo; a voz dele era como a de muitas águas, na sua mão direita segurava sete estrelas, da sua boca saía um espada de dois gumes e seu rosto era brilhante como o sol no máximo de seu fulgor".194 Entre estas coisas, algumas significam o brilho que recebe do Pai como chefe, outra significa o pontificado, como a túnica, — foi por isso que

Moisés vestiu assim o pontífice —; outra se refere ao fim, como o cobre abrasado no fogo, que é a fortaleza da fé e a perseverança das orações, por causa do grande incêndio que deve acontecer no fim. Mas João não suportou a visão: "Caí aos seus pés como morto", diz ele, para que se cumprisse o que foi escrito: "Ninguém pode ver a Deus e viver". Então o Verbo o reanimou e lhe lembrou que era aquele em cujo peito recostara-se durante a ceia, perguntando quem seria o traidor, e lhe dizia: "Eu sou o primeiro e o último, aquele que vive e foi morto; e eis que vivo por todos os séculos e tenho as chaves da morte e do inferno". Depois, em segunda visão, ele viu o mesmo Senhor: "Eu vi — diz ele — no meio do trono e dos quatro animais e dos anciãos, um cordeiro de pé, como que degolado, com sete chifres e sete olhos, que são os sete Espíritos de Deus, enviados por toda a terra". E ainda, falando do mesmo cordeiro, diz: "Eis um cavalo branco e aquele que o montava tinha o nome de Fiel e Verdadeiro; ele combate e julga com justiça. Seus olhos são como chamas de fogo, na sua cabeça tem muitos diademas e tem nome inscrito que ninguém conhece, a não ser ele; veste manto manchado de sangue e seu nome é Verbo de Deus. Os exércitos do céu o seguiam montados em cavalos brancos, vestidos de linho fino de brancura imaculada; da sua boca sai uma espada afiada para golpear as nações; ele as governará com cetro de ferro e espreme no lagar o vinho do furor da ira do Deus onipotente; no seu manto e no seu fêmur traz escrito o seu nome: Rei dos reis e Senhor dos senhores".195 Assim, desde sempre, o Verbo de Deus mostrava aos homens as imagens do que haveria de fazer e as figuras das economias do Pai, instruindo-nos nas coisas de Deus.

Acontecimentos do Antigo Testamento explicados no Novo

20,12. Ele se serviu, para simbolizar e preanunciar o futuro, não somente das visões que os profetas contemplavam e das palavras que proferiam, mas também das ações que faziam. Eis por que o profeta Oséias tomou por esposa uma mulher de prostituição, para profetizar com este ato que a terra — isto é, os homens que a habitam — se prostituiria longe do Senhor, e que o Senhor haveria por bem formar a sua Igreja com tais homens e que a santificaria pelo contacto de seu Filho, como aquela mulher o foi pelo contacto com o profeta. É por isso que Paulo diz que a mulher infiel é santificada pelo marido fiel. Ainda, o profeta deu a seus filhos os nomes de "Aquela que não obteve misericórdia" e "Não povo", para que, como diz o Apóstolo, "aquele que não era povo se tornasse povo e aquela que não obteve misericórdia a obtivesse, e no lugar em que era chamado Não povo, ali se chamassem Filhos do Deus vivo".196 O que o profeta fizera de maneira prefigurativa, o Apóstolo o mostrou feito de maneira real na Igreja por Cristo.

Assim também Moisés tomava por esposa uma etíope, tornando-a com isso israelita, preanunciando que a oliveira selvagem seria enxertada na oliveira boa e participaria da sua riqueza. Com efeito, como o Cristo, nascido segundo a carne devia ser procurado pelo povo para ser morto, foi salvo no Egito, isto é, entre os gentios, santificando as crianças que aí se encontravam e formando com eles a sua Igreja — o Egito, com efeito, desde o início era pagão, como também a Etiópia — com o casamento de Moisés era in- dicado o casamento do Verbo e na esposa etíope era indicada a Igreja que vinha da gentilidade; e os que a censuram, criticam e ridicularizam não são puros; como leprosos serão expulsos do acampamento dos justos.

Assim também Raab, a prostituta, que se acusava de ser pagã culpada de todos os pecados, acolheu os três espiões que investigavam toda a terra e os escondeu na sua casa, isto é, o Pai, o Filho e o Espírito Santo. E quando toda a cidade onde ela morava desmoronou ao fragor dos sete trombeteiros, entre todos Raab, a prostituta, era salva com toda a sua família pela fé no sinal escarlate, como o Senhor dizia aos fariseus que não aceitavam a sua vinda, e anulavam o sinal escarlate que era a Páscoa, a libertação e a saída do povo do Egito: "Os publicanos e as prostitutas vos precederão no reino dos céus".197

21,1. Que em Abraão era prefigurada a nossa fé, e foi o patriarca e, por assim dizer, o profeta da nossa fé, o ensinou de forma completa o Apóstolo, dizendo na carta aos Gálatas: "Aquele que vos deu o Espírito e opera prodígios entre vós, o fez por motivo das obras da Lei ou pela obediência da fé? Como Abraão, que creu em Deus e lhe foi reputado a justiça. Reconhecei, portanto, que os que são da fé, estes são os filhos de Abraão. Prevendo que Deus justificaria os gentios pela fé, a Escritura anunciou a Abraão que nele seriam abençoadas todas as nações. Por isso os que são da fé serão abençoados com Abraão que creu".198 Por isso o chama não somente profeta da fé, mas o pai dos que entre os gentios crêem em Cristo Jesus, porque é uma e única, a sua e a nossa fé: ele creu em coisas futuras como se já tivessem acontecido, por causa da promessa de Deus, assim também nós, pe-la fé, contemplamos como que num espelho a herança que receberemos no reino, por causa da promessa de Deus.

21,2. Também o que diz respeito a Isaac não é sem significação. Na carta aos Romanos, o Apóstolo diz: "Também Rebeca, tendo concebido de um só homem, de Isaac nosso pai", para que ficasse confirmada a liberdade de escolha de Deus, que não dependia das obras, mas do que chama, teve revelação do Verbo e lhe foi dito: "Dois povos estão em teu seio, duas raças nas tuas entranhas e um superará o outro e o maior servirá ao menor". Daí aparece que, não somente os atos dos patriarcas, mas também o parto de Rebeca foi o anúncio profético de dois povos, um maior e o outro menor, um escravo, o outro livre, ainda que filhos de único pai. Único e idêntico é o Deus nosso e deles, que conhece os segredos e o futuro, e por este motivo disse: "Amei Jacó, mas tive em ódio a Esaú".199

21,3. Ao considerar também os atos de Jacó se constatará que não são sem sentido, mas cheios de economias, começando pelo nascimento em que segurava o calcanhar do irmão e foi chamado Jacó, que significa Suplantador, que segura e não é segurado, amarra e não é amarrado, luta e vence, segura em sua mão o calcanhar do adversário, isto é, a vitória. É justamente por este motivo que nasceu o Senhor de quem Jacó prefigurava o nascimento, e de quem João diz no Apocalipse: "Saiu como vencedor e para vencer".200

Depois recebeu o direito da primogenitura recusada pelo irmão; assim o povo mais novo acolheu o Cristo como primogênito quando o povo mais velho o repelia dizendo: "Não temos outro rei a não ser César".201 Em Cristo está toda bênção, por isso o povo mais novo arrancou do Pai as bênçãos do povo mais velho assim como Jacó tinha arrancado a bênção de Esaú, motivo pelo qual sofria as insídias e perseguições do irmão como a Igreja sofre a mesma coisa da parte dos judeus. Em terra estrangeira nasciam as doze tribos, os filhos de Israel, porque também o Cristo devia gerar em terra estrangeira as doze colunas, fundamento da Igreja. As ovelhas malhadas eram o salário de Jacó e o salário de Cristo são os homens que de várias e diferentes nações se reúnem no único redil da fé, como o Pai lhe havia prometido: "Pede-me e te darei as nações como tua herança e como propriedade os confins da terra".202 E porque Jacó foi profeta do Senhor pelo grande número de filhos, era necessário que tivesse filhos das duas irmãs como o Cristo os teve das duas Leis provindas de um só e único Pai; e da mesma forma, das duas escravas, para significar que o Cristo teria tornado filhos de Deus, quer os livres, quer os escravos segundo a carne, dando a todos os dons do Espírito que nos vivifica. Jacó fazia tudo por amor da mais jovem, dos olhos belos, Raquel, que simbolizava a Igreja pela qual o Cristo sofreu. Ele, então, pelos patriarcas e os profetas, prefigurava e preanunciava o futuro preparando a sua parte para as economias de Deus e acostumando a sua herança a obedecer a Deus, a viver como estrangeira no mundo, a seguir o seu Verbo e a prefigurar as coisas futuras: porque nada é vazio e sem sentido junto de Deus.

Continuidade entre os dois Testamentos

22,1. Nos últimos tempos, "quando chegou a plenitude do tempo" da liberdade, o Verbo em pessoa e por si mesmo "lavou as manchas das filhas de Sião", lavando com suas mãos os pés dos discípulos,203 isto é, da humanidade que no fim recebia Deus em herança. Como no início, por causa dos primeiros homens, todos fomos reduzidos à escravidão e tornados devedores da morte, assim, no fim, por causa dos últimos, todos os que foram discípulos desde o princípio, foram purificados e lavados das coisas da morte e tiveram acesso à vida de Deus: porque quem lavou os pés dos discípulos santificou e levou à purificação o corpo inteiro.

Eis por que lhes servia o alimento quando estavam recostados para indicar os que jaziam na terra, aos quais viera comunicar a vida; como diz Jeremias: "O Senhor, o Santo de Israel, se lembrou de seus mortos que dormiam na terra das tumbas e desceu até eles para lhes anunciar a boa nova da salvação, para os salvar".

Por isso, os olhos dos discípulos estavam cansados quando Cristo veio para a paixão. Encontrando-os adormecidos, primeiramente os deixou ficar assim, para indicar a paciência de Deus diante do sono dos homens; mas vindo segunda vez os acordou e os fez levantar, para indicar que a sua paixão devia acordar os discípulos que dormiam; e era para eles que "desceu nas partes inferiores da terra", para ver com seus olhos os seres inacabados da criação, acerca dos quais dizia aos discípulos: "Muitos profetas e justos desejaram ver e ouvir o que vós vedes e ouvis".204

22,2. Cristo não veio somente pelos que creram nele no tempo de Tibério César; e o Pai não exerceu somente a sua providência para os homens de então, mas para todos os homens que desde o início, segundo as suas capacidades e seus tempos, temeram e amaram a Deus, praticaram a justiça e a bondade para com o próximo, desejaram ver o Cristo e ouvir a sua voz. Na sua segunda vinda acordará e porá todos estes homens de pé diante dos outros que serão julgados e os estabelecerá em seu reino. Único é o Deus que conduziu os patriarcas nas suas economias e "justificou os circuncisos em vista da fé e os incircuncisos pela fé".205 Nós éramos prefigurados e anunciados nos primeiros e eles são representados em nós, isto é, na Igreja, e recebem o salário das suas fadigas.

Os semeadores e os ceifadores

23,1. Por isso o Senhor dizia aos discípulos: "Eis, eu vos digo, levantai os olhos e vêde os campos: eles são brancos para a colheita. O ceifador recebe o seu salário e recolhe o fruto para a vida eterna a fim de que o semeador e o ceifador se alegrem juntos. Nisto é verdadeira a palavra: um é quem semeia e outro quem recolhe. Eu vos enviei a ceifar o que não vos custou nada; outros fatigaram e vós entrastes nas suas fadigas".206 Quem são os que se cansaram, que serviram às economias de Deus? Está claro que são os patriarcas e os profetas que prefiguraram a nossa fé e espalharam na terra a semente da vinda do Filho de Deus, anunciando quem e o que seria, de modo que os homens que viriam depois, instruídos pelos profetas, tivessem o temor de Deus e recebessem com facilidade a vinda do Cristo.

Por isso José, quando notou a gravidez de Maria e pensava em repudiá-la em segredo, ouviu um anjo dizer-lhe em sonho: "Não temas tomar Maria por tua esposa, pois o que tem no ventre vem do Espírito Santo. Dará à luz um filho e lhe darás o nome Jesus porque é ele que salvará o seu povo de seus pecados". E acrescentou, para o convencer: "Tudo isso aconteceu para que se cumprisse o que o Senhor dissera pela boca do profeta: Eis que a Virgem conceberá e dará à luz um filho e será chamado com o nome de Emanuel".207 Com as palavras do profeta ele o convencia e desculpava Maria, mostrando que ela era exatamente a Virgem que Isaías preanunciara como a Mãe do Emanuel. Assim José se convenceu e acolheu Maria e prestou com alegria o seu serviço em toda a educação do Cristo, aceitando ir até o Egito, depois de voltar de lá e transferir-se para Nazaré, tanto que pelos que ignoravam as Escrituras, as promessas de Deus e a economia do Cristo era tido como o pai da criança. Sempre por este motivo o próprio Senhor lia em Cafarnaum as profecias de Isaías: "O Espírito do Senhor está sobre mim; por isso me ungiu e me enviou a anunciar a boa nova aos pobres, a curar os aflitos de coração, a anunciar aos prisioneiros a libertação e aos cegos a visão". E para mos-trar que ele era o preanunciado pelos profetas, dizia-lhes: "Hoje se cumpriu esta Escritura aos vossos ouvidos".208

23,2. Também por este motivo Filipe, tendo encontrado o eunuco da rainha da Etiópia que lia o texto: "Como ovelha conduzida ao matadouro e como cordeiro mudo diante de seu tosquiador assim ele não abre a boca; na humilhação foi-lhe tirado o julgamento"209 e todo o resto que o profeta descreve da sua paixão, da sua vinda na carne e como foi ultrajado pelos que não criam, facilmente o convenceu a crer que falava do Cristo que foi crucificado sob Pôncio Pilatos e sofreu tudo o que o profeta predissera e que este era o Filho de Deus que dá a vida eterna aos homens. E logo que o batizou desapareceu da vista dele porque não faltava mais nada a este homem que já fora instruído pelos profetas. Ele não ignorava Deus Pai, nem as normas da sua conduta, somente não sabia da vinda do Filho de Deus. Logo que ficou sabendo disso continuou feliz a sua viagem para tornar-se na Etiópia arauto da vinda do Cristo. Filipe não teve muito trabalho com este homem, pois ele já fora formado precedentemente no temor de

Deus pelos profetas.
Eis ainda por que os apóstolos que reuniam as "ovelhas perdidas da casa de Israel", falando das Escrituras com elas, mostravam-lhes que Jesus, o crucificado, era o Cristo, o Filho do Deus vivo, e convenciam a multidão dos que tinham o temor de Deus, e num só dia se batizaram três, quatro e até cinco mil pessoas.210

O chamado dos pagãos à fé. Suas condições de inferioridade
24,1. Eis ainda por que Paulo, que foi o apóstolo dos gentios, declara: "Trabalhei mais que todos eles".211 Para eles o ensinamento foi fácil porque já tinham as provas tiradas das Escrituras. Os que ouviam Moisés e

os profetas acolhiam sem dificuldade o primogênito dos mortos e o príncipe da vida de Deus, aquele que com a imposição das mãos derrotava Amalec, e pela fé nele curava o homem da mordida das serpentes. O apóstolo que catequizava os pagãos devia, em primeiro lugar, como dissemos no livro anterior, ensiná-los a abandonar a superstição dos ídolos e adorar um só Deus, criador do céu e da terra e de todo o universo; depois lhes devia ensinar que este Deus tem um Filho, o seu Verbo, pelo qual criou todas as coisas, e que nos últimos tempos este Filho se tornou homem entre os homens, deu novas forças ao gênero humano, venceu e destruiu o inimigo do homem e deu à sua criatura a vitória contra o adver-sário. E, ainda que os que eram da circuncisão não cumprissem as palavras de Deus, porque as desprezavam, contudo eles já haviam sido instruídos para não cometer adultério, não fornicar, não roubar, não furtar, sabendo que tudo o que prejudica o próximo é mal e é odiado por Deus, motivo pelo qual se deixavam facilmente convencer a abster-se de todas estas coisas que já sabiam.

24,2. Os pagãos, porém, deviam ainda aprender que estas ações eram más, prejudiciais, inúteis e danosas para os que as cometiam. Por isso o que recebera o apostolado entre os gentios trabalhara mais do que os que pregavam o Filho de Deus entre os circuncisos. Estes eram coadjuvados pelas Escrituras, confirmadas e cumpridas pela vinda do Senhor, assim como fora anunciada. Lá, pelo contrário, era ensinamento estranho e nova doutrina, para demonstrar que não somente os deuses dos gentios não eram deuses, mas eram ídolos dos demônios; que existe um só "Deus que está acima de todo principado, potestade, dominação e todo nome com que se chame";212 que o Verbo, invisível por natureza, se tornou palpável e visível entre os homens e se rebaixou até a morte e morte de cruz; que os que crêem nele se tornarão incorruptíveis e impassíveis e obterão o reino dos céus. Tudo isso era pregado aos gentios pela simples palavra, sem apoio nas Escrituras, e é por isso que trabalhavam mais os pregadores dos gentios e que também se mostrou mais generosa a fé dos gentios que seguiam o Verbo de Deus sem a instrução das Escrituras.

A incircuncisão liga-os a Abraão

25,1. Estes deviam ser os filhos de Abraão que Deus suscitou das pedras e pôs ao lado dele, iniciador, patriarca e anunciador da nossa fé, que recebeu a aliança da circuncisão após a justificação pela fé sem a circuncisão, para que fossem prefigurados nele os dois testamentos e se tornasse o pai de todos os que seguem o Verbo de Deus e aceitam viver neste mundo como estrangeiros, isto é, de todos os fiéis que vêm da circuncisão e do paganismo. Como o Cristo, a pedra fundamental que sustenta tudo e reúne na única fé de Abraão todos os que, dos dois testamentos, são aptos a formar o edifício de Deus. Mas a fé do incircunciso, justamente por unir o princípio e o fim, se tornou a primeira e a última, porque antes da circuncisão se encontrava em Abraão e em todos os outros justos que agradaram a Deus, como o demonstramos; e novamente, nos últimos tempos, reapareceu na humanidade pela vinda do Senhor. A circuncisão e a Lei ocuparam o período médio dos acontecimentos.

25,2. Isto é demonstrado simbolicamente por Tamar, a nora de Judá, além de outros muitos sinais. Quando dava à luz os gêmeos, um deles apresentou primeiro a mão, e a parteira, pensando que era o primogênito, lhe amarrou na mão um fio escarlate, como sinal. Depois disso ele retraiu a mão e veio à luz primeiro o irmão Farés e em segundo lugar Zara, aquele que tinha o fio escarlate. Com isso a Escritura indica claramente o povo que tem o sinal do fio escarlate, isto é, a fé sem a circuncisão; fé que inicialmente se mostrou nos patriarcas e que depois se retirou, para que nascesse seu irmão. Assim o que se mostrou em pri-meiro lugar, nasceu como segundo filho e era reconhecível pelo sinal do fio escarlate que trazia e que simbolizava a paixão do Justo, prefigurada no início por Abel, descrita pelos profetas, que se cumpriu, no final dos tempos, no Filho de Deus.

25,3. Era necessário que algumas coisas fossem preanunciadas pelos patriarcas ao modo dos patriarcas; outras pelos profetas, ao modo da Lei, e, finalmente, outras recebessem dos que obtiveram a adoção uma forma correspondente à sua conformação ao Cristo: todas, porém, são mostradas em um único Deus. Abraão, sendo uma só pessoa, prefigurava os dois testamentos em que alguns semearam e outros ceifaram: Nisto — se diz — mostra-se verdadeira a palavra: "um é o povo que semeia e outro o que ceifa";[213] mas é único o Deus que dá a cada um o que lhe convém, a semente ao semeador e o pão como alimento ao ceifador; exatamente como um é o que planta e outro quem rega, mas é um só Deus quem faz crescer. Os patriarcas e os profetas semearam as palavras que se referem a Cristo, e a Igreja ceifou, isto é, recolheu os frutos. É por isso que eles pedem seja levantada nela a sua tenda, como diz Jeremias: "Quem me dará no deserto a última habitação?", para que o "semeador e o ceifador se alegrem juntos"214 no reino de Cristo, que está presente a todos para os quais, desde o início, Deus quis que o Verbo estivesse presente.

26,1. Se alguém ler as Escrituras neste sentido, encontrará uma palavra a respeito do Cristo e uma prefiguração da nova vocação. Ele é o tesouro escondido no campo, isto é, neste mundo — com efeito, o campo é o mundo —, e Cristo está escondido nas Escrituras no sentido de que é indicado por figuras e parábolas que não podiam humanamente ser entendidas antes que se cumprissem as profecias, isto é, antes da vinda do Senhor. Eis por que foi dito ao profeta Daniel: "Põe o selo sobre estas palavras, sela este livro até o tempo do cumprimento, até que muitos aprendam e se cumpra o conhecimento". "Quando terá chegado ao fim a dispersão eles entenderão todas estas coisas".215 Toda profecia antes que se cumpra é enigmática e ambígua para os homens, mas, chegado o tempo e cumprido o que foi predito, então as profecias têm sentido líquido e certo. Por isso, quando, em nossos dias, os judeus lêem a Lei é para eles como ler um conto, porque não têm a noção completa acerca da vinda do Filho de Deus na natureza humana, mas quando lida pelos cristãos é tesouro escondido no campo, revelado e explicado pela cruz de Cristo, que revela a sabedoria de Deus e as suas economias acerca dos homens, prepara o reino de Cristo e anuncia a herança da santa Jerusalém, afirma que o homem deve progredir continuamente no amor de Deus até que verá a Deus, escutará a sua voz e, escutando a sua palavra, será glorificado de tal modo que os outros não poderão olhar para o seu rosto, como foi dito a Daniel: "Os sábios brilharão como o esplendor do firmamento, e entre a multidão dos justos como as estrelas pelos séculos para sempre".216 Se alguém lê as Escrituras da maneira que dissemos, assim como Jesus as explicou aos discípulos depois da sua ressurreição dos mortos, mostrando por meio delas que o Cristo devia sofrer e entrar, assim, na sua glória, e que se devia pregar em seu nome a remissão dos pecados em todo o mundo, será discípulo perfeito e "semelhante ao pai de família que tira de seu tesouro coisas novas e velhas".217

O ideal dos sacerdotes

26,2. Eis por que se devem escutar os presbíteros que estão na igreja, que são os sucessores dos apóstolos, como o demonstramos, e que com a sucessão no episcopado receberam o carisma seguro da verdade segundo o beneplácito do Pai. Quanto a todos os outros que se separam da sucessão principal e em qualquer lugar que se reúnam, devem ser vistos com desconfiança, como hereges e de má fé, como cismáticos cheios de orgulho e de suficiência, ou ainda, como hipócritas que fazem isso à procura de lucro e de vanglória. Todos eles se afastaram da verdade e os hereges que oferecem sobre o altar de Deus um fogo estranho, isto é, doutrinas estranhas, serão queimados pelo fogo celeste como Nadab e Abiú. Os que se insurgem contra a verdade e excitam os outros contra a

Igreja de Deus, tragados pelos abismos da terra, terão sua morada nos infernos como Coré, Datã, Abiram e todos os que estavam com eles. Os que rompem e dividem a unidade da Igreja receberão de Deus o mesmo castigo de Jeroboão.

26,3. Os que são tidos por presbíteros aos olhos de muitos, mas são escravos das suas paixões, que não põem antes de tudo o temor de Deus em seus corações, insultam os outros, incham-se de arrogância por ocuparem os primeiros lugares, fazem o mal às escondidas e dizem: "Ninguém nos verá", serão repreendidos pelo Verbo, que não julga segundo a opinião e não olha o rosto, mas o coração e ouvirão as palavras do profeta Daniel: "Raça de Canaã e não de Judá, a beleza te seduziu e a paixão te perverteu o coração. Homem envelhecido no mal, agora são manifestos os pecados que fazias antes, pronunciando juízos injustos, condenando os inocentes e absolvendo os culpados, quando o Senhor disse: 'Não matarás o inocente e o justo' ". O Senhor disse deles: "Se o servo mau diz em seu coração: meu dono está se atrasando e começa a bater nos servos e nas servas, e a comer, beber e embriagar-se, quando o dono daquele servo vier, num dia que não sabe e na hora que não espera, o trancará e lhe dará sua parte com os incrédulos".218

26,4. É preciso, portanto, afastar-se de todos os homens desta espécie e aderir aos que, como dissemos, guardam a doutrina dos apóstolos e com a ordem sacerdotal ofe- recem palavra sã e conduta irrepreensível para exemplo e emendamento dos outros. Eles devem ser como Moisés, ao qual foi confiada tão grande missão e que, apoiado no testemunho da boa consciência, se justificava diante de Deus, dizendo: "Não tomei deles nada que podia ser desejável e não fiz mal a nenhum deles"; como Samuel que por tantos anos julgou o povo e governou Israel sem orgulho e no fim se justificava: "Vivi com vocês desde a minha tenra idade até hoje. Respondei-me diante do Senhor e do seu ungido: A qual de vós tirei o bezerro ou o asno? quem oprimi ou obriguei? das mãos de quem tirei a oferta propiciatória ou as sandálias? Dizei-o contra mim e eu o restituirei". O povo lhe respondeu: "Não nos obrigaste, nem oprimiste, nem recebeste nada da mão de ninguém". Então, tomando Deus como testemunha, disse: "Deus e o seu ungido são hoje testemunhas de que não encontrastes nada na minha mão". Eles disseram: "São testemunhas".219 Também o apóstolo Paulo, apoiado em sua boa consciência, dizia aos coríntios: "Não somos como muitos que adulteram a palavra de Deus, mas falamos na sinceridade, como vem de Deus, diante de Deus no Cristo". "Não causamos dano a ninguém, nem corrompemos ou enganamos alguém".220

26,5. São estes os presbíteros que a Igreja sustenta, dos quais o profeta diz: "Constituirei teus príncipes na paz e teus bispos na justiça". E o Senhor dizia deles: "Qual será o administrador fiel, bom e sábio que o Senhor estabelecerá à frente da sua família e lhes dê o alimento no tempo certo? Feliz daquele servo que o Senhor, na sua vinda, encontrar portando-se assim".221 Paulo ensina onde se po-dem encontrar esses servos: "Deus constituiu na Igreja em primeiro lugar os apóstolos, no segundo os profetas, no terceiro os doutores".222 Onde foram postos os carismas do Senhor, ali se deve aprender a verdade, junto dos que na

Igreja possuem a sucessão dos apóstolos, a integridade inatacável da conduta e a pureza incorruptível da palavra. Estes conservam em nós a fé num único Deus que criou to-das as coisas; fazem crescer em nós o amor ao Filho de Deus que dispôs para nós tão grandes economias; e, com toda segurança, expõem as Escrituras sem blasfemar a Deus, sem desonrar os patriarcas e sem desprezar os profetas.

No Antigo Testamento os defeitos são relevados e condenados

27,1. Ouvi certo presbítero dizer — o que ele tinha ouvido dos apóstolos e dos seus sucessores —, que para os antigos bastava a correção das Escrituras, por aquilo que faziam sem o conselho do Espírito, porque Deus, que não faz distinção de pessoas, dava uma correção conveniente ao que não era conforme a sua vontade.

Este foi o caso de Davi. Quando era perseguido injustamente por Saul e fugia dele sem se vingar de seu inimigo; quando cantava a vinda de Cristo e ensinava a sabedoria às nações e tudo cumpria segundo o conselho do Espírito, era agradável a Deus. Mas quando, levado pela paixão, tomou para si Betsabéia, a mulher de Urias, a Escritura disse: "A ação que Davi fez pareceu má aos olhos do Senhor". E foi-lhe enviado o profeta Natã para lhe mostrar o seu pecado, para que, julgando a si mesmo e condenando-se, obtivesse a misericórdia e o perdão de Cristo. Deus enviou Natã a Davi que lhe disse: "Havia dois homens numa cidade, um rico e outro pobre; o rico tinha muitos rebanhos de ovelhas e manadas de bois, o pobre não possuía senão uma pequena ovelha que mantinha e alimentava junto de si e de seus filhos; ela comia do seu pão e bebia de seu copo e era como uma filha. Na casa do rico se hospedou um homem. O rico não quis tomar uma ovelha de seu rebanho, nem um boi de sua manada, para lhe preparar comida, mas tomou a pequena ovelha do pobre e a serviu ao homem que viera à sua casa. Davi irritou-se grandemente contra este homem e disse a Natã: Como é verdade que o Senhor vive! o homem que fez isso merece a morte! E pela ovelha devolverá outras quatro, por ter feito isso e por não ter compaixão do homem. E Natã lhe disse: Tu és o homem que fez isso!"223 E lhe expôs com pormenores o resto, repreendendo-o e enumerando-lhe os benefícios do Senhor e mostrando-lhe que irritara o Senhor agindo assim; que aquela ação não agradava a Deus e que grande ira se abateria sobre a sua casa. Davi foi tocado pelo arrependimento e disse: "Pequei contra o Senhor" e cantou o salmo da confissão, falando da vinda do Senhor que lava e purifica os pecados do homem caído em poder deles.

    A mesma coisa se deu com Salomão. Enquanto permaneceu a julgar com justiça, falar com sabedoria, a edificar o templo, figura do verdadeiro, a anunciar a paz destinada às nações, a prefigurar o reino de Cristo, a pronunciar três mil parábolas para a vinda do Senhor e cinco mil cânticos em louvor a Deus, a expor a sabedoria de Deus que se encontra na criação, dissertando sobre toda árvore, toda erva, todas as aves, todos os quadrúpedes, répteis e peixes, e dizia: "Será possível que o Deus que os céus não podem conter, habite na terra com os homens?"224 Até então, agradou a Deus e foi admirado pelos homens. Todos os reis da terra procuravam vê-lo, para escutar a sabedoria que Deus lhe dera; e a rainha do Sul veio a ele das extremidades da terra para conhecer a sabedoria que estava nele. O Senhor diz que ela ressurgirá, no dia do juízo, com a geração dos que escutaram a sua voz e não acreditaram nele para condená-los por não se terem submetido à sabedoria anunciada pelo servo de Deus e desprezaram a sabedoria que lhe era concedida pelo Filho de Deus; com efeito, Salomão não era senão servo, mas o Cristo era o Filho de Deus e o Senhor de Salomão.

Quando ele servia a Deus de modo impecável e coo-perava com suas economias, era glorificado; mas quando tomava mulheres de todas as nações e lhes permitia erigir ídolos em Israel, a Escritura disse dele: "O rei Salomão amava as mulheres e tomou para si mulheres estrangeiras; e aconteceu que no tempo da velhice de Salomão o seu coração não era perfeito com o Senhor seu Deus; as mulheres estrangeiras desviaram o seu coração para os deuses delas e Salomão fez o mal diante do Senhor; não seguiu o Senhor como Davi, seu pai. E o Senhor se irritou contra Salomão, porque o seu coração não era perfeito com o Senhor como fora o coração de Davi, seu pai".225 A Escritura o repreendeu fortemente, como diz o presbíte-ro, para que nenhuma carne se glorie diante do Senhor.

27,2. Por isso o Senhor desceu às partes inferiores da terra para levar também a eles a boa nova da sua vinda, que é a remissão dos pecados para os que crêem nele. Crêem nele todos os que nele esperaram, isto é, que anunciaram a sua vinda e cooperaram com suas economias, os justos, os profetas e os patriarcas. A eles, como a nós, perdoou os pecados que não lhes devemos mais imputar, se não quisermos desprezar a graça de Deus. Como eles não nos imputavam as intemperanças que fazíamos antes que o Cristo nos fosse manifestado, assim não é justo que acusemos os que pecaram antes da vinda de Cristo. Porque todos os homens precisam da glória de Deus226 e são justificados, não por si mesmos, mas pela vinda do Senhor, os que olham para a sua luz.

    Foi para nossa correção que foram escritos os seus atos para que primeiramente aprendêssemos que tan to para eles como para nós há somente um Deus que não aprova os pecados, também quando cometidos por pessoas famosas e também para que nos abstenhamos do mal. Se, com efeito, os antigos que nos precederam na graça e pelos quais o Filho de Deus ainda não sofrera, incorreram em tais repreensões por ter cometido uma falta e ter-se tornado escravos da concupiscência carnal o que deverão sofrer os de agora que desprezam a vinda do Senhor e se tornam escravos das suas paixões? Para eles a morte do Senhor foi a remissão de seus pe-cados, mas para os que pecam agora "o Cristo já não morre, porque a morte já não tem poder sobre ele" e o Filho há de vir na glória do Pai a fim de exigir dos seus administradores, juntamente com os juros, o dinheiro que lhes confiara, e a quem mais deu, mais exigirá. Por isso não nos devemos orgulhar, dizia aquele presbítero, nem censurar os antigos, mas temer por nós que, de- pois de ter conhecido o Cristo, ao fazer algo que desa grade a Deus, não possamos obter o perdão dos nossos pecados e sejamos excluídos do seu reino. Eis por que Paulo disse: "Se não poupou os ramos naturais, com maior razão não poupará a ti, que, não passando de oliveira selvagem, foste enxertado na oliveira boa e tornado participante da sua seiva".227

27,3. Da mesma forma as culpas do povo foram escritas não para os que então pecavam, e sim para nossa correção e para que saibamos que um só e idêntico é o Deus contra o qual eles pecavam e contra o qual pecam agora alguns que fazem profissão de fé. É isso que o Apóstolo mostra claramente na carta aos Coríntios, quando diz: "Não quero que ignoreis, irmãos, que os nossos pais estiveram todos embaixo da nuvem e que todos foram batizados em Moisés na nuvem e no mar, que todos comeram o mesmo alimento espiritual e todos beberam a mesma bebida espiritual; eles bebiam do rochedo espiritual que os acompanhava e este rochedo era o Cristo. Mas Deus não achou agradáveis a maioria deles, e morreram no deserto. Isto aconteceu em figura para nós, para que não estejamos apegados ao mal como o foram eles; para que não sejais idólatras como alguns deles, como está escrito: O povo sentou-se para comer e beber e se levantaram para dançar; nem devemos fornicar como alguns deles fizeram e por causa disso pereceram no mesmo dia vinte e três mil; nem tentemos o Cristo como alguns deles tentaram e pereceram por causa das serpentes; nem murmureis como alguns deles murmuraram e foram eliminados pela mão do exterminador. Tudo isso lhes acontecia para serem símbolos e foi escrito para instrução nossa, para os quais chegou o fim dos séculos. Por isso quem julga estar de pé, cuide-se para não cair".228

27,4. Sem equívocos nem contradições, o Apóstolo mostra que é um só e mesmo Deus que condenou aquelas ações e agora julga as presentes e indica o motivo pelo qual isso foi escrito. Apresentam-se assim como ignorantes, atrevidos e até impudentes todos os que, por causa da transgressão dos antigos e da desobediência de grande número deles, asseguram que o seu Deus, aquele que criou o mundo e deriva da degradação, é diverso daquele Pai indicado pelo Cristo e que é o que cada um deles pensa. Eles, porém, não entendem que como então foi desagradável a Deus a maioria dos que dentre eles pecaram, assim também aqui muitos são os chamados e poucos os eleitos. E como então, os injustos, os idólatras e os fornicadores perderam a vida, assim agora o Senhor diz que pessoas como aquelas serão enviadas para o fogo eterno. E o Apóstolo diz: "Não sabeis que os injustos não herdarão o reino de Deus? Não vos enganeis: nem os impudicos, nem os idólatras, nem os adúlteros, nem os efeminados, nem os homossexuais, nem os ladrões, nem os avarentos, nem os maldizentes, nem os raptores possuirão o reino de Deus". E a prova de que não se dirige a estranhos, mas a nós, para que não sejamos lançados fora do reino de Deus, por ter agido desta forma, está nestas palavras: "Eis que alguns de vós foram isso; mas fostes lavados, fostes santificados e fostes justificados no nome de nosso Senhor Jesus Cristo e no Espírito do nosso Deus".229

Como então eram condenados e lançados fora os que faziam o mal e corrompiam os outros, assim agora arrancam-se o olho, o pé e a mão que escandalizam para que não se perca o resto do corpo. Mais, temos a ordem de "sequer comer com um irmão chamado impudico, ou avarento, ou maldizente, ou bêbado, ou rapinador". E é ainda o Apóstolo que diz: "Ninguém vos seduza com palavras vãs; por isso é que veio a ira de Deus sobre os filhos da desobediência: não vos associeis com eles".230

Como então a condenação dos pecadores compreendia também os que os aprovavam e faziam como eles, assim agora: um pouco de fermento corrompe toda a massa.

Como então a ira de Deus se abatia sobre os injustos, assim acontece também agora, no dizer do Apóstolo: "Manifestar-se-á a ira de Deus do céu sobre toda impiedade e injustiça dos homens que prendem a verdade na iniqüidade".231

Como então Deus se vingou dos egípcios que oprimiam injustamente Israel, assim agora o Senhor diz: "Deus não vingará os seus eleitos que gritam a ele dia e noite? Na verdade, eu vos digo, ele os vingará prontamente". E o Apóstolo, na carta aos Tessalonicenses, diz: "É coisa justa para Deus pagar com tribulação aos que vos oprimem, e a vós que sois oprimidos, dar o descanso conosco, quando se revelar o Senhor Jesus, vindo do céu, com os anjos do seu poder e na chama ardente, para vingar-se dos que não conhecem a Deus e que não obe-decem ao evangelho de nosso Senhor Jesus; eles terão a pena eterna da perdição, longe da face do Senhor e do esplendor de seu poder, quando vier para ser glorificado nos seus santos e ser admirado por todos os que crêem nele".232

Superioridade moral do Novo Testamento
28,1. Portanto, agora como então, o justo julgamento de Deus é o mesmo que então era feito de

forma típica, temporária e limitada e agora de forma verdadeira, para sempre e com rigor; — o fogo, com efeito, é eterno e a ira de Deus será revelada pela face de nosso Senhor, — como diz Davi: "A face do Senhor está sobre os que fazem o mal para fazer desaparecer da terra até sua memória"233 — que infligirá castigo maior aos que caírem em seu poder. O presbítero mostrava como são insensatos os que, com o pretexto dos castigos sofridos pelos que então desobedeceram a Deus, tentam introduzir outro Pai, contrapondo tudo o que o Senhor fez, quando da sua vinda e na sua misericórdia, para salvar os que o receberam e silenciando sobre o seu juízo e sobre a sorte reservada aos que ouviram a sua palavra e não a praticaram, e que era melhor para eles não terem nascido, e que será mais tolerável, no julgamento, a sorte de Sodoma e Gomorra do que a daquela cidade que não recebeu a palavra de seus discípulos.

28,2. Como no Novo Testamento aumentou a fé dos homens em Deus, recebendo em acréscimo o Filho de Deus, de sorte que o homem se torna partícipe de Deus, e também cresceu o aperfeiçoamento da conduta, visto que se nos ordena não somente abster-nos das ações más, como também de todo mau pensamento, de palavras ociosas e licenciosas, assim o castigo dos que não crêem no Verbo de Deus, desprezam a sua vinda e voltam atrás é aumentado, e, de temporal que era, se tornou eterno. Aqueles aos quais o Senhor dirá: "Ide longe de mim, malditos, para o fogo eterno", serão condenados para sempre; e todos aqueles aos quais dirá: "Vinde, benditos de meu Pai, recebei a herança do reino que vos foi pre-parada para sempre",234 receberão para sempre o reino e progredirão nele. Pois há um só e idêntico Deus Pai, e o seu Verbo está presente desde sempre na humanidade, se bem que por meio de economias diversas, e operando de muitas maneiras, salvando desde o início os que são salvos — os que amam a Deus e seguem o Verbo de Deus segundo a sua condição — e condenando os que são con- denados, isto é, os que esquecem a Deus, blasfemam e ofendem o seu Verbo.

28,3. Os hereges de que falamos, mesmo sem se dar conta, acusam o Senhor no qual dizem crer. Com efeito, o que eles opõem a quem outrora condenou os desobedientes e golpeou os egípcios, enquanto salvava os que lhe obedeciam, atinge também o Senhor que condena para a eternidade os que condena e absolve para a eternidade os que absolve. Nas palavras deles, o Senhor seria a causa do pecado máximo, dos que o prenderam e o transpassaram. Se ele não viera daquela forma eles nunca se tornariam os carnífices do Senhor, se não lhes enviara os profetas eles nunca os matariam, como não teriam matado os apóstolos. Aos que nos acusam e dizem: se os egípcios não fossem atingidos pelas pragas e se não se tivessem afogado no mar quando perseguiam Israel, Deus não pode-ria salvar o seu povo, nós responderemos: se os judeus não tivessem morto o Senhor — o que lhes fez perder a vida eterna — e se, matando os apóstolos e perseguindo a Igreja, não tivessem caído no abismo da cólera, nós não poderíamos ser salvos. Com efeito, como eles foram salvos pela cegueira dos egípcios, assim nós o fomos pela dos judeus; e a morte do Senhor foi a condenação dos que o crucificaram e não creram na sua vinda e a salvação dos que crêem na sua vinda. O Apóstolo diz na segunda carta aos Coríntios: "De fato, nós somos para Deus o bom odor de Cristo para os que se salvam e para os que se perdem; para uns, perfume de morte para a morte; para outros, perfume de vida para a vida".235 Para quem é perfume de morte para a morte a não ser para os que não crêem e não estão submetidos ao Verbo de Deus? E quem são os que entregaram a si mesmos à morte? Os que não creram e não se submeteram a Deus. Ao contrário, quem foram os que se salvaram e receberam a herança? Os que criam em Deus e perseveraram no seu amor, como Caleb, filho de Jefoné, e Josué, filho de Nun, e as crianças inocentes que sequer podiam pensar o mal. E quem são agora os que se salvam e recebem a vida? Não são os que amam a Deus, crêem nas suas promessas e se tornaram crianças quanto à malícia?

Resposta a duas objeções. Endurecimento do coração do faraó

29,1. Eles objetam: Deus endureceu o coração do faraó e dos seus ministros. Por que os que fazem esta acusação não lêem o trecho do Evangelho em que os discípulos perguntam ao Senhor: "Por que lhes falas em parábolas?" e a resposta do Senhor: "Porque a vós foi dado conhecer os mistérios do reino dos céus; mas a eles falo em parábolas para que olhando não vejam e ouvindo não entendam, para que se cumpra neles a profecia de Isaías que diz: Endurece o coração deste povo, fecha-lhe os ouvidos, e torna-lhes cegos os olhos. Quanto a vós, felizes os vossos olhos que vêem o que vedes e os vossos ouvidos que ouvem o que ouvis".236

É um só e mesmo Senhor que torna cegos os que não crêem nele e o negam — como o sol, sua criatura, o faz com os que, por alguma doença dos olhos, não podem ver a sua luz — ao passo que aos que crêem nele e o seguem dá uma iluminação da inteligência mais plena e maior. Da mesma forma fala também o Apóstolo na segunda carta aos Coríntios: "O Deus deste século cegou as mentes dos infiéis para que não resplandeça neles a luz do Evangelho de glória do Cristo". E, novamente, na carta aos Romanos, diz: "Como não se esforçaram por conhecer Deus, Deus os abandonou à sua inteligência pervertida para fazer o que não é conveniente". Na segunda carta aos Tessalonicenses, ele fala abertamente, dizendo do Anticristo: "Eis por que Deus lhes enviou uma Potência de desviação para que acreditem na mentira e sejam condenados todos os que não acreditaram na verdade e consentiram na iniqüidade".237

29,2. Se, portanto, Deus, que é conhecedor de todo o futuro, abandona, agora, na sua incredulidade todos os que sabe que não acreditarão e desvia o seu rosto de homens desta espécie, abandonando-os às trevas que eles mesmos escolheram, o que há de se admirar se, naquele tempo, abandonou à sua incredulidade os que nunca teriam crido, o faraó e todos os que estavam com ele? Com efeito, o Verbo diz assim a Moisés, falando de dentro da sarça: "Eu sei que o faraó, rei do Egito, não os deixará ir embora, se não for por meio de mão poderosa".238 E como o Senhor falava em parábolas provocando a cegueira de Israel, para que olhando não vissem, porque conhecia a sua incredulidade, da mesma forma endurecia o coração do faraó, porque mesmo vendo que era o dedo de Deus que fazia sair o povo, não acreditasse e se precipitasse no pélago da incredulidade, imaginando-se que o êxodo se deu por alguma mágica e que o mar Vermelho abriu passagem ao povo, não pelo poder de Deus, e sim por fenômeno natural.

Furto dos hebreus
30,1. Os que repreendem e acusam o povo hebreu porque por ocasião do êxodo partiu depois de ter recebido, por ordem de Deus, dos egípcios objetos de todo tipo e vestimentas, com os quais foi depois construído o tabernáculo no deserto, esses mesmos mostram desconhecer os julgamentos de Deus e suas economias, como dizia o presbítero. Se Deus não tivesse permitido isso no êxodo simbólico, hoje, no nosso verdadeiro êxodo, isto é, pela fé na qual nos encontramos e pela qual saímos do meio dos gentios, ninguém se poderia salvar. Nós todos, de fato, somos donos de alguma propriedade, pequena ou grande que seja, que compramos "com o Mamon de iniqüidade". Com efeito, de onde nos vêm a casa em que moramos, os indumentos que nos vestem, os objetos que usamos e tudo o que nos serve na nossa vida de todos os dias, senão do dinheiro que adquirimos com a avareza, quando éramos pagãos, ou de parentes, ou conhecidos e amigos pagãos que os tinham adquirido com a injustiça, para não falar dos que ainda agora adquirimos, mesmo estando na fé? Qual o vendedor que não quer ter o seu ganho do comprador? ou qual o comprador que não quer ter o seu ganho do vendedor? ou qual o comerciante que não se dedica ao comércio para tirar daí o seu sustento?

Qual dos fiéis que estão no palácio imperial não tira dos objetos de César os que lhe são necessários para o próprio uso, e não distribui, conforme as suas possibilidades, aos que precisam? Os egípcios eram devedores ao povo não somente dos seus bens, mas também da sua vida, pelo favor anterior do patriarca José. Mas os pagãos dos quais recebemos os ganhos e as vantagens, em que nos são devedores? Tudo o que produzem com suas fadigas, nós, que estamos na fé, usamos sem esforço nenhum.

30,2. Além do mais, o povo estava reduzido pelos egípcios à pior das escravidões, como diz a Escritura: "Com violência os egípcios dominavam sobre os filhos de Israel e por ódio obrigavam-nos a viver em duros trabalhos, argila, tijolos e todos os trabalhos do campo e todos os trabalhos aos quais os submetiam pela força".239 E construíram para eles cidades fortificadas, e com muitas fadigas e com todo tipo de escravidão aumentaram-lhes as riquezas por anos a fio, enquanto os egípcios, não contentes de ser ingratos com eles, queriam fazê-los desaparecer a todos. Então, que injustiça fizeram se receberam tão pouca coisa do muito, recebendo um salário ínfimo pela longa escravidão, eles, que sem a escravidão, teriam muitas riquezas próprias e teriam ido embora ricos? Se um homem livre fosse levado à força por outro e após tê-lo servido como escravo durante muitos anos e aumentado a sua fortuna, recebesse algum socorro, pareceria entrar na posse de uma parte dos bens do dono, na realidade, porém, ele partiria depois de ter recebido bem pouca coisa por conta de seu muito trabalho e das muitas riquezas ajuntadas graças a ele; e se alguém o acusasse de ter agido injustamente, era muito mais ele a mostrar-se juíz injusto do homem forçadamente reduzido à escravidão. Ora, dá-se a mesma coisa com os que imputam ao povo a culpa de ter recebido o pouco por seu muito trabalho, mas não acusam a si mesmos de ter recebido de seus parentes, sem nenhum merecimento e sem nunca os terem servido à força, as maiores vantagens. Acusam de injustiça — como dissemos — os que receberam como pagamento de seus trabalhos não dinheiro, mas uns poucos vasos de ouro ou de prata — nós diremos a verdade, ainda que para alguns possa parecer ridículo — , e pretendem agir conforme à justiça, quando eles próprios, pelos trabalhos de outros, trazem em seus cintos moedas de ouro, prata e cobre com a efígie e a inscrição de César.

    30,3. Se se fizer uma comparação entre nós e eles, quem pareceria ter recebido mais justamente? O povo, que recebeu dos egípcios que lhe eram absolutamente devedores ou nós que recebemos dos romanos e das outras nações que não nos devem nada disso e, além disso, deram a paz ao mundo de forma que podemos viajar sem medo, por terra e por mar, onde quer que desejemos? Para gente dessa espécie cai como luva a palavra do Senhor: "Hipócrita, tira primeiro a trave do teu olho e poderás ver para tirar o cisco do olho de teu irmão". Se, com efeito, quem te repreende e se gaba da sua gnose, separou-se da sociedade dos pagãos, se não tem nada consigo que seja de outros, se vive completamente nu e descalço nas montanhas como um desses animais que se alimentam de erva, talvez seja escusado, pois não conhece as necessidades da nossa vida. Mas se participa dos bens que por todos são chamados dos outros e critica o seu simbolismo, mostra-se injustíssimo e reverte a sua acusação contra si mesmo, porque se encontrará levando sobre si o que é dos outros, desejando o que não é dele. Por isso o Senhor disse: "Não julgueis para não serdes julgados. De fato com o mesmo juízo com que julgardes sereis julgados",240 certamente não para que não corrijamos os culpados e aprovemos as coisas mal feitas, e sim para que não julguemos injustamente as economias de Deus, pois ele prefigurou corretamente todas as coisas.

    Visto que sabia que teríamos usado bem dos recursos recebidos dos outros, diz: "Quem tiver duas túnicas dê uma a quem não tem nenhuma e quem tem alimentos faça o mesmo"; e: "Tive fome e me destes de comer, estava nu e me vestistes", e: "Quando dás esmola, não saiba a tua esquerda o que faz a tua direita";241 e todas as outras obras boas com que somos justificados, como que redimindo as coisas nossas por meio das dos outros — dos outros, eu digo, não no sentido de que este mundo seja estranho a Deus, mas porque o que damos o recebemos dos outros, como eles o receberam dos egípcios que não conheciam a Deus e com estas coisas erigimos em nós o tabernáculo de Deus, porque Deus habita nos que fazem o bem, como diz o Senhor: "Granjeai-vos amigos com o dinheiro da iniquidade, para que eles, quando sereis afastados, vos recebam nos tabernáculos eternos":242 porque o que adquirimos com o dinheiro da iniquidade quando éramos pagãos, uma vez que nos tornamos cristãos o empregamos no serviço do Senhor e por isso somos justificados.

30,4. Era necessário que tudo isso fosse mostrado antecipadamente em figura e que o tabernáculo de Deus fosse feito com os objetos que eles receberam com toda justiça, como demonstramos, e fôssemos prefigurados neles, nós que haveríamos de começar a servir a Deus com os bens dos outros. A saída do Egito de todo o povo e tudo o que aconteceu pela ação de Deus foi a figura e o tipo do êxodo da Igreja, que se daria do paganismo; desta Igreja que, no fim, sairá daqui para entrar na herança que lhe dará, não Moisés, servo de Deus, mas Jesus, o Filho de Deus. Quem observar mais atentamente o que os profetas dizem do fim e o que João viu no Apocalipse, verá que as mesmas pra- gas que afligiram a seu tempo o Egito atingirão todas as nações.

Justificação das filhas de Lot

31,1. O presbítero nos animava com estes discursos sobre os antigos e dizia: Não devemos repreender os profetas e os patriarcas pelas culpas de que a própria Escritura os acusa nem nos tornar como Cam que zombou das vergonhas de seu pai e incorreu na maldição, mas devemos agradecer a Deus por eles, porque, quando da vinda de nosso Senhor, lhes foram perdoados os pecados, porque — dizia — eles próprios agradeciam e se alegravam pela nossa salvação. Nem devemos denunciar as ações que as Escrituras não condenam, mas se limitam a apresentar — não sejamos mais zelosos do que o próprio Deus nem podemos ser melhores que o próprio Mestre — e procurar um sentido tipológico, porque nenhum ato que a Escritura refere sem condenar é sem sentido.

Este foi o caso de Lot que tirou de Sodoma as suas filhas que engravidaram de seu pai e abandonou na região a sua esposa feita estátua de sal, até hoje. Com efeito, por não ter agido de espontânea vontade, nem por paixão carnal, nem com a percepção ou o pensamento de ato semelhante, Lot cumpriu uma ação simbólica. A Escritura diz: "A mais velha entrou e dormiu com o pai naquela noite e Lot não se apercebeu nem enquanto dormia nem quando ela se levantou". E com a mais nova aconteceu o mesmo: "Ele não se apercebeu, diz, nem quando se deitou nem quando se levantou". E assim, na ignorância do homem e sem impulso da paixão, se cumpria a economia pela qual as duas filhas, isto é, as duas assembléias, eram tornadas fecundas sem paixão carnal pelo único e mesmo Pai. Porque não havia nenhum outro que lhes pudesse dar semente de vida e filhos, conforme está escrito: "E a mais velha disse à mais nova: Nosso pai está velho e na terra não há ninguém que possa estar conosco, como deve ser por toda a terra. Vem, demos vinho ao nosso pai, durmamos com ele, para dar-lhe uma descendência".243

31,2. Aquelas filhas diziam isso sincera e inocentemente, pensando que todos os homens tivessem perecido como os sodomitas e que a ira de Deus tivesse passado por toda a terra; por isso são escusáveis, pensando terem ficado só elas com o pai para conservar o gênero humano e por isso enganaram o pai. Mas, com suas palavras, elas indicavam também que não havia nenhum outro que pudesse dar a geração de filhos à sinagoga antiga e à nova a não ser o nosso Pai. Ora, o Pai do gênero humano é o Verbo de Deus, como Moisés mostrou, dizendo: "Não é este o teu Pai, que te adquiriu, te fez e te criou?"244 E quando efundiu sobre o gênero humano a semente da vida, isto é, o Espírito da remissão dos pecados pelo qual somos vivificados? Não foi quando vivia com os homens e bebia o vinho na terra? Veio o Filho do homem, diz, que comia e bebia — e quando se deitou, pegou no sono e dormiu, como ele próprio diz por Davi: "Eu peguei no sono e dormi. E visto que fazia isso em comunhão de vida conosco, diz ainda: O meu sono tornou-se-me suave".245 Tudo isso era significado por Lot: pois a semente do Pai de todas as coisas, isto é, o Espírito de Deus, pelo qual foram criadas todas as coisas, misturou-se e uniu-se à carne, vale dizer, à obra modelada por ele, e é por esta mistura e esta união que as duas assembléias frutificaram, da parte de seu Pai, filhos viventes para o Deus vivente.

31,3. Enquanto isso acontecia, a esposa ficou nas proximidades de Sodoma, não mais carne corruptível, mas estátua de sal, que dura para sempre, indicando, mediante fenômenos naturais, o que é habitual ao homem: que a Igreja, que é o sal da terra, foi deixada nas regiões da terra para suportar as vicissitudes humanas e, enquanto lhe são continuamente tirados os membros, continua a ser a estátua de sal intacta, isto é, fundamento da fé que con-firma seus filhos e os envia diante do seu Pai.

Único Deus revelador

32,1. É desta maneira que falava o presbítero, discípulo dos apóstolos, acerca dos dois Testamentos, mostrando que eles derivam de único e mesmo Deus; que não há um Deus diferente daquele que nos fez; que não tem consistência o discurso dos que dizem que este nosso mundo foi feito por meio dos anjos ou de qualquer outra potência, ou de outro Deus. Se alguém se afasta de vez do Criador de todas as coisas e admite que o nosso mundo foi feito por outro ou por meio de outro qualquer, necessariamente cai em inúmeras contradições e incongruências para as quais não poderá dar nenhuma resposta verossímil nem verdadeira. Por isso, os que introduzem teorias heterodoxas nos escondem o seu pensamento a respeito de Deus, sabendo que este é o ponto fraco de sua doutrina e temendo correr o risco de não se salvar, se vencidos. Aquele, porém, que crê que há um só Deus que fez tudo por meio de seu Verbo — como diz Moisés: "E Deus disse: que a luz se faça, e foi feita a luz"; e no Evangelho lemos: "Todas as coisas foram feitas por ele e sem ele nada foi feito"; e o Apóstolo, da mesma forma: "Um só Senhor, uma só fé, um só batismo, um só Deus e Pai que está acima de todos, por meio de todos e em todos nós" —, este primeiramente se manterá "unido à Cabeça, cujo Corpo, em sua inteireza, bem ajustado e unido por meio de toda junta e ligadura, com a operação harmoniosa de cada uma das suas partes, realiza o seu crescimento para a sua própria edificação no amor";246 então toda palavra lhe será compreensível se ler as Escrituras com atenção, de acordo com os presbíteros da Igreja, junto dos quais está a doutrina apostólica, como demonstramos.

32,2. Todos os apóstolos ensinaram que houve dois Testamentos para dois povos, mas que foi um só e único Deus que os deu para a utilidade dos homens e à medida que estes começavam a crer em Deus. Foi o que mostramos, por meio do ensinamento dos apóstolos, no nosso terceiro livro. Como mostramos que não foi debalde, sem motivos ou por acaso que foi dado o primeiro Testamento, o qual inclinava aqueles aos quais fora dado ao serviço de Deus e para o bem próprio — porque Deus não precisava do serviço dos homens — e era ao mesmo tempo um símbolo das coisas celestes, pois o homem ainda não podia ver com seus olhos as coisas de Deus e era imagem do que acontece agora na Igreja para confirmar a nossa fé e continha a profecia do futuro, para que o homem aprendesse que Deus conhece todo o futuro.

GNOSE VERDADEIRA E GNOSE FALSA
O verdadeiro discípulo "espiritual"

33,1. Um discípulo verdadeiramente espiritual, que acolhe o Espírito de Deus presente desde o início a todas as economias de Deus em favor dos homens, que anuncia o futuro, revela o presente e descreve o passado, "julga todos e ele não é julgado por ninguém".247

Julga os pagãos que serviram à criatura em lugar do Criador, seguindo a sua inteligência depravada e consumindo em vão toda a sua atividade.

Julga os judeus também que não acolhem o Verbo de liberdade e não querem ser libertados, mesmo tendo entre si o Libertador; os quais, intempestivamente e fora da Lei, simulavam render a Deus culto de que ele não precisava; os quais não reconheceram a vinda de Cristo, que se deu pela salvação dos homens; os quais não quiseram entender que todos os profetas anunciaram duas vindas dele: — a primeira, na qual se fez homem, coberto de chagas, que sabe suportar a enfermidade, que cavalga um burrinho, que é a pedra rejeitada pelos construtores e qual cordeiro conduzido ao matadouro, aquele que derrota Amalec com a extensão de suas mãos e reúne os filhos dispersos das extremidades da terra no redil do Pai, aquele que lembrando-se dos pais já adormecidos desce até eles para libertá-los e salvá-los; — a segunda, quando vier sobre as nuvens e trouxer o Dia que é como a fornalha ardente, atingir a terra com a palavra de sua boca, matar os ímpios com o sopro de seus lábios, com a joeira nas mãos, purificar a sua eira, recolher o trigo nos celeiros e queimar a palha num fogo inextinguível.

33,2. Este discípulo saberá também avaliar a doutrina de Marcião. Como se pode admitir que haja dois deuses separados por uma distância infinita? ou como pode ser bom aquele que afasta os homens não seus do verdadeiro criador deles, para convidá-los ao seu próprio reino? e por que a sua bondade é deficiente, visto que não salva a todos? e por que se mostraria bom para com os homens e injustíssimo para com aquele que o criou, despojando-o dos que são dele? E como poderia o Senhor, se fosse Filho de outro Pai, declarar justamente que o pão pertencente à nossa criação é o seu corpo e afirmar que a mistura do cálice era o seu sangue? Como poderia proclamar-se filho do homem se não tivesse geração humana? Como poderia perdoar-nos os pecados que nos tornavam devedores do nosso Criador e Deus? Como poderia ser crucificado e como poderiam sair de seu lado transpassado sangue e água se não tivesse verdadeira carne e só aparentemente fosse homem? Que corpo era aquele que os sepultadores sepultaram, e qual o que ressuscitou dos mortos?

33,3. Este discípulo julgará também todos os valentinianos, que da boca para fora confessam um único Deus Pai, de quem derivam todas as coisas, e depois dizem que aquele que criou todas as coisas é fruto de degradação ou de desviação. Eles que com a boca confessam um só Senhor, Jesus Cristo, o Filho de Deus, mas no seu pensamento atribuem uma emissão distinta ao Unigênito, outra ao Verbo, outra ao Cristo e outra ainda ao Salvador, de forma que, segundo eles, todos formam uma só coisa, mas cada um deles pode ser concebido separadamente e possui a sua emissão de acordo com a sua sizígia. Assim, pela boca deles, há uma unidade, mas no seu pensamento e no espírito, olhando o que é mais profundo, se afastam desta unidade e hão de cair debaixo da multiforme condenação de Deus, quando serão interrogados pelo Cristo acerca das suas invenções; pelas quais dizem que o Cristo é posterior ao Pleroma dos 30 Éões, dos quais afirmam uma emissão, à qual assistiram como obstetras, que se deu depois da degradação e da desviação sobrevindas por causa da paixão em Sofia. O próprio Homero, seu profeta, na escola do qual inventaram tais coisas, acusá-los-á com estas palavras: "É-me inimigo como as portas do Hades quem tem uma coisa escondida no coração e outra manifesta em sua boca".248

Este discípulo julgará ainda as bacharelices dos gnósticos e suas falsas opiniões, mostrando que são discípulos de Simão, o mago.

33,4. Este discípulo julgará também os ebionitas. Como podem os homens se salvarem, se Deus não é quem operou a sua salvação na terra? ou como o homem irá a Deus, se Deus não veio ao homem? como poderão eles abandonar a geração de morte, se não for por novo nascimento dado por Deus de maneira inesperada e maravilhosa em sinal de salvação, aquele que aconteceu no seio da Virgem, e serem regenerados pela fé? ou como receberão de Deus a adoção, permanecendo neste nascimento que é segundo o homem neste mundo? como poderia ser maior do que Salomão ou do que Jonas e como seria o Senhor de Davi se fosse da mesma substância deles? como poderia derrotar quem que era mais forte do que o homem, que tinha vencido o homem e o mantinha em seu poder, como poderia triunfar do vencedor e libertar o vencido, se não fosse superior ao homem vencido? Maior que o homem, feito à semelhança de Deus, quem pode ria ser, exceptuando-se o Filho de Deus, à semelhança do qual o homem foi feito? Por isso, no fim, o próprio Filho de Deus mostrou esta semelhança, fazendo-se homem, assumindo em si a antiga criatura, como explicamos no livro anterior.

33,5. Este discípulo julgará também os que introduzem a pura aparência. Como pensam disputar se o seu mestre não foi mais que aparência? ou como podem obter dele certeza se foi somente aparência e não realidade? como podem participar da salvação, se aquele no qual dizem acreditar manifestou-se de modo aparente? Se para eles tudo é aparente e não verdadeiro, então dever-se-á perguntar se também eles, que não são homens, mas somente animais sem razão, não apresentam à maioria dos homens simplesmente pura aparência de homens?

33,6. Este discípulo julgará também os falsos profetas que sem ter recebido de Deus o carisma profético, e sem o temor de Deus, mas por vanglória, ou por interesse qual- quer, ou pela influência de algum mau espírito, fingem profetizar, mentindo acerca de Deus.

33,7. Este discípulo julgará também os fautores de cismas, falsos e sem amor de Deus, que visam mais à sua vantagem do que a unidade da Igreja e pelos motivos mais insignificantes e fúteis rasgam e dividem o corpo glorioso de Cristo e, no que lhes diz respeito, o matam: falam de paz e fazem a guerra, verdadeiramente coam o mosquito e engolem o camelo; deles não pode vir reforma alguma que equivalha aos danos causados pelo cisma.

Este discípulo julgará ainda todos os que estão fora da verdade, isto é, fora da Igreja.

Quanto a ele não será julgado por ninguém, porque tudo nele possui firmeza inquebrantável: — a fé íntegra no único Deus onipotente, de quem tudo procede — a adesão firme em Jesus Cristo nosso Senhor, Filho de Deus, por quem tudo existe, e nas economias pelas quais se fez homem, ele, o Filho de Deus; — e no Espírito de Deus que comunica o conhecimento da verdade, que manifesta as economias do Pai e do Filho segundo as quais esteve presente no gênero humano, como o Pai quer.

33,8. A verdadeira gnose é a doutrina dos apóstolos, é a antiga difusão da Igreja em todo o mundo, é o caráter distintivo do Corpo de Cristo que consiste na sucessão dos bispos aos quais foi confiada a Igreja em qualquer lugar ela esteja; é a conservação fiel das Escrituras que chegou até nós, a explicação integral dela, sem acréscimos ou subtrações, a leitura isenta de fraude e em plena conformidade com as Escrituras, explicação correta, harmoniosa, isenta de perigos ou de blasfêmias e, mais importante, é o dom da caridade, mais precioso do que a gnose, mais glorioso do que a profecia, superior a todos os outros carismas.

33,9. Eis por que a Igreja, no seu amor por Deus, em todo lugar e todo tempo, envia multidão de mártires ao Pai enquanto os outros não podem mostrar junto de si esse fenômeno, dizendo que este testemunho é desnecessário; o verdadeiro testemunho é a sua doutrina, a não ser um ou dois, durante o tempo a seguir àquele em que o Senhor apareceu na terra, como se ele também tivesse alcançado misericórdia, carregou o opróbrio do nome com os nossos mártires e foi conduzido com eles ao suplício, como uma espécie de suplemento que lhes foi concedido. O opróbrio dos que sofrem perseguição pela justiça, sofrem toda espécie de tormentos, e são mortos pelo amor de Deus e a confissão de seu Filho, só a Igreja o suporta puramente; continuamente mutilada, logo aumenta os seus membros e readquire a integridade, do mesmo modo que o seu tipo, a mulher de Lot, a estátua de sal. Assim os profetas antigos sofriam perseguições como diz o Senhor: "Foi assim que perseguiram os profetas que viveram antes de vós";249 porque o Espírito que repousa sobre ela é o mes-mo, sofre perseguições novas dos que não recebem o Verbo de Deus.

Profecias e seu cumprimento

33,10. Porque, além do mais, os profetas anunciaram também que todos os que sobre os quais pousaria o Espírito de Deus, que teriam obedecido ao Verbo do Pai e o serviriam com todas as suas forças, sofreriam perseguições, seriam lapidados e mortos. Porque os profetas prefiguravam em suas pessoas tudo isso, por causa de seu amor a Deus e pelo seu Verbo.

Sendo eles também membros do Cristo, cada um manifestava a profecia da forma da qual era membro, e não obstante o seu número, prefiguravam e anunciavam o que se referia a um só. Como por meio dos nossos membros se manifesta a atividade de todo o nosso corpo, e a forma de um homem não aparece por um só membro, mas pela sua totalidade, assim os profetas, todos prefiguravam um só, mas cada um deles cumpria a economia da forma da qual era membro e profetizava a obra de Cristo que correspondia a este membro.

33,11. Alguns, contemplando-o na glória, viam a sua vida gloriosa à destra do Pai. Outros, ao contemplá-lo vindo sobre as nuvens como Filho do homem, disseram: "Eles verão aquele que transpassaram", indicando assim aquela vinda de que ele próprio diz: "Acreditas que quando o Filho do homem vier encontrará a fé sobre a terra?"[250] Paulo diz desta vinda: "É coisa justa para Deus retribuir com tribulação os que vos atribulam e a vós que sois atribulados conceder o descanso conosco quando se revelar o Senhor Jesus, vindo do céu, com os anjos do seu poder, no meio de chama ardente".[251]

Outros, chamando-o Juiz e comparando o dia do Senhor a uma fornalha ardente, porque recolhe o trigo em seus celeiros e queima a palha num fogo que não se apaga, ameaçavam os incrédulos com o castigo de que o Senhor fala: "Ide longe de mim, malditos, para o fogo eterno que meu Pai preparou para o diabo e seus anjos";252 e também de que o Apóstolo falava: "Eles sofrerão a pena eterna da perdição pela face do Senhor e o esplendor de seu poder, quando virá para ser glorificado nos seus santos e ser reconhecido admirável nos que acreditaram nele".253

Outros ainda disseram: "Belo de aspecto, mais do que os filhos dos homens", e: "O Deus, o teu Deus, ungiu-te com óleo de alegria de preferência a teus companheiros", e: "Cinge a tua espada ao teu flanco; com a tua beleza e o teu aspecto, avança, prospera e reina com lealdade, mansidão e justiça",254 e assim a seguir, tudo o que disseram, para mostrar o esplendor, a beleza e a alegria no seu reino, mais brilhantes e excelentes do que todos os que reinam com ele, para que todos os que escutarem desejem encontrar-se ali, depois de ter cumprido o que agrada a Deus.

Outros ainda disseram: "É homem, e quem o conhecerá?" e: "Eu fui à profetisa e ela deu à luz um filho; seu nome é Conselheiro admirável, Deus forte".255 E os que o chamavam Emanuel, nascido da Virgem, queriam com isso indicar a união do Verbo de Deus com a criatura modelada por ele, isto é, que o Verbo se faria carne, e o Filho de Deus, Filho do homem; o puro que abre de modo puro o seio puro que regenera os homens em Deus, que ele fez puro; e tendo-se feito aquilo mesmo que nós somos, é o Deus forte e possui origem inexprimível.

Outros ainda disseram: "O Senhor falou em Sião e de Jerusalém fez ecoar a sua voz", e: "Deus é conhecido em Judá",256 para indicar a sua vinda na Judéia. E os que dizem que Deus vem do África, do monte sombrio e denso, querem indicar a sua vinda de

Belém, como mostramos no livro precedente, donde vem como chefe e pastor do povo de seu Pai.

Outros ainda disseram: "Na sua vinda o coxo pulará como cervo, a língua dos mudos será desamarrada e os ouvidos dos surdos escutarão"; e ainda: "Serão fortificados os joelhos fracos e as mãos desfalecidas", e: "os mortos se levantarão dos sepulcros"; e: "Ele tomou sobre si as nossas enfermidades e carregará as nossas doenças",257 para indicar as curas que teria operado.

33,12. Outros predisseram que seria homem fraco, sem glória, sabendo suportar a enfermidade; que viria a Jerusalém montando um burrico; apresentaria as costas aos flagelos e o rosto às bofetadas; que seria levado ao sacrifício como cordeiro; que lhe dariam a beber vinagre e fel; que seria abandonado pelos amigos e companheiros; que estenderia suas mãos o dia todo; que seria objeto de riso e desprezo dos espectadores; que as suas vestes seriam repartidas e a túnica sorteada; que seria colocado na poeira da morte etc. Com isso eles profetizavam a sua vinda à natureza humana e a sua entrada em Jerusalém, onde sofreu, foi crucificado e suportou todos estes tormentos.

Outros ao dizer: "O Senhor, o Santo, lembrou-se de seus mortos que já tinham adormecido na terra lodocenta, desceu até eles para os tirar de lá e salvá-los", apresentavam o motivo pelo qual sofreu isso tudo. Os que disseram: "Naquele dia, assim fala o Senhor, o sol se porá ao meio-dia e haverá trevas sobre a terra num dia de céu limpo e mudarei as vossas festas em luto e todos os vossos cantos em lamentações",258 anunciaram com grande evidência o pôr-do-sol, que na sua crucifixão se deu ao meio- dia, e que depois deste acontecimento as festas e os cânticos prescritos pela Lei se transformariam em luto e lamentação, quando seriam entregues aos pagãos. Jeremias anunciou de maneira mais clara ainda estes acontecimentos, quando dizia de Jerusalém: "Esmoreceu aquela que gerou, sua alma desfaleceu, o sol se pôs para ela quando ainda era meio-dia; está envergonhada e consternada; o que resta deles eu o entregarei à espada diante de seus inimigos".259

33,13. Os que disseram que teria adormecido e caído no sono e que teria acordado porque o Senhor o sustentou; e mandavam que os príncipes dos céus abrissem as portas eternas para que entrasse o Rei da glória, proclamavam a sua ressurreição dos mortos pelo poder do Pai e a sua recepção nos céus.

Outros disseram: "A sua saída é do extremo do céu e o seu percurso vai até outro extremo e nada escapa ao seu calor", anunciavam que subiria aos céus de onde desceu e que ninguém escaparia ao seu justo juízo.

Os que disseram: "O Senhor é rei: que os povos se irritem; ele está assentado sobre os querubins: a terra se abale!"260 profetizavam, por um lado, a ira de todos os povos contra os que acreditariam nele depois da ascensão e a agitação de toda a terra contra a Igreja; e, por ou-tro, o tremor de toda a terra, quando da sua volta do céu com os mensageiros de seu poder, conforme ele mesmo disse: "Haverá grande comoção na terra, como nunca houve desde o princípio".

Outros ainda disseram: "Quem é julgado? Poste-se em frente. Quem é justificado? Aproxime-se ao servo do Senhor!" e: "Ai de vós, pois envelhecereis todos como um vestido e a traça vos destruirá"; e:"Toda carne será rebaixada e somente o Senhor será elevado nas alturas"261 para indicar que depois da sua paixão e ascensão Deus poria debaixo de seus pés todos os seus adversários, que ele seria elevado acima de todos e que ninguém poderia ser justificado ou comparado com ele.

33,14. Os que dizem que Deus concluiria uma nova aliança em favor dos homens, diversa da que tinha feito com os pais no monte Horeb, e daria aos homens coração novo e espírito novo; e também: Esquecei as coisas anteriores; eis que faço novas coisas que agora surgirão e vereis; no deserto farei um caminho e na terra árida rios para matar a sede da raça escolhida, o meu povo que adquiri para contar os meus prodígios, anunciavam claramente a liberdade do Novo Testamento e o vinho novo que se põe nos odres novos, isto é, a fé em Cristo, caminho da justiça aberto no deserto e os rios do Espírito Santo brotados na terra árida para matar a sede da raça escolhida de Deus, que adquirira para que contasse os seus prodígios e não para insultar a Deus que fez estas coisas.

33,15. Assim, como demonstramos por esta citação tão extensa das Escrituras, um homem verdadeiramente es-piritual interpretará todas as palavras que foram ditas pelos profetas mostrando o aspecto particular das economias do Senhor que eles visavam e, ao mesmo tempo, a totalidade da obra feita pelo Filho de Deus. Reconhecerá, em todos os tempos, o mesmo Deus como também o mesmo Verbo de Deus que presentemente se nos manifestou e, em todos os tempos, reconhecerá o mesmo Espírito de Deus que foi derramado em nós, de maneira nova, nos últimos tempos. Finalmente reconhecerá, desde a criação do mundo e até o fim, o mesmo gênero humano no qual os que crêem em Deus e seguem o seu Verbo obtêm dele a salvação, ao passo que os que se afastam de Deus e desprezam os seus mandamentos desonram pelas obras o seu Criador e blasfemam por seus pensamentos aquele que os sustenta e cumulam contra si mesmos o mais justo dos julgamentos. Portanto este homem julga a todos enquanto ele não é julgado por ninguém; não insulta seu Pai, não despreza as suas economias, não acusa os pais, não des-conhece os profetas, dizendo que eram enviados por outro Deus ou que provinham de substâncias diversas.

A novidade é o próprio Senhor

34,1. Contra todos os hereges e primeiramente contra os discípulos de Marcião e os que como eles dizem que os profetas foram enviados por outro Deus, diremos: lede com maior atenção o Evangelho que nos foi dado pelos apóstolos, lede com maior atenção as profecias e podereis comprovar que toda a obra, toda a doutrina e toda a paixão de nosso Senhor foi predita por eles. Se vos ocorrer este pensamento: então o que trouxe de novidade a vinda do Senhor? Ficai sabendo que trouxe toda novidade, trazendo a si mesmo, que fora anunciado. Com efeito, o que foi predito é que a novidade viria para renovar e vivificar o homem. A chegada do rei é anunciada pelos servos enviados para apressar a preparação dos que receberão o Senhor. Depois da vinda do Rei, quando os súditos foram cumulados da alegria prometida, receberam a liberdade, foram beneficiados pela sua vinda, escutaram as suas palavras e se alegraram pelos seus dons, já não tem sen-tido perguntar, pelo menos para os que são sensatos, qual novidade ele trouxe a mais do que os que anunciaram a sua vinda, porque ele trouxe a si mesmo e ofereceu aos ho-mens os bens preanunciados, que os anjos desejavam ver.

34,2. Se o Cristo não tivesse cumprido as profecias, vindo exatamente como fora anunciado, os servos seriam uns mentirosos e não os enviados pelo Senhor. Eis por que ele dizia: "Não penseis que eu vim para abolir a Lei ou os Profetas: eu não vim para abolir, mas para cumprir. Em verdade, eu vos digo: até que não passem o céu e a terra não cairão da Lei e dos Profetas um só iota nem uma só vírgula sem que tudo se cumpra".262 Ele cumpriu tudo com a sua vinda e ainda cumpre na Igreja, até seu com- pletamento, a nova Aliança preanunciada pela Lei. É assim que o apóstolo Paulo escreve na carta aos Romanos: Agora, sem a Lei, foi manifestada a justiça de Deus que foi testemunhada pela Lei e pelos Profetas. O justo viverá pela fé. Ora, que o justo vive pela fé já fora predito pelos profetas.

34,3. Como poderiam os profetas predizer a vinda do Rei, anunciar a liberdade por ele concedida, profetizar todas as obras de Cristo, as suas palavras, a missão e a paixão e prenunciar a nova Aliança se recebessem a inspiração de outro Deus que, segundo vós, não conhecia o Pai inefável nem o reino nem as economias que o Filho de Deus cumpriu nestes últimos dias ao vir à terra? Não é possível que estas coisas tenham acontecido por acaso, como se fossem ditas de outro pelos profetas e depois tivessem acontecido com o

Senhor exatamente como foram previstas. Todos os profetas vaticinaram estas mesmas coisas e não aconteceram com nenhum dos antigos. Se tivessem acontecido com alguns dos antigos, os profetas posteriores não as teriam anunciado como futuras nos últimos tempos. Não há ninguém, entre os patriarcas, nem entre os profetas, nem entre os antigos reis em que se tenham realizado de maneira precisa e própria algumas desta profecias: todos profetizaram a paixão de Cristo, mas eles estavam bem longe de enfrentar sofrimentos semelhantes aos que eram anunciados. Os sinais prenunciados em relação à paixão do Senhor não se realizaram em ninguém mais: o sol não se pôs ao meio-dia quando da morte de algum dos antigos, nem se rasgou o véu do templo, nem houve terremoto, nem se fenderam as pedras, nem os mortos ressuscitaram, nem alguém ressuscitou ao terceiro dia, nem quando elevado ao céu viu os céus abrirem-se-lhe, nem os gentios acreditaram no nome de algum outro, nem algum deles, ressuscitando da morte, abriu o novo Testamento da liberdade. Os profetas não falavam, portanto, de nenhum outro, mas do Senhor, em que se realizaram todos os sinais prenunciados.

34,4. Se alguém, querendo tomar a defesa dos judeus, disser que a nova Aliança não é outra coisa que a cons-trução do templo, depois do exílio da Babilônia, no tempo de Zorobabel e o regresso do povo que se deu depois de setenta anos, saiba que então foi reconstruído o templo de pedra — porque ainda era conservada a Lei escrita em tábuas de pedra — e não foi dada nenhuma nova aliança, mas foi seguida a Lei de Moisés até a vinda do Senhor. Foi somente depois da vinda do Senhor que nova aliança, conciliadora de paz, e uma Lei vivificante se difundiram por toda a terra, como disseram os profetas: "De Sião sairá a lei e de Jerusalém a palavra do Senhor e corrigirá muitos povos; quebrarão suas espadas para fazer arados e suas lanças para fazer foices e não se aprenderá mais a fazer guerra".263 Se outra Lei ou outra palavra saída de Jerusalém tivesse instaurado uma paz tão grande entre os gentios que a tivessem recebido e por meio deles tivesse censurado o povo numeroso de imprudência, poder-se-ia pensar que os profetas falavam de algum outro. Mas se a Lei de liberdade, isto é, a palavra de Deus anunciada por toda a terra pelos apóstolos saídos de Jerusalém, chegou a produzir mudança tal que as espadas e lanças de guerra foram transformadas em arados, que ele mesmo fabricou, e em foices que ele deu para ceifar o trigo, isto é, em instrumentos pacíficos; se de tal forma mudou os homens que já não sabem combater e, esbofeteados oferecem a outra face, então os profetas não falaram de ninguém mais a não ser daquele que fez estas coisas. Este é nosso Senhor, no qual se verificou a palavra, aquele que fez o arado e trouxe a foice, isto é, a primeira semeadura do homem que fez Adão, sua criatura, e, no final dos tempos, a colheita feita pelo Verbo. Por isso, unindo o princípio ao fim, sendo o Senhor dos dois, no fim mostrou o arado, a madeira unida ao ferro e assim limpou a terra; porque o Verbo firme unido à carne e fixado de certa forma nela limpou a terra silvestre; no início mostrou a foice na figura de Abel significando a comunidade humana dos justos: "Vê, se diz, como o justo perece e ninguém o nota; os ho-mens justos são ceifados e ninguém se preocupa".264 Isto era mostrado praticamente em Abel, era prenunciado pelos profetas, mas cumpria-se no Senhor; e a mesma coisa se cumpre em nós, pois o corpo segue a sua cabeça.

34,5. Estes argumentos são apresentados também contra os que dizem que os profetas foram enviados por outro Deus, diverso do Pai de nosso Senhor e têm força desde que renunciem a tamanha irracionalidade. É por isso que nos esforçamos por fornecer provas tiradas das Escrituras para que sejam refutados por estes mesmos textos, e, pelo que está em nosso poder, os afastemos desta blasfêmia enorme e desta fabricação extravagante de muitos deuses.

Explicações inconsistentes dos gnósticos

35,1. Contra os discípulos de Valentim e os outros falsamente apelidados gnósticos que pretendem que algumas das realidades contidas nas Escrituras foram pronunciadas ora por uma Potência suprema mediante a semente tirada dela, ora pelo Intermediário mediante a Mãe Sofia e, na sua maior parte, pelo Criador do mundo, que teria enviado os profetas, diremos que é altamente irracional reduzir o Pai de todas as coisas à extrema miséria a ponto de não ter os meios para dar a conhecer, na sua pureza, as realidades do Pleroma. De quem teria medo, por não dar a conhecer a sua vontade claramente e em toda liberdade, sem se misturar com este espírito caído na degradação e na ignorância? Recearia, acaso, que muitíssimos se salvariam por entenderem a verdade na sua pureza? Ou então temeria ser incapaz de preparar os que deveriam anun-ciar a vinda do Salvador?

35,2. Se, depois da sua vinda, o Salvador enviou ao mundo os apóstolos a anunciarem a sua vinda e a ensinarem em toda a sua pureza a vontade do Pai sem terem nada em comum com a doutrina dos pagãos ou dos judeus, com maior razão, estando no Pleroma, deveria destinar seus próprios pregadores para anunciar a sua vinda a este mundo sem ter nada em comum com as profecias emanadas pelo Demiurgo. Se, porém, estando no Pleroma, serviu-se dos profetas que derivavam da Lei, e por seu intermédio comunicou os seus ensinamentos, muito mais deveria usar tais mestres depois da sua vinda para nos anunciar por meio deles o Evangelho. Então não digam que foram Pedro, Paulo e os outros apóstolos a anunciar a verdade, mas os escribas, os fariseus e os outros que anunciavam a Lei. Visto, porém, que na sua vinda enviou seus próprios apóstolos no espírito de verdade e não de erro, fez a mesma coisa com os profetas porque desde sempre é o mesmo Verbo de Deus.

Se o espírito derivado da Potência suprema foi, segundo o seu sistema, espírito de luz, espírito de verdade, espírito de perfeição e espírito de conhecimento, ao passo que o derivado do Demiurgo foi espírito de ignorância, de degradação, de erro e de trevas, como é possível existir simultaneamente e num só a perfeição e a degradação, o conhecimento e a ignorância, a verdade e o erro, a luz e as trevas? Se isso era impossível verificar-se nos profetas que, da parte do Deus único, pregavam o Deus verdadeiro e anunciavam a vinda de seu Filho, com maior razão o próprio Senhor pode falar ora da parte da Potência suprema, ora da parte do fruto da degradação, tornando-se assim, ao mesmo tempo, mestre de conhecimento e de ignorância, nem glorificar ora o Demiurgo, ora o Pai, que está acima dele. Como ele próprio diz: "Ninguém costura remendo novo em vestido velho, nem derrama vinho novo em odres velhos".265 Portanto, ou renunciam aos profetas como coisas velhas e não dizem mais que, mesmo enviados pelo Demiurgo, disseram coisas novas da parte da Potência suprema, ou serão repreendidos pelo Senhor que diz que o vinho novo não se derrama em odres velhos.

35,3. Como poderia a semente da Mãe deles conhecer e falar dos mistérios internos do Pleroma? A Mãe o gerou fora do Pleroma e o que está fora do Pleroma, segundo eles, está excluído da gnose, isto é, está na ignorância. Como, então, podia, a semente concebida na ignorância, anun-ciar o conhecimento? Ou como poderia a própria Mãe conhecer os mistérios do Pleroma, ela que não tendo nem forma e nem figura foi lançada fora como aborto e aqui formada e plasmada, e que foi impedida pelo Limite de reentrar e que deve ficar fora do Pleroma até a consumação final, isto é, fora do conhecimento? Além disso, ao dizer que a paixão do Senhor foi o tipo da extensão do Cristo superior, pela qual este, estendendo-se sobre o Limite, formou a Mãe deles, são refutados por tudo o resto porque não podem mostrar a correspondência com o tipo. Com efeito, quando ao Cristo do alto foram apresentados o vinagre e o fel? quando foram repartidas as suas vestes? quando lhe foi aberto o lado e saiu sangue e água? quando suou gotas de sangue? e todas as outras coisas que aconteceram ao Senhor, de que falaram os profetas?

Como a Mãe ou a sua semente poderiam adivinhar o que ainda não acontecera e que só aconteceria no futuro?

35,4. Dizem ainda que, além destas, há as coisas que foram ditas pela Potência suprema, mas são refutados pelo que é referido nas Escrituras sobre a vinda de Cristo. Quaisquer sejam estas coisas, eles não estão de acordo entre si e dão respostas diversas em relação às mesmas coisas. Se alguém, para prová-los, interroga separadamente as pessoas mais eminentes entre eles acerca de algum texto, perceberá que alguns referem o que lhe foi perguntado ao Protopai, isto é, o Abismo; outro, ao Princípio de todas as coisas, isto é, o Unigênito; outro, ao Pai de todas as coisas, isto é, o Logos; outro ainda, a um dos Éões do Pleroma, outro, ao Cristo, outro, ao Salvador; e aquele que é mais instruído entre eles, depois de ter ficado bastante tempo em silêncio, declara que se trata de Hórus; outro, que é indicada a Sofia, interior ao Pleroma; outro verá indicada a Mãe exterior ao Pleroma e outro nomeará o Deus, criador do mundo. Tantas são as diferenças entre eles a respeito de só ponto e tantas as interpretações das mesmas Escrituras! Acaba-se de ler um único e mesmo texto e eis que todos franzem as sobrancelhas e meneiam a cabeça dizendo que tem doutrina muito profunda e que nem todos entendem o sentido que encerra e por isso o silêncio é a coisa mais sublime entre os sábios: devem com o seu silêncio fornecer uma figura ao Silêncio do alto. E assim todos eles, tantos quantos são e outras tantas opiniões sobre o mesmo texto, vão levando consigo, no mais profundo de si, as suas subtilezas. Portanto, quando se terão posto de acordo sobre o que foi predito nas Escrituras, também nós os refutaremos, porque neste meio tempo já se refutam a si mesmos pelo desacordo sobre as mesmas palavras. Nós, porém, seguindo o único Deus como verdadeiro Mestre e tendo como regra de verdade as suas palavras, todos dizemos sempre as mesmas coisas a respeito dos mesmos argumentos, reconhecendo um só Deus, Criador deste universo, que enviou os profetas, que tirou o povo da terra do Egito, que nos últimos tempos revelou o próprio Filho para confundir os incrédulos e exigir o fruto da justiça.

Unidade de Deus nas parábolas de Jesus. A parábola dos vinhateiros

36,1. Qual deles o Senhor não confunde quando ensina que os profetas não foram enviados por nenhum outro Deus a não ser o seu Pai nem por substâncias diversas, mas por um só e único Pai e que somente o seu Pai criou as coisas deste mundo? Com efeito ele diz: "Havia um pai de família que plantou uma vinha, cercou-a com uma sebe, fez nela um lagar, construiu uma torre, arrendou-a a uns agricultores e saiu de viagem. Quando chegou o tempo da colheita mandou seus servos aos agricultores para receber os frutos que eram seus. Mas os agricultores, apoderando-se dos servos, bateram num, mataram outro e lapidaram outro. Então mandou outros servos, em maior número que os primeiros, mas eles os trataram da mesma forma. Finalmente mandou-lhes o seu filho único, dizendo: Talvez respeitem o meu filho. Os agricultores, porém, ao ver o filho disseram entre si: Esse é o herdeiro, vinde, matemo-lo e possuiremos sua herança. E, apoderando-se dele, o lançaram fora da vinha e o mataram. Quando, portanto, virá o dono da vinha, o que fará a estes agricultores? Eles lhe disseram:

Fará perecer miseravelmente estes miseráveis e arrendará a vinha a outros agricultores que lhe entregarão os frutos no tempo devido. Então o Senhor lhes disse: Nunca leram: a pedra rejeitada pelos construtores se tornou a pedra funda-mental; isso foi feito pelo Senhor e é admirável aos nossos olhos? Por isso vos digo: o reino de Deus vos será ti-rado e entregue aos pagãos que o farão frutificar".266

Com isso mostrou claramente aos discípulos que uno e idêntico é o Pai de família, isto é, Deus Pai que por si mesmo fez todas as coisas; mas os vinhateiros são vários, alguns insolentes e orgulhosos, e infrutuosos e assassinos do Senhor; e outros que entregam os frutos no tempo devido; que é o mesmo Pai de família que ora envia os servos, ora o seu Filho. O Pai que enviou o Filho aos vinhateiros que o mataram é o mesmo que já enviara os servos; mas o Filho que vinha da parte do Pai, com maior autoridade, dizia: "Mas eu vos digo", enquanto os servos que vinham a serviço da parte do Senhor diziam: "Isto diz o Senhor…"

36,2. Portanto, aquele que eles pregavam aos incrédulos é o mesmo que o Cristo fez conhecer como Pai aos que lhe obedecem, e o Deus que primeiramente tinha chamado os homens por meio da Lei de escravidão é o mesmo que em seguida os acolheu pela adoção.

Com efeito Deus plantou a vinha do gênero humano primeiramente com a criação de Adão e a eleição dos patriarcas. Em seguida entregou-a a vinhateiros com a le-gislação mosaica, cercou-a com sebe, isto é, delimitou a terra que deviam cultivar, edificou uma torre, isto é, escolheu Jerusalém, preparou um lagar, isto é, receptáculo para o Espírito profético. E assim enviou-lhes profetas antes do exílio de Babilônia e, depois do exílio, outros ainda mais numerosos que os primeiros, para solicitar os frutos e dizer-lhes: "Eis o que diz o Senhor: corrigi os vossos caminhos e os vossos costumes, fazei juízos justos e cada um pratique o perdão e a misericórdia com seu irmão; não façais violência à viúva e ao órfão, ao estrangeiro e ao pobre; que nenhum de vós guarde em seu coração a lembrança da malícia do irmão"; "odiai o falso juramento"; "lavai-vos, purificai-vos, tirai as iniqüidades dos vossos corações, aprendei a fazer o bem, procurai a justiça, defendei quem sofre violência, respeitai o direito do órfão e defendei a viúva; então vinde e discutiremos, diz o Senhor". E ainda: "Refreia a tua língua do mal e teus lábios não falem o engano; evita o mal e faze o bem, procura a paz e segue-a".267 Proclamando estas palavras os profetas solicitavam o fruto da justiça. E como não acreditassem neles, nos últimos tempos, enviou-lhes o seu Filho, nosso Senhor Jesus Cristo, que os maus vinhateiros mataram e lançaram fora da vinha. Assim Deus entregou a vinha, não mais cercada, mas estendida ao mundo inteiro, a outros vinhateiros que lhe entregarão os frutos no tempo devido. A torre de eleição levanta-se em todo lugar, no seu esplendor, pois a Igreja brilha em todo lugar; em todo lugar é escavado o lagar, pois em todo lugar estão os que recebem o Espírito. Por ter recusado o Filho de Deus, por tê-lo matado e lançado fora da vinha, Deus justamente os reprovou e confiou aos pagãos, que estavam fora da vinha, a tarefa de fazê-la frutificar. Como o profeta Jeremias diz: "O Senhor reprovou e rejeitou a nação que faz estas coisas; pois os filhos de Judá fizeram o mal diante de mim, diz o Senhor". E ainda: "Estabeleci sobre vós observadores; escutai a voz da trombeta. E eles disseram: Não escutaremos. Por isso os pagãos escutaram e seus pastores com eles".268 Portanto, um só e o mesmo é o Deus Pai que plantou a vinha, que libertou o povo, enviou os profetas, enviou o seu Filho e entregou a vinha a outros vinhateiros que lhe entregarão os frutos no tempo devido.

36,3. Eis por que o Senhor dizia aos seus discípulos, para fazer de nós bons operários: "Estai atentos e vigilantes em todo tempo para que os vossos corações não se tornem pesados pela devassidão, ebriedade e pensamentos mundanos e caia de repente sobre vós aquele dia. Pois ele chegará como laço sobre todos os que estão sentados na face da terra". "Por isso os vossos flancos estejam cingidos, vossas lâmpadas acesas, e vós, como homens que esperam a vinda de seu senhor". "Pois, como aconteceu nos dias de Noé — quando comiam e bebiam, compravam e vendiam, casavam e eram casadas e não souberam nada até o momento em que Noé entrou na arca, veio o dilúvio e os exterminou a todos —, ou como aconteceu nos dias de Lot — quando comiam e bebiam, compravam e vendiam, plantavam e construíam, mas o dia em que Lot saiu de Sodoma caiu do céu uma chuva de fogo que os fez perecer a todos —, assim acontecerá na vinda do Filho do homem"; "vigiai, pois não sabeis em que dia o Senhor virá".269 Foi um só e o mesmo Senhor que avisava, e, nos tempos de Noé, por causa da desobediência dos homens, mandou o dilúvio, e, nos tempos de Lot, por causa dos muitos pecados dos sodomitas, fez chover o fogo do céu, e, no final dos tempos, pela mesma desobediência e pelos mesmos pecados, fará vir o dia do juízo — quando haverá rigor menor para Sodoma e Gomorra do que para aquela cidade ou casa que não receberam a palavra de seus apóstolos: "E tu Cafarnaum, dizia, serás exaltada até o céu? Não, descerás até o inferno. Com efeito, se em Sodoma tivessem sido feitos os prodígios que foram feitos em ti, permaneceria até hoje. Sim, eu vos digo, o dia do juízo será menos rigoroso para Sodoma do que para vós".270

36,4. Único e idêntico é sempre o Verbo de Deus que dá aos que nele acreditam uma fonte de vida para a vida eterna, mas faz secar de repente a figueira estéril; que, nos tempos de Noé, com justiça, fez cair o dilúvio para exterminar a raça execrável dos homens de então, incapazes de produzir frutos para o Senhor, depois que os anjos rebeldes se misturaram com eles, para coibir seus pecados e salvar o arquétipo, a criação de Adão; que nos tempos de Lot fez chover do céu sobre Sodoma e Gomorra o fogo e o enxofre como exemplo do justo juízo de Deus, para que todos ficassem sabendo que toda árvore que não produz frutos será cortada e lançada ao fogo; que, no juízo universal, tratará com maior clemência Sodoma do que os que viram os prodígios que ele fazia e não acreditaram nele, nem receberam os seus ensinamentos. Como deu uma graça mais abundante pela sua vinda àqueles que acreditaram nele e cumpriram a sua vontade, assim no juízo terão pena maior os que não acreditaram nele, pois ele é justo igualmente com todos e mais exigirá daqueles aos quais deu mais; não mais porque lhes tenha revelado o conhecimento de outro Pai, como o demonstramos abundantemente, mas porque com a sua vinda espalhou sobre o gênero humano dom mais abundante da graça do Pai.

Parábola dos convidados às núpcias

36,5. Se para alguém não bastasse o que acabamos de dizer para crer que os profetas foram enviados pelo único e idêntico Deus que também enviou nosso Senhor, então abra os ouvidos de seu coração, invoque o Mestre e Senhor Jesus Cristo e ouça-o dizer que o reino dos céus é semelhante a um rei que preparou a festa de casamento de seu filho e mandou seus servos chamar os que foram convidados para a festa. E como eles não quisessem ouvir, "manda mais servos e diz: Dizei aos convidados: Vinde, preparei o meu banquete; os bois e os animais gordos já foram abatidos e tudo está pronto, vinde à festa. Mas eles se foram sem lhe prestar atenção; alguns para o seu campo, outros para fazer os seus negócios e outros agarraram os servos, bateram nalguns e mataram outros. Ouvindo isto, o rei se indignou, mandou suas tropas que mataram os assassinos e puseram fogo à cidade deles. E o rei disse aos seus servos: A festa de casamento está pronta, mas os convidados não a mereceram; portanto, ide às encruzilhadas dos caminhos e convidai para a festa todos os que encontrardes. Então os servos saíram e reuniram todos os que encontraram, maus e bons e a sala da festa encheu-se de convidados. Quando o rei entrou para ver os convidados, observou um homem que não estava vestido com o traje de festa e lhe disse: Amigo, como entraste aqui sem o traje de festa? Como o outro ficasse mudo, o rei disse aos que o serviam:

Agarrai-o pelos pés e os braços e lançai-o nas trevas exteriores: aí haverá choro e ranger de dentes. Porque muitos são chamados e poucos são escolhidos".271

Com estas palavras o Senhor manifestou tudo claramente: que único é o rei e Senhor,

Pai de todas as coisas, de quem antes dissera: "Não jurarás por Jerusalém, porque é a cidade do grande Rei":272 que desde o princípio preparou as núpcias de seu Filho e na sua imensa bondade chamava, por meio de seus servos, os primeiros ao banquete nupcial, e quando esses se recusaram a ir, enviou ainda outros servos a chamá-los e sequer então os escutaram e até lapidaram e mataram os que lhes traziam os convites; que enviou as suas tropas a exterminá-los e incendiar a cidade deles; que de todos os caminhos, isto é, de todas as nações, convidou os homens à festa de casamento de seu Filho. Como diz por meio de Jeremias: "Eu vos enviei os meus servos, os profetas, para dizer: Afaste-se cada um de vós de seu péssimo caminho e melhore as suas ações". E ainda, pelo mesmo profeta: "Eu vos enviei todos os meus servos, os profetas, de dia, antes de clarear e não me escutaram nem me deram ouvido. E lhes dirás esta palavra: Esta nação que não escutou a voz do Senhor e não recebeu o seu ensinamento perdeu a fidelidade da sua boca".273 Assim este Senhor que chamou a nós de todos os lugares, chamou também os antigos por meio dos profetas, como revelam as palavras do Senhor. E os profetas não vinham de um Deus e os apóstolos de outro, mesmo pregando a povos diferentes, mas de um só e idêntico Deus, uns anunciavam o Senhor e outros levavam a boa nova do Pai; uns prenunciavam a vinda do Filho de Deus, outros o anunciavam presente aos que estavam longe dele.

36,6. Ao mesmo tempo, manifestou que nos devemos adornar com as obras da justiça, pois não basta ser chamados, para que repouse sobre nós o Espírito de Deus. Esta é a veste nupcial de que fala o Apóstolo: "Não queremos ser despojados, mas o revestir por cima, para que o mortal seja absorvido pela imortalidade". Os chamados ao banquete do Senhor e que, pela sua má conduta, não receberam o Espírito Santo serão, diz ele, "lançados nas trevas exteriores".274 Com isso mostra claramente que o mesmo Rei, que convidou os homens de todas as partes para a festa de casamento de seu Filho e ofereceu o banquete de incorrupção, ordena lançar nas trevas exteriores aquele que não tem o traje nupcial, isto é, aquele que despreza. Como na primeira Aliança não se comprouve em muitos deles, da mesma forma agora "muitos são os chamados, mas poucos os escolhidos". Não é, portanto, um o Deus que julga e outro o Pai que chama à salvação, nem se distingue quem dá a luz eterna do que manda lançar fora, nas trevas, quem não tem o traje nupcial, mas é o único e idêntico Pai de nosso Senhor, pelo qual também foram enviados os profetas; único que chama os indignos por causa da sua imensa bondade e que examina os convidados para ver se têm o traje apropriado para as bodas de seu Filho, porque não gosta de nada de inconveniente e de mau. Como o Senhor disse ao que foi curado: "Eis que foste curado: não peques mais para que não te aconteça algo pior".275 Sendo bom, justo, puro e imaculado não suporta nada de mau, de injusto ou de detestável no seu tálamo nupcial.

Este é o Pai de nosso Senhor, pela providência do qual subsistem todas as coisas e todas são administradas por ordem sua; que dá de graça a quem é conveniente e retribui os ingratos e os insensíveis à sua bondade de acordo com seus merecimentos. Eis por que ele diz: "Enviará as suas tropas para eliminar aqueles assassinos e incendiar a cidade deles". Ele diz "as suas tropas" porque todos os homens são de Deus: "com efeito, é do Senhor a terra e tudo o que ela contém, o mundo e todos os seus habitantes".276 Eis por que o Apóstolo diz na carta aos Romanos: "Não há autoridade que não venha de Deus e, as que existem, foram estabelecidas por Deus. Assim quem resiste à autoridade resiste à ordem estabelecida por Deus. E os que lhe resistem, atraem sobre si a condenação. Os magistrados não devem ser temidos por causa das boas ações, e sim pelas más. Queres não ter medo da autoridade? Faz o bem e receberás dela o elogio; ela é para ti ministra de Deus para o bem. Mas se fazes o mal, deves ter medo, porque não é sem motivo que porta a espada; com efeito, ela é ministra de Deus para exercer a cólera e a vingança sobre quem faz o mal. Portanto, sede submissos não somente por medo da cólera, mas por causa da justiça. É por isso que pagais os tributos; eles são os ministros de Deus e o servem desta forma".277 O Senhor e o Apóstolo anunciavam um só Deus Pai, que deu a Lei, que enviou os profetas, que fez todas as coisas, e é por isso que diz: Enviando as suas tropas, porque todos os homens, por serem homens, são suas criaturas, ainda que não conheçam o seu Senhor, pois deu a todos eles a existência, ele que "faz o seu sol levantar sobre os maus e os bons e faz chover sobre os justos e os injustos".278

Outras parábolas
36,7. Não é somente pelo que foi dito até agora, mas também pela parábola dos dois filhos, o menor dos quais esbanjou todos os seus bens numa vida desenfreada, que ensinou um único e idêntico Pai, que ao filho mais velho não dá sequer um cabrito, ao passo que para o filho mais novo, que fora perdido, manda matar o bezerro mais gordo e entregar a veste melhor.279

A parábola dos operários enviados a trabalhar na vinha a horas diferentes mostra também que há um só e idêntico Senhor que chamou alguns logo desde a formação do mundo, outros depois, outros ao meio do tempo, outros depois de transcorrido bastante tempo e outros bem no fim dos tempos, de forma que nas suas épocas os operários são numerosos, mas é um só o pai de família que os chama. Uma é a vinha porque uma é a justiça; um é o administrador porque um é o Espírito de Deus que administra todas as coisas, como um é o salário porque todos receberam um denário com a imagem e a inscrição do rei, isto é, o conhecimento do Filho de Deus que é a incorruptibilidade. Eis por que começou a pagar o salário a partir dos últimos, porque foi nos últimos tempos que o Senhor se manifestou e se tornou presente a todos.280

36,8. O publicano cuja oração foi melhor do que a do fariseu, segundo a palavra do Senhor, foi justificado de preferência não porque adorava outro Pai, mas porque fazia a sua confissão ao mesmo Deus com grande humildade, sem orgulho e vaidade.281

O único e idêntico Pai é indicado ainda pela parábola dos dois filhos enviados à vinha, um dos quais se recusou a obedecer ao pai, mas depois se arrependeu, quando o arrependimento já não lhe dava proveito, ao passo que o outro prometeu ir, dando consenso pronto ao pai, mas não foi, porque todo homem é mentiroso e se o querer está à sua disposição não encontra a força de executar.282

Também a parábola da figueira, de quem o Senhor diz: "Eis que já são três anos que procuro fruto nesta figueira e não encontro nenhum", significa claramente a sua vinda por meio dos profetas, mediante os quais veio algumas vezes procurar deles uns frutos sem os encontrar; indicava também que a figueira seria cortada pelo motivo acima.283

Da mesma forma ainda, mas esta vez sem parábola, o Senhor dizia a Jerusalém:

"Jerusalém, Jerusalém, que matas os profetas e lapidas os que te são enviados, quantas vezes quis reunir os teus filhos como a galinha recolhe os pintinhos debaixo das asas, e não quiseste! Eis, a vossa casa vos será deixada deserta". O que fora dito em parábola: "Eis, já são três anos que venho procurar frutos", e depois abertamente: "Quantas vezes eu quis reunir os teus filhos", se não o entendemos a respeito da sua vinda por meio dos profetas é mentira, pois foi uma só e primeira a vez que veio a eles. Mas a prova de que é o mesmo Verbo de Deus que escolheu os patriarcas e freqüentemente os visitou pelo Espírito profético, e que, pela sua vinda, nos reuniu de todos os lugares, está naquelas palavras que disse em toda verdade, mas especialmente nestas: "Muitos virão do Oriente e do

Ocidente e repousarão com Abraão, Isaac e Jacó no reino dos céus, enquanto os filhos do reino irão para as trevas exteriores onde haverá choro e ranger de dentes".284 Se, portanto, os que, vindos do oriente e do ocidente, acreditaram nele pela pregação dos apóstolos devem encontrar lugar com Abraão, Isaac e Jacó no reino dos céus, e participar com eles da mesma festa, está demonstrado que um só e idêntico Deus escolheu os patriarcas, visitou o povo e chamou os pagãos.

Liberdade: contra as categorias gnósticas
37,1. As palavras que diz: "Quantas vezes quis reunir os teus filhos e não quiseste", ilustram bem a antiga lei da liberdade do homem, porque Deus o fez livre desde o início, com a sua vontade e a sua alma para consentir aos desejos de Deus sem ser coagido por ele. Deus não faz violência, e o bom conselho o assiste sempre, e por isso dá o bom conselho a todos, mas também dá ao homem o poder de escolha, como o dera aos anjos, que são seres racionais, para que os que obedecem recebam justamente o bem, dado por Deus e guardado para eles enquanto os desobedientes serão justamente frustrados neste bem e sofrerão o castigo merecido. Pois Deus, na sua bondade, lhes dera o bem, mas eles não o guardaram com diligência e não o julgaram precioso e até desprezaram a excelência da sua bondade. Abandonando e recusando o bem incorrerão no justo juízo de Deus, como o testemunha o apóstolo Paulo na carta aos Romanos, quando diz: "Será que desprezas a riqueza de sua bondade, da paciência e da generosidade, desconhecendo que a bondade de Deus te convida à conversão? Pela teimosia e dureza de

coração amontoas ira contra ti mesmo para o dia da ira e da revelação do justo julgamento de Deus". "A glória e a honra, diz, são para todos os que fazem o bem".285

Portanto, Deus ofereceu o bem, como o testemunha o Apóstolo na carta mencionada, e os que o praticam receberão glória e honra por tê-lo feito, quando podiam não fazê-lo; os que não o fazem receberão o justo julgamento de Deus por não ter feito o bem que podiam fazer.

37,2. Se, por natureza, alguns fossem bons e outros maus, nem aqueles seriam louváveis por serem bons, porque nasceram assim, nem estes seriam condenáveis por- que foram feitos assim. Mas como todos são da mesma natureza, capazes de possuir e operar o bem e capazes de perdê-lo e de não fazê-lo, os que escolheram e perseveraram no bem recebem digno testemunho por isso, e são justamente louvados pelas pessoas sensatas — e muito mais por Deus — os outros são repreendidos e recebem a merecida infâmia por terem recusado o bem e o justo. Por isso os profetas exortavam os homens a praticar a justiça e a fazer o bem, como abundantemente demonstramos, porque está em nós, mas visto que pela nossa negligência nos esquecemos facilmente e precisamos de bom conselho, o bom Deus nos deu bom conselho por meio dos profetas.

37,3. Por isso o Senhor diz: "Que a vossa luz brilhe diante dos homens para que vejam as vossas boas obras e louvem o vosso Pai que está nos céus". E: "Tomai cuidado para que os vossos corações não fiquem insensíveis por causa da gula, da embriaguez e das preocupações da vida". E: "Estejai com os rins cingidos e com as lâmpadas acesas e semelhantes a homens que esperam o seu senhor voltar da festa de casamento para que logo que chegar e bater lhe abram. Feliz o servo que o senhor encontrar assim, na sua volta". E ainda: "O servo que conhece a vontade do seu dono e não a cumpre, receberá muitas chicotadas". E: "Por que me dizeis: Senhor, Senhor! e não fazeis o que vos digo?" E ainda: "Se um servo diz em seu coração: O meu dono está atrasando e começa a bater nos seus companheiros, a comer, a beber e a embriagar-se, virá o dono num dia em que não o espera, prendê-lo-á e lhe dará a sua parte com os hipócritas".286 E todas as outras coisas que mostram o livre-arbítrio do homem e que Deus o instrui com o seu conselho, exortando-nos à submissão a ele, precavendo-nos da incredulidade, mas sem nos obrigar com a violência.

37,4. É possível também não seguir o Evangelho, se alguém assim quiser, contudo não é conveniente. A desobediência a Deus e a recusa do bem estão em poder do homem, mas comportam prejuízo e castigo não indiferentes. Por isso Paulo diz: "Tudo me é lícito, mas nem tudo me convém",287 indicando a liberdade do homem pela qual tudo lhe é lícito, pois Deus não o obriga e mostrando "o que não convém" para que não abusemos da liberdade a fim de encobrir a malícia: isto não convém. E diz ainda: "Cada um diga a verdade com seu próximo". E: "Não saia de vossa boca nenhuma palavra má, indecente, picante ou maliciosa, são coisas inconvenientes; em vez disso, dêem graças a Deus". E: "Há tempo, éreis trevas, agora, porém, sois luz no Senhor: portai-vos honestamente como filhos da luz, não em orgias e bebedeiras, nem em devassidão e libertinagem, nem em rixas e ciúmes". "Alguns de vós foram isso, mas fostes lavados, santificados no nome de nosso Senhor".288 Se não dependesse de nós o fazer e o não fazer, por qual motivo o Apóstolo, e bem antes dele o Senhor, nos aconselhariam a fazer algumas coisas e a nos abster de outras? Sendo, porém, o homem livre na sua vontade, desde o princípio, e livre é Deus, à semelhança do qual foi feito, foi-lhe dado, desde sempre, o conselho de se ater ao bem, o que se realiza pela obediência a Deus.

37,5. Não somente nas ações, mas também na fé, o Senhor deixou livre e independente o arbítrio do homem. Ele disse: "Seja-te feito segundo a tua fé", mostrando que a fé é própria do homem, pois tem o poder de decidir. E ainda: Tudo é possível para quem crê. E mais: "Vai, e te seja feito conforme acreditaste". E todos os textos análogos que mostram o homem livre em relação a fé. Por isso "aquele que crê nele tem a vida eterna, mas aquele que não crê no Filho, não terá a vida eterna, mas a ira de Deus ficará sobre ele". Segundo este princípio, indicando ao homem seu verdadeiro bem e afirmando ao mesmo tempo a sua liberdade de arbítrio e de poder, o Senhor dizia a Jerusalém: "Quantas vezes quis reunir os teus filhos, como a galinha recolhe os pintinhos debaixo das asas, e não qui-seste". "Eis por que a vossa casa será deixada deserta".289

37,6. Os que dizem o contrário introduzem um Senhor impotente e incapaz de fazer o que quiser ou ignaro dos que por natureza são terrenos, como dizem, e não podem receber a sua incorruptibilidade.Então, se diz, não deveria ter criado nem anjos que pudessem desobedecer, nem homens que logo lhe fossem ingratos, por serem racionais, capazes de discernimento e de julgamento, mas como os seres irracionais ou os inanimados que não podem fazer nada por sua vontade, que são levados ao bem pela necessidade ou pela força, sujeitos a uma única tendência e a um único comportamento, inflexíveis e sem discernimento, que não podem ser diferentes do que foram feitos.

Desta forma, nem o bem seria atraente, nem a união com Deus seria muito apreciada, nem muito desejado o bem que chegasse sem esforço próprio, sem preocupação, sem procura, por acontecer espontaneamente e ser inerente ao homem. Então os bons já não teriam nenhum merecimento, pois são assim mais por natureza do que pela sua vontade, possuindo o bem automaticamente e não por livre escolha, nem entenderiam a excelência do bem como não gozariam dele. Que alegria do bem seria possível para os que não o conhecem? Qual glória para os que não se esforçaram por tê-lo? Qual coroa, finalmente, para os que não a conquistaram como vencedores da luta?

37,7. Por isso o Senhor disse que o reino dos céus é objeto de violência e são os violentos que se apossam dele, isto é, os que pela violência e pela luta, pela vigilância e perseverança se apossam dele. É por isso que também o apóstolo Paulo diz aos coríntios: "Não sabeis que os que correm no estádio, correm todos, mas um só ganha o prêmio? Correi, portanto, de maneira a consegui-lo. Os atletas se abstêm de tudo; eles, para ganhar uma coroa perecível, nós, porém, para ganhar uma coroa imperecível. Quanto a mim é assim que corro, não ao incerto, é assim que pratico o pugilato, mas não como quem golpeia o ar; encho de livor o meu corpo e reduzo-o à servidão, para que, depois de ter pregado aos outros eu mesmo não seja reprovado".290 Portanto, como bom lutador nos anima à luta pela incorruptibilidade, de modo que sejamos coroados e apreciemos a coroa por nós conquistada com a luta e não oferecida de graça. Quanto maior é o esforço para obtê-la, tanto mais para nós é preciosa, e quanto mais é preciosa tanto mais a amamos: não se amam da mesma maneira as coisas encontradas por acaso e as encontradas com grande fadiga.

    Para nós era mais importante amar a Deus, por isso o Senhor nos deu e o Apóstolo transmitiu este ensinamento: encontrar Deus pela luta. Por outro lado, o nosso bem ser incompreendido se não fosse conseguido a custa de esforço. A visão não nos seria tão desejável se não conhecêssemos o grande mal que é a cegueira; a saúde torna-se mais preciosa pela experiência da doença; assim a luz pela comparação com as trevas, a vida com a morte. Assim o reino celeste é mais precioso para os que conheceram o terreno. Quanto mais precioso é tanto mais o amamos e quanto mais o amamos tanto mais seremos gloriosos junto de Deus.

    O Senhor permitiu tudo isso para nós a fim de que fôssemos instruídos em tudo e permanecêssemos para sempre fiéis em todas as coisas e radicados em seu amor, tendo aprendido a amar a Deus como homens racionais; Deus se mostrou magnânimo diante da apostasia do homem e o homem, por sua vez, aprendeu com ela, como diz o profeta: "A tua apostasia te instruirá".291 Desta maneira Deus tudo dispôs para a perfeição do homem e para a atuação e revelação das suas economias, a fim de mostrar a sua bondade e para que se cumpra a justiça e a Igreja seja configurada à imagem de seu Filho, e finalmente para que o homem formado por tanta experiência se torne maduro para ver e entender a Deus.

Imperfeição e educação do homem[292]

38,1. Se alguém perguntasse: Ora! Deus não podia fazer o homem perfeito desde o princípio? Saiba que no que diz respeito a Deus, que é incriado e sempre igual a si mesmo, tudo era possível, mas as suas criaturas, enquanto receberam depois o início da existência, eram necessariamente inferiores a quem as fez. Com efeito, era impossível que seres criados há pouco fossem incriados, e, pelo fato de não serem incriados, estão abaixo da perfeição e pelo fato de serem subseqüentes são como criancinhas e como tais não estão acostumados nem treinados para disciplina perfeita. Assim como a mãe poderia dar alimentos sólidos à criancinha, mas ela é incapaz de receber alimentos não adaptados à sua idade, assim Deus podia desde o princípio dar a perfeição ao homem, mas o homem era incapaz de recebê-la, justamente por ser como criancinha. Por isso nosso Senhor, nos últimos tempos, quando recapitulou todas as coisas em si mesmo, veio a nós não como poderia apresentar-se, mas como éramos capazes de vê-lo. Com efeito, poderia ter vindo na sua glória indescritível, mas nós não poderíamos suportar a grandeza da sua glória. Como a criancinhas, o Pão perfeito do Pai se nos deu a si mesmo na forma de leite — e esta foi a sua vinda como homem — para que alimentados, por assim dizer, ao seio da sua carne, e tornados aptos por esta amamentação a comer e a beber o Verbo de Deus, pudéssemos reter em nós mesmos o Pão da imortalidade, que é o Espírito do Pai.

38,2. Eis por que Paulo diz aos coríntios: "Eu vos dei a beber leite e não vos dei alimento sólido, porque não o podíeis ainda suportar", isto é, fostes instruídos sobre a vinda do Senhor como homem, mas o Espírito do Pai ainda não repousa sobre vós por causa da vossa fraqueza. E continua: "havendo entre vós inveja, discórdia e disputas, será que não sois carnais e não vos comportais segundo o homem?"293 Evidentemente o

Espírito do Pai ainda não estava sobre eles por causa da sua imperfeição e fraqueza de conduta. Assim como o Apóstolo podia dar-lhes o alimento sólido — com efeito, a todos os que os apóstolos impunham as mãos recebiam o Espírito Santo, que é o alimento da vida —, mas eles não o podiam receber por terem faculdades fracas e destreinadas para a conduta segundo Deus, assim, desde o princípio, Deus tinha a capacidade de dar a perfeição ao homem, mas este, criado recentemente, era incapaz de recebê-la, ou de recebida contê-la, ou con-tida retê-la. Eis por que o Verbo de Deus, que era perfei to, se tornou criança com o homem, não para si, mas por causa da infância do homem, tornando-se inteligível co mo para o homem era possível entender. A impossibilida-de e a imperfeição não estavam em Deus, mas no homem há pouco criado e precisamente por não ser incriado.

38,3. Da parte de Deus manifestam-se simultaneamente o poder, a sabedoria e a bondade: o poder e a bondade por ter criado e feito voluntariamente o que ainda não existia, a sabedoria pela proporção, medida e harmonia com que fez as criaturas, as quais, pela imensa bondade de Deus e pelos bens que lhes concede com liberalidade, podem crescer, progredir e permanecer bastante tempo e receber a glória do Incriado. Por serem criadas não são ingênitas, mas por subsistirem durante muitos séculos, recebem o poder do Incriado, pois Deus lhes concede gratuitamente a duração sempiterna. Assim Deus é superior a tudo e todos porque só ele é incriado, só ele é anterior a tudo, só ele é causa do ser para todas as coisas. E todas as coisas são inferiores a Deus e lhe estão submetidas, mas esta submissão é para elas a incorruptibilidade, a permanência da incorruptibilidade e a glória do Incriado.

Esta é a ordem, o ritmo, o movimento pelo qual o homem criado e modelado adquire a imagem e a semelhança do Deus incriado: o Pai decide e ordena, o Filho executa e forma, o Espírito nutre e aumenta, o homem paulatinamente progride e se eleva à perfeição, isto é, se aproxima do Incriado, perfeito por não ser criado, e este é Deus. Era necessário que primeiramente o homem fosse criado, que depois de criado crescesse, depois de crescido se fortalecesse, depois de fortificado se multiplicasse, depois de multiplicado se consolidasse, depois de consolidado fosse glorificado, depois de glorificado visse o seu Senhor: pois é Deus que deve ser visto, um dia, e a visão de Deus causa a incorruptibilidade, e a incorruptibilidade produz o estar junto de Deus.294

38,4. Portanto, não estão com a razão os que não esperam o tempo do crescimento e culpam a Deus pela fraqueza de sua natureza. Ignorando a Deus e a si mesmos, estes insaciáveis e mal agradecidos, recusam ser, primeiramente, o que foram feitos, homens sujeitos às paixões; ultrapassando as leis da natureza humana, antes mesmo de serem homens querem ser semelhantes a Deus seu criador e que desapareça toda diferença entre o Deus incriado e eles criados há pouco. São mais irracionais que os animais irracionais porque estes não culpam a Deus de não tê-los feito homens, mas cada um agradece de ter sido feito o que foi feito. Nós, porém, o culpamos por não nos ter feito deuses desde o princípio, mas inicialmente homens e depois deuses. Contudo, Deus, na simplicidade da sua bondade, foi isso mesmo que fez, para que ninguém o julgasse invejoso e avarento. De fato ele diz: "Eu disse: vós sois deuses e todos sois filhos do Altíssimo", e para nós que somos incapazes de suportar o poder da divindade, acrescenta: "Mas vós, como homens, morrereis",295 indicando ao mesmo tempo a generosidade do seu dom, a nossa fraqueza e a nossa liberdade.

Com efeito, na sua generosidade, ele concedeu magnificamente o bem e fez os homens livres à sua semelhança: na sua presciência conheceu a fraqueza do homem e o que a ela seguir-se-ia; e pelo seu amor e pelo seu poder triunfará da substância da natureza criada. Mas era preciso que primeiramente aparecesse a natureza, que depois fosse vencido e absorvido o mortal pela imortalidade, o corruptível pela incorruptibilidade e finalmente o homem se tornasse imagem e semelhança de Deus, depois de ter recebido o conhecimento do bem e do mal.

Docilidade para com a ação de Deus

39,1. O homem recebeu o conhecimento do bem e do mal. O bem consiste em obedecer a Deus, acreditar nele e observar os seus mandamentos, e isto é vida para o homem; e o mal consiste na desobediência a Deus e isto é a sua morte. Pela magnanimidade de Deus o homem conheceu o bem da obediência e o mal da desobediência, para que o olho da alma, experimentando a ambos, escolha com juízo o melhor e nunca seja preguiçoso e negligente com o mandamento de Deus, e experimentando que o que lhe tira a vida, isto é, o desobedecer a Deus, é mal, nem ao menos o tente, e o que lhe conserva a vida, isto é, obe-decer a Deus, é bem, o observe com toda atenção e diligência. Por isso recebeu a dupla possibilidade de conhecer um e outro para que possa escolher o melhor com competência. Como poderia conhecer o bem se lhe tivesse ignorado o contrário? A percepção das coisas presentes é mais firme e segura do que uma conjectura feita por suposição. Como a língua, pelo gosto, experimenta o doce e o amargo e o olho, pela visão, distingue o preto e o branco, e a orelha, pelo ouvido, percebe a diferença dos sons, assim o espírito, depois de ter adquirido pela experiência de um e de outro o conhecimento do bem, torna-se mais firme em conservá-lo, obedecendo a Deus; primeiramente, pela penitência, rejeita a desobediência, como coisa amarga e má, e, depois, entendendo o que é o contrário do doce e do bem, nunca tente experimentar o gosto da desobediência a Deus. Se alguém se furta ao conhecimento de um e de outro e à sua dúplice percepção, sem se aperceber, elimina-se como homem.

39,2. Como poderia ser Deus aquele que ainda não foi feito homem? Como poderá ser perfeito quem acaba de ser feito? Como poderia ser imortal quem na natureza mortal não obedeceu ao Criador? É necessário que antes sigas a ordem humana para em seguida participar da glória de Deus. Com efeito, não és tu que fazes Deus, mas é Deus quem faz a ti. Se, portanto, és obra de Deus espera pacientemente a mão do teu artífice que faz todas as coisas em tempo oportuno, de maneira adaptada a ti que és feito. Apresenta-lhe coração dócil e flexível, guarda a forma que o artífice te deu e a humildade que está em ti para que não endureças e percas o modo que os seus dedos te dão. Conservando a forma te avizinharás da perfeição e, pela arte de Deus, ficará oculta a argila que está em ti. A sua mão criou a tua substância; ela te banhará de ouro puro e de prata, por fora e por dentro e te embelezará, tanto que o próprio Rei será cativado pela tua formosura. Mas se, logo endurecido, recusas a sua arte e te mostras descontente por ter sido feito homem, pela tua ingratidão a Deus, perdes ao mesmo tempo a sua arte e a vida. Fazer é próprio da bondade de Deus, ser feito é próprio da natureza do homem. Se, portanto, lhe entregarás o que é teu, isto é, a fé nele e a submissão, receberás o benefício da sua arte e serás a obra perfeita de Deus.

39,3. Se, porém, lhe resistes e te esquivas da sua mão deverás procurar em ti que não obedeceste a causa da tua imperfeição e não naquele que te chamou. Porque ele enviou os seus servos para convidar à festa de casamento e os que não os escutaram privaram-se a si mesmo do banquete do reino.

Não é a arte de Deus que falta, porque ele pode suscitar de pedras filhos a Abraão, mas quem não a aceita é a causa da sua imperfeição. Não é a luz que falta para os que se cegaram, mas enquanto ela fica sempre igual, estes cegos, por sua culpa, se encontram nas trevas. Ninguém está necessariamente submetido à luz, nem Deus obriga os que não querem conservar a sua arte. Os que se separaram da luz do Pai e transgrediram a lei da liberdade, por sua culpa se afastaram, porque foram criados livres e donos de seus atos.

39,4. E Deus que conhece todas as coisas antecipadamente preparou para uns e outros morada conveniente: aos que procuram a luz da incorruptibilidade e tendem a ela, dá com bondade a luz que desejam; aos que a desprezam e se afastam fugindo dela, que de certa maneira cegam-se a si mesmos, preparou obscuridade, como convém, e aos que se subtraem à submissão a Deus, castigo apropriado. A submissão a Deus é o descanso eterno e os que fogem da luz terão lugar digno da sua fuga e os que fogem do descanso eterno terão morada apropriada à sua fuga. Todos os bens se encontram em Deus e os que fogem de Deus por sua própria vontade privam-se de todos os bens e, privados de todos os bens que se encontram em Deus, justamente cairão sob o justo juízo de Deus. Os que fogem ao descanso é justo que vivam na pena e os que fogem da luz é justo que vivam nas trevas. É como acontece com esta luz temporal: os que fogem dela são para si mesmos a causa de serem privados dela e morarem nas trevas e não é a luz a causa de eles estarem nesta morada, como dissemos acima. A mesma coisa se dá com os que fogem da luz eterna de Deus, que contém todos os bens: por culpa própria são para si a causa de morarem nas trevas eternas e de serem privados de todos os bens.

Prêmio e castigo segundo o mérito

40,1. Portanto, há um só e idêntico Deus Pai para os que aspiram à comunhão com ele e perseveram na submissão a ele, para os quais preparou os seus bens, e para o ini- ciador da apostasia, isto é, o diabo e os anjos que apostata-ram com ele, para os quais preparou o fogo eterno, em que serão lançados, como diz o Senhor, os que estiverem à sua esquerda. É o que foi dito pelo profeta: "Eu sou Deus ciu-mento que faço a paz e crio o mal":296 com os que se arrepen-dem e convertem a ele faz a paz e estabelece a amizade e a união; para os que não se arrependem e fogem da sua luz prepara o fogo eterno e as treva exteriores, que são o mal para os que caem neles.

40,2. Se o Pai que dá o descanso fosse diverso do Deus que prepara o fogo, também seriam diversos os seus Filhos: um enviaria ao reino do Pai e o outro ao fogo eterno. Mas como é um só e idêntico o Senhor que anunciou que separaria o gênero humano, quando do juízo, como o pastor separa as ovelhas dos cabritos e que dirá a uns: "Vinde, benditos de meu Pai, recebei o reino preparado para vós", e aos outros: "Ide longe de mim, malditos, ao fogo eterno que meu Pai preparou para o diabo e seus anjos",297 evidentemente um só e idêntico deve ser o Pai que faz a paz e cria o mal e prepara para uns e outros o que é justo, e como único juiz manda uns e outros ao lugar que mereceram.

É o que o Senhor mostrou na parábola do joio e do trigo: "Da mesma forma que se junta o joio e se queima no fogo, assim será no fim do mundo: o Filho do homem enviará seus anjos e eles apanharão de seu reino todos os escândalos e os que praticam a iniqüidade e os lançarão na fornalha ardente: ali haverá choro e ranger de dentes. Então os justos brilharão como o sol no reino do seu Pai".298 Portanto, o Pai que preparou para os justos o reino no qual o Filho acolheu os que são dignos, este mesmo preparou a fornalha ardente na qual serão lançados os que são dignos dela, pelos anjos enviados pelo Filho do homem, segundo a ordem do Senhor.

40,3. O Senhor semeara a boa semente no seu campo — "Este campo, diz, é o mundo"; — "mas enquanto os homens dormiam veio o inimigo, semeou o joio no meio do trigo e foi-se embora".299 Este inimigo é o anjo apóstata que, desde que se tornou ciumento da obra modelada por Deus, se esforçou por torná-la inimiga de Deus. Por isso Deus afastou de si aquele que por própria vontade semeara secretamente o joio, isto é, introduziu a transgressão e teve piedade do homem que, por inadvertência, ainda que culpada, aceitou a desobediência e retorceu contra o autor da inimizade a inimizade que queria fomentar contra ele; tirou a inimizade contra o homem, desviando-a e dirigindo-a contra a serpente. É o que indica a palavra de Deus relatada pela Escritura: "Porei inimizade entre ti e a mulher, entre a tua descendência e a dela; ela te pisará a cabeça e tu olharás o seu calcanhar".300 Esta inimizade assumiu-a o Senhor tornando-se homem, "nascido de mulher", e lhe pisou a cabeça, como mostramos no nosso livro precedente.

Os maus são filhos do diabo

41,1. Visto que falou dos anjos do diabo, para os quais foi preparado o fogo eterno, e do joio do qual diz: o joio são os filhos do maligno, forçoso é reconhecer que todos os após-tatas estão ligados ao que foi o iniciador desta transgressão. Disso, porém, não segue que o diabo fizera por si mesmo os anjos ou os homens. O diabo não criou absolutamente nada, porque ele também é criatura de Deus, como todos os outros anjos. Foi Deus que fez todas as coisas, como diz Davi acerca de todas estas coisas: "Ele disse e foram feitos; ele mandou e foram criados".301

41,2. Desde que todas as coisas foram feitas por Deus e o diabo se tornou para si e para os outros a causa da apostasia, é justo que a Escritura chame filhos do diabo e anjos do maligno os que se mantêm para sempre na apostasia. A palavra "filho", como disse alguém antes de nós, pode ser entendida de duas maneiras: primeira, por natureza, porque nasceu como filho; e segunda, por ser adotado ou por conveniência, ainda que continue a diferença entre ser e tornar-se: o primeiro nasceu do outro, o segundo foi feito pelo outro, respectivamente por via natural ou por via de ensinamento; quem foi instruído por outro por meio da palavra é chamado filho de quem o instruiu e este o pai daquele. Segundo a natureza, por assim dizer, somos todos filhos de Deus, porque fomos criados por ele, mas segundo a obediência e o ensinamento nem todos somos filhos de Deus, mas o são somente os que crêem nele e fazem a sua vontade. Os que não crêem e não fazem a sua vontade são os filhos e os anjos do diabo, enquanto fazem as obras do diabo. Que as coisas sejam assim mesmo, ele o disse em Isaías: "Gerei filhos e os criei, mas eles me desprezaram". E ele os chama também filhos estrangeiros: "Filhos estrangeiros mentiram a mim".302 Com efeito, segundo a natureza eles são seus filhos, mas, segundo as suas obras não o são.

41,3. Como entre os homens os filhos rebeldes aos pais e rejeitados continuam filhos por natureza, mas juridicamente são renegados e não são mais os herdeiros dos seus pais naturais, assim se dá com Deus: os que não lhe obedecem são renegados, deixam de ser filhos e, por isso, perdem o direito à herança, como diz Davi: "Os pecadores são estrangeiros desde o seio materno, para eles uma cólera semelhante à contra a serpente".303 Por isso, o Senhor chamou de raça de víboras aos que sabia serem da raça humana, porque, semelhantes a estes animais, se portam tortuosamente e prejudicam os outros: "Tomai cuidado com o fermento dos fariseus e dos saduceus", diz. Falando de Herodes, diz da mesma forma: "Ide dizer a esta raposa"304 indicando a sua astúcia e esperteza. Eis por que o profeta Jeremias diz: "Os homens tornaram-se como garanhões no cio; cada um relinchando para a mulher de seu próximo".305 Isaías, pregando na Judéia e disputando com Israel, os chamava "Príncipes de Sodoma e povo de Gomorra", indicando que a sua transgressão era semelhante à dos sodomitas e que cometeram os mesmos pecados que eles, e os chamava com o mesmo nome por causa da mesma conduta. E que não tivessem sido feitos assim por Deus e que poderiam ser capazes de agir também com justiça é o que o mesmo Isaías lhes dizia, dando-lhes um bom conselho: "Lavai-vos, purificai-vos, tirai a malícia dos vossos corações de diante dos meus olhos, parai com as vossas iniqüidades";306 isto é, cometendo a mesma trangressão e pecado tiveram a mesma repreensão que os sodomitas, mas se eles se convertessem, arrependendo-se e cessando sua malícia, poderiam ser filhos de Deus e obter a herança da incorruptibilidade que lhes oferecia. É este o sentido com que o Senhor chamou anjos do diabo e filhos do maligno os que acreditam no diabo e cumprem as suas obras. No princípio todos foram criados pelo único e mesmo Deus e enquanto acreditam e permanecem submissos a Deus e guardam os seus ensinamentos são filhos de Deus, mas quando apostatam e passam a ser transgressores são unidos ao diabo que foi o iniciador e a causa original da apostasia tanto para si como para os outros.

CONCLUSÃO

41,4. Visto que são muitas as palavras do Senhor que proclamam um só e idêntico Pai, criador do mundo, era necessário que refutássemos com provas abundantes os que são presa de muitos erros na esperança de que confundidos por esta abundância de provas e voltando à verdade, pudessem ser salvos. A este escrito, porém, é necessário acrescentar, depois das palavras do Senhor, também as de Paulo; teremos que examinar o seu pensamento, expô-lo, e elucidar tudo o que os hereges, que não entenderam absolutamente as palavras de Paulo, interpretaram em sentido diverso; mostraremos a sua estúpida loucura e provaremos com as próprias palavras de Paulo, de onde tiram as dificuldades que nos apresentam, que eles são mentirosos, ao passo que o Apóstolo, como pregador da verdade, ensinou todas as coisas de acordo com o querigma da verdade, isto é, um só Deus Pai, que falou a

Abraão, que estabeleceu a Lei, que inicialmente enviou os profetas e nos últimos tempos enviou o seu Filho e que ofereceu a salvação à sua criatura feita de carne.

Exporemos, portanto, em outro livro, as outras palavras do Senhor em que fala do Pai não já com parábolas, mas com palavras explícitas; e apresentaremos também as palavras do bem-aventurado Apóstolo, oferecendo-te, assim, pela graça de Deus e na sua integridade, a nossa obra de denúncia e refutação da pseudognose, depois de nos ter exercitado, eu e tu, nestes cinco livros, na refutação de todos os hereges.

1 O IV livro pretende estabelecer a unidade dos dois Testamentos. Seu plano compreende 3 partes. Além do prefácio e conclusão, temos: a) unidade dos dois Testamentos, provada pelas próprias palavras de Cristo (nn. 1- 19); b) o AT é profecia do NT (nn. 20-35); c) a unidade dos dois Testamentos é comprovada pelas parábolas de Cristo (nn. 36-41,3).

2 Lc 1,2.

3 2Cor 11,3.

4 Gn 1,26. A própria carne do homem é feita à imagem de Deus; ela ressuscitada, verá a Deus. No entanto, a afirmação deste texto ("o homem é composto de corpo e alma, uma carne formada à imagem de Deus e modelada por suas mãos...") apresenta duas dificuldades: a) foi perdido o texto original, as traduções existentes (latina e armena) são diferentes. O texto apresentado acima segue a tradução armena. O texto latino seria traduzido assim: "o homem é um composto de corpo e alma, formado o homem à imagem de Deus e modelado por suas mãos..."; b) a outra questão é: quem

é formado e modelado à imagem de Deus? — O homem ou sua carne?

A. Orbe, entre outros, afirma ser preferível a tradução armena por causa da coerência interna do pensamento do autor — que está a combater os gnósticos, os quais concordam com a salvação do homem (da alma), mas não da carne. Outros bons autores têm opinião diversa. Aceitando a tradução armena evita-se toda perspectiva dicotomista de alma e corpo — própria da cultura helênica. Sendo o homem imagem de Deus, inclusive em sua carne, há que se empenhar mais o próprio homem pela dignidade real de cada pessoa desde sua situação física, política, social e econômica — fato proposto na história e na contemporaneidade.

Ainda aqui está presente o tema das "mãos criadoras de Deus" (o Verbo e o Espírito), tão caro aos Padres da Igreja.

5 Dt 32,1.
6 Sl 121,2.
7 Is 1,2; 42,5.
8 Mt 11,25; Lc 10,21.
9 Dt 6,4.
10 Jo 5,46-47.
11 Lc 16,31.
12 Lc 16,19.
13 Is 5,12.
14 Mt 5,34-35.
15 Is 66,1.
16 Mt 21,13.
17 Is 1,23.

18 Jr 4,22.
19 Mt 10,6.
20 Jo 4,41-42.
21 Rm 11,26.
22 Cf. Nm 21,8; Rm 8,3; Jo 12,32.
23 1Cor 7,31.
24 Sl 102,26-29.
25 Is 51,6.
26 Is 27,6.
27 Lc 16,16.
28 Is 1,8.
29 Ml 3,19; Sf 1,18.
30 Mt 3,11-12; Lc 3,16-17.
31 Sl 49,21.
32 Ef 2,7; 3,8.
33 Is 43,10-12; 41,1.
34 Mt 22,29.
35 Mt 22,31-32; Lc 20,38.
36 Dn 14,4-5.25.
37 Jo 11,25.
38 Sl 45,17.
39 Jo 8,56.
40 Rm 4,3; Gl 3,6.
41 Gn 14,22.
42 Mt 11,27; Lc 10,22.
43 Mc 1,24; Lc 4,34.
44 Mt 4,3; Lc 4,3.
45 Mt 11,27; Lc 10,22.

46 Lc 2,29-32.
47 Lc 1,46-47.
48 Jo 8,56.

49 Mt 3,9.
50 Cf. Rm 4,12-18.
51 Mt 5,14.
52 Jo 14,6-7. Duas condições se impõem para conhecer o Pai: a própria benevolência do Pai e a ação reveladora do Filho.
53 Ex 3,7-8.
54 Rm 4,3; Gl 3,6.
55 Lc 13,29.28.
56 Lc 13,15-16.
57 Mt 12,3-4.
58 Dt 33,9.
59 Dt 10,9; 18,1.
60 Fl 4,17.
61 Mt 12,5.
62 Mt 3,10; 1Cor 3,17.
63 Mt 13,52.
64 Mt 23,34.
65 Sl 96,1; 98,1; Is 42,10-12; Jr 31,31-32.
66 Mt 12,6.
67 Jo 1,50; Fl 3,12; 1Cor 13,9-10.
68 Mt 5,8.
69 Is 25,9.
70 1Pd 1,8.
71 Contra os heréticos que afirmavam diferenças na ação salvadora de Deus ou das divindades. Deus não é dualista (primeiro criador e depois salvador). Ele fez uma só coisa (a criação em Cristo), por isto o progresso é consequência da unidade.
72 Mt 15,3-4.6.
73 Jo 5,39-40.
74 Jo 5,46.

75 Dt 16,5-6.
76 Gn 49,10-12.
77 Dt 32,6.
78 Dt 28,66; 32,6.
79 Mt 13,17.
80 Gn 1,28.
81 Este axioma perde seu efeito em certas traduções (inclusive em português), porque enquanto a ação de Deus é algo dinâmico e contemporâneo (Deus faz), o outro termo é apresentado na passividade (o homem é feito). Na verdade o sentido implica em uma clara evolução. Tal dinamismo vem afirmado um pouco mais abaixo: "Deus é sempre o mesmo, o homem que se encontra em Deus progredirá sempre em direção a Deus. Deus o faz para o crescimento e desenvolvimento (in augmentum et incrementum)". A língua espanhola traduz mais proximamente o axioma: "Dios hace e el hombre se hace" (cf. IV,11,1 e IV,39,2).
82 Mt 25,21.
83 Sl 35,9.
84 Mt 21,9; cf. Sl 118,25-26.
85 Mt 21,16; cf. Sl 8,3.
86 Sl 8,2-3.
87 Is 1,22.
88 Mt 15,3.
89 Cf. Rm 13,10; 1Cor 13,13.
90 Mt 23,2-4.
91 Is 29,13.
92 Rm 10,3-4.
93 Ex 3,7-8.
94 Mt 19,17-19.
95 Mt 19,20-21.

96 Lc 19,8.
97 Cf. Mt 5,17.21-34.37.20.
98 Mt 5,40.
99 Mt 5,41.
100 Mt 5,45.
101 Jo 15,15.
102 Esta é uma tradicional afirmação da Igreja: Deus, por puro amor, criou o homem para fazê-lo participar de seus bens; contrariamente a certas teogonias que explicam a necessidade da criação dos homens para satisfazer caprichos e/ou necessidades dos deuses.
103 Jo 17,5.
104 Jo 15,16.
105 Jo 17,24.
106 Is 43,5-7.
107 Ap 1,15.
108 O plano de Deus ou a economia da salvação consiste num desígnio de amor que se revela e se realiza na história do homem e culminará na plenitude do tempo, a ser concretizada pela "recapitulação" — obra do Verbo. Formam parte do plano de Deus tanto as intervenções históricas de caráter universal, nacional (povo eleito) quanto de cada homem. Por isto a história da salvação consiste num progressivo acostumar-se ao Espírito e manter comunhão com Deus.
109 Ex 25,40.
110 1Cor 10,4.11.
111 Dt 5,22; cf. Mt 19,17.
112 Ez 20,24-25.
113 At 7,38-49.
114 Ex 33,2-3.

115 Mt 19,7-8.

116 1Cor 7,12.6.25.5.
117 Gn 17,9-11.
118 Ez 20,12.
119 Ex 31,13.
120 Cl 2,11.
121 Dt 10,16.
122 Rm 8,36.
123 Tg 2,23; cf. Gn15,6.
124 Dt 5,2-3.
125 1Tm 1,9.
126 Dt 8,3.
127 Dt 5,22.
128 Dt 10,12.
129 Dt 30,19-20.
130 Dt 4,14.
131 Mt 12,36; 5,28; 5,22.
132 1Sm 15,22.
133 Sl 40,7.
134 Sl 51,18-19.
135 Sl 50,9-13.
136 Sl 50,14-15.
137 Is 1,11.16-18.
138 Jr 6,20; 7,2-4.
139 Jr 7,21-25.
140 Jr 9,23.
141 Is 43,23-24.
142 Is 66,2.
143 Jr 11,15; Is 58,6-9.
144 Zc 7,9-10; 8,16-17.
145 Sl 34,13-15.

146 Os 6,6; Mt 12,7.
147 Cf. Mt 26,26-28.
148 Ml 1,10-11.
149 Ml 1,11.
150 Mt 5,23-24.
151 Dt 16,16.
152 Cf. Lc 21,4.
153 Gn 4,7.
154 Mt 23,27-28.
155 Mt 23,26.
156 Jr 22,17.

157 Is 30,1.
158 Gn 4,7.
159 Jo 19,11.
160 Is 66,3.
161 Fl 4,18.
162 Mc 4,27-28.
163 Pr 19,17.
164 Mt 25,34-36.
165 Ap 11,19; 21,3.
166 Cf. Is 40,12; Ef 3,18.
167 Ef 1,21.
168 Jr 23,23-24.
169 Gn 2,7.
170 Gn 1,26.
171 Cf. Hermas, Mandamentos 1.
172 Ml 2,10.
173 Ef 4,6.
174 Mt 11,27.
175 Ap 3,7.
176 Ap 5,3.12.9.

177 1Pd 2,22.
178 Pr 3,19-20; 8,22-25.27-31.
179 Outra vez é enfatizado o motivo da encarnação: unir o homem a Deus — decisão prévia a todo pecado, feita pela Trindade econômica.
180 Lc 1,71.74-75.
181 Mt 5,8.
182 "Ver a Deus" é tema caro ao autor, que constata progressão da história humana coletiva e individual. Na primeira, "ver a Deus" passa pelos profetas, pela encarnação do Verbo e termina na parusia; na segunda, o processo é ação do Espírito Santo no coração de cada homem.
183 Este é o texto mais expressivo do autor sobre o valor salvífico da visão de Deus, e está fundamentado numa teologia trinitária.
184 Dt 5,24.
185 Os 12,11;1Cor12,4-7.
186 Jo 1,18.
187 Este é certamente o mais conhecido axioma de Ireneu. Mons. Romero, adaptando-o à América Latina, parafraseou-o assim: "A glória de Deus é o pobre que vive, e a vida do pobre é a visão de Deus".
188 Ex 34,6-7.
189 Ex 33,11.20-22.
190 1Rs 19,11-12.
191 Ez 1,28.
192 Jo 1,18.
193 Cf. Dn 2,34-35; 7,13-14.

194 Ap 1,12-16.

195 Ap 1,17; Ex 33,20; Jo13,25; Ap 1,17-18; 5,6-7; 19,11-16.
196 Os 1,2.6-9; 1Cor 7,14; Rm 9,25-26.
197 Mt 21,31.
198 Gl 3,5-9.
199 Rm 9,10-13; cf. Gn 25,22-23.
200 Ap 6,2.
201 Cf. Gn 25,29-34; Cl 1,15; Jo 19,15.
202 Sl 2,8.
203 Gl 4,4; Is 4,4; cf. Jo13,5.
204 Mt 13,17.
205 Rm 3,30.
206 Jo 4,35-38.
207 Mt 1,20-23; cf. Is 7,14.
208 Lc 4,18-21; cf. Is 61,1.
209 Is 53,7; At 8,32-33.
210 Mt 10,6; At 2,41; 4,4.
211 1Cor 15,10.
212 Ef 1,21.
213 Jo 4,37.
214 Jr 9,1; Jo 4,36.
215 Dn 12,4.7;Jr 23,20.
216 Dn 12,3.
217 Cf. Lc 24,26.46-47; Mt13,52.
218 Dn 13,56; 13,52-53; Mt 24,48-51.
219 Nm 16,15; 1Sm 12,2-5.
220 2Cor 2,17; 7,2.
221 Is 60,17; Mt 24,45-46.
222 1Cor 12,28.
223 2Sm 11,27;12,1-7.13.
224 1Rs 8,27.
225 1Rs 11,1-9.

226 Em sentido diverso, a Bíblia de Jerusalém: "todos os homens estão privados da glória de Deus" (Rm 3,23). 227 Rm 6,9; 11,21.17.
    228 1Cor 10,1-12.
    229 1Cor 6,9-10.11.
    230 1Cor 5,11; Ef 5,6-7.
    231 Rm 1,18.
    232 Lc 18,7-8; 2Ts 1,6-10.
    233 Sl 34,17.
    234 Mt 25,41.34.

    235 2Cor 2,15-16.
    236 Mt 13,10-16.
    237 2Cor 4,4; Rm 1,28; 2Ts 2,11-12.
    238 Ex 3,19.
    239 Ex 1,13-14.
    240 Mt 7,5.1-2.
    241 Lc 3,11; Mt 25,35-36; 6,3.
    242 Lc 16,9.
    243 Gn 19,33.35; 19,31-32.
    244 Dt 32,6.
    245 Mt 11,19; Sl 3,6; Jr 31,26.
    246 Gn 1,3; Jo 1,3; Ef 4,5-6.16.
    247 1Cor 2,15.
    248 Ilíada 9,312-313.
    249 Mt 5,12.
    250 Zc 12,10; Jo 19,37; Lc 18,8.
    251 2Ts 1,6-8.
    252 Mt 25,41.
    253 2Ts 1,9-10.
    254 Sl 45,3.8.4-5.
    255 Jr 17,9; Is 8,3; 9,5.

256 Am 1,2; Sl 76,2.
257 Is 35,5-6; 35,3; 26,19; 53,4; Mt 8,17.
258 Am 8,9-10.
259 Jr 15,9.
260 Sl 19,7; 99,1.
261 Mt 24,21; Is 50,8.10; 50,9; 2,17.
262 Mt 5,17-18.
263 Is 2,3-4; Mq 4,2-3.
264 Is 57,1.
265 Mt 9,16-17.
266 Mt 21,33-43.
267 Zc 7,9-10; 8,17; Is1,16-18; Sl 34,14-15.
268 Jr 7,29-30; 6,17-18.
269 Lc 21,34-36;12,35-36;17,26-30; Mt 24,42.
270 Mt 11,23-24.
271 Mt 22,1-14.
272 Mt 5,35.
273 Jr 35,15; 7,25-28.
274 2Cor 5,4; Mt 22,13.

275 Jo 5,14.
276 Mt 22,7;Sl 24,1.
277 Rm 13,1-6.
278 Mt 5,45.
279 Cf. Lc 15,11-32.
280 Cf. Mt 20,1-16.
281 Cf. Lc 18,10-14.
282 Cf. Mt 21,28-32.
283 Cf. Lc 13,6-9; 13,7.
284 Mt 23,37-38; 8,11-12.
285 Rm 2,4-5; 2,10.
286 Mt 5,16; Lc 21,34;12,35-36.43-47; 6,46.

287 1Cor 6,12;10,23.
288 Cf. 1Pd 2,16; Ef 4,25.29; 5.8; 1Cor 6,11.
289 Mt 9,29; 8,13; Jo 3,36; Mt 23,37-38.
290 1Cor 9,24-27.
291 Jr 2,19.
292 O n. 38 contém com propriedade toda a teologia de Ireneu sobre o progresso do homem e da humanidade toda. A lei do progresso explica o sentido das duas vindas de Cristo: ser criado supõe ausência das perfeições divinas; o homem, porque está situado na história, deve crescer; só crescendo poderá receber a Perfeição. Cristo, pois, veio libertá-lo, elevá-lo à Perfeição.
293 1Cor 3,2-3.
294 Esta é uma síntese muito feliz que apresenta a dinâmica da ação criadora de Deus Uno e Trino; ao mesmo tempo, enfatiza a participativa ação humana, através de sucessivas etapas.
295 Sl 82,6.7.
296 Is 45,7.
297 Mt 25,32.34.41.
298 Mt 13,40-43.
299 Mt 13,24.38.25.
300 Gn 3,15.
301 Sl 33,9.
302 Is 1,2; Sl 18,45-46.
303 Sl 58,4-5.
304 Mt 23,33; 16,6; Lc 13,32.
305 Jr 5,8.
306 Is 1,10.16.

I LIVRO 1

ESCATOLOGIA CRISTÃ

PREFÁCIO

Pr., Nos quatro livros que te enviamos antes deste, caro amigo, apresentamos-te todos os hereges e expusemos as suas doutrinas; refutamos os que inventaram opiniões ímpias, quer a partir do ensinamento próprio de cada um deles, como se encontra nos seus escritos, quer pela exposição baseada em provas diversas. Demos a conhecer a verdade e pusemos em evidência a mensagem da Igreja, prenunciada, como dissemos, pelos profetas, levada à perfeição pelo Cristo, transmitida pelos apóstolos, dos quais a Igreja a recebeu e que ela somente guarda intacta em todo o mundo e apresenta a seus filhos. Eliminamos as dificuldades que os hereges nos apresentam, explicamos a doutrina dos apóstolos e expusemos em grande parte o que o Senhor disse em parábolas e o que fez.

Neste quinto livro da nossa obra, que é exposição e refutação da pseudognose, procuraremos trazer argumentos tirados da restante doutrina do Senhor e das cartas do Apóstolo, como nos pediste. Anuímos ao teu pedido, porque somos encarregados do ministério da palavra e nos esforçamos de todas as formas, segundo a nossa capacidade, por apresentar-te o maior número possível de subsídios para contrabater os hereges, converter os que se afastaram e reconduzi-los à Igreja de Deus e, ao mesmo tempo, confirmar os neófitos para que se mantenham firmes na fé que receberam intacta da Igreja, para que de forma nenhuma se deixem corromper pelos que tentam ensinar-lhes o erro e afastá-los da verdade.

Necessário será que tu e todos os que lerão este escrito o façam com grande aplicação, lendo o que foi escrito precedentemente, a fim de conhecer as teses às quais nos contrapomos; somente assim te poderás opor devidamente a elas e serás capaz de refutar todos os hereges, rejeitando como imundície as suas doutrinas, com a ajuda da fé celeste e seguindo o único Mestre, seguro e verídico, o Verbo de Deus, Jesus Cristo nosso Senhor, que na sua imensa caridade se fez o que nós somos para nos elevar ao que ele é.

A carne de Cristo

RESSURREIÇÃO DA CARNE

1,1. Não teríamos absolutamente podido aprender os mistérios de Deus se o nosso Mestre, permanecendo Ver-bo, não se tivesse feito homem. Com efeito, nenhum outro nos podia revelar os segredos do Pai a não ser o seu próprio Verbo. "Quem mais conheceu os pensamentos do Senhor?" Ou "quem mais foi o seu conselheiro?"[2] Por outro lado, não era possível aprender a não ser vendo o nosso Mestre e percebendo com nossos ouvidos a sua voz, para que imitando as suas ações e praticando as suas palavras tivéssemos comunhão com ele e dele, que é perfeito desde antes da criação, recebêssemos nós, criados há pouco, o crescimento; dele que é o único bom e excelente, recebêssemos a semelhança com ele; daquele que possui a incorruptibilidade, recebêssemos este dom, depois de sermos predestinados a ter a semelhança com ele; os que ainda não existíamos, fôssemos criados, segundo a presciência do Pai e no tempo determinado, pelo ministério do Verbo. Ele que é perfeito em tudo, Verbo onipotente e homem verdadeiro, que nos resgatou ao preço de seu sangue, como era conveniente ao Verbo, entregando-se como resgate em favor dos que se tornaram escravos. Sendo injustamente dominados, quando pertencíamos, por natureza, ao Deus onipotente, pela Apostasia3 que, contra a natureza, nos alienara e tornara seus discípulos, o Verbo oni- potente e fiel, na sua justiça, voltou-se contra a própria Apostasia, resgatando o que era seu, não pela violência, como a que fizera no início, dominando sobre nós e apoderando-se insaciavelmente do que não era dela, mas pela persuasão, como era conveniente a Deus, e sem violência, tomou o que queria, para que, ao mesmo tempo, fosse salvaguardada a justiça e não perecesse a antiga obra modelada por Deus. Se, portanto, é pelo seu próprio sangue que o Senhor nos resgatou, se deu a sua alma pela nossa alma e sua carne pela nossa carne, se efundiu o Espírito do Pai para operar a união e a comunhão de Deus e dos homens, fazendo descer Deus até os homens pelo Espírito e elevando os homens até

Deus pela sua encarnação, se nos concedeu, na sua vinda, com toda certeza e verdade, a incorruptibilidade pela comunhão que temos com ele, perdem todo o seu valor os ensinamentos dos hereges.

1,2. Estultos são os que dizem que ele se manifestou somente de maneira aparente, pois não foi na aparência, e sim na realidade e verdade que se realizaram todas estas coisas. Se ele tivesse aparecido como homem sem o ser verdadeiramente, não teria permanecido o que realmente era, o Espírito de Deus, porque o Espírito é invisível, nem haveria nenhuma verdade nele, pois não teria sido o que aparecia. Dissemos precedentemente que Abraão e os outros profetas o viam de modo profético, profetizando em visões o futuro: se, portanto, também agora apareceu deste modo, sem ser realmente o que parecia, foi uma espécie de aparição profética que foi apresentada aos homens e devemos esperar por outra vinda do Senhor na qual se cumpra o que foi visto profeticamente. Como também dissemos que é a mesma coisa afirmar que se mostrou de maneira aparente e que não recebeu nada de Maria, porque não teria nem o sangue, nem a carne reais com os quais nos resgatou, se não recapitulasse em si mesmo a antiga obra modelada, isto é, Adão. Estultos são os discípulos de Valentim que afirmam isso para excluir a salvação vinda da carne e rejeitar a obra de Deus.

1,3. Estultos também os ebionitas que se recusam a admitir nas suas almas, pela fé, a união de Deus com o homem e permanecem no velho fermento de seu nascimento. Eles não querem entender que o Espírito Santo sobreveio em Maria e que o poder do

Altíssimo a cobriu com sua sombra e que, por isso, quem nasceu dela é o Filho de Deus altíssimo, o Pai de todas as coisas, que operou a encarnação de seu Filho, fazendo aparecer um novo nascimento, a fim de que, tendo nós herdado a morte pelo nascimento anterior, por este, herdássemos a vida. Eles recusam a mistura do vinho celeste e querem somente ser a água deste mundo, não aceitando que Deus se misture com eles e querendo permanecer neste Adão, vencido e afastado do paraíso. Eles não consideram que, como no início da nossa formação em Adão o sopro de vida vindo de Deus, unindo-se à obra modelada, vivificou o homem e o tornou animal racional, assim, no fim, o Verbo do Pai e o Espírito de Deus, unindo-se à antiga substância da obra modelada, isto é, Adão, tornaram o homem vivente e perfeito, capaz de entender o Pai perfeito, a fim de que, como todos nós morremos no homem animal assim todos sejamos vivificados no homem espiritual. Adão nunca fugiu das mãos de Deus às quais o Pai dizia: "Façamos o homem à nossa imagem e semelhança". E eis por que no fim, "não pela vontade da carne nem pela vontade do homem, mas pela vontade do Pai",4 as suas mãos tornaram o homem vivente, de forma que Adão se tornasse à imagem e semelhança de Deus.

2,1. Estultos os que afirmam que Deus veio a mundo não seu, como se desejasse as coisas alheias, para apresentar o homem feito por outro a um deus que nem o fez, nem o criou, nem participou de alguma forma na sua produção. Sua vinda não seria justa, se como eles pretendem, veio a mundo não seu; nem nos resgatou verdadeiramente com seu sangue, se não se fez verdadeiramente homem. Mas, de fato, restaurou na obra por ele modelada o privilégio original do homem de ter sido feito à imagem e semelhança de Deus; por isso, ele não se apossou fraudulentamente das coisas dos outros, mas retomou o que era seu com toda justiça e bondade. Com justiça em relação à Apostasia, porque nos resgatou dela ao preço de seu sangue; com bondade em relação a nós, os resgatados, porque não lhe demos nada antecipadamente, nem ele nos pede nada, como se precisasse, mas somos nós que precisamos da comunhão com ele: por isso, entregou-se a si mesmo por pura bondade, para nos reunir no seio do Pai.

A carne eucarística

2,2. Estultos, completamente, os que rejeitam toda a economia de Deus, negam a salvação da carne, desprezam a sua regeneração, declarando ser ela incapaz de receber a incorruptibilidade. Mas se esta não se salva, então nem o Senhor nos resgatou no seu sangue, nem o cálice eucarístico é comunhão de seu sangue, nem o pão que partimos é a comunhão com seu corpo. Pois o sangue não pode brotar a não ser das veias, da carne e do resto da substância humana e é justamente por se ter tornado tudo isso que o Verbo de Deus nos remiu com seu sangue, como diz o seu Apóstolo: "Nele temos a redenção por seu sangue e a remissão dos pecados".5 É por sermos seus membros que somos nutridos por meio das coisas criadas: ele próprio põe à nossa disposição as criaturas, fazendo o sol levantar-se e chover, como quer; ele ainda reconheceu como seu próprio sangue o cálice tirado da natureza criada, com o qual fortifica o nosso sangue, e proclamou ser seu próprio corpo o pão tirado da natureza criada com o qual se fortificam os nossos corpos.

2,3. Se, portanto, o cálice que foi misturado e o pão que foi produzido recebem a palavra de Deus e se tornam a Eucaristia, isto é, o sangue e o corpo de Cristo, e se por eles cresce e se fortifica a substância da nossa carne, como podem pretender que a carne seja incapaz de receber o dom de Deus, que consiste na vida eterna, quando ela é alimentada pelo sangue e pelo corpo de Cristo, e é membro deste corpo? Como diz o bem-aventurado Apóstolo na carta aos Efésios: "Somos membros de seu corpo, formados pela sua carne e pelos seus ossos"; e não fala de algum homem pneumático e invisível — "porque o espírito não tem ossos nem carne"[6] — mas da estrutura do homem verdadeiro, feito de carne, nervos e ossos, alimentado pelo cálice que é o sangue de Cristo e é fortificado pelo pão que é o seu corpo.

Como a cepa de videira plantada na terra frutifica no seu tempo e o grão de trigo caindo na terra, decompondo-se, ressurge multiplicado pelo Espírito de Deus que sustenta todas as coisas e que, pela inteligência, são postas ao serviço dos homens e, recebendo a palavra de Deus, se tornam eucaristia, isto é, o corpo e o sangue de Cristo, da mesma forma os nossos corpos, alimentados por esta eucaristia, depois de ser depostos na terra e se terem decomposto, ressuscitarão, no seu tempo, quando o Verbo de Deus os fará ressuscitar para a glória de Deus Pai, porque ele dará a imortalidade ao que é mortal e a incorruptibilidade ao que é corruptível, pois o poder de Deus se manifesta na fraqueza.[7]

Não é pois de nós mesmos que temos a vida e, por isso, não nos podemos orgulhar nem nos elevar contra Deus, cultivando pensamentos de ingratidão, e, sabendo por experiência que é da sua grandeza e não da nossa natureza que temos a capacidade da vida eterna, não nos afastemos daquela glória de Deus como é em si mesmo, nem ignoremos a nossa natureza; para que aprendamos qual o poder de Deus e quais benefícios o homem recebe e não nos enganemos na compreensão do ser e do como as coisas existem, isto é, de Deus e do homem. Ademais, como dizíamos anteriormente, não permitiu Deus que acontecesse a nossa dissolução, a fim de que instruídos por todas as coisas estejamos bem atentos a tudo, sem ignorar nem a Deus nem a nós mesmos?

O poder de Deus na fraqueza da carne
3,1. O Apóstolo mostra com toda clareza que o homem foi deixado na sua fraqueza para que, enchendo-se de soberba, não se afastasse da verdade. Com efeito, ele diz na segunda carta aos Coríntios: "Para que não me enchesse de soberba pela sublimidade das revelações, foi-me dado um aguilhão na carne, um anjo de Satanás, para me esbofetear. A esse respeito três vezes pedi ao Senhor que o afastasse de mim; e me disse: Basta-te a minha graça, porque a força manifesta todo o seu poder na fraqueza. Por conseguinte, com todo ânimo prefiro gloriar-me das minhas fraquezas para que pouse sobre mim a força de Cristo".8 Pois bem, dirá alguém, o Senhor quis que seu Apóstolo fosse assim esbofeteado e suportasse tal fraqueza? Sim, responde o Verbo, a força manifesta todo o seu poder na fraqueza, tornando melhor

aquele que, pela fraqueza, conhece o poder de Deus. Como o homem poderia saber que é fraco e mortal por natureza, ao passo que Deus é imortal e poderoso se não tivesse experimentado o que está em ambos? Aprender na paciência a própria fraqueza não é mal, mas, antes, é bem para ele o não se equivocar a respeito da própria natureza. Encher-se de soberba contra Deus e presumir possuir sua glória, com grande ingratidão do homem, seria grande mal, que o privaria do amor e da verdade e do amor para com o seu Criador. Porém, com a experiência dos dois produziu nele o verdadeiro conhecimento de Deus e do homem e aumentou o seu amor por Deus. E onde há aumento de amor, será conferida também pelo poder de Deus glória mais abundante aos que o amam.

3,2. Desprezam o poder de Deus e não prestam atenção à verdade os que olham para a fraqueza da carne e não consideram o poder daquele que a ressuscita da morte. Com efeito, se ele não vivificasse o que é mortal e não levasse à incorruptibilidade o que é corruptível deixaria de ser poderoso. Mas devemos constatar que ele é poderoso em todas estas coisas e a nossa origem no-lo deve dar a compreender: pois foi tomando um pouco de lodo da terra que Deus modelou o homem. Ora, é muito mais difícil e incrível que tenha feito existir do nada ossos, nervos e veias, e todos os elementos que constituem o organismo humano, dando-lhe o ser, criando-o animal vivo e racional do que reconstituí-lo, quando, depois de criado, se tenha decomposto na terra, pelos motivos apresentados acima, se bem que tenha acabado naqueles elementos dos quais foi feito no princípio, quando nada era feito. De fato, aquele que no princípio e quando quis fez o que não existia, com maior razão, querendo, pode ressuscitar os que já tiveram a vida concedida por ele.

Por outro lado, a carne se encontrará capaz de receber e conter o poder de Deus como no princípio recebeu a sua arte. Uma coisa se tornou olho para ver; outra, ouvido para escutar; outra, mão para tocar e trabalhar; outra, nervos esticados para conter os membros; outra, artéria e veias caminho do sangue e do respiro; outra, as diferentes vísceras; outra, o sangue, ponto de ligação da alma e do corpo. E que mais? É impossível enumerar os elementos deste corpo criado que somente podiam ser feitos pela profunda sabedoria de Deus. O que participa da arte e da sabedoria de Deus, participa também do seu poder.

3,3. A carne não é, portanto, estranha à sabedoria e ao poder de Deus, mas o poder daquele que dá a vida se manifesta na fraqueza, isto é, na carne.

Digam-nos, os que afirmam que a carne é incapaz de receber a vida que Deus dá: fazem esta afirmação estando atualmente vivos e participando da vida ou reconhecem que estão completamente privados de vida e presentemente mortos? Se estiverem mortos, como podem movimentar-se, falar e fazer tudo o que os vivos fazem, mas não os mortos? Se, presentemente, estão vivos, se todo o seu corpo participa da vida, como podem dizer que a carne é incapaz de participar da vida, visto que reconhecem ter a vida neste momento? É como se segurassem entre as mãos uma esponja embebida em água ou uma tocha acesa e depois dissessem que a esponja não pode reter a água ou a tocha a chama. Da mesma forma, enquanto asseguram estar vivos e se gloriam de trazer a vida em seus membros, contradizendo-se a si mesmos, dizem que seus membros são incapazes de receber a vida. Se esta vida temporal, muito menos vigorosa do que a vida eterna é bastante forte para vivificar os nossos membros mortais, por que a vida eterna, que é muito mais eficaz, não vivificaria a carne que já se exercitou e acostumou a viver? Que a carne é capaz de receber a vida mostra-se pelo fato de ela viver: de fato, vive enquanto Deus quer que viva. E que Deus seja capaz de dar a vida é evidente: nós vivemos porque ele nos dá a vida. Posto que Deus pode dar a vida à obra modelada por ele e a carne é capaz de receber esta vida, o que ainda lhe impossibilita receber a incorruptibilidade que é a vida sem término nem fim que Deus lhe comunica?

4,1. Ora, até sem se darem conta, os que imaginam um Pai além do Demiurgo e lhe atribuem o título de bom, fazem deste Pai um ser fraco, inoperante e negligente, para não dizer ciumento e invejoso, dizendo que ele não vivifica os nossos corpos. Afirmando que algumas coisas conhecidas por todos são imortais, como o espírito, a alma e coisas desta espécie, e que abandona as outras que não podem ser vivificadas a não ser que Deus lhe dê a vida, apresentam a prova de que o seu Pai é fraco, ocioso, negligente e invejoso. Ora, se o Demiurgo vivifica desde agora os nossos corpos mortais e lhes promete a ressurreição por meio dos profetas, como o mostraremos, qual deles se mostra mais poderoso, forte e bom? O Demiurgo que vivifica todo o homem ou o seu pretenso Pai que finge vi-vificar as coisas imortais e que possuem a vida por sua própria natureza e negligentemente abandona à morte, antes de vivificá-las com bondade, as que precisam de seu socorro para viver? O Pai deles não dá a vida porque não quer ou porque não pode? Se não pode, é porque não é mais poderoso nem mais perfeito do que o Demiurgo, pois o Demiurgo dá, como é fácil ver, o que aquele é incapaz de oferecer. Se, pelo contrário, recusa-se a dar a vida quando o poderia, está demonstrado que não é Pai bom, mas Pai invejoso e negligente.

4,2. Se, por acaso, dizem que há um motivo pelo qual o seu Pai não vivifica os corpos, necessariamente este motivo é mais forte que o Pai, pois limita a sua bondade e então esta parece enfraquecida por este pretenso motivo. Que os corpos são capazes de receber a vida, todos estão cansados de saber; com efeito, vivem pelo tempo que Deus quer que vivam e por isso não podem dizer que são incapazes de receber a vida. Se, portanto, não são vivificados, por alguma necessidade ou motivo, os que têm a possibilidade de receber a vida o seu Pai estará submetido a esta neces-sidade e a este motivo e não será mais livre e autônomo nas suas decisões.

Os corpos podem viver por muito tempo

5,1. Além disso, os corpos podem viver por muito tempo, quanto Deus quiser; leiam as Escrituras e verão que os antepassados passaram dos setecentos, oitocentos e novecentos anos e seus corpos atingiam a longevidade dos dias e viviam o tempo todo que Deus queria. Mas, por que havemos de falar deles, quando Enoc, que agradou a Deus, foi transferido naquele mesmo corpo com que agradou a Deus, prefigurando a transladação dos justos, e Elias foi levado, assim como se encontrava na substância da sua carne, prenunciando proféticamente a assunção dos homens espirituais. O seu corpo não impediu em nada a sua transladação e assunção; por aquelas mãos que no princípio os plasmou foram assuntos e transferidos.9

As mãos de Deus estavam acostumadas com Adão a unir, sustentar e levar a obra plasmada por elas, a transportá-la e situá-la onde queriam. Onde foi posto o primeiro homem? No paraíso, sem dúvida, como diz a Escritura: "Deus plantou um paraíso no Éden, do lado do oriente, e aí pôs o homem que tinha plasmado".10 E foi de lá que foi expulso para este mundo, por ter desobedecido. E os presbíteros, discípulos dos apóstolos, dizem que foi para lá que foram levados os que foram transferidos — com efeito, é para os justos que possuem o Espírito que foi preparado o paraíso, aonde também foi levado o apóstolo Paulo e onde ouviu aquelas palavras que para nós agora são indizíveis — e é aí que ficarão até a consumação final, estreando assim a incorruptibilidade.

5,2. Se alguém julga impossível que homens possam viver por tanto tempo, e que Elias não foi levado na sua carne, porque esta teria sido queimada pelo carro de fogo, observe que Jonas, lançado no fundo do mar e absorvido no interior do cetáceo, foi cuspido de volta por ordem de Deus; e Ananias, Azarias e Misael, lançados na fornalha de fogo, aquecida sete vezes mais, não sofreram nenhum dano, nem ficaram com nenhum cheiro de queimado. Ora, se a mão de Deus esteve presente operando coisas impensadas e impossíveis à natureza humana, o que há de admirar se naqueles que foram assuntos operou alguma coisa de extraordinário, executando a vontade do Pai? Esta mão é o Filho de Deus, conforme a palavra que a Escritura põe na boca do rei Nabucodonosor: "Não foram três os homens que lançamos na fornalha? E agora eu vejo quatro andando no meio do fogo e o quarto é semelhante a filho de Deus".11

    Não há, portanto, nenhuma natureza criada, nenhuma fraqueza da carne que sejam mais fortes do que a vontade de Deus, pois Deus não está sujeito às criaturas, mas estas estão submetidas a Deus e todas as coisas estão à serviço da sua vontade. Por isso o Senhor diz: "O que é impossível aos homens é possível a Deus". Como, portanto, aos homens de hoje, que ignoram a economia de Deus, parece impossível e incrível que um homem possa viver tantos anos — contudo os antepassados viveram tanto e vivem os que foram transferidos, para prefigurar a duração futura dos dias — e que se possa sair incólume do ventre de cetáceo e da fornalha de fogo, — contudo eles saíram como que conduzidos pela mão de Deus, para mostrar o seu poder — assim agora há os que, ignorando o poder e a promessa de Deus, negam a própria salvação, julgando impossível possa Deus ressuscitar os seus corpos e dar-lhes duração eterna; contudo, a incredulidade desses não anulará a fidelidade de Deus.

    O homem é alma, corpo e espírito

    6,1. Deus será glorificado na sua criatura, conformada e modelada ao seu próprio Filho, pois, pelas mãos do Pai, isto é, por meio do Filho e do Espírito, o homem, e não uma sua parte, torna-se semelhante a

Deus. A alma e o Espírito podem ser uma parte do homem, não o homem todo; o homem perfeito é composição e união da alma que recebe o Espírito do Pai e está unida à carne, plasmada segundo a imagem do Pai. Por isso o Apóstolo diz: Falamos de sabedoria entre os perfeitos, chamando perfeitos os que receberam o Espírito de Deus e que falam todas as línguas graças a este Espírito, como ele fazia e como ainda ouvimos muitos irmãos na Igreja, que possuem o carisma profético e que, pelo Espírito, falam em todas as línguas, revelam as coisas escondidas dos homens, para sua utilidade e expõem os mistérios de Deus. São estes que o Apóstolo chama de espirituais, porque são espirituais pela participação do Espírito, mas não por uma expulsão e supressão da carne. Com efeito, se é eliminada a substância da carne, isto é, da obra plasmada, e só se considera o que é propriamente espírito, isso já não é o homem espiritual, e sim o espírito do homem ou o Espírito de Deus. Quando, porém, este Espírito mistura-se com a alma e se une à obra modelada, pela efusão deste Espírito, realiza-se o homem espiritual e perfeito, e é este mesmo que foi feito à imagem e semelhança de Deus. Se, porém, falta o Espírito à alma, este homem será verdadeiramente psíquico e carnal, mas imperfeito, porque possuiria a imagem de Deus enquanto criatura modelada, mas não teria recebido a semelhança por meio do Espírito. Se este é imperfeito, ainda mais o será, pois tirando-lhe a imagem e rejeitando a obra modelada, já não se pode reconhecer o homem, mas, como dissemos, somente uma sua parte ou uma coisa diferente dele. Tampouco a carne modelada é de per si o homem perfeito, mas é o corpo do homem e uma parte dele; nem a alma, sozinha, é o homem, mas uma parte do homem; como nem o Espírito é homem, de fato, dá-se-lhe o nome de Espírito e não de homem, mas é a composição e a união destes elementos que constitui o homem perfeito.12 Por isso o Apóstolo, explicando o seu pensamento, definiu claramente o homem perfeito e espiritual, partícipe da salvação, quando diz na sua primeira carta aos Tessalonicenses: "O Deus da paz santifique a vós, os perfeitos, e o vosso espírito, a alma e o corpo se jam guardados plenamente acabados e sem repreensão para a vinda do Senhor Jesus".13

Qual motivo poderia ter de pedir a perfeita conservação para a vinda do Senhor destas três coisas, a alma, o corpo e o Espírito, se não soubesse que as três devem ser restauradas e reunidas e que para elas há uma só e idêntica salvação? É por isso que diz plenamente acabados os que apresentam, sem repreensão, ao Senhor estas três coisas. São perfeitos, portanto, os que possuem sempre o Espírito de Deus, guardarão sem repreensão as almas e os corpos, conservando a fé em Deus e cumprindo a justiça para com o próximo.

6,2. Por isso diz que a criatura é o templo de Deus: "Não sabeis que sois o templo de Deus e que o Espírito de Deus habita em vós? Quem profana o templo de Deus será destruído por Deus: o templo de Deus, que sois vós, é santo",14 evidentemente chamando o corpo de templo em que habita o Espírito. Também o Senhor, falando de seu corpo, dizia: "Destruí este templo e em três dias eu o reedificarei".15 E isto dizia de seu corpo, comenta a Escritura. E não somente sabe que os nossos corpos são templos, mas são membros de Cristo, quando diz aos coríntios: "Não sabeis que os vossos corpos são membros de Cristo? Tomarei então os membros de Cristo para torná-los membros de meretriz?" Não é de nenhum homem pneumático que diz isto, pois este não se poderia unir a meretriz, mas chama o nosso corpo, isto é, a carne, que persevera na santidade e pureza, membro de Cristo, porém, quando abraça uma meretriz, se torna membro dela. Por isso disse: "Quem profana o templo de Deus será destruído por Deus".16 Não é, portanto, a maior ofensa dizer que o templo de Deus, no qual habita o Espírito do Pai e os membros de Cristo não participam da salvação, mas vão para a perdição? O Apóstolo diz aos coríntios que os nossos corpos ressuscitarão, não pela sua natureza, mas pelo poder de Deus: "O corpo não é para a fornicação, mas para o Senhor e o Senhor para o corpo; e Deus que ressuscitou o Senhor ressuscitará também a nós, pelo seu poder".17

O penhor da ressurreição

7,1. Como Cristo ressuscitou na substância da sua carne e mostrou aos discípulos os sinais dos pregos e a abertura do lado — estes são os sinais da sua carne ressuscitada dos mortos —, assim ele diz: Deus ressuscitará também a nós pelo seu poder. E aos romanos diz: "Se o Espírito daquele que ressuscitou Jesus dos mortos habita em vós, aquele que ressuscitou o Cristo dos mortos vivificará os vossos corpos mortais".18 O que são os corpos mortais? Serão as almas? Mas as almas são incorporais em comparação aos corpos mortais. Com efeito, Deus soprou no rosto do homem "o sopro de vida e o homem se tornou alma vivente": o sopro de vida é incorporal. Assim como não podem dizer que a alma é mortal porque o sopro de vida permanece — com efeito, Davi diz: "E a minha alma vive-rá para ele ",19 visto ser a sua substância imortal —, assim não podem dizer que o Espírito é corpo mortal. O que fica então para ser denominado corpo mortal a não ser a obra modelada por Deus, isto é, a carne, aquilo que o Apóstolo declara que Deus vivificará? É esta que morre e se decompõe e não a alma ou o Espírito. Morrer é perder a capacidade vital, ficar em seguida sem o sopro, sem a vida, sem os movimentos e decompor-se nos elementos dos quais teve início a existência. Ora, isso não pode acontecer com a alma, porque é sopro de vida, nem com o espírito por ser simples e não composto e por ser ele a vida dos que o recebem. Resta que a morte se manifeste na carne a qual, com a saída da alma, fica sem respiração e sem vida e lentamente se decompõe na terra de onde foi tirada. É esta, pois, que é mortal. E é dela que o Apóstolo diz: "Ele vivificará os vossos corpos mortais". Por isso afirma na primeira carta aos Coríntios: "Assim acontecerá na ressurreição dos mortos: semeia-se na corrupção, ressuscitará na incorrupção". Com efeito, ele diz: "O que tu semeias não é vivificado se primeiro não morre".20

7,2. O que é semeado como o grão de trigo e se desfaz na terra? Não são os corpos que são depositados na terra onde se lança a semente? Por isso diz: "Semeia-se no avilta- mento, ressuscitará na glória". O que há de mais aviltado do que a carne morta? Ao contrário, o que é mais glorioso do que ela quando ressuscita e recebe o dom da incorruptibilidade? "Semeia-se na fraqueza, ressuscitará no poder". A fraqueza da carne, sendo terra acaba na terra; o poder de Deus, porém, a ressuscita da morte. "Semeia-se um corpo psíquico, ressuscitará corpo espiritual". Sem dúvida, nos ensina que não fala da alma, nem do espírito, mas de corpos submetidos à morte; estes corpos são psíquicos, isto é, têm a alma, mas se a perdem, morrem; em seguida, pelo Espírito ressurgem, tornando-se corpos espirituais e perseverando, sempre por obra do Espírito, possuem uma vida que dura para sempre. Porque, agora, diz, "conhecemos em parte, e profetizamos parcialmente, então será face a face". A mesma coisa diz Pedro: "O amais sem tê-lo visto, e nele credes agora sem tê-lo visto, mas crendo exultareis com alegria inexprimível".21 O nosso rosto verá o rosto de Deus e se alegrará de alegria inexprimível, pois ele verá a sua alegria.

O penhor é o Espírito

8,1. Agora recebemos uma parte de seu Espírito para nos predispor e preparar à incorruptibilidade, habituando-nos paulatinamente a compreender e a trazer Deus. É a isto que o Apóstolo chama penhor, isto é, parte daquela glória prometida por Deus, quando na carta aos Efésios diz: "É nele que também vós, depois de ter ouvido a palavra da verdade, o evangelho da vossa salvação, é nele que, depois de ter crido, fostes marcados com o selo do Espírito Santo da promessa, que é o penhor de nossa herança".22 Se, portanto, esse penhor que habita em nós nos torna espirituais e se o que é mortal é absorvido pela imortalidade — "Pois vós, diz, não estais na carne, mas no Espírito, se o Espírito de Deus habita em vós" — e se, por outro lado, isto se realiza, não pela rejeição da carne, e sim pela comunhão do Espírito — pois aqueles aos quais escrevia não eram seres desencarnados, mas pessoas que tinha recebido o Espírito de Deus "no qual gritamos: 'Abba', Pai!"23 — se portanto, já agora, por ter recebido este penhor, "gritamos: Abba, Pai!" o que acontecerá quando, ressuscitados, o veremos face a face? Quando de todos os membros brotará copiosamente o hino de exultação, glorificando aquele que os ressuscitou da morte, dando-lhes a vida eterna? Se este penhor, envolvendo o homem em si, já lhe faz dizer: "Abba, Pai!" o que não fará toda a graça do Espírito que Deus dará aos homens? Ela nos tornará semelhantes a ele e cumprirá a vontade do Pai, pois, fará o homem à imagem e semelhança de Deus.

8,2. Os que possuem, pois, o penhor do Espírito, não servem mais às concupiscências da carne, submetem-se ao Espírito e vivem em tudo conforme à razão, são justamente chamados espirituais pelo Apóstolo, porque o Espírito de Deus habita neles. Ora, espíritos desprovidos de corpo não são homens espirituais, mas a nossa natureza, isto é, a união da alma e do corpo que recebe o Espírito de Deus constitui o homem espiritual.

Aqueles, porém, que recusam os conselhos do Espírito e se submetem aos prazeres da carne e vivem de modo contrário à razão e se abandonam sem freios às suas paixões, como os que não recebem nenhuma inspiração do Espírito e vivem como porcos ou cães, justamente são chamados carnais pelo Apóstolo, porque só têm sensibilidade para as coisas carnais.

Já os profetas, por estes mesmos motivos, equipararam-nos aos animais irracionais. Assim, por causa de sua conduta contrária à razão, diziam:

"Tornaram-se como garanhões no cio, cada um relinchando para a mulher de seu próximo"; e ainda: "O homem que fora cumulado de honra, se tornou semelhante aos jumentos";24 é por sua culpa que o homem se torna semelhante aos jumentos emulando sua vida irracional. Também nós costumamos chamar essas pessoas jumentos e brutos.

8,3. Tudo isso foi prefigurado pela Lei que descreve os homens por meio de animais: declarando puros os animais com o casco partido em duas unhas e que ruminam e impuros aqueles aos quais faltavam as duas coisas ou uma delas. Então, quais são os homens puros? Os que caminham firmemente, na fé, para o Pai e o Filho — essa é a estabilidade dos que têm unha dupla — e que meditam as palavras do Senhor, dia e noite, para se adornar de boas obras — esta é a virtude dos ruminantes —. Impuros, ao contrário, são os que não têm duas unhas e não ruminam, isto é, os que não têm fé em Deus e não meditam as suas palavras: essa é a abominação dos pagãos. Os animais que ruminam, mas não têm duas unhas, também são impuros: esta é a imagem dos judeus, os quais têm as palavras de Deus em sua boca, mas não afundam a estabilidade de suas raízes no Pai e no Filho: por isso a sua raça é instável. Com efeito, os animais com uma unha só escorregam facilmente e os que têm duas unhas são mais estáveis, porque elas se sucedem uma à outra conforme a marcha e uma sustenta a outra. Também são impuros os animais com duas unhas, mas não ruminam: é o símbolo de quase todos os hereges, de todos os que não meditam as palavras de Deus e não se adornam com as obras da justiça. O Senhor diz a eles: "Por que me chamais

Senhor, Senhor, e não fazeis o que vos digo?"25 Estes dizem que crêem no Pai e no Filho, mas não meditam as palavras de Deus como convém e não se adornam com as obras de justiça, mas, como dissemos, abraçaram a maneira de viver dos porcos e dos cães, abandonando-se à impureza, à gula e a todas as paixões.

Os que não têm o Espírito divino por causa da sua incredulidade e luxúria e de várias maneiras recusam o Verbo que lhes dá a vida e, sem refletir, vivem nas suas paixões, o Apóstolo os chama justamente carnais e psíquicos, os profetas chamam-nos jumentos e feras e, na linguagem corrente, animais e irracionais, e a Lei os declara impuros.

Carne sem respiração
9,1. Este pensamento é expresso pelo Apóstolo em outro lugar, no qual diz: "A carne e o sangue não podem herdar o reino de Deus".26 Estas palavras são interpretadas pelos hereges, segundo a sua demência, para demonstrar que a criatura de Deus não se pode salvar. Eles não vêem que são três os elementos, como dissemos, que constituem o homem perfeito: a carne, a alma e o Espírito; um que salva e plasma, isto é, o Espírito; outro, que é unido e formado, isto é, a carne; e o terceiro, que se encontra entre estes dois, isto é, a alma, que ora segue o Espírito e é elevada por ele, ora se deixa convencer pela carne e cai nas concupiscências terrenas.27

Os que não possuem o elemento que salva e forma para a vida são carne e sangue e serão chamados justamente assim, porque não têm neles o Espírito de Deus. Por isso ainda o Senhor os chama mortos: "Deixai, diz ele, que os mortos enterrem seus mortos",28 porque não possuem o Espírito que vivifica o homem.

9,2. Os, porém, que temem a Deus e crêem na vinda de seu Filho e, mediante a fé, põem o Espírito de Deus no seu coração, serão justamente chamados homens puros, espirituais, viventes para Deus, porque possuem o Espírito do Pai que purifica o homem e o eleva à vida de Deus. O Senhor afirma que a carne é fraca e o espírito está pronto, isto é, é capaz de cumprir o que deseja. Portanto, se alguém misturar, como aguilhão, a prontidão do Espírito à fraqueza da carne, aquilo que é forte necessariamente superará o fraco, a fraqueza da carne será absorvida pela força do Espírito e quem era carnal será doravante espiritual, graças à comunhão do Espírito. Assim os mártires testemunham e desprezam a morte não segundo a fraqueza da carne, e sim conforme à prontidão do Espírito. A fraqueza da carne desapareceu para manifestar o poder do Espírito; o Espírito, absorvendo a fraqueza, possui em si a carne e estes dois elementos constituem o homem vivo: vivo pela participação do Espírito, homem, pela substância da carne.

9,3. Por isso a carne sem o Espírito de Deus está morta, privada da vida, incapaz de possuir o reino de Deus; o sangue, irracional, é como água derramada na terra. Eis por que o Apóstolo diz: "Qual foi o homem terrestre, tais são os terrestres".29 Mas onde há o Espírito do Pai há o homem vivo, um sangue racional sobre o qual Deus vigia para vingá-lo, uma carne possuída pelo Espírito, a qual, esquecendo o que é, adquire a qualidade do Espírito e se torna conforme ao Verbo de Deus. Por isso o Apóstolo diz: "Como trazemos a imagem do homem terreno assim possamos trazer a imagem do homem celeste".30 O que é este terreno? A obra plasmada. O que é este celeste? O Espírito. Por isso, como outrora vivemos sem o Espírito celeste na vetustez da carne, não obedecendo a Deus, assim agora que recebemos o Espírito andemos em novidade de vida, obedecendo a Deus. Desde que não nos podemos salvar sem o Espírito de Deus, o Apóstolo exorta-nos a conservar este Espírito de Deus, pela fé e por vida casta, para que não percamos o reino dos céus, pela falta deste Espírito divino. E afirma solenemente que a carne só e o sangue não podem obter o reino de Deus.

9,4. Na realidade, ela não o possui, mas é possuída, de acordo com o que o Senhor diz: "Bem-aventurados os mansos porque herdarão a terra",31 no sentido de que no reino será possuída em herança a terra da qual deriva a substância da nossa carne. Por isso quer que o templo seja puro para que o Espírito se deleite nele como o esposo na esposa. Como a esposa não pode unir-se por casamento, mas é casada quando o esposo vier e a tomar, assim a carne, por si só, não pode herdar o reino de Deus, mas pode ser recebida em herança, no reino, pelo Espírito. É o vivo que recebe em herança os bens do morto; uma coisa é possuir em herança e outra ser possuído; o herdeiro é dono, manda e dispõe como quer da herança; o que é herdado, ao contrário, está submetido ao herdeiro, lhe obedece e está sob o seu domínio. Qual é, portanto, o que vive? É o Espírito de Deus. E quais são os bens do morto? São os membros do homem que se decompõem na terra. São eles que são recebidos pelo Espírito e transferidos ao reino dos céus. Foi por isso que o Cristo morreu, para que o testamento do Evangelho, aberto e lido ao mundo inteiro, primeiramente libertasse seus escravos e depois os fizesse herdeiros dos seus bens, na herança possuída pelo Espírito, como dissemos acima: é o vivo que é o herdeiro e é a carne que é recebida em herança. Para que não percamos a vida ao perder o Espírito que nos possui como herança e para nos exortar à comunhão do Espírito tem razão ao dizer o Apóstolo as palavras já citadas: "A carne e o sangue não podem herdar o reino de Deus"; como se dissesse: "Tomai cuidado, se o Verbo de Deus não habita em vós e se não tendes em vós o Espírito do Pai; se viveis vida vã e sem finalidade, como se não fôsseis senão carne e sangue, não podereis herdar o reino de Deus".32

O enxerto do Espírito
10,1. Isso ele o diz para que não rejeitemos o enxerto do Espírito, por amor da carne. Com efeito, diz, "tu, que eras oliveira silvestre, foste enxertado na oliveira mansa e te beneficiaste da sua abundante seiva".33 Se uma oliveira silvestre, depois de enxertada continua silvestre como era antes, será cortada e lançada ao fogo. Se, porém, conserva o enxerto e se transforma em oliveira mansa e se torna frutífera, é como se fosse plantada no jardim do rei. Sucede o mesmo com os homens: se pela fé progridem para o melhor, recebem o Espírito de Deus e produzem os seus frutos, serão espirituais e como que plantados no jardim de Deus; se, porém, rejeitam o Espírito e continuam a ser os de antes, querendo ser antes carne do que Espírito, justamente poder-se-á dizer de-les: "que a carne e o sangue não herdarão o reino de Deus", como a dizer que uma

oliveira silvestre não será admitida no jardim de Deus. O Apóstolo, portanto, mostra admiravelmente a nossa natureza e toda a economia de Deus, quando fala de carne, de sangue e de oliveira silvestre.

Como a oliveira abandonada por muito tempo no deserto começa a dar frutos silvestres e se torna brava, e se esta oliveira brava é tratada e enxertada numa oliveira mansa voltará à fertilidade primitiva, assim os homens, tornados negligentes e produzindo estes frutos silvestres que são as paixões carnais, tornam-se, por sua culpa, estéreis em frutos de justiça — pois é quando os homens dormem que o inimigo semeia o joio e por isso o Senhor ordena aos seus discípulos que estejam vigilantes —; mas se estes homens, estéreis em frutos de justiça e como cultura invadida pelo mato, são rodeados de cuidados e recebem, como enxerto, a palavra de Deus, voltam à natureza primitiva do homem, a que foi criada à imagem e semelhança de Deus.

10,2. Como a oliveira silvestre quando enxertada não perde a substância da sua matéria, e sim muda a qualidade de seus frutos e recebe outro nome, porque não é mais oliveira silvestre, mas oliveira fértil e é chamada assim, o mesmo se verifica no homem que é enxertado pela fé e recebe o Espírito de Deus; não perde a natureza da carne, e sim muda a qualidade dos frutos que são as suas obras e recebe outro nome que indica a sua transformação para melhor, porque não é, nem mais é chamado carne e sangue, e sim homem espiritual. E como a oliveira silvestre, que não foi enxertada, continua sem utilidade para o seu proprietário por causa da sua qualidade silvestre, é cortada e lançada ao fogo, como árvore estéril; assim o homem que não recebe pela fé o enxerto do Espírito, continua sendo o que era antes, isto é, "carne e sangue e não pode receber a herança do reino de Deus".

Por isso, com razão o Apóstolo diz: "A carne e o sangue não podem herdar o reino de Deus"; e: "Os que estão na carne não podem agradar a Deus"; não renegando a na- tureza da carne, mas exigindo a infusão do Espírito. É por isso que diz: É necessário que este ser mortal revista a imortalidade e este ser corruptível revista a incorruptibilidade. Ele diz ainda: "Vós não permaneceis na carne, mas no Espírito, pois o Espírito de Deus habita em vós". E o mostra ainda mais claramente quando diz: "O corpo é morto por causa do pecado, mas o Espírito é vida por força da justiça. Ora, se o Espírito daquele que ressuscitou Jesus da morte habita em vós, aquele que ressuscitou Cristo vivificará também os vossos corpos mortais por causa do seu Espírito que habita em vós". Ele diz ainda na carta aos Romanos: "Se viveis segundo a carne começareis a morrer". Com isso ele não quer negar a vida deles na carne — ele próprio estava na carne quando lhes escrevia — mas exortava-os a afastar as concupiscências carnais que matam o homem. Por isso acrescentou: "Mas se pelo Espírito mortificareis as obras da carne, vivereis; porque os que são conduzidos pelo Espírito de Deus são filhos de Deus".34

As obras da carne e os frutos do Espírito

11,1. Depois explica quais são as obras que chama carnais, prevendo as calúnias dos infiéis e dá a explicação das suas palavras para não deixar dúvidas aos que as perscrutariam com incredulidade. Ele diz na carta aos Gálatas: "As obras da carne são manifestas;

elas são: fornicação, impureza, libertinagem, idolatria, feitiçaria, ódio, rixas, ciúmes, ira, discussões, discórdias, divisões, invejas, bebedeiras, orgias e coisas semelhantes a estas, a respeito das quais eu vos previno, como já vos preveni; os que tais coisas praticam não herdarão o reino de Deus",35 explicando assim, claramente, para quem escuta, o que significa "A carne e o sangue não podem herdar o reino de Deus". Com efeito, os que praticam estas obras, procedendo verdadeiramente segundo a carne não podem viver para Deus. Por outro lado, acrescenta atos espirituais que vivificam o homem, isto é, a enxertia do Espírito e enumera-os: "Mas o fruto do Espírito é amor, alegria, paz, longanimidade, benignidade, bondade, fidelidade, mansidão, autodomínio; contra estas coisas não existe lei".36 Assim como quem progride para melhor e produz o fruto do Espírito, de qualquer forma será salvo por causa da comunhão do Espírito, assim também quem permanece nas obras da carne, de que falamos, será julgado verdadeiramente carnal, porque não recebe o Espírito de Deus e, por conseguinte, não poderá herdar o reino dos céus.

    O próprio Apóstolo afirma aos coríntios: "Então não sabeis que os injustos não herdarão o reino de Deus? Não vos iludais, diz, nem os impudicos, nem os idólatras, nem os adúlteros, nem os depravados, nem os efeminados, nem os sodomitas, nem os ladrões, nem os avarentos, nem os bêbados, nem os injuriosos herdarão o reino de Deus. E alguns de vós, diz, foram isso; mas vós vos lavastes, mas fostes santificados, mas fostes justificados em nome do Senhor Jesus Cristo e do Espírito de nosso Deus".37 Com estas palavras indica de maneira evidente o que arruína o homem, se continua a viver segundo a carne, e o que o salva. O que o salva, diz, é "o nome do Senhor nosso Jesus Cristo e o Espírito do nosso Deus".

11,2. Depois de ter enumerado as obras funestas da carne, privada do Espírito, e em conseqüência do que acaba de dizer, conclui a carta, resumindo assim a sua doutrina: "E, assim, como trouxemos a imagem do homem terrestre, também traremos a imagem do homem celeste. Digo-vos, irmãos: a carne e o sangue não podem herdar o Reino de Deus".38 A frase: "como trouxemos a imagem do homem terrestre" tem o mesmo sentido da outra: "E alguns de vós foram isso; mas vos lavastes, mas fostes santificados, mas fostes justificados em nome do Senhor Jesus Cristo e do Espírito de nosso Deus". Quando trouxemos a ima gem do que é terrestre? Quando se cumpriam em nós as obras da carne de que falamos. E quando trouxemos a imagem do homem celeste? Quando, ele diz, vos lavastes, crendo em nome do Senhor e recebendo o seu Espírito. Fomos lavados não da natureza corporal, nem da imagem da criação, mas da vã conduta anterior. Por isso nos mesmos membros com os quais nos perdemos, cumprindo as obras da corrupção, somos agora vivificados, cumprindo as obras do Espírito.

A obra do Espírito

12,1. Como a carne é capaz de corrupção assim o é de incorrupção; como é capaz de morte o é também de vida. Estas coisas se excluem mutuamente e não ficam juntas no mesmo indivíduo, mas uma afasta a outra, e onde há uma não há outra. Por isso, se a morte, apoderando-se do homem, afasta-lhe a vida e faz dele morto, com maior razão a vida, apoderando-se do homem, afasta-lhe a mor-te e o restituirá vivo a Deus. Se a morte fez morrer o homem, por que a vida, ao sobrevir, não o vivificaria? Como diz o profeta Isaías: "No seu poder a morte devorou"; e ainda: "Deus enxugará todas as lágrimas de todos os rostos".39

Ora a primeira vida foi expulsa porque foi conferida por meio de um sopro e não pelo Espírito.

12,2. Uma coisa é o sopro de vida que faz o homem psíquico e outra coisa é o Espírito vivificante que o torna espiritual. Por isso Isaías diz: "Assim fala o Senhor, que fez o céu e o firmou, que consolidou a terra e o que ela encerra, que deu o sopro ao povo que a habita e o Espírito aos que a pisam":40 ele afirma que o sopro foi dado indistintamente a todos os que vivem na terra, ao passo que o Espírito foi dado exclusivamente aos que calcam aos pés as concupiscências terrenas. Eis por que Isaías, retomando a distinção feita, acrescenta: "De mim sai o Espírito e eu sou o Autor de todo sopro",41 atribuindo ao Espírito lugar junto a Deus, o qual, nos últimos tempos, o efundiu sobre o gênero humano pela adoção, mas situa o sopro indiferentemente sobre todas as criaturas e o mostra como coisa feita. Ora, o que foi feito é distinto daquele que o fez; o sopro é coisa situada no tempo, enquanto o Espírito é eterno. O sopro tem momento de força, demora um pouco de tempo e depois desaparece, deixando sem respiração o ser em que antes se encontrava. O Espírito, ao contrário, depois de ter envolvido o homem por fora e por dentro, durará para sempre e nunca o abandonará.

"Mas, diz o Apóstolo, referindo-se somente a nós, homens, não precede o que é espiritual, mas, antes, o que é psíquico e depois o espiritual"42 Nada de mais certo, porque era necessário que o homem fosse primeiramente modelado e só depois recebesse a alma e somente de-pois dela recebesse a comunhão do Espírito. Eis por que também "o primeiro Adão foi feito alma vivente pelo Senhor, e o segundo Adão foi feito Espírito vivificante".43 Por isso, como o homem, feito pessoa animada, voltan-do-se ao mal, perdeu a vida, assim, ele, convertendo-se ao bem e recebendo o Espírito vivificante, reencontrará a vida.

A mesma carne ressuscita

12,3. O que morreu não é diferente do que é vivificado, como não é diferente o que se perdeu do que é encontrado, e o Senhor veio procurar aquela ovelha que se perdera. O que morreu? Evidentemente a substância da carne que perdera o sopro de vida e se tornou sem sopro e morta. O Senhor veio para vivificá-la, a fim de que, como em Adão todos morremos, porque psíquicos, todos vivamos no Cristo, porque espirituais, após ter rejeitado não a obra plasmada por Deus, mas as concupiscências da carne e recebido o Espírito Santo.

Como diz o Apóstolo na sua carta aos Colossenses: "Fazei morrer os vossos membros terrestres..." e ele mesmo expõe o que são esses membros: ..."fornicação, impureza, paixão, desejos maus e a cupidez, que é idolatria".44 O Apóstolo fala da rejeição destas coisas e afirma que os que as fazem, como se fossem compostos somente de carne e sangue, não poderão possuir o reino dos céus. Com efeito, a alma, por se ter inclinado para o pior e rebaixado para as concupiscências terrenas, recebeu o mesmo nome deles. E o Apóstolo nos manda rejeitar todas essas coisas na mesma carta, quando diz: Despojando o homem velho com as suas ações... Ao dizer isso, não rejeitava a antiga obra plasmada, pois se assim fosse nos deveríamos matar todos para cortar toda ligação com a nossa vida atual.

12,4. Mas o próprio Apóstolo, a mesma pessoa que foi formada no seio materno e dele saiu, escrevia na carta aos Filipenses: "Viver na carne é fruto de uma obra". O fruto da obra do Espírito é a salvação da carne. Qual o fruto mais visível do Espírito invisível do que tornar perfeita a carne e capaz da incorrupção? Se, portanto, "para mim, agora, viver na carne é fruto de uma obra", com certeza não desprezava a substância da carne, quando diz: "Despojando o homem velho com as suas ações", mas queria indicar a rejeição da nossa antiga maneira de viver, envelhecida e corrompida. Por isso acrescenta: "E revestindo o homem novo, que se renova no conhecimento, segundo a imagem daquele que o criou".45 Ao dizer: Que se renova no conhecimento, indica que o homem que anteriormente se encontrava na ignorância, isto é, que ignorava a Deus, se renova pelo conhecimento dele; porque é o conhecimento de Deus que renova o homem. Ao dizer: "Segundo a imagem daquele que o criou", indica a recapitulação deste homem que no início foi feito à imagem de Deus.

12,5. Que o Apóstolo seja a mesma pessoa que foi gerada no seio da mãe, isto é, a antiga substância da carne, ele próprio o diz na carta aos Gálatas: "Quando, porém, aquele que me separou desde o seio materno e me chamou por sua graça, houve por bem revelar em mim o seu Filho, para que eu o evangelizasse entre os gentios"46... Era o mesmo que tinha nascido do seio materno, como dissemos, e anunciava a boa nova do Filho de Deus; era o mesmo que, antes, por ignorância, perseguia a Igreja de Deus e depois, recebida a revelação no colóquio com o Senhor, como dis-semos no terceiro livro, pregava o Filho de Deus, Jesus Cristo, crucificado sob Pôncio Pilatos, quando o novo conhecimento eliminou a precedente ignorância.

Do mesmo modo os cegos curados pelo Senhor perderam a cegueira recebendo o perfeito funcionamento dos seus olhos pelo qual viam com os mesmos olhos que antes não conseguiam ver, tendo desaparecido somente a obscuridade da vista sem que mudasse a sua natureza, a fim de que agradecessem com os mesmos olhos que antes não viam, àquele que lhes concedera a visão; igualmente se verificou na cura da mão ressequida e em todas as outras curas, em que não eram mudados os membros recebidos no nascimento, mas os mesmos recobravam a saúde.

12,6. Com efeito, o Verbo de Deus, criador de todas as coi sas, que desde o princípio criara o homem, encontrando estragada pela malícia a sua obra, sarou-a de todas as maneiras possíveis, quer cada membro em particular da forma com que fora feito no princípio, quer conferindo de uma só vez ao homem a saúde perfeita e a integridade, preparando-o perfeito para si em vista da ressurreição. Por qual motivo sararia os membros do corpo e os restabeleceria na sua forma primeira se o que curava não se salvasse? Se tivesse procurado vantagem somente temporária, os que foram curados por ele não teriam recebido grande benefício. Ora, como ainda podem dizer que a carne não pode receber dele a vida quando recebeu dele a cura? A vida adquire-se pela cura e a incorruptibilidade pela vida. Portanto, quem dá a cura dá também a vida, e quem dá a vida concede também a incorruptibilidade à sua criatura.

13,1. Que nos digam os nossos adversários, ou melhor, os adversários da sua salvação, com quais corpos ressuscitaram a filha defunta do sumo sacerdote, o filho da viúva que, morto, era levado para a sepultura, perto da porta da cidade, e Lázaro que já se encontrava há quatro dias no sepulcro? Certamente com os mesmos em que morreram, do contrário não seriam as mesmas, as pessoas mortas e as que ressuscitaram. Com efeito, diz a Escritura: "O Se-nhor pegou a mão do morto e lhe disse: Jovem, eu te digo, levanta-te; e o morto sentou-se; e ordenou que lhe dessem de comer, e o entregou à sua mãe". E: "Chamou Lázaro com voz forte, dizendo: Lázaro, sai para fora. E o morto saiu, diz a Escritura, tinha os braços e as pernas amarrados com panos". É o símbolo do homem enredado nos pecados. Por isso o Senhor diz: "Desamarrem-no e deixem-no ir".47

Como os que foram curados o foram nos membros que foram doentes e os mortos ressuscitaram nos seus próprios corpos, recebendo a cura e a vida dadas pelo Senhor — prefigurando assim as coisas eternas pelas temporais e mostrando que era ele que tinha o poder de dar a cura e a vida à obra que modelara, para que se acreditasse na palavra relativa à sua ressurreição — assim no fim, ao som da última trombeta, à voz do Senhor, ressuscitarão os mortos, como ele mesmo diz: "Virá a hora em que todos os mortos que estão nos sepulcros ouvirão a voz do Filho do homem e sairão, os que fizeram o bem, para a res-surreição de vida, e os que fizeram o mal para a ressur-reição de condenação".48

Uma expressão paulina mal entendida

13,2. Estultos e verdadeiramente infelizes são, pois, os que não querem enxergar coisas tão evidentes e claras, mas fogem da luz da verdade, cegando-se a si mesmos como o infeliz Édipo. Como no ginásio, um lutador principiante, lutando com outro, lhe agarra com todas as forças uma parte do corpo e é justamente derrubado por ela e ao cair pensa ter ganho a luta por se ter agarrado tenazmente ao primeiro membro que encontrou, além do tombo leva o ridículo, assim acontece com os hereges. Tirando duas palavras da frase de Paulo "A carne e o sangue não podem herdar o reino de Deus", não captaram o pensamento do Apóstolo nem o sentido destas palavras: tirando duas palavras do seu contexto encontram a morte, tentando, por aquilo que está em seu poder, destruir toda a economia de Deus.

13,3. Se pretendem que esta palavra indique precisamente a carne e não as obras da carne, como demonstramos, fazem com que o Apóstolo se contradiga a si mesmo, porque, logo em seguida, na mesma carta, o Apóstolo, referindo-se à carne, diz: "De fato, é necessário que este ser corruptível seja revestido da incorruptibilidade e que este ser mortal seja revestido de imortalidade. Quando este ser mortal for revestido da imortalidade, então se cumprirá a Escritura: A morte foi absorvida pela vitória. Morte, onde está o teu aguilhão? Morte, onde está a tua vitória?"49 Estas palavras estão certas quando esta car ne mortal e corruptível, entregue à morte e humilhada pelo poder dela, revestida de incorruptibilidade e de imortalidade voltará à vida, porque, então, verdadeiramente será vencida a morte, quando esta carne que estava em seu poder se lhe subtrairá. Ele diz ainda aos filipenses: "A nossa vida está no céu, de onde esperamos como Salvador o Senhor Jesus que transformará o nosso pobre corpo, tornando-o conforme ao seu corpo glorioso, pela ação do seu poder".50 Qual é este pobre corpo que o Senhor transformará tornando-o semelhante ao seu corpo glorioso? Evidentemente, o corpo carnal que é aviltado no sepulcro. A transformação dele consiste nisto: que de mortal e corruptível é tornado imortal e incorruptível, não pela sua natureza, mas por obra do Senhor que pode revestir de imortalidade o que é mortal e de incorruptibilidade o que é corruptível. Por isso diz na segunda carta aos Coríntios: "Para que o que é mortal seja absorvido pela vida. Ora, quem nos dispôs para isto é Deus, que nos deu o penhor do Espírito".51 É evidente que aqui ele fala da carne, pois nem a alma nem o espírito são mortais. O que é mortal será absorvido pela vida quando a carne, já não morta, mas perpetuamente viva e incorrupta, glorificará a Deus que, deste modo, nos tornou perfeitos. Para obter esta perfeição, oportunamente exorta os coríntios: "Glorificai a Deus nos vossos corpos",52 pois Deus é o autor da incorruptibilidade.

13,4. A prova de que fala do corpo de carne e não de outro corpo qualquer está no que diz aos coríntios de forma precisa e sem ambigüidade: "Sem cessar e por toda parte trazemos em nosso corpo a morte de Jesus, a fim de que também a vida de Jesus se manifeste em nosso corpo. Embora estejamos vivos somos sempre entregues à morte por causa de Jesus, a fim de que também a vida de Jesus se manifeste em nossa carne mortal". Que o Espírito está ligado à carne ele o diz na mesma carta: "De fato, vós sois uma carta de Cristo, redigida por nós, escrita não com tinta, mas com o Espírito do Deus vivo, não em tábuas de pedra, mas em tábuas de carne, os vossos corações".53 Ora, se já agora, corações de carne podem receber o Espírito não há que se admirar se na ressurreição recebem a vida dada pelo Espírito. O Apóstolo escreve aos filipenses a respeito desta ressurreição: "Tornado semelhante a ele na sua morte a fim de alcançar, se possível, a ressurreição dos mortos".54 Em qual carne mortal pode-se entender que se manifeste a vida, a não ser nesta carne que morre por cau-sa da confissão de Deus? Assim como ele mesmo diz: "Se é com entendimento humano que em Éfeso combati com as feras, que me adianta se os mortos não ressurgem? Se os mortos não ressuscitam, nem o Cristo ressuscitou; e se Cristo não ressuscitou, são ilusórias a nossa pregação e a vossa fé. E até se deve dizer que somos testemunhas falsas acerca de Deus, porque testemunhamos que ressuscitou o Cristo quando não é verdade. Se o Cristo não ressuscitou a vossa fé é ilusória e vós ainda estais nos vossos pecados. Assim, os que morreram em Cristo estão perdidos. Se a nossa esperança em Cristo é somente para esta vida, somos os mais infelizes de todos os homens. Mas de fato o Cristo ressuscitou dos mortos, primícia dos que adormeceram. Porque, por um homem veio a morte e por um homem vem a ressurreição dos mortos".55

13,5. Portanto, como já dissemos, ou afirmam que em todos estes textos o Apóstolo se contradiz quanto às palavras "A carne e o sangue não podem herdar o reino de Deus", ou são obrigados a procurar explicações falsas e forçadas para torcer-lhes ou mudar-lhes o sentido. Que sentido poderão dizer que tenha quando procuram explicar de outra forma estas palavras: "É necessário que este ser corruptível seja revestido da incorruptibilidade e que este ser mortal seja revestido da imortalidade"; e estas outras: "Para que a vida de Jesus se manifeste na nossa carne mortal",56 e todas as outras em que o Apóstolo proclama abertamente a ressurreição e a incorrup-tibilidade da carne? Eles se vêem obrigados a torcer a interpretação de tantos textos por não querer entender corretamente uma só frase.

Em Cristo ressuscitou a nossa carne

14,1. Podemos encontrar a prova de que o Apóstolo não falava da substância da carne e do sangue quando dizia que eles não podem herdar o reino de Deus, pelo fato de que se serviu constantemente das palavras carne e sangue a respeito de nosso Senhor Jesus Cristo, quer para afirmar a sua natureza humana — ele próprio se chamava filho do homem —, quer a salvação da nossa carne.57 Se, com efeito, a carne não devia ser salva, o Verbo de Deus não se teria feito carne e, se não se devia pedir conta do sangue dos justos, o Senhor não teria tido sangue. Mas, com efeito, desde o princípio o sangue tem voz, como o mostram as palavras que Deus disse a Caim, depois que matou seu irmão: "A voz do sangue de teu irmão chega até mim". E a Noé e aos que estavam com ele disse que pediria conta do sangue deles: "Pedirei conta do vosso sangue a todas as feras". E ainda: "Será derramado o sangue de quem derramou o sangue de um homem". E àqueles que derramariam o seu sangue disse: "Pedir-se-á conta de todo o sangue inocente derramado sobre a terra desde o sangue de Abel, o justo, até o sangue de Zacarias, filho de Baraquias, que matastes entre o templo e o altar; na verdade, eu vos digo, tudo isto acontecerá a esta geração".58 Com isso deixava entender que teria recapitulado em si o derramamento de todo o sangue dos justos e dos profetas, desde o início, e que se pediria conta do sangue deles na sua pessoa. Ora, não se pediria conta dele se não devesse ser salvo, como também o Senhor não teria recapitulado em si mesmo tudo isso se ele próprio não assumisse carne e sangue em conformidade com a obra modelada no princípio, salvando assim na sua pessoa, no fim, o que no princípio perecera em Adão.

14,2. Se o Senhor se tivesse encarnado por conta de outra economia e se tivesse assumido carne de outra substância não teria recapitulado em si o homem e até nem poderia ser chamado carne, porque somente seria carne se derivasse daquela obra primitiva modelada do limo da terra. Se o Senhor tivesse que assumir a carne tirada de outra substância, já desde o princípio o Pai usaria essa substância para modelar a sua obra. Contudo, o Verbo salvador se tornou aquilo mesmo que era o homem que se perdeu para salvá-lo, operando assim em si mesmo a co-munhão com o homem e a sua salvação. O que se perdera tinha carne e sangue, porque foi usando o limo da terra com que Deus plasmou o homem e era justamente por este homem que se devia realizar a economia da vinda do Senhor. Neste sentido, o Apóstolo escreve aos colossenses: "E vós também éreis uma vez afastados e éreis inimigos do seu pensamento pelas obras más, porém agora sois reconci-liados no seu corpo de carne por meio de sua morte para vos apresentar diante dele santos, sem mancha e inocentes".59 Vós sois reconciliados, ele diz, no seu corpo de car-ne, porque a carne justa reconciliou a carne que era presa do pecado e a introduziu na amizade de Deus.

14,3. Se alguém diz que a carne do Senhor era diversa da nossa porque ela não pecou e não foi encontrado engano na sua alma, enquanto nós somos pecadores, tem razão. Mas se afirma que a carne do Senhor era de substância diferente da nossa, a palavra do Apóstolo relativa à reconciliação perderá para ele o sentido. Reconciliação se faz com quem se esteve alguma vez na inimizade. Ora, se o Senhor tomou carne de outra substância não reconciliou com Deus aquilo que pela transgressão se tornou inimigo de Deus. Mas pela comunhão que temos com ele o Senhor reconciliou o homem com Deus Pai, reconciliando-nos com ele próprio por meio de seu corpo de carne e resgatando-nos com seu sangue, conforme o Apóstolo diz aos efésios: "Nele recebemos a redenção adquirida pelo seu sangue, a remissão dos pecados". E ainda: "Vós que outrora estáveis afastados vos tornastes próximos, graças ao sangue de Cristo". E mais: "Na sua carne destruiu a inimizade, a lei dos mandamentos expressa em preceitos".60 Ademais, em toda a carta, o Apóstolo afirma expressamente que nós fomos salvos pela carne de nosso Senhor e pelo seu sangue.

14,4. Portanto, se a carne e o sangue são a causa da nossa salvação, não é propriamente da carne e do sangue que está escrito que não podem herdar o reino de Deus, mas das obras da carne de que falamos, porque são elas que aliciando o homem para o pecado o privam da vida. Por isso, na carta aos Romanos diz: "Portanto, que o pecado não impere mais em vosso corpo mortal sujeitando-vos a ele, nem entregueis vossos membros, como armas de injustiça, ao pecado, mas oferecei-vos a Deus como vivos ressuscitados dos mortos, e oferecei vossos membros como armas de justiça para Deus".61 Com os mesmos membros com os quais servíamos ao pecado e dávamos frutos de morte, ele quer que sirvamos à justiça e demos frutos de vida. Lembra-te, amigo caríssimo, que foste remido pela carne de nosso Senhor e comprado pelo seu sangue; "permanece unido à cabeça, da qual recebe coesão e crescimento todo o corpo"62 da Igreja, isto é, à vinda na carne do Filho de Deus; confessa a sua divindade e com igual firmeza a sua humanidade; serve-te das provas tiradas das Escrituras e assim poderás facilmente refutar, como demonstramos, todas as opiniões extemporâneas inventadas pelos hereges.

A mesma carne, o mesmo Criador

15,1. Isaías diz que o Criador do homem prometeu segunda vida depois de sua decomposição na terra, com estas palavras: "Os mortos ressuscitarão, os que estão nos se-pulcros se levantarão e os que estão na terra se alegrarão, porque o teu orvalho é remédio para eles". E diz ainda: "Eu vos consolarei e em Jerusalém sereis consolados; vós o vereis e o vosso coração se regozijará; os vossos membros serão viçosos como a erva; a mão do Senhor se revelará aos que o honram".63

Ezequiel, por sua vez, diz: "A mão do Senhor esteve sobre mim e o Senhor me fez sair em espírito e me pousou no meio de um vale cheio de ossos. E me levou em torno deles de todos os lados; e eram abundantes na superfície do vale e estavam muito secos. Ele me disse: Filho do homem, porventura tornarão a viver estes ossos? Ao que respondi: Senhor, tu o sabes, porque tu os fizeste. Então me disse: Profetiza sobre estes ossos e dize-lhes: Ossos secos, ouvi a palavra do Senhor! Assim fala o Senhor a estes ossos: Eis que trarei o Espírito da vida sobre vós, cobrir-vos-ei de nervos, vos cobrirei de carne e vos revestirei de pele, porei em vós o meu Espírito e vivereis e sabereis que eu sou o Senhor. E profetizei de acordo com a ordem do Senhor. Enquanto profetizava, houve tremor de terra e os ossos eram levados cada um à sua juntura. E vi, e eis que músculos e carne se formavam sobre eles e a pele se estendia sobre eles, mas o Espírito ainda não estava neles. E ele me disse: Profetiza ao Espírito, filho do homem, e diz ao Espírito: Assim fala o Senhor! Vem dos quatro ventos e sopra sobre estes ossos para que vivam. E profetizei de acordo com o que o Senhor me ordenou. E o Espírito entrou neles e eles viveram, firmando-se sobre os seus pés, como exército imenso". O mesmo Ezequiel diz ainda: "Assim fala o Senhor: Eis que abrirei os vossos túmulos, e vos farei sair de vossos túmulos e reconduzirei à terra de Israel, e sabereis que eu sou o Senhor quando abrir os vossos túmulos e fizer sair deles o meu povo. Porei o meu Espírito em vós e vivereis; estabelecer-vos-ei na vossa terra e sabereis que eu sou o Senhor. Falei e executarei, diz o Senhor".64

Assim, portanto, o Criador vivifica já aqui os nossos corpos mortais, como é fácil ver,

e promete a ressurreição, a saída dos túmulos e dos sepulcros e lhes dá a incorruptibilidade — porque, diz, "seus dias serão como a árvore da vida"65 —, donde aparece que só ele é Deus, que faz todas as coisas e é o Pai bom, que por pura bondade dá a vida aos que não a possuem por si mesmos.

15,2. Por isso o Senhor revela claramente aos seus discípulos quem é ele e quem é o Pai, para que não procurem um Deus diverso do que modelou o homem e lhe deu o sopro de vida, nem cheguem ao excesso de insânia de imaginar falsamente outro Pai acima do Criador. Com efeito, o Senhor curava com a palavra todos os outros doentes que eram acometidos por doenças provenientes de transgressão. E dizia-lhes: "Eis que estás curado; não peques mais para que não te aconteça algo pior", indicando que era por causa do pecado de desobediência que as doenças tinham atacado os homens. Porém, ao que era cego de nascença restituiu a visão não pela palavra e sim pela ação, agindo deste modo não por acaso ou sem motivo, mas para dar a conhecer a mão de Deus que, no início, modelara o homem. Por isso respondeu aos discípulos que lhe perguntavam de quem era a culpa de ter nascido cego, se dele ou dos pais: "Nem ele pecou nem seus pais, mas para que se manifestassem nele as obras do Senhor".66 As obras de Deus são a modelagem do homem, que foi feita por ação, segundo a Escritura: "O Senhor tomou do lodo da terra e plasmou o homem".67

Foi por isso que o Senhor cuspiu por terra, fez um pouco de lodo e o espalhou sobre os olhos, indicando como aconteceu a primeira criação e, para os que eram capazes de entender, manifestava a mão de Deus que modelara o homem a partir do lodo. O que o Verbo artífice deixara de plasmar no seio materno o faz agora publicamente para que se manifestassem nele as obras do Senhor, e não procurássemos outra mão pela qual teria sido plasmado o homem, mas soubéssemos que a mão de Deus que nos modelou no princípio e agora nos modela no seio materno, esta mesma mão, nos últimos tempos, nos procurou quando perdidos, reencontrou a ovelha desgarrada, carregou-a aos ombros e com alegria a reintegrou no rebanho da vida.

A salvação é obra do Verbo
15,3. É Jeremias a afirmar que o Verbo nos plasma no seio materno: "Antes de modelar-te no seio de tua mãe eu te conheci, e antes que saísses de seu seio eu te santifiquei e te estabeleci como profeta para as nações".68 Da mesma forma Paulo diz: "Quando aquele que me separou desde o seio materno houve por bem que o evangelizasse entre os gentios..."69 Assim, pois, como somos modelados pelo Verbo no seio materno, o mesmo Verbo remodelou os olhos do cego de nascença: manifestou assim publicamente aquele que nos plasmou secretamente, visto que era o próprio Verbo que se tornara visível aos homens; e ao mesmo tempo mostrou a antiga modelagem de Adão, isto é, como fora modelado e qual a mão que o modelou; por meio de uma parte mostrou a totalidade: aquele Senhor que formou a visão é o mesmo que plasmou o homem todo, cumprindo a

vontade do Pai. E visto que na criação que se fez segundo Adão o homem caíra na transgressão e precisava do lavacro da regeneração, o Senhor disse ao cego de nascença, depois de lhe ter posto o lodo nos olhos: "Vai-te lavar na piscina de Siloé", lembrando-lhe simultaneamente a modelagem e a regeneração operada pelo lavacro. Assim, depois de se ter lavado, voltou vendo, para conhecer o seu plasmador e aprender quem era o Senhor que lhe dera a vida.

15,4. Erram, portanto, os valentinianos ao dizer que o homem não foi plasmado da terra, mas de substância fluida e inconsistente. Está claro que a terra com que o Senhor remodelou os olhos do cego é a mesma com que o homem foi modelado no princípio, porque não é lógico modelar os olhos com uma matéria e o resto do corpo com outra, como não o é que um tenha modelado o corpo e outro os olhos. Mas aquele que modelara Adão no princípio e ao qual o Pai dissera: "Façamos o homem à nossa imagem e semelhança", manifestando-se aos homens no fim dos tempos, remodelou os olhos daquele que, descendente de Adão, nascera cego. É por isso que a Escritura, querendo indicar o futuro, diz que quando Adão se escondeu por causa da desobediência, o Senhor foi a ele, pela tarde, e o chamou, dizendo: "Onde estás?" Isso porque, nos últimos tempos, o próprio Verbo de Deus veio chamar o homem, relembrando-lhe as obras entre as quais vivia, depois de se ter escondido de Deus. Assim como uma vez, à tarde, Deus falou a Adão, quando o procurava, também, nos últimos tempos, com a mesma voz, veio procurar e visitar os descendentes dele.

16,1. E visto que Adão foi modelado com esta nossa terra, na Escritura se refere que

Deus lhe disse: "Comerás o teu pão com o suor do teu rosto até que voltes à terra da qual foste tirado".70 Se, portanto, depois da morte, os nossos corpos voltassem a qualquer outra terra, seria preciso que fossem para aquela da qual tiveram origem. Mas se eles voltam para esta mesma terra, está claro que é com esta que foram modelados, como o demonstrou o Senhor ao remodelar por meio dela os olhos do cego. Se, portanto, foi mostrada, de maneira clara, a mão de Deus pela qual foi plasmado Adão e nós, por nossa vez; se não há senão um só e idêntico Pai cuja voz está presente, do princípio ao fim, à obra modelada por ele; se, finalmente, no Evangelho, foi indicada claramente a substância da nos-sa criação, não é mais necessário procurar outro Pai diverso do que conhecemos, nem outra substância para esta criação além da que indicamos e que o Senhor mostrou, nem outra mão de Deus afora a que, do princípio ao fim, nos modela, nos faz viver, está presente à sua obra e a completa segundo a imagem e a semelhança de Deus.

16,2. A verdade de tudo isso apareceu quando o Verbo de Deus se fez homem, tornando a si mesmo semelhante ao homem e o homem semelhante a si, para que o homem, por esta semelhança com o Filho, se tornasse precioso aos olhos do Pai. Em tempos passados já se dizia que o homem era feito à imagem de Deus, porém não aparecia, porque o Verbo, à imagem do qual o homem fora criado, era invisível. Por isso perdeu facilmente esta semelhança. Mas quando o Verbo de

Deus se fez carne confirmou as duas coisas: fez aparecer a imagem em toda verdade, tornando-se a si mesmo exatamente o que era a sua imagem e restabeleceu a semelhança tornando-a estável e o homem perfeitamente semelhante ao Pai invisível por meio do Verbo visível.71

A redenção da carne revela o Pai
16,3. Não é somente pelo que foi dito, que o Senhor revelou a si mesmo e o Pai, mas também na sua paixão. Pois para destruir a desobediência original do homem que se deu por causa do lenho "se fez obediente até a morte e morte de cruz",72 curando assim com a sua obediência sobre o lenho a desobediência que acontecera pelo lenho. Ora, não teria vindo destruir a desobediência feita ao nosso criador pela sua obediência se tivesse pregado outro Pai. Com efeito, foi justamente pelas mesmas coisas pelas quais não obedecemos a Deus e não cremos na sua palavra que reintroduziu a obediência a Deus e o assentimento à sua palavra. Mostrou claramente com isso o Deus que ofendêramos no primeiro Adão, não cumprindo o seu mandamento, e com o qual somos reconciliados, no segundo Adão, tornando-nos obedientes até a morte; de fato, só éramos devedores com aquele de quem transgredimos, no início, o preceito, e de ninguém mais.

17,1. Ora, este é o Criador; pelo seu amor é nosso Pai; pelo seu poder é nosso Senhor; pela sua sabedoria é aquele que nos criou e modelou; é precisamente com ele que nos tornamos inimigos pela desobediência ao seu mandamento. Eis, então, por que, nos últimos tempos, o Senhor nos restabeleceu na amizade, pela sua encarna-ção, tornando-se mediador entre Deus e o homem, propiciando-nos o Pai contra o qual pecáramos, reparando a nossa desobediência com a sua obediência, dando-nos a graça da conversão e da submissão ao nosso Criador. Eis por que nos ensinou a dizer na nossa oração: "perdoa-nos as nossas dívidas", justamente por ser nosso Pai, com quem éramos devedores por ter transgredido o seu mandamento. Ora, quem é este? Pai desconhecido que nunca deu nenhum preceito ou o Deus pregado pelos profetas, com quem éramos devedores por ter transgredido o seu mandamento? Este mandamento fora dado ao homem por meio do Verbo. Com efeito, diz: "Adão escutou a voz do Senhor Deus". O Verbo pode, pois, dizer corretamente ao homem: "São-te perdoados os teus pecados: aquele contra quem pecáramos no início, no fim concedia a remissão dos pecados". Mas se fosse um aquele de quem transgredimos o mandamento e outro a dizer: "São-te perdoados os teus pecados", este último nem seria bom nem verídico nem justo. Como se pode dizer bom quem não te dá o que é seu? Como se pode chamar justo quem se apropria do que é dos outros? Como se poderia dizer que os pecados foram verdadeiramente perdoados, a não ser que o perdão nos seja concedido pelo que foi ofendido, "pelas vísceras de misericórdia do nosso Deus, em que nos visitou"[73] pelo seu Filho?

17,2. Por isso, depois da cura do paralítico, "os que viram glorificaram a Deus que dera tal poder aos homens".[74] O povo que assistiu qual Deus glorificou? Seria o Pai desconhecido inventado pelos hereges? E como poderiam glorificar aquele que sequer conheciam? Está claro que os israelitas glorificavam o Deus pregado pelos profetas, que é também o Pai de nosso Senhor: eis por que ele ensinava os homens com verdade, por meio dos milagres que fazia, a glorificar a Deus. Fosse um o Pai de quem ele vinha e outro aquele que os homens glorificavam, ao ver os seus milagres, teria tornado os homens mal agradecidos com o Pai que o enviara a fazer o milagre. Mas visto que o Unigênito viera do verdadeiro Deus para a salvação dos homens e que, com os milagres que fazia, convidava os incrédulos a dar glória ao Pai, por isso dizia aos fariseus, que não admitiam a vinda do Filho de Deus e não criam no perdão que ele concedia: "Para que saibais que o Filho do homem tem, na terra, o poder de perdoar os pecados";75 e depois de falar assim deu ordem ao paralítico que tomasse o leito em que jazia e fosse para sua casa. Com este milagre confundiu os incrédulos, indicando que era a voz de Deus pela qual o homem recebera os mandamentos que, depois, trasgrediu, tornando-se pecador: a paralisia era a conseqüência dos pecados.

17,3. Por isso, ao perdoar os pecados sarou um homem e ao mesmo tempo revelou claramente quem ele era. Com efeito, se somente Deus pode perdoar os pecados e se o Senhor os perdoava sarando um homem, está claro que ele era o Verbo de Deus, feito Filho do homem, porque recebera do Pai o poder de perdoar os pecados, como homem e como Deus; como homem participou dos nossos sofrimentos e como Deus perdoa as dívidas que tínhamos com Deus, nosso criador. Eis por que Davi predisse: "Felizes aqueles aos quais foram perdoadas as iniqüidades e cobertos os seus pecados! Feliz o homem aos quais o Senhor não culpa de pecado!"76 descrevendo antecipadamente o perdão que recebemos pela sua vinda, com a qual destruiu o título da nossa dívida, pregando-o na cruz, para que, como pelo lenho nos tornamos devedo-res a Deus, pelo lenho recebêssemos o perdão de nossa dívida.

17,4. Isso foi mostrado simbolicamente, entre muitos outros, também pelo profeta Eliseu. Um dia, os profetas que estavam com ele cortavam lenha para fazer umas choupanas, quando o machado soltou-se do cabo e caiu no Jordão, e não conseguiam encontrá-lo. Tendo chegado àquele lugar, Eliseu soube o que acontecera, então lançou um pedaço de madeira na água e logo o ferro do machado veio à tona e os que o tinham perdido puderam recolhê-lo da superfície da água. Com este gesto o profeta indicava que o firme Verbo de Deus que perdêramos negligentemente por causa do lenho e que não encontrávamos, o teríamos encontrado pela economia do lenho. Também João Batista compara o Verbo de Deus a machado, quando diz: "O machado já está posto às raízes das árvores". E Jeremias diz a mesma coisa: "O Verbo do Senhor é como machado de dois gumes que racha a pedra".77 Foi assim que nos foi manifestado este Verbo escondido, como acabamos de dizer. De fato, como o tínhamos perdido por causa do lenho, pelo lenho voltou a ser visto por todos, mostrando em si mesmo a altura, o comprimento e a largura, e como disse um dos anciãos, recolheu pela extensão de suas mãos dois povos para um só Deus. Duas mãos, porque havia dois povos dispersos até as extremidades da terra, mas no meio, uma só cabeça, porque "há um só Deus que é sobre todos, por meio de todos e em todos".78

O Verbo, mediador perfeito

18,1. O Senhor realizou esta economia tão prodigiosa não por meio de criaturas feitas por outros, mas pelas suas criaturas; não pelo que derivava da ignorância ou da degradação, e sim por meio das coisas derivadas da sa-bedoria e do poder do Pai. Ele não é injusto para desejar os bens dos outros, nem tão pobre que não possa produzir a vida nos seus e, servindo-se da sua criação, dar a salvação ao homem. A criação não o poderia sustentar se fosse fruto de ignorância e de degradação, porque o Verbo de Deus, encarnado, foi suspenso ao lenho, como longamente mostramos e como os próprios hereges o confessam crucificado. Aliás, como poderia o produto da ignorância e degradação sustentar aquele que encerra em si o conhecimento de todas as coisas e que é verdadeiro e perfeito? Ou como poderia uma criação separada e infinitamente distanciada do Pai, sustentar o Verbo? Se esta criação foi feita por anjos, quer tivessem ignorado, quer conhecido o Deus que está acima de todas as coisas, visto que o Senhor disse: "Eu estou no Pai e o Pai em mim",79 como poderia a criação dos anjos sustentar simultaneamente o Pai e o Filho? Como poderia uma criação exterior ao Pleroma conter aquele que contém todo o Pleroma? Sendo isso tudo impossível e não havendo a mínima prova para o defender, somente resta verdadeira a afirmação da Igreja segundo a qual a própria criação de Deus, feita pelo poder, a arte e a sabedoria dele, pode sustentar Deus. Ela que no plano invisível é sustentada pelo Pai e no plano visível, por sua vez, sustenta o Verbo do Pai. E esta é a verdade.

18,2. O Pai sustenta, ao mesmo tempo, a criação e o seu Verbo e o Verbo, sustentado pelo Pai, dá o Espírito a todos, segundo a vontade do Pai: às coisas criadas, um espírito conforme à criação, isto é, criado; a outros na adoção divina, que é nova geração. Assim manifesta-se "um só Pai que é sobre todos, por meio de todos e em todos".80 Com efeito, sobre todos, há o Pai e é ele que é a cabeça de Cristo; por meio de todos, há o Verbo que é a cabeça da Igreja; em todos, há o Espírito, e ele é a água viva que o Senhor dá aos que nele crêem com retidão, que o amam, e que sabem que há "um só Pai que é sobre todos, por meio de todos e em todos".

Também João, o discípulo do Senhor, afirma tudo isso, quando diz no seu Evangelho: "No princípio era o Verbo, e o Verbo estava com Deus, e o Verbo era Deus. No princípio, ele estava com Deus. Tudo foi feito por meio dele e sem ele nada foi feito". Ele diz, a seguir, acerca deste mesmo Verbo: "Ele estava no mundo e o mundo foi feito por meio dele, mas o mundo não o reconheceu. Veio para o que era seu e os seus não o receberam. Mas a todos que o receberam deu o poder de se tornarem filhos de Deus, os que crêem em seu nome". Diz ainda, para indicar a sua economia humana: "E o Verbo se fez carne e habitou entre nós". E acrescenta: "E nós vimos a sua glória, glória que ele tem junto ao Pai como Filho único, cheio de graça e de verdade".81 Com estas palavras afirma claramente para quem quer ouvir, isto é, para quem tem ouvidos, "que há um só Pai que é sobre todos", e um Verbo de Deus que opera por meio de todos e pelo qual foram feitas todas as coisas, que este mundo é dele e foi feito por ele, segundo a vontade do Pai, e não por anjos, nem pela apostasia, a degradação, a ignorância, nem por alguma Potência, que alguns chamam Prounicos e outros Mãe, nem por algum outro Demiurgo que não conhecia o Pai.

    18,3. O verdadeiro Criador do mundo é o Verbo de Deus. Este é nosso Senhor, que nos últimos tempos se fez homem, ele que já estava no mundo e invisivelmente sustenta todas as coisas criadas e está impresso em toda a criação, como Verbo de Deus que tudo governa e dispõe; por isso veio para o que era seu, de forma visível, e se fez carne, foi suspenso no lenho, para recapitular em si todas as coisas. E os seus, isto é, os homens não o receberam, assim como Moisés anunciava ao dizer ao povo: "A tua vida será suspensa diante de teus olhos e não acreditarás na tua vida".82 Assim os que não o receberam não receberam a vida. "Mas a todos que o receberam deu poder de se tornarem filhos de Deus".83 É ele que recebeu do Pai o poder sobre todas as coisas, porque é Verbo de Deus e verdadeiro homem. Por um lado, manda nos seres invisíveis de maneira espiritual para que cada um deles permaneça na sua ordem; por outro lado, reina de maneira manifesta sobre os seres visíveis e humanos, fazendo vir sobre todos o justo julgamento que merecem. Esta vinda visível do Verbo, Davi a anunciou, quando disse: "O nosso Deus virá de maneira manifesta e não se calará." E depois anunciou o julgamento que ele traria, dizendo: "O fogo arderá diante dele e à sua volta se lançará a tempestade. Chamará os céus do alto e a terra para julgar o seu povo".84

TRIUNFO DE CRISTO

A economia da Virgem

19,1. Quando o Senhor veio de modo visível ao que era seu, levado pela própria criação que ele sustenta, tomou sobre si, por sua obediência, no lenho da cruz, a desobediência cometida por meio do lenho. A sedução de que foi vítima, miseravelmente, a virgem Eva, destinada a varão, foi desfeita pela boa-nova da verdade, maravilhosamente anunciada pelo anjo à Virgem Maria, já desposada a varão. Assim como Eva foi seduzida pela fala de anjo e afastou-se de Deus, transgredindo a sua palavra, Maria recebeu a boa-nova pela boca de anjo e trouxe Deus em seu seio, obedecendo à sua palavra. Uma deixou-se seduzir de modo a desobedecer a Deus, a outra deixou-se persuadir a obedecer a Deus, para que, da virgem Eva, a Virgem Maria se tornasse advogada.85 O gênero humano que fora submetido à morte por uma virgem, foi libertado dela por uma virgem; a desobediência de uma virgem foi con-trabalançada pela obediência de uma virgem; mais, o pe-cado do primeiro homem foi curado pela correção de conduta do Primogênito e a prudência da serpente foi vencida pela simplicidade da pomba: por tudo isso foram rompidos os vínculos que nos sujeitavam à morte.

19,2. Todos os hereges são estúpidos e ignorantes quando tratam da economia de Deus e estão por nada ao corrente das obras relativas ao homem, e como cegos, diante da verdade, eles próprios se levantam contra a sua salvação; alguns introduzem outro Pai além do Criador, outros pretendem que o mundo e a matéria que o constitui foram feitos por anjos, outros afirmam que esta matéria, imensamente afastada do assim chamado Pai, terse-ia formado sozinha e seria inata, outros dizem que deriva da degradação e da ignorância dos seres contidos no Pai. Outros, ainda, negam a vinda visível do Senhor e não admitem a sua encarnação. Outros que desconhecem a economia da Virgem, dizem que ele foi gerado por José. Outros dizem que nem a alma nem o corpo podem receber a vida eterna, mas somente o homem interior, que pretendem identificar com o intelecto deles, o único julgado capaz de se elevar à perfeição. Outros admitem que a alma se salva, mas negam que o corpo possa participar da salvação que vem de Deus. Já dissemos tudo isso no nosso primeiro livro, onde expusemos os argumentos deles, e em seguida, no segundo livro onde mostramos a invalidade e a inconsistência deles.

Sabedoria de Deus na Igreja

20,1. Todos eles vieram muito tempo depois dos bispos aos quais os apóstolos confiaram as igrejas. Também isso nós mostramos, com toda a precisão possível, no nosso terceiro livro. Todos estes hereges que mencionamos, por serem cegos em relação à verdade, são obrigados a trilhar caminhos diferentes e impraticáveis: por isso, os vestígios de seus ensinamentos, discordes e contraditórios, estão espalhados por todos os lados. O que não acontece com os que pertencem à Igreja, cujos caminhos percorrem o mundo inteiro conservando a sólida tradição que vem dos apóstolos, mostrando-nos uma única e idêntica fé em todos, porque todos acreditam num só e idêntico Deus Pai, admitem a mesma economia da encarnação do Filho de Deus, reconhecem o mesmo dom do Espírito, observam os mesmos preceitos, conservam a mesma forma de organização da Igreja, esperam a mesma vinda do Senhor e a mesma salvação de todo o homem, isto é, da alma e do corpo. A pregação da Igreja é, portanto, verdadeira e firme e nela há caminho único e idêntico em todo o mundo. A ela foi concedida a luz de Deus: "eis por que a sabedoria de Deus com a qual salva os homens é celebrada nas estradas, age corajosamente nas praças, é proclamada do alto dos muros e fala com segurança nas portas da cidade".86 Com efeito, em todo lugar, a Igreja prega a verdade, verdadeiro candelabro de sete braços, trazendo a luz de Cristo.

20,2. Os que abandonam a doutrina da Igreja acusam de ingenuidade os santos presbíteros, sem entender que mais vale o homem religioso e simples do que o sofista blasfemo e impudente. Assim são todos os hereges, os quais pensando terem encontrado algo superior à verdade, seguindo as doutrinas que apresentamos, andam por caminhos tortuosos, sempre novos e inseguros, mudam continuamente de opinião e como cegos conduzidos por cegos fatalmente cairão na fossa da ignorância aberta diante deles, destinados a procurar sempre e nunca encontrar a verdade. É necessário, portanto, evitar as doutrinas deles e prestar muita atenção para não sermos prejudicados e, sobretudo, refugiar-nos na Igreja, para ser educados no seu seio e nutridos pelas Escrituras do Senhor. A Igreja é como paraíso plantado neste mundo. Portanto, comereis do fruto de todas as árvores do paraíso, diz o Espírito de Deus, o que significa: alimentai-vos de todas as Escrituras divinas, mas não o façais com intelecto orgulhoso e não tenhais nenhum contato com a dissensão dos hereges. Eles afirmam possuírem o conhecimento do bem e do mal e elevam seus pensamentos acima do Deus que os criou, e com a sua inteligência ultrapassam a medida da inteligência. Eis por que o Apóstolo diz: "Não tenhais pensamentos mais elevados do que é conveniente, mas sejam conservados na medida da prudência", para que ao comer da sua gnose que entende mais do que é conveniente, não sejamos expulsos do paraíso da vida, aonde o Senhor leva os que obedecem aos seus mandamentos, "recapitulando em si todas as coisas, as que estão nos céus e as que estão sobre a terra".87 As que estão nos céus são espirituais enquanto as que estão na terra são esta obra que é o homem. Ora, são estas coisas que ele recapitulou em si, unindo o homem ao Espí-rito e fazendo o Espírito habitar no homem, tornando-se a cabeça do Espírito e dando o Espírito para que seja a cabeça do homem: com efeito, é ele que nos faz ver, ouvir e falar.

Luta contra o demônio: as tentações88

21,1. Portanto, recapitulando todas as coisas, Cristo assumiu também a luta que travamos contra nosso inimigo. Atacou e venceu aquele que no princípio, em Adão, nos reduzira ao cativeiro, e calcou sua cabeça, como lemos no Gênesis: Deus disse à serpente: "Porei inimizade entre ti e a mulher e entre tua descendência e a dela; esta te esmagará a cabeça e tu lhe ferirás o calcanhar".89 Desde esse momento, pois, foi anunciado que esmagaria a cabeça da serpente aquele, semelhante a Adão, que devia nascer de Virgem. E é esta a descendência de que fala o Apóstolo na carta aos Gálatas: "A lei foi estabelecida até que chegasse a descendência a quem a promessa fora feita". E ainda explica mais claramente na mesma carta ao dizer: "Quando chegou a plenitude dos tempos, Deus enviou o seu Filho, nascido de mulher".90 O inimigo não teria sido vencido com justiça se não tivesse nascido de mulher o homem que o venceu, pois fora por meio de mulher que ele dominara o homem, opondo-se a ele desde o princípio. Por este motivo é que o próprio Senhor declara ser o Filho do homem, recapitulando em si o primeiro homem a partir do qual fora modelada a mulher. E as-sim como pela derrota de um homem nossa raça desceu para a morte, pela vitória de outro homem subimos novamente à vida, e, como a morte triunfara sobre nós por um homem, assim todos nós triunfamos da morte por um homem.

21,2. O Senhor não teria recapitulado em si a antiga e primeira inimizade contra a serpente e não teria cumprido a promessa do Criador e nem o seu mandamento se tivesse vindo de outro Pai. Mas, sendo um só e idêntico aquele que, no princípio, nos modelou e, no fim, enviou seu Filho, o Senhor cumpriu verdadeiramente o seu mandamento nascendo de mulher, aniquilando o nosso adversário e completando no homem a imagem e semelhança de Deus. Por isso não o destruiu com outros meios a não ser pelas palavras da Lei e se serviu exatamente do mandamento do Pai como ajuda para destruir e desmascarar o anjo apóstata.

Primeiramente jejuou por quarenta dias, a exemplo de Moisés e Elias, depois teve fome, para que entendêssemos que a sua humanidade era verdadeira e indiscutível, pois é próprio do homem ter fome quando não toma alimentos, e para que o adversário tivesse um ponto onde atacá-lo. Mas se a primeira vez por meio do alimento conseguiu seduzir o homem saciado e o levou a transgredir o mandamento de Deus, a segunda vez não conseguiu convencer o homem faminto a usar do alimento que vem de Deus. Com efeito, como o tentador lhe dissesse: "Se tu és o Filho de Deus, dize que estas pedras se tornem pão", o Senhor o afastou com a ajuda do mandamento da Lei, respondendo-lhe: "Está escrito: não é somente de pão que vive o homem".91 E às palavras "e és o Filho de Deus" opôs o silêncio; assim deixou às escuras o tentador com a confissão de sua humanidade e, por meio da palavra do Pai, afastou o primeiro assalto. Assim a saciedade que o homem experimentou no paraíso por causa da comida do casal foi curada pela penúria que sofreu neste mundo.

Então, derrotado por meio da Lei, serviu-se da Lei, para, de maneira enganadora, desferir novo ataque. Levando-o ao pináculo mais alto do templo, disse-lhe: "Se és o Filho de Deus, atira-te para baixo. Porque está escrito: Ele dará ordem a seus anjos a teu respeito e eles te tomarão pelas mãos, para que não tropeces em alguma pedra". Ele escondia a mentira sob as palavras da Escritura, como fazem todos os hereges, porque, se estava escrito que dará ordem a seus anjos a teu respeito, nenhuma Escritura dizia:"atira-te para baixo", mas o diabo dava, por sua conta, esta sugestão. E o Senhor confundiu-o, mais uma vez, por meio da Lei: "Também está escrito: Não tentarás ao Senhor teu Deus".92 Com estas palavras da Lei mostrou que o homem tem o dever de não tentar a Deus, e que ele, que estava diante do diabo como homem, nunca tentaria o

Senhor seu Deus. Assim a intenção soberba da serpente foi destruída pela humildade que estava no homem.

Já duas vezes o diabo fora vencido por meio da Escritura e convencido a sugerir coisas contrárias ao mandamento de Deus; estava provado que era inimigo de Deus, pelas suas próprias palavras. Grandemente confundido, se recolheu, de certa forma em si mesmo para reunir todo o poder de mentira e, pela terceira vez, "mostrou-lhe todos os reinos do mundo, com o seu esplendor", dizendo, como lembra Lucas: "Eu te darei tudo isto, porque me foi entregue e eu o dou a quem quero, se, prostrado, me adorares". Então o Senhor mostrando quem era o tentador, disse: "Vai-te, Satanás, porque está escrito: Ao Senhor teu Deus adorarás e só a ele prestarás culto",93 revelando ao mesmo tempo o nome e a natureza dele: com efeito, a palavra Satanás, em hebraico, significa apóstata. Com esta terceira vitória, o Senhor afastava de si, definitivamente, o seu adversário derrotado pela Lei, e a transgressão do mandamento de Deus, perpetrada em Adão, era anulada pelo mandamento da Lei que o Filho do Homem observou para não transgredir o mandamento de Deus.

Libertos da antiga escravidão

21,3. Quem é o Senhor Deus a quem Cristo dá testemunho, que ninguém deve tentar, que devemos adorar e a quem unicamente devemos servir? Sem dúvida é o Deus que deu a Lei, porque estes preceitos estavam na Lei e pelas palavras da Lei o Senhor demonstra que a Lei, da parte do Pai, anuncia o verdadeiro Deus e que o anjo apóstata de Deus é vencido pela palavra da Lei, é apresentado tal como é e derrotado pelo Filho do homem que obedecia ao mandamento de Deus. Com efeito, no princípio, convenceu o homem a transgredir o mandamento do Criador e assim o submeteu ao seu poder que consiste na transgressão e na apostasia, com as quais o prendeu. Era preciso, pois, que, por sua vez, este apóstata fosse vencido pelo homem e fosse preso pelas mesmas amarras com as quais prendeu o homem, para que o homem, assim liberto, pudesse voltar ao seu Senhor, deixando para ele as amarras com as quais fora preso, isto é, a transgressão. O acor-rentamento dele foi a libertação do homem, porque "ninguém pode entrar na casa de um homem forte e roubar os seus pertences, se primeiro não amarrar o homem forte".94 Quando o Senhor o convenceu a dar conselhos con-trários à palavra de Deus que fez todas as coisas e o submeteu por meio do mandamento, que é a Lei de Deus; como homem que era, demonstrou que o diabo era trânsfuga e violador da Lei, apóstata de Deus; como Verbo o amarrou para sempre, como um seu fugitivo e se apossou dos pertences dele, isto é, dos homens que mantinha em poder dele e usava injustamente. Justamente foi leva do prisioneiro o que injustamente aprisionara o homem; e o homem, antes escravo, foi subtraído ao poder do seu dono, pela misericórdia de Deus Pai, que teve piedade da obra por ele modelada, deu-lhe a salvação e o reintegrou pelo Verbo, isto é, pelo Cristo, para que o homem aprendesse, por sua própria experiência, que não conquista a incorruptibilidade por si mesmo, mas a recebe por dom de Deus.

22,1. O Senhor, portanto, mostrando claramente que Se-nhor verdadeiro e único Deus é quem foi anunciado pela Lei — Cristo mostrou como Pai o mesmo que a Lei anun-ciara como Deus, ao qual somente os discípulos deviam servir —; superando o nosso adversário pelas palavras da Lei — esta Lei louva ao Criador como Deus e nos ordena servir somente a ele —; indica que não se deve procurar outro Pai diferente ou superior a este, porque "Há um só Deus que justifica os circuncisos pela fé e os incircuncisos através da fé".95 Se existisse outro Pai acima do Criador, nunca o Senhor poderia vencer Satanás pelas palavras e os mandamentos dele.

Uma ignorância não elimina outra nem uma degradação desaparece por meio de outra. Então se a Lei deriva da ignorância e da degradação, como podiam as suas palavras destruir a ignorância do diabo e triunfar do homem forte? O homem forte não pode ser vencido por mais fraco, nem por igual, mas por mais forte, e o Verbo de Deus é o mais forte de todos. É ele que fala alto na Escritura: "Escuta, Israel, o Senhor teu Deus é o único Senhor, e tu amarás o Senhor teu Deus com toda a tua alma, adorarás e servirás somente a ele". Com estas mesmas frases, no Evangelho derrotou a Apostasia e com a voz do Pai venceu o homem forte e declara que o mandamento da Lei são as suas palavras, quando diz: "Não tentarás o Senhor teu Deus".96 De fato, não foi pelo mandamento de outro, mas pelo mandamento próprio do Pai que derrotou o Adversário e venceu o homem forte.

22,2. A nós, libertados pelo mesmo mandamento, ensinou que, famintos, devemos esperar o alimento que vem de Deus; e que, sendo elevados por todos os carismas, confiantes nas obras de justiça e adornados de ministérios excelentes, não devemos ensoberbecer-nos, nem tentar a Deus, mas ter sentimentos de humildade em todas as coisas, e ter sempre diante de nós a palavra: "Não tentarás o Senhor teu Deus", como também ensina o Apóstolo: "Não tenhais sentimentos de orgulho, mas os mesmos sentimentos dos humildes". Não te deixes tomar pelas riquezas, pela glória do mundo e pela aparência das coisas presentes, mas saiba que deves adorar o teu Deus e servir somente a ele, e não acreditar no que falsamente promete coisas não suas, dizendo: "Eu te darei tudo isso, se prostrado me adorares". Ora, é ele próprio que afirma que adorá-lo e cumprir a sua vontade é o mesmo que cair do alto da glória de Deus. E o que pode oferecer de bom e agradável quem caiu do alto, e o que pode esperar para si quem se lançar abaixo, senão a morte? De fato, para quem caiu, a morte está próxima, nem o diabo dará o que prometeu porque ele mesmo caiu. Por outro lado, como Deus domina sobre todas as coisas, incluindo o diabo, e como, contra a vontade do Pai que está nos céus, sequer um pardal cai por terra, aquelas palavras: "Tudo me foi dado pelo Pai e eu o darei a quem quero", são pura gabolice. A criação não está em seu poder e ele é apenas uma das criaturas, nem é ele quem distribui entre os homens os reinos humanos, que são dispostos segundo a ordem estabelecida pelo Pai, como todas as coisas que dizem respeito aos homens. O Senhor disse que o diabo "é mentiroso desde o princípio e nunca permaneceu na verdade". Se é mentiroso e nunca permaneceu na verdade, com certeza mentia ao dizer: "Tudo isto foi posto em meu poder e eu o darei a quem quero".97

O pecado original

23,1. Já há muito estava acostumado a mentir contra Deus para seduzir os homens. De fato, no princípio, Deus deu ao homem frutos em abundância como alimento e só lhe proibiu comer dos frutos de uma única árvore, assim como aparece das palavras que Deus disse a Adão e que a Escritura refere: "Podereis comer dos frutos de qualquer árvore do paraíso, mas não comereis dos frutos da árvore do conhecimento do bem e do mal, porque no dia em que comereis, morrereis". Foi então que o diabo mentiu contra Deus para tentar o homem, como bem o indicam as palavras que a serpente dirigiu à mulher e estão regis-tradas na Escritura: "Por que Deus vos disse que não comais dos frutos de nenhuma árvore do paraíso?" A mulher rejeitou a mentira e com toda candura referiu o mandamento de Deus e disse: "Nós comemos os frutos de todas as árvores do paraíso; quanto aos frutos da árvore que está no meio do paraíso, Deus disse: Não os comereis e sequer os tocareis para não morrer". Assim o diabo soube, pelas palavras da mulher, da ordem de Deus e enganou espertamente a mulher com uma mentira: "Não é verdade que morrereis, porque Deus sabe que quando o comereis, se abrirão os vossos olhos e sereis como deuses que conhecem o bem e o mal".98 Foi assim que pela primeira vez e justamente no paraíso de Deus, falava de Deus, como se estivesse ausente, com efeito ignorava a grandeza de Deus; depois, tendo sabido pela mulher que Deus dissera que morreriam se comessem do fruto daquela árvore, mentiu terceira vez, ao dizer: "Não é verdade que morrereis!" Ora os efeitos mostraram que Deus falava a verdade e a serpente a mentira, pois a morte atingiu os que comeram. De fato, com aquele alimento atraíram a morte sobre si, porque comeram desobedecendo e a desobediência a Deus atrai a morte. Por isso, desde então, foram entregues à morte porque se tinham tornado devedores dela.

23,2. Eles morreram naquele mesmo dia em que comeram e se tornaram devedores da morte, porque a criação se deu num só dia: "Houve uma tarde e uma manhã: um só dia".99 Naquele mesmo dia em que comeram eles morreram. Por outro lado, se considerarmos o ciclo e a seqüência dos dias pelo qual um é o primeiro, outro o segundo, outro o ter-ceiro, e quisermos saber exatamente em que dia da semana morreu Adão, o poderemos encontrar na economia do Senhor, o qual, recapitulando em si todo o homem do princípio ao fim, recapitulou também a sua morte. Por isso, é evidente que o Senhor, em obediência a seu Pai, sofreu a morte naquele mesmo dia em que Adão morreu, por ter desobedecido a Deus. Ora, o dia em que morreu é também aquele em que comeu do fruto proibido, porque Deus dissera: "No dia em que comereis deste fruto morrereis". Recapitulando em si este dia, o Senhor foi para a paixão na véspera do sábado, que é o sexto dia da criação e o dia em que foi plasmado o homem, efetuando nele, por meio da sua paixão, a segunda modelagem que se faz pela mor-te. Alguns, porém, dizem que a morte de Adão se deu no espaço de mil anos, porque um dia do Senhor é como mil anos. Adão não passou dos mil anos e morreu durante o transcorrer deles, cumprindo assim a sentença pela sua transgressão. Portanto, quer no sentido de que a sua desobediência foi a morte, quer no de que a partir daquele instante foram entregues à morte e feitos devedores a ela, quer que tenham comido e morrido no mesmo dia, porque não há senão um só dia para a criação; quer, considerando o ciclo dos dias, tenham sofrido a morte no dia em que comeram, isto é, na Parasceve, que significa ceia pura, isto é, sexta-feira, dia que o Senhor deu a conhecer tornando-o dia da sua paixão; quer, finalmente, que Adão não tenha ultrapassado os mil anos, mas tenha morrido no trascorrer deles: em todos estes sentidos, Deus aparece verídico, porque os que comeram do fruto da árvore morreram e a serpente se mostra mentirosa e homicida, conforme o Senhor fala dela: "Ele é homicida desde o princípio e não permaneceu na verdade".

Mentiroso desde o princípio
24,1. Como mentiu no princípio, assim mente, no fim, quando diz: "Tudo isto foi posto em meu poder e eu o darei a quem quero",100 porque não foi ele a estabelecer os reinos deste mundo, e sim Deus, pois "o coração do Rei está na mão do Senhor". Pela boca de Salomão o Verbo diz ainda: "É por mim que reinam os reis, e que os príncipes decretam a justiça; por mim os grandes são exaltados e os chefes governam a terra".101 O apóstolo Paulo fala no mesmo sentido: "Sede submissos a todas as autoridades superiores, porque não há autoridade que não venha de Deus e as que existem foram estabelecidas por Deus". E diz ainda a respeito delas: "Não é sem motivo que a autoridade porta a espada: com efeito, ela é ministra de Deus e toma vingança enérgica contra o malfeitor". Ele não fala nem das potências angélicas, nem dos principados invisíveis, como alguns têm a ousadia de interpretar, mas de

autoridades humanas; e a prova disso está nestas palavras: "É por isso que pagais os impostos, porque eles são ministros de Deus que se desincumbem com zelo do seu ofício". O Senhor confirmou isso tudo ao não fazer o que o diabo lhe sugeria e, por sua vez, dando ordens que se pagasse o imposto aos coletores para si e para Pedro, porque "são ministros de Deus e se desincumbem com zelo do seu ofício".102

24,2. Com efeito, o homem quando se separou de Deus, chegou a tal ponto de crueldade que considerou como inimigos até os parentes e se lançou, sem medo, a toda espécie de desordens, homicídios e cupidez. Por isso Deus lhe impôs o temor dos homens, visto que não conheciam o temor de Deus, para que submetidos a uma autoridade humana e educados pelas suas leis, chegassem a certa justiça e usassem de moderação uns com os outros por medo da espada posta ostensivamente diante de seus olhos, de acordo com o que diz o Apóstolo: "Não é à toa que ela traz a espada; ela é instrumento de Deus para fazer justiça e punir quem pratica o mal". Por este motivo, os magistrados não devem prestar contas nem podem ser punidos pelo que fazem quando são revestidos das leis como de indumento de justiça, mas são punidos por tudo o que fazem em detrimento da justiça agindo de maneira iníqua, ilegal e tirânica, porque o justo julgamento de Deus se aplica a todos os homens da mesma forma e sem falhas. Foi Deus que estabeleceu os reinos terrenos para o bem das nações e não o diabo, que nunca sossega nem deixa sossegada alguma nação, para que, pelo temor desta autoridade, os homens não se entredevorem como peixes, mas refreiem pela força das leis a grande injusti-ça dos gentios. É neste sentido que "os magistrados são os ministros de Deus". Se, portanto, os que recolhem os nossos impostos "são os ministros de Deus e se desincumbem com zelo do seu ofício", e...

24,3. ...se "todas as autoridades que existem foram estabelecidas por Deus", está claro que o diabo mentia ao dizer: "Foram-me entregues e as dou a quem quero". Por ordem de quem nascem os homens é o mesmo por ordem de quem são estabelecidos reis convenientes àqueles que são governados por eles, num tempo determinado. De fato, alguns são estabelecidos para correção e bem dos seus súditos e pela manutenção da justiça, outros para incutir medo, para o castigo e a repressão; outros, ainda, para o escárnio, a insolência e o orgulho conforme os súditos os merecem; porque, como dissemos, o justo juízo de Deus se aplica a todos os homens da mesma forma. O diabo, porém, não sendo mais que anjo apóstata, pode fazer somente o que fez desde o início, isto é, seduzir e induzir a mente dos homens a transgredir os mandamentos de Deus e tornar paulatinamente cego o coração dos que se esforçam por servi-lo, para que esqueçam o verdadeiro Deus e adorem a ele como Deus.

24,4. É como se um rebelde, depois de se ter apossado com a força de uma região, espalhasse o temor entre seus habitantes e usurpasse para si as honras reais dos que não sabem que é rebelde e ladrão. Assim é com o diabo; ele era um dos anjos prepostos aos ventos da atmosfera, assim como Paulo o dá a conhecer na carta aos Efésios, que, por inveja dos homens, se tornou apóstata da lei de Deus: a inveja aliena de Deus.

E, como a sua rebelião fosse denunciada pelo homem, que se tornou a pedra de toque de suas disposições, mais e mais cresceu nele a sua aversão pelo homem, invejoso que era da sua vida, e decidiu que o sujeitaria ao seu poder apóstata. Mas o Verbo de Deus, o Artífice de todas as coisas, vencendo-o na sua humanidade e denunciando a sua rebelião, submeteu-o, por sua vez, ao homem, dizendo: "Eis que vos dou o poder de pisar serpentes, escorpiões e todo o poder do inimigo",103 de forma que, tendo dominado o homem por meio da apostasia, assim por meio do homem que voltava a Deus, fosse eliminada a sua apostasia.

O Anticristo: profetizada a sua vinda
25,1. Não somente pelo que foi dito até agora, mas também pelo que acontecerá no tempo do Anticristo, manifesta-se que o demônio, enquanto apóstata e ladrão, quer ser adorado como Deus e enquanto escravo quer ser proclamado rei. Com efeito, o

Anticristo, depois de ter recebido todo o poder do demônio, virá não como rei justo, submetido a Deus e dócil à sua lei, mas como ímpio, injusto e sem lei, como apóstata, injusto, homicida e ladrão, recapitulando em si toda a apostasia do demônio. Rejeitará os ídolos para fazer acreditar que ele é Deus, mas se levantará como o único ídolo concentrando em si a falsidade de todos os ídolos e para que os que adoram o demônio com a multidão de abominações o sirvam agora através deste único ídolo. O Apóstolo, na segunda carta aos Tessalonicenses, fala assim do Anticristo: "Porque deve vir primeiro a apostasia, e aparecer o homem ímpio, o filho da perdição, o adversário, que se levanta contra tudo que se chama Deus, ou recebe culto, chegando a sentar-se pessoalmente no templo de Deus e querendo passar por Deus".104 O Apóstolo se refere claramente à sua apostasia e à sua elevação acima de tudo que se chama deus, ou seja, objeto de culto, isto é, de todos os ídolos — são estes cha-mados os deuses pelos homens, mas não o são

— e à tentativa tirânica de se fazer passar por Deus.

25,2. Além disso, afirma o que já temos abundantemente demonstrado, isto é, que o templo de Jerusalém foi construído de acordo com a prescrição do verdadeiro Deus. O Apóstolo, manifestando a sua opinião, chama-o propriamente templo de Deus. No terceiro livro dissemos que os apóstolos, falando em seu próprio nome, nunca chamam Deus a ninguém, a não ser ao verdadeiro Deus, o Pai de nosso Senhor, por ordem do qual foi construído o templo de Jerusalém, pelos motivos apresentados acima, no qual se assentará o adversário querendo passar por Deus, conforme diz também o Senhor: "Quando virdes a abominação da desolação, de que fala o profeta Daniel, instalada no lugar santo, que o leitor o entenda, então os que estiverem na Judéia, fujam para as montanhas, aquele que estiver no terraço, não desça para apanhar as coisas da sua casa. Pois naquele tempo haverá tão grande tribulação como não houve desde o princípio do mundo até agora, nem tornará a haver jamais".105

25,3. Daniel, ao contemplar o fim do último reino, isto é, os últimos dez reis entre os quais será dividido o reino, sobre os quais virá o filho da perdição, diz que surgiram dez chifres à besta e depois, entre eles surgia um chifre pequeno, diante do qual foram arrancados três dos primeiros. "E eis, que este chifre, diz ele, tinha olhos como olhos humanos e boca que falava palavras arrogantes, e cujo aspecto era mais majestoso do que o dos outros. Estava eu contemplando: e este chifre fazia guerra aos santos e prevalecia sobre eles até o momento em que veio o Ancião dos Dias e foi feito o julgamento em favor dos santos do Altíssimo. E chegou o tempo em que os santos entraram na posse do reino".106 Depois, na explicação da visão, foi-lhe dito: "O quarto animal será um quarto reino na terra, que se elevará sobre todos os outros, devorará a terra inteira, calcá-la-á aos pés e a esmagará. Os dez chifres desta besta são dez reis que surgirão, e outro se le-vantará depois deles, que superará no mal todos os outros que o precederam, e abaterá três reis; proferirá insultos contra o Altíssimo e oprimirá os santos do Altíssimo e tentará mudar os tempos e a Lei, o que lhe será concedido por um tempo, dois tempos e metade de um tempo",107 isto é, por três anos e seis meses, tempo que, ao vir, reinará sobre a terra.

    O apóstolo Paulo, falando sobre isso na segunda carta aos Tessalonicenses, manifestava também o motivo desta vinda: "Então aparecerá o ímpio, aquele que o Senhor destruirá com o sopro de sua boca, e suprimirá pela ma-nifestação da sua Vinda. Vinda que será assinalada pela atividade de Satanás, com toda sorte de portentos, milagres e prodígios mentirosos e por todas as seduções da injustiça, para os que se perdem, porque não acolheram o amor da verdade, a fim de serem salvos. É por isso que Deus lhes manda o poder da sedução, para acreditarem na mentira e serem condenados todos os que não creram na verdade, mas antes consentiram na injustiça".108

25,4. A mesma coisa dizia o Senhor aos que não acreditavam nele: "Eu vim em nome de meu Pai e não me acolhestes"; quando virá outro em seu próprio nome vós o recebereis. Com este "outro" indicava o Anticristo, que é estranho a Deus. Ele é o juíz iníquo de quem o Senhor disse: "não temia a Deus e não respeitava nenhum homem",109 ao qual recorreu a viúva esquecida de Deus, isto é, a Jerusalém terrena, reclamando justiça contra o seu inimigo. É exatamente isto que fará o Anticristo no tempo de seu reinado: transferirá o seu reinado para Jerusalém, assentar-se-á no templo de Deus, enganando os seus ado-radores, fazendo com que creiam que é o Cristo.

Eis por que Daniel diz ainda: "O santuário será devastado; o sacrifício foi trocado pelo pecado e a justiça foi lançada por terra; ele fez e conseguiu fazer isso". E o anjo Gabriel explicando-lhe as visões, dizia a respeito do Anticristo: "E no fim do seu reinado levantar-se-á um rei de olhar arrogante, capaz de penetrar os enigmas. Seu poder será considerável; ele tramará coisas inauditas, prosperará em suas empresas, arruinando poderosos e o próprio povo dos santos; o jugo de sua coleira se apertará; a perfídia terá êxito em suas mãos; ele se exaltará em seu coração, e, supreendendo-os, destruirá a muitos; causará a ruína de muitos e esmagá-los-á com as mãos, como ovos". Depois o anjo indica o tempo de sua dominação tirânica durante o qual os santos que oferecerão ao Senhor sacri-fícios puros serão perseguidos: "Durante o tempo de meia semana, diz, serão abolidos o sacrifício e a oblação, e no templo haverá a abominação da desolação e até a consumação do tempo a consumação será dada acima da desolação".110 A "metade da semana" equivale a três anos e seis meses.

25,5. Em todas estas profecias são indicadas não somente a apostasia e as heresias que recapitulam em si todo erro diabólico, mas ainda se afirma que há um só e idêntico Pai, anunciado pelos profetas e revelado pelo Cristo. Ora, se as profecias de Daniel relativas ao fim dos tempos foram confirmadas pelo Senhor que diz: "Quando virdes a abominação da desolação predita pelo profeta Daniel";111 se Daniel teve a explicação das visões pelo anjo Gabriel e se este é ao mesmo tempo o arcanjo do Criador e quem anunciou a Maria a boa nova da vinda visível e da encarnação do Cristo, está provado com toda clareza que um só e idêntico é o Deus que enviou os profetas, depois o seu Filho e nos chamou para que o conhecêssemos.

Previsto o fim do seu reino

26,1. Uma revelação mais clara ainda acerca dos últimos tempos e dos dez reis, entre os quais será dividido o império que agora domina, foi feita por João, o discípulo do Senhor, no Apocalipse. Explicando o que eram os dez chifres vistos por Daniel, refere o que lhe foi dito: "Os dez chifres que tu viste são dez reis que ainda não receberam o reino, mas que receberão o poder como reis, por uma hora, com a besta. Eles não têm senão um pensamento, o de homenagear a besta com a sua força e o seu poder. Eles combaterão contra o Cordeiro, mas o Cordeiro os vencerá, porque é o Senhor dos senhores e o Rei dos reis".112 Está claro, portanto, que aquele que deve vir matará três destes dez reis, que os outros se lhe submeterão e que ele será o oitavo entre eles. Eles destruirão Babilônia, reduzi-la-ão a cinzas, darão o seu reino à besta e perseguirão a Igreja, mas, em seguida, serão destruídos pela vinda de nosso Senhor.

O Senhor disse que o reino deve ser dividido e ser destruído: "Todo reino dividido contra si mesmo acaba em ruína e nenhuma cidade ou casa dividida contra si mesma poderá subsistir".113 O reino, a cidade, a casa devem ser divididas em dez partes, e por isso o Senhor desde já predisse essa divisão e partilha.

O próprio Daniel identifica exatamente o fim do quarto reino nos dedos dos pés da estátua vista por Nabucodonosor, com os quais se chocou a pedra que se desprendeu sem intervenção de mão alguma. Ele diz assim: "Os pés eram parte de ferro e parte de argila, quando uma pedra, sem intervenção de mão alguma, destacou-se e veio bater na estátua, nos pés de ferro e de argila e os triturou completamente". Mais adiante, na explicação, diz: "Os pés e os dedos que viste, parte de argila e parte de ferro, desig-nam um reino que será dividido; haverá nele a estabilidade do ferro, como viste o ferro misturado à argila. E os dedos dos pés eram parte de ferro e parte de argila".114 Os dez dedos dos pés significam os dez reis entre os quais será dividido o reino; alguns deles serão fortes, hábeis e poderosos e outros serão fracos e ociosos e contrários, como diz Daniel: "Uma parte do reino será forte e será quebrada pela outra parte. O fato de teres visto ferro misturado à argila, indica que se misturarão por casamentos, mas não se fundirão um com o outro, da mesma forma que o ferro não se funde com a argila". E sobre o que acontecerá no fim, diz: "No tempo desses reis o Deus do céu suscitará um rei-no que jamais será destruído, um reino que jamais passará a outro povo. Esmagará e aniquilará todos os outros reinos, enquanto ele mesmo subsistirá para sempre. Foi o que pudeste ver na pedra que se destacou da montanha, sem que mão alguma a tivesse tocado e reduziu a pó o ferro, o bronze, a argila e a prata. O grande Deus manifes-tou ao rei o que deve acontecer depois disto. O sonho é verdadeiramente este, e digna de fé é a sua interpretação".115

26,2. Se, portanto, o grande Deus deu a conhecer o futuro por meio de Daniel e o confirmou por meio de seu Filho; se o Cristo é a pedra que se desprendeu sem intervenção de mão alguma, aquele que deve aniquilar os reinos temporais e introduzir o reino eterno, isto é, a ressurreição dos justos — "o Deus do céu, diz, suscitará um reino que nunca mais será destruído" —, dêem-se por vencidos e se emendem os que, rejeitando o Criador, não admitem que os profetas foram enviados pelo mesmo Pai que também enviou o Senhor, mas dizem que as profecias derivam de Potências diferentes. Com efeito, o que o Criador predisse de forma idêntica por meio de todos os profetas foi o que o Cristo cumpriu, no fim, obedecendo à vontade do Pai e realizando a sua economia do gênero humano.

Portanto, os que blasfemam o Criador — explícita e abertamente, como os discípulos de Marcião ou astuciosamente, como os discípulos de Valentim e todos os falsos gnósticos — sejam reconhecidos por todos os que adoram a Deus como instrumentos de Satanás, que começou nestes nossos dias o que ainda não começara, isto é, a amaldiçoar a Deus, que preparou o fogo eterno para toda apostasia. Ele não tem a coragem de ofender o seu Senhor abertamente, por sua conta, como no princípio, sob a forma de serpente, seduziu o homem, escondendo-se de Deus. Foi Justino a dizer que Satanás, antes da vinda do Senhor, nunca teve a ousadia de blasfemar a Deus, porque ignorava o alcance da sua condenação, visto que os profetas haviam falado dele em parábolas e alegorias.116 Mas depois da vinda do Senhor ficou sabendo claramente, pelas palavras de Cristo e dos apóstolos, que um fogo eterno foi preparado para ele que se separou voluntariamente de Deus, e para todos os que, recusando-se de fazer penitência, perseveram na apostasia. Assim, por intermédio destes homens, blasfema o Senhor que faz sobrevir o juízo e, como já condenado, culpa o seu Criador pelo pecado de apostasia e não a sua livre vontade, assim como os transgressores da lei, quando punidos, incriminam o legislador em lugar de imputar a si mesmos a culpa. Assim estes, cheios de espírito diabólico, proferem inumeráveis acusações contra o nosso Criador, que nos deu o Espírito de vida e estabeleceu uma lei apropriada para todos e não querem aceitar o justo juízo de Deus. Por este motivo imaginam outro Pai que não cuida e nem se importa das nossas coisas, e até aprova todos os nossos pecados.

Condenado por Deus
27,1. Com efeito, se o Pai não julga, é por que ou não lhe importa nada tudo o que fazemos ou o aprova. Assim, se ele não julga, todos os homens serão iguais e estarão todos na mesma condição. Então a vinda de

Cristo seria supérflua e sem sentido se não viesse para julgar. Porque "veio separar o homem de seu pai, a filha de sua mãe e a sogra da nora";117 veio tomar um e deixar outro de dois que se encontram na mesma cama e de duas mulheres ocupadas a moer juntas, tomar uma e deixar a outra; veio para ordenar aos ceifadores, no fim dos tempos, que juntem primeiro o joio, amarrem-no em feixes e queimem-no no fogo inextinguível e depois recolham o trigo nos celeiros; e finalmente veio reunir os cordeiros no reino preparado para eles e enviar os cabritos para o fogo eterno, que o Pai preparou para o diabo e os seus anjos. O que dizer? Que o Verbo veio para a ruína e a ressurreição de muitos: para a ruína dos que não crêem nele e que ameaçou, no dia do juízo, de uma pena mais severa do que aquela de Sodoma e Gomorra; e para a ressurreição dos que crêem e obedecem à vontade de seu Pai que está nos céus. Se o Filho veio para todos igualmente, mas julga e distingue os que crêem dos que não crêem — porque espontaneamente os que crêem fazem a sua vontade e espontaneamente os que não crêem não recebem os seus ensinamentos — está claro que o Pai criou todos iguais, cada um possuindo o seu poder de decisão e seu livre-arbítrio, mas vê tudo e providencia para todos e "faz nascer o sol sobre os maus e os bons e faz chover sobre os justos e os injustos".118

27,2. E a todos os que guardam o seu amor oferece a sua comunhão; a comunhão de Deus é vida, é luz, é gozo dos bens que vêm dele. Para aqueles, porém, que por sua própria vontade se afastam dele, confirma a separação que escolheram; a separação de Deus é a morte, a separação da luz são as trevas, é a perda de todos os bens que vêm dele. Os que, portanto, pela sua apostasia, perderam tudo o que acabamos de dizer, sendo privados de todos os bens, estão imersos em todos os castigos, não porque Deus não tivesse no princípio a intenção de puni-los, mas o castigo veio como conseqüência da privação de todos os bens. Os dons de Deus são eternos e sem fim e a privação deles é também eterna e sem fim, como os que se autocegaram por uma luz violenta ou o foram por outros, estão privados permanentemente do gozo da luz, não porque a própria luz cegue, mas porque sua cegueira aumenta a sua desgraça.

Por isso o Senhor dizia: "Quem crê em mim não é julgado", isto é, não é separado de Deus, porque está unido a Deus pela fé. E acrescentava: "Mas quem não crê já está condenado porque não creu no nome do Unigênito Filho de Deus", isto é, separou-se de Deus por sua livre decisão. "Este é o julgamento: a luz veio ao mundo, mas os homens preferiram as trevas à luz. Quem faz o mal odeia a luz e não vem para a luz, a fim de que as suas obras não sejam desmascaradas. Mas quem pratica a verdade vem para a luz, a fim de que se manifeste que as suas obras são feitas em Deus".119

Envolve os seus seguidores
28,1. Assim pois, visto que neste mundo alguns acorrem à luz e se unem a Deus pela fé, ao passo que outros se afastam da luz e se separam de Deus, o Verbo de Deus veio para dar a cada um a morada apropriada: a uns, na luz, para que gozem dos bens que ela contém, e a outros, nas trevas, a fim de partilhar as penas que encerram. É por isso que o Senhor diz que chamará os

da sua direita para o reino do Pai e mandará os da sua esquerda para o fogo eterno, porque eles, sozinhos, se privaram de todos os bens.

28,2. Eis por que o Apóstolo diz: "Visto que não acolheram o amor da verdade a fim de serem salvos, por isso Deus lhes manda o poder da sedução para que acreditem na mentira e sejam condenados todos os que não acreditaram na verdade, mas antes consentiram na iniqüidade".120 Com efeito, virá aquele que deve vir, o Anticristo, e voluntariamente recapitulará em si a apostasia e por sua vontade e arbítrio fará tudo o que fará, sentar-se-á no templo de Deus, para que os seus seguidores o adorem como Cristo: assim será justamente lançado ao lago de fogo. Deus, na sua previdência, conhece todas as coisas, fará vir em tempo oportuno aquele que deve ser o tal "para que acreditem na mentira e sejam condenados todos os que não acredita-ram na verdade, mas antes consentiram na iniqüidade".

A sua vinda é anunciada por João, desta forma: "A besta que eu vi parecia pantera, seus pés eram como de urso e a sua boca como a boca de leão; e o dragão lhe entregou o seu poder, seu trono e grande autoridade; uma de suas cabeças parecia mortalmente ferida, mas a ferida mortal foi curada. Cheia de admiração, a terra inteira seguia a besta e adorou o dragão por ter entregue a autoridade à besta, e adorou a besta dizendo: Quem é comparável à besta e quem pode lutar contra ela? Foi-lhe dada uma boca para proferir palavras insolentes e blasfêmias e, também, poder para agir durante quarenta e dois meses. Ela então abriu a boca em blasfêmias contra Deus, blasfemando contra o seu nome, sua tenda e os que habitam no céu. Foi-lhe dada autoridade sobre toda tribo, povo, língua e nação. Adoraram-na, então, todos os habitantes da terra, cujo nome não está escrito, desde a fundação do mundo, no livro da vida do Cordeiro imolado. Se alguém tem ouvidos, ouça: Se alguém está destinado à prisão, irá à prisão; se alguém deve morrer pela espada é preciso que morra pela espada. Nisto repousa a perseverança e a fé dos santos".121 João fala depois do escudeiro da besta, que chama pseudoprofeta: "Falava, ele diz, como um dragão. Toda a autoridade da primeira besta, ela a exerce diante desta. Ela faz com que a terra e seus habitantes adorem a primeira besta, cuja ferida mortal fora curada. Ela opera grandes maravilhas até mesmo a de fazer descer fogo do céu sobre a terra, à vista dos homens. E seduz os habitantes da terra".122

Não se julgue que faça isso graças a poder divino, mas o faz graças a operação de mágica. E não é de se admirar se, com a ajuda dos demônios e dos espíritos apóstatas, opera prodígios que hão de seduzir os habitantes da terra. "E os incitará, continua João, a fazerem uma imagem em honra da besta, e infundirá espírito na imagem, de modo que a imagem fale e mate todos os que não a adorarem. Faz também com que todos recebam uma marca na fronte ou na mão direita, para que ninguém possa comprar e vender, se não tiver a marca, o nome da besta ou o número de seu nome: e seu número é seiscentos e sessenta e seis",123 isto é, seis centenas, seis dezenas e seis unidades, que é a recapitulação de toda a apostasia perpetrada durante seis mil anos.

28,3. Quantos foram os dias empregados a criar este mundo, tantos serão os milênios da sua duração total. Eis por que o livro do Gênesis diz: "Assim foram concluídos os céus e a terra e toda a sua ornamentação. Deus concluiu no sexto dia toda a obra que fizera e no sétimo dia descan-sou de todas as obras que fizera".124 Esta é descrição do passado, tal como aconteceu, e ao mesmo tempo uma profecia para o futuro: com efeito, "se um dia do Senhor é como mil anos", se a criação foi acabada em seis dias, está claro que a consumação das coisas acontecerá no sexto milênio.

28,4. Eis por que durante todo este tempo, o homem, modelado no princípio pelas mãos de Deus, isto é, o Filho e o Espírito, vai crescendo na imagem e semelhança de Deus; descartada a palha, — que é a apostasia, — o trigo é recolhido no celeiro, — isto é, aqueles cuja fé frutifica para Deus. Por isso também é necessária a tribulação para os que se salvam, a fim de que, de certo modo moídos e amassados pela paciência e assados pelo Verbo de Deus, se tornem prontos para a festa de núpcias do Rei. Como disse alguém dos nossos condenado às feras, por causa do testemunho que prestou a Deus: "Eu sou o trigo de Cristo moído pelos dentes das feras para me tornar o pão puro de Deus".125

Recapitula em si todas as iniqüidades

29,1. Nos livros precedentes expusemos os motivos pelos quais Deus permitiu que acontecessem estas coisas e mostramos como todas elas se cumpriram em benefício do homem que se salva, amadurecendo-lhe o livre-arbítrio para a imortalidade e tornando-o mais apto para a eterna submissão a Deus. É por isso que a criação está submetida ao homem, porque não é o homem que foi feito para ela, mas ela para o homem. Até os pagãos que não levantaram os olhos ao céu, não agradeceram o seu Criador e não quiseram ver a luz da verdade, escondendo-se como ratos cegos nas profundezas da sua loucura, foram justamente considerados como uma gota que cai do balde, ou como um grão de pó nos pratos da balança e como nada, úteis para os justos quanto o pode ser uma espiga para o crescimento do trigo ou uma palha para o fogo que derrete o ouro. Por isso, quando, no fim, de repente a Igreja será levada daqui, "haverá, como está escrito, uma tribulação como nunca houve desde o princípio e nunca mais haverá";126 será a última prova dos justos e os vencedores serão coroados com a incorruptibilidade.

29,2. Por isso, na besta que há de vir, haverá a recapi-tulação de toda a iniquidade e de todo o engano, para que todo o poder da apostasia que se ajuntou e recolheu nela, seja lançado na fornalha ardente. Por esta razão o número de seu nome será justamente seiscentos e sessenta e seis, recapitulando em si toda a mistura do mal que se desencadeou antes do dilúvio em consequência da apostasia dos anjos — Noé tinha seiscentos anos quando se precipitou o dilúvio na terra, destruindo a rebelião da terra por causa da geração perversa dos tempos dele —; recapitulando também toda a falsidade que houve depois do dilúvio, aquela que recomendava o culto dos ídolos, a matança dos profetas e o suplício do fogo infligido aos justos. Com efeito, a estátua construída por Nabucodonosor tinha sessenta côvados de altura e seis de largura e por se terem recusado a adorá-la Ananias, Azarias e Misael foram lançados na fornalha acesa, profetizando com o que lhes acontecera, a prova do fogo a que serão submetidos os justos no final dos tempos. Aliás toda esta estátua foi a prefiguração da vinda daquele que pretendia se fazer adorar por absolutamente todos os homens. Assim os seiscentos anos de Noé, na época do dilúvio que se deu por causa da apostasia, e o número dos côvados da estátua, por causa da qual os justos foram lançados na fornalha acesa, indicam o número do nome daquele em que será recapitulada toda apostasia, a injustiça, a iniqüidade, a pseudoprofecia e o engano de seis mil anos, por causa dos quais acontecerá o dilúvio de fogo.

O nome misterioso do Anticristo

30,1. Sendo essa a situação, visto que este número se encontra em todos os manuscritos mais antigos e cuidados, é atestado pelos que viram João com seus próprios olhos e, racionalmente, o número do nome da besta, contado à maneira dos gregos, somando o valor das letras que formam este nome, é de seiscentos e sessenta e seis, isto é, igual número de centenas, dezenas e unidades — o número seis, assim conservado, indica a recapitulação de toda a apostasia perpetrada no princípio, no meio e no fim dos tempos — não entendo como alguns se puderam enganar, levados por uma opinião particular a corrigir o número do meio, diminuindo-o de cinqüenta unidades e deixando somente uma dezena no lugar das seis. Penso que houve erro do copista, coisa que acontece freqüentemente quando os algarismos são escritos por meio de letras, porque é fácil confundir a letra grega que indica sessenta com o iota, que indica o dez. Em seguida aceitou-se o novo número sem discussão: por alguns, com simplicidade e sem segundas intenções, por outros, por ignorância, procurando nomes que indicassem este número errado. Os que agiram com simplicidade e sem malícia pode-se acreditar que serão perdoados por Deus, mas todos os que por vanglória apresentarão nomes que contêm este número errado e afirmarão que o nome que eles imaginaram é o de quem deve vir, não se sairão bem, por ter seduzido a si mesmos e os que acreditam neles. O primeiro prejuízo é o de se afastar da verdade e julgar verdadeiro o que não é, e o segundo é que, se é verdade que quem acrescenta ou elimina alguma coisa das Escrituras sofrerá castigo exemplar, inevitavelmente será atingido quem agir desta forma. Correm ainda o perigo, e este não leve, os que pensam erroneamente conhecer o nome do An-ticristo, porque se o que deve vir tem nome diverso do que eles pensam, facilmente serão seduzidos por ele, pensando não ser aquele de quem se devem guardar.

30,2. É necessário que estes aprendam a conhecer o verdadeiro número do nome se não quiserem ser contados entre os falsos profetas. Conhecendo, pois, com certeza, o número indicado pelas Escrituras, isto é, seiscentos e sessenta e seis, devem primeiramente esperar a divisão do reino entre os dez reis e depois, quando eles reinarão pensando em aumentar o seu poder e ampliar o seu reino, prestar atenção ao homem que, tendo no nome o número indicado, virá improvisamente reivindicar o reino e a aterrorizar estes reis, a fim de saber que ele é realmente a abominação da desolação. É o que diz o Apóstolo: "Quando dirão: paz e segurança, então cairá sobre eles, improvisa, a morte". Jeremias não somente indica a instantaneidade da sua vinda, mas também a tribo donde ele virá, com estas palavras: "Ouviremos o barulho da velocidade dos seus cavalos vindo de Dã; pelo relinchar dos seus corcéis em corrida, toda terra se turvará; e ele virá, e devorará a terra e o que ela contém, a cidade e os seus habitantes".127 É esta a razão pela qual esta tribo não será contada, no Apocalipse, entre as que se salvam.

30,3. É mais seguro e sem perigo esperar o cumprimento desta profecia do que se entregar a elucubrações e conjec-turas sobre nomes, porque é possível encontrar quantidade enorme deles que combinam com este número, e o pro-blema continuará o mesmo, pois, se há muitos nomes com este número, continuará a valer a pergunta de quem será o nome do que deve vir. Com efeito, não é por falta de no-mes que tenham o número do nome do Anticristo que fala-mos assim, mas por temor de Deus e pelo zelo da verdade.

Por exemplo, a palavra EYANTHAS contém o número procurado, mas não dizemos nada sobre ela; também a palavra LATEINOS contém este número, seiscentos e sessenta e seis, e pode-se até acreditar que este seja o nome, que significa o último reino, visto que são os latinos que dominam neste momento; contudo não insistiremos neste nome. A palavra TEITAN, quando se escreve a primeira sílaba com duas vogais gregas, o épsilon e o iota, de todas as que conhecemos, merece atenção maior. De fato possui o número que dissemos: compõe-se de seis letras, de duas sílabas com três letras; é nome antigo e excepcional, visto que nenhum dos nossos reis se chamou Titã e nenhum dos ídolos adorados pelos gregos ou pelos bárbaros tem este nome. Além disso, muitos pensam que é divino, tanto que alguns contemporâneos chamam Titã ao sol; é nome que contém sentido de castigo e de vingança e o Anticristo simulará a vingança das vítimas de maus tratos; finalmente, sobretudo, porque é antigo e verossímil para um rei e mais ainda para um tirano. Por todos estes motivos o nome de Titã possui grau de probabilidade que nos permite concluir que poderia muito bem ser o nome do que deve vir. Mas não nos arriscaremos em de-clarar peremptoriamente que terá este nome, bem sabendo que se o seu nome tivesse que ser proclamado no nosso tempo, já teria sido manifestado pelo vidente do Apocalipse, porque não faz muito tempo que ele foi visto, e sim próximo aos nossos dias, no fim do reinado de Domiciano.128

30,4. Com efeito, João nos deu a conhecer o número do nome dele para que estejamos atentos à sua vinda, sabendo quem é; mas passou sob silêncio o nome, porque não era conveniente que fosse anunciado pelo Espírito Santo. Se o tivesse anunciado talvez tivesse que durar por muito tempo, mas visto que foi e "já não é, e que sobe do abismo para ir à perdição" como se nunca tivesse vindo, assim o nome dele não foi anunciado; com efeito, não se anuncia o nome de quem não existe. Ora, depois que o Anticristo tiver destruído todas as coisas neste mundo, reinado três anos e seis meses e tiver assentado no templo de Jerusalém, o Senhor virá do alto do céu, sobre as nuvens, na glória do Pai, e o lançará no lago de fogo com todos os seus seguidores; para os justos trará os tempos do reino, isto é, o repouso do sétimo dia santificado, e dará a Abraão a herança prometida, aquele reino, diz o Senhor, ao qual "muitos virão do oriente e do ocidente para se assentar à mesa com Abraão, Isaac e Jacó".129

O REINO ETERNO

Preparação gradual

31,1. Mas há alguns, julgados como ortodoxos, que passam por cima da ordem com que os justos hão de progredir e ignoram os passos graduais para a incorruptibilidade. Estes têm em si pensamentos heréticos — com efeito, os hereges, ao desprezar a obra modelada por Deus, ao não aceitar a salvação de sua carne, menosprezando a promessa de Deus e ultrapassando completamente, com a sua mente, a Deus, afirmam que logo depois da sua morte subirão acima dos céus, acima até do próprio Criador, para irem junto à Mãe ou ao Pai que eles inventaram. — Por que nos devemos admirar se os que rejeitam toda ressurreição e, pelo que está em seu poder, a eliminam, não conhecem a ordem com que se realizará esta ressurreição? Recusando entender que se as coisas se verificassem realmente como eles querem, sequer o Senhor, em quem dizem acreditar, teria ressuscitado ao terceiro dia, mas logo que expirou sobre a cruz teria subido às alturas, abandonando o seu corpo sobre a terra. Ora, passou três dias onde estavam os mortos, em conformidade com o que o profeta diz dele: "O Senhor se lembrou dos seus santos mortos, dos que antes adormeceram na terra das sepulturas e desceu até eles para tirá-los de lá e salvá-los". O próprio Senhor diz: "Como Jonas ficou três dias e três noites no ventre do cetáceo, assim acontecerá com o Filho do homem no seio da terra". E o Apóstolo diz: "Que significa 'subiu' a não ser que tinha descido às regiões inferiores da terra?" Igualmente disse Davi, profetizando sobre ele: "Libertaste a minha alma das profundezas do inferno". Ao ressuscitar no terceiro dia, dizia a Maria, a primeira que o via e o adorava: "Não me toques, porque ainda não subi ao Pai; mas vá aos meus discípulos e dize-lhes: Subo ao meu Pai e vosso Pai".130

31,2. Se o Senhor se submeteu às leis da morte para ser primogênito entre os mortos e ficou três dias nas regiões inferiores da terra antes de ressuscitar na carne, para mostrar aos discípulos também os sinais dos pregos, e assim subir ao Pai, devem-se envergonhar os que afirmam que o inferno é este nosso mundo e que o homem interior sobe para um lugar supraceleste, deixando aqui o corpo. Tendo o Senhor ido entre as sombras da morte, onde estavam as almas dos mortos, e ressuscitando depois corporalmente, e depois de ressuscitado, sendo levado ao céu, indicou que o mesmo aconteceria com seus discípulos, pois era para eles que o Senhor fez tudo isso: as almas deles irão a um lugar invisível estabelecido por Deus e aí ficarão até a ressurreição, à espera dela; depois, reassumirão seus corpos numa ressurreição perfeita, isto é, nos seus corpos, da mesma forma que o Senhor ressuscitou, e irão à presença de Deus. "Nenhum discípulo é superior ao mestre, mas todo discípulo será perfeito como o seu mestre".131 Como o nosso Mestre não voltou logo para o céu, mas esperou o tempo da sua ressurreição, estabelecido pelo Pai e indicado pela história de Jonas, e ressuscitando depois de três dias, foi assunto ao céu;

assim nós devemos esperar o momento da nossa ressurreição estabelecido pelo Pai e prenunciado pelos profetas. Então, ressuscitando, serão levados ao céu os que, entre nós, o Senhor julgará dignos.

32,1. Visto que alguns se deixam induzir ao erro por cau-sa de discurso herético e ignoram as disposições de Deus e o mistério da ressurreição dos justos e do reino que será o prelúdio da incorruptibilidade — reino pelo qual os que serão julgados dignos se acostumarão paulatinamente a possuir Deus —, é necessário dizer sobre isso que os justos, ressuscitando, à aparição de Deus, nesta criação renovada, primeiramente receberão a herança que Deus prometeu aos pais e reinarão nela, e somente depois se realizará o juízo de todos os homens. Com efeito, é justo que recebam o prêmio do sofrimento naquela mesma natureza em que sofreram e foram provados de todos os modos, e que naquela mesma em que foram mortos por amor a Deus e suportaram a escravidão, recebam a vida e reinem. É necessário que a própria natureza seja reconduzida ao seu estado primitivo para servir, sem limites, aos justos. É o que o Apóstolo afirma na epístola aos Romanos, com estas palavras: "A criação em expectativa, anseia pela revelação dos filhos de Deus, porque foi submetida à vaidade, não por seu querer, mas por vontade daquele que a submeteu na esperança de ela também ser libertada da escravidão da corrupção para entrar na liberdade da glória dos filhos de Deus".132

Cumprimento da promessa

32,2. Desta forma, continua igualmente válida a promessa que Deus outrora fez a Abraão: "Levanta os olhos e, do lugar onde estás agora, olha para o norte e o sul, para o oriente e para o mar ocidental: toda a terra que vês, eu a darei a ti e a tua posteridade para sempre". E a seguir, diz: "Levanta-te e anda pelo seu comprimento e largura, porque eu ta darei". Contudo Abraão não recebeu na terra nenhuma herança, sequer do tamanho de uma pegada, mas andou sempre nela como estrangeiro e hóspede de passagem. E quando morreu Sara, sua mulher, e os heteus queriam dar-lhe gratuitamente um lugar para sepultá-la, não aceitou, mas comprou de Efron, filho de Seor, a gruta e o campo por quatrocentos siclos de prata, na espera do cumprimento da promessa de Deus para que não parecesse que recebia dos homens o que Deus lhe tinha prometido dar-lhe, dizendo: "À tua posteridade darei esta terra, do rio do Egito até o grande rio, o Eufrates".133 A propriedade da terra que Deus lhe tinha prometido e que não recebeu durante toda a sua estada aqui na terra, é necessário que a receba com a sua posteridade, isto é, os que temem a Deus e crêem nele, na ressurreição dos justos. A sua posteridade é a Igreja que, por meio do Senhor, recebe a filiação adotiva de Abraão, como dizia João Batista: "Deus pode fazer surgir destas pedras filhos a Abraão". Também o Apóstolo na sua epístola aos Gálatas diz: "Vós, irmãos, sois filhos segundo a promessa como Isaac". Na mesma epístola diz claramente que os que crêem em Cristo, receberam, por intermédio de Cristo, a promessa feita a Abraão: "As promessas foram feitas a Abraão e à sua descendência". Não diz: "e aos descendentes", como referindo-se a muitos, mas como a um só: "e à tua descendência", que é Cristo. E para confirmar tudo isso, diz ainda: "Foi assim que Abraão creu em Deus e isto lhe foi levado em conta de justiça. Sabei, portanto, que os que são pela fé, são filhos de Abraão. Prevendo que Deus justificaria pela fé os gentios, a Escritura preanunciou a Abraão: em ti serão abençoadas todas as nações. De modo que os que são pela fé são abençoados juntamente com Abraão, que teve fé".134 Portanto, os que são pela fé são abençoados juntamente com Abraão, que teve fé, e são os filhos de Abraão. Ora, Deus prometeu a herança da terra a Abraão e sua posteridade; mas, se nem Abraão nem a sua posteridade, que são os justificados pe-la fé, recebem agora a herança na terra, eles a receberão na ressurreição dos justos, porque Deus é verídico e estável em todas as coisas. É por isso que o Senhor dizia: "Bem-aventurados os mansos porque herdarão a terra".135

33,1. Por isso o Senhor, pouco antes da paixão, para anunciar a Abraão e aos que estavam com ele, a abertura da herança, deu graças sobre o cálice, bebeu dele e o passou aos seus discípulos, dizendo: "Bebei todos vós, este é o meu sangue do Novo Testamento, que será derramado por muitos, para remissão dos pecados. Eu vos digo: eu já não beberei do fruto desta videira, até o dia em que o beberei novamente convosco no reino de meu Pai".136 Ele renovará a herança da terra e restaurará o ministério da glória dos filhos de Deus, como diz Davi: "Ele renovará a face da terra". Prometendo beber do fruto da videira com os seus discípulos, mostrou juntamente a herança da terra na qual se bebe o novo fruto da videira e a ressurreição carnal dos seus discípulos. A carne que ressuscita renovada é a mesma que recebe a bebida nova, pois não se poderia entender que ele beba do fruto da videira num lugar supraceleste, nem que os que bebem não tenham um corpo de carne. Pertence à carne e não ao espírito a bebida que se extrai da videira.

33,2. Por isso o Senhor dizia: "Quando ofereces um almoço ou um jantar não convides os ricos nem os amigos, vizinhos ou conhecidos para que eles te convidem em troca e te recompensem; mas convida coxos, cegos e mendigos e serás feliz, porque eles não têm com que te recompen-sar; receberás a recompensa no reino dos justos". E continua dizendo: "Quem abandonará campos, ou casa, ou pais, ou irmãos, ou filhos por minha causa, receberá o cêntuplo neste mundo e herdará a vida eterna no futuro".137 Onde estão o cêntuplo nesta vida, os almoços oferecidos aos pobres, e os jantares restituídos? Isto acontecerá nos tempos do reino, isto é, no sétimo dia que foi santificado quando Deus descansou de toda obra que tinha feito; o verdadeiro sábado dos justos, no qual não executarão nenhuma obra terrena, mas estarão diante de mesa preparada por Deus que os alimentará com todas as iguarias.

33,3. Realiza-se também a bênção de Isaac ao filho menor Jacó: "Eis que a fragrância de meu filho é como a fragrância de um campo de trigo maduro, abençoado pelo Senhor". O campo é o mundo, por isso acrescenta: "Que Deus te conceda o orvalho do céu, a fertilidade da terra, a abundância de trigo e de vinho. Que as nações te sirvam e os príncipes se prostrem diante de ti. Sê o senhor de teu irmão e que os filhos de teu pai se prosternem diante de ti. Seja maldito quem te amaldiçoar e bendito quem te abençoar!"138 Se estas palavras não se referem ao reino definitivo, encontrar-se-ão dificuldades e contradições consideráveis, justamente aquelas nas quais se encontram e se debatem os judeus. De fato, Jacó, durante a sua vida, não somente não viu as nações servi-lo, mas, depois da bênção, ele teve que partir para servir o tio Labão, o sírio, durante vinte anos. E não somente não se tornou o senhor do irmão, mas foi ele que se prostrou diante de Esaú, quando, da Mesopotâmia, voltou para o pai, e lhe ofereceu muitos presentes. E como recebeu aqui a herança da abundância do trigo e do vinho ele que, por causa da carestia que assolou a terra onde vivia, teve que emigrar para o Egito e submeter-se ao faraó, que então reinava no Egito? Ora, a bênção de que se falava, sem dúvida se refere aos tempos do reino, em que reinarão os justos, depois de ter ressuscitado dos mortos, quando a criação, libertada e renovada, produzirá abundantemente toda espécie de alimentos, pelo orvalho do céu e a fertilidade da terra.

Isto pode ser confirmado pelo fato de que os presbíteros que conheceram pessoalmente João, o discípulo do Senhor, lembravam tê-lo ouvido referir o que o Senhor ensinava sobre estes tempos, com estas palavras: "Virão dias em que crescerão videiras com dez mil cepas e sobre cada cepa dez mil ramos; sobre cada ramo dez mil rebentos; sobre cada rebento dez mil cachos; em cada cacho dez mil grãos; e de cada grão esmagado se farão vinte e cinco metretas de vinho. E quando algum dos santos for apanhar um cacho, outro lhe dirá: eu sou melhor, apanha-me e bendize ao Senhor por mim! Da mesma forma um grão de trigo produzirá dez mil espigas, cada espiga terá dez mil grãos e cada grão produzirá vinte e cinco libras de farinha pura. Também os outros frutos, sementes e ervas terão abundância igual, conforme a sua natureza; e todos os animais se servirão deste alimento, que receberão da terra, viverão em paz e harmonia entre si e estarão completamente submetidos aos homens".

As profecias de Isaías
33,4. Eis o que Pápia, discípulo de João, amigo de Policarpo, homem venerável, atesta por escrito no seu quarto livro — existem cinco livros compostos por ele — quando diz: "Tudo isto é crível para os que têm fé. A Judas, o traidor que não acreditava e que perguntava: Como o Senhor poderia criar tais frutos?, o Senhor respondeu: Vê-los- ão os que viverão naquele tempo".

Isaías, profetizando sobre estes tempos, dizia: "O lobo pastará com o cordeiro, o leopardo se deitará com o cabrito. O bezerro, o leão e o novilho pastarão juntos e um menino pequeno os guiará. A vaca e o urso pastarão juntos e juntas se deitarão as suas crias. O leão se alimentará de forragem como o boi. A criança de peito porá a mão na cova das serpentes, na cova dos seus filhotes, e não lhe farão mal e não poderão mais fazer morrer ninguém sobre a minha montanha santa". E diz o mesmo, noutro lugar: "Os lobos e os cordeiros pastarão juntos e o leão comerá feno como o boi; para a serpente, a terra será como pão; não se fará mal nem violência no meu monte santo, diz o Senhor".139 Eu sei que alguns se esforçam por aplicar estes textos de maneira metafórica àqueles homens selvagens, que, provindo de povos diversos e dedicados a ocupações de toda espécie, abraçaram a fé e vivem de acordo com os justos. Mas se isto vale para homens que chegaram a uma mesma fé, prove-nientes de vários povos, realizar-se-á também para estes animais, na ressurreição dos justos, como foi dito: Deus é rico em todas as coisas e é preciso que quando o mundo for restabelecido no seu estado primeiro, todos os animais selvagens obedeçam ao homem, lhe sejam submissos e voltem ao primeiro alimento que Deus lhes deu, assim como estavam submetidos a Adão antes da sua desobediência e comiam dos frutos da terra. Por outro lado, não é este o momento para provar que o leão se alimentará de feno, porque isso somente significa a riqueza e a fartura dos frutos: porque, se um animal como o leão se alimentará da palha, o que não alimentará o trigo cuja simples palha é suficiente para alimentar os leões?

34,1. O próprio Isaías anunciou manifestamente a alegria que haverá na ressurreição dos justos, quando diz: "Os mortos ressuscitarão, os que estão nos sepulcros se levantarão, porque o orvalho que vem de ti é uma cura para eles". Igualmente diz Ezequiel: "Eis que abrirei os vossos túmulos, e vos farei subir dos vossos túmulos, ó meu povo. Porei o meu espírito dentro de vós e revivereis; eu vos reporei em vossa terra, e sabereis que eu sou o Senhor". O mesmo profeta diz ainda: "Eis o que diz o Senhor: Reunirei Israel de todas as nações, por onde foram espalhados, revelarei entre eles a minha santidade aos olhos das nações e habitarão na terra que dei ao meu servo Jacó. Nela habitarão em segurança, edificarão casas e plantarão vinhas; habitarão em segurança, quando executarei o julgamento contra todos os que os desprezam dentre os seus vizinhos, e saberão que eu sou o Senhor, Deus deles e dos seus pais". Ora, indicamos mais acima, que a Igreja é a posteridade de Abraão; por isso, para que saibamos que tudo isso se realizará na Nova Aliança, que reunirá os que são salvos de todas as nações, suscitando das pedras filhos para Abraão, Jeremias diz: "Eis que dias virão, diz o Senhor, em que não se dirá mais: Viva Javé que tirou os israelitas do Egito. Em lugar disso dirão: Viva o Senhor que fez subir Israel da terra do Norte e de todas as regiões onde os tinha dispersado e os reconduzirá à terra deles, que dera a seus pais".140

34,2. Que toda criatura deva, conforme a vontade de Deus, crescer e chegar à plenitude de seu desenvolvimento, para produzir e amadurecer os frutos, é o que diz Isaías: "Sobre todo monte alto e sobre todo outeiro elevado, haverá cursos de água e mananciais, no dia da grande matança, ao ruírem as fortalezas. Então a luz da lua será igual à luz do sol, e a luz do sol será sete vezes mais forte, como a luz de sete dias reunidos, no dia em que o Senhor pensar a ferida de seu povo e curar a dor da tua praga".141 A "dor da praga" é aquela com que foi atingido o homem no princípio, quando em Adão desobedeceu, e é a morte, da qual Deus nos curará, ressuscitando-nos dentre os mortos e restabelecendo-nos na herança dos pais, como diz ainda Isaías: "Porás a tua confiança no Senhor e te fará prosperar sobre toda a terra; ele te alimentará com a herança de Jacó, teu pai". É o mesmo que diz o Senhor: "Bem-aventurados os servos que o Senhor na sua vinda encontrar vigilantes. Na verdade vos digo que se porá o avental, fá-los-á sentar à mesa, e passando diante deles servi-los-á. E, se chegar pela tarde e os encontrar assim, serão felizes, porque fá-los-á sentar à mesa e servi-los-á. E se chegar à segunda ou à terceira vigília, serão felizes". A mesma coisa diz João no Apocalipse: "Bem-aventurado e santo quem participa na primeira ressurreição". Isaías anunciou também o tempo em que acontecerão estas coisas: "E eu disse: Até quando, Senhor? Até que as cidades estejam despovoadas por falta de habitantes, bem como as casas por falta de homens e a terra fique deserta. Depois disto o Senhor afastará os homens e os que ficarem se multiplicarão". Daniel diz o mesmo: "E o reino e o império e as grandezas dos reinos sob todos os céus serão entregues ao povo dos santos do Altíssimo. Seu império é império eterno, e todos os impérios o servirão e lhe prestarão obediência". E para que não se pense que esta promessa se refere ao tempo presente, foi dito ao profeta: "Tu, vem, para receber a tua parte, no fim dos dias".142

34,3. Que estas promessas não se dirigiam somente aos profetas e aos pais, e sim às igrejas reunidas de entre todas as nações, que o Espírito chama de ilhas; que elas sejam postas no meio do alvoroço e provem as tempestades das blasfêmias; que sejam porto de salvação para os que estão em perigo e refúgio para os que amam a verdade e se esforçam por fugir do abismo do erro, é o que diz Jeremias: "Nações, escutai a palavra do Senhor, anunciai-a às ilhas distantes. Dizei: Aquele que dispersa Israel o reunirá e o guardará como o pastor a seu rebanho. Porque o Senhor resgatou Jacó, libertou-o da mão do mais forte. Eles virão gritando de alegria sobre os altos de Sião, afluirão aos bens do Senhor: o trigo, o mosto, o azeite, as ovelhas e os bois; sua alma será como árvore frutífera, e não terão mais fome. Então as moças se alegrarão na companhia dos jovens e dos velhos. Converterei seu luto em alegria, eu os alegrarei e engrandecerei, e inebriarei a alma dos sacerdotes filhos de Levi, e o meu povo se saciará com os meus bens".143 Mostramos no livro precedente que os levitas e os sacerdotes representam todos os discípulos do Senhor que no templo violam o sábado e ficam sem culpa. Essas promessas, portanto, significam com toda evidência o festim que esta criação, que recebeu a promessa de Deus, dará aos justos no reino.

34,4. Isaías diz ainda a respeito de Jerusalém e de seu rei: "Bem-aventurado quem tem posteridade em Sião e parentes em Jerusalém. Eis que um Rei justo reinará e os príncipes reinarão com justiça". E acerca dos preparativos para a sua reconstrução, diz: "Eis que te preparo carbúnculo como pedras e safira para as fundações, jaspe para as torres, cristal para as portas e pedras preciosas para as muralhas. Todos os teu filhos serão instruídos pelo Senhor e viverão em grande paz; e serás edificada na justiça". O mesmo profeta diz ainda: "Regozijar-me-ei em Jerusalém, alegrar-me-ei em meu povo. Nela não se tornará a ouvir choro nem lamentação. Não haverá mais criancinhas que tenham morte prematura nem velhos que não completem o seu tempo. Os jovens terão cem anos e o pecador ao morrer aos cem anos será amaldiçoado. Construirão casas e eles mesmos as habitarão; plantarão vinhas e eles mesmos comerão seus frutos e beberão seu vinho. Já não construirão para que outro habite a sua casa, não plantarão para que outro coma o fruto, pois a duração dos dias de meu povo será como os dias da árvore da vida; consumirão eles mesmos o fruto do trabalho de suas mãos".144

O reino dos justos145

35,1. Se alguns quiserem interpretar estas profecias em sentido alegórico não chegarão a acordo entre si sobre todos os pontos e serão refutados pelas próprias palavras sobre as quais discutem e dizem: "Quando as cidades das gentes estarão despovoadas por falta de habitantes e as casas por falta de homens e a terra ficará deserta". "Eis, pois, diz Isaías, o dia do Senhor terrível, cheio de furor e de ira. Ele vem para tornar deserta a terra e exterminar os pecadores". Ele diz ainda: "Será eliminada, para que não veja a glória do Senhor". E depois que isso tiver acon-tecido, diz: "O Senhor afastará os homens e os que fica-rem se multiplicarão sobre a terra". "Construirão casas que eles mesmos habitarão e plantarão vinhas cujos fru-tos eles mesmos comerão".146 Todas estas profecias se referem, sem contestação, à ressurreição dos justos, que se realizará depois do advento do Anticristo e da elimina-ção de todas as nações submetidas à sua autoridade, quando os justos reinarão sobre a terra, aumentarão pela aparição do Senhor e se acostumarão, por ele, a participar da glória do Pai e, com os santos anjos, participarão da vida, da comunhão e da unidade espirituais, neste reino. Os que o Senhor encontrar na carne, esperando-o vindo dos céus, depois de ter suportado a tribulação e escapado das mãos do ímpio, são aqueles dos quais fala o profeta: "Os abandonados sobre a terra se multiplicarão", e também todos os que, dentre os pagãos, o Senhor tiver preparado, para que, após ser deixados, se multipliquem sobre a terra, sejam governados pelos santos e sirvam a Jerusalém.

O profeta Jeremias falou mais claramente ainda sobre Jerusalém e o reino que será estabelecido nela, dizendo: "Dirige o teu olhar para o oriente, Jerusalém, e vê a alegria que te vem da parte de Deus! Olha, estão chegando teus filhos a quem vistes partir; eles vêm, reunidos do nascente ao poente pela palavra do Santo, jubilando com a glória de Deus. Despe, Jerusalém, a veste da tua tristeza e desgraça e reveste para sempre a beleza da glória que vem do teu Deus. Cobre-te com o manto da justiça e cinge a cabeça com o diadema da glória eterna. Pois Deus mostrará o teu esplendor a toda a terra que está debaixo do céu e te chamará com o nome que vem de Deus para sempre: Paz-da-justiça e Glória-da-piedade. Levanta, Jerusalém, coloca-te sobre o alto e olha na direção do oriente: vê teus filhos, reunidos desde o pôr-do-sol até o nascente à ordem do Santo, alegres por Deus ter-se lembrado deles. Eles saíram de ti a pé, arrastados por inimigos, mas Deus os reconduziu a ti, carregados de glória, como por um trono real. Pois Deus ordenou que sejam abaixadas toda alta montanha e as colinas eternas, e se encham os vales para aplainar a terra, a fim de que Israel possa acorrer com segurança, à glória de Deus. Também as florestas e todas as árvores aromáticas darão sombra a Israel, por ordem de Deus. Pois Deus conduzirá Israel com alegria, à luz da sua glória, com a misericórdia e a justiça que dele procedem".147

35,2. Todas estas coisas não se referem a mundos supracelestes, porque diz: "Deus mostrará o teu esplendor a toda a terra que está debaixo do céu", mas aos tempos do reino, quando a terra será renovada por Cristo e Jerusalém será reconstruída conforme o modelo da Jerusalém do alto, da qual o profeta Isaías disse: "Eis que desenhei teus muros nas minhas mãos e tu me estás sempre diante dos olhos". E o Apóstolo, escrevendo aos Gálatas, diz: "A Jerusalém do alto é livre e é a mãe de todos nós". Neste momento não pensa no Éon errante, nem em Potência separada do Pleroma chamada Prounicos, e sim na Jerusalém desenhada nas mãos de Deus. E é esta mesma que João, no Apocalipse, viu descer a uma terra nova. De fato, depois dos tempos do reino, ele diz, "eu vi um grande trono branco e aquele que estava assentado nele; o céu e a terra fugiram de diante dele e não se encontrou mais lugar para eles". Então ele descreve a ressurreição e o juízo universais, dizendo: "Eu vi os mortos, os grandes e os pequenos.

Pois a morte restituiu os mortos que se encontravam nela; a morte e o inferno restituíram os que estavam neles. E foram abertos os livros. Foi aberto também o livro da vida e os mortos foram julgados de acordo com o que estava escrito nestes livros e conforme as suas obras. Depois, a morte e o inferno foram lançados no lago de fogo, que é a segunda morte".148 É o que se chama Geena e o Senhor o chama fogo eterno. "E quem não estava escrito no livro da vida foi lançado no lago de fogo". A seguir diz: "Eu vi um céu novo e uma terra nova, porque o primeiro céu e a terra se foram, e o mar já não existia. E vi a cidade santa, a nova Jerusalém descer do céu, enfeitada como esposa para o seu esposo. E ouvi uma voz forte que saía do trono e dizia: Eis a morada de Deus com os homens e habitará com eles e eles serão o seu povo; o próprio Deus estará com eles e será o seu Deus. E enxugará toda lágrima dos seus olhos, e não haverá mais morte, nem luto, nem gritos, nem dores, porque as coisas de antes passaram". É o que já dissera Isaías: "Haverá céu novo e terra nova; não se lembrarão mais das primeiras coisas e elas não voltarão à memória, mas encontrarão nela a alegria e o regozijo".149 Foi isso também que o Apóstolo disse: "Com efeito, passa a figura deste mundo". E o Senhor: "O céu e a terra passarão". Quando terão passado estas coisas, diz João, o discípulo do Senhor, descerá a Jerusalém do alto sobre uma terra nova, como esposa adornada para o seu esposo, e ela será o tabernáculo de Deus, em que Deus habitará com os homens. A Jerusalém que se encontrava na terra de antes é a imagem da Jerusalém em que os justos se exercitarão para a incorruptibilidade e se prepararão para a salvação. Foi deste tabernáculo que Moisés recebeu o modelo no monte.

    E tudo isto não pode ser interpretado alegoricamente, mas se deve crer tudo verdadeiro, certo e real, realizado por Deus para a alegria dos homens justos. Como é realmente Deus que ressuscita o homem e não em sentido alegórico, como demonstramos de várias maneiras. E como realmente ressuscita, assim realmente se exercitará na incorruptibilidade e crescerá e amadurecerá nos tempos do reino para ser capaz da glória de Deus Pai. Em seguida, renovadas todas as coisas, habitará verdadeiramente na cidade de Deus. Com efeito, diz João: "Aquele que está assentado no trono diz: Eis que faço novas todas as coisas. E o Senhor diz: Escreve tudo isso, porque estas palavras são certas e verdadeiras. E me disse: Assim foi feito".150 Nada de mais justo.

36,1. Sendo homens reais também real deve ser a sua recolocação, e não cairão no nada, mas antes, progredirão no ser. Porque nem a substância nem a matéria da criação serão destruídas — é verdadeiro e estável quem as fez — mas passará a figura deste mundo, isto é, aquilo em que se deu a transgressão, porque o homem envelheceu nele. Eis por que esta figura foi feita temporária, visto que Deus já sabia de todas as coisas, como demonstramos no livro precedente, onde explicamos, enquanto possível, o por que da criação de um mundo temporário. Mas quando esta figura tiver passado e o homem estiver maduro para a incorruptibilidade a ponto de não poder mais envelhecer, haverá novo céu e nova terra, em que morará o homem novo, conversando com Deus de maneira sempre nova. E isto durará para sempre e sem fim, como diz Isaías: "Como céu novo e a terra nova que criarei durarão para sempre diante de mim, diz o Senhor, assim perdurará a vossa descendência e o vosso nome".151 E, como dizem os presbíteros, será então que os que forem julgados dignos de estar no reino dos céus entrarão aí, enquanto outros gozarão das delícias do paraíso e outros ainda possuirão o esplendor da cidade; mas Deus será visto de todos os lugares conforme o merecimento dos que o verão.

36,2. Esta será a diferença das moradas entre os que frutificaram o cem por um, o sessenta por um e o trinta por um: os primeiros serão elevados aos céus, os segundos permanecerão no paraíso e os outros morarão na cidade. Foi este o motivo pelo qual o Senhor disse que há muitas moradas na casa de seu Pai. Com efeito, tudo é de Deus que dá a todos a sua morada; como diz o seu Verbo, o Pai as distribuirá em conformidade com os merecimentos presentes e futuros. Este é o salão de festa em que tomarão lugar e se banquetearão os convidados às núpcias.

Estes são, na palavra dos presbíteros, discípulos dos apóstolos, a ordem e a disposição dos que se salvam, e os degraus pelos quais passarão: pelo Espírito subirão ao Filho e, depois, pelo Filho, ao Pai, quando o Filho entregar a sua obra ao Pai, conforme disse o Apóstolo: "É necessário que ele reine até que todos os seus inimigos sejam postos para escabelo dos seus pés; e o último inimigo a ser vencido será a morte. Nos tempos do reino o homem justo que vive na terra esquecerá de morrer. Mas, continua o Apóstolo, quando ele disser: Tudo está submetido, evidentemente excluir-se-á aquele que tudo lhe submeteu. E quando todas as coisas lhe tiverem sido submetidas, então o próprio Filho se submeterá àquele que tudo lhe submeteu, para que Deus seja tudo em todos".152

CONCLUSÃO

36,3. Por isso João previu de forma precisa a primeira ressurreição, que é a dos justos, e a herança da terra que se deve realizar no reino, de pleno acordo com o que os profetas já tinham profetizado acerca desta ressurreição. E é exatamente também o que o Senhor ensinou, quando prometeu beber a nova taça com os discípulos, no reino. Também quando disse: "Virão dias em que os mortos que estão nos sepulcros ouvirão a voz do Filho do homem e ressuscitarão para a vida os que tiverem praticado o bem e os que tiverem feito o mal ressuscitarão para a condenação".153 Com estas palavras afirma que os que tiverem feito o bem serão os primeiros a ressuscitar para ir no lugar do repouso e que em seguida ressuscitarão os que devem ser julgados. É o que já está escrito no Gênesis, segundo o qual a consumação deste mundo realizar-se-á no sexto dia, isto é, no sexto milênio. Haverá depois o sétimo dia, o dia do repouso, acerca do qual Davi diz: "Este é o lugar do meu repouso e os justos entrarão aí";154 este sétimo dia é o sétimo milênio, o do reino dos justos em que os justos se prepararão para a incorruptibilidade após o que será renovada a criação por meio daqueles aos quais foi reservada esta tarefa. E o Apóstolo afirmou que a futura criação seria liberta da escravidão da corrupção para tomar parte da liberdade gloriosa dos filhos de Deus.

Em tudo isto é indicado um só e idêntico Pai; aquele que modelou o homem; aquele que prometeu aos pais a herança da terra; aquele que a concederá na ressurreição dos justos e cumprirá as suas promessas no reino de seu Filho; aquele, enfim, que, na sua bondade, dará o que olho não viu nem ouvido ouviu nem passou pela cabeça de nenhum homem. Com efeito, único é o Filho que cumpriu a vontade do Pai, único é o gênero humano em que se cumprem os mistérios de Deus, que os anjos desejam ver, porque não conseguem perscrutar a Sabedoria de Deus pela qual a sua criatura, conformada e incorporada ao Filho, é levada à perfeição; de forma que, enquanto o Primogênito, isto é, o Verbo desce na criatura e a assume, por sua vez a criatura se apossa do Verbo e sobe até Deus, ultrapassando os anjos e tornando-se à imagem e semelhança de Deus.

1 O V Livro também foi composto num plano de 3 partes, além do prefácio e conclusão (n. 36,3): a) a ressurreição da carne: discussão e refutação da exegese gnóstica (nn. 1-14); b) a existência de um só Deus Criador e Pai, comprovada por três fatos da vida de Jesus (nn. 15-25); c) Deus Criador e Pai é um só: comprovação pelos ensinamentos das Escrituras sobre o fim dos tempos (nn. 26-36,2).

2 Cf. Jo 1,18; Rm 11,34.

3 "Apostasia" ou "Rebelião", termo abstrato que designa uma realidade concreta, pensada talvez por Ireneu como um significado etimológico. Aqui é usada para designar o demônio.

4 Gn 1,26; Jo 1,13.

5 Cl 1,14.

6 Ef 5,30; Lc 24,39.

7 Tanto firme quanto impressionante é a teologia de Ireneu sobre a Eucaristia — que por sua vez está ligada à teologia da ressurreição. Cristo recapitula todo o cosmos no pão e no vinho, e estes elementos se transformam em Eucaristia e, portanto, em alimento dos homens; ela os capacita para receber a imortalidade e a incorruptibilidade de Cristo. A carne acostumada a receber o "Pão da Vida" (cf. V,3,3) será ressuscitada e verá a Deus. "É da grandeza de Deus e não de nossa natureza que temos a capacidade da vida eterna".

8 2Cor 12,7-9.

9 Cf. Sl 23,6; 91,16; Gn 5,24; Sb 4,10; 2Rs 2,11.

10 Gn 2,8.

11 Dn 3,91-92.

12 O homem é alma, corpo e espírito. A caracterização do homem como corpo, alma e espírito não é uma definição em Ireneu. Igualmente não se pode entender estes elementos desde uma concepção helenística.

Importa, isto sim, ter presente o sentido semita de homem e a própria descrição do autor na qual o Espírito de Deus entra na realidade do homem perfeito. Desse modo, não há aí nem o dualismo nem a tricotomia dos helênicos.

13 1Ts 5,23.
14 1Cor 3,16-17.
15 Jo 2,19.21.
16 1Cor 6,15; 3,17.
17 1Cor 6,13-14.
18 Rm 8,11.
19 Gn 2,7; Sl 22,31.
20 Rm 8,11; 1Cor 15,42.36. A carne humana — que se tornou carne de Deus, no Verbo — ressuscitará pelo poder de Deus; isto é: o homem na sua totalidade será ressuscitado por Deus, pois preparado pelo Espírito, progressivamente vai se habituando para participar da vida de Deus, da glória de Deus. A carne ressuscitará incorruptível, espiritual e gloriosa, isto é: transformada pelo Espírito.

21 1Cor 15,43.44; 13,9.12; 1Pd 1,8.
22 Ef 1,13-14.
23 Rm 8,9.15.
24 Jr 5,8; Sl 49,13.21.
25 Lc 6,46.
26 1Cor 15,50.

27 Apegam-se os gnósticos à citação paulina enunciada acima (1Cor 15,50) para concluir a impossibilidade de salvação da obra modelada por Deus, e, portanto, da ressurreição da carne. Ireneu precisa e completa o pensamento do Apóstolo descrevendo o homem em movimento e evidenciando a dinâmica do progresso rumo à perfeição, graças à sinergia das Duas Mãos divinas. O Espírito assimila, o corpo é assimilado, a alma é o órgão pelo qual o Espírito assimila. Os três elementos cooperam e interferem em proporções diferentes.

28 Lc 9,60.
29 1Cor 15,48.
30 1Cor 15,49.
31 Mt 5,4.
32 1Cor 15,50; cf.1Cor 6,9; 15,33.
33 Rm 11,17.24.
34 1Cor 15,50; Rm 8,8; 1Cor 15,53; Rm 8,9-11.13.14.
35 Gl 5,19-21.
36 Gl 5,22-23.
37 1Cor 6,9-11.
38 1Cor 15,49-50.
39 Is 25,8.
40 Is 42,5.
41 Is 57,16.
42 1Cor 15,46.
43 1Cor 15,45.
44 Cl 3,5.
45 Fl 1,22; Cl 3,9-10.
46 Gl 1,15-16.
47 Mt 9,25; Jo 12,17; 11,43-44.

48 Jo 5,25.28-29.
49 1Cor 15,53-55.
50 Fl 3,20-21.
51 2Cor 5,4-5.
52 1Cor 6,20.
53 2Cor 4,10-11; 3,3.
54 Fl 3,10-11.
55 1Cor 15,32.13-21.
56 1Cor 15,50.53; 2Cor 4,11.

57 Desde que fora plasmada pelas mãos de Deus, nossa carne tem a capacidade de atingir a salvação plena;pode tornar-se incorruptível e imortal, apesar de ser criatura.

58 Gn 4,10; 9,5.6; Mt 23,35-36.
59 Cl 1,21-22.
60 Ef 1,7; 2,13.14-15.
61 Rm 6,12-13.
62 Cl 2,19.
63 Is 26,19; 66,13-14.
64 Ez 37,1-10.12-14.
65 Is 65,22.
66 Jo 5,14; 9,3.

67 Gn 2,7. A cura do cego de nascença, para Ireneu, é uma figura bíblica de nossa salvação: esta consiste em ver a Deus — o cego viu Jesus, o salvador; o mesmo Deus que criou o homem, curou o cego — o Criador e o Redentor não se combatem; a carne humana (também a carne do Verbo) foi modelada do barro — o cego foi curado com o barro; virá Jesus outra vez para salvar definitivamente o homem (cf. Gn 3,9 e Jo 3,16-18) — veio Jesus e curou o cego; a salvação é dom gratuito

de Deus ao homem que por si só não pode salvar-se — não podendo curar-se, o cego suplica a ajuda de Jesus.
   68 Jr 1,5.
   69 Gl 1,15-16.
   70 Gn 3,19.
   71 Este texto é a chave para perceber a distinção que Ireneu estabelece entre imagem e semelhança. 72 Fl 2,8.
   73 Gn 3,8; Mt 9,2; Lc 1,78.
   74 Mt 9,8.
   75 Mt 9,6.
   76 Sl 32,1-2.
   77 Mt 3,10; Jr 23,29.
   78 Ef 4,6.
   79 Jo 14,11.
   80 Ef 4,6.
   81 Jo 1,1-3.10-12.14.
   82 Dt 28,66.
   83 Jo 1,12.
   84 Sl 50,2-3.4.
   85 O paralelo entre Eva e Maria é relativamente freqüente entre os Padres, e é encontrado pela primeira vez em Justino, Diálogo 100,5.
   86 Pr 1,20-21.
   87 Rm 12,3; Ef 1,10.
   88 As tentações de Jesus no deserto são um tema tido em apreço pelos Padres da Igreja. Também em Ireneu elas têm uma grande analogia: pela "recirculatio" da tentação do paraíso no deserto e realização da promessa a Adão; pela ênfase na obra do Salvador que vence Satanás e liberta o homem; pela obediência fiducial do homem a Deus, contra a antiga

desobediência. Novamente, contra o dualismo gnóstico, são afirmadas: a identidade de Deus Criador e Pai de Jesus, e a continuidade dos dois Testamentos (A lei de Moisés e a de Jesus). Contra os docetismos gnósticos, afirma-se a humanidade de Jesus (teve fome o Filho de Deus), e o homem libertado e restaurado em Cristo recebe a imortalidade.

 89 Gn 3,15.
 90 Gl 3,19; 4,4.
 91 Mt 4,3-4.
 92 Mt 4,6-7; Sl 91,11-12.
 93 Lc 4,6-7; Mt 4,8-10.
 94 Mt 12,29; Mc 3,27.
 95 Rm 3,30.
 96 Dt 6,4-5.13; Mt 4,7.
 97 Mt 4,10.9; Lc 4,6; Jo 8,44.
 98 Gn 2,16-17; 3,1-5.
 99 Gn 1,5.
 100 Lc 4,6.
 101 Pr 21,1; 8,15-16.
 102 Rm 13,1-6.
 103 Lc 10,19. Tornou-se vitorioso e livre o homem na vitória de Cristo. A libertação é conquistada. O homem reencontra Deus e recebe o mesmo poder de Cristo. Daí, vale a pena para a humanidade e a Igreja continuarem lutando: a vitória eliminará a escravidão e a apostasia.
 104 2Ts 2,3-4.
 105 Mt 24,15-17.21.
 106 Dn 7,7-8.20-21.
 107 Dn 7,23-25.

108 2Ts 2,8-12.
109 Lc 18,6.2.
110 Dn 8,11-12.23-25; 9,27.
111 Mt 24,15.
112 Ap 17,12-14.
113 Mt 12,25.
114 Dn 2,33-34; 41,42.
115 Dn 2,42-43; 44,45.
116 Embora também citada por Eusébio (H. Eccl. IV,18), esta afirmação não se encontra nas obras de Justino. 117 Mt 10,35.
118 Mt 5,45.
119 Jo 3,18.19-21.
120 2Ts 2,10-12.
121 Ap 13,2-10.
122 Ap 13,11-14.
123 Ap 13,14-18.
124 Gn 2,1-2.
125 Trata-se de santo Inácio de Antioquia, Epist. ad Rom. IV,1. 126 Mt 24,21.
127 1Ts 5,3; Jr 8,16.

128 Os cálculos aqui se referem às palavras gregas, daí a necessidade de conservá-las na língua original. Estes três nomes prováveis, entretanto, nada asseguram, como se verá em seguida.
129 Ap 17,8; Mt 8,11.
130 Mt 12,40; Ef 4,9; Sl 86,13; Jo 20,17.
131 Lc 6,40.
132 Rm 8,19-21.
133 Gn 13,14-15.17; 15,18.
134 Mt 3,9; Gl 4,28; 3,16; 3,6-9.

135 Mt 5,4.
136 Mt 26,27-29.
137 Lc 14,12-13; Mt 19,29.
138 Gn 27,27.28-29.
139 Is 11,6-9; 65,25.
140 Is 26,19; Ez 37,12-14; 28,25-26; Jr 16,14-15; 23,7-8.
141 Is 30,25-26.
142 Is 58,14; Lc 12,37-38; Ap 20,6; Is 6,11-12; Dn 7,27; 12,13.
143 Jr 31,10-14.
144 Is 32,1; 54,11-14; 65,18-22.
145 A questão do "milenarismo" ireneano é a tese mais criticada no autor. Ele é milenarista, apesar de não estar preocupado em precisar datas. Está convencido da vinda de um reino temporal do Messias: "prelúdio de imortalidade", "mundo renovado". Como Pápias, Justino, Tertuliano e Lactâncio, também Ireneu crê que, após o sexto milênio da criação, o Senhor reinará na terra com os justos ressuscitados, durante mil anos. Depois virão o juízo universal e o Reino eterno. É bem verdade que em Demonstração, 61, parece ter ele superado esta teoria milenarista, exposta principalmente nesta obra maior, entre os nn. 32 e 35 deste V livro.
146 Is 6,11; 13,9; 26,10; 6,12; 65,21.
147 Br 4,36-5,9.
148 Is 49,16; Gl 4,26; Ap 20,11.12-14.
149 Cf. Mt 25,41; Ap 20,15; 21,1-4; Is 65,17-18.
150 1Cor 7,31; Ap 21,5-6.
151 Is 66,22.
152 1Cor 15,25-28.
153 Jo 5,25.28-29.

154 Sl 132,14; 118,20.

LIVROS PUBLICADOS PELO ESCRIBA DE CRISTO:

BIOGRAFIA

Vida de Antão com comentários

Vida de Constantino comentada capítulo a capítulo

David Ben-Gurion – Herói da humanidade

TEOLOGIA

Refutando o determinsmo de Lutero

Jesus era chato e antipático

Parapsicologia Bíblica

Compêndio teológico sobre o véu

Guia de Estudo Bíblico

Dogmatologia

Entenda a CCB – Volume I

Entenda a CCB – Volume II

Javé, o Deus da Bíblia

A Triunidade de Deus

Como fundar uma Igreja

O Diabo está ao seu lado

Sexologia cristã

Tratado teológico sobre a barba

APOCRIFOLOGIA

Livro de Enoque com comentários

Livro dos Segredos de Enoque analisado

Livros de Adão e Eva

Pseudo-epígrafos de Barnabé com comentários

Apócrifo Pastor de Hermas com comentários

BIBLIOLOGIA

Os quatro livros biográficos de Jesus

Primeira Carta aos Coríntios comentada

Primeira epístola de Pedro com comentários

Epístola de Tiago com comentários

Apocalipse comentado

A Septuaginta

ESCATOLOGIA

Arrebatamento pré-tribulacionista

Juízo Final

O Fim do Mundo

HISTÓRIA

Introdução à Arqueologia

Egiptologia Bíblica

História Eclesiástica de Eusébio de Cesaréia

História do Universo comentada

História do Cristianismo comentada

O que é Igreja Católica Romana?

O anjo de quatro patas

A Epopéia de Gilgamesh

O livro dos Mártires com comentários

PATROLOGIA

Vida de Antão com comentários

Clemente de Roma
De Trinitate de Agostinho com comentários
As vestimentas na Igreja Primitiva - Tertuliano
Hexamerão de Ambrósio ilustrado e explicado

POLÍTICA
Memorial criminoso do PT – Volume I
Memorial criminoso do PT – Volume II
PT X Cristianismo
Todos os telefones do presidente Lula
Os amigos de Lula
Jair Bolsonaro, presidente do Brasil
Os tentáculos malignos da Esquerda
Minha Luta de Adolf Hitler com comentários
O lado bom do nazismo
Lula e o caso do triplex
Ministro Gilmar Mendes, o juiz iníquo
U.N.E. – A serviço do comunismo
O fracasso da democracia
Planilha de propina da Odebrecht explicada
SÉRIE: Presidente Moro 2022
 – O caso do triplex

CIÊNCIA MILITAR

Manual do guerrilheiro urbano de Marighella com comentários

A arte da Guerra com comentários

CIÊNCIAS ESPACIAIS

ISS – Estação Espacial Internacional – Maravilha de Deus

Terra plana dos insensatos

Terra Plana e os satélites geoestacionários

Terrra Plana e os ônibus espaciais

Os astronautas e a terra plana

CIÊNCIAS SOCIAIS

Controle Populacional ou o caos

O Estado Judeu de Israel

CIÊNCIAS NATURAIS

Biologia, O mito da Evolução

Baleias, maravilhas de Deus

Formigas, maravilhas de Deus

Pôr do sol, maravilha de Deus

Abelha sem ferrão, maravilha de Deus

As palmeiras, maravilhas de Deus

Orquídeas, maravilhas de Deus

1O1 maravilhas de Deus, Volume I

1O1 maravilhas de Deus, Volume II

1O1 maravilhas de Deus, Volume III

1O1 maravilhas de Deus, Volume IV

1O1 maravilhas de Deus, Volume V

1O1 maravilhas de Deus, Volume VI

Botânica Bíblica

DIREITO

Escrivão de Polícia é cargo técnico científico

Código Hamurabi e a Lei de Moisés

Direito Divino a Legítima Defesa

O instituto divino da Pena de Morte

Autoridade Espiritual com comentários

DEVOCIONÁRIO

A imitação de Cristo de Tomás de Kempis com comentários

O peregrino de John Bunyan ilustrado e explicado

Experimentando Jesus através da Oração (com comentários) – Madame Guyon

ÉTICA

Bebida alcoólica não é pecado

Como se vestem os santos

Deus é machista

Você é invejoso, entenda isso

ARTE E LITERATURA

Pinturas de Caravaggio

Hamlet de Shakespeare com comentários

A arte poética de Aristóteles comentada

O Guarani, ilustrado e comentado

A Revolução dos Bichos comentada e ilustrada

EM OUTROS IDIOMAS

Alcoholic drink is not sin (Inglês)

The Dress in the early church (Inglês)

Biology, the myth of Evolution (Inglês)

The Four-legged Angel (Inglês)

Life of Constantine (Inglês)

Last Judgment (inglês)

ArchéologieBiblique (Francês)

Juicio Final (Espanhol)

Indossare il velo (Italiano)

生物学−進化の神話 (Japonês)

110 livros publicados

Printed in Great Britain
by Amazon